KB240886

書經
서경

간행사

경전이란 인류 지혜의 총화이며, 그것이 인류에게 미친 영향은 아무리 강조해도 지나치지 않을 것입니다. 유교의 사서삼경, 불교의 불경, 기독교의 성경, 이슬람교의 코란이 인류의 역사에 미친 영향을 생각해보면 쉽게 알 수 있을 것입니다. 인류가 경전의 새로운 해석을 통해서 앞날을 개척해 갔던 사실을 우리는 역사에서 많이 볼 수 있습니다.

근대 이전에 동양사회에서 유교의 사서삼경은 사람들에게 생각과 행동의 준거를 제시해 주는 중요한 역할을 하였습니다. 그러나 서양의 사상과 과학기술이 근대 이후의 동양사회를 지배하면서 유교의 경전들은 무시되거나 심지어 해로운 것으로까지 매도되기에 이르렀습니다. 급변하는 내외적 상황에 의해 재해석될 여지까지 빼앗기고 사장되어 버렸다고 해도 과언이 아닐 것입니다. 다행히 21세기를 맞이한 오늘날 유교경전에 대한 사람들의 인식이 바뀌고, 또한 그 재해석의 필요성을 느끼고 있는 것은 반가운 일이 아닐 수 없습니다.

이러한 시점에서 우리 성균관대학교 유교문화연구소에서 사서삼경의 번역을 새로이 내놓게 되었다는 소식을 접하고 총장으로서 매우 기쁘고, 큰 기대를 갖게 되었습니다. 이번 번역은 조선 말기의 사서삼경 해설을 발굴하여 그것을 중심으로 번역하고 해설한 것입니다. 이 총서의 간행이 유교문화연구소에서 장기적으로 계획하고 있는 『표준 사서삼경』 간행의 주춧돌이 될 것이라고 확신합니다.

한편으로 사서삼경 번역본을 우리 성균관대학교에서 순차적으로 간행하게 된 것은 더욱 뜻 깊은 일이라고 할 수 있습니다. 유교적 이상사회를 건설하려고 했던 조선조 최고의 교육기관으로서 퇴계·율곡을 비롯해서 우리나라의 정신사에서 빼놓을 수 없는 수많은 인재를 양성했던 성균관의 맥을 성균관대학교가 계승하고 있기 때문입니다. 아무쪼록 이 번역

총서의 발간을 통해 조선의 유학자들이 사서삼경을 어떤 눈으로 보았는지를 알게 되는 동시에, 현재 우리가 어디에 서 있는가를 다시금 생각해 보는 계기가 되기를 바랍니다.

지난 2007년 사서(四書)의 간행이 완료되고, 2008년『시경』에 이어『서경』이 발간됨을 진심으로 축하드립니다. 넉넉하지 못한 살림살이에도 불구하고 의욕적으로 일을 기획하고 추진하신 유교문화연구소 김성기 소장님, 그리고 실무 책임을 총괄한 진성수 박사를 비롯한 연구진 여러분께 감사와 격려를 함께 보냅니다.

2011년 10월
성균관대학교 총장
김 준 영

『유교경전번역총서』를 발행하며

　유교문화연구소는 2000년 3월 1일 성균관대학교 동아시아학술원 내에 본교의 건학이념인 유교사상을 중심으로 동아시아 문화 전반을 연구함으로써 유교의 현대화를 통하여 인류문화에 이바지 하려는 목적으로 설립되었습니다. 이를 위해 그동안 유교의 현대화를 위한 구체적인 방안을 모색하고 제반 학문영역과의 학제적 만남을 위해 국내외 학술대회를 지속적으로 개최하여 왔으며, 학술지 및 연구총서 등을 간행하여 유교에 관한 연구성과들을 축적하여 왔습니다.

　그러나 유학사상의 본질을 올바르게 이해하기 위해서는 무엇보다도 먼저 유교경전에 대한 바른 이해가 선행되어야 하며, 이를 위해서는 경전에 대한 번역이 중요함은 재언의 여지가 없을 것입니다. 유교의 현대화작업을 위한 필수적인 사업은 현대인이라면 누구나 쉽게 읽을 수 있는 표준 유교경전 번역서의 간행이라고 할 수 있습니다. 따라서 본 유교문화연구소에서는 이러한 표준 번역서들을 간행하기 위해 장기적인 경전번역사업계획을 수립하고 이를 추진하고 있습니다.

　유교경전은 『논어』, 『맹자』, 『대학』, 『중용』 등 사서(四書)와 『시경』, 『서경』, 『주역』 등 삼경(三經)이 그 중심을 이루고 있습니다. 그러므로 경전번역의 첫 단계로 주자(朱子)의 해석을 올바르게 이해할 수 있는 바탕을 마련하기 위해 관본 언해본을 기본으로 조선시대의 경전 번역본을 선정하고, 이를 현대어로 다시 바꾸는 제2의 창작 작업 끝에 2007년 사서의 간행이 완료되었으며, 2008년 『시경』에 이어 『서경』을 간행하게 되었습니다.

　그동안 유교경전에 대한 번역서들이 수없이 많이 나왔으나, 몇몇의 역저들을 제외하고는 대부분 일본어판의 내용을 차용하거나 자의적인 해설에 의존한 글들이 대부분을 차지하고 있습니다. 좀 더 정확하고 완전

한 번역이 요청되는 시점에서 무엇보다도 먼저 조선의 선비들이 읽었던 내용으로서 철저히 주자의 주석에 근거한 경전 번역을 염두에 두고 판본을 선정하였습니다.

본서의 가장 큰 특징은 주자의 경전해석에 충실한 내용으로 이루어져 있다는 점입니다. 유교경전에 대해서는 다양한 주석이 있으므로 주자의 주석만을 고집할 수는 없으며 학자들 간에는 주자학의 한계를 언급하는 경우도 있습니다. 그러나 주자의 주석을 기본으로 이해하지 않고는 유교경전의 본질에 올바르게 접근할 수 없으며, 주자학을 외면한 경전이해가 자칫 유학의 본질을 더 크게 오도할 수 있는 점도 유의해야 할 것입니다.

이에 본『유교경전번역총서』시리즈는 주자의 주석에 근거하여 경전의 난해한 부분들에 대해 명료하면서도 쉽게 해석하고 있으며, 또한 의해(義解)와 요지(要旨) 등을 통해 문장의 대의를 올바르게 이해할 수 있는 장점을 갖추고 있어 일반 번역서들과 다른 특징이 있습니다. 그러므로 사서삼경(四書三經)의 본질을 올바르게 이해하고자 하거나 가르치고자 하는 사람들이 제일 먼저 읽어야 할 기본이 되는 필독서라고 생각합니다.

물질문명의 발달로 인해 정신적 도덕의 위상이 추락의 위기를 맞이하고 있는 현재의 상황에 비추어 볼 때, 새로운 정신문화가 절실히 요구되는 시점에서 이 책이 주는 의미는 매우 크다고 하겠습니다. 오늘날 유학사상에 대한 관심과 전통문화에 대한 이해와 연구의 폭이 점차 확대되어 가고 있는 터에 본 번역총서의 발행이 다소 늦은 감이 있으나, 이제나마 사서(四書)를 완간하고『시경』에 이어『서경』을 간행하게 된 것은 매우 다행스러운 일이라고 생각합니다.

끝으로『서경』의 간행을 위해 애쓴 편집위원과 교열위원, 그리고 집필에 수고하신 여러 선생님들에게 거듭 감사의 뜻을 전하고, 아름다운 책으로 만들어준 성균관대학교 출판부의 노고에 진심으로 감사드립니다.

2011년 10월

유교문화연구소 소장

김 성 기

일러두기

1. 이 책은 관본 언해본『서전』을 기본적인 대본으로 하고, 『서전』의 원문 해석 및 이 책의 내용은 2003년 성지학사(聖志學社)에서 영인한 『유교경전언역총서(儒敎經典諺譯叢書)』, 그리고 1965년 성균관대학교(成均館大學校) 대동문화연구원(大東文化硏究員)에서 영인한 내각본(內閣本)『서전』 등을 참고하였다.

2. 이 책의 언해와 토는 관본 언해본의 언해와 토를 위주로 하였으며, 율곡 및 퇴계의 언해와 토를 참조하였다.

3. 번역은 원문에 충실하게 하되, 주자의 주를 기본으로 번역하여 조선시대 성리학자들의 유교경전에 대한 입장을 이해하는 데 도움이 될 수 있도록 하였다.

4. 이 책의 내용은 원문, 언해, 번역, 자해, 의해의 순으로 구성되어 있다.

5. 원문은 한자의 정확한 쓰임과 유교경전에서 쓰이고 있는 한자의 본음에 대한 이해 및 성독을 위해 전통적으로 사용된 한자음을 각 글자 위에 붙였다.

6. 번역은 원문에 충실하게 하되 현대 한국어의 맞춤법에 근거하여 번역하였다.

7. 경전강독에 도움이 되도록 하기 위하여 번역 하단에 원문의 난해자

(難解字)에 대한 자해를 첨가하였다.

8. 각 편의 장에는 원문의 뜻을 성리학적 입장에서 이해할 수 있는 의해와 각 장의 대의를 알 수 있는 요지를 실었다. 의해와 요지는 성지학사(聖志學社)에서 영인한 『언해서전』에 실린 것을 주로 참조하여 현대적 의미로 풀었다.

9. 각 편의 장수(章數)는 아라비아 숫자로 표시하였다.

10. 이 책의 사용 부호는 다음과 같다.
   • : 자해에서 새로운 난자어 표시.

目 次

간행사 ……………………………………………………………………… i
『유교경전번역총서』를 발행하며 ………………………………… iii
서집전서(書集傳序) ………………………………………………… ix

서전書傳

우서 | 虞書 ● 3

1. 요전[堯典] ……………………………………………………… 5
2. 순전[舜典] …………………………………………………… 21
3. 대우모[大禹謨] ……………………………………………… 51
4. 고요모[皐陶謨] ……………………………………………… 77
5. 익직[益稷] …………………………………………………… 88

하서 | 夏書 ● 105

1. 우공[禹貢] …………………………………………………… 107
2. 감서[甘誓] …………………………………………………… 176
3. 오자지가[五子之歌] ………………………………………… 181
4. 윤정[胤征] …………………………………………………… 191

상서 | 商書 ● 201

1. 탕서[湯誓] …………………………………………………… 203
2. 중훼지고[仲虺之誥] ………………………………………… 208
3. 탕고[湯誥] …………………………………………………… 221
4. 이훈[伊訓] …………………………………………………… 230
5. 태갑 상[太甲 上] …………………………………………… 240
6. 태갑 중[太甲 中] …………………………………………… 249
7. 태갑 하[太甲 下] …………………………………………… 256
8. 함유일덕[咸有一德] ………………………………………… 265
9. 반경 상[盤庚 上] …………………………………………… 276
10. 반경 중[盤庚 中] …………………………………………… 294
11. 반경 하[盤庚 下] …………………………………………… 311
12. 열명 상[說命 上] …………………………………………… 322
13. 열명 중[說命 中] …………………………………………… 332
14. 열명 하[說命 下] …………………………………………… 343
15. 고종융일[高宗肜日] ………………………………………… 354

16. 서백감려[西伯戡黎] ……………………………………… 359

17. 미자[微子] …………………………………………………… 365

주서 | 周書 ● 375

1. 태서 상[泰誓 上] ………………………………………… 377

2. 태서 중[泰誓 中] ………………………………………… 388

3. 태서 하[泰誓 下] ………………………………………… 397

4. 목서[牧誓] …………………………………………………… 404

5. 무성[武成] …………………………………………………… 413

　　금고정무성[今考定武成] ……………………………… 425

6. 홍범[洪範] …………………………………………………… 427

7. 여오[旅獒] …………………………………………………… 466

8. 금등[金縢] …………………………………………………… 475

9. 대고[大誥] …………………………………………………… 492

10. 미자지명[微子之命] …………………………………… 511

11. 강고[康誥] …………………………………………………… 517

12. 주고[酒誥] …………………………………………………… 544

13. 자재[梓材] …………………………………………………… 564

14. 소고[召誥] …………………………………………………… 573

15. 낙고[洛誥] …………………………………………………… 598

16. 다사[多士] …………………………………………………… 628

17. 무일[無逸] …………………………………………………… 651

18. 군석[君奭] …………………………………………………… 672

19. 채중지명[蔡仲之命] …………………………………… 697

20. 다방[多方] …………………………………………………… 706

21. 입정[立政] …………………………………………………… 735

22. 주관[周官] …………………………………………………… 759

23. 군진[君陳] …………………………………………………… 779

24. 고명[顧命] …………………………………………………… 792

25. 강왕지고[康王之誥] …………………………………… 818

26. 필명[畢命] …………………………………………………… 827

27. 군아[君牙] …………………………………………………… 843

28. 경명[冏命] …………………………………………………… 851

29. 여형[呂刑] …………………………………………………… 860

30. 문후지명[文侯之命] …………………………………… 887

31. 비서[費誓] …………………………………………………… 893

32. 진서[秦誓] …………………………………………………… 899

찾아보기 ● 907

서집전서(書集傳序)

慶元己未冬에 先生文公이 令沈作書集傳하시고 明年에 先生이 歿이라 又十年에 始克成編하니 總若干萬言이라 嗚呼라 書를 豈易言哉아 二帝三王治天下之大經大法이 皆載此書하니 而淺見薄識이 豈足以盡發蘊奧리오 且生於數千載之下하여 而欲講明於數千載之前하니 亦已難矣라 然이나 二帝三王之治는 本於道하고 二帝三王之道는 本於心하니 得其心則道與治를 固可得而言矣라 何者오 精一執中은 堯舜禹相授之心法也오 建中建極은 商湯周武相傳之心法也오 曰德 曰仁 曰敬 曰誠은 言雖殊而理則一이니 無非所以明此心之妙也라 至於言天則嚴其心之所自出이오 言民則謹其心之所由施니 禮樂敎化는 心之發也오 典章文物은 心之著也오 家齊國治而天下平은 心之推也니 心之德이 其盛矣乎인저 二帝 三王은 存此心者也오 夏傑 商受는 亡此心者也오 太甲 成王은 困而存此心者也니 存則治하고 亡則亂하나니 治亂之分이 顧其心之存不存如何耳라 後世人主이 有志於二帝三王之治면 不可不求其道오 有志於二帝三王之道면 不可不求其心이니 求心之要가 舍是書何以哉리오 沈이 自受讀以來로 沈潛其義하고 參考衆說하여 融會貫通일새 乃敢折衷이나 微辭奧旨는 多述舊聞이라 二典 禹謨는 先生이 盖嘗是正이실새 手澤이 尙新하니 嗚呼惜哉로다 集傳은 本先生所命이라 故로 凡引用師說을 不復識別하고 四代之書를 分爲六卷하니 文以時異나 治以道同이라 聖人之心이 見於書이 猶化工之妙가 著於物하여 非精深이면 不能識也니 是傳也이 於堯舜禹湯文武周公之心에 雖未必能造其微나 於堯舜禹湯文武周公之書에 因是訓詁면 亦可得其指意之大略矣리라

嘉定己巳三月旣望에 武夷蔡沈은 序하노라

| 언해 |

慶元 己未ㅅ 겨을에 先生이신 文公이 沈으로 ᄒ여곰 書集傳을 지으라 ᄒ시고 明年에 先生이 歿ᄒ신지라 ᄯᅩ 十年만에 비로쇼 능히 編을 일우니 모다 몃 萬 말슴이러라

오홉다 書를 엇지 말홈이 쉬울이오 二帝三王의 天下를 다스리ᄂᆞᆫ 큰 ᄶᅥᄶᅥᆯ홈과 큰 法이 다 이 書에 실엇스니 얏튼 소견과 얇은 지식이 엇지 足히 ᄡᅥ 씨인 깁홈을 다 發ᄒ리오 ᄯᅩᄂᆞᆫ 數千載 後에 나셔 數千載 前을 講明코자 ᄒ니 ᄯᅩᄒᆞᆫ 심히 어려운지라 그러나 二帝三王의 다스림은 道에 근본ᄒ고 二帝三王의 道ᄂᆞᆫ 마음에 근본ᄒ얏스니 그 마음을 어드면 道와 다못 다스림을 진실로 可히 어더 ᄡᅥ 말슴홀지라

엇짐이뇨 精一執中은 堯와 舜과 禹의 셔로 쥬ᄂᆞᆫ 心法이오 建中建極은 商湯과 周武의 셔로 傳ᄒᆞᄂᆞᆫ 心法이오 닐온 德과 닐온 仁과 닐온 敬과 닐온 誠은 말슴이 비록 다르나 理치ᄂᆞᆫ 곳 ᄒᆞᆫ가지니 ᄡᅥ 이 마음의 妙홈을 밝히ᄂᆞᆫ 배 아님이 업ᄂᆞᆫ지라 니르러 하늘을 말ᄒ면 그 마음의 붓터나온 바를 嚴케 홈이오 ᄇᆡ성을 말ᄒ면 그 마음의 말믜음어 베푸ᄂᆞᆫ 바를 삼가게 홈이니 禮樂敎化ᄂᆞᆫ 마음의 發홈이오 典章文物은 마음의 낫타남이오 집이 간지런ᄒ고 나라이 다스리고 天下ㅣ 平홈은 마음의 밀움이니 마음의 德이 그 盛ᄒᆞ뎌 二帝와 三王은 이 마음을 둔 者ㅣ오 夏桀과 商受ᄂᆞᆫ 이 마음을 일은 者ㅣ오 太甲과 成王은 困ᄒ게 이 마음을 둔 者ㅣ니 두면 다스리고 일으면 어지러웁ᄂᆞ니 다스림과 어지러움의 난홈이 도라보건ᄃᆡ 그 마음의 두고 안이둠이 엇더ᄒᆞᆯ ᄯᆞ름이라

後世의 스람 님금이 二帝三王의 다스림에 ᄯᅳᆺ이 잇스면 可히 그 道를 求치 안이치 못홀지오 二帝三王의 道에 ᄯᅳᆺ이 잇스면 可히 그 마음을 求치 아니치 못홀지니 마음을 求ᄒᆞᄂᆞᆫ 要ᄂᆞᆫ 이 書를 노코 무엇으로ᄡᅥ ᄒ리오 沈이 바다 읽음으로붓터 옴으로 그 ᄯᅳᆺ을 沈潛ᄒ고 여러 말삼을 參考ᄒᆞ야 融會ᄒ고 貫通홀시 이에 敢히 折衷ᄒᆞ얏스오나 적은 말과 깁흔 ᄯᅳᆺ은 녯드름을 지음이 만흔지라 二

典과 禹謨는 先生이 일즉 是正ᄒ실시 手澤이 오히려 새로우니 오
홉다 앗갑도다 集傳은 본디 先生의 命ᄒ신 배라 故로 끄러쓴 스
승의 말슴을 다시 긔록ᄒ야 분별치 안이ᄒ고 네 代의 글을 난호
아 엿셧 卷을 ᄒ니 글은 쌔로뼈 다르나 다스림은 道로뼈 갓흔지
라 聖人의 마음이 글에 뵈임이 化工의 묘리가 物형에 낫타나옴
갓ᄒ야 精ᄒ고 깁흠이 아니면 능히 알지 못할지니 이 傳이 堯舜
禹湯文武周公의 마음에 비록 반다시 능히 그 젹은 더 니르지 못
ᄒ나 堯舜禹湯文武周公의 글에 이를 因ᄒ야 가라치면 쏘ᄒ 可히
그 뜻의 大略을 어드리라
嘉定 己巳 三月 旣望애 武夷 蔡沈은 序ᄒ노라

| 번역 |

경원(慶元) 기미(己未)년 겨울에 선생 문공(文公)이 침(沈)에게
『서집전(書集傳)』을 지으라고 하셨다. 그 다음 해에 선생이 돌아
가시고, 또 10년이 지나고서야 비로소 책을 완성할 수 있었으니,
모두 몇 만 글자였다.

아!『서(書)』를 어찌 쉽게 말할 수 있겠는가? 이제(二帝)·삼왕
(三王)이 천하(天下)를 다스리던 큰 떳떳함과 큰 법(法)이 모두
이『서(書)』에 실려 있으니, 얕은 소견과 얇은 지식으로 어찌 그
깊은 뜻을 다 드러낼 수 있겠는가? 또 수천 년 뒤에 태어나서 수
천 년 전의 것을 연구하여 밝히려 하니, 매우 어려운 일이다. 그
러나 이제(二帝)·삼왕(三王)의 정치가 도(道)에 근원하고 이
제·삼왕의 도는 마음에 근원을 두었으니, 그 마음을 안다면 진
실로 그 도와 정치를 말할 수 있을 것이다.

그것은 무엇인가? '정일집중(精一執中)'은 요(堯)와 순(舜)과 우
(禹)가 서로 전수한 심법(心法)이고, '건중건극(建中建極)'은 상
(商)의 탕(湯)과 주(周)의 무왕(武王)이 서로 전수한 심법이다.
덕(德)이라고 하는 것과 인(仁)이라고 하는 것과 경(敬)이라고 하
는 것과 성(誠)이라고 하는 것은 말이 비록 다르나 이치는 곧 한

가지니, 이 마음의 신묘함을 밝힌 것이 아님이 없다. 하늘을 말한데 이르러서는 그 마음의 유래를 엄밀하게 한 것이고, 백성을 말한 것은 그 마음이 베풀어지는 대상을 삼간 것이다. '예악교화(禮樂敎化)'는 마음이 발현된 것이고, '전장문물(典章文物)'은 마음이 깃들어 있는 것이고, 집을 가지런히 하고 나라를 다스리고 천하를 화평하게 하는 것은 그 마음이 확산된 것이니, 마음의 덕(德)이 크도다.

이제(二帝)와 삼왕(三王)은 이 마음을 간직한 자이고, 하(夏)의 걸(桀)과 상(商)의 수(受)는 이 마음을 잃은 자이며, 태갑(太甲)과 성왕(成王)은 어려움을 겪고서야 이 마음을 간직하게 된 자이다. 간직하면 다스려지고 잃으면 어지럽게 되니, 다스림과 어지러움이 나누어지는 것은 그 마음을 간직하느냐 간직하지 않느냐에 달려 있다.

후세의 임금이 이제(二帝)·삼왕(三王)의 정치에 뜻을 둔다면 그 도를 구하지 않을 수 없고, 이제·삼왕의 도에 뜻을 둔다면 그 마음을 구하지 않을 수 없다. 그 마음을 구하는 요체는 이『서(書)』를 놓아두고서 무엇으로써 하겠는가? 침(沈)이『서』를 받아 읽은 이후로 그 뜻을 깊이 생각하고 여러 말씀을 참고하여 융회(融會)하고 관통(貫通)하고서야 이에 감히 절충하였다. 뜻이 잘 드러나지 않는 깊은 뜻은 전에 선생께 들은 것으로 서술한 것이 많다. 「이전(二典)」과 「우모(禹謨)」는 선생이 이전에 교정하신 적이 있어서 그 손길이 아직도 새로우니, 아 애석하도다.『집전』은 본래 선생께서 명하신 것이었다. 그래서 선생의 가르침을 인용한 모든 것은 표시하여 구별하지 않았다. 네 왕조의 글을 나누어 6권으로 하니, 글은 시대에 따라 달랐지만 다스린 것은 그 도가 같았다. 성인의 마음이 글에 드러나 있는 것은 마치 조물주의 묘함이 사물에 나타난 것과 같아서, 정밀하고 깊이 연구하지 않으면 알 수 없다. 이『집전』은 요·순·우·탕·문·무·주공의 마음에 대해서는 그 은미한 곳까지 나아갔다고 할 수 없지만, 요·순·

우·탕·문·무·주공의 글에 대해서는 이 훈고를 통한다면 그
뜻의 대략은 알 수 있을 것이다.

가정(嘉定) 기사(己巳)년 삼월 십육일[旣望]에 무이(武夷) 채침
(蔡沈)은 서문을 쓴다.

| 자해 |

慶元 : 송(宋) 영종(寧宗)의 연호(年號). ·先生 : 주자(朱子)를 말함. ·文公
: 주자(朱子)의 시호(諡號). ·二帝 : 당요(唐堯)와 우순(虞舜). ·三王 : 하
(夏)의 우(禹)와 상(商)의 탕(湯), 주(周)의 문왕(文王)·무왕(武王)으로 모
두 성왕(聖王)임. ·蘊奧 : 쌓여 깊음. ·夏桀·商受 : 걸(桀)은 하(夏)의 마
지막 임금이고, 수(受)는 상(商)의 마지막 임금으로, 모두 악(惡)한 임금임.
·太甲·成王 : 태갑(太甲)은 상(商)의 임금이고, 성왕(成王)은 주(周)의 임
금이니, 모두 처음에 어리석었다가 나중에 현명한 임금이 되었음. ·二典·
禹謨 : 이전(二典)은 「요전(堯典)」과 「순전(舜典)」이고, 우모(禹謨)는 「대우
모(大禹謨)」임. ·手澤 : 손때. ·四代 : 우(虞)와 하(夏)와 상(商)과 주(周).
·嘉定 : 송(宋) 영종(寧宗)의 연호(年號). ·旣望 : 십육일. ·武夷 : 땅 이름.

| 의해 |

『서경(書經)』은 옛적 우(虞)와 하(夏)와 상(商)과 주(周), 네 대
(代)의 사관(史官)이 정사(政事)를 기록한 글이니, 혹은 『상서(尚
書)』라 칭한다. 대개 여섯 가지 문체가 있으니, '전(典)'이라는 것
은 훌륭한 정치를 기록한 것이고, '모(謨)'라는 것은 아름다운 말
을 실은 것이다. '고(誥)'라는 것은 임금이 신하와 백성에게 고한
것이고, '훈(訓)'이라는 것은 신하가 임금에게 경계한 것이다. '서
(誓)'라는 것은 여러 무리에게 일러주는 것이고, '명(命)'이라는
것은 한 사람에게 명령하는 것이다. 이 여섯 문체 이외의 것도 미
루어보면 각각 여섯 종류를 따른 것이다. 공자(孔子)가 산정(刪
定)해서 100편이 되었는데, 진시황(秦始皇) 때에 소실되어 전해
지지 못하였다. 한(漢)대에 복승(伏勝)이 나이 구십에 입으로 외
워 가르치니, 겨우 28편이었다. 이를 금문(今文)이라 칭하고, 후

에 공자 옛집의 벽 가운데서 고문(古文)이 나와 세상에 퍼지니, 또한 완전하지 못하여 58편뿐이었다. 『역경(易經)』과 『시경(詩經)』과 함께 삼경(三經)이 되니, 한대의 학자로부터 송대에 이르기까지 전공하여 해석한 자가 매우 많았으나, 공안국(孔安國)의 전(傳)과 공영달(孔穎達)의 주(註)가 가장 성행하였다. 주자(朱子)가 『사서집주(四書集註)』와 『시전(詩傳)』과 『주역본의(周易本義)』를 짓고, 또 『서집전(書集傳)』을 지으려 하다가 노병(老病)으로 인하여 그 문인 채침(蔡沈)에게 부탁하니 채침이 10년을 노력하여 비로소 완성하였다. 그러나 모두 주자의 본지(本旨)를 따라 주자가 직접 지은 것과 다름이 없다. 채침의 자(字)는 중묵(仲默)이고, 호(號)는 구봉(九峰)이다.

서전언역(書傳諺譯)

한(漢)대에는 공안국(孔安國)·유향(劉向)·공광(孔光)·유흠(劉歆)·양웅(揚雄)·마융(馬融)·정현(鄭玄)이 있었다. 위(魏)대에는 고당융(高堂隆)·왕숙(王肅)·왕필(王弼)이 있었다. 당(唐)대에는 공영달(孔穎達)·이백(李白)·유종원(柳宗元)이 있었다. 송(宋)대에는 호단(胡旦)·장경(張景)·구양수(毆陽脩)·소순(蘇洵)·주돈이(周敦頤)·장재(張載)·왕안석(王安石)·사마광(司馬光)·범순인(范純仁)·범조우(范祖禹)·증공(曾鞏)·정이(程頤)·소식(蘇軾)·소철(蘇轍)·고림(顧臨)·손각(孫覺)·팽여려(彭汝礪)·여대림(呂大臨)·육전(陸佃)·유안세(劉安世)·심괄(沈括)·장정견(張庭堅)·양시(楊時)·윤돈(尹焞)·섭몽득(葉夢得)·채변(蔡卞)·호신(胡伸)·마영경(馬永卿)·주진(朱震)·설조명(薛肇明)·상관(上官)·공유(公裕)·장강(張綱)·오역(吳棫)·장기(張沂)·고항(高閌)·진붕비(陳鵬飛)·이저(李樗)·임지기(林之奇)·호굉(胡宏)·장행성(張行成)·장구성(張九成)·

유교경전번역총서

5

書經 서경

유교문화연구소 옮김

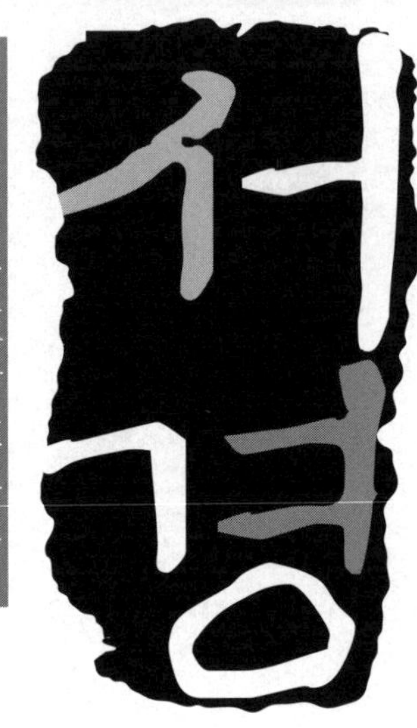

성균관대학교 출판부

정백웅(鄭伯熊)·정동경(鄭東卿)·왕십붕(王十朋)·하선(夏僎)·양만리(楊萬里)·풍당가(馮當可)·주희(朱熹)·장식(張栻)·진부량(陳傅良)·여조겸(呂祖謙)·왕염(王炎)·육구연(陸九淵)·이순신(李舜臣)·채원정(蔡元定)·황간(黃幹)·진식(陳埴)·채침(蔡沈)·추보지(鄒補之)·왕일휴(王日休)·동종(董琮)·진경(陳經)·등연(滕鉛)·진덕수(眞德秀)·위료옹(魏了翁)·동몽정(董夢程)·심귀요(沈貴瑤)·반형(潘衡)·진대유(陳大猷)·당성임(唐聖任)·장진(張震)·사중오(史仲午)·사점(史漸)·유유(劉爚)·성신지(成申之)·이기(李杞)·방회(方回)·정약용(程若庸)·마정란(馬廷鸞)·허월경(許月卿)·주방대(朱方大)·이근사(李謹思)·추근인(鄒近仁)·김리상(金履祥)·웅화(熊禾)·송원손(宋遠孫)·이씨(李氏)·진씨(陳氏)·장문위(張文蔚)·원묵(袁默)·후보(侯甫)·갈흥인(葛興仁)·마씨(馬氏)·오자엄(吳子嚴)·소자(蕭滋)·임연(任淵)·시씨(施氏)·증씨(曾氏)·이문로(李文魯)·주희성(周希聖)·진경(陳卿)·왕우(王雩)·정원병(鄭元並)·오형수(吳亨壽)·진증(陳曾)·마씨(馬氏)가 있었다. 원(元)대에는 오징(吳澄)·제몽룡(齊夢龍)·동정(董鼎)·호일계(胡一桂)·진력(陳櫟)·추계우(鄒季友)·왕희조(王希朝)·여기서(余芑舒)·허겸(許謙)·진사개(陳師凱)·왕충운(王充耘)·김수(金燧)가 있었다. 명(明)대에는 진아언(陳雅言)·팽욱(彭勗) 등이 있었다.

조선에서는 퇴계(退溪) 이황(李滉) 선생이 제가(諸家)의 시(詩)·서(書)·역(易)·대학(大學)·중용(中庸)·논어(論語)·맹자(孟子)의 훈석(訓釋)을 찾아서 모으고 또 문인들이 묻고 분변한 것을 채록하여 『삼경석의(三經釋疑)』·『사서석의(四書釋疑)』를 편찬하였는데 광해군(光海君) 원년(元年)에 문인 금응훈(琴應壎)이 교정하여 출간하였다. 퇴계 선생이 손으로 쓴 것은 임진란(壬辰亂) 때 병화(兵火)에 없어져버렸다. 사계(沙溪) 김장생(金長生) 선생의

『경서변의(經書辨疑)』는 사계 선생이 일찍 스승의 문하에 있으면서 경전의 뜻에 대해 들은 것과 또 두루 명유(名儒)들과 교유하여 강구(講究)한 것을 수록하였는데, 『소학(小學)』과 사서(四書)로부터 오경(五經)에까지 이르렀다. 사계 선생의 자서(自序)와 문인 계곡(谿谷) 장유(張維)와 우암(尤庵) 송시열(宋時烈) 선생의 발(跋)이 있는데, 현종(顯宗) 7년에 간행하였다. 『서전정음(書傳正音)』이 있는데 『서전(書傳)』 정문(正文) 각 글자의 아래에 한글로 한자음을 붙였다. 왼쪽에 있는 것은 정음(正音)이고 오른쪽에 있는 것은 속음(俗音)이다. 저자는 밝혀져 있지 않다. 문효공(文孝公) 포저(浦渚) 조익(趙翼)이 『서경천설(書經淺說)』을 저술하였는데, 『서경(書經)』 각 편의 장구 아래에 저자의 의견으로 분석하고 논의한 것이다. 인조(仁祖) 16〔戊寅〕년에 책이 완성되고 효종(孝宗) 6〔乙未〕년에 경연(經筵)에 올렸다. 『범학전편(範學全編)』은 문순공(文純公) 박세채(朴世采)가 저술하였는데, 「낙서(洛書)」·「홍범(洪範)」 및 황극(皇極)을 나누어 경전(經傳)과 선유(先儒)의 설을 모으고 다시 자신의 의견을 더하였고, 기자(箕子)에 대한 사실을 논하고 찬술한 것 등을 경(經)·사(史)·자(子)·집(集)에서 채집하여 책의 끝에 편성하였다. 「황극연의(皇極衍義)」는 이민곤(李敏坤)이 저술하였는데, 「홍범(洪範)」 편에서 오황극(五皇極) 한 장을 뽑아서 의미를 밝혔다. 먼저 본 장의 정문(正文)을 열거하고 다음에 채침의 본전(本傳)을 수록하였으며 옆에 문장의 뜻을 설명하였다. 여러 설을 동그라미 표시 아래에 기록하고 '신안(臣按)'이라는 두 글자를 표시하여 자기의 의견을 붙였다. 영조(英祖)에게 진상하여 임금의 덕을 권면하였다. 「매씨상서평(梅氏尙書平)」과 「상서고훈(尙書古訓)」과 「상서지원록(尙書知遠錄)」은 다산(茶山) 정약용(丁若鏞)이 편찬하여 「여유당집(與猶堂集)」 16권에서부터 37권에 걸쳐서 수록하였다. 『서전인물유취(書傳人物類聚)』는 순조(純祖) 즉위년에 박준원(朴準源)과 김조순(金祖淳) 두 사람에게 명하여 교정 간행하게 하였다. 『기범연의(箕範衍義)』는 이

원곤(李源坤)이 지은 것인데, 구주(九疇)를 10권에 나누어 경(經)·전(傳)·자(子)·사(史) 중에서 중요한 것을 뽑아서 개인의 생각을 덧붙였다. 율곡(栗谷) 이이(李珥)의 「기자실기(箕子實記)」와 월사(月沙) 이정구(李廷龜)의 「기자묘비명(箕子廟碑銘)」, 「하도낙서홍범본수제도(河圖洛書洪範本數諸圖)」와 『서경』 본문을 모아서 첫 권을 만들었다. 철종(哲宗) 경술(庚戌)년에 저자의 종질(從姪)인 창술(昌述)이 이 책을 간행하였다.

언해내력(諺解來歷)

경서(經書)의 구결(口訣)과 석의(釋義)는 신라 때에 설총(薛聰)이 방언(方言)으로 구경(九經)을 풀이한 것이 효시(嚆矢)가 되고, 고려 말기에 포은(圃隱) 정몽주(鄭夢周), 양촌(陽村) 권근(權近)이 각각 토를 달아서 해석하였다. 세종 때에 훈민정음을 창제하면서 담당 기구를 설치하고 유신(儒臣)에게 명하여 한글로 『경서음해(經書音解)』를 지었다. 세조 때에 또 구결을 정하였고, 성종 때에 이르러서 유숭조(柳崇祖)가 명을 받들어 『칠서언해구두(七書諺解句讀)』를 찬술하였고, 그 뒤에 학자들이 각각 저술하였다. 퇴계 이황에 이르러서 석의(釋義)를 모아서 완성하였으나, 오히려 완비되지 못하였다. 선조 9[丙子]년에 율곡 이이에게 명하여 사서와 오경의 언해를 상정(詳定)하라 하였으나, 율곡 선생이 지은 것은 사서에 그치고 오경에는 미치지 못하였다. 18[乙酉]년에 다시 담당 기구를 설치하고 관리에게 명하여 언해를 저술하도록 하였으니, 지금 세상에 통행되는 『칠서언해(七書諺解)』가 그것이다. 언해라고 하여도 훈독(訓讀)만 주로 하였으며, 훈독도 상세하게 해설하지 못하였고 자해(字解)와 의해(義解)에는 미치지 못하였다.

서전

書傳

우서 | 虞書

우(虞)는 순(舜)의 나라 이름이다. 글이 모두 다섯 편이다.

요전 [堯典]

요(堯)는 당(唐)나라 제(帝)의 이름이다. 전(典)은 책(册)이 책상 위에 있는 것을 형상한 글자이니, 높인다는 뜻이다. 이 편(篇)에서는 요(堯)의 일을 실었기 때문에 「요전(堯典)」이라고 이름을 붙였으니, 후세에 떳떳한 본보기가 될 수 있는 까닭에 전(典)을 또한 떳떳함이라고도 풀이한다. 『금문상서(今文尙書)』와 『고문상서(古文尙書)』에 다 있다.

曰若稽古帝堯한대 曰放勳이시니 欽明文思가 安安하시며 允恭克讓하사 光被四表하시며 格于上下하시니라

| 언해 |

넷 帝堯를 샹고혼디 굴온 放훈 勳이시니, 공경ᄒ시며 밝으시며 문쟝ᄒ시며 싱각ᄒ심이 安安ᄒ시며 진실로 공경ᄒ시며 능히 ᄉ양ᄒ샤 빛이 四表에 밋치시며 上下에 니르시니라

| 번역 |

옛 제(帝)인 요(堯)의 덕을 살펴보면 지극한 공(功)이시니, 공경하시며 밝으시며 문채 나시며 생각하심이 자연스러우셨으며, 진실로 공경하시며 사양할 수 있어서, 빛이 동서남북의 바깥까지 미치시며, 위아래에 이르시니라.

| 자해 |

曰若 : 문장의 앞에 쓰이는 발어사. •稽 : 상고함. •放 : 지극함. •勳 : 공훈.
•欽 : 공경함. •安安 : 자연스럽게 되어 힘쓸 것이 없음. •允 : 진실로. •
克 : 할 수 있음. •被 : 미침. •格 : 이름. •四表 : 사방의 밖. •上下 : 하늘과
땅.

| 의해 |

요의 덕이 지극하며, 그 공이 또한 지극하여 '방훈(放勳)'이라 하
였으니, 공경으로 본체를 삼고 밝음으로 작용을 삼으며, 안으로
생각하고 밖으로 문채 나게 하되, 애써 힘씀이 없이 자연스럽게
그렇게 되었다. 또 진실로 행하고 이룰 수 있어서 그 지극함이 천
지 사방에 이르렀다. 요의 덕이 매우 융성하여 '흠(欽)'자에서 시
작하고 또 '공(恭)'자와 '양(讓)'자를 더하니, 이는 사람의 덕이 공
경(恭敬)을 앞세우는 것이다. 공경이 『서경(書經)』의 제일(第一)
의 뜻이다.

> 克明俊德하사 以親九族하신대 九族이 旣睦이어늘 平章百
> 姓하신대 百姓이 昭明하며 協和萬邦하신대 黎民이 於變時
> 雍하나니라

| 언해 |

능히 큰 德을 밝히샤 뻐 九族을 親ᄒ신디 九族이 임의 친목 ᄒ거
늘 百姓을 고로고 밝히신디 百姓이 昭明ᄒ며 萬邦을 합ᄒ야 고로
게하신디 黎民이 於홉다 變ᄒ야 이에 화ᄒ니라

| 번역 |

큰 덕을 밝힐 수 있어서 구족(九族)을 가깝게 하시니 구족이 이미 친목하거늘, 백성을 고르게 하고 밝게 하시니 백성이 밝아졌으며, 만방을 화합하게 하시니 일반 백성들이, 아! 변하여 이에 화목하게 되었도다.

| 자해 |

俊 : 큼. •九族 : 고조(高祖)로부터 현손(玄孫)에 이르기까지 상복을 입는 일가. •睦 : 친하고 화합함. •平 : 고르게 함. •章 : 밝힘. •協 : 합함. •萬邦 : 천하의 모든 제후의 나라. •黎民 : 벼슬하지 않은 일반 백성. •於 : 감탄사로 음은 오. •時 : '시(是)'자와 같음. •雍 : 화합함.

| 의해 |

일반 백성이 변한다는 것은 악한 사람이 변하여 선한 사람이 된다는 것이다. 요의 덕이 퍼져나가, 자신으로부터 집에 이르고, 집으로부터 나라에 이르고, 나라로부터 천하에 이른 것이니, 곧 이른바 '방훈(放勳)'이다.

乃命羲和하사 欽若昊天하야 曆象日月星辰하야 敬授人時하시다

| 언해 |

이애 羲와 和를 命ᄒ샤 昊天을 공경이슌ᄒ야 日月星辰을 曆으로 ᄒ며 象으로 ᄒ야 공경ᄒ야 人時를 쥬라ᄒ시다

| 번역 |

이에 희(羲)와 화(和)에게 명하여 넓고 큰 하늘을 공경히 따르며,
해와 달과 별의 절기를 기록하며 모양의 변화를 살펴서, 공경하
여 사람들에게 때를 알려주라고 하셨다.

| 자해 |

羲和 : 천문을 맡은 벼슬아치. •若 : 따름. •昊 : 넓고 큼. •曆 : 절기를 기록
한 글. •象 : 기후를 관찰하는 기계. •人時 : 백성이 농사짓는 시기.

| 의해 |

백성의 일은 농사가 가장 크고, 농사는 때를 알아야 할 수 있다.
하늘에는 자연스런 절기가 있지만, 백성이 알지 못하기 때문에,
임금이 역상(歷象)을 밝혀 가르친다. 하늘을 따르고 백성에게 가
르쳐주는 것을 다 공경히 해야 하는 것이다.

分命羲仲하사 宅嵎夷하시니 曰暘谷이니 寅賓出日하여 平
秩東作이니 日中이오 星鳥라 以殷仲春이면 厥民은 析이오
鳥獸는 孶尾니라

| 언해 |

羲仲을 난호아 命ᄒ샤 嵎夷예 잇게 ᄒ시니 ᄀᆞᆯ온 暘谷이니 나는
날을 공경ᄒ야 손갓치마져 東녁시 作흠을 고로ᄎᆞ례로 훌지니 날
은 가운디오 별은 鳥ㅣ라 뼈맛게 훈 仲春이면 그 빅셩은 훗터지
고 시와 짐승은 孶ᄒ며 尾ᄒᄂ니라

| 번역 |

희중(羲仲)에게 나누어 명하여 우이(嵎夷)에 머무르게 하시니, 양곡(暘谷)이라고 하였다. 나오는 해를 공경히 손님같이 맞이하여 봄에 시작하는 농사를 고루 차례로 할 것이니, 낮은 하루의 반이고, 뜨는 별 이름은 조(鳥)이다. 그 때를 중춘(仲春)에 맞게 하면 백성은 농사하러 흩어지고, 새와 짐승은 교미하여 새끼를 낳아 젖을 먹인다.

| 자해 |

羲仲 : 천문을 맡은 벼슬아치 가운데 한 사람. 희숙(羲叔)·화중(和仲)·화숙(和叔)이 다 같음. •宅 : 머무름. •嵎夷 : 동방(東方)의 땅 이름. •暘 : 햇빛이 밝음. •寅 : 공경(恭敬). •賓 : 손님 같이 맞이함. •秩 : 차례대로 함. •作 : 시작. •東作 : 봄에 시작하는 농사. •日中 : 춘분(春分) 때에 낮의 길이가 밤과 같은 것. •鳥 : 춘분 때 초저녁에 남방에 뜨는 별. •殷 : 맞게 함. •析 : 흩어짐. •孶 : 젖을 먹임. •尾 : 교미(交尾).

| 의해 |

먼저 희(羲)와 화(和)에게 명하였고, 여기에서는 희(羲)와 화(和)의 직책을 나누어 명한 것이다. 이들은 봄을 맡는 직책이다. 우이(嵎夷)에 머무르게 한 것은, 봄이 동쪽에 속하고 해가 동쪽에서 나오며, 또 봄이 일 년의 처음이기 때문이다. 백성이 흩어진다는 것은 겨울 추운 때에는 깊은 곳에 모여 있다가 봄에 따뜻하면 밖으로 흩어지는 것을 말한다. 새와 짐승도 각각 때를 따라 변하는 것이니, 이를 헤아려서 백성을 지도하는 것이다.

申命羲叔하사 宅南交하시니 曰明都니 平秩南訛하여 敬致니 日永이오 星火라 以正仲夏면 厥民은 因이오 鳥獸는 希革이니라

| 언해 |

거듭 羲叔을 命ᄒᆞ샤 南交에 잇게 ᄒᆞ시니 ᄀᆞᆯ온 明都ㅣ니 南녁변홈을 고로ᄎᆞ례로 ᄒᆞ야 공경ᄒᆞ야 닐우게 홀지니 날은 길고 별은 火ㅣ라 뻐바르게 ᄒᆞᆫ 仲夏ㅣ면 그 ᄇᆡᆨ셩은 因ᄒᆞ고 ᄉᆡ와 짐ᄉᆡᆼ은 希ᄒᆞ야 革ᄒᆞᄂᆞ니라

| 번역 |

거듭 희숙(羲叔)에게 명하여 남교(南交)에 머무르게 하시니, 명도(明都)라고 하였다. 여름에 변하는 것을 고루 차례로 할 것이니, 공경히 맞이할 것이다. 낮은 길고 뜨는 별 이름은 화(火)이다. 그 때에 중하(中夏)를 바르게 하면, 그 백성은 계속 흩어져 나가고, 새와 짐승은 털이 드물어지며 가죽이 변한다.

| 자해 |

曰明都 : 세 글자는 본문에 빠져있음. • 申 : 거듭. • 交 : 남방(南方)의 땅 이름. • 訛 : 변함. • 南訛 : 여름에 사물이 변함. • 致 : 맞이함. • 火 : 동방(東方)의 별인데, 하지(夏至) 때 초저녁에 남쪽에 뜸. • 因 : 흩어지고 이어서 또 흩어짐. • 希 : 드물어짐. • 革 : 털이 드물어져 가죽이 변함.

| 의해 |

희(羲)와 화(和)에게 명한 것을 또한 희(羲)와 화(和)의 중(仲)과 숙(叔)에게 거듭 명한 것이다. 이들은 여름을 맡는 직책이다. 여름은 남쪽에 속하는 것으로 해가 더욱 밝으며, 사물이 더욱 변화

한다. 하지(夏至) 때에 낮이 매우 길기 때문에 이를 공경히 맞이하며, 기후가 덥기 때문에 백성이 더욱 흩어지는 것이다. 중춘(仲春)에는 '은(殷)'이라고 하고, 중하(仲夏)에는 '정(正)'이라고 한 것은, 춘분(春分) 때에는 고르기 때문에 '맞게 한다.'고 한 것이고, 하지(夏至) 때에는 양(陽)이 극성(極盛)한 까닭에 '바르게 한다.'고 한 것이다. 추분(秋分)과 동지(冬至)에 음(陰)이 극성한 것도 이와 같이 한다.

分命和仲하사 宅西하시니 曰昧谷이니 寅餞納日하여 平秩西成이니 宵中이오 星虛라 以殷仲秋면 厥民은 夷오 鳥獸는 毛毨이니라

| 언해 |

和仲을 난호아 命ᄒ샤 西에 잇게 ᄒ시니 ᄀᆞᆯ온 昧谷이니 드는 날을 공경ᄒ야 보니여 西녁일움을 고로ᄎᆞ례로 홀지니 밤은 가운ᄃᆡ오 별은 虛ㅣ라 뻐맛게 ᄒᆞᆫ 仲秋ㅣ면 그 ᄇᆡᆨ셩은 평ᄒ고 시와 짐싱은 털이 毨ᄒᄂᆞ니라

| 번역 |

화중(和仲)에게 나누어 명하여 서쪽에 머무르게 하시니, 매곡(昧谷)이라고 하였다. 들어가는 해를 공경히 보내어 가을에 이루는 농사를 고루 차례로 할 것이니, 밤은 하루의 반이고, 뜨는 별 이름은 허(虛)이다. 그 때를 중추(仲秋)에 맞게 하면, 백성은 기운이 평온하고, 새와 짐승은 털이 빠지고 다시 나서 윤택해진다.

| 자해 |

西 : 서방(西方)의 땅. •昧 : 어두움. •餞 : 보냄. •西成 : 가을에 이루는 농사. •宵中 : 추분(秋分) 때에 밤과 낮의 길이가 같은 것. •虛 : 북방(北方)의 별인데, 추분(秋分) 때 초저녁에 남쪽에 뜸. •夷 : 더위가 물러가서 사람의 기운이 평안함. •毨 : 털이 빠지고 다시 나서 윤택함.

| 의해 |

이들은 가을을 맡는 직책이다. 가을은 서쪽에 속하고, 해는 서쪽으로 들어간다. 봄에는 일중(日中)이라고 하고 가을에는 소중(宵中)이라고 하는 것은 봄은 낮이 점점 길어지고, 가을은 밤이 점점 길어지기 때문이다.

申命和叔_{신명화숙}하사 宅朔方_{택삭방}하시니 曰幽都_{왈유도}니 平在朔易_{평재삭역}이니 日短_{일단}이오 星昴_{성묘}라 以正仲冬_{이정중동}이면 厥民_{궐민}은 隩_오요 鳥獸_{조수}는 氄毛_{용모}니라

| 언해 |

거듭 和叔을 命ᄒ샤 朔方에 잇게ᄒ시니 갈온 幽都ㅣ니 북녁변홈을 고로 살필지니 날은 자릅고 별은 昴ㅣ라 뻐 바르게 혼 仲冬이면 그 빅셩은 집쇽에 ᄒ고 시와 짐싱은 가는 털이니라

| 번역 |

거듭 화숙(和叔)에게 명하여 삭방(朔方)에 머무르게 하시니, 유도(幽都)라고 하였다. 겨울에 변하는 것을 고루 살필 것이니, 날은 짧고 뜨는 별 이름은 묘(昴)이다. 그 때에 중동(仲冬)을 바르게 하면 백성은 집안으로 들어가고, 새와 짐승은 털이 가늘어진다.

| 자해 |

朔方 : 북쪽 땅. • 在 : 살핌. • 朔易 : 겨울에 한 해를 마치면서 마땅히 변해야 할 일. • 昴 : 서방(西方)의 별인데, 동지(冬至) 때 초저녁에 남쪽에 뜸. • 隩 : 집안. • 毨 : 가는 털.

| 의해 |

이들은 겨울을 맡는 직책이다. 겨울은 북쪽에 속한다. 봄과 여름과 가을에 대해서는 다 '고루 차례로 한다[平秩].'고 하고, 겨울에 대해서는 '고루 살핀다[平在].'고 한 것은, 봄과 여름과 가을은 농사를 차례로 하는 것이고, 겨울에는 농사를 마치고 다만 기후를 살피는 것이기 때문이다.

帝曰 咨 汝羲暨和야 朞는 三百有六旬有六日이니 以閏
月이라야 定四時成歲하여 允釐百工하여 庶績이 咸熙하리라

| 언해 |

帝ㅣ 골ᄋᆞ샤디 咨홉다 너 羲와 밋 和아 돌은 三百이오 ᄯᅩ 예순이오 ᄯᅩ 여섯날이니 閏月을 뻬야샤 四時를 定ᄒᆞ야 히를 이루어서 진실로 百工을 다스려 여러 공이 다 넓으리라

| 번역 |

제(帝)가 말씀하셨다. "아! 너 희(羲)와 화(和)야! 일 년은 삼백 육십 육일이니, 윤달을 써야만 네 계절을 정하여 한 해를 이룰 수 있다. 진실로 모든 관직을 다스려 여러 공적이 다 넓어지리라!"

| 자해 |

呑 : 감탄사. •曁 : 및. •朞 : 일 년. •旬 : 열흘. •閏月 : 윤달. •釐 : 다스림.
•工 : 벼슬하는 사람. •庶 : 여럿. •績 : 공적. •熙 : 넓음.

| 의해 |

이것은 또 희(義)와 화(和) 모두에게 이르는 말이다. 역상(曆象)
을 살펴서 백성을 가르치면 하늘의 때를 어기지 아니하여 모든
공적이 다 이루어지는 것이니, 정사(政事)에서 마땅히 먼저 해야
한다. 하늘의 도수(度數)가 삼백육십육일이 일 년이 되는데, 옛
역법(曆法)에서는 달의 보름과 그믐을 따라 삼십일이 한 달이 되
고, 십이 개월이 한 해가 되면, 일 년이 삼백육십일일 뿐이니, 또
날과 달의 도수가 맞지 않는 것이 있다. 그래서 달에 크고 작음이
있게 했는데, 일 년은 항상 삼백오십오일, 삼백오십육일에 지나
지 못한다. 그러므로 그 남은 날을 모아 삼년 만에 윤달을 두어
야, 달의 그믐·초하루·상현·하현·보름과 네 계절의 봄·여
름·가을·겨울이 어긋나지 않는다.

帝曰 疇呑若時하여 登庸고 放齊曰 胤子朱 啓明하니이다

帝曰 吁라 嚚訟이어니 可乎아

| 언해 |

帝ㅣ 골ᄋᆞ샤ᄃᆡ 뉘 ᄠᅢ를 슌케 ᄒᆞ이를 물어서 올니어 쓰게 ᄒᆞ고 放
齊ㅣ 골오ᄃᆡ 맛아들인 朱ㅣ 널이고 밝으니이다 帝ㅣ 골ᄋᆞ샤ᄃᆡ 안
이라 嚚ᄒᆞ며 訟ᄒᆞ거니 可ᄒᆞ랴

| 번역 |

제(帝)가 말씀하셨다. "누가 때를 따라서 할 수 있는 사람을 물어서 등용하여 쓰게 할고?" 방제(放齊)가 말하기를, "맏아들 주(朱)가 열려있고 밝습니다."라고 하였다. 제(帝)가 말씀하셨다. "아니다! 말이 미덥지 않고 다투기만 하는 사람이니 되겠는가?"

| 자해 |

疇 : 누구. •咨 : 물음. •若 : 따름. •庸 : 씀. •放齊 : 신하의 이름. •胤 : 맏이. •朱 : 요(堯)의 아들 단주(丹朱). •啓 : 열림. •吁 : 아님. •嚚 : 말이 미덥지 않음. •訟 : 다툼.

| 의해 |

요(堯)가 장차 어진 사람을 구하여 쓰고자 하는데, 방제(放齊)가 단주(丹朱)를 천거하니, 요가 그렇다고 여기지 아니하였다. 여기에서 성인이 아들에게 사사로운 감정이 없음을 볼 수 있다. 단주의 사람됨이 열려있고 밝은 듯하지 않은 것은 아니지만, 요는 그가 믿음직스럽지 아니하고 다투기를 좋아하는 것을 알았다. 이는 성인이 사람을 아는 것이 특별함을 또한 보인 것이다.

帝曰 疇咨若予采오 驩兜曰 都라 共工이 方鳩僝功하나니이다 帝曰 吁라 靜言庸違하고 象恭滔天하니라

| 언해 |

帝ㅣ 골♀샤디 뉘 내의 일을 슌케 홀이를 물을쏘 驩兜ㅣ 골오디 아름답다 共工이 바야흐로 모되야 功을 뵈이ᄂ니이다 帝ㅣ 골♀샤디 안이라 고요ᄒ면 말을 호디 쓰면 어긔고 얼골만 恭경ᄒ니라

| 번역 |

제(帝)가 말씀하셨다. "누가 나의 일을 이어서 따를 사람을 물어
봐 주겠는가?" 환도(驩兜)가 말하기를, "아! 공공(共工)이 바야흐
로 공(功)이 모여서 보일 수 있게 되었습니다."라고 하였다. 제
(帝)가 말씀하셨다. "아니다! 고요히 있을 때에는 말을 잘 하지만
등용하면 어기고, 얼굴만 공경하느니라!"

| 자해 |

采 : 일. •都 : 감탄사. •驩兜 : 신하의 이름. •共工 : 벼슬 이름. •鳩 : 모임.
•僝 : 보임. •象 : 얼굴. •滔天 : 두 글자는 잘못 들어간 글자.

| 의해 |

먼저 때를 맞출 사람을 묻고, 여기에서는 일을 이어 받을 사람을
물은 것은, 직책의 크고 작음을 따라서 말한 것이다. 일을 맡지
않을 때는 말을 잘하지만 일을 맡으면 어기고, 외모(外貌)는 공경
하는 듯하지만, 중심(中心)은 그렇지 않은 것은 소인(小人)의 태
도이니, 성인만이 홀로 알기 때문에 아니라고 한 것이다.

帝曰 咨四岳아 湯湯洪水 方割하여 蕩蕩懷山襄陵하여
浩浩滔天하니 下民其咨하니 有能이어든 俾乂하리라 僉曰
於라 鯀哉니이다 帝曰 吁라 咈哉라 方命하며 圮族하나니라
岳曰 异哉나 試可오 乃已니이다 帝曰 往欽哉하라하시니 九
載에 績用이 弗成하니라

| 언해 |

帝ㅣ 골♡샤딕 쯈홉다 四岳아 湯湯혼 큰 물이 바야흐로 해로아
蕩蕩히 山을 싸며 언덕을 넘어 浩浩히 하늘에 번질식 아릭 빅셩
이 그 탄식 ㅎᄂ니 능홀이 잇거든 하야곰 다스리게 호리라 여러
이 골오딕 於홉다 鯀이니이다 帝ㅣ 골♡샤딕 안이라 그럿치안인
지라 命을 方ㅎ며 族을 패ㅎᄂ니라 岳이 골오딕 그럴지나 可흠을
試험ㅎ고 이에 말을 지니이다 帝ㅣ 골♡샤딕 가셔 공경ㅎ라 ㅎ시
니 아홉힉에 공쏨이 일우지 못ㅎ니라

| 번역 |

제(帝)가 말씀하셨다. "아! 사악(四岳)아! 넘실대는 큰물이 바야
흐로 피해를 입히고, 그득히 산(山)을 싸며 언덕을 넘어, 넓고 넓
어 하늘에 번질 때, 아래 백성이 탄식하였다. 할 수 있는 자가 있
거든, 그로 하여금 다스리게 하리라." 여럿이 말하기를, "아! 곤
(鯀)이 있습니다."라고 하니, 제(帝)가 말씀하셨다. "아니다! 그렇
지 아니하다! 명(命)을 어기며, 친족을 어그러지게 한 사람이다."
악(岳)이 말하기를, "그렇지만 시킬 만한지 시험해보고 나서 그만
두게 하소서."라고 하였다. 제(帝)가 말씀하셨다. "가서 공경하
라!" 그러나 아홉 해에 이르도록 공이 이루어지지 못하였다.

| 자해 |

四岳 : 벼슬 이름. •湯湯 : 물이 넘실거리는 모양. •洪 : 큼. •割 : 해로움.
•蕩蕩 : 넓은 모양. •懷 : 사방으로 둘러 쌈. •襄 : 위로 넘음. •浩浩 : 큰
모양. •滔 : 번짐. •俾 : 하여금. •乂 : 다스림. •僉 : 여럿. •鯀 : 신하의 이
름. •咈 : 매우 그렇지 않다는 말. •方命 : 명을 거스름. •圮 : 어그러지게
함. •族 : 친족. •류 : 다름. •류哉 : '그러나'라는 뜻. •載 : 해.

| 의해 |

요임금 때에 큰물이 있어 산천이 뒤바뀌고 백성이 편하지 못하
자, 곤(鯀)에게 명하여 물을 다스리게 하였다. 곤은 하우씨(夏禹

氏)의 아버지인데, 공을 이루지 못하고 하우씨가 이어서 공을 이루었다. 곤이 재주 없는 것이 아니지만 그 마음이 어긋나 명을 따르지 아니하고, 친족을 고르게 대우하지 못함으로 공을 이루지 못한 것이다. 사악(四岳)이 천거한 것은 그 재주를 아낀 것이고, 요임금이 안 된다고 한 것은, 그 마음을 알았기 때문이다. 그러나 사람을 쓰는 법이 재주를 두루 다 갖추기를 요구하는 것이 아니기 때문에, 한번 시험을 하였더니 과연 이루지 못하므로 곤에게 죄를 주고, 그 아들을 등용하였다. 이는 성인에게는 사사로운 감정이 없는 것을 보여준다.

帝曰 咨四岳아 朕이 在位七十載니 汝能庸命하나니 巽朕位인저 岳曰 否德이라 忝帝位하리이다 曰明明하며 揚側陋하라 師錫帝曰 有鰥이 在下하니 曰虞舜이니이다 帝曰 俞라 予聞호니 如何오 岳曰瞽子이니 父頑하며 母嚚하며 象傲어늘 克諧以孝하여 烝烝乂하여 不格姦하니이다 帝曰 我其試哉인저 女于時하여 觀厥刑于二女하리라하시고 釐降二女 于嬀汭하사 嬪于虞하시고 帝曰 欽哉하라하시다

| 언해 |

帝ㅣ 골ᄋ샤디 咨홉다 四岳아 내 位에 잇슨지 일흔해니 네 能히 命을 쓰느니 내의 位를 ᄉ양홀진뎌 岳이 골오디 德이 안이라 帝位를 욕되게 ᄒ리이다 골ᄋ샤디 밝은 이를 밝히며 미쳔 ᄒ이를

들라 여러이 帝끠 쥬어 굴오디 홀아비잇서 아리 잇스니 굴온 虞
舜이니이다 帝ㅣ 굴♀샤디 그러ᄒ다 내 들엇노니 엇더ᄒ뇨 岳이
굴오디 瞽의 아들이니 아비가 頑ᄒ며 어미가 嚚ᄒ며 象이 교만ᄒ
거늘 능히 고로게 호디 孝로 뻐 ᄒ야 나아가고 나아가 다스리여
姦샤ᄒᄃᆡ에 니르지 안이케 ᄒ니이다 帝ㅣ 굴♀샤디 내 그 試험ᄒ
진뎌 이에 ᄯ알을 쥬어 그 법을 두 ᄯ알에게 보리라 ᄒ시고 두 ᄯ알을
嬀汭예 다스려나리샤 虞에 싀집가게 ᄒ시고 帝ㅣ 굴♀샤디 공경
ᄒ라 ᄒ시다

| 번역 |

제(帝)가 말씀하시를, "아! 사악 (四岳)아! 내가 자리에 있은 지
일흔 해이고, 네가 명(命)을 따랐으니, 나는 자리에서 물러나겠노
라."라고 하자, 악(岳)이 말하기를, "덕이 없기 때문에 제위(帝位)
를 욕되게 할 것입니다."라고 하였다. 제(帝)가 말씀하셨다. "드러
난 사람도 천거하고 미천한 사람도 천거하라." 여럿이 제(帝)께
말하기를, "홀아비가 아래에 있으니, 우순(虞舜)이라고 합니다."
라고 하였다. 제(帝)가 말씀하셨다. "그러하다! 내가 들었는데,
어떠한가?" 악(岳)이 말하기를, "고(瞽)의 아들인데, 아버지는 덕
과 의가 없고, 어머니는 무식하며, 아우 상(象)은 교만한데도, 효
로써 조화롭게 하여, 차츰 차츰 다스려서, 간사한 데 이르지 않게
하였습니다."라고 하였다. 제(帝)가 말씀하셨다. "내가 그를 시험
할 것이다." 이에 딸을 주어 "그가 두 딸에게 본보기가 되는지를
보리라."고 하시고, 두 딸을 규수(嬀水)의 북쪽에 가르쳐 내려 보
내셔서, 우(虞)에게 시집가게 하시고, 제(帝)가 말씀하셨다. "공
경하라."

| 자해 |

朕 : '나'. •巽 : 사양함. •添 : 욕됨. 揚 : 천거함. 側陋 : 미천함. 師 : 여
럿. •錫 : 줌. •鰥 : 아내가 없는 사람. •虞 : 순임금의 성. •兪 : '그렇다'는

말. •瞽 : 눈 없는 사람. •頑 : 마음에 덕(德)과 의(義)가 없음. •象 : 순임금의 이복 동생 •傲 : 교만함. •諧 : 조화로움. •烝 : 차츰 차츰. •女 : 딸을 시집보냄. •刑 : 본보기. •二女 : 요임금의 두 딸 아황(娥皇)과 여영(女英). •釐 : 다스림. •降 : 높은 사람이 낮은 사람에게 내려줌. •嬀 : 물 이름. •汭 : 물 북쪽. •嬪 : 시집감.

| 의해 |

이것은 요(堯)가 순(舜)에게 선위하려는 복선이다. 요가 이미 늙어서 제위(帝位)를 사양할 때에, 비록 아들이 있으나 전하지 아니한 것은, 그가 어질지 못함을 알았기 때문이며, 또한 큰 자리를 사사롭게 하지 않은 것이다. 사악(四岳)은 그때의 대신이니, 반드시 어진 사람이다. 그러므로 자리를 사양한 것이나, 사악이 자기의 덕을 헤아리고 받지 아니하였다. 이에 귀천(貴賤)을 막론하고 널리 구하니, 여럿이 순을 천거하였고 제(帝)도 들은 적이 있었다. 여럿이 천거하고 제도 들었으니, 곧 그의 어짊을 알 수 있다. 그러나 일이 중대한 까닭에 여러 번 시험한 후에 크게 쓰려고 하였다. 부부 사이는 관계가 더욱 중요하고 성정(性情)을 살피기 쉽기 때문에 먼저 딸로써 시험을 한 것이다. 요임금은 먼저 덕을 밝혀서 집과 나라와 천하에 미치게 하고, 백성의 큰 근본은 농사이므로 역법을 가르쳐 때를 어기지 않게 하고, 천하를 홀로 다스리지 못하므로, 어진 사람을 구하되 먼저 때를 어기지 않을 사람을 묻고, 다음에 일을 이어 받아 할 사람을 물으니, 가벼운 것과 무거운 것, 근본과 말단을 분별한 것이다. 물을 다스린 것은 백성에게 위급한 해로움을 제거하고자 한 것이다, 순(舜)을 천거한 것은 천하라는 큰 그릇을 전하고자 한 것이다. 순서와 조리가 이와 같으니, 곧 「요전(堯典)」 한 편의 큰 뜻이다.

순전 [舜典]

日若稽古帝舜한대 日重華가 協于帝하시니 濬哲文明하시며 溫恭允塞하사 玄德이 升聞하신대 乃命以位하시다

| 언해 |

넷 帝舜을 샹고혼디 골온 重華ㅣ 帝ㅅ긔 합ᄒ시니 깁흐시고 지혜로으시며 문쟝ᄒ시고 밝으시며 화ᄒ시고 공손ᄒ시며 밋부시고 실ᄒ샤 그윽혼 德이 올나들니신디 이에 位로 뼈 命ᄒ시다

| 번역 |

옛 제(帝)인 순(舜)의 덕을 살펴보면 거듭하여 빛남이 제(帝) 요(堯)와 부합하시니, 깊고 지혜로우시며 우아하고 밝으시며, 온화하고 공손하시며 미덥고 충실하셔서 그윽한 덕이 위로 올라가 요에게 들리므로, 이에 자리로써 명하셨다.

| 자해 |

重 : 거듭. • 華 : 빛남. • 協 : 합함. • 帝 : 요(堯)를 말함. • 濬 : 깊음. • 哲 : 지혜로움. • 溫 : 온화함. • 塞 : 충실함.

| 의해 |

요(堯)가 이미 빛남이 있었는데, 순(舜)이 또 빛남이 있어서 요와 부합하였다. '중화(重華)'는 거듭 빛난다는 말이다. 네 가지 그윽한 덕이 있어서 요에게 들리니, 요가 벼슬을 명하여 시험하여 차례차례 크게 쓰고 나서 마침내 천하를 전한 것이다.

愼徽五典하신대 五典이 克從하며 納于百揆하신대 百揆가 時叙하며 賓于四門하신대 四門이 穆穆하며 納于大麓하신대 烈風雷雨에 弗迷하시다

| 언해 |

五典을 삼가 아름답게 ᄒ라 ᄒ신디 五典이 능히 슌케ᄒ며 百揆에 드리신디 百揆ㅣ 찐로 펴며 四門에 손을 맞게 ᄒ신디 四門이 穆穆ᄒ며 大麓에 드리신디 빠른 바람과 우레ᄒᄂ 비에 어지럽지 안이 ᄒ시다

| 번역 |

오전(五典)을 삼가 아름답게 하라 하신대 오전을 맞게 하며, 여러 관직의 우두머리 자리에 들이신대 여러 관직의 일이 때에 맞게 펴지며, 사방의 문에서 손님을 맞게 하신대 사방의 문 주변이 화합하며, 큰 산 기슭에 들이신대 빠른 바람과 우레 치는 비에도 혼란되지 아니하셨다.

| 자해 |

徽 : 아름다움. •五典 : 오륜(五倫) •從 : 순조로움. •揆 : 헤아림. •百揆 :

백 가지 일을 헤아림. •四門 : 사방(四方)의 문. •穆穆 : 지극히 화합함. •
麓 : 산기슭. •烈 : 빠름. •迷 : 어지러움.

| 의해 |

이것은 여러 벼슬로 시험한 것이다. 오전(五典)을 맞게 하는 것은
사도(司徒)와 같은 벼슬이고, 여러 관직의 우두머리 자리에 들이
는 것은 총재(冢宰)와 같은 벼슬이고, 사방의 문에서 손님을 맞게
하는 것은 사악(四岳)과 같은 벼슬을 겸하는 것이다. 오전을 맞게
하며 여러 관직의 일이 펴지게 하며 사방의 문 주변이 지극히 화
합하는 것은 그 공을 이룬 것이 다 좋은 것이다. 백성을 위하여
사방을 다닐 때에 험한 지역에 다다라 괴상한 비바람을 만나도
혼란되지 않는 것은 정신과 역량이 보통 사람보다 뛰어나며, 또
하늘이 도왔기 때문이다.

帝曰 格하라 汝舜아 詢事考言한대 乃言이 底可績이면 三
載이니 汝陟帝位하라 舜이 讓于德하사 弗嗣하시다

| 언해 |

帝ㅣ 글ㅇ샤디 오르라 너 舜아 일을 꾀ㅎ고 말을 샹고혼디 네 말
이 可히 공에 닐운지 셰해니 네 帝의 位에 올으라 舜이 德에 ᄉ양
ᄒ샤 이읏지 안이 ᄒ시다

| 번역 |

제(帝)가 말씀하셨다. "오라! 너, 순(舜)이여! 네가 한 일을 생각
해보고 말을 살펴보았는데, 너의 말이 공적을 이루게 된 지 세 해

이니, 네가 제(帝)의 자리에 오르라." 순이 덕 있는 자에게 사양하
고 자리를 잇지 아니하셨다.

| 자해 |

格 : 옴. • 詢 : 꾀함. • 乃 : 너. • 厎 : 이룸. • 陟 : 오름.

| 의해 |

순(舜)을 여러 벼슬로 시험하니, 순이 한 말과 일이 다 공적을 이
룬 것이 이미 삼년이었다. 이에 요(堯)가 제(帝)의 자리를 전하고
자 하였다. 그러나 순이 오히려 겸손해서 덕 있는 이에게 사양하
고, 그 자리를 잇지 아니하였다. 요가 시험하여 전하고자 한 것과
순이 사양하여 잇지 아니한 것이 다 천하를 위하여 깊이 살핀 것
이고, 조금도 사사로운 감정을 두지 않았다. 그래서 더욱 살핀 후
에 마지못하여 주고받은 것이다.

正月上日에 受終于文祖하시다

| 언해 |

正月入 上日에 마침을 文祖끠 바드시다

| 번역 |

정월(正月) 상일(上日)에 문조(文祖)의 사당에서 마친 자리를 받
으시다.

| 자해 |

正月 : 첫째 달. • 上日 : 초하루 • 終 : 요(堯)가 제위(帝位)를 마친 것. • 文
祖 : 요의 조상.

| 의해 |

이는 마지못하여 제위(帝位)를 전하고 받은 것이다. 정월 상일로
한 것은 시작을 바르게 한 것이다. 문조의 사당에서 한 것은 요도
계속 이어져 내려온 문조의 자리를 물려받았기 때문이니, 그 근
본을 따른 것이다. 그러나 그 일은 이었지만 실제로는 아직 그 자
리에는 나아가지 아니하였으니 곧 섭정(攝政)이다.

재 선 기 옥 형   이 제 칠 정
在璿璣玉衡하사 **以齊七政**하시다

| 언해 |

璿璣玉衡으로 솔히샤 뻐 七政을 간지런케 ᄒ시다

| 번역 |

선기옥형(璿璣玉衡)으로 살피셔서 그것으로 칠정(七政)을 가지런
하게 하시다.

| 자해 |

在 : 살핌. •璿璣玉衡 : 하늘의 도수를 측정하는 기구. •齊 : 가지런히 함. •
七政 : 일(日)・월(月)・화(火)・수(水)・목(木)・금(金)・토(土)를 말함. 하
늘이 일곱 가지로 운행하는 것이 임금의 정사와 같음.

| 의해 |

순(舜)의 처음 정사(政事)가 천문(天文)을 살펴서 백성이 때를 잃
지 않게 한 것이니, 요(堯)가 처음 희(羲)와 화(和)를 명한 것과
같다. 비록 더하고 뺀 차이가 있으나 성인의 정사는 다른 것이 없
다.

> ^{사 류 우 상 제}
> 肆類于上帝하시며 ^{인 우 육 종}禋于六宗하시며 ^{망 우 산 천}望于山川하시며 ^{편 우}徧于
> ^{군 신}
> 羣神하시다

| 언해 |

드듸여 上帝ㅅ긔 類ᄒ시며 六宗에 禋ᄒ시며 山川에 望ᄒ시며 여
러 귀신을 두루ᄒ시다

| 번역 |

드디어 상제께 유(類) 제사를 지내시며, 육종(六宗)에 인(禋) 제
사를 지내시며, 산천에 망(望) 제사를 지내시며, 여러 귀신에게
두루 제사지내시다.

| 자해 |

類·禋·望 : 제사의 이름. •六宗 : 해·달·별·시(時)·차고 더움·비와
가뭄. 이 이외에도 여러 설이 있음. •徧 : 두루.

| 의해 |

제사의 예는 나라의 큰일이기 때문에, 순(舜)이 처음 섭정하면서
상하 귀신에게 제사하여 그 일을 고한 것이다.

> ^{집 오 서}
> 輯五瑞하시니 ^{기 월}旣月이어늘 ^{내 일 근 사 악 군 목}乃日覲四岳羣牧하시고 ^{반 서 우}班瑞于
> ^{군 후}
> 羣后하시다

| 언해 |

다섯 瑞를 거두시니 달이 다ᄒ거늘 날로 四岳과 羣牧을 뵈옵게
ᄒ시고 瑞를 羣后에게 난으시다

| 번역 |

다섯 종류의 신표를 거두시니, 한 달이 다 지나거늘 날마다 사악
(四岳)과 여러 제후들을 만나셔서 신표를 여러 제후들에게 나누
어주시다.

| 자해 |

輯 : 거둠. •瑞 : 실제인지를 확인하는 물건. 오서(五瑞)는 공(公)·후(侯)·
백(伯)·자(子)·남(男)이 가지는 환규(桓圭)·신규(信圭)·궁규(躬圭)·곡
벽(穀璧)·포벽(蒲璧)의 다섯 가지 물건. •旣 : 다함. •覲 : 만남. •牧 : 백
성을 맡은 벼슬. •班 : 나누어줌. •羣侯 : 군목(羣牧).

| 의해 |

순(舜)이 처음 정사(政事)할 때 사방의 제후를 차례로 보고 부신
(符信)을 살펴보고서 다시 나누어 준 것이니 이는 정월의 일이다.

歲二月에 東巡守하사 至于岱宗하사 柴하시며 望秩于山川
하시고 肆覲東后하시니 五玉과 三帛과 二生과 一死贄라 協
時月하사 正日하시며 同律度量衡하시며 修五禮하시며 如
五器하시고 卒乃復하시다 五月에 南巡守하사 至于南岳하
사 如岱禮하시며 八月에 西巡守하사 至于西岳하사 如初하

시며 十有一月에 朔巡守하사 至于北岳하사 如西禮하시고
歸格于藝祖하사 用特하시다

| 언해 |

해二月에 東으로 守애 巡호샤 岱宗에 닐으샤 柴호시며 山과 川을
望호야 추레로 호시고 드듸여 東녁 后를 뵈옵게 호시니 다섯가지
玉과 세가지 깁과 두가지 산것과 한가지 죽은것이 폐빅이러라 時
와 月을 맛치샤 日을 발으게 호시며 律과 度와 量과 衡을 한갓게
호시며 다섯 가지 禮를 닷그시며 다섯 가지 그릇을 갓게 호시고
맛치고 이에 다시 호시다 五月에 南으로 守에 巡호샤 南岳에 닐
으사 岱ㅅ 禮갓치 하시며 八月에 西으로 守에 巡호샤 西岳에 닐
으샤 처음 갓치 호시며 十一月에 북으로 守에 巡호샤 北岳에 닐
으샤 西ㅅ 禮갓치 호시고 도라와藝祖끠 닐으샤 特을 쓰시다

| 번역 |

그 해 이월에 동쪽으로 순수하여 대종(岱宗)에 이르셔서, 시(柴)
제사를 지내시며, 산과 내에 등급에 맞추어 망(望)제사를 지내시
고 드디어 동쪽의 제후들을 만나셨다. 다섯 가지 옥과 세 가지 비
단과 두 가지 산 것과 한 가지 죽은 것이 폐백이었다. 계절과 달
을 맞추고 날짜를 바로잡으시며, 율(律)과 도(度)와 양(量)과 형
(衡)을 한 가지로 같게 하시며, 다섯 가지 예를 닦으시며, 다섯
가지 그릇을 같게 하셨다. 순수를 마치고 이에 다시 오월에 남쪽
으로 순수하여 남악(南岳)에 이르러 대(岱)에서 행하신 예와 같
게 하셨다. 팔월에 서쪽으로 순수하여 서악(西岳)에 이르셔서 처
음의 예와 같이 하시며, 십일월에 북쪽으로 순수하여 북악(北岳)
에 이르셔서 서쪽의 예와 같이 하시고, 돌아와 문조(文祖)의 사당
에 이르셔서 소 한 마리의 희생을 쓰셨다.

| 자해 |

五玉三帛二生一死贄 : 이 아홉 글자는 옛 판본에는 잘못 '修五禮'의 아래에 있었는데, 바로 잡은 것임. •岱宗 : 산 이름. •柴 : 하늘에 드리는 제사. •東后 : 동쪽의 제후. •時 : 네 계절. •月 : 크고 작은 달. •日 : 일진(日辰). •律 : 십이율(十二律) •度 : 척촌(尺寸)의 길고 짧음. •量 : 되와 말의 많고 적음. •衡 : 무게의 무겁고 가벼움. •五禮 : 길(吉) •흉(凶) •군(軍) •빈(賓) •가(嘉)의 다섯 가지 예. •五器 : 다섯 가지 예에 쓰는 그릇. •五玉 : 오서(五瑞). •三帛 : 붉고, 검고, 누런 비단. •二生 : 염소와 기러기. •一死 : 꿩. •五玉 •三帛 •二生 •一死 : 모두 왕을 알현할 때 가지고 가는 폐백. •贄 : 폐백. •卒 : 마침. •復 : 다시. •格 : 사당에 이르러 고함. •藝祖 : 문조(文祖). •特 : 소 한 마리.

| 의해 |

해는 순수할 해이고, 이월 •오월 •팔월 •십일월은 동 •남 •서 •북을 각각 그 때를 따라 가는 것이다. 계절과 달과 날짜는 천시(天時)를 따라서 만사를 운행하는 것이니, 가지런하지 않은 것이 있으면 합치되게 하여 바르게 한다. 율(律)과 도(度)와 양(量)과 형(衡)은 인사(人事)를 밝혀 만물을 분별하는 것이니, 고르지 않은 것이 있으면 살펴서 같게 한다. 다섯 가지 예는 사람의 근본이니, 모두 왕정(王政)에서 먼저 할 것이다. 돌아와 문조의 사당에 고한 것은 돌아가신 어버이를 산 사람과 같이 섬긴 뜻이다.

五載에 一巡守어시든 羣后는 四朝하나니 敷奏以言하시며 明試以功하시며 車服以庸하시다

| 언해 |

다섯 해에 한번 巡守커시든 羣后는 네 번 朝ᄒᆞᄂᆞ니 벼풀러 알외

디 말슴으로 뼈 흐게 흐시며 밝히 試험호디 功으로 뼈 흐시며 슈
레와 옷을 庸으로 뼈 흐시다

| 번역 |

다섯 해에 한번 순수(巡守)하시면 여러 제후는 네 번 조회하니,
말로써 베풀어 아뢰게 하시고 공적으로 분명하게 시험해서 백성
에게 공적이 있는 자에게 수레와 옷을 상으로 주셨다.

| 자해 |

朝 : 제후가 천자를 뵙는 일. •敷 : 베품. •庸 : 백성에 대한 공적.

| 의해 |

다섯 해에 천자가 한 번 순수하며, 네 해의 네 계절에 사방의 제
후가 순차로 한 번 조회하고 또 그 다음 해에는 천자가 다시 순수
하니 서로 중단 없이 순환하도록 한다. 수레와 옷은 상으로 주어
드러나게 하는 것이다. 말과 공으로 시험하여 올리고 내리고 하
며, 또 백성에게 공이 있으면 수레와 옷을 주어 드러낸 것이다.

조 십 유 이 주   봉 십 유 이 산   준 천
肇十有二州하시고 封十有二山하시며 濬川하시다

| 언해 |

열두 고을을 비롯흐시고 열두 山을 封흐시며 내를 濬흐시다

| 번역 |

열두 주를 비로소 두시고 열두 산을 봉하시며 하천을 깊이 파서
물길을 인도하였다.

| 자해 |

肇 : 비로소.　•十二州 : 기주(冀州)•연주(兗州)•청주(淸州)•서주(徐州)•
형주(荊州)•양주(楊州)•예주(豫州)•양주(梁州)•옹주(雍州)•유주(幽
州)•병주(幷州)•영주(營州)의 열두 주.　•十二山 : 열두 주의 진산(鎭山).
•封 : 봉함.　•濬 : 물을 인도함.

| 의해 |

백성의 구역을 정하고, 산천을 다스리는 것이 또한 왕정(王政)의
큰 것이다. 그래서 비로소 천하의 구역을 정하여 열두 개의 주로
나누었다. 산을 봉하여 표시하며 내를 인도하여 수해가 없도록
하였다. 진산(鎭山)은 그 주 안의 큰 산을 표시하여 주산(主山)으
로 삼은 것이다. 전에도 구역이 없는 것은 아니었지만, 이때에 다
시 정한 것이다. 구역은 시대에 따라 변하기 때문에 후에 하우씨
(夏禹氏)가 또 구주로 정하였다.

象以典刑하시되 流宥五刑하시며 鞭作官刑하시고 扑作教
刑하시되 金作贖刑하시며 眚災는 肆赦하시고 怙終은 賊刑
하시되 欽哉欽哉하사 惟刑之恤哉하시다

| 언해 |

썻썻흔 형벌로써 뵈이샤더 五刑을 流로 노으시며 鞭으로 官의 刑
을 샴으시고 扑으로 教의 刑을 샴으샤더 金으로 贖ᄒᆞᄂᆞᆫ 刑을 샴
으시며 眚災란 肆ᄒᆞ야 赦ᄒᆞ시고 怙終으란 죽이샤더 공경ᄒᆞ고 공
경ᄒᆞ샤 형벌을 불샹히 ᄒᆞ시다

| 번역 |

보편의 형벌을 보여주시되 오형(五刑)을 유형(流刑)으로 감해주시며, 채찍을 관(官)의 형벌로 삼으시고 회초리를 교육의 형벌로 삼으시되 돈으로 벌을 감하는 형벌을 삼으시며, 과실이나 불운함으로 지은 죄는 풀어주어 용서해주고, 믿고서 고의적으로 저지른 죄는 죽이시되 신중하게 하셔서 형벌을 불쌍하게 여기는 마음으로 하셨다.

| 자해 |

象 : 형상(刑象)으로 보임. ·典 : 불변의 보편적인 법. ·流 : 귀양 보냄. ·鞭 : 채찍. ·扑 : 회초리. ·眚災 : 모르고 잘못함. ·怙終 : 일부러 범함. ·賊 : 죽임.

| 의해 |

이는 형벌을 쓰는 일이니, 형벌을 분명하게 보이는 것은 백성이 죄를 범하지 않게 하려는 것이다. 오형(五刑)에 해당되는 것도 정상을 참작하여 귀양 보내어 안전하게 하는 것은 풀어주는 것과 다름이 없다. 채찍은 무거운 형벌이니 관청에서 쓰고, 회초리는 가벼운 형벌이니 학교에서 쓰되, 돈으로 형벌을 감하는 법을 만들어 더욱 가볍게 하려는 것이다. 모르고 잘못을 저지른 사람은 비록 무거운 죄라고 하더라도 풀어주고, 일부러 죄를 저지른 사람은 비록 죄가 가볍더라도 죽이는 것은 그 마음을 다스리려는 것이다. 형벌을 무겁게도 하고 가볍게도 하는 것은 각각 조리를 따라서 하되, 신중하고 신중하게 하고 죄인을 불쌍하게 여기는 것이 성인이 형벌을 쓰는 뜻이다. 오형(五刑)은 옛 형벌이니, 묵(墨)·의(劓)·비(剕)·궁(宮)·대벽(大辟)의 다섯 가지이다.

流共工于幽洲하시며 放驩兜于崇山하시며 竄三苗于三危
하시며 殛鯀于羽山하사 四罪하신대 而天下咸服하니라

| 언해 |

共工을 幽州에 流ᄒ시며 驩兜를 崇山에 放ᄒ시며 三苗를 三危에
竄ᄒ시며 鯀을 羽山에 殛ᄒ샤 네 가지로 罪ᄒ신디 天下ㅣ 다 服
죵ᄒ니라

| 번역 |

공공을 유주로 유배 보내며, 환도를 숭산으로 귀양 보내며, 삼묘
를 삼위로 내쫓으며, 곤을 우산에 억류해서, 네 가지로 죄를 주시
자 천하가 다 복종하였다.

| 자해 |

放·竄 : 귀양 보냄. ·殛 : 억류함. ·共工·驩兜·鯀 : 모두 어질지 못한 신
하. ·三苗 : 난을 일으킨 나라 이름. ·幽洲 : 북방의 땅 끝. ·崇山 : 남방 땅
끝. ·三危 : 서방의 땅 끝. ·羽山 : 동방의 땅 끝.

| 의해 |

먼저 네 사람을 처벌하되 그 죄의 경중에 따라 혹은 멀고 혹은 가
깝게, 또 형벌의 등급을 다르게 하니 천하가 복종하였다. 이상은
모두 순이 섭정할 때의 정사이니, 요의 명을 받아 행한 것이다.

二十有八載에 帝乃殂落이시어늘 百姓은 如喪考妣를 三
載하고 四海는 遏密八音하니라

| 언해 |

스물이오 쏘 여덥 해에 帝ㅣ 죽거시눌 百姓은 아버니와 어머니를
喪혼다시 세해를 ᄒ고 四海ᄂ 八音을 싣어 고요ᄒ니라

| 번역 |

스물여덟 해에 제(帝)가 돌아가시거늘 백성은 어버이와 어머니의
상을 당한 듯이 세 해를 하고, 사해는 여덟 음을 끊어 고요하니
라.

| 자해 |

二十有八載 : 순이 섭정한 스물여덟 해. •帝 : 요(堯)를 말함. •殂落 : 죽음.
•喪 : 복(服)을 입음. •遏 : 끊음. •密 : 고요함. •八音 : 금(金), 석(石), 사
(絲), 죽(竹), 포(匏), 토(土), 혁(革), 목(木). 음악의 종류.

| 의해 |

요(堯)의 덕이 크고 은혜가 깊어서 백성이 이렇게 지극히 사모하
였다. 옛 예에 경기 지역의 백성은 천자를 위하여 삼년복을 입고
그 외에는 상복이 없는데, 지금 석달 동안 상복을 입을 자가 삼년
을 입고, 상복을 입지 않는 사람들도 음악을 듣지 않은 것이다.

^{월 정 원 일} ^순 ^{격 우 문 조}
月正元日에 舜이 格于文祖하시다

| 언해 |

月正의 元日에 舜이 文祖끠 格ᄒ시다

| 번역 |

정월 초하루에 순(舜)이 문조(文祖)의 사당에 이르셨다

| 자해 |

月正 : 정월(正月).　•元日 : 초하루.

| 의해 |

순이 요의 자리를 이음에 비로소 문조께 고한 것이다. 혹은 삼년 상을 마친 후라 하고, 혹은 요가 세상을 떠난 이듬해라고 하니, 정확한 것은 알 수 없다. 먼저는 섭정을 고한 것이고, 지금은 즉위를 고한 것이다.

^{순 우 사 악} ^{벽 사 문} ^{명 사 목} ^{달 사 총}
詢于四岳하사 闢四門하시며 明四目하시며 達四聰하시다

| 언해 |

四岳에 물으샤 네 門을 녈으시며 네 눈을 밝히시며 네 聰을 ᄉ못 치시다

| 번역 |

사악(四岳)과 논의하셔서 사방의 문을 여시며, 사방의 눈을 밝게 보게 하시며, 사방의 귀를 밝게 듣게 하셨다.

| 자해 |

四 : 사방(四方)의 뜻.

| 의해 |

순이 처음 즉위함에 사악(四岳)과 의논하여 정치를 행한 것이다. 사방으로 문을 열어 천하의 어진 이를 오게 하고, 사방으로 눈을 열어 밝게 보게 하고 사방으로 귀를 열어 밝게 듣게 하신 것은 보고 들음을 넓게 하여 천하에 막히고 가려짐이 없게 한 것이다.

咨十有二牧하사 曰食哉惟時니 柔遠能邇하며 惇德允元하고 而難任人이면 蠻夷도 率服하리라

| 언해 |

열이오 또 두牧을 물으샤 길ㅇ샤디 먹는 것은 쩌니 먼 이를 柔ㅎ며 갓가온 이를 能ㅎ며 德잇는 이를 돗탑게 ㅎ며 元훈 이를 밋고 任人을 어려히ㅎ면 蠻夷도 죠츠 복죵ㅎ리라

| 번역 |

열두 목민관에게 물어보고 말씀하셨다. "식량을 마련하는 농사는 때에 맞아야 한다. 먼 곳에 있는 이를 너그럽게 어루만지며, 가까이 있는 이를 친하게 하며, 덕이 있는 이를 도탑게 하며, 인후한

사람을 믿고 흉악한 사람을 거절하면 이민족도 따라서 복종할 것
이다.”

| 자해 |

十二牧 : 십이 주의 장관. •柔 : 너그럽게 어루만짐. •能 : 친하게 길들임. •
惇 : 도탑게 함. •允 : 믿음. •元 : 인후한 사람. •難 : 거절함. •任 : 흉악한
사람.

| 의해 |

정치의 근본을 사악(四岳)에게 묻고 백성의 일은 열두 목민관에
게 물으니 그 순서가 이와 같다. 백성은 먹는 것이 제일이니, 먹
는 것을 풍족하게 하려면 농사의 때를 잃지 않게 해야 한다. 그러
나 이렇게 하는 것은 사람에게 달려있기 때문에, 멀고 가까움을
따라 선후를 분별하고 선악을 따라 취할 것과 버릴 것을 살피면,
중국을 다스릴 뿐만 아니라 이민족이라도 복종할 것이다.

舜曰 咨四岳아 有能奮庸하여 熙帝之載어든 使宅百揆하
여 亮采惠疇하리라 僉曰 伯禹 作司空하니이다 帝曰 兪라
咨禹아 汝平水土하니 惟時懋哉하라 禹拜稽首하여 讓于
稷契과 暨皐陶한대 帝曰 兪라 汝往哉하라

| 언해 |

舜이 골ᄋ샤디 咨홉다 四岳아 能히 씀을 이릭커셔 帝의 일을 넓
히리 잇거든 ᄒ야곰 百揆에 잇게 ᄒ야 일을 밝히며 류를 순ᄒ게
ᄒ리라 녀러이 골오디 伯禹ㅣ 司空을 지엇ᄂ이다 帝ㅣ 골ᄋ샤디

그러ᄒᆞ다 숨흡다 禹아 네 水土를 平ᄒᆞ얏스니 이에 힘쓸진뎌 禹ㅣ
졀ᄒᆞ고 고리를 숙여 稷과 契과 밋 皋陶에게 ᄉᆞ양ᄒᆞᆫ디 帝ㅣ ᄀᆞᆯᄋ
샤디 그러ᄒᆞ다 네 가라

| 번역 |

순(舜)이 말씀하셨다. "아! 사악(四岳)아! 말을 일으켜서 제(帝)
의 일을 넓힐 수 있거든 여러 관직의 우두머리 자리에 있게 하여
일을 밝게 하며 동류(同類)를 따르게 하리라." 여럿이 말하기를,
"백우(伯禹)가 사공(司空)이 되었습니다."라고 하였다. 제(帝)가
말씀하셨다. "그러하다! 아! 우(禹)야! 네가 물과 땅을 다스렸으
니 이에 힘쓰라." 우(禹)가 절하고 머리를 숙여 직(稷)과 설(契)
과 고요(皋陶)에게 사양하였는데, 제(帝)가 말씀하셨다. "그러하
다! 네가 가라."

| 자해 |

奮 : 일어남. •載 : 일 •亮 : 밝음. •惠 : 따름. •疇 : 동류(類). •禹 : 곤(鯀)
의 아들 이름. •司空 : 벼슬 이름. •懋 : 힘씀. •稷 : 벼슬 이름. •契•皋陶
: 신하 이름.

| 의해 |

여러 관직의 우두머리는 재상(宰相)의 직책이다. 순(舜)이 사악
(四岳)에 물어, 먼저 재상을 담당할 사람을 구하였는데, 여럿이
우(禹)를 천거하였다. 우가 물과 땅을 다스려 큰 공을 세웠고, 현
재 사공(司空) 벼슬에 있었다. 계속하여 그 벼슬로 재상의 일을
겸하라 하니, 우가 세 신하에게 사양하고 받아들이지 않았다. 제
(帝)는 곧 순이니, 순이 즉위한 후에도 제(帝)라고 일컬은 것이
다.

제 왈 기　　여 민　　조 기　　여　후 직　　파 시 백 곡
帝曰 棄야 黎民이 阻飢니 汝 后稷이니 播時百穀하라

| 언해 |

帝ㅣ 골 ᄋ 샤디 棄아 검은 빅셩이 쥬린디 걸닐시 네 稷의 어룬이
니 ᄯᆡ로 百穀을 ᄲᅳ리라

| 번역 |

제(帝)가 말씀하셨다. "기(棄)야! 백성이 굶주림에 걸려 있는데,
네가 농사를 담당하는 벼슬을 하였으니, 때에 맞게 온갖 곡식을
뿌려라."

| 자해 |

棄 : 신하의 이름. ・阻 : 걸림. ・后 : 어른. ・稷 : 농사를 담당하는 벼슬. ・
播 : 뿌림.

| 의해 |

이는 우(禹)가 사양한 것에 대하여 타일러 경계한 것이다. 백성은
먹는 것이 으뜸인데, 항상 굶주리기 쉬운 까닭에 네가 후직(后稷)
의 벼슬에 있으니, 백성을 가르쳐서 때를 잃지 말고 온갖 곡식을
뿌려 굶주리지 않게 하라는 것이다.

제 왈 설　　백 성　　불 친　　　오 품 불 손　　　여 작 사 도　　경
帝曰 契아 百姓이 不親하며 五品不遜하니 汝作司徒니 敬
부 오 교　　　재 관
敷五敎하되 在寬하라

| 언해 |

帝ㅣ 길으샤디 契아 百姓이 親치안이 ᄒ며 五品이 순치안이 홀ᄉ
네 司徒를 지엇ᄂ니 五敎를 공경ᄒ야 펴되 너 그런디 잇게 ᄒ라

| 번역 |

제(帝)가 말씀하셨다. "설(契)아! 백성이 친하지 아니하며 다섯
관계가 순조롭지 아니하니, 네가 사도(司徒)가 되었으니 다섯 가
지 가르침을 공경하여 펴되, 너그럽게 하라."

| 자해 |

五品 : 부자(父子)·군신(君臣)·부부(夫婦)·장유(長幼)·붕우(朋友)의 관
계. ·遜: 순조로움. ·司徒: 가르침을 맡은 벼슬. ·敷: 폄. ·五敎 : 오륜(五
倫)의 가르침.

| 의해 |

이는 또 설(契)에게 경계한 것이니, 사도(司徒) 벼슬에 있는데 오
륜(五倫)이 밝지 못하거든 마땅히 가르침을 펴되 공경하고 너그
럽게 하라고 한 것이다. 백성이 먹고 살 만하면 먼저 오륜을 가르
쳐 사람의 도리를 행하게 하려는 것이다.

帝曰 皋陶야 蠻夷猾夏하며 寇賊姦宄하니 汝作士니 五刑
에 有服하되 五服을 三就하며 五流에 有宅하되 五宅에 三
居니 惟明이라야 克允하리라

| 언해 |

帝ㅣ 길으샤디 皋陶아 蠻과 夷ㅣ 중국을 어지러이 ᄒ며 寇ᄒ며

賊ᄒ며 姦ᄒ며 宄홀시 네 士를 지엇ᄂ니 다셧가지 刑에 服홈을
두디 다셧 가지 服을 셰 곳에 나아가며 다셧 가지 流에 집을 두디
다셧 가지 집에 셰 곳에 居케 홀지니 밝아야샤 能히 밋부리라

| 번역 |

제(帝)가 말씀하셨다. "고요(皐陶)야! 만(蠻)과 이(夷)가 중국을
어지럽게 하며, 겁을 주고 죽이며, 안팎으로 악한 일을 하고 있
다. 네가 재판관이 되었으니 다섯 가지 형벌에 스스로 복종하게
하라. 다섯 가지 형벌에 복종하거든 세 곳으로 나아가게 하며, 다
섯 가지 유배형에는 유배갈 곳을 두되, 다섯 가지 유배갈 곳을 셋
으로 나누어 살게 하라. 분명하게 해야만 믿게 할 수 있다."

| 자해 |

猾 : 어지럽힘. •夏 : 중국. •寇 : 사람을 겁줌. •賊 : 사람을 죽임. •姦 : 밖
에 있는 악한 사람. •宄 : 안에 있는 악한 사람. •士 : 형벌을 맡은 벼슬. •
服 : 형벌에 복종함. •五流 : 다섯 등급으로 귀양 보냄.

| 의해 |

이는 또 고요(皐陶)에게 경계한 것이다. 백성을 먹이고 가르치되,
사람이 악하여 교화되지 아니하는 자가 있으면 부득이 형벌을 써
야 하는 것이다. 만(蠻)·이(夷) 가운데 따르지 아니하는 자와 도
적 가운데 사람을 해치는 자는 오형(五刑)에 해당하는 자이다. 형
벌이 다섯 가지라도 쓰는 곳이 세 곳이요, 유배형이 다섯 가지라
도 보내는 곳은 세 곳이니, 다 형벌에 따라 등급을 정한 것이다.
법이 비록 좋으나 사람이 쓰기에 달려 있으니, 오직 분명하게 한
이후에야 형벌이 죄에 합당하여 백성이 믿고 복종할 것이다. 이
상 세 신하는 이미 맡고 있는 벼슬을 계속해서 담당하므로 다시
훈계한 것이다.

帝曰 疇若予工고 僉曰垂哉니이다 帝曰 兪라 咨垂아 汝

共工이어다 垂拜稽首하여 讓于殳斨과 暨伯與한대 帝曰

兪라 往哉汝諧하라

| 언해 |

帝ㅣ 굴ㅇ샤디 뉘 나의 工을 슌ㅎ게 홀고 여러이 굴오디 垂ㅣ 니
이다 帝ㅣ 굴ㅇ샤디 그러ㅎ다 咨홉다 垂아 네 共工을 홀지아다
垂ㅣ 절ㅎ고 머리를 숙여 殳와 斨과 밋 伯與에게 스양ㅎ디 帝ㅣ
굴ㅇ샤디 그러ㅎ다 가셔 네 고로게 ㅎ라

| 번역 |

제(帝)가 말씀하셨다. "누가 나의 공공(共工)의 직책을 이어서 잘
따라 할 수 있을까?" 여럿이 말하기를, "수(垂)입니다."라고 하였
다. 제(帝)가 말씀하셨다. "그러하다! 아! 수야! 네가 공공이다."
수가 절하고 머리를 숙여 수(殳)와 장(斨), 백여(伯與)에게 사양
하였다. 제(帝)가 말씀하셨다. "그러하다! 가서 네가 고르게 하
라."

| 자해 |

垂 : 신하의 이름. • 共工 : 공장(工匠)을 맡은 벼슬. • 殳 · 斨 · 伯與 : 세 신
하의 이름. 창〔殳〕· 도끼〔斨〕를 잘 만들었기 때문에 그것을 이름으로 삼은
듯함. 백여(伯與)도 무엇인가 도구를 잘 만들었던 기술자로 생각됨. • 諧 :
고르게 함.

| 의해 |

공공(共工)을 담당할 사람을 묻자, 여럿이 수(垂)를 천거하니, 그
렇게 여겨 등용한 것이다. 수가 다른 신하에게 사양하였으나, 허

락하지 않았다. '그렇다.'라고 한 것은 그 세 신하도 역량이 공공
에 합당하다고 한 것이다.

帝曰 疇若予上下草木鳥獸오 僉曰 益哉니이다 帝曰 俞
라 咨益아 汝作朕虞하라 益이 拜稽首하여 讓于朱虎熊羆
한대 帝曰 俞라 往哉汝諧하라

| 언해 |

帝ㅣ 굴ᄋᆞ샤디 뉘 나의 上下엣 草木과 鳥獸를 슌케ᄒᆞ고 여러이
굴오디 益이니이다 帝ㅣ 굴ᄋᆞ샤디 그러ᄒᆞ다 咨홉다 益아 네 나의
虞를 지으라 益이 졀ᄒᆞ고 머리를 슉여 朱와 虎와 熊과 羆에게 ᄉ
양ᄒᆞ디 帝ㅣ 굴ᄋᆞ샤디 그러ᄒᆞ다 가셔 네 고로게 ᄒᆞ라

| 번역 |

제(帝)가 말씀하셨다. "누가 나의 하늘과 땅에 있는 초목(草木)과
조수(鳥獸)를 본성에 따라 잘 기를 수 있겠는가?" 여럿이 말하기
를, "익(益)입니다."라고 하였다. 제(帝)가 말씀하셨다. "그러하
다! 아! 익(益)아! 네가 나의 우(虞)가 되어라." 익(益)이 절하고
머리를 숙여 주(朱)와 호(虎)와 웅(熊)과 비(羆)에게 사양하였는
데, 제(帝)가 말씀하셨다. "그러하다! 가서 네가 고르게 하라."

| 자해 |

虞 : 산림(山林)과 천택(川澤)을 맡은 벼슬. •益 : 신하의 이름. •朱•虎•
熊•羆 : 네 신하의 이름.

| 의해 |

이는 우(虞)의 직을 맡을 사람을 물어 익(益)을 등용한 것이다.
익이 또 사양하였는데 허락하지 아니하였다. 수(殳)와 장(斨)과
백여(伯與)는 그 도구를 잘 쓰는 까닭에 그 글자로 이름을 삼았
다. 수(垂)가 그들에게 사양함으로 인하여 수를 돕게 되었다. 주
(朱)와 호(虎)와 웅(熊)과 비(羆)는 그 짐승을 잘 제어하는 까닭
에 그 글자로 이름을 삼았다. 익(益)이 그들에게 사양함으로 인하
여 익을 돕게 되었다.

帝曰 咨四岳아 有能典朕의 三禮아 僉曰 伯夷니이다 帝
曰 兪라 咨伯아 汝作秩宗이니 夙夜에 惟寅하여 直哉라야
惟淸하리라 伯이 拜稽首하여 讓于夔龍한대 帝曰 兪라 往
欽哉하라

| 언해 |

帝ㅣ 글ㅇ샤디 咨홉다 四岳아 能히 내의 三禮를 맛흐리 잇ㄴ냐
여러이 글오디 伯夷니이다 帝ㅣ 글ㅇ샤디 그러ㅎ다 咨홉다 伯아
네 秩宗을 지을지니 니르나 밤에 공경ㅎ야 곳아야샤 맑으리라 伯
이 졀ㅎ고 머리를 슉여 夔와 龍에게 ㅅ양ㅎ대 帝ㅣ 글ㅇ샤디 그
러ㅎ다 가셔 공경ㅎ라

| 번역 |

제(帝)가 말씀하셨다. "아! 사악(四岳)아! 나의 삼례(三禮)를 맡
을 수 있는 사람이 있느냐?" 여럿이 말하기를, "백이(伯夷)입니

다.”라고 하였다. 제(帝)가 말씀하셨다. “그러하다! 아! 백(伯)아. 네가 질종(秩宗)이 되어서 새벽부터 밤까지 공경하며 곧게 하여야만 마음이 맑을 것이다.” 백(伯)이 절하고 머리를 숙여 기(夔)와 용(龍)에게 사양하였는데, 제(帝)가 말씀하셨다. “그러하다! 가서 공경하라.”

| 자해 |

三禮 : 하늘과 땅과 사람의 귀신에게 제사하는 예. ・伯夷 : 신하의 이름. ・秩宗 : 제사를 담당하는 벼슬. ・寅 : 공경함. ・夔・龍 : 두 신하의 이름.

| 의해 |

예를 담당한다는 것은 중대한 일이다. 그래서 특별히 사악(四岳)에게 묻고 또 훈계한 것이다. 제사의 본의는 공경함에 있고, 마음이 곧아 속임이 없어야만 물욕이 적고, 순결・청백하여 신명(神明)을 섬기고 복록을 받을 것이다. 또 공경하라고 한 것은 간곡히 훈계한 것이니, 예의 중대함을 알 수 있다.

帝曰 夔야 命汝하여 典樂하노니 敎胄子하되 直而溫하며 寬而栗하며 剛而無虐하며 簡易無傲하게 하리니 詩는 言志요 歌는 永言이요 聲은 依永이요 律은 和聲하나니 八音이 克諧하여 無相奪倫이라야 神人以和하리라 [夔曰於予擊石拊石百獸率舞]

| 언해 |

帝ㅣ 골ᄋ샤ᄃᆡ 夔아 너를 命ᄒᆞ야 樂을 맜게ᄒᆞ노니 胄子ᄅᆞᆯ 가라치
되 곳고도 짯짯ᄒᆞ며 너그럽고도 씩씩ᄒᆞ며 剛ᄒᆞ고도 포학ᄒᆞ지 말
며 簡ᄒᆞ고도 거만ᄒᆞ지 말게 홀지니 詩ᄂᆞᆫ ᄯᅳᆺ을 말홈이오 노ᄅᆡᄂᆞᆫ
말을 길게홈이오 聲은 긴ᄃᆡ 의지홈이오 律은 聲을 和ᄒᆞ게 ᄒᆞᄂᆞ니
八音이 능히 고로와 셔로 ᄎᆞ레를 ᄲᅦ아슴이업셔야 귀신과 ᄉᆞ람이
ᄡᅥ和ᄒᆞ리라

| 번역 |

제(帝)가 말씀하셨다. "기(夔)야, 너를 명하여 음악을 맡게 할 것
이니, 맏아들들을 가르치되, 곧으면서도 따뜻하며, 너그러우면서
도 씩씩하며, 굳세면서도 포학하지 말며, 간략하면서도 거만하지
말게 해야 할 것이다. 시(詩)는 뜻을 말한 것이고, 노래는 말을
길게 하는 것이고, 성(聲)은 길게 하는 것에 의거하고, 율(律)은
성(聲)에 조화하게 된다. 팔음(八音)이 고르게 되어 서로 차례를
빼앗음이 없어야 귀신과 사람이 화합할 것이다."

| 자해 |

胄子 : 맏아들. •栗 : 씩씩함. •聲 : 궁(宮) · 상(商) · 각(角) · 치(徵) · 우
(羽)의 다섯 소리. •律 : 십이율(十二律). •倫 : 차례. •'夔曰於予擊石拊石
百獸率舞'는 잘못 들어간 글자임.

| 의해 |

이는 백이(伯夷)가 사양한 것으로 인하여 기(夔)를 또 명한 것이
다. 옛 법에 천자와 경대부의 맏아들은 세습하기 때문에 특별히
가르친 것이 있었다. 음악을 가르치는 것은 혈맥(血脈)을 관통하
고 정신을 유통(流通)하게 하여, 그 기질의 편벽됨을 바로잡으려
는 것이다. 사람의 기질이 편벽되기가 쉬운 까닭에 곧으면서도
따뜻하며, 너그러우면서도 씩씩하며, 굳세면서도 포학하지 말며,

간략하면서도 거만하지 말게 하는 것이다. 사람의 말이 시가 되고 시가 노래가 되어 팔음에 올리면 음악이 된다. 오성(五聲)과 십이율(十二律)의 장단과 청탁이 있어서 서로 혼란스럽지 않아야 음악이 고르게 되어 귀신과 사람이 화평할 것이다.

帝曰 龍아 朕은 聖讒說이 殄行이라 震驚朕師하여 命汝하여 作納言하노니 夙夜에 出納朕命하되 惟允하라

| 언해 |

帝ㅣ 글ᄋ샤ᄃᆡ 龍아 나는 讒쇼ᄒᆞᄂᆞᆫ 말이 行실을 ᄯᅳᆫᄂᆞᆫ지라 내 무리를 震동ᄒᆞ고 놀내게홈을 미워ᄒᆞ야 너를 命ᄒᆞ야 納言을 짓노니 닐으나 밤에 내 命을 내고 드리되 밋게ᄒᆞ라

| 번역 |

제(帝)가 말씀하셨다. "용(龍)아, 나는 참소하는 말이 착한 행실을 끊어버리고 내 무리들을 놀라게 하는 것을 미워하여 너를 명하여 납언(納言)으로 삼으니, 새벽부터 밤까지 내 명을 내보내고 받아들임에 미덥게 하라."

| 자해 |

聖 : 미워함. • 殄 : 끊음. • 師 : 무리. • 納言 : 벼슬 이름.

| 의해 |

이는 용(龍)을 또 명한 것이니, 납언(納言)의 벼슬은 말을 내보내고 받아들이는 벼슬이다. 임금의 말이 옳지 아니하면 도로 드리

고 신하의 말이 옳지 않으면 물리쳐서 서로 믿고 참소하는 말이
행해지지 못하게 하는 것이다.

帝曰 咨汝二十有二人아 欽哉하여 惟時로 亮天功하라

| 언해 |

帝ㅣ 굴ㅇ샤디 咨홉다 너 스물이오 쏘 두 스람아 공경ㅎ야 찐로
하눌 功을 밝게하라

| 번역 |

제(帝)가 말씀하셨다. "아! 너희 스물두 사람아! 공경하여 때에
맞추어 하늘의 일을 밝게 하라."

| 자해 |

二十二人 : 사악(四岳)과 구관(九官)과 십이목(十二牧)이니, 합하여 스물두
사람이다.

| 의해 |

이는 스물두 사람을 합하여 훈계한 것이다. 임금이 하늘을 대신
하여 백성을 다스림에 벼슬을 주어서 신하와 함께 그 일을 하는
데, 그 일이 곧 하늘의 일이다.

三^삼載^재에 考^고績^적하시고 三^삼考^고에 黜^출陟^척幽^유明^명하신대 庶^서績^적이 咸^함熙^회하더니 分^분北^배三^삼苗^묘하시다

| 언해 |

세해에 공을 考ᄒ시고 셰번 考홈에 어두니와 밝으니를 니치고 올니신대 여러 공이 다 넓더니 三苗를 난호아 등지게 ᄒ시다

| 번역 |

세 해만에 업적을 평가하고 세 번 평가함에 업적이 드러난 자와 드러나지 않는 자를 내리고 올리셨는데, 여러 일이 다 넓어졌다. 삼묘(三苗)를 구별하여 등지게 하시다.

| 자해 |

考 : 조사하여 평가함. •三考 : 삼년마다 한 번 평가하여 세 번 평가함. •幽 : 어두움. •北 : 등짐.

| 의해 |

벼슬자리에 임명하여 업적을 평가하는 법을 만들어서 세 해에 한 번 평가한다. 사람의 어질고 악한 것과 일의 옳고 그름이 드러나는 까닭에 아홉 해에 세 번 업적을 평가하여 그 업적이 잘 드러나지 않는 자는 내쫓고 업적이 드러난 자는 벼슬을 올려주었다. 삼묘족은 오히려 다 복종하지 않아서, 이에 잘 따르는 자는 두고 따르지 않는 자는 다른 곳으로 쫓아 보내어 서로 나누어 등지게 한 것이다.

舜生三十이라 徵庸하시고 三十이라 在位하사 五十載에 陟
方乃死하시니라

| 언해 |

舜이 나신지 三十이라 불니여 쓰이시고 三十이라 位에잇스사 五十해에 方에 올나 이에 죽으시다

| 번역 |

순(舜)은 태어나신 지 삼십년에 불려와 등용되고, 삼십년 동안 섭정 자리에 있으셨으며, 천자의 자리에 오른 지 오십년에 승하하셨다.

| 자해 |

徵 : 부름. •陟方 : 승하(升遐).

| 의해 |

순(舜)의 나이 삼십이 됨에 요(堯)가 비로소 불러 시험하고, 두루 시험한 삼년과 섭정한 이십팔년, 합하여 삼십년 동안 제위(帝位)에 나아갈 준비를 하였으며, 즉위한 지 오십년에 승하하였다. 이는 이편의 끝에서 순의 평생의 시종을 대강 말한 것이다.

대우모[大禹謨]

우(虞)나라 사관(史官)이 「요전(堯典)」·「순전(舜典)」을 지었으나 여전히 미비한 점이 있었다. 그러므로 다시 그 군신 간의 아름다운 말과 훌륭한 정사(政事)를 기록하여 「대우모(大禹謨)」·「고요모(皐陶謨)」·「익직(益稷)」 등의 세 편을 지었다. 모(謨)는 모(謀)와 같고 꾀라는 뜻이다. 금문(今文)에는 없고 고문(古文)에는 있다.

曰若稽古大禹한대 曰文命을 敷于四海하시고 祗承于帝하시다

| 언해 |

녯 大禹를 샹고혼더 골온 文命을 四海에 펴시고 帝씌 공경호야 이으시다

| 번역 |

옛 대우(大禹)를 상고해 보니, 문명(文名)을 사해(四海)에 펴시고, 공경히 제순(帝舜)을 받드셨다.

| 자해 |

命 : 가르침. •敷 : 펌. •祗 : 공경함. •帝 : 순(舜)을 말함.

| 의해 |

대우(大禹)가 순(舜)을 도와 덕교(德敎)를 사방에 펴고, 또 순을
받들어 아름다운 말을 베풀었다. 그 말은 아래 문장에 있다.

> 왈 후 극 간 궐 후　　신　극 간 궐 신　　　정 내 예　　　여 민
> 曰后克艱厥后하며 臣이 克艱厥臣이라야 政乃乂하여 黎民
> 　민 덕
> 이 敏德하리이다

| 언해 |

 굴ᄋ샤티 님금이 능히 그 님금을 어려히 녀기며 신하ㅣ 능히 그
신하를 어려히 녀기여사 졍ᄉ 이에 다ᄉ려 검은 빅셩이 德에 ᄲᅡ
르리이다

| 번역 |

우(禹)가 말하였다. "임금이 임금의 자리에 있는 것을 어렵게 여
길 수 있고, 신하가 신하의 자리에 있는 것을 어렵게 여길 수 있
어야 정사가 잘 다스려져 백성이 덕에 빠르게 감복할 것입니다."

| 자해 |

后 : 임금.　•艱 : 어려움.　•敏 : 빠름.

| 의해 |

이것은 우(禹)의 말로서 군신(君臣)이 서로 경계해야 한다는 뜻
이다. 임금은 임금 자리에 있는 것을 쉽게 여기지 말고 신하는 신
하 자리에 있는 것을 쉽게 여기지 말아서, 서로 그 직분을 다해야
한다. 그래야만 정사(政事)에 그릇됨이 없고 백성이 감복하여 덕

화(德化)를 빠르게 따를 것이다.

帝曰 兪라 允若玆하면 嘉言이 罔攸伏하며 野無遺賢하여

萬邦이 咸寧하리니 稽于衆하여 舍己從人하며 不虐無告하

며 不廢困窮은 惟帝라야 時克이러시이다

| 언해 |

帝ㅣ 골ㅇ샤디 그러ㅎ다 진실로 이 갓히 ㅎ면 아름다온 말ㅎ미
업들일 배업스며 들에 깃친어진이 업셔 萬邦이 다 편ㅎ리니 무리
에 샹고ㅎ야 몸을 눗코 남을 좃치며 無告ㅎ 이를 虐치 아니ㅎ며
困窮ㅎ 이를 바리지 아니홈은 오직 帝ㅣ라사 이에 능히 ㅎ더시니
라

| 번역 |

제순(帝舜)이 말씀하셨다. "그러하다! 진실로 이같이 하면 아름다
운 말이 숨겨지지 않고, 들에는 버려진 어진 이가 없어 만방(萬
邦)이 다 편할 것이다. 여러 사람을 살펴서 자신을 버리고 남을
따르며 무고한 자들을 학대하지 않으며 곤궁한 자를 버리지 않는
것은 오직 제요(帝堯)만이 할 수 있는 일이셨다."

| 자해 |

舍 : 버림. •無告 : 고할 데 없는 사람. •廢 : 버림. •帝 : 요(堯)를 가리킴.

| 의해 |

임금이 임금노릇 하는 것이 어려운 줄 알고 신하가 신하노릇 하

는 것이 쉽지 않은 줄 알면 아름다운 말이 숨겨짐이 없고 어진 사
람들이 쓰이지 않는 자가 없어 나라가 잘 다스려질 것이다. 그러
기 위해서는 스스로의 사사로운 뜻을 버리고 남의 공정(公正)한
말을 따르며 곤궁한 이를 업신여기지 말아야 할 것이다. 이는 쉬
운 듯하지만, 백성을 사랑하고 선비를 지극히 좋아하지 않으면
할 수 없는 일이다. 그러므로 오직 제요(帝堯)만이 할 수 있는 일
이라고 한 것이다. 이는 비록 순(舜)이 겸손히 말한 것이지만, 또
한 임금 자리가 어려운 자리라는 것을 알고 있었음을 충분히 알
수 있다.

益曰 都라 帝德이 廣運하사 乃聖乃神하시며 乃武乃文하신
대 皇天이 眷命하사 奄有四海하사 爲天下君하시니이다

| 언해 |

益이 길오디 아름답다 帝의 德이 廣ᄒ고 運ᄒ샤 聖ᄒ시며 神ᄒ시
며 武ᄒ시며 文ᄒ신대 皇天이 도라보아 命ᄒ샤 四海를 다 두샤
天下엣 님금을 사므시니이다

| 번역 |

익(益)이 말했다. "아! 제요(帝堯)의 덕이 넓고 쉼 없이 운행하여
제(帝)께서 성스럽고 신묘(神妙)하시며 무(武)가 있으시며 문
(文)이 있으십니다. 황천(皇天)께서 돌아보고 명하사 사해(四海)
를 다 소유하게 하시고 천하의 임금으로 삼으셨습니다."

| 자해 |

廣 : 커서 밖이 없음. ·運 : 행하여 쉬지 않음. ·眷 : 돌아봄. ·奄 : 다함.

| 의해 |

순(舜)이 요(堯)임금을 높이자, 익(益)이 그 말을 이어 요의 덕을
칭송한 것이다. 혹자는 익이 순의 덕을 칭송한 것이라고 하지만,
이 당시 군신들은 서로 경계하였지 이같이 아첨한 일은 없었을
것이다.

禹曰 惠迪하면 吉이요 從逆하면 凶한대 惟影響하니이다

| 언해 |

禹ㅣ 굴ᄋ샤디 길을 슌ᄒ면 吉ᄒ고 거슬임을 좃치면 凶ᄒᄂᆫ디 그
림ᄌ와 음향갓ᄒ니이다

| 번역 |

우(禹)가 말했다. "도를 따르면 길할 것이고 도를 거스르면 흉할
것이니, 그림자와 메아리와 같습니다."

| 자해 |

惠 : 따름. ·迪 : 도(道).

| 의해 |

좋은 일을 하면 길하고 좋지 못한 일을 하면 흉하다. 천도는 매우
빠르기 때문에 길흉이 선악에 응하는 것은 그림자가 형상을 따르
고 음향이 소리에서 나오는 것과 같다. 임금과 신하가 어찌 서로
어려움을 경계하지 않겠는가?

益^익曰^왈 吁^우라 戒^계哉^재하소서 儆^경戒^계無^무虞^우하사 罔^망失^실法^법度^도하시며 罔^망遊^유于^우逸^일하시며 罔^망淫^음于^우樂^락하시며 任^임賢^현勿^물貳^이하시며 去^거邪^사勿^물疑^의하소서 疑^의謀^모를 勿^물成^성하사 百^백志^지惟^유熙^희하리이다 罔^망違^위道^도하여 以^이干^간百^백姓^성之^지譽^예하시며 罔^망咈^불百^백姓^성하여 以^이從^종己^기之^지欲^욕하소서 無^무怠^태無^무荒^황하면 四^사夷^이도 來^래王^왕하리이다

| 언해 |

益이 골오디 아니라 경계ㅎ쇼셔 혀아림이 업는 적에 儆戒ㅎ샤 法度를 일치마르시며 편혼디 놀지 마르시며 질거온디 과치 마르시며 어진이를 맛기되 두가지로 마르시며 간샤혼 이를 바리되 疑心치 마르쇼셔 疑心혼 꾀를 닐우지 마르셔야 百가지 싱각이 넓으리이다 道를 어긔여써 百姓의 길임을 요구치 마르시며 百姓을 거슬여 몸의 欲신을 좃지 마르쇼셔 게으르지 말며 거칠지 말면 四夷도 와셔 王ㅎ리이다

| 번역 |

익(益)이 말했다. "아닙니다! 경계하소서. 근심이 없는 것을 경계하셔서 법도를 잃지 마시고, 안일함에 노닐지 마시며, 즐거운 것에 지나치지 마시며, 어진 이에게 맡겨 두시되 두 마음을 품지 마시며, 간사한 자를 버리되 의심하지 마소서. 의심스러운 계책을 이루지 말아야 모든 뜻이 빛날 것입니다. 도를 어겨 백성의 칭찬을 요구하지 말며, 백성을 거슬러 자신의 욕심을 좇지 말아야 합니다. 게으르지 않고 황폐하지 않으면 사방 이민족〔四夷〕도 와서 왕으로 받들 것입니다."

| 자해 |

徵 : 경계함. •虞 : 헤아림. •罔 : 말라는 뜻. •淫 : 지나침. •百志 : 백 가지
생각. •干 : 요구함. •咈 : 거스름. •王 : 구주(九州) 밖의 나라가 한 대(代)
에 한 번(番) 조회(朝會)하는 것을 이름.

| 의해 |

먼저 아니라고 말한 것은, 듣는 이에게 깊이 살피게 한 것이다.
일이 없을 때에는 법도가 해이해지기 쉽기 때문에 잃지 말라고
한 것이다. 편하고 즐거울 때에는 방자해지기 쉽기 때문에 노닐
거나 지나치게 하지 말라고 한 것이다. 어진 이를 쓰되 두 마음을
품으면 그 힘을 얻지 못하고, 간사한 이를 버리되 의심하게 되면
그 화를 없애지 못하고, 의심나는 계책을 행하면 생각이 전일하
지 못하여 일을 이룰 수 없다. 백성의 칭찬을 구하면 마음에 사사
로움이 생기고, 백성의 뜻을 거스르지 않고 황폐하지 않으면 천
하에 복종하지 않는 자가 있겠는가?

禹曰 於라 帝여 念哉하소서 德惟善政이오 政在養民하니
水火金木土穀이 惟脩하며 正德利用厚生이 惟和하여 九
功이 惟叙하여 九叙를 惟歌어든 戒之用休하시며 董之用威
하시며 勸之以九歌하사 俾勿壞하소서

| 언해 |

禹 ㅣ 글ᄋᆞ샤디 아름답다 帝하 싱각ᄒᆞ쇼셔 德은 政ᄉᆞ를 죠케ᄒᆞ고
政ᄉᆞ는 빅셩을 길음에 잇ᄂᆞ니 水와 火와 金과 木과 土와 穀이 닥
그며 德을 바르게ᄒᆞ며 쓰믈 利롭게ᄒᆞ며 살믈 두텁게홈이 고로와

아홉가지 功이 펴셔 아홉가지 펴옴을 노릭ᄒ거든 경계ᄒ야 뼈ᄒ
샤 ᄒ야곰 무너지지말게 ᄒ쇼셔

| 번역 |

우(禹)가 말했다. "아! 제(帝)여! 생각하소서. 덕은 정사(政事)를
훌륭하게 하고 정사는 백성을 기르는 데 있습니다. 수(水)와 화
(火)와 금(金)과 목(木)과 토(土)와 곡(穀)을 잘 닦고, 덕을 바르
게 하고 씀을 이롭게 하며, 삶을 두텁게 하는 것이 조화되어 아홉
가지 공이 펼쳐져서 아홉 가지 펼쳐진 것을 노래하면, 경계하여
아름답게 하시고 감독하여 두렵게 하시며, 권면하되 아홉 가지
노래로 하셔서 무너지지 않게 하소서."

| 자해 |

正德 : 윤리를 밝힘. •利用 : 상공(商工)을 발달하게 함. •厚生 : 생명을 보
전함. •九功 : 수(水)·화(火)·금(金)·목(木)·토(土)·곡(穀), 여섯 가지
와 정덕(正德)·이용(利用)·후생(厚生), 세 가지를 합한 아홉 가지의 공
(功). •九叙 : 구공(九功)을 폄. •九歌 : 구공(九功)을 노래함. •董 : 감독
함. •威 : 두려워함.

| 의해 |

우(禹)가 익(益)의 경계를 이어 정사(政事)를 말한 것이다. 정사
의 근본은 백성을 기르는 데 있고 백성은 오행(五行)과 곡식에 의
지하므로, 윤리를 밝히고 상공(商工)에 힘쓰고 의식(衣食)을 넉
넉히 하여 이를 공으로 삼으며, 이를 노래하여 잘하는 이는 권하
고 못하는 이는 경계하여 서로 오래도록 그치지 않게 하라고 한
것이다.

帝曰 兪라 地平天成하여 六府三事允治하여 萬世永賴하리니 時乃功이니라

| 언해 |

帝ㅣ 굴ᄋ샤디 그러ᄒ다 ᄯ아이平ᄒᆞ욤에 하늘일우어 六府와 三事ㅣ 진실로 다ᄉ려 萬世ㅣ 기리힘 닙음이 이 너의 功이니라

| 번역 |

제순(帝舜)이 말씀하셨다. "그러하다! 땅과 물이 잘 다스려지고 하늘이 이루어져서, 육부(六府)와 삼사(三事)가 진실로 잘 다스려져서 만세가 길이 힘입게 될 것이니, 이것이 너의 공이다."

| 자해 |

六府 : 수(水)·화(火)·금(金)·목(木)·토(土)·곡(穀)의 여섯 가지. ·三事 : 정덕(正德)·이용(利用)·후생(厚生)의 세 가지.

| 의해 |

순(舜)이 우(禹)의 말을 이어서 우의 공을 말한 것이다. 땅과 물이 잘 다스려지고 하늘이 이루어졌다는 것은 우가 물과 땅을 잘 다스려 이로 말미암아 만물이 이루어진 것을 말한다.

帝曰 格하라 汝禹야 朕이 宅帝位 三十有三載니 耄期하여
倦于勤하노니 汝惟不怠하여 總朕師하라

| 언해 |

帝ㅣ ᄀᆞᆯ으샤디 오너라 너 禹아 내 帝의 位에 잇슨지 셜은이오 쏘 셰히니 耄ᄒᆞ고 期ᄒᆞ야 부지런홀쎄 게으리니 네 게으르지말아 내 무리를 거느리라

| 번역 |

제순(帝舜)이 말씀하셨다. "오라! 너 우(禹)여! 내가 제위(帝位)에 있은 지 삼십삼년이니, 아흔 살을 넘고 백 살에 가까워 부지런히 해야 할 일에 게으르다. 네가 게을리 하지 말고 나의 무리를 거느려라."

| 자해 |

耄 : 아흔 살. ·期 : 백 살. ·總 : 거느림.

| 의해 |

이는 순(舜)이 우(禹)에게 섭정을 명한 것이다. 이때 순의 나이가 아흔셋이었다. 아흔은 넘고 백세에는 미치지 못하였으므로 아흔 살을 넘고 백 살에 가깝다고 한 것이다.

禹曰 朕德이 罔克이라 民不依하니 皐陶는 邁種德이라 德
乃降하여 黎民懷之하나니 帝念哉하소서 念茲在茲하며 釋
茲在茲하며 名言茲在茲하며 允出茲在茲니 惟帝念功하
소서

| 언해 |

禹ㅣ 골오디 내 德이 능치 못혼지라 빅셩이 의지호지 아니 호거
니와 皐陶는 邁호야 德을 편지라 德이 이에 나려 黎民이 싱각호
느니 帝ㅣ 싱각호쇼셔 이를 싱각호야도 이에 잇스며 이를 노아도
이에 잇스며 일홈호야 말호야도 이에 잇스며 진실로 나가도 이에
잇슬지니 帝ㅣ 功을 싱각호쇼셔

| 번역 |

우(禹)가 말했다. "저의 덕이 능하지 못한 까닭에 백성이 의지하
지 않습니다. 고요(皐陶)는 힘써 덕을 펴서, 덕이 이에 내려가 백
성들이 그를 생각하고 있습니다. 제(帝)께서는 생각하소서. 이를
생각하여도 이에 있으며, 이를 놓아도 이에 있으며, 이름하여 말
하여도 이에 있으며, 진실로 마음속에서 나오는 것도 이에 있을
것이니, 제(帝)께서는 그의 공을 생각하소서."

| 자해 |

邁 : 힘써 행함. ㆍ種 : 폄. ㆍ降 : 내림. ㆍ懷 : 생각함. ㆍ茲 : 고요를 말함.

| 의해 |

이는 우(禹)가 순(舜)의 명을 듣고 겸손히 고요(皐陶)에게 사양한
것이다. 덕이 내려간다고 하는 것은 덕이 백성에게 내려간다는

뜻이다. 이리하여도 이에 있고 저리하여도 이에 있다는 것은, 아무리 생각해도 고요밖에 없다는 뜻이다.

帝曰 皐陶야 惟茲臣庶 罔或干予正은 汝作士라 明于五刑하여 以弼五教하여 期于予治니 刑期于無刑하여 民協于中이 時乃功이니 懋哉하라

| 언해 |

帝ㅣ 골ᄋ샤ᄃᆡ 皐陶아 이 신하 무리 내의 졍ᄉ를 범ᄒ리 업슴은 네 士를 지엇ᄂᆞ지라 五刑을 밝혀 五教를 도와 나를 다ᄉ리도록 홈이니 형벌을 형벌업도록 ᄒᆞ야 빅셩이 中에 고로옴이 이 너의 功이니 힘쓸지어다

| 번역 |

제순(帝舜)이 말씀하셨다. "고요(皐陶)야! 이 신하와 무리들 가운데 누구도 나의 정사를 범한 자가 없는 것은, 네가 재판관을 맡아 오형(五刑)을 밝히고 오교(五教)를 도와, 내가 잘 다스리도록 기약했기 때문이다. 형벌을 쓸 때 형벌이 사라지는 것을 기약하여 백성이 지나치지도 않고 모자라지도 않는 데 맞게 된 것, 이것이 너의 공이니 힘쓰도록 하라."

| 자해 |

干 : 범함. •正 : 정사(政事). •弼 : 도움. •期 : 기약함. •中 : 지나치지도 않고 모자라지도 않음. •懋 : 힘씀.

| 의해 |

순(舜)은 우(禹)가 사양하는 말을 들은 후 허락하지 않고 이어 고요(皐陶)를 권면한 것이다. 고요가 재판관의 벼슬에 있으면서 형벌로 다스리는 것을 돕고 있었으므로, 더욱 힘써 백성을 지나치게 하지 말고 모자라게도 하지 말아서 공을 이루라고 한 것이다. 백성은 교화(敎化)로 다스려야 한다. 형벌은 교화를 도와 지나친 자는 지나치지 않게 하고 모자란 자는 모자라지 않게 할 뿐이다.

皐陶曰 帝德이 罔愆하사 臨下以簡하시고 御衆以寬하시며 罰弗及嗣하시고 賞延于世하시며 宥過無大하시고 刑故無小하시며 罪疑는 惟輕하시고 功疑는 惟重하시며 與其殺不辜는 寧失不經이라하사 好生之德이 洽于民心이라 玆用不犯于有司니이다

| 언해 |

皐陶ㅣ 글오ᄃᆡ 帝의 德이 허믈이 업스샤 아리를 臨호ᄃᆡ 간단홈으로ᄡᅥ ᄒᆞ시고 무리를 어거 호ᄃᆡ 너그럼으로ᄡᅥ ᄒᆞ시며 罰은 아들에게 밋지 아니케 ᄒᆞ시고 賞은 ᄃᆡ에 벗게ᄒᆞ시며 모로ᄂᆞᆫ 죄ᄂᆞᆫ 노으되 큰 이 업스시고 짐짓 죄ᄂᆞᆫ 형벌호ᄃᆡ 져음이 업스시며 罪ㅣ 의심ᄂᆞᆫ 이ᄂᆞᆫ 가ᄇᆡ엽게 ᄒᆞ시고 功이 의심ᄂᆞᆫ 이ᄂᆞᆫ 묵업게ᄒᆞ시며 그 죄안이니를 죽임으로ᄂᆞᆫ 찰ᄒᆞ리법아닌ᄃᆡ 일케ᄒᆞ리라 ᄒᆞ샤 살기를 죠하ᄒᆞᄂᆞᆫ 德이 빅셩의 마음에 져진지라 이럼으로ᄡᅥ 有司에게 犯치 아니 ᄒᆞ니이다

| 번역 |

고요(皋陶)가 말했다. "제(帝)의 덕은 허물이 없으셔서, 아래에 임하되 간략한 것으로 하시고, 무리를 통솔하되 너그러움으로 하시며, 벌은 자손에게 미치지 않게 하시고, 상은 대대로 이어지게 하셨습니다. 과실로 지은 죄는 용서하되 크게 함이 없으시고 고의로 지은 죄는 형벌로 다스리되 작게 함이 없으시며, 죄가 의심스러우면 가볍게 형벌 하시고 공이 의심스러우면 무겁게 포상하셨습니다. 죄 없는 사람을 죽이기보다는 차라리 법대로 처벌하지 않은 과실의 책임을 지겠다고 하셔서, 살리기 좋아하는 덕이 백성의 마음을 적셨습니다. 이 때문에 백성들이 유사(有司)를 범하지 않은 것입니다."

| 자해 |

愆 : 허물. •過 : 과실로 범한 죄. •故 : 고의로 범한 죄. •辜 : 죄. •經 : 법.
•洽 : 젖음.

| 의해 |

순(舜)이 고요(皋陶)를 칭찬하자 고요가 감히 칭찬을 감당하지 못하고 제순(帝舜)의 덕을 칭송한 것이다. 간략히 임하고 너그럽게 통솔하면 백성들이 번거롭게 여기거나 고통스러워하지 아니할 것이다. 벌은 가까운 아들에게도 미치지 않게 하고, 상은 먼 후세까지 뻗게 하면 좋은 이는 많아지고 악한 이는 적어질 것이다. 실수로 지은 죄에 대해서는 지은 죄가 커도 용서하고 고의로 지은 죄에 대해서는 지은 죄가 작아도 오히려 처벌하는 것은 그 마음과 행위를 밝히고 뒤의 폐단을 징계하는 것이다. 죄는 가볍게 처리하고 공은 무겁게 포상하여, 차라리 법을 잃을지언정 죄 없는 이를 잘못 걸리지 않게 했으므로, 백성이 감복하여 자연히 범할 자가 없다고 한 것이다.

^{제 왈 비 여} ^{종 욕 이 치} ^{사 방} ^{풍 동} ^{유 내 지 휴}
帝曰 俾予로 從欲以治하여 四方이 風動하니 惟乃之休이
니라

| 언해 |

帝ㅣ 골ᄋ샤디 날로 ᄒ여곰 ᄒ고 ᄌ흠을 좃ᄎ뼈다ᄉ려 四方이 바
람 動ᄒ듯 ᄒ논디 너의 아름다옴이니라.

| 번역 |

제순(帝舜)이 말씀하셨다. "나로 하여금 내가 하고자 하는 대로
다스리게 하여 사방(四方)이 바람에 쏠리듯 감화하게 하였으니,
이는 너의 아름다움이니라."

| 자해 |

休 : 아름다움.

| 의해 |

순(舜)이 또 거듭 말하여 고요(皐陶)를 아름답게 여긴 것이다. 백
성이 법을 범하지 않게 하고, 위에서 형벌을 쓰지 않게 하는 것은
곧 순이 하고자 한 것이었다. 고요는 순의 바람대로 할 수 있었으
므로, 사방 백성이 바람에 쏠리듯 감복하였으니 어찌 아름답지
않겠는가!

帝曰 來하라 禹야 洚水儆予어늘 成允成功하니 惟汝賢이며

克勤于邦하며 克儉于家하여 不自滿假하니 惟汝賢이니라

汝惟不矜하나 天下莫與汝로 爭能하며 汝惟不伐하나 天

下莫與汝로 爭功하나니 予懋乃德하며 嘉乃丕績하노니 天

之曆數 在汝躬이라 汝終陟元后하리라

| 언해 |

帝ㅣ 골ㅇ샤디 오너라 너 禹아 洚水ㅣ 날을 경계ㅎ거늘 밋붐을 닐우며 功을 닐우논디 너의 어진것이며 능히 나라에 부지런ㅎ며 능히 집에 검호ㅎ야 스스로 가득ㅎ며 큰톄 아니ㅎ논디 너의 어짐이니라 네 ㅈ랑치 아니ㅎ나 天下ㅣ 널로 더불어 能홈을 닷토지 못ㅎ며 네ㅈ랑치 아니ㅎ나 天下ㅣ 널로 더부러 功을 닷토지 못ㅎ느니 내 너의 德을 셩히 녀기며 너의 큰공을 아름다이 녀기노니 하늘의 曆數ㅣ 네몸에 잇논지라 네 맛춤너 元后에 올느리라

| 번역 |

제순(帝舜)이 말씀하셨다. "오라! 너 우(禹)야! 홍수(洪水)가 나를 경계하였거늘, 믿음을 이루고 공을 이룬 것은 너의 현명함 때문이며, 나라에서 근면하게 하고, 집안에서 검소하게 하여 스스로 가득 찼다고 하거나 큰 체 하지 않는 것도 너의 현명함 때문이다. 네가 자랑하지는 않지만 천하에 누구도 너와 더불어 능력을 다투지 못하며, 네가 자랑하지는 않지만 천하에 누구도 너와 더불어 공을 다투지 못한다. 내가 너의 덕을 성대하게 여기며, 너의 큰 공을 아름답게 여기노라. 하늘의 역수(曆數)가 너의 몸에 있으니, 네가 마침내 원후(元后)의 자리에 오를 것이다."

| 자해 |

洚水 : 큰물. 물이 넘쳐 거슬러 행함. •儆 : 경계함. •假 : 큼. •矜•伐 : 자
랑함. •懋 : 성대함. •曆數 : 제왕(帝王)을 전하는 차례. 세시(歲時)•절후
(節侯)의 차례.

| 의해 |

순(舜)이 다시 우(禹)에게 섭정을 명한 것이다. 홍수는 요(堯) 때
에 시작되었으나 순은 자신의 책임을 회피하지 않았다. 우가 홍
수를 다스렸으며 그 말이 미덥고 공이 있어 현명했으며 또 부지
런하고 검소하며 자만하거나 큰 체 하지 않았으므로 더욱 현명하
게 여겼다. 비록 자랑하지 않아도 천하에 다툴 사람이 없고 덕이
성대하고 공이 커서 제왕의 차례가 자신에게 당도했으니 어찌 사
양하겠는가? 원후(元后)는 큰 임금이란 의미로 천자를 일컫는 말
이다. 이때에 섭정을 명하였으므로 결국 원후에 오를 것이라고
한 것이다.

人心은 惟危하고 道心은 惟微하니 惟精惟一하여야 允執厥
中하리라

| 언해 |

人心은 위틱ᄒ고 道心은 젹으니 精ᄒ며 一ᄒ야사 진실로 그 中을
잡으리라

| 번역 |

"인심(人心)은 위태하고 도심(道心)은 적으니, 정밀하게 살피고
한결같이 해야 진실로 그 중도(中道)를 잡을 것이다."

| 자해 |

人心 : 형기(形氣)에서 발로되는 것. •道心 : 의리(義理)에서 발로되는 것.
•精 : 잡되지 않음. •一 : 변하지 않음. •中 : 지나치지도 아니하고 모자라
지도 않음.

| 의해 |

이는 섭정을 명하고 임금 되는 법을 가르친 것이다. 사람은 마음
으로 만사에 응하기 때문에 형기(形氣)에서 나온 마음은 사사롭
기 쉽다. 그러므로 인심(人心)이 위태하다고 한 것이다. 의리(義
理)에서 나온 마음은 밝히기 어렵다. 그러므로 도심(道心)이 적다
고 한 것이다. 정밀해서 잡되지 않고 한결같이 변하지 않아 도심
이 주재(主宰)하고 인심이 그 명령을 따르게 하여야 위태한 자가
편안하고 도심이 적은 자가 나타나도 지나치지도 않고 모자라지
도 않게 되어 중도(中道)를 잡을 것이다. 그런 다음에 천하와 국
가를 잘 다스릴 수 있을 것이다. 이것은 비록 제왕이 전수하는 심
법(心法)이지만 실로 유가 학문의 근본이 된다.

無稽之言을 勿聽하며 弗詢之謀를 勿庸하라

| 언해 |

상고치 아닌 말슴을 듯지말며 뭇지 아닌 꾀를 쓰지말라

| 번역 |

"상고하지 않은 말을 듣지 말며, 상의하지 않은 계책은 쓰지 말
라."

| 의해 |

앞서 임금이 되는 근본을 말하고, 또 말을 듣는 것과 일을 처리하는 법을 말한 것이다. 말에 옛 증거가 있어야 이치에 맞고 계책은 여럿의 의견을 따라야 일을 이룰 수 있다. 그렇지 않으면 이는 한 사람의 사정(事情)일 뿐 천하의 공론(公論)이 아니기 때문에 정사(政事)에 해롭고 다스림을 얻지 못할 것이다. 그러므로 상고하지 않은 말을 듣지 말고 상의하지 않은 계책을 쓰지 말라고 한 것이다.

可愛는 非君이며 可畏는 非民가 衆非元后면 何戴며 后非衆이면 罔與守邦하리니 欽哉하여 愼乃有位하여 敬脩其可願하라 四海困窮하면 天祿이 永終하리라 惟口는 出好하며 興戎하나니 朕言은 不再하리라

| 언해 |

可히 스랑호오니는 님금이 아니며 可히 두려우니는 빅셩이 아닌가 무리 一元后아니면 어디를 이며 님금이 무리아니면 더부러 나라를 직히지 못흐리니 공경호야 너의 두는 位를 삼가아 그 可히 願홈을 공경호야 닷그라 四海ㅣ 困窮호면 하늘 祿이 기리 맛치리라 입은 죠홈을 내이며 戎을 닐으키노니 내의 말슴은 두 번 아니흐리라

| 번역 |

"사랑할 만한 이는 임금이 아닌가? 두려워할 만한 것은 백성이 아

닌가? 백성은 임금이 아니면 누구를 받들고, 임금은 백성이 아니면 누구와 더불어 나라를 지키겠는가? 공경하라. 너는 지위를 삼가고 그 원하는 것을 공경히 닦으라. 사해(四海)가 곤궁하면 하늘의 녹(祿)은 영원히 끊길 것이다. 입은 좋은 것을 내기도 하고 전쟁을 일으킬 수도 있으니, 나는 다시 말하지 않으리라."

| 자해 |

戎 : 병기(兵器).

| 의해 |

백성은 임금이 아니면 받들 이가 없으니 어찌 사랑하지 아니하며, 임금은 백성이 아니면 나라를 지키지 못할 것이니 어찌 두렵지 않겠는가? 백성이 원하는 것을 따르면 임금이 자리를 보전할 것이고 백성이 궁핍하면 임금이 봉록을 잃을 것이니, 깊이 경계해야 할 것이다. 우(禹)의 공덕이 비록 크지만 큰 자리를 전해주는 데 있어서 삼가고 염려하는 것이 지극하여 이 같이 경계하는 것이다. 입에서 좋은 말이 나오면 좋은 일이 있고 좋지 않은 말이 나오면 병화(兵禍)가 일어난다고 하였으니 더욱 삼가야 할 것이다. 순(舜)의 말이 지극히 자세하고 분명하여 다시 다른 말을 할 필요가 없으니, 사양하지 말고 명을 받으라고 하는 것이다.

禹曰 枚卜功臣하사 惟吉之從하소서 帝曰 禹야 官占은 惟先蔽志하고 昆命于元龜하나니 朕志先定이어늘 詢謀僉同하며 鬼神이 其依하여 龜筮協從하니 卜不習吉이니라 禹拜稽首하여 固辭한대 帝曰 毋하라 惟汝라야 諧니라

| 언해 |

禹ㅣ 글오디 功臣을 낫낫치 졈ᄒ샤 吉흉을 좃치쇼셔 帝ㅣ 글ᄋ샤
디 禹아 官占은 몬져 ᄡᅳᆺ을 결단ᄒ고샤 뒤에 元龜를 命ᄒᄂ니 내
의 ᄧᅳᆺ이 몬져 定ᄒᄋᆞᆻ거늘 물은 꾀ㅣ 다갓ᄒ며 鬼神이 그 슌ᄒ야
龜와 筮ㅣ 다 좃치니 졈은 거듭 吉ᄒ지 아니ᄒᄂ니라 禹ㅣ 졀ᄒ
고 머리를 슉여 굿게 ᄉ양ᄒ대 帝ㅣ 글ᄋ샤디 말아라 네라사 고
로리라

| 번역 |

우(禹)가 말하였다. "공신(功臣)을 일일이 점쳐서 길하면 따르십
시오." 제순(帝舜)이 말씀하셨다. "우야. 관점(官占)은 먼저 뜻을
결정하고 난 후에 원귀(元龜)에게 명하는 것이다. 내 뜻이 먼저
결정되었고 다른 사람에게 물은 계책도 다 같으며, 귀신도 따라
서 거북[龜]과 시초[筮]가 다 화합하여 따랐으니, 점은 거듭 길
하지 않을 것이다." 우가 절하고 머리를 숙여 굳게 사양하자, 제
(帝)가 말씀하셨다. "사양하지 말라. 너만이 적임자이다."

| 자해 |

枚 : 낱낱이. • 官占 : 점(占)치는   벼슬. • 蔽 : 결단함. • 昆 : 뒤. • 元龜 : 점
치는 거북. • 衣 : 따름. • 筮 : 점치는 시초(蓍草). • 習 : 거듭함.

| 의해 |

우(禹)가 거듭 사양할 말이 없어, 여러 공신(功臣)을 점쳐서 결정
할 것을 청하였으나 순(舜)이 듣지 않고 말하기를, "점이란 의심
을 결단하는 것이다. 내 마음이 이미 정해졌고 여러 명에게 물었
으나 모두 같아서, 점을 칠 필요가 없고, 또 점도 이미 이에 따랐
으니, 두 번 점을 칠 필요가 더욱 없다."고 한 것이다.

^{정월삭단} ^{수명우신종} ^{솔백관} ^{약제지초}
正月朔旦에 受命于神宗하사 率百官하시되 若帝之初하시다

| 언해 |

正月 초하로 날 아춤에 命을 神宗끠 밧으샤 百官을 거나리샤디
帝의 처음 갓히 ᄒᆞ시다

| 번역 |

정월(正月) 초하루 날 아침에, 우(禹)는 요(堯)의 사당에서 천명
(天命)을 받았다. 백관(百官)을 거느리셨는데 제순(帝舜)의 처음
과 같이 하셨다.

| 자해 |

神宗 : 요의 사당.

| 의해 |

우가 사양하지 못하고 섭정의 자리에 나아가게 되었다. 정월 초
하루 날 요의 사당에서 명을 받고, 백관을 통솔하였는데, 그 예절
은 순이 요에게서 받을 때와 같은 것이었다. 순이 요의 자리를 이
었다가 우에게 전했기 때문에 요의 사당에서 예를 행한 것이다.

^{제왈} ^{자우} ^{유시유묘불솔} ^{여조정} ^{우내회군후}
帝曰 咨禹야 惟時有苗弗率하니 汝徂征하라 禹乃會羣后

^{서우사왈} ^{제제유중} ^{함청짐명} ^{준자유묘} ^혼
하여 誓于師曰 濟濟有衆아 咸聽朕命하라 蠢兹有苗 昏

^{미불공} ^{모만자현} ^{반도패덕} ^{군자재야} ^소
迷不恭하여 侮慢自賢하며 反道敗德하여 君子在野하고 小

人在位한대 民棄不保하며 天降之咎하시니 肆予以爾衆士로 奉辭伐罪하노니 爾尙一乃心力이라야 其克有勳하리라

| 언해 |

帝ㅣ ᄀᆞᆯᄋᆞ샤디 咨홉다 禹아 이 有苗ㅣ 좃지 아니 ᄒᆞᄂᆞ니 네 가셔 치라 禹ㅣ 모든 后를 모도와 무리에 誓ᄒᆞ야 ᄀᆞᆯ오디 濟濟ᄒᆞᆫ 무리아 다 내의 命을 드르라 蠢ᄒᆞᆫ 이 有苗ㅣ 어둡고 미혹ᄒᆞ야 공손치 아니ᄒᆞ야 업슈이녀기고 거만ᄒᆞ야 스스로 어진톄ᄒᆞ며 道에 反ᄒᆞ고 德을 敗ᄒᆞ야 君子ㅣ 들에 잇고 小人이 位에 잇ᄂ대 ᄇᆡᆨ셩이 버리고 보젼치 아니ᄒᆞ며 하늘이 허물을 나리실ᄉᆡ 이럼으로 내 너의 무리로써 말ᄉᆞᆷ을 밧드러 罪를 치노니 네 거의 마음과 힘을 한가지 ᄒᆞ야샤 그 능히 공이 잇스리라

| 번역 |

제순(帝舜)이 말씀하셨다. "아! 우(禹)야! 오직 이 유묘(有苗)가 명을 따르지 않으니, 네가 가서 정벌하라." 우가 모든 제후들을 모아서 군사들에게 맹서하여 말하였다. "잘 훈련되고 정돈된 군사들이여! 모두 나의 명을 들어라. 어리석은 이 유묘가 어둡고 미혹되어 공손하지 않다. 업신여기고 거만하여 스스로 어진 체하며 도를 어기고 덕을 어그러뜨린다. 군자는 들판에 버려져 있고 소인이 관직에 있으니, 백성들은 그들의 임금을 버리고 보전하지 않았으며 하늘은 재앙을 내리셨다. 그러므로 내가 너희 군사들을 거느리고 순임금의 명령을 받들어 죄를 벌하고자 한다. 너희들이 모두 마음과 힘을 한결같이 하기를 바라노라. 공적이 있을 것이다."

| 자해 |

有苗 : 삼묘(三苗). •率 : 따름. •徂 : 감. •征 : 윗사람이 아랫사람을 치는
것이니, 그 죄를 바로잡는다는 뜻. •誓 : 경계하는 말. •濟濟 : 가지런하고
성대한 모양. •蠢 : 벌레 같이 아는 것이 없는 모양. •迷 : 미혹됨.

| 의해 |

우(禹)가 처음 명을 받아 유묘(有苗)를 친 것은, 순(舜)이 처음
명을 받아 사흉(四凶)을 주벌(誅罰)한 것과 같다. 소인을 내치지
않으면, 군자를 보전하지 못하고, 악한 제후를 정복하지 않으면
백성을 다스리지 못하는 것이다. 유묘는 곧 사흉(四凶)의 하나인
데, 순이 이미 주벌하였지만 그때까지 귀순하지 않아, 군사를 일
으켜 크게 정벌하려 했다. 군사를 일으키는 것은 나라의 큰일이
기 때문에 마땅히 삼가야 한다. 그러므로 무리를 모아 경계하는
말을 하였으니 이것이 바로 서(誓)라는 것이다.

三旬을 苗民이 逆命이어늘 益이 贊于禹曰 惟德은 動天이
라 無遠弗屆하나니 滿招損하고 謙受益이 時乃天道니이다
帝初于歷山에 往于田하사 日號泣于旻天과 于父母하사
負罪引慝하사 祗載見瞽瞍하시되 夔夔齊慄하신대 瞽亦允
若하니 至誠은 感神이온 矧茲有苗리이까 禹拜昌言曰 俞라
班師振旅어늘 帝乃誕敷文德하사 舞干羽于兩階러니 七
旬에 有苗格하니라

| 언해 |

셰 열흘을 苗의 빅셩이 命을 거스리거늘 益이 禹께 도아 굴오디
德은 하날을 動ᄒᆞᆫ지라 먼데 니르지 아니홈이 업ᄂᆞ니 가득홈은
덜님을 부르고 겸손홈은 더홈을 밧음이 이 天道ㅣ 니이다 帝ㅣ
쳐음 歷山에 가샤 밧에 가샤 날로 旻天과 父母끠 부루지져 울으
샤 罪를 지시며 악홈을 단기시샤 닐을 공경ᄒᆞ야 瞽瞍ㅅ께 뵈이시
되 夔夔히 공경ᄒᆞ며 두려워ᄒᆞ신대 瞽ㅣ 쏘ᄒᆞᆫ 밋어 슌ᄒᆞ니 지극ᄒᆞᆫ
졍셩은 귀신을 감동ᄒᆞ거든 ᄒᆞ물며 이 有苗ㅣ ᄯ녀 禹ㅣ 셩ᄒᆞᆫ 말
ᄉᆞᆷ을 졀ᄒᆞ야 굴ᄋᆞ샤디 그러ᄒᆞ다 군ᄉᆞ를 돌니고 군ᄉᆞ를 졍졔ᄒᆞ거
늘 帝ㅣ 크게 文德을 펴샤 干과 羽를 셤돌에 츔ᄒᆞ더니 일곱열흘
에 有苗ㅣ 니르니라

| 번역 |

삼십일 동안을 묘(苗)의 백성이 명을 거역하자, 익(益)이 우(禹)
를 거들며 말했다. "오직 덕만이 하늘을 움직여 먼 곳에서도 이르
지 않음이 없습니다. 자만하면 손해를 부르고 겸손하면 유익함을
얻으니 이것이 곧 천도(天道)입니다. 제순(帝舜)께서 처음 역산
(歷山)에 계실 때, 밖에 가셔서 날마다 민천(旻天)과 부모께 부르
짖어 우셨고, 죄를 짊어지고 사특함을 자신에게 돌리셨으며, 일
을 삼가 고수(瞽瞍)를 뵙되 두렵고 엄숙한 듯하니, 고수 역시 진
실로 따랐습니다. 정성이 지극하면 귀신도 감동하는데, 하물며
이 유묘뿐이겠습니까?" 우가 훌륭한 말에 절하며 "그렇구나."라고
말하고 군대를 되돌려 정비하였다. 제순이 크게 문덕(文德)을 펴
시어 간(干)과 우(羽)를 섬돌에서 춤추게 하자, 칠십일 만에 유묘
가 이르렀다.

| 자해 |

三旬 : 30일. •贊 : 도움. •屆 : 이르러 옴. •帝 : 순(舜). 歷山 : 땅 이름.
•旻天 : 불쌍히 여기는 하늘. •慝 : 악함. •祗 : 공경. •載 : 일. •夔夔 : 공

경하고 두려워하는 모양. •齊 : 공경 •慄 : 두려워함. •誠 : 정성이 감동함.
•昌言 : 성대한 말. •班 : 돌아옴. •振 : 가지런함. •師·旅 : 군사. 사(師)
는 큰 규모의 군대, 여(旅)는 작은 규모의 군대. •干·羽 : 간(干)은 방패이
고 우(羽)는 깃으로, 모두 춤추는 자가 잡음. •階 : 섬돌. •兩階 : 예를 행하
는 동쪽 섬돌과 서쪽 섬돌. •七旬 : 일흔 날. •格 : 이르러 옴.

| 의해 |

군대가 임한 지 한 달이 넘도록 묘민(苗民)이 완악하여 복종하지
않자, 익(益)이 우(禹)에게 권하여 위엄을 거두고 덕으로 감복하
게 한 것이다. 덕의 정성이 지극하면 하늘과 부모와 귀신도 감동
하는데 하물며 완악한 백성들에게 있어서랴? 순(舜)의 사례는 이
와 다르나, 감동시키기 어려운 것을 감동시킨 것은 같다. 그러므
로 이를 들어서 비유한 것이다. 과연 군사를 돌리고 문덕(文德)을
크게 펴자, 끝내 묘민이 복종하였다. 순과 우의 문덕이 이때에 비
로소 펼쳐진 것은 아니지만, 특히 묘를 치던 본말을 말한 것이다.
백성이 매우 완악하면 성인이라도 치지 않을 수 없으나, 마침내
덕으로 감화시켜야 하고, 무력으로 복종시키기는 어렵다.

고요모[皐陶謨]

고요(皐陶)의 말을 기록한 것이다. 금문(今文)과 고문(古文)에 다 있다.

曰若稽古皐陶한대 曰允迪厥德하면 謨明하며 弼諧하리라

禹曰 俞라 如何오 皐陶曰 都라 愼厥身脩하며 思永하며

惇叙九族하며 庶明이 勵翼하면 邇可遠이 在茲하니이다 禹

拜昌言曰 俞라

| 언해 |

넷 皐陶를 샹고혼디 굴오디 진실로 그 德을 볿으면 꾀홈이 밝으
며 도음이 고로리이다 禹ㅣ 굴으샤디 그러ᄒ다 엇지ᄒ뇨 皐陶ㅣ
굴오디 아름답다 삼가 그 몸을 닭그며 싱각이 길며 九族을 돗탑
게 펴며 여러 밝은이 힘뼈 도으면 갓가음으로 可히 멀게홈이 이
에 잇ᄂ니이다 禹ㅣ 셩혼 말슴을 절ᄒ야 굴으샤디 그러ᄒ다

| 번역 |

옛 고요(皐陶)를 상고해 보니, 고요가 말하기를, "진실로 그 덕을
실천하면, 꾀하는 것이 밝으며, 보필하는 신하들이 화합할 것입
니다."라고 하였다. 우(禹)가 말씀하셨다. "그러하다! 어떻게 해
야 하는가?" 고요가 말했다. "아! 삼가 그 몸을 닦으며, 길이 생각
하시며, 구족(九族)을 두텁게 펴시어, 여러 밝은이가 힘써 도우면

가까운 곳에서 멀리까지 나아가는 것이 여기에 달려 있습니다."
우가 훌륭한 말에 절하면서 "그러하다!"라고 하셨다.

| 자해 |

迪 : 밝음. • 庶明 : 여러 현명한 신하. • 勵 : 힘씀. • 翼 : 도움.

| 의해 |

고요(皐陶)가 순(舜)께 말하자, 우(禹)가 곁에서 묻고 대답한 것
이다. "그러하다! 어떻게 해야 하는가?"라고 한 것은 그 말을 그
렇다고 여기면서 그 자세한 뜻을 또 물은 것이다. 임금이 덕을 행
하면 신하가 도울 것이니, 몸이 닦이면 집이 가지런하고 나라가
다스려져, 가까운 곳으로부터 먼 곳에 미칠 것이므로, 그 도리가
여기에 있다고 한 것이다. 그 말이 성대하였으므로 우가 절하고
그러하다고 여긴 것이다.

皐陶曰 都라 在知人하며 在安民하니이다 禹曰 吁라 咸若
時는 惟帝도 其難之러시니 知人則哲이라 能官人하며 安民
則惠라 黎民이 懷之하리니 能哲而惠면 何憂乎驩兜며 何
遷乎有苗며 何畏乎巧言令色孔壬이리오

| 언해 |

皐陶ㅣ 글오디 아름답다 사람 알음에 잇스며 빅셩 편히홈에 잇느
니이다 禹ㅣ 글오샤디 아니라 다 이갓흘진딘 帝두 그 어려이 녀
기시더니 사롬을 알면 밝은지라 能히 밝고 은혜로우면 엇지 驩兜
를 근심흐며 엇지 有苗를 옴기며 엇지 말만 잘흐고 빗만 죠흔 孔

王을 두려워ᄒᆞ리오

| 번역 |

고요(皐陶)가 말했다. "아! 사람을 아는 데 달려 있으며, 백성을 편히 하는 데 달려 있습니다." 우(禹)가 말씀하셨다. "아니다! 모두 이와 같이 하는 것은 제요(帝堯)도 어렵게 여기셨다. 사람을 알면 밝기 때문에 다른 사람을 벼슬 시킬 수 있을 것이다. 백성을 편하게 하면 은혜롭기 때문에 백성들이 그리워할 것이다. 밝고 은혜로울 수 있으면, 어찌 환도(驩兜)를 근심하며, 어찌 유묘(有苗)를 옮기며, 어찌 말만 잘하고 얼굴빛만 좋으며 크게 흉악한 자들을 두려워하겠는가!"

| 자해 |

帝 : 제요(帝堯). •巧言 : 말만 잘하는 사람. •令色 : 얼굴빛만 좋은 사람. •孔壬 : 매우 흉악한 사람.

| 의해 |

고요(皐陶)가 앞서 덕의 근본을 말하고, 또 행하는 일을 말한 것으로, 임금의 일은 사람을 아는 것과 백성을 편하게 하는 것에 있다고 한 것이다. 우(禹)가 동의하지 않는 것은 아니지만, 이 두 일은 지극히 크고 깊기 때문에, 제요(帝堯)라 할지라도 오히려 어렵게 여기셨으니, 서로 경계해야 할 것이라고 한 것이다.

皐陶曰 都라 亦行有九德하니 亦言其人의 有德인댄 乃言日 載采采니이다 禹曰 何오 皐陶曰 寬而栗하며 柔而立하며 愿而恭하며 亂而敬하며 擾而毅하며 直而溫하며 簡而廉

하며 ^{강이색}剛而塞하며 ^{강이의}彊而義니 ^{창궐유상}彰厥有常이 ^{길재}吉哉니이다

| 언해 |

皐陶ㅣ 굴오디 아름답다 다ᄒᆞ진댄 行애 아홉가지 德이 잇ᄂᆞ니 그
ᄉᆞ람의 두ᄂᆞᆫ 德을 다 말ᄉᆞᆷ홀진댄 이에 닐러 굴오디 일과 일을 힝
홈이니이다 禹ㅣ 굴ᄋᆞ샤디 엇지뇨 皐陶ㅣ 굴오디 너그럽고 씩씩
ᄒᆞ며 부드럽고 쎠며 슴가고 공손ᄒᆞ며 다ᄉᆞ리고 공경ᄒᆞ며 길드리
고 굿세며 곳고 쌋쌋ᄒᆞ며 평탄ᄒᆞ고 쳥렴ᄒᆞ며 剛ᄒᆞ고 독실ᄒᆞ며 彊
셩ᄒᆞ고 義홈이니 낫하나 그 쩟쩟홈을 두옴이 吉ᄒᆞ니이다

| 번역 |

고요(皐陶)가 말했다. "아! 행하는 것을 총괄하면 아홉 가지 덕이
있습니다. 그 사람에게 있는 덕을 모두 말하려면, 어떤 일, 어떤
일들을 행했다고 말해야 합니다." 우(禹)가 말씀하셨다. "어떻게
하는가?" 고요가 말했다. "너그러우면서도 씩씩하며, 부드러우면
서도 꼿꼿하며, 삼가면서도 공손하며, 다스리면서도 공경하며,
익숙하면서도 굳세며, 곧으면서도 따뜻하며, 평탄하면서도 청렴
하며, 굳세면서도 독실하며, 강성하면서도 의롭게 하는 것이니,
이러한 것들이 드러나 늘 떳떳함이 있는 것이 길합니다."

| 자해 |

載:행함. •采:일. •栗:씩씩함. •愿:삼감. •亂:다스림. •擾:길들어
익숙함. •簡:평탄함. •塞:독실함. •彰:드러남.

| 의해 |

고요(皐陶)가 우(禹)의 말을 이어 사람을 아는 것과 백성을 편하
게 하는 것이 비록 어렵지만 아홉 가지 덕으로 행하면 가능할 것
이라고 말했다. 우가 그 아홉 가지 덕의 조목을 묻자, 고요가 진

술한 것이다. 아홉 가지 덕이 각각 두 뜻을 겸하고 있으므로 '이
(而)' 자를 쓴 것이다. '이(而)' 자의 뜻에는 바뀌는 뜻이 있어 그
러하면서도 또 이러하다는 말이다. 사람의 덕은 편벽되기 쉽기
때문에, 예컨대 너그러운 자는 씩씩하기 어렵고, 부드러운 자는
꼿꼿하기 어렵다. 이와 같으므로 너그러우면서도 씩씩하며, 부드
러우면서도 꼿꼿하라고 한 것이니, 나머지는 다 이에 준한다. 아
홉 가지 덕이 드러나 떳떳함이 있으면, 어찌 길한 사람이 아니겠
는가!

日宣三德이면 夙夜에 浚明有家하며 日嚴祇敬六德이면
亮采有邦하리니 翕受敷施하면 九德이 咸事하여 俊乂在官
하여 百僚師師하며 百工이 惟時로 撫于五辰하여 庶績이
其凝하리이다

| 언해 |

날로 세가지 德을 밝히린 닐으나 밤에 집을 다스려 밝힐지며, 날
로 嚴히 여섯가지 德을 공경ᄒ린 일을 나라에 밝히리니 합ᄒ야
바드며 펴셔 벼풀면 아홉가지 德 다 일ᄒ야 쥰걸과 다스리는 이
벼슬에 잇셔 百僚ㅣ 스승ᄒ고 스승ᄒ며 百工이 ᄯᅢ로 五辰을 슌케
ᄒ야 녀러 공이 그 일우리이다

| 번역 |

"날마다 세 가지 덕을 밝힐 사람은 새벽부터 밤까지 집을 다스려
밝힐 것입니다. 날마다 엄히 여섯 가지 덕을 공경히 할 사람은 나

라의 일을 밝힐 것입니다. 합하여 받고 펴서 베풀면, 아홉 가지 덕을 가진 사람들이 모두 일을 하여 준걸과 잘 다스리는 이가 벼슬에 있게 될 것입니다. 모든 관료가 서로를 스승으로 삼고, 모든 관리가 때에 맞춰 계절을 따르니, 여러 공이 이루어질 것입니다."

| 자해 |

宣 : 밝힘. •三德·六德 : 구덕(九德) 가운데 앞의 세 가지와 뒤의 여섯 가지. •浚 : 다스림. •亮 : 밝음. •翕 : 합함. •敷 : 펌. •師師 : 서로 스승으로 삼음. •撫 : 따름. •五辰 : 네 계절 가운데 오행(五行)이 행해지는 것. •凝 : 이룸.

| 의해 |

집을 다스려 밝히는 것은 대부(大夫)이고, 나라의 일을 밝히는 것은 제후(諸侯)이다. 구덕(九德)에 등급이 있는 것은 아니지만, 그 덕의 많고 적음과 직책의 크고 작음으로 나누어 세 가지와 여섯 가지로 나누었다. 작으면 집을 다스리고, 크면 나라를 다스리며, 크고 작음을 막론하고 합하며 받고 펴서 베풀면 모두 공을 이룰 것이니 이는 천자의 일이다. 관료와 관리는 다르지 않지만, 서로 스승으로 삼는 측면에서는 관료라고 일컫고, 일하는 측면에서는 관리라고 일컫는다. 즉, 관료는 같은 관직에 있다는 면을 강조한 것이고, 관리는 일을 행한다는 면을 강조한 것이다.

無教逸欲有邦하사 兢兢業業하소서 一日二日에 萬幾니이다 無曠庶官하소서 天工을 人其代之하나니이다

| 언해 |

편흠과 욕심으로 나라를 가라치지 말으샤 兢兢ᄒ며 業業ᄒ쇼셔
한날과 두날에 萬가지 幾니이다 녀러 벼슬을 폐치말으쇼셔 하늘
의 일을 스람이 그 代ᄒ얏 ᄂ니이다

| 번역 |

"편한 것과 욕심으로 나라를 가르치지 마시고, 삼가고 두려워하
소서. 하루와 이틀 사이에도 만 가지나 되는 일의 기미가 나타납
니다. 여러 벼슬을 폐하지 마소서. 하늘의 일을 사람이 대신하였
습니다."

| 자해 |

無 : 하지 말라는 말. · 兢兢 : 삼감. · 業業 : 두려워 함. · 幾 : 기미(幾微). ·
曠 : 폐함.

| 의해 |

임금이 안일함과 욕심을 가르칠 리는 없을 것이지만, 윗사람이
행하는 것은 아랫사람이 본받으니, 이는 곧 가르치는 것과 다름
이 없다. 하루 이틀이 비록 매우 짧지만, 일을 함에 있어서는 선
악의 기미가 만 가지를 헤아릴 것이니, 어찌 삼가고 두려워하지
않겠는가? 여러 벼슬에 비록 크거나 작은 차이가 있으나, 모두
하늘을 대신하여 백성을 다스리는 것이지, 개인의 사사로운 일이
아니다. 그러므로 한 가지 일이라도 폐하면 하늘을 어기는 것이
되니, 재주와 덕이 없는 자를 쓰지 못하는 것이다.

天敍有典하시니 勑我五典하사 五를 惇哉하시며 天秩有禮하시니 自我五禮하사 有를 庸哉하소서 同寅協恭하사 和衷哉하소서 天命有德이어시든 五服으로 五章哉하시며 天討有罪어시든 五刑으로 五用哉하사 政事를 懋哉懋哉하소서

| 언해 |

하늘이 펴셔 典을 두시니 우리 다숫가지 典을 바르게ᄒᆞ샤 다숫가지를 둣텁게ᄒᆞ시며 하늘이 ᄎᆞ례ᄒᆞ야 禮를 두시니 우리 다숫가지 禮로브터 ᄒᆞ샤 다숫가지를 쩟쩟ᄒᆞ게 ᄒᆞ쇼셔 공경홈을 한 가지로 ᄒᆞ며 공손홈을 합ᄒᆞ샤 가온디를 고로게 ᄒᆞ쇼셔 하늘이 德잇ᄂᆞᆫ 이를 命ᄒᆞ거시든 다숫가지 복쟝으로 다숫가지를 낫하나게 ᄒᆞ시며 하늘이 罪잇ᄂᆞᆫ 이를 치시거든 둣가지 형벌로 다숫가지를 쓰샤 政事를 힘쓰며 힘쓰쇼셔

| 번역 |

"하늘이 펴서 법도를 두시니, 우리 다섯 가지 법도를 바로잡아, 다섯 가지를 두텁게 하시며, 하늘이 차례를 지어 예를 두시니, 우리 다섯 가지 예로부터 다섯 가지를 떳떳하게 하소서. 공경을 함께 하고 공손을 합하여, 중도(中道)에 맞게 하소서. 하늘이 덕 있는 자에게 명하시면, 다섯 가지 복장으로 다섯 등급이 드러나게 하시며, 하늘이 죄 있는 자를 정벌하시면, 다섯 가지 형벌로 다섯 등급을 써서 정사(政事)에 힘쓰고 힘쓰소서."

| 자해 |

勑 : 바르게 함. •五典 : 군신(君臣)・부자(父子)・형제(兄弟)・부부(夫婦)・붕우(朋友)의 오륜(五倫). •秩 : 차례. •五禮 : 오륜의 예. •庸 : 떳떳함.

  • 衷 : 중도(中道). • 五服 : 다섯 등급의 복장. • 章 : 나타나게 함.

| 의해 |

  오륜이 있으면 곧 오례가 있을 것이니, 이는 하늘이 펼치고 차례 지은 자연스러운 이치이다. 그러나 이를 바르게 하고 두텁게 하며, 이를 통하여 떳떳하도록 하는 것이 임금의 책임이다. 그러므로 임금은 군신 상하가 서로 공경하여, 중도(中道)에 부합하게 해야 할 것이다. 중도는 곧 하늘이 내리고, 사람마다 받은, 지나치지도 않고 부족하지도 않은 본연의 도리이다. 덕 있는 이에게 상을 주고 죄 있는 이에게 벌을 주는 것이 비록 임금의 일이지만, 사실은 하늘의 명을 받아 행하는 것이니, 어찌 조금이라도 사사로운 감정을 두겠는가? 마땅히 힘쓰고 힘써야 할 것이다.

天聰明이 自我民聰明하며 天明畏 自我民明威라 達于 上下하니 敬哉어다 有土아

| 언해 |

  하늘의 聰흐며 밝음이 우리 빅셩으로브터 聰흐며 밝으며 하늘의 밝으며 두려옴이 우리 빅셩으로브터 밝으며 두려우는지라 우와 아리 스못치니 공경홀지어다 흙을 두는 이아

| 번역 |

  "하늘이 듣고 보는 것은 우리 백성이 듣고 보는 것으로부터 오며, 하늘이 밝고 두려운 것은 우리 백성이 밝고 두려운 것으로부터 옵니다. 위와 아래가 통하게 될 것이니, 공경하십시오! 땅을 가진

자이시여!"

| 자해 |

威 : 두려움. •有土 : 땅을 소유하여 백성을 다스리는 사람.

| 의해 |

하늘이 보고 듣는 것이 아니라 백성이 듣고 보는 것이 바로 하늘이 보고 듣는 것이며, 하늘이 밝고 두려운 것이 아니라 백성이 밝고 두려운 것이 바로 하늘이 밝고 두려운 것이다. 이것이 위와 아래가 통한다는 것이다. 위는 하늘이고, 아래는 백성이다. 하늘과 백성이 하나의 이치로 통하여, 백성의 마음이 곧 하늘의 마음이 되므로, 백성을 다스리는 이는 공경해야 할 것이다.

皐陶曰 朕言惠하여 可底行이리이다 禹曰 兪라 乃言이 底 可績이로다 皐陶曰 予未有知어니와 思曰 贊贊襄哉하노이다

| 언해 |

皐陶ㅣ 골오디 말씀이 슌ᄒ야 可히 공이 되리로다 皐陶ㅣ 골오디 내 알음이 잇지 아니커니와 날로 도으며도 아닐움을 싱각ᄒ노이다

| 번역 |

고요(皐陶)가 말했다. "저의 말이 이치에 맞으니, 행할 수 있을 것입니다." 우(禹)가 말씀하셨다. "그러하다! 너의 말이 행함에 이르면 공이 될 수 있을 것이다." 고요가 말했다. "저는 잘 알지 못

하지만, 날마다 돕고 도와서 공을 이루기만을 생각하겠습니다."

| 자해 |

襄 : 이룸.

| 의해 |

고요(皐陶)는 겸양을 하고 우(禹)는 인정하는 말이다. 또 서로 성
실하게 하고 권면하는 뜻이 보인다.

익직 [益稷]

금문(今文)과 고문(古文)에 다 있지만, 금문은 「고요모(皋陶謨)」에 합쳐져 있다. 편 가운데 익(益)과 직(稷), 두 사람의 이름이 있기 때문에 그것으로 편 이름을 지었다.

帝曰 來하라 禹야 汝亦昌言하라 禹拜曰 都라 帝여 予何
言하리잇고 予思曰孜孜하노이다 皐陶曰 吁라 如何오 禹曰
洪水滔天하여 浩浩懷山襄陵하여 下民昏墊이거늘 予乘四
載하여 隨山刊木하고 暨益으로 奏庶鮮食하며 予決九川하
여 距四海하며 濬畎澮하여 距川하고 暨稷으로 播하여 奏庶
艱食鮮食하고 懋遷有無하여 化居하니 烝民이 乃粒하여 萬
邦이 作乂하니이다 皐陶曰 兪라 師汝의 昌言하노이다

| 언해 |

帝ㅣ ᄀᆞᄅᆞ샤ᄃᆡ 오너라 禹아 네 ᄯᅩ흔 昌言ᄒᆞ라 禹ㅣ 절ᄒᆞ야 ᄀᆞᄅᆞ
ᄃᆡ 아름답다 帝하 내 무슴 말ᄉᆞᆷ을 ᄒᆞ리잇고 내 날노 孜孜홈을 싱
각ᄒᆞ노이다 皐陶ㅣ ᄀᆞᄅᆞᄃᆡ 아니라 엇뎨뇨 禹ㅣ ᄀᆞᄅᆞ샤ᄃᆡ 洪水ㅣ
하ᄂᆞᆯ에 다어 浩浩히 山을 싸고 陵을 타셔 아리 ᄇᆡᆨ셩이 어둡고 ᄲᅡ
지거늘 내 네 가지 실은 것을 타셔 山을 ᄯᅡ라 나무를 刊ᄒᆞ고 밋

益으로 여러 싱것 먹음을 나슈며 내 아홉 내를 터셔 四海에 니르
게ᄒᆞ며 畎과 澮를 깁게ᄒᆞ야 내에 니르게ᄒᆞ고 밋 稷으로ᄲᅧᆯ려 여러
어려이 먹음과 싱것 먹음을 나슈고 힘뼈 잇고 업슴을 옴기여 居
홈을 化ᄒᆞ게ᄒᆞ니 무리빅셩이 粒ᄒᆞ야 萬邦이 다스림을 지으니이다
皐陶ㅣ 골오디 그러ᄒᆞ다 너의 昌言을 스승ᄒᆞ노라

| 번역 |

제순(帝舜)이 말씀하셨다. "오라! 우(禹)야! 너도 또한 훌륭한 말
을 하라." 우가 절하며 말하였다. "아! 제(帝)이시여! 제가 무슨
말을 하겠습니까? 저는 날마다 열심히 노력할 것만을 생각합니
다." 고요(皐陶)가 말했다. "아닙니다! 어찌 하였습니까?" 우(禹)
가 말하였다. "홍수가 하늘에 닿아, 넓고 넓어서 산을 두르고 언
덕을 넘어가서 아래 백성이 혼란에 빠지게 되었습니다. 제가 네
가지 탈 것을 타고 다니며, 산을 따라 나무를 베고, 익(益)과 함
께 여러 날고기를 올렸습니다. 저는 아홉 개의 하천을 터서, 사해
(四海)에 이르게 했고, 도랑을 깊게 파서 내에 이르게 하였습니
다. 직(稷)과 함께 곡식을 파종하여 여러 말린 음식과 날고기를
올렸습니다. 재물이 있는 것을 없는 곳에 옮기기에 힘써, 가지고
있는 것을 바꾸게 하니, 많은 백성들이 곡식을 먹게 되어 만방이
다스려졌습니다." 고요가 말하였다. "그렇습니다! 당신의 훌륭한
말을 본보기로 삼겠습니다."

| 자해 |

孜孜 : 힘씀. •墊 : 빠짐. •四載 : 네 가지 탈 것. 물에서는 배, 뭍에서는 수
레, 진흙에서는 나무 신, 산에는 쇠를 박은 신. •刊 : 깎아버림. •鮮食 : 물
고기와 여러 고기의 생것. •九川 : 구주(九州)의 하천. •畎·澮 : 밭 가운데
의 물길. •距 : 이르러 옴. •播 : 곡식을 뿌림. •居 : 쌓아둔 재물. •烝 : 무
리. •粒 : 알곡.

| 의해 |

이 편은 「고요모(皋陶謨)」와 같은 뜻이다. 고요가 계책을 말하고 나서, 제순(帝舜)이 또 우(禹)를 불러 말하라고 한 것이다. 우가 절하며, "고요의 말이 모두 지극한데 또 무슨 말을 하겠습니까? 다만 열심히 노력하여 일에 힘을 쓸 뿐입니다."라고 말했다. 고요가 그 실상을 묻자, 우가 이어서 홍수를 다스리던 일에 대해 말하면서 익(益)·직(織)과 함께 힘쓴 것을 말했다. 그러자 고요가 그 말을 본보기로 삼겠다고 한 것이다. 군신(君臣)이 서로 힘써 천하를 다스리고자 한 것이고, 공로를 자랑한 것은 아니다. 그러므로 본보기로 삼을 만하다고 한 것이다.

禹曰 都라 帝여 愼乃在位하소서 帝曰 兪라 禹曰 安汝止하사 惟幾惟康하며 其弼直하면 惟動에 丕應徯志하리니 以昭受上帝어든 天其申命用休하시리이다

| 언해 |

禹ㅣ 굴ㅇ샤디 아름답다 帝하 位에 잇슴을 삼가쇼셔 帝ㅣ 굴ㅇ샤디 그러ㅎ다 禹ㅣ 굴ㅇ샤디 네 긋침을 편케ㅎ샤 긔미를 싱각ㅎ며 편홈을 싱각ㅎ며 그 도음이 곳으면 動홈애 크게 應ㅎ야 뜻을 기다리닷ㅎ리니 뻐 上帝께 밝히 밧거든 하날이 그 다시 命ㅎ샤 뻐 아름답게 ㅎ시리이다

| 번역 |

우(禹)가 말했다. "아! 제(帝)여! 자리에 있을 때를 삼가소서." 제순(帝舜)이 말씀하셨다. "그렇게 하겠노라!" 우가 말했다. "당신께

서 머물러야 할 곳에 편안히 하셔서, 기미를 생각하며 편안히 할 것을 생각하시며, 보필하는 자가 곧으면 행동하는 데에 크게 응하여 나의 뜻을 기다릴 것이니, 그것으로써 상제께 밝게 받으시면, 하늘이 다시 명하셔서 아름답게 할 것입니다.”

| 자해 |

俟 : 기다림.

| 의해 |

우(禹)가 다시 제순(帝舜)에게 천자의 자리를 삼가라고 고한 것이다. ‘지(止)’는 마음이 머무는 바이다. 뜻을 기다린다는 것은 뜻과 일이 맞아서 서로 기다리는 것과 같다는 말이다. 사람의 마음은 출입이 있으나 또한 머무는 바가 있다. 당연히 머무는 바에 편하게 하여, 처음에는 기미를 살피며, 나중에는 편안할 바를 생각하고, 돕는 신하가 다 정직하면, 무슨 일을 하든지 천하가 응하여, 뜻이 맞아 서로 기다리듯 할 것이니, 하늘이 또한 명하여 아름답게 할 것이다.

帝曰 吁라 臣哉鄰哉며 鄰哉臣哉니라 禹曰 兪라

| 언해 |

帝ㅣ 굴ㅇ샤딕 아니라 신하ㅣ 니웃이며 니웃이 신하ㅣ니라 禹ㅣ 굴ㅇ샤딕 그러ㅎ다

| 번역 |

제순(帝舜)이 말씀하셨다. “아니다! 신하가 이웃이며, 이웃이 신

하니라." 우(禹)가 말했다. "그렇습니다!"

| 의해 |

"아니다!"라고 한 것은 그것만이 아니라 더 있다는 의미이다. 제
순(帝舜)이 우(禹)가 임금의 도리를 말한 것을 옳게 여기고, 또
도움이 곧 있을 것임을 미루어 말한 것이다. 임금만 힘쓸 뿐 아니
라 또한 신하도 있으니, 신하가 곧 이웃이고 이웃이 곧 신하이다.
사람으로 말하면 임금과 신하가 자리를 갖추고 있고, 직책으로
말하면 이웃이 서로 돕는다고 한 것이다. 두 번 말한 것은 간절한
뜻을 말했기 때문이다.

帝曰 臣은 作朕股肱耳目이니 予欲左右有民이어든 汝翼
하며 予欲宣力四方이어든 汝爲하며 予欲觀古人之象하여
日月星辰山龍華蟲을 作會하며 宗彝藻火粉米黼黻을 絺
繡하여 以五采로 彰施于五色하여 作服이어든 汝明하며 予
欲聞六律五聲八音하여 在治忽하여 以出納五言이어든 汝
聽하라

| 언해 |

帝ㅣ 글ㅇ샤더 신하는 나의 다리와 팔과 귀와 눈이 되얏느니 내
빅셩을 左右코져 ᄒ거든 네 나리ᄒ며 내 四方에 힘을 베풀고져
ᄒ거든 네 하며 내녓 스람의 象을 보아 日과 月과 星辰과 山과 龍
과 華蟲을 그림을 지으며 宗彝와 藻와 火와 粉米와 黼과 黻을 絺

ㅎ며 繡ㅎ야 다섯치식으로뼈 五色을 빗ᄂ게 베풀어 옷을 짓코져
ㅎ거든 네 밝히며 내 六律과 五聲과 八音을 들어 다스리며 다스
리지 못홈을 삻혀 뼈 다섯가지 말솜을 내며 드리고져 ㅎ거든 네
드르라

| 번역 |

제순(帝舜)이 말씀하셨다. "신하는 나의 다리와 팔과 귀와 눈이
되어야 한다. 내가 백성을 도우려 하면, 네가 도와라. 내가 사방
(四方)에 힘을 베풀고자 하면, 네가 행하라. 내가 옛사람의 상
(象)을 보아, 해·달·별과 산·용·꿩을 그리며, 종묘의 그릇·
마름 풀·불·쌀·보(黼)·불(黻)을 수놓아 다섯 가지 채색으로
오색(五色)을 빛나게 베풀어 옷을 만들고자 하면 네가 분명히 밝
혀라. 내가 육률(六律)과 오성(五聲)과 팔음(八音)을 듣고서, 다
스리며 다스리지 못한 것을 살펴서 오언(五言)을 내거나 들이고
자 하면, 네가 잘 들어라."

| 자해 |

華蟲 : 꿩을 말함. ·會 : 그림. ·宗彝 : 호랑이와 원숭이를 그린 그릇. ·藻 :
마름 풀. ·黼 : 도끼 무늬. ·黻 : 아(亞) 자(字) 무늬. ·絺 : 수놓음. ·服 :
여섯 가지는 웃옷에 그리고, 여섯 가지는 아랫도리에 그린 큰 옷. ·五聲 :
궁(宮)·상(商)·각(角)·치(徵)·우(羽)의 다섯 소리. ·忽 : 다스리지 못한
것. ·五言 : 시(詩)와 노래의 가사가 오성(五聲)에 맞는 것.

| 의해 |

제순(帝舜)이 임금과 신하가 서로 합한 도리를 말한 것이다. 임금
이 머리가 되고 신하가 다리와 팔과 귀와 눈이 되니, 서로 떨어진
것이 아니다. 도우라고 한 것은 팔의 일이고, 행하라고 한 것은
다리의 일이고, 밝히라고 한 것은 눈의 일이고, 들으라고 한 것은
귀의 일이다.

予違_{여위}를 汝弼_{여필}이니 汝無面從_{여무면종}하고 退有後言_{퇴유후언}하여 欽四鄰_{흠사린}하라

| 언해 |

나의 억윔을 네 도을지니 네 낫흐로 좃고 물너 뒷말을 두지말어
四鄰을 공경하라

| 번역 |

"내가 도리에 어긋나면 네가 보필하라. 너는 면전에서는 따르고
물러나서는 뒷말을 하지 말고 너의 이웃들을 공경하라."

| 자해 |

四隣 : 사방(四方) 이웃이라는 말로, 여러 신하를 말함.

| 의해 |

앞서 임금과 신하가 서로 맞는 말을 하였으니, 또 서로 경계하여,
잘못하는 일이 생길 경우 바로 잡으라는 말이다. 임금을 두려워
하여 임금이 잘못한 것을 보고도, 감히 바로 잡지 못하여, 얼굴을
대하면 순종하고 듣지 못하는 곳에서 의론하면, 이는 정성으로
섬기는 것이 아니며, 임금의 허물도 고치지 못할 것이다. 이렇게
하면 어찌 공경한다고 말할 수 있겠는가?

庶頑讒說_{서완참설}이 若不在時_{약부재시}어든 侯以明之_{후이명지}하며 撻以記之_{달이기지}하며
書用識哉_{서용지재}하여 欲並生哉_{욕병생재}니 工以納言_{공이납언}으로 時而颺之_{시이양지}하여
格則承之庸之_{격즉승지용지}하고 否則威之_{부즉위지}니라

| 언해 |

　모단 완만훈 참쇼흐는 말이 이에 잇지아니커든 관혁으로 뼈 밝히
며 회쵸리로 뼈 긔록흐며 글로 뼈 분별흐야 아올너 살고져홈이니
工이 드린 말슴으로 뼈 찐로 날니여 바로잡히거든 밧어쓰고 아니
거든 위엄케홀지니라

| 번역 |

　"모든 완악하고 참소하는 말이 옳은 것이 아니라면, 과녁에 맞추
는 것처럼 정확하게 밝혀주고, 회초리로써 기억하게 하며, 글로
써 기록하여 함께 살고자 해야 할 것이다. 악공이 바친 말을 가지
고 때때로 가려서, 잘못을 고치면 받아서 등용하고 그렇지 않으
면 위엄을 보여야 한다."

| 자해 |

　候 : 활 쏘는 과녁. •撻 : 회초리로 때림. •工 : 악공. •格 : 바로 잡음.

| 의해 |

　이는 그릇된 사람을 징계하는 말이다. 활을 쏘아 과녁에 맞추는
것처럼 그 옳고 그름을 정확하게 판단하며, 회초리로 때려 그 잘
못을 징계하며, 잘못을 책에 기록하여 허물을 없애는 것은 모두
옛 법이다. 사람이 비록 잘못한 일이 있더라도 즉시 그 사람을 버
리지 않고 여러 가지 방법으로 징계하여, 그 잘못된 행위를 고쳐
함께 살고자 한 것이다. 때로 그 말을 살펴서, 허물을 고쳐 바로
된 자는 받아 쓰고, 그렇지 못한 자는 위엄을 베풀어 더욱 징계하
는 것이다.

禹曰 兪哉나 帝光天之下하사 至于海隅蒼生하시면 萬邦
黎獻이 共惟帝臣하리니 惟帝時擧니이다 敷納以言하시며
明庶以功하시며 車服以庸하시면 誰敢不讓하며 敢不敬應
하리잇고 帝不時하시면 敷同하여 日奏罔功하리이다

| 언해 |

禹ㅣ 골오샤디 그러ᄒ나 帝ㅣ 天下에 빗나샤 바다 모통이 蒼生에
니르히ᄒ시면 萬邦의 빅셩 어진이 다 帝의 신하ㅣ 되고다ᄒ리니
帝ㅣ 이에 ᄃ실지니이다 펴거든 드리기를 말ᄉᆞᆷ으로 ᄡᅥᄒ시며 녀
럿을 밟히되 功으로 ᄡᅥ ᄒ시며 슈리와 옷을 庸으로 ᄡᅥ ᄒ시면 뉘
敢히 ᄉᆞ양치 아니ᄒ며 敢히 공경ᄒ야 應치 아니 ᄒ리잇고 帝ㅣ
이갓치 아니ᄒ시면 펴셔 한갈갓치ᄒ야 날노 功업슴을 알외리이다

| 번역 |

우(禹)가 말했다. "그렇습니다! 제(帝)의 덕이 천하에 빛나서, 바
다 모퉁이 창생(蒼生)에까지 이르게 하시면, 만방(萬邦)의 백성
가운데 어진 자가 모두 제(帝)의 신하가 되고자 할 것이니, 제
(帝)께서 이에 들어서 쓰시면 됩니다. 펴서 아뢰면 말로써 받아들
이시며, 여러 사람을 밝히되 공으로써 하시며, 수레와 옷으로 백
성의 공에 대해 상을 주시면 누가 감히 사양하지 않으며, 감히 공
경하여 응하지 않겠습니까? 제(帝)께서 이 같이 하지 않으시면,
모두가 같이 게을러 날마다 공이 없음을 아뢸 것입니다."

| 자해 |

隅:모퉁이. •蒼生:백성. •獻:어진 사람. •黎獻:백성 가운데 어진 사
람. •庸:백성의 공.

| 의해 |

우(禹)가 제(帝)의 말을 듣고 그렇다고 여겼으나, 더 나아가 이
어려움이 있음을 제(帝)에게 권면한 것이다. 제(帝)의 덕이 밝아
천하에 미치면, 천하의 어진 사람이 모두 제(帝)의 신하가 될 것
이고, 상벌로 권선징악을 잘하면, 응하지 않을 자가 없을 것이니,
모든 완악하고 참소하는 말이 어디에서 나오겠는가? 그렇지 못하
여 제(帝)가 힘쓰지 않으면, 신하는 서로 게으름을 본받아 날마다
공이 없을 것이라고 한 것이다.

無若丹朱傲하소서 惟慢遊를 是好하며 傲虐을 是作하며 罔
晝夜額額하며 罔水行舟하며 朋淫于家하여 用殄厥世하니
이다 予創若時하여 娶于塗山하여 辛壬癸甲이며 啓呱呱而
泣이어늘 予弗子하고 惟荒度土功하여 弼成五服하되 至于
五千하고 州十有二師하며 外薄四海히 咸建五長하니 各
迪有功이어늘 苗頑하여 弗卽工하나니 帝其念哉하소서 帝
曰 迪朕德은 時乃惟叙니 皋陶方祇厥叙하여 方施象刑하
되 惟明하나니라

| 언해 |

丹朱의 거만홈과 갓지말으쇼셔 게으르게 놀기를 이 죠하ㅎ며 거
만ㅎ고 포학홈을 이 지으며 낫과 밤이 업시 額額ㅎ며 물업는 디
비를 行ㅎ며 벗ㅎ야 집에셔 淫ㅎ야 뻐 그의 디를 쓴치니이다 내

이럿틋홈을 징계ᄒ야 塗山에 쟝가들어 辛과 壬과 癸와 甲이며 啓
ㅣ 呱呱히 울거늘 내 아들로 녀기지 못ᄒ고 크게 土功을 혀아려
五服을 도아 니루되 五千에 니르게ᄒ고 州에 열둘 스승을 ᄒ며
밧그로 四海에 닷도록 다 다섯 어룬을 셰우니 각히 功을 밟거늘
苗ㅣ 완만ᄒ야 닐에 나아가지 아니ᄒᄂ니 帝ㅣ 그 싱각ᄒ쇼셔 帝
ㅣ 굴ᄋ샤디 나의 德을 밟음은 이 너의 功을 펼시니 皐陶ㅣ 바야
흐로 그 펴옴을 공경ᄒ야 바야흐로 象刑을 베풀되 밝히 ᄒᄂ니라

| 번역 |

"단주(丹朱)처럼 거만하게 행하지 마소서. 게으르게 놀기를 좋아
하고, 거만하고 포학한 행위를 하고, 이러한 행위를 낮과 밤이 없
이 쉬지 않고 계속하며, 물 없는 곳에 배를 끌고 가고, 소인들과
뭉쳐 집에서 음란하여, 그의 대를 끊어버렸습니다. 저는 이러한
것을 징계하여, 도산(塗山)씨에게 장가들었으나 신(辛)·임(
壬)·계(癸)·갑(甲)의 나흘 동안만을 보냈으며, 계(啓)가 고고
(呱呱)히 울었으나 저는 제 자식으로 여기지 않고, 크게 토목의
공(功)을 헤아려 오복(五服)의 제도를 도와 이루어 오천 리에 이
르게 하였습니다. 열두 주(州)에 열두 제후를 두고 밖으로는 사해
(四海)에 이르기까지, 모두 다섯 우두머리를 세워 각각 나아가 공
이 있게 되었습니다. 그러나 묘(苗)는 완악하여 그들의 일에 나아
가지 않습니다. 제(帝)께서는 이를 생각하소서." 제순(帝舜)이 말
씀하셨다. "천하 사람들이 나의 덕을 실천하는 것은 너의 공이 펴
졌기 때문이다. 고요(皐陶)가 곧 그 펴진 것을 공경히 하여, 형벌
을 베풀되 분명히 하고 있다."

| 자해 |

朱 : 요(堯)의 아들. 단(丹)나라에 봉해졌음. • 額額 : 쉬지 않는 모양. • 殄 :
끊어짐. • 創 : 징계함. • 塗山 : 나라 이름. • 辛·壬·癸·甲 : 나흘. • 啓 :
우(禹)의 아들 이름. • 呱呱 : 아이 우는 소리. • 荒 : 큼. • 五服 : 전복(甸服)

・후복(侯服)・수복(綏服)・요복(要服)・황복(荒服)이니, 제후의 지경(地境). ・薄 : 닿음. ・工 : 일. ・象刑 : 무리와 다른 의복을 입게 함으로써 범인에게 치욕을 주는 형벌.

| 의해 |

이는 우(禹)가 제순(帝舜)을 경계하고 자기도 경계한 것이다. 제(帝)가 옳게 여겨 그 공을 우에게 돌리고, 또 고요(皐陶)에게까지 미쳤다. 순(舜)은 천하의 성인이므로, 단주(丹朱)와 같게 하지 말라고 경계한 것은 지나친 듯하나, 신하가 임금을 사랑하고 염려하는 것이 마땅히 그렇게 해야 할 것이다. 왜냐하면 임금이 높은 자리에 있어 조금이라도 경계하지 않으면 거만하기 쉽기 때문이다. 우가 물과 땅을 다스릴 때에 아내를 얻었지만 나흘을 지체하지 못하였고, 아들을 낳았어도 돌아보지 못한 채 다만 직책을 급선무로 삼았다. 그러므로 또한 이것으로 경계한 것이다.

夔曰 戛擊鳴球하며 搏拊琴瑟하여 以詠하니 祖考來格하시며 虞賓이 在位하여 羣后로 德讓하다 下管鼗鼓하고 合止柷敔하며 笙鏞以間하니 鳥獸蹌蹌하며 簫韶九成에 鳳凰이 來儀하나니이다

| 언해 |

夔ㅣ 골오디 鳴球를 戛擊ᄒ며 琴과 瑟을 搏拊ᄒ야 뻐 詠호니 祖考ㅣ 來ᄒ야 格ᄒ시며 虞ㅅ 賓이 位예 이셔 羣后로 德으로 讓ᄒᄂ다 下앤 管과 鼗鼓ᄒ고 合ᄒ며 止호디 柷과 敔로ᄒ며 笙과 鏞으로 뻐 間호니 鳥와 獸ㅣ 蹌蹌ᄒ며 簫韶ㅣ 九成홈애 鳳凰이 來

ᄒ야 儀ᄒᄂ다

| 번역 |

기(夔)가 말했다. "명구(鳴球)를 두드려 치며, 거문고와 비파를 연주해서 노래하니, 할아버지와 아버지의 신이 와서 이르고, 우(虞)나라의 국빈들이 자신의 자리에 있으면서 제후의 한 사람으로서 덕으로 사양합니다. 당하(堂下)에서는 피리와 작은 북을 연주하고, 축(柷)과 어(敔)를 두드려서 시작과 끝으로 삼습니다. 생황과 쇠북을 번갈아 울리자 새와 짐승이 춤을 추며, 소소(簫韶)를 아홉 번 연주하자, 봉황이 와서 춤을 춥니다."

| 자해 |

戞擊 : 두드려 침. •鳴球 : 경쇠의 이름. •搏拊 : 어루만짐. •虞賓 : 단주(丹朱)를 말함. 우(虞)나라의 손님이 된 것을 말함. •下 : 당하(堂下). •鼗鼓 : 북과 같으나 작음. •柷 : 음악을 시작할 때 치는 악기. •敔 : 음악을 끝낼 때 치는 악기. •蹌蹌 : 행동하는 모양. •簫韶 : 순(舜)의 음악. •成 : 음악한 판.

| 의해 |

기(夔)는 음악을 맡은 벼슬이다. 순(舜)의 군신(君臣)이 서로 화합하여 정치가 잘 다스려지자, 음악이 지극히 화합함을 말한 것이다. 할아버지와 아버지의 신이 이르렀으므로 사람이 화합한 것을 알 수 있을 것이다. 우(虞)나라의 국빈은 거만하기 쉽다. 그런데도 사양하였으니 다른 사람은 더욱 더 잘 알 수 있을 것이다. 새와 짐승이 감동하고 신령한 봉황까지 이르렀으니 그 음악이 화합한 것을 어디에 비하겠는가! 성음(聲音)은 정치와 통하기 때문에, 순의 음악이 이 같이 극히 훌륭하고 극히 아름다운 것이다. 그러므로 순의 정치는 고금의 으뜸인 것이다.

夔曰 於라 予擊石拊石에 百獸率舞하며 庶尹이 允諧하나
니이다

| 언해 |

夔ㅣ 굴오디 내 石을 치며 石을 어루만짐애 百즘성이 거느려 춤
ㅎ며 여러 벼슬어룬이 진실로 고로게ㅎㄴ다

| 번역 |

기(夔)가 말했다. "아! 제가 석경(石磬)을 세게 치고, 석경을 가볍
게 치자 모든 짐승들이 모두 따라 춤을 추며, 여러 관직의 우두머
리가 진실로 화합합니다."

| 자해 |

擊 : 세게 침. •拊 : 가볍게 침. •石 : 경쇠. •尹 : 벼슬의 우두머리.

| 의해 |

이는 기(夔)가 거듭 말한 것이다. 악기 가운데 돌로 만든 것이 화
합하기가 가장 어려운데, 여기에서 경쇠가 화합하였으니, 팔음
(八音)이 화합하는 것을 더욱 잘 알 수 있다. 모든 동물이 춤추니,
화합하지 않는 것이 없고, 여러 관직의 우두머리가 화합하니, 화
합하지 않는 사람이 없는 것이다.

帝庸作歌曰 勅天之命한대 惟時惟幾라하시고 乃歌曰 股
肱喜哉면 元首起哉하여 百工熙哉하리라 皋陶拜手稽首
하여 颺言曰 念哉하사 率作興事하시되 愼乃憲하사 欽哉하
시며 屢省乃成하사 欽哉하소서 乃賡載歌曰 元首明哉하시
면 股肱良哉하여 庶事康哉하리이다 又歌曰 元首叢脞哉
하시면 股肱惰哉하여 萬事墮哉하리이다 帝拜曰 俞라 往欽
哉하라

| 언해 |

帝ㅣ 뻐 노리를 지어 굴ㅇ샤디 하늘의 命을 경계혼디 씨로ㅎ며
긔미로 홀찌라ㅎ시고 노리ㅎ야 굴ㅇ샤디 股肱이 깃버ㅎ면 元首ㅣ
니러나 百工이 밝으리라 皋陶ㅣ 손으로 졀ㅎ고 머리를 숙여 말슴
을 날녀 굴오디 싱각ㅎ샤 거느려 닐을 짓고 니르키샤디 법을 숨
가사 공경ㅎ시며 즈죠닐움을 숧히샤 공경ㅎ쇼셔 노리를 니어 니
루어 굴오디 元首ㅣ 밝으시면 股肱이 어질어 믓닐이 편ㅎ리이다
쏘 노리ㅎ야 굴오디 元首ㅣ 叢脞ㅎ시면 股肱이 게을너 萬事ㅣ 써
러지리이다 帝ㅣ 졀ㅎ야 굴ㅇ샤디 그러ㅎ다 가셔 공경ㅎ라

| 번역 |

제순(帝舜)이 그것으로 노래를 지어 말씀하셨다. "하늘의 명을 경
계하되, 시기와 기미에 맞게 하라." 노래 부르며 말씀하셨다. "신
하가 기뻐하면, 임금이 정치를 일으키니, 모든 관리가 빛날 것이
다." 고요(皋陶)가 절하고 머리를 조아리며 소리 높여 빨리 말했

다. “생각하소서. 임금은 신하를 거느려 일을 일으키니, 법도를 삼가 공경히 하시며, 일이 이루어지는지를 자주 살펴 공경하소서.” 이에 노래를 만들어 부르기를, “임금이 밝으시면 신하가 어질어져서, 모든 일이 편안해집니다.”라고 하였다. 또 노래하며 말하기를, “임금이 좀스러우면, 신하가 게을러지니, 만사가 어그러질 것입니다.”라고 하였다. 제순(帝舜)이 절하며 말씀하셨다. “그러하다! 가서 직책을 잘 수행하라.”

| 자해 |

賡 : 이음. • 載 : 이룸. • 叢脞 : 좀스러움. 번쇄함.

| 의해 |

순(舜)의 군신(君臣)이 다스림을 이루어, 서로 기뻐하며 노래를 지은 것이다. 그러나 서로 권계하는 것이 깊다. 신하가 기뻐한다고 한 것은, 일을 기뻐하여 게을리 하지 말라고 한 것이다. 임금은 신하에게 책임을 요구하고, 신하는 임금께 책임을 요구하니, 그 간절한 뜻이 보이는 듯하고, 고요(皐陶)의 노래가 이미 한 번 권하고, 또 한 번 경계하니, 더욱 간절한 것을 볼 수 있다. 좀스러움을 경계하는 것은, 임금의 폐해가 여러 가지이지만, 직책을 지키지 못하는 것이 더욱 크니, 임금이 좀스러우면 임금도 임금의 직책을 잃고, 신하도 신하의 직책을 잃는 것이다. 그 폐해가 어찌 크지 않겠는가?

하(夏)는 우(禹)의 나라 이름이다. 글이 모두 네 편이다. 「우공(禹貢)」은 우(虞)나라 때에 지은 것이지만 우가 왕이 된 것이 이 때문이었으므로 「하서(夏書)」에 편찬한 것이다.

우공[禹貢]

공(貢)은 부세(賦稅)의 총칭이다. 우(禹)가 물과 땅을 다스리고 산천을 구별하여 공부(貢賦)를 제정하였는데, 그 일을 사관이 기록한 것이다. 금문(今文)과 고문(古文)에 다 있다.

禹敷土하시고 隨山刊木하사 奠高山大川하시다

| 언해 |

우ㅣ 흙을 난흐시고 山을 짜라 나무를 베히샤 놉흔 山과 큰 내를 뎡ᄒ시다

| 번역 |

우(禹)가 땅을 나누고, 산을 따라 나무를 베어서 높은 산과 큰 내를 정하시다.

| 자해 |

敷 : 나눔. ﹒奠 : 정함.

| 의해 |

우(禹)가 홍수를 다스리고 나서, 구주(九州)의 땅을 나누어 정하였다. 나무를 베어 길을 통하게 하며, 사람이 거처할 곳을 편하게 하고, 높은 산과 큰 하천을 정하여 구역을 분명하게 하였다. 이 세 가지는 물을 다스리는 방법이었다.

^{기 주}
冀州라

| 언해 |

冀州라

| 번역 |

기주(冀州)이다.

| 자해 |

冀 : 고을 이름.

| 의해 |

기주(冀州)는 천자가 도읍한 땅이니, 다른 고을을 다 거느린다. 그래서 다른 고을은 사방(四方)의 경계(境界)를 말하였으나, 기주에 대해서는 경계를 말하지 않았다.

^{기 재 호 구}
旣載壺口하사

| 언해 |

임의 壺口를 다스리샤

| 번역 |

이미 호구(壺口)를 다스리셔서

| 자해 |

　載 : 비로소 다스림.　•壺口 : 산 이름.

| 의해 |

　이는 모두 산을 다스려 물을 이끌어내는 일이다. 물은 반드시 하류(下流)로부터 다스리나, 기주(冀州)는 특히 천자의 도읍이라서 먼저 말한 것이다.

치　량　급　기
治梁及岐하시며

| 언해 |

　梁과 밋 岐를 다스리시며

| 번역 |

　량(梁)과 기(岐)를 다스리시며

| 자해 |

　梁·岐 : 산 이름.

기　수　태　원　　　　지　우　악　양
旣修太原하사 至于岳陽하시며

| 언해 |

　임의 太原을 슈리ᄒᆞ샤 岳陽에 니르시며

| 번역 |

이미 태원(太原)지역을 다스려서 악양(岳陽)에 이르셨으며

| 자해 |

修 : 앞서 한 일에 이어서 수리함. ・太原 : 지명. ・岳陽 : 악산(岳山)의 남쪽 땅.

| 의해 |

이는 곤(鯀)이 한 일을 이어서 정리한 것이다.

覃懷에 底績하사 至于衡漳하시다

| 언해 |

覃懷에 공을 닐우샤 衡漳에 니르시다

| 번역 |

담회(覃懷)에 물을 다스리는 업적을 이루셔서, 횡장(衡漳)에 이르시다.

| 자해 |

覃懷 : 땅 이름. ・衡漳 : 물 이름.

| 의해 |

담회(覃懷)는 물을 다스린 땅이니, 물을 다스리기가 다른 곳보다 어려웠던 까닭에 업적을 이루었다고 말한 것이다.

^{궐 토}　　　^{유 백 양}
厥土는 惟白壤이요

| 언해 |

　그 흙은 희고 덩이업는 것이오

| 번역 |

　그 흙은 희고 덩어리가 없이 고운 것이요

| 자해 |

　壤 : 덩어리 없는 고운 흙.

| 의해 |

희다고 한 것은 그 빛을 말한 것이고, 덩어리가 없이 곱다고 한
것은 그 성질을 말한 것이다. 구주(九州)의 흙이 각각 달라서, 그
빛과 성질을 분별하여, 거기에 적합한 농사를 가르치는 것이다.
기주(冀州)의 흙이 모두 희고 덩어리가 없이 고운 것은 아니지만,
그 중에 가장 많은 것을 가지고 말한 것이다.

^{궐 부}　^{유 상}　^상　　^착　　^{궐 전}　^{유 중}　^중
厥賦는 惟上에 上이니 錯하며 厥田은 惟中에 中이니라

| 언해 |

　그 賦는 上애 上이니 셕기엿스며 그 밧은 中애 中이니라

| 번역 |

그 세금은 상(上)에 상(上)이고, 섞일 때도 있다. 그 토질은 중(中)에 중(中)이니라.

| 자해 |

賦 : 땅에서 수확한 것에 따라 내는 세금. •錯 : 섞임.

| 의해 |

구주(九州)의 토질과 세금을 구등(九等)으로 나누니, 기주(冀州)의 세금은 제 일등인데, 혹은 이등으로도 되어 섞이게 된다. 토질은 제 오등이다. 다른 고을에 대해서는 먼저 토질을 말하고 다음으로 세금을 말하는데, 기주에 대해서는 먼저 세금을 말한 것은 천자가 도읍한 땅이어서 세금의 종류가 여러 가지이고, 그것이 토질의 문제만은 아니기 때문이다. 세금이 토질보다 높은 것은 땅이 넓고 사람이 많기 때문이다. 다른 고을에는 공물이 있고, 기주만 없는 것은 도읍한 땅에는 공물로 바칠 것이 없기 때문이다.

항 위 기 종   대 륙 기 작
恒衛旣從하며 大陸旣作하니라

| 언해 |

恒과 衛ㅣ 임의 좃치며 大陸이 임의 지으니라

| 번역 |

항(恒)과 위(衛)의 물줄기가 이미 물길을 따르며, 대륙이 이미 농사를 짓게 되었다.

| 자해 |

恒・衛 : 두 물의 이름. •從 : 물길을 따름. •大陸 : 높고 평평한 땅. •作 :
농사를 지음.

| 의해 |

물이 그 길을 따르고, 큰 땅에 비로소 농사를 짓게 되었다는 것이
다. 항(恒)과 위(衛)는 작은 물이요, 대륙은 물을 다스린 땅이다.
다스리기 쉬운 까닭에 물을 다스렸다고 말하고 나서 세금을 말하
였다.

> 도 이   피 복
> **島夷는 皮服이로다**

| 언해 |

島의 夷는 가죽 옷으로 ᄒ놋다

| 번역 |

섬 종족들은 가죽 옷을 입고 왔다.

| 자해 |

島夷 : 섬에 있는 종족.

| 의해 |

물을 다스려 길이 통하니, 섬의 가죽 옷 입은 종족도 와서 공물을
바친 것이다.

협 우 갈 석　　입 우 하
夾右碣石하여 **入于河**하다

| 언해 |

　오른편으로 碣石을 夾ㅎ야 河의 入ㅎㄴ니라

| 번역 |

　오른 편으로 갈석(碣石)을 끼고 황하에 들어오다.

| 자해 |

　夾 : 낌.　•碣石 : 땅 이름.　•河 : 물 이름.

| 의해 |

　이는 물길을 말하는 것이니, 공부(貢賦)가 오는 길이다. 기주(冀州)는 천자의 도읍으로, 삼면을 황하가 둘렀으니, 다른 고을의 공부도 모두 황하에 이르도록 한 것이다.

제 하　　유 연 주
濟河에 **惟兗州**라

| 언해 |

　濟와 河에 兗州라

| 번역 |

　제수(濟水)와 황하(黃河)로 경계 지은 것이 연주(兗州)이다.

| 자해 |

　濟 : 물 이름.　• 兗 : 고을 이름.

| 의해 |

　이는 고을 경계를 말한 것이니, 연주(兗州)의 경계는 동남은 제수
에 닿고, 서북은 황하에 닿는다.

> 　구 하 기 도
> 九河旣道하며

| 언해 |

　아홉河ㅣ 임의 길ᄒ며

| 번역 |

　아홉으로 나누어진 황하가 이미 물길을 따라 흐르며

| 자해 |

　道 : 그 물길로 가는 것.

| 의해 |

　황하의 물이 아홉으로 나누어져 흐르는데, 혹은 넘치고 혹은 막
혀서 서로 어지럽다가 이제 비로소 각각 그 길을 따라서 흐른다
는 말이다.

^{뇌 하 기 택}
雷夏旣澤하며

| 언해 |

雷夏ㅣ 임의 못ᄒ며

| 번역 |

뇌하(雷夏)가 이미 못이 되며

| 자해 |

雷夏 : 땅 이름. •澤 : 물이 모인 못.

| 의해 |

뇌하(雷夏)의 땅에 못이 있으니, 홍수 때에 물이 넘쳐 못이 파괴되었다가, 이제 다시 못이 되었다는 말이다.

^{옹 저 회 동}
灉沮會同이로다

| 언해 |

灉과 沮ㅣ 모되여 한가지 되도다

| 번역 |

옹(灉)과 저(沮)가 모여서 하나가 되었다.

| 자해 |

灉•沮 : 두 물의 이름. •會 : 물이 합함. •同 : 합하여 하나가 됨.

상 토 기 잠　　　　시 강 구 택 토
桑土旣蠶하니 是降丘宅土로다

| 언해 |

  뽕의 흙이 임의 누에홀만ㅎ니 이에 언덕에 나려셔 흙에 집ㅎ도다

| 번역 |

  뽕나무 심은 지역이 이미 누에를 칠 만하니, 이에 언덕을 내려와
서 땅에 집을 지었다.

| 자해 |

  桑土 : 뽕나무 심기에게 마땅한 흙.

| 의해 |

  누에의 성질이 습한 것을 싫어하는데, 이제 물이 나가게 되어서
비로소 누에를 기를 수 있게 된 것이다. 특히 연주(兗州)에 대해
서 누에치는 것을 말한 것은 연주에 뽕이 가장 많기 때문이다. 물
이 있을 때에는 백성이 언덕에 의지하여 살았는데 이제 비로소
평지에 내려와 집을 지으니, 연주 땅이 가장 낮아 수해가 심한 곳
이기에 특별히 말한 것이다.

궐 토　　　흑 분　　　　궐 초　　유 요　　　궐 목　　　유 조
厥土는 黑墳이니 厥草는 惟繇요 厥木은 惟條로다

| 언해 |

  그 흙은 검꼬 니러나니 그 풀은 셩ㅎ고 그 나무는 자라도다

| 번역 |

그 흙은 검고 부풀어 일어나니, 그 풀은 무성하고, 그 나무는 자라난다.

| 자해 |

墳 : 흙이 부풀어 일어남. •繇 : 성함. •條 : 자람.

| 의해 |

구주(九州) 땅이 동남은 물이 많고 서북은 산이 많다. 산이 많은 곳은 당연히 초목이 많기 때문에 말할 것이 없고, 연주(兗州)는 동남 하류에 있어서 수해가 심한데 초목이 다시 자라났으므로 특별히 말한 것이다. 서주(徐州)와 양주(揚州)도 이와 같다.

厥田은 惟中에 下요 厥賦는 貞이니 作十有三載라야 乃同이로다

| 언해 |

그 밧은 中에 下 ㅣ 오 그 賦는 바르도소니 지은지 열이오 쏘세해라사 이에 갓흐리로다

| 번역 |

그 토질은 중(中)에 하(下)요, 그 세금은 바르니, 지은 지 열세 해만에 비로소 다른 주와 같게 되었다.

| 자해 |

貞 : 바름.

| 의해 |

토질은 제 육등(六等)이요, 세금은 제 구등(九等)이니, 구등이 가
장 하등인데, 바르다고 말한 것은 임금은 백성의 세금이 박한 것
을 바르게 여기기 때문이다. 연주(兗州)는 땅이 비어 있고 사람이
적은데다, 또 수해(水害)가 가장 심하여 다른 고을과 같지 못하
니, 다스린 지 열세 해 후에야 같아질 수 있었을 것이다.

厥貢은 漆絲요 厥篚는 織文이로다
（궐공）（칠사）（궐비）（직문）

| 언해 |

그 貢은 漆과 실이오 그 篚는 織文이로다

| 번역 |

그 공물은 칠(漆)과 명주실이요, 그 광주리에 담아 바치는 특산물
은 무늬를 짠 비단이다.

| 자해 |

貢 : 토산물. •篚 : 광주리. •織文 : 무늬가 있는 직물.

| 의해 |

공물과 광주리에 담아서 바치는 물건은 그 고을의 토산물인 의복
과 음식과 그릇 등을 바치는 것이니, 제사·잔치와 기타 의식에
필요한 것을 취하고 기호품은 취하지 않는다.

부 우 제 탑 달 우 하
浮于濟漯하여 達于河하나니라

| 언해 |

濟와 漯으로 ᄢᅥ셔 河에 達ᄒᆞᄂᆞ니라

| 번역 |

제수(濟水)와 탑수(漯水)에 배를 띄워 황하에 이른다.

| 자해 |

浮 : 배로 감. • 漯 : 물 이름. • 達 : 통함.

해 대 유 청 주
海岱에 惟青州라

| 언해 |

바다와 岱애 青州라

| 번역 |

바다와 대산(岱山)으로 경계 지은 곳이 청주(淸州)이다.

| 자해 |

岱 : 산 이름. • 青 : 고을 이름.

| 의해 |

청주(青州)의 경계는 동북으로 바다에 이르고, 서남은 대산(岱山)을 한계로 한다.

우 이 기 략
嵎夷旣略하니

| 언해 |

嵎夷ㅣ 임의 다스리니

| 번역 |

우이(嵎夷)가 이미 다스려지니

| 자해 |

略 : 다스림.

| 의해 |

우이(嵎夷)는 「요전(堯典)」의 우이니, 그 땅을 다스려 구역을 정
한 것이다.

유 치 기 도
濰淄其道하도다

| 언해 |

濰와 淄ㅣ 그 길흐도다

| 번역 |

유수(濰水)와 치수(淄水)가 그 물길을 따른다.

| 자해 |

濰·淄 : 두 물 이름.

厥^궐土^토는 白^백墳^분이니 海^해濱^빈은 廣^광斥^척이로다

| 언해 |

그 흙은 희고 널어ᄂ니 바다가은 넓고 斥ᄒ도다

| 번역 |

그 흙은 희고 부풀어 일어나니, 바닷가는 넓고 개펄이다.

| 자해 |

斥 : 소금을 만드는 땅.

厥^궐田^전은 惟^유上^상에 下^하요 厥^궐賦^부는 中^중에 上^상이로다

| 언해 |

그 밧은 上애 下ㅣ오 그 賦ᄂ 中애 上이로다

| 번역 |

그 토질은 상(上)에 하(下)요, 그 세금은 중(中)에 상(上)이다.

| 의해 |

토질은 제 삼등이고, 세금은 제 사등이다.

> 厥貢은 鹽絺요 海物은 惟錯이로다 岱畎에 絲枲와 鉛松과
> 怪石이로다 萊夷作牧하니 厥篚는 檿絲로다

| 언해 |

그 貢은 쇼곰과 칙뵈오 바닷물건은 셧기엿도다 岱ㅅ 산골에 실과
삼뵈와 검은쇠와 솔나무와 怪石과로다 萊의 夷ㅣ 牧을 지으니 그
篚는 산뽕의 실이로다

| 번역 |

그 공물은 소금과 칡으로 짠 베이고, 해산물은 여러 가지가 섞였
다. 대산(岱山)의 산골에 실과 삼베와 검은 쇠와 소나무와, 괴석
(怪石) 등이 있다. 래(萊)의 종족이 목축을 하니, 그 광주리에 담
아 바치는 특산물은 산뽕의 실이다.

| 자해 |

絺 : 칡베. • 畎 : 산골. • 枲 : 삼베. • 鉛 : 검은 쇠. • 萊 : 땅 이름. • 牧 : 짐
승을 기름. • 檿 : 산뽕.

| 의해 |

래이(萊夷)는 래(萊)의 땅에 있는 종족의 촌락이다. 대견(岱畎)과
래이(萊夷)를 특별히 말한 것은 그 물건이 나는 곳이 특별하기 때
문이다.

浮于汝하여 達于濟하나니라

| 언해 |

汝에 쩌셔 濟에 達ᄒᆞᄂ니라

| 번역 |

문수(汶水)에 배를 띄워 제수(濟水)에 이른다.

| 자해 |

汶 : 물 이름.

| 의해 |

제수(濟水)까지 말하고 황하를 말하지 않은 것은, 제수부터 황하에 이르는 것을 연주(兗州)에서 이미 말했기 때문이다.

海岱及淮에 惟徐州라

| 언해 |

바다와 岱와 밋 淮에 徐州라

| 번역 |

바다와 대산(岱山)과 회수(淮水)로 경계 지은 곳이 서주(徐州)이다.

| 자해 |

淮 : 물 이름. •徐 : 고을 이름.

| 의해 |

서주(徐州)의 경계는 동으로는 바다에 이르고, 남으로는 회수(淮水)에 이르고, 북으로는 대산(岱山)에 이른다. 서쪽을 말하지 않은 것은 다른 고을과 접하고 있기 때문이다. 다른 고을도 이와 같다.

회 기 기 예
淮沂其乂하니

| 언해 |

淮와 沂ㅣ 그 다스리니

| 번역 |

회수(淮水)와 기수(沂水)가 다스려지니,

| 자해 |

沂 : 물 이름. •乂 : 다스림.

몽 우 기 예
蒙羽其藝하도다

| 언해 |

蒙과 羽ㅣ 그 심으겠도다

| 번역 |

몽산(蒙山)과 우산(羽山)에 작물을 심을 수 있게 되었다.

| 자해 |

蒙·羽 : 두 산의 이름. •藝 : 심음.

| 의해 |

물이 나가니, 몽산(夢山)과 우산(羽山)에 비로소 곡식을 심을 수
있게 된 것이다.

대 야 기 저
大野旣豬하니

| 언해 |

大野ㅣ 임의 豬ᄒ니

| 번역 |

대야(大野)가 이미 못이 되니

| 자해 |

大野 : 못 이름. •豬 : 물이 모였다가 다시 흐르는 곳.

| 의해 |

물이 넘어 못이 되지 않고, 또는 막혀 흐르지 않더니, 이제 예전
의 지형을 회복하여 못은 못이 되고, 흐르던 것은 흐르게 된 것이
다.

동 원　　지 평
東原이 底平하도다

| 언해 |

東원이 平호데 니르도다

| 번역 |

동원(東原)의 물이 다스려졌다.

| 자해 |

東原 : 땅 이름.

| 의해 |

동원(東原)이 가장 낮고 습한 땅인 까닭으로 특히 물이 다스려졌
음을 말하였다.

궐 토　　　적 식 분　　　초 목　　　점 포
厥土는 赤埴墳이니 草木은 漸包로다

| 언해 |

그 흙은 붉고 질고 니러ᄂ니 풀과 나무는 점점 ᄌ라고 썰기ᄒ놋
다

| 번역 |

그 흙은 붉고 질며 부풀어 일어나니, 풀과 나무는 점점 자라서 떨
기가 된다.

| 자해 |

　埴：진흙.　•漸：점점 자람.　•包：떨기.

궐 전　유 상　중　궐 부　중　중
厥田은 惟上에 中이요 厥賦는 中에 中이로다

| 언해 |

　그 밧은 上에 中이오 그 賦는 中애 中이로다

| 번역 |

　그 토질은 상(上)에 중(中)이요, 그 세금은 중(中)에 중(中)이다.

| 의해 |

　토질은 제 이등이고, 세금은 제 오등이다.

궐 공　유 토 오 색　　우 견　하 적　역 양　고 동　사 빈
厥貢은 惟土五色과 羽畎에 夏翟과 嶧陽에 孤桐과 泗濱에
부 경　회 이　빈 주 기 어　궐 비　의 섭 호
浮磬이로다 淮夷는 蠙珠曁魚니 厥篚는 衣纖縞로다

| 언해 |

　그 貢은 흙 五色과 羽산꼴에 여름꿩과 嶧산 남편에 외로운 오동
과 泗물가에 쁜 磬쇠로다 淮의 夷는 죠개와 구슬과 밋 고기로쇼
니 그 篚는 감은 纖과 縞ㅣ로다

| 번역 |

　그 공물은 다섯 가지 색깔의 흙과 우산(羽山) 산골의 여름 꿩과
역산(嶧山) 남쪽의 높이 솟은 오동과 사수(泗水) 물가의 뜬 경쇠
이다. 회수(淮水)의 종족은 조개와 구슬과 고기이며, 그 광주리에
담아 바치는 특산물은 검은 비단과 흰 비단이다.

| 자해 |

　翟 : 꿩. •嶧 : 산 이름. •泗 : 물 이름. •蠙 : 조개 종류. •纖 · 縞 : 비단 이
름.

　　　부 우 회 사　　　　달 우 하
　浮于淮泗하여 達于河하나니라

| 언해 |

　淮와 泗로 쩌서 河에 達ᄒᄂ니라

| 번역 |

　회수(淮水)와 사수(泗水)에 배를 띄워 황하에 이른다.

　　　회 해　　　유 양 주
　淮海에 惟揚州라

| 언해 |

　淮와 바다애 揚州라

| 번역 |

회수(淮水)와 바다로 경계 지은 곳이 양주(揚州)이다.

| 자해 |

揚 : 고을 이름.

| 의해 |

양주(揚州)의 경계는 북으로 회수(淮水)에 이르고, 동남으로 바다에 이른다.

彭蠡既豬하니

| 언해 |

彭蠡ㅣ 임의 豬ᄒ니

| 번역 |

팽려(彭蠡)가 이미 못이 되었으니,

| 자해 |

彭蠡 : 못 이름.

陽鳥의 攸居로다

| 언해 |
  陽鳥의 居ᄒᆞᄂᆞᆫ 배로다

| 번역 |
  철새가 사는 곳이다.

| 자해 |
  陽鳥 : 철새.

| 의해 |
  물이 길을 찾고 못이 예전의 지형을 회복하니, 기러기 같은 철새
  도 그 적절한 곳을 얻은 것이다.

> 삼 강   기 입
> 三江이 旣入하니

| 언해 |
  셰 江이 임의 드니

| 번역 |
  세 강이 이미 바다로 들어가니

| 자해 |
  江 : 물 이름. •三江 : 강물이 셋으로 나누어진 것.

| 의해 |
  '입(入)'은 바다로 들어간다는 말이다.

> 震澤이 底定하도다

| 언해 |

震澤이 定혼디 니르도다

| 번역 |

진택(震澤)의 물길이 정하여졌다.

| 자해 |

震澤 : 못 이름.

| 의해 |

진택(震澤)의 물이 본래 진동이 많은 까닭에 '진'이라고 이름지은 것
이다. 물이 길을 잃어서 더욱 진동하였는데, 이제 진정된 것이다.

> 篠簜이 旣敷하니 厥草는 惟夭며 厥木은 惟喬요 厥土는 惟
> 塗泥로다

| 언해 |

篠과 簜이 임의 펴니 그 풀은 죠곰 자라며 그 나무는 놉흐고 그
흙은 져진 흙이로다

| 번역 |

작은 대나무와 큰 대나무가 이미 퍼지니, 그 풀은 조금 자라며,

그 나무는 높고, 그 흙은 젖은 흙이다.

| 자해 |

篠 : 작은 대나무. •簜 : 큰 대나무. •敷 : 폄. •夭 : 조금 자람. •喬 : 높음.
•塗泥 : 젖은 흙.

| 의해 |

물이 빠져 나가 작은 대나무와 큰 대나무가 퍼져서 생겨난다, 양
주(楊州) 땅에 대나무가 많기 때문에 특별히 말한 것이다.

厥田은 惟下에 下요 厥賦는 下에 上이니 上錯이로다

| 언해 |

그 밧은 下에 下ㅣ오 그 賦는 下에 上이로소니 上錯이로다

| 번역 |

그 토질은 하(下)에 하(下)요, 그 세금은 하(下)에 상(上)이니 상
(上)이 될 때도 있다.

| 의해 |

토질은 제 구등이고, 세금은 제 칠등에, 혹 제 육등이 될 때도 있
다.

厥貢_{궐공}은 惟金三品_{유금삼품}과 瑤琨篠蕩_{요곤소탕}과 齒革羽毛_{치혁우모}와 惟木_{유목}이로다

島夷_{도이}는 卉服_{훼복}이니 厥篚_{궐비}는 織貝_{직패}요 厥包橘柚_{궐포귤유}는 錫貢_{석공}이로다

| 언해 |

그 貢은 金三品과 搖와 琨과 篠과 蕩과 니와 가죽과 깃과 털과 나무로다 셤의 夷는 풀 송이로소니 그 篚는 織훈 貝오 그 싸은 橘과 柚는 錫ᄒᆞ야든 貢ᄒᆞ놋다

| 번역 |

그 공물은 금 세 가지이며, 요옥(瑤玉)과 곤옥(琨玉)과 작은 대나무와 큰 대나무, 상아와 가죽과 깃과 털, 나무이다. 섬의 종족은 풀 옷을 입으니, 그 광주리에 담아 바치는 특산물은 조개무늬를 놓아 짠 비단이다. 싸서 바치는 귤과 유자는 바치라고 특별히 명할 때에만 바친다.

| 자해 |

金三品 : 금(金)과 은(銀)과 동(銅). • 瑤 · 琨 : 옥(玉)의 이름. • 織貝 : 비단의 이름. • 包 : 쌈. • 錫 : 명을 내림.

| 의해 |

상아와 가죽과 깃과 털은 짐승 중의 코끼리의 상아와 무소의 가죽, 새의 깃털 같은 종류이니 그릇이나 물품을 만드는 데 쓰고, 나무는 여러 가지니 재목으로 쓴다. 귤과 유자는 명을 내려야 바치는 것이니, 귀한 물품은 항상 쓰지는 않고 제사나 잔치에 쓸 때에만 바치라고 명하는 것이다.

沿于江海하여 達于淮泗하나니라

| 언해 |

　江海로 沿ᄒ야 淮와 泗애 達ᄒ니라

| 번역 |

　장강과 바다를 따라 가서 회수(淮水)와 사수(泗水)에 이른다.

| 자해 |

　沿 : 물을 따라 흐름.

| 의해 |

　서주(徐州)를 중심으로 말한 것이다.

荊及衡陽에 惟荊州라

| 언해 |

　荊과 밋 衡陽애 荊州라

| 번역 |

　형산(荊山)과 형산(衡山) 남쪽으로 경계 지은 곳이 형주(荊州)이
다.

| 자해 |

荊·衡 : 산 이름. •荊州 : 고을 이름.

| 의해 |

형주(荊州)의 경계는 북쪽으로 형산(荊山)에 한정되고, 남쪽으로
형산(衡山) 남쪽까지 다 포괄한다.

강 한　　조 종 우 해
江漢이 朝宗于海하며

| 언해 |

江과 漢이 바다에 朝宗ᄒ며

| 번역 |

장강(長江)과 한수(漢水)는 제후가 천자의 조정으로 모이듯이 바
다로 흘러든다.

| 자해 |

漢 : 물 이름. •朝 : 제후가 봄에 천자를 뵙는 것. •宗 : 제후가 여름에 천자
를 뵙는 것.

| 의해 |

장강과 한수의 큰물이 물길을 찾아서 바다에 바로 들어가니, 제
후가 천자를 뵙는 것처럼 그 형세가 자연스럽다.

구 강　공 은
九江이 孔殷하도다

| 언해 |

아홉 江이 심히 바르도다

| 번역 |

구강(九江)의 물길이 매우 바르다.

| 자해 |

九江 : 물 이름. 아홉 물이 합한 것. •孔 : 매우. •殷 : 바름.

| 의해 |

물이 거슬러 흘러서 그 길이 서로 어지럽더니, 이제 제 길로 가는 것이다.

타 잠　기 도
沱潛이 旣道하니

| 언해 |

沱와 潛이 임의 길ᄒᆞ니

| 번역 |

타수(沱水)와 잠수(潛水)가 물길을 따라 흐르니

| 자해 |

沱•潛 : 두 물의 이름.

雲土요 夢作乂하도다
（운토）　（몽작예）

| 언해 |

雲이 흙이오 夢이 지어 다스리도다

| 번역 |

운(雲)이라는 못은 땅이 나타나고, 몽(夢)이라는 못은 농사를 지을 수 있게 되었다.

| 자해 |

雲·夢：못 이름. 합하면 한 못이 되고 나누면 두 못이 됨.

| 의해 |

토(土)라고 하는 것은 물이 빠지고, 흙이 보인다는 말이니, 운몽(雲夢)이 한 못이지만 지세(地勢)가 높고 낮음이 있어서 운(雲)은 비로소 흙이 보이고, 몽(夢)은 이미 다스려진 것이다.

厥土는 惟塗泥니 厥田은 惟下에 中이요 厥賦는 上에 下로다
（궐토）　（유도）　（궐전）　（유하）（중）　（궐부）　（상）（하）

| 언해 |

그 흙은 져진 흙이니 그 밧은 下에 中이오 그 賦는 上에 下ㅣ로다

| 번역 |

그 흙은 젖은 흙이니, 그 토질은 하(下)에 중(中)이요, 그 세금은
상(上)에 하(下)이다.

| 의해 |

토질은 제 팔등이고, 세금은 제 삼등이니, 세금이 토질보다 높은
것은 땅이 넓고 인력이 많은 까닭이다.

厥貢은 羽毛齒革과 惟金三品과 杶榦栝柏과 礪砥砮丹이
로다 惟箘簬楛는 三邦이 底貢厥名하나니라 包匭菁茅며 厥
篚는 玄纁璣組니 九江이 納錫大龜하도다

| 언해 |

그 貢은 깃과 털과 니와 가족과 金三品과 杶의 幹과 括과 柏과 礪
와 砥와 砮와 丹이로다 箘과 簬와 楛는 세 나라이 그 일홈 난 것
을 니르러 貢흐느니라 싸고 匭흔 菁茅며 그 篚는 감은 것과 붉은
것과 구슬과 끈이로소니 九江이 큰 거복을 드리여 錫흐놋다

| 번역 |

그 공물은 깃과 털과 상아와 가죽과, 세 종류의 금과, 참죽나무
줄기와 전나무와 잣나무, 거친 숫돌과 고운 숫돌과 화살촉과 단
사이다. 화살을 만드는 대나무와 싸리나무는 세 고을이 그중에서
이름난 것을 바친다. 싸서 궤에 넣어 바치는 것은 푸른 띠풀이며,
그 광주리에 넣어서 바치는 특산물은 검은 비단과 붉은 비단과
구슬과 끈이니, 구강(九江)에서는 명이 내려오면 큰 거북을 바친

다.

| 자해 |

枑・栝・柏 : 나무 이름. •礪・砥 : 숫돌. •砮 : 화살촉 •丹 : 주사(朱砂). •
箘・簵 : 대나무. •楛 : 싸리나무. •匭 : 궤. •菁茅 : 제사에 쓰이는 띠풀. •
纁 : 붉은 빛 비단. •璣 : 구슬. •組 : 인끈.

| 의해 |

형주(荊州)의 공물이 대부분 양주(楊州)와 같은 것은 지방이 가
깝기 때문이다. 형주에서 깃과 털을 앞세운 것은 그 소산물 중에
서 좋은 것을 먼저 말하려는 것이다. 세 지방은 특히 그 물건이
있는 곳이다. 푸를 띠풀을 싸고 또 궤에 넣는 것은 제사에 쓰이기
때문에 공경하는 것이다. 큰 거북은 점치는 데 쓰는데, 항상 있지
않으므로 우연히 얻게 되면 바친다.

부 우 강 타 잠 한　　유 우 낙　　지 우 남 하
浮于江沱潛漢하여 逾于洛하여 至于南河하나니라

| 언해 |

江과 沱와 潛과 漢애 쩌셔 洛에 건너 南녁에 니르ᄂ니라

| 번역 |

장강과 타수와 잠수와 한수에 배를 띄워 낙수를 건너 남쪽 황하
에 이른다.

| 자해 |

逾 : 건넘. •洛 : 낙수.

| 의해 |

한수가 낙수와 통하지 못하여 육지로 건너 낙수에 이르고, 낙수
로부터 황하에 이르는 것이니 편리함을 취한 것이다.

荊河에 惟豫州라

| 언해 |

荊과 河애 豫州라

| 번역 |

형산(荊山)과 황하로 경계지운 곳이 예주(豫州)다.

| 자해 |

豫 : 고을 이름.

| 의해 |

예주(豫州)의 경계는 서남으로 형산(荊山)에 이르고, 북으로 황
하로 한정된다.

伊洛瀍澗이 旣入于河하며

| 언해 |

伊와 洛과 瀍과 澗이 임의 河에 들며

| 번역 |

　이수(伊水)와 낙수(洛水)과 전수(瀍水)와 간수(澗水)가 이미 황하
로 들어가며

| 자해 |

　伊・洛・瀍・澗 : 물 이름.

형 파 기 저
榮波旣豬로다

| 언해 |

　榮과 波ㅣ 임의 豬ᄒ도다

| 번역 |

　형수(榮水)와 파수(波水)가 이미 못이 되었다.

| 자해 |

　榮・波 : 물 이름.

도 하 택　　　　피 맹 저
導菏澤하사 被孟豬하시다

| 언해 |

　菏澤을 인도ᄒ샤 孟豬에 밋치시다

| 번역 |

하택(菏澤)을 다스려 맹저(孟豬)에 이르게 하셨다.

| 자해 |

菏澤·孟豬 : 못 이름. •被 : 미침.

厥土^{궐 토}는 惟壤^{유 양}이니 下土^{하 토}는 墳墟^{분 려}로다

厥土는 惟壤이니 下土는 墳墟로다

| 언해 |

그 흙은 덩이업스니 나진 흙은 니러느고 셩긔도다

| 번역 |

그 흙은 덩이가 없이 곱고, 낮은 지역의 땅은 부풀어 일어나고 성
기다.

| 자해 |

墟 : 성긴 흙.

| 의해 |

예주(豫州)의 흙에서 색을 말하지 않은 것은 그 색이 여러 가지이
기 때문이다.

厥田은 惟中에 上이요 厥賦는 錯이니 上에 中이로다

| 언해 |

그 밧은 中애 上이오 그 賦는 셕겻도소니 上애 中이로다

| 번역 |

그 토질은 중(中)에 상(上)이고, 그 세금 여러 등급이 섞여있으나, 상(上)에 중(中)이다.

| 의해 |

토질은 제 사등이고, 세금은 제 이등인데, 혹 제 일등일 때도 있다.

궐공　　칠시치저　　궐비　섭광　　석공경착
厥貢은 漆枲絺紵요 厥篚는 纖纊이니 錫貢磬錯하도다

| 언해 |

그 貢은 漆과 삼뵈와 칙뵈와 모시오 그 篚는 가는솜이로소니 磬錯은 錫ᄒ여야 貢ᄒ놋다

| 번역 |

그 공물은 칠(漆)과 삼베와 칡베와 모시이고, 그 광주리에 담아 바치는 특산물은 가는 솜이니, 경쇠를 가는 숫돌은 명이 내려오면 바친다.

| 자해 |

紵 : 모시. • 纖 : 가늘음. • 纊 : 솜. • 磬錯 : 경쇠를 가는 숫돌.

부 우 낙　　달 우 하
浮于洛하여 達于河하니라

| 언해 |

洛에 쩌셔 河에 達ᄒᄂ니라

| 번역 |

낙수(洛水)에서 배를 띄워 황하에 이른다.

화 양 흑 수　　유 양 주
華陽黑水에 惟梁州라

| 언해 |

華의 陽과 黑水애 梁州라

| 번역 |

화산(華山)의 남쪽과 흑수(黑水)로 경계 지은 것이 양주(梁州)이
다.

| 자해 |

華 : 산 이름. ·黑水 : 물 이름.

| 의해 |

양주(梁州)의 경계는 동쪽으로는 화산(華山) 남쪽까지이고, 서쪽
으로는 흑수(黑水)에 이른다.

민 파 기 예
岷嶓旣藝하며

| 언해 |

岷과 嶓ㅣ 임의 심으며

| 번역 |

민산(岷山)과 파산(嶓山)에 이미 곡물을 심으며,

| 자해 |

岷·嶓 : 산 이름.

타 잠 　 기 도
沱潛이 旣道하도다

| 언해 |

沱와 潛이 임의 길ᄒ도다

| 번역 |

타수(沱水)와 잠수(潛水)가 이미 제 물길로 흐른다.

채 몽 　 여 평
蔡蒙에 旅平하시며

| 언해 |

　蔡와 蒙애 平을 졔스ㅎ시며

| 번역 |

　채산(蔡山)과 몽산(蒙山)의 물이 다스려진 것에 대해 제사지내시
며,

| 자해 |

　蔡·蒙 : 산 이름. •旅 : 산제(山祭).

| 의해 |

　물을 인도하고 산을 다스려 공적이 이미 이루어짐에, 산에 제사
를 지내 물이 다스려졌음을 고한 것이다. 양주(梁州) 땅이 가장
험하고 그중에서도 두 산이 더욱 험하여 물을 다스리는 데 힘이
많이 든 까닭에 특별히 제사를 올린 것이다.

和夷에 底績하시다

| 언해 |

　和夷애 공을 닐우시다

| 번역 |

　화이(和夷)에서 물을 다스리는 공을 이루시다.

| 자해 |

　和夷 : 땅 이름.

^{궐 토} ^{청 려}
厥土는 靑黎니

| 언해 |

그 흙은 푸루고 검으니

| 번역 |

그 흙은 푸르고 검으니

^{궐 전} ^{유 하} ^상 ^{궐 부} ^하 ^중 ^{삼 착}
厥田은 惟下에 上이요 厥賦는 下에 中이니 三錯이로다

| 언해 |

그 밧은 下애 上이오 그 구실은 下애 中이로소니 세가지로 셕겼
노다

| 번역 |

그 토질은 하(下)에 상(上)이고, 그 세금은 하(下)에 중(中)인데
세 가지가 섞였다.

| 의해 |

토질은 제 칠등이고, 세금은 제 팔등이니, 혹 칠등, 혹 구등이 섞
여 있다.

궐 공　　구 철　　　은 루　　　노 경　　웅 비　　호 리　　　직 피
厥貢은 璆鐵과 銀鏤와 砮磬과 熊羆와 狐狸와 織皮로다

| 언해 |

그 貢은 옥경쇠와 유흔쇠와 銀과 갓흔쇠와 砮와 돍경쇠와 곰과
羆와 여호와 삵과 짜흔가족이로다

| 번역 |

그 공물은 옥경쇠와 무른 쇠, 은(銀)과 강한 쇠, 돌화살촉과 돌경
쇠, 곰과 큰 곰, 여우와 삵, 직물과 가죽이다.

| 자해 |

　璆 : 옥경쇠. •鐵 : 무른 쇠. •鏤 : 강한 쇠. •磬 : 돌경쇠. •羆 : 큰 곰.

| 의해 |

네 짐승의 가죽으로 옷을 만들고, 그 가는 털은 짜서 직물을 만드
는 것이다.

서 경　　　　인 환 시 래　　　부 우 잠　　　유 우 면　　　입 우 위
西傾으로 因桓是來하여 浮于潛하며 逾于沔하며 入于渭하
　　난 우 하
여 亂于河하나니라

| 언해 |

西傾으로 桓을 因ᄒ야 이와셔 潛에 ᄯᅳ며 沔에 건너며 渭에 드러
와 河에 거슬녀 건너ᄂ니라

| 번역 |

서경산(西傾山)으로부터 환수(桓水)를 따라 와서, 잠수(潛水)에
서 배를 띄워 면수(沔水)에서 육지로 건너서 위수(渭水)에 들어
가서 황하를 가로질러 건너간다.

| 자해 |

西傾 : 산 이름. •桓 : 물 이름. •沔・渭 : 물 이름. •亂 : 물줄기를 가로질러
건너감.

흑 수 서 하　유 옹 주
黑水西河에 惟雍州라

| 언해 |

黑水와 西河애 雍州라

| 번역 |

흑수(黑水)와 서하(西河)로 경계 지은 곳이 옹주(雍州)이다.

| 자해 |

雍 : 고을 이름.

| 의해 |

옹주(雍州)의 경계는 서쪽으로 흑수(黑水)에 이르고, 동쪽으로
황하까지이다. 서하(西河)라고 이름 하는 것은 기주(冀州)의 서
쪽에 있기 때문이다.

弱水旣西하며

| 언해 |

弱水ㅣ 임의 西녁으로 ᄒ며

| 번역 |

약수(弱水)가 이미 서(西)쪽으로 흐르며,

| 자해 |

弱水 : 물 이름.

涇이 屬渭汭하며

| 언해 |

涇이 渭와 汭에 련ᄒ며

| 번역 |

경수(涇水)가 위수(渭水)와 예수(汭水)에 연결되며,

| 자해 |

涇 : 물 이름. •汭 : 물 이름. •屬 : 연결됨.

^{칠 저 기 종}
漆沮既從하며

| 언해 |

漆과 沮ㅣ 임의 좃치며

| 번역 |

칠수(漆水)와 저수(沮水)가 이미 물길을 따르며

| 자해 |

漆·沮：물 이름.

| 의해 |

'종(從)'은 위수(渭水)를 따른다는 말이다. 칠수(漆水)와 저수(沮水)는 작은 물이고, 위수는 큰물이니, 작은 물이 큰물과 합하는 것을 말한다.

^{풍 수 유 동}
灃水攸同이로다

| 언해 |

灃水ㅣ 갓혼 배로다

| 번역 |

풍수(灃水)도 위수에 합쳐지고

| 자해 |

澧 : 물 이름.

| 의해 |

'동(同)'이라고 하는 것도 위수(渭水)에 같이 따른다는 말이니, 두
물이 합하는 것을 말한다.

荊岐에 旣旅하시고 終南惇物로 至于鳥鼠하시며

| 언해 |

刑과 岐예 임의 제ᄉᆞ하시고 終南과 惇物로 鳥鼠애 닐으시며

| 번역 |

형산(荊山)과 기산(岐山)에 이미 제사지내고, 종남산(終南山)과
돈물산(惇物山)을 다스려서 조서산(鳥鼠山)에 이르셨다.

| 자해 |

荊 · 岐 · 終南 · 惇物 · 鳥鼠 : 산 이름.

原隰에 底績하사 至于豬野하시다

| 언해 |

原과 隰에 공을 닐우샤 豬野에 니르시다

| 번역 |

높은 땅과 낮은 땅에 물을 다스리는 공을 이루셔서, 저야(豬野)에
이르시다.

| 자해 |

原 : 높은 땅. • 隰 : 낮은 땅. • 豬野 : 못 이름.

| 의해 |

물을 다스리는 법은 아래로부터 위로 가는 것인데, 공이 이루어
지는 것은 높은 곳에서부터 낮은 곳으로 미친다. 그런 까닭으로
먼저 높은 땅이고, 다음은 낮은 땅이고, 그 다음은 못이다.

삼 위 기 택　　　삼 묘 비 서
三危旣宅하니 三苗丕叙하도다

| 언해 |

三危ㅣ 임의 집ᄒᆞ니 三苗ㅣ 크게 펴도다

| 번역 |

삼위(三危)가 이미 살 수 있는 곳이 되고, 삼묘(三苗)가 크게 다
스려졌다.

| 의해 |

삼위(三危)와 삼묘(三苗)는 「순전(舜典)」에 있다. 이제 물과 땅이
다스려져서, 변방에 유배온 자들도 그 거처가 정해지고 질서가
잡혔다. 삼위는 곧 옹주(雍州) 땅이므로 여기에서 말한 것이다.

厥土^{궐 토}는 惟黃壤^{유 황 양}이니

| 언해 |

그 흙은 누루고 덩이 업눈 것이니

| 번역 |

그 흙은 누렇고, 덩이가 없고 고우니

厥田^{궐 전}은 惟上^{유 상}에 上^상이요 厥賦^{궐 부}는 中^중에 下^하요

| 언해 |

그 밧은 上에 上이오 그 賦눈 中에 下ㅣ오

| 번역 |

그 토질은 상(上)에 상(上)이고, 그 세금은 중(中)에 하(下)이고

| 의해 |

토질은 제 일등이고, 세금은 제 육등이니, 땅이 좁고 사람이 적은 까닭으로 세금이 적은 것이다.

厥貢^{궐 공}은 惟球琳琅玕^{유 구 림 낭 간}이로다

| 언해 |

그 貢은 球琳과 琅玕이로다

| 번역 |

그 공물은 구림옥(球琳玉)과 낭간옥(琅玕玉)이다.

| 자해 |

球琳 : 옥 이름. •琅玕 : 구슬과 같은 돌.

浮于積石하여 至于龍門西河하여 會于渭汭하나니라

| 언해 |

積石에 써서 龍門西河에 니르러 渭汭에 모되느니라

| 번역 |

적석(積石)에서 배를 띄워 용문(龍門)·서하(西河)에 이르러, 위수(渭水)·예수(汭水)와 만난다.

| 자해 |

積石 : 땅 이름. •龍門 : 산 이름.

| 의해 |

적석(積石)은 땅 이름이고 용문(龍門)은 산 이름이다. 배를 띄운다고 하는 것은 그 땅과 산 사이에 배를 띄우는 것이고, 위수(渭水)로부터 황하에 이르는 것은 양주(梁州)에 대해서 말한 것이다. 옹주(雍州)는 공물 운반의 길이 둘이 있으니, 하나는 서하(西河)로 들어가고 하나는 위수로부터 황하에 이른다.

직 피　　곤 륜　　석 지　　거 수　　서 융　　즉 서
織皮는 崑崙과 析支와 渠搜를 西戎이 卽叙하도다

| 언해 |

織皮는 崑崙과 析支와 渠搜인디 西戎이 펴는디로 나가도다

| 번역 |

직물과 가죽은 곤륜(崑崙)과 석지(析支)와 거수(渠搜)에서 나는
데, 서융(西戎)이 다스려진 데로 나아갔다.

| 자해 |

崑崙·析支·渠搜 : 땅 이름. • 卽 : 나아감.

| 의해 |

세 땅이 다 서융(西戎) 부락에 있는데, 직물과 가죽을 바친다. 물
과 땅이 다스려져서 그 공이 서융에도 미쳤다.

도 견　　　급 기　　지 우 형 산　　유 우 하　　호 구 뇌
導□하시되 及岐하여 至于荊山하시며 逾于河하사 壺口雷

수　　지 우 태 악　　저 주 석 성　　지 우 왕 옥　　태 항
首로 至于太岳하시며 底柱析城으로 至于王屋하시며 太行

항 산　　지 우 갈 석　　입 우 해
恒山으로 至于碣石하사 入于海하시다

| 언해 |

□을 인도ᄒ샤디 岐에 밋쳐서 荊山에 니르시며 河에 넘으샤 壺口
와 雷首로 太岳에 니르시며 底柱와 析城으로 王屋애 니르시며 太

行과 恒山으로 碣石에 니르샤 바다에 드리시다

| 번역 |

견산(岍山)에서 산맥을 다스리셨는데, 기산(岐山)에 미쳐서 형산(荊山)에 이르시며, 황하를 넘어서 호구산(壺口山)과 뇌수산(雷水山)으로부터 태악(太岳)에 이르시며, 저주산(底柱山)과 석성산(析城山)으로부터 왕옥산(王屋山)에 이르시며, 태항산(太行山)과 항산(恒山)으로부터 갈석산(碣石山)에 이르셔서 바다에 들어가게 하셨다.

| 자해 |

岍 : 산 이름. •雷首 : 산 이름. •太岳 : 악산. •底柱・析城・王屋・太行 : 산 이름. •恒 : 산 이름.

| 의해 |

이 아래는 산을 다스린 것이니, 구주(九州)로 나누어 산과 물을 다스렸으나, 또 합하여 모든 산과 모든 물을 각각 형세를 따라 인도한 것이다. 물을 나스리는 것이 산에서 비롯한 까닭으로 신을 먼저 말한 것이다.

西傾과 朱圉와 鳥鼠로 至于太華하시며 熊耳와 外方과 桐栢으로 至于陪尾하시다

| 언해 |

西傾과 朱圉와 鳥鼠로 太華에 니르시며 熊耳와 外方과 桐栢으로

陪尾에 니르시다

| 번역 |

　서경산(西傾山)과　주어산(朱圉山)과　조서산(鳥鼠山)으로부터　태
화산(太華山)에　이르렀으며,　웅이산(熊耳山)과　외방산(外方山)과
동백산(桐栢山)으로부터　배미산(陪尾山)에　이르셨다.

| 자해 |

　朱圉·太華·熊耳·外方·桐栢·陪尾 : 산　이름.

도 파 총　　　　지 우 형 산　　　　내 방　　　지 우 대 별
導嶓冢하시되　至于荊山하시며　內方으로　至于大別하시다

| 언해 |

　嶓冢을　인도ᄒᆞ샤디　荊山에　니르시며　內方으로　大別에　니르시다

| 번역 |

　파총(嶓冢)에서　산맥을　다스리셨는데,　형산(荊山)에　이르시며,
내방산(內方山)으로부터　대별산(大別山)에　이르셨다.

| 자해 |

　嶓冢 : 파산(嶓山).　·荊山 : 위에서　일컬은　형산(荊山)과는　다른　산.　·內
方·大別 : 산　이름.

^{민산지양} 岷山之陽으로 ^{지우형산} 至于衡山하시며 ^{과구강} 過九江하사 ^{지우부천원} 至于敷淺原하시다

| 언해 |

岷山의 남녁으로 衡山에 니르시며 九江을 지나샤 敷淺原에 니르시다

| 번역 |

민산(岷山)의 남쪽으로부터 형산(衡山)에 이르렀으며, 구강(九江)을 지나서, 부천원산(敷淺原山)에 이르렀다.

| 자해 |

衡 : 산 이름.　•敷淺原 : 산 이름.

| 의해 |

서경(西傾)과 민산(岷山)에 대해서 다스린다는 말이 없는 까닭은 윗글에서 언급했기 때문이다.

^{도약수} 導弱水하시되 ^{지우합려} 至于合黎하여 ^{여파} 餘波를 ^{입우유사} 入于流沙하시다

| 언해 |

弱水를 인도ᄒ샤디 合黎에 니르러 남은 물을 流沙에 드리시다

| 번역 |

약수(弱水)의 물줄기를 다스리셨는데, 합려산(合黎山)에 이르러, 남은 물을 유사(流沙)에 들어가게 하셨다.

| 자해 |

合黎 : 산 이름.

| 의해 |

이 아래는 물을 다스린 것이다. 지형이 서북쪽에서부터 동남쪽으로 내려가니, 산과 물을 다스리는 것은 다 서북쪽을 먼저 하였다.

導黑水하시되 至于三危하사 入于南海하시다

| 언해 |

黑水를 인도ᄒᆞ샤디 三危에 니르샤 南녁 바다에 드리시다

| 번역 |

흑수(黑水)의 물줄기를 다스리셨는데, 삼위(三危)에 이르러, 남쪽 바다로 들어가게 하셨다.

導河하시되 積石으로 至于龍門하며 南至于華陰하며 東至于底柱하며 又東至于孟津하며 東過洛汭하여 至于大伾하며 北過洚水하여 至于大陸하며 又北播爲九河라가 同爲逆河하여 入于海하니라

| 언해 |

河를 인도ㅎ샤디 積石으로 龍門에 니르며 南으로 華산 북녁에 니르며 東으로 底柱에 니르며 쏘 東으로 孟짜나로에 니르며 東으로 洛물쇽을 지나 大伾에 니르며 北으로 降水를 지나 大陸에 니르며 쏘 北으로 난호아 아홉 河ㅣ 되야 한가지로 거스리는 河ㅣ 되는지라 바다에 드리니라

| 번역 |

황하의 물줄기를 다스리셨는데, 적석산(積石山)으로부터 용문(龍門)에 이르며, 남쪽으로 화산(華山) 북쪽에 이르며, 동쪽으로 저주산(底柱山)에 이르며, 또 동쪽으로 맹진(孟津)에 이르며, 동쪽으로 낙수(洛水)의 물굽이를 지나 대비산(大伾山)에 이르며, 북쪽으로 홍수(洚水)를 지나 대륙(大陸)에 이르며, 또 북쪽으로 나누어져서 구하(九河)가 되었다가 합쳐져서 바닷물이 거슬러 오르는 것을 만나 바다에 들어가게 하였다.

| 자해 |

華 : 태화산(太華山). •孟 : 땅 이름. •津 : 나루터. •汭 : 물굽이. •大伾 : 산 이름. •洚 : 물 이름. •播 : 나눔. •逆河 : 바닷물이 하수의 물을 거슬러 오름.

嶓冢에 導漾하사 東流爲漢하며 又東爲滄浪之水하며 過
三澨하여 至于大別하여 南入于江하며 東匯澤하여 爲彭蠡
하며 東爲北江하여 入于海하니라

| 언해 |

嶓冢에 漾을 인도ᄒᆞ샤 東으로 흘너 漢이 되며 ᄯᅩ 東으로 滄浪의
물이 되며 三澨를 지나 大別에 니르러 南으로 江에 들이며 東으
로 못에 모되여 彭蠡ㅣ 되며 東으로 北녁 江이 되야 바다에 드리
니라

| 번역 |

파총산(嶓冢山)에서 양수(漾水)의 물줄기를 다스리셔서 동쪽으로
흘러 한수(漢水)가 되며, 또 동쪽으로 창랑(滄浪)의 물이 되며,
삼서수(三澨水)를 지나 대별산(大別山)에 이르러, 남쪽으로 장강
에 들어가서, 동쪽으로 돌아 못에 모여 팽려호(彭蠡湖)가 되며,
동쪽으로 가서 북강(北江)이 되어 바다에 들어가게 하였다.

| 자해 |

漾 : 물 이름. •滄浪·三澨 : 물 이름. •匯 : 물이 돌아 모이는 곳.

岷山에 導江하사 東別爲沱하며 又東至于澧하며 過九江
하여 至于東陵하며 東迤北會하여 爲匯하며 東爲中江하여
入于海하니라

| 언해 |

岷山애 江을 인도ᄒᆞ샤 東으로 別ᄒᆞ야 沱ㅣ 되며 ᄯᅩ 東으로 澧애 니르며 九江을 지나 東陵에 니르며 東으로 돌며 北으로 모되야 匯ㅣ 되며 東으로 가온디 江이 되야 바다에 드리니라

| 번역 |

민산(岷山)에서 장강의 물줄기를 다스리셔서, 동쪽으로 나누어져서 타수(沱水)가 되며, 또 동쪽으로 예수(澧水)에 이르며, 구강(九江)을 지나 동릉(東陵)에 이르며, 동쪽으로 돌며 북쪽으로 모여 회수(滙水)가 되며, 동쪽으로 가서 중강(中江)이 되어 바다에 들어가게 하였다.

| 자해 |

澧 : 물 이름. • 東陵 : 땅 이름. • 沱 : 돈다는 말.

導沇水하시되 東流爲濟하여 入于河하며 溢爲滎하며 東出于陶丘北하며 又東至于菏하며 又東北으로 會于汶하며 又北東으로 入于海하니라

| 언해 |

沇水를 인도ᄒᆞ샤디 東으로 흘너 濟ㅣ 되야 河에 드리며 넘어 滎이 되며 東으로 陶丘ㅅ 北녁에 나오며 ᄯᅩ 東으로 菏애 니르며 ᄯᅩ 東北으로 汶에 모되야 ᄯᅩ 北東으로 바다에 드리니라

| 번역 |

　윤수(沇水)의 물줄기를 다스리셔서, 동쪽으로 흘러 제수(濟水)가 되어 황하에 들어가게 되며, 넘쳐서 영수(滎水)가 되며, 동쪽으로 도구(陶丘)의 북쪽으로 나오며, 또 동쪽으로 하택에 이르며, 또 동북쪽으로 문수(汶水)와 만나고 또 북동쪽으로 가서 바다에 들어가게 하였다.

| 자해 |

　沇 : 물 이름.　•陶丘 : 땅 이름.　•菏 : 하택.

導淮하시되 自桐栢하여 東會于泗沂하여 東入于海하니라

| 언해 |

　淮를 인도ᄒᆞ샤디 桐栢으로븟터ᄒᆞ야 東으로 泗와 沂에 모되야 東으로 바다에 드리니라

| 번역 |

　회수(淮水)의 물줄기를 다스리셨는데, 동백(桐栢)으로부터 동쪽으로 사수(泗水)·기수(沂水)와 만나서 동쪽으로 바다에 들어가게 하였다.

導渭하시되 自鳥鼠同穴하며 東會于灃하며 又東會于涇하며 又東過漆沮하여 入于河하니라

| 언해 |

渭를 인도ㅎ샤디 鳥鼠와 同穴로 붓터 ㅎ야 東으로 灃에 모되며 또 東으로 涇에 모되며 또 東으로 漆과 沮를 지나 河에 드리니라

| 번역 |

위수(渭水)의 물줄기를 다스리셨는데, 조서산(鳥鼠山)과 동혈산(同穴山)으로부터 동쪽으로 풍수(灃水)를 만나고, 또 동쪽으로 경수(涇水)를 만나고, 또 동쪽으로 칠수(漆水)와 저수(沮水)를 지나, 황하에 들어가게 하였다.

| 자해 |

同穴 : 산 이름.

導洛하시되 自熊耳하여 東北으로 會于澗瀍하며 又東會于 伊하며 又東北으로 入于河하니라

| 언해 |

洛을 인도ㅎ샤디 熊耳로 붓터 ㅎ야 東北으로 澗과 瀍에 모되며 또 東으로 伊에 모되며 또 東北으로 河애 드리니라

| 번역 |

낙수(洛水)의 물줄기를 다스리셨는데, 웅이산(熊耳山)으로부터 하여, 동북쪽으로 간수(澗水)와 전수(瀍水)를 만나고, 또 동쪽으로 이수(伊水)와 만나고, 또 동북쪽으로 가서 황하에 들어가게 하였다.

| 의해 |

　산과 물을 다스리는데, 혹은 근원을 따르고, 혹은 중간에서 시작한 것은 각각의 형세를 따른 것이다. 혹은 자세하고 혹은 간략한 것은 힘을 들이는 것이 크고 적음을 따른 것이다. 산과 땅에 대해서는 '이른다'고 말하고, 물에 대해서는 '들어간다', '지나간다', '만난다'고 말하였는데, 들어가는 것은 적은 물이 큰물에 합하는 것이고, 지나가는 것은 큰물이 작은 물에 합하는 것이며, 두 물줄기가 서로 비슷하면 만난다고 한다.

> 九州攸同하니 四隩旣宅하도다 九山에 刊旅하며 九川에 滌
> 源하며 九澤이 旣陂하니 四海會同이로다

| 언해 |

　아홉 고을이 갓흔배니 네 구석이 임의 집흐도다 아홉 山에 싹고 旅졔ᄒᆞ며 아홉 내에 근원을씨시며 아홉 못이 임의 막앗스니 네 바다ㅣ 모되야 갓도다

| 번역 |

　구주가 모두 함께하니, 사방의 오지까지도 사람이 살 수 있게 되었다. 구주의 산에 나무를 자르고 여(旅) 제사를 지내며, 구주 하천의 근원을 깊이 파내며, 구주의 못에 제방을 만들었으니 사해의 물이 만나서 하나가 되었다.

| 자해 |

　九 : 아홉 고을. •隩 : 구석. •陂 : 막음.

| 의해 |

사해(四海) · 구주(九州)의 사이에 산은 다 길을 통하여 제사할
만하고, 하천은 다 근원을 다스려서 막힘이 없고, 못은 다 제방을
만들어 터짐이 없으니, 구석마다 사람이 살 수 있었으며, 사해의
물이 한곳으로 모이니, 다스려지지 않은 곳이 없었다. 이것은 물
을 다스린 결과를 모두 정리한 것이다.

六府孔修하여 庶土交正이어늘 底愼財賦하시되 咸則三壤
하사 成賦中邦하시다

| 언해 |

여섯 마을이 심히 닥그어 뭇 흙이 셔로 바르거늘 니르러 財賦를
삼가ᄒ샤디 다 세가지 흙을 본바다셔 賦를 中邦에 닐우시다

| 번역 |

육부가 잘 닦여져서 여러 땅이 서로 바르게 되자 재정과 세금을
삼가셨는데, 땅을 모두 세 가지 등급으로 하고 중국에 세금 제도
를 만드셨다.

| 자해 |

六府 : 수(水) · 화(火) · 금(金) · 목(木) · 토(土) · 곡(穀). ・三壤 : 상 · 중 ·
하 삼등의 땅. ・中邦 : 중국.

| 의해 |

이는 물과 땅이 다스려지자, 그 토질의 등급이 높고 낮음을 분별
하여 세금을 정한 것이다. 육부(六府)는 곧 수(水) · 화(火) · 금

(金)・목(木)・토(土)・곡(穀)이니, 땅에서 나는 재물은 곡식뿐이 아니고 여러 가지이다. '칙(則)'은 토질의 높고 낮음을 근본으로 하여 그 등급을 분별한 것이다. 물과 땅을 다스리는 것이 사해(四海)에까지 미쳤으나, 땅에 부여하는 세금은 중국에 한정하였는데, 이것이 백성을 다스리는 법이다.

석 토 성
錫土姓하시다

| 언해 |

土와 姓을 쥬시다

| 번역 |

땅과 성(姓)을 내려주셨다.

| 자해 |

土 : 나라를 세울 수 있는 땅. •姓 : 집안을 세울 수 있는 성씨.

| 의해 |

물과 땅이 다스려지자, 제후(諸侯)에게는 땅을 내려주어 나라를 정하게 하고, 경대부(卿大夫)에게는 성(姓)과 집을 주니, 어지러운 것을 다시 정돈한 것이다. 백성의 세금을 먼저 정하고, 제후와 경대부에게 땅과 성을 내리는 것을 그 다음으로 정한 것은, 완급과 본말의 차례가 그러한 것이다.

祗台德先하신대 不距朕行하니라

| 언해 |

내의 德을 공경ᄒ야 몬져ᄒ신대 내의 行홈을 억의지 아니ᄒ니라

| 번역 |

나의 덕을 공경하여 먼저 하시니, 내가 행하는 것을 어기지 않았다.

| 자해 |

台 : 나. ·距 : 어김.

| 의해 |

우(禹)가 이때에 공을 이루고 다스림이 정해지니, 덕을 공경하여 천하 백성을 인도할 따름이었다. 그 행한 것을 누가 어길 수 있었겠는가?

五百里는 甸服이니 百里는 賦納總하고 二百里는 納銍하고
三百里는 納秸服하고 四百里는 粟하고 五百里는 米이니라

| 언해 |

五百里ᄂ 甸服이니 百里ᄂ 부세를 總으로 드리고 二百里ᄂ 銍로 드리고 三百里ᄂ 秸服으로 드리고 四百里ᄂ 粟으로 하고 五百里

는 米로 ᄒᆞᄂ니라

| 번역 |

오백리는 전복(甸服)이니, 백리는 세금으로 곡식을 뿌리까지 바치고, 이백리는 곡식을 낫으로 베어 바치고, 삼백리는 곡식의 이삭을 바치고, 사백리는 껍질이 있는 곡식을 바치고, 오백리는 알곡을 바친다.

| 자해 |

甸服 : 수도에서 가까운 땅. •總 : 뿌리까지 붙은 곡식. •銍 : 낫으로 벤 곡식. •秸 : 짚을 잘라내고 이삭만 남을 곡식. •粟 : 껍질이 있는 곡식. •米 : 껍질이 없는 곡식.

| 의해 |

요임금과 순임금 때에 천자가 다스리는 곳이 사방으로 오천리에 지나지 않으니, 중앙에서 보면 각각 이천 오백리이다. 그 이천 오백리를 다섯 등급으로 나누어, 그 중 가까운 곳이 전복(甸服)이니, 그에 대한 세금을 정한 것이다. 전복 오백리를 또 다섯 등급으로 나누어 세금이 다르니, 땅의 멀고 가까움을 따라 곡식의 무겁고 가벼운 것과, 정밀하고 거친 것을 나누어 정한 것이다.

五百里는 侯服이니 百里는 采요 二百里는 男邦이요 三百里는 諸侯니라

| 언해 |

五百里ᄂᆞᆫ 侯服이니 百里ᄂᆞᆫ 采오 二百里ᄂᆞᆫ 男邦이오 三百里ᄂᆞᆫ 諸

侯ㅣ니라

| 번역 |

오백리는 후복(侯服)이니, 백리는 경대부의 식읍이고, 이백리는
남작의 나라이고, 삼백리는 제후이다.

| 자해 |

侯服 : 전복(甸服) 밖의 땅. • 采 : 경대부의 식읍. • 男邦 : 작은 나라. • 諸侯
: 큰 나라.

| 의해 |

다음 오백리는 후복(侯服)이니, 제후에게 분봉해준 곳이다. 또 삼
등분으로 나누어 가까운 백리는 경대부의 식읍을 삼고, 다음 백
리는 작은 나라이고, 다음 삼백리 밖은 큰 나라이니, 작은 나라를
먼저 정한 것은 큰 나라라야 외적을 막을 수 있는 까닭이다.

五百里는 綏服이니 三百里는 揆文敎하고 二百里는 奮武
衛하나니라

| 언해 |

五百里는 綏服이니 三百里는 文敎를 혀알이고 二百里는 武衛를
썰치느니라

| 번역 |

오백리는 수복(綏服)이니, 삼백리는 문교(文敎)로 헤아리고, 이
백리는 무위(武衛)를 떨친다.

| 자해 |

綏服 : 후복(侯服) 밖의 땅. •揆 : 헤아림.

| 의해 |

다음 오백리는 수복(綏服)이니, 왕성(王城)에서 멀어지는 까닭으로 백성을 편하게 하는 것이다. 안으로 삼백리는 문교(文敎)이고, 밖으로 이백리는 무위(武衛)이니, 문(文)은 안을 다스리고 무(武)는 밖을 다스리는 것이다. 이하는 오백리를 두 등급으로 나누었다.

五百里는 要服이니 三百里는 夷요 二百里는 蔡이니라

| 언해 |

五百里는 要服이니 三百里는 夷오 二百里는 蔡이니라

| 번역 |

오백리는 요복(要服)이니, 삼백리는 이족(夷族)이 사는 곳이고, 이백리는 죄인을 유배 보내는 곳이다.

| 자해 |

要服 : 수복(綏服) 밖의 땅. •蔡 : 죄인을 유배 보내는 땅.

| 의해 |

또 다음 오백리는 요복(要服)이니, 왕성에서 점점 멀어지는 까닭으로 간략하게 다스리는 것이다. 안은 이(夷) 종족이 살고, 밖은 죄인을 유배 보내는 곳이다.

五百里는 荒服이니 三百里는 蠻이요 二百里는 流니라

| 언해 |

五百里는 荒服이니 三百里는 蠻이니라

| 번역 |

오백리는 황복(荒服)이니, 삼백리는 만족(蠻族)이 사는 곳이고, 이백리는 죄인을 유배 보내는 곳이다.

| 자해 |

荒服 : 요복(要服) 밖의 땅.

| 의해 |

또 다음 오백리는 황복(荒服)이니, 왕성에서 더욱 멀어져서 거칠다고 말한 것이다. 안쪽은 만(蠻) 종족이 살고 밖은 죄인을 유배 보내는 곳이다. 이(夷)와 반(蠻)은 종족이 다르고 죄인은 경중(輕重)이 있는 까닭에 멀고 가까움으로 등급을 정한 것이다.

東漸于海하며 西被于流沙하며 朔南에 暨하여 聲敎訖于

四海어늘 禹錫玄圭하사 告厥成功하시다

| 언해 |

東으로 바다에 젹시며 西으로 流沙에 덥히며 북녁과 남녁에 밋쳐

聲敎 四海에 다ᄒ니 禹ㅣ 검은 홀을 쥬샤 그 功을 닐움을 告ᄒ시
다

| 번역 |

동쪽으로 바다에 적시며, 서쪽으로 유사(流沙)에 덮이며, 북쪽과
남쪽에 미쳐 명성과 교화가 사해(四海)에 다하니, 우(禹)가 검은
홀을 바쳐 그 공을 이룬 것을 고하였다.

| 자해 |

漸 : 적심. •被 : 덮임. •聲 : 명성. •敎 : 교화.

| 의해 |

물과 땅이 다스려지고 정치가 안정되자, 성스러운 교화가 사해
(四海)에 미치니, 다스림은 한정이 있지만 명성과 교화는 다함이
없다. 우(禹)가 검은 홀을 바쳐 그 성공을 고하니, 홀은 물을 다
스리라는 명을 받들 때에 순임금이 준 것이다. 물은 북방을 상징
하기 때문에 홀을 검은 색으로 한 것이다.

감서 [甘誓]

감(甘)은 땅 이름인데, 유호(有扈)씨 나라의 남쪽 들이니, 부풍군(扶風郡) 호현(鄠縣)에 있다. 서(誓)는 우(禹)가 묘(苗)를 칠 때의 맹서와 같은 뜻이니, 반란을 치고 죄를 치는 뜻을 말하고, 앉고 일어나며 나아가고 물러나는 절차를 엄격하게 한 것이다. 그렇게 하여 군대가 뜻을 같이 하여, 게으름으로부터 일어나게 하려는 것이다. 군사들에게 감(甘)이란 땅에서 맹세하였으므로 「감서(甘誓)」라고 편 이름을 붙였다. 『서경』에 여섯 문체가 있는데 서(誓)가 그 하나이다. 금문(今文)과 고문(古文)에 다 있다.

대 전 우 감　　　내 소 육 경
大戰于甘하실새 乃召六卿하시다

| 언해 |

크게 甘애 싸우실시 六卿을 불으시다

| 번역 |

크게 감(甘)에서 싸우실 때, 육경(六卿)을 불렀다.

| 자해 |

六卿: 육향(六鄕)의 경(卿). 일이 없는 평시에는 각각 그 향(鄕)의 정령(政令)을 맡아 대사도(大司徒)에 소속되고, 전쟁에 출정하면 각각 그 향의 일만 이천오백 인을 거느리고 대사마(大司馬)에 소속된다.

| 의해 |

옛날에 사방에 변란이 있으면 방백(方伯)에게 책임을 지웠는데,

방백이 다스리지 못하면 천자가 직접 정벌을 한다. 이제 우(禹)의
아들인 계(啓)가 직접 여섯 군대를 거느리고 나가 크게 싸우는데,
유호(有扈)가 강함을 믿고 악함을 쌓아서 감히 천자에게 맞서 대
항하니, 신하답지 못한 죄가 크게 드러난 것이다.

王曰 嗟六事之人아 予誓告汝하노라

| 언해 |

王이 골ㅇ샤디 嗟홉다 六事의 샤룸아 내 誓ㅎ야 너희게 告ㅎ노라

| 번역 |

왕이 말씀하셨다. "아! 육사(六事)의 사람아! 내가 맹서하여 너희
에게 고한다."

| 의해 |

그 일이 중요하기 때문에 감탄하며 고한 것이다. 육사(六事)는 육
경(六卿)만이 아니라 육군(六軍)에서 일을 맡은 사람 모두를 가
리킨다.

有扈氏威侮五行하며 怠棄三正할새 天用勦絶其命하시나
니 今予는 惟恭行天之罰이니라

| 언해 |

有扈氏ㅣ 五行을 威侮ᄒ며 三正을 怠棄ᄒᆯ 시 하ᄂᆞᆯ이 뻐 그 命을 勦絶ᄒ시ᄂᆞ니 이제 나ᄂᆞᆫ 하ᄂᆞᆯ의 罰을 공손ᄒ야 行ᄒᆯ 지니라

| 번역 |

"유호씨(有扈氏)가 오행(五行)을 함부로 하고 업신여기며 삼정(三正)을 게을리 하여 폐기하자 하늘이 그 명을 끊어버렸으니, 이제 나는 하늘의 벌을 공손히 집행할 것이다."

| 자해 |

威: 함부로 함. •侮: 가볍고 소홀히 하는 것. •三正: 자(子)·축(丑)·인(寅)의 정월(正月). •怠棄: 정삭(正朔)을 쓰지 않는 것.

| 의해 |

유호씨가 하늘이 낸 만물을 함부로 대하여 경솔하고 소홀하게 하여 공경하지 않고, 정삭(正朔)을 폐기하며 아래 사람에게 포악하며 위 사람을 배반하여 죄를 하늘에서 얻으니, 하늘이 그 명을 끊으시려는 것이다.

左不攻于左하면 汝不恭命이며 右不攻于右하면 汝不恭命이며 御非其馬之正이면 汝不恭命이니라

| 언해 |

左ㅣ 左를 攻치 안ᄒ면 네 命을 恭치 안이 홈이며 右ㅣ 右를 攻치 안이ᄒ면 네 命을 恭치 안이 홈이며 어거홈이 그 馬를 볼은 것으로 안이 ᄒ면 네 命을 恭치 안이 홈이니라

| 번역 |

“수레의 왼쪽 사람이 왼쪽 사람의 일을 제대로 하지 않으면 네가
명을 공경하지 않은 것이며, 오른쪽 사람이 오른쪽 사람의 일을
제대로 하지 않으면, 네가 명을 공경하지 않은 것이며, 수레를 모
는 사람이이 말을 바른 데로 몰지 않으면 네가 명을 공경하지 않
은 것이다.”

| 자해 |

左右 : 수레의 좌우에 타는 사람. •攻 : 다스림.

| 의해 |

옛날에 수레를 타고 전투하는 법이 갑사(甲士)가 세 사람인데,
한 사람은 왼쪽에서 활 쏘는 일을 주로 하고, 한 사람은 오른쪽에
서 치고 찌르는 것을 주로 하며, 수레를 모는 사람은 가운데에서
말 모는 것을 주로 한다. 왼쪽 사람과 오른쪽 사람이 맡은 일을
잘 하지 못하는 것과 수레를 모는 사람이 말을 올바르게 몰지 못
하는 것이 모두 패배를 가져오게 한다. 그러므로 각각 그 일을 책
임 지워서 감히 소홀하지 못하게 하려는 것이다.

用命은 賞于祖하고 不用命은 戮于社하되 予則孥戮汝하
리라

| 언해 |

命을 쓰ᄂ니란 祖애 賞ᄒ고 命을 쓰지 안이ᄒᄂ니란 社애 戮호ᄃ
내 너를 孥조차 戮호리라

| 번역 |

"명을 따르면 조상의 신주 앞에서 상을 주고, 명을 따르지 않으면
사직에서 죽이되 내가 너를 처와 자식까지 죽일 것이다."

| 자해 |

孥戮 : 처와 자식을 아울러 죽임.

| 의해 |

천자가 직접 정벌할 때에 반드시 종묘의 신주와 사직의 신주를
싣고서 간다. 그것으로써 상을 주고 죽이는 것을 감히 마음대로
하지 못함을 보이는 것이다. 종묘의 신주는 왼쪽에 있고 양(陽)이
기 때문에 그 앞에서 상을 주고, 사직은 왼쪽에 있고 음(陰)이기
때문에 그 앞에서 죽인다. 만일 명을 따르지 아니하면 너만 죽는
것이 아니라 처와 자식까지 함께 죽을 것이라고 말했다. 전쟁은
위험한 일이므로 법을 엄중히 하지 않으면 군대를 바르고 엄숙하
게 하여 그들로 하여금 공을 이루게 할 수 없다.

오자지가 [五子之歌]

오자(五子)는 태강(太康)의 아우들이고, 가(歌)는 노래이다. 금문(今文)에는 없고 고문(古文)에만 있다.

太康尸位하여 以逸豫로 滅厥德한대 黎民이 咸貳어늘 乃盤遊無度하여 畋于有洛之表하여 十旬을 弗反하니라

| 언해 |

太康이 位에 尸ᄒ야 逸豫로 뼈 그 德을 滅ᄒ대 黎民이 다 貳커늘 遊흠을 無度에 盤ᄒ야 洛의 表애 산양ᄒ야 十旬을 도라오지 안이ᄒ니라

| 번역 |

태강(太康)이 일은 하지 않고 자리만 지키고 있으면서, 안일한 즐거움에 빠져 그 덕을 사라지게 하여 일반 백성들이 모두 딴 마음을 가지게 되었다. 노는 것에 빠져서 그 정도가 지나쳐 낙수의 물 건너로 사냥을 나가서 백일이 지나도록 돌아오지 않았다.

| 자해 |

太康 : 계(啓)의 아들. •尸 : 제사 드릴 때의 시동. 자리에 있으나 일을 하지 않음. •逸 : 즐거움. •盤遊 : 이리저리 다니며 노는 것. •貳 : 마음에 의심함.

| 의해 |

태강(太康)이 백성을 돌아보지 않고, 멀리 낙수(洛水) 남쪽에 사
냥하러 가서, 백일이 되도록 돌아오지 않았다. 이는 태강이 스스
로 그 나라를 버린 것이다.

유 궁 후 예   인 민 불 인   거 우 하
有窮后羿 因民弗忍하여 距于河하니라

| 언해 |

有窮의 后羿ㅣ 빅셩의 참찌 못홈을 因ᄒ야 河에 막으니라

| 번역 |

유궁(有窮)의 임금인 예(羿)가 백성들이 참지 못하는 것을 이용
하여 태강을 황하에서 막았다.

| 자해 |

窮 : 나라 이름. ・羿 : 궁나라의 임금. 혹은 활 잘 쏘는 사람의 이름이라고
함.

| 의해 |

예(羿)는 백성이 태강의 명령을 견디지 못하는 것을 기회로 삼아
하북(河北)에서 항거하여, 그로 하여금 돌아오지 못하게 하고 드
디어 폐위하였다.

厥弟五人이 御其母以從하여 徯于洛之汭하더니 五子咸
怨하여 述大禹之戒하여 以作歌하니라

| 언해 |

그 아우 五人이 그 어미를 뫼시고 뻐조처 洛의 汭에 기들르더니
五子ㅣ 다 원망ㅎ야 大禹의 경계를 지어셔 뻐 노릭를 지으니라

| 번역 |

그 아우 다섯 명이 어머니를 모시고 따라와서 낙수의 물굽이에서
기다리더니, 다섯 아들이 모두 원망하여 대우(大禹)가 경계한 것
을 이어받아 서술하여 노래를 지었다.

| 자해 |

御 : 모심.

| 의해 |

다섯 아들이 종묘와 사직의 위태로움을 구제하지 못하고, 모자
(母子)와 형제가 이산하여 보전하지 못할까를 근심하고 걱정하여
그것을 노래로 나타낸 것이다. 나라와 집안이 망한 것은 조상의
훈계를 지키지 않은 때문이었다. 다섯 장이 모두 조상의 훈계를
서술한 것은 아니지만, 처음에 드러나게 하였다. 편찬한 사람이
노래를 지은 뜻을 다섯 장의 앞머리에 서술하였다.

其一日 皇祖有訓하시니 民可近이언정 不可下니라 民惟邦
本이니 本固邦寧하나니라

| 언해 |

그 하느는 굴온 皇祖ㅣ 訓을 두시니 빅셩은 可히 갓가울지어뎡
可히 下치 못 홀것이니라 빅셩은 나라의 근본이니 근본이 구더야
사 나라이 편안하느니라

| 번역 |

첫 번째로 말하였다. "황조(皇祖)께서 훈계를 하셨으니, 백성은
가까이 할 수 있지만, 아래로 낮추어 볼 수는 없다. 백성은 나라
의 근본이니, 근본이 튼튼해야만 나라가 편안하니라."

| 자해 |

皇 : 큼.　• 近 : 친함.　• 下 : 낮추어 봄.

| 의해 |

임금과 백성은 형세로 말하면 존비(尊卑)의 분수가 하늘과 땅처
럼 차이가 나지만, 감정으로 말하면 서로 필요로 하고 편안하게
여기는 것이다. 그래서 가깝게 해야 할 것이며, 낮추어 보아서는
안 될 것이다. 백성은 나라의 근본이니, 근본이 튼튼하지 못하면
마침내 멸망할 것이다.

予視天下한대 愚夫愚婦 一能勝予라하니 一人이 三失이
어니 怨豈在明이리오 不見에 是圖니라 予臨兆民하되 凜乎
若朽索之馭六馬하노니 爲人上者는 奈何不敬고

| 언해 |

내 天下를 본디 愚夫와 愚婦ㅣ 하나이 能히 나를 익이리라 ㅎ노
니 一人이 失흠이 셋이어니 원망이 엇지 붉은데 잇스리오 見치
못흔졔 이도 모홀 지니라 내 兆民을 臨호디 凜히 朽索으로 六馬
를 어거홈 곳치ㅎ노니 사람의 우ㅣ되야 ㅅ는 者는 엇지 공경치
안이 ㅎ는고

| 번역 |

"내가 천하를 보았는데, 어리석은 남녀가 한 사람이라도 모두 나
를 이길 수 있다고 한다. 한 사람이 세 번씩이나 잘못하는데, 원
망함을 어찌 드러난 후에야 알겠는가? 드러나지 않았을 때에 도
모해야 한다. 내가 많은 백성들에게 임하되 썩은 새끼줄로 여섯
말을 다스리는 것같이 삼가니, 사람의 윗사람이 된 자는 어찌 공
경하지 않는가?"

| 자해 |

予 : 다섯 아들이 스스로를 일컬은 말. ﹒三失 : 잘못한 것이 많음. ﹒朽索 :
썩은 새끼줄.

| 의해 |

임금이 인심을 잃으면 한 사람의 남자일 뿐이니, 어리석은 남녀
가운데 한 사람이라도 나를 이길 수 있을 것이다. 썩은 새끼줄로

는 말을 다스리지 못하니, 위태함과 두려움을 비유한 것이다. 임금이 되어 어찌 공경하지 않겠는가? 앞 장은 조상의 가르침을 끌어와 말하고, 이 장은 자기가 믿지 못하는 까닭과 백성은 두려워할 만한 하다는 뜻을 거듭 말하였다.

其二曰 訓에 有之하시니 內作色荒이어나 外作禽荒이어나 甘酒嗜音이어나 峻宇彫牆이어나 有一於此하면 未或不亡이니라

| 언해 |

그 둘은 굴온 訓애 두셔시니 안으로 色荒을 作ᄒ거나 밧그로 禽荒을 作하거나 술을 甘ᄒ거나 소리를 즐기거나 집을 놉히ᄒ거나 담을 아루싀이거나 하ᄂ도 이에 이시면 或亡치 안이치 안이ᄒᄂ니라

| 번역 |

두 번째로 말하였다. "안으로 여색에 치우치거나, 밖으로 사냥에 빠지거나, 술을 좋아하거나 소리를 즐기거나, 집을 높이 하거나, 담에 아로 새기거나, 이중에 하나라도 있으면 망하지 않음이 없을 것이다."

| 자해 |

訓 : 이것도 또한 우(禹)의 훈임. •色荒 : 사랑하는 여인에 현혹됨. •禽荒 : 사냥을 탐함. •甘·嗜 : 좋아함. •峻 : 높고 큼. •彫 : 새겨서 꾸밈.

| 의해 |

이 여섯 가지 가운데 하나라도 있으면 멸망에 이르게 된다. 우(禹)가 훈계한 것이 이같이 밝은데, 태강(太康)이 홀로 생각하지 못하는 것인가?

其三曰 惟彼陶唐으로 有此冀方하시니 今失厥道하여 亂
其紀綱하여 乃底滅亡이로다

| 언해 |

그 셋은 골온뎌 陶唐으로 이 冀方을 두시니 이제 그 道를 일어셔 그 紀綱을 어지러이 ᄒ야 滅亡홈애 니르럿도다

| 번역 |

세 번째로 말하였다. "저 요임금으로 인해서 이 기방(冀方)을 가지게 되었는데, 이제 그 도를 잃어서 기강을 어지럽게 하여, 멸망함에 이르렀도다."

| 자해 |

陶唐 : 요(堯)가 처음에 당후(唐侯)가 되었다가, 후에 천자가 되어서 도에 도읍함. •冀方 : 요가 순(舜)에게 왕위를 선양하고, 순이 우(禹)에게 선양하여 모두 기주(冀州)에 도읍함. 기방(冀方)이라고 한 것은 기주를 중심으로 그 바깥을 포괄함. •底 : 이름.

| 의해 |

요(堯)·순(舜)·우(禹)가 서로 같은 도로 천하를 소유하게 되었는데, 이제 태강(太康)이 그 도를 잃어 멸망에 이른 것이다.

其四曰 明明我祖는 萬邦之君이시니 有典有則하사 貽厥
子孫이라 關石和鈞이 王府에 則有하니 荒墜厥緒하여 覆
宗絶祀로다

| 언해 |

그 넷은 굴온 붉으며 붉으신 우리 祖는 萬邦앳 님금이시니 典을
두시며 則을 두샤 그 子孫애 쥬신지라 關ᄒᆞᄂᆞᆫ 石과 和ᄒᆞᄂᆞᆫ 鈞이
王府애 곳잇ᄂᆞ니 그 실마리를 荒墜ᄒᆞ야 宗을 업질으며 졔ᄉᆞ를 ᄭᅳ
닛도다

| 번역 |

네 번째로 말하였다. "밝고 밝으신 우리 선조는 만방의 임금이시
니, 전장(典章)을 두시며 법도를 두셔서, 그 자손에게 주셨다. 어
디에나 통하는 부피의 단위와 고른 무게의 단위가 왕부(王府)에
곧 있는데도, 그 실마리를 거칠게 하고 떨어뜨려서 종통(宗統)을
뒤엎으며 제사를 끊었도다."

| 자해 |

明明 : 밝고 또 밝음. •我祖 : 우(禹)임금을 말함. •典·則 : 주(周)의 육전
(六典)·팔칙(八則). 천하를 다스리는 전장(典章)·법도(法度). •鈞 : 삼십
근.

| 의해 |

우(禹)가 밝고 밝은 덕으로 천하에 군림해서, 법과 제도를 후세
에 내려준 것이 이와 같다. 무게와 부피를 재는 단위를 정해서 서
로 통하게 하고, 그것으로 천하의 경중(輕重)을 동일하게 해서 백

성에게 믿음을 세운 것이 왕부(王府)에 있다. 그 자손과 후세를 염려한 것이 자세하고 원대하였는데, 어찌하여 태강(太康)이 떨어뜨려 끊어버렸는가?

其五曰 嗚呼曷歸오 予懷之悲여 萬姓이 仇予하나니 予將疇依오 鬱陶乎라 予心이여 顔厚有忸怩호라 弗愼厥德이어니 雖悔인들 可追아

| 언해 |

그 다섯은 글온 嗚呼ㅣ라 어듸로 도러갈고 내 회포의 실품이여 萬姓이 나를 원슈로ᄒᆞ느니 내 쟝촛 누구를 의지홀고 鬱陶혼지라 내 ᄆᆞ음이여 낫이 두터워 忸怩호라 그 德을 삼가지 안이커니 비록 늿버혼들 可히 쫏것느냐

| 번역 |

다섯 번째로 말하였다. "아! 어디로 돌아갈까? 내가 품은 슬픔이여! 만성(萬姓)이 나를 원수로 여기니, 내가 장차 누구를 의지하겠는가? 슬프다! 내 마음이여! 얼굴이 두꺼워도 부끄럽도다. 그 덕을 삼가지 아니하니, 비록 뉘우친들 돌이킬 수 있겠는가?"

| 자해 |

鬱陶 : 슬퍼함. • 顔厚 : 부끄러운 빛이 얼굴에 드러남. • 忸怩 : 부끄러움이 마음에서 발함.

| 의해 |

　돌아갈 수 있는 땅도 없고 의지할 사람도 없으며, 임금이 되었다가 곧 다시 잃어버렸으니 슬프도다. '나'는 태강(太康)을 가리킨 것이니, 차마 가리켜서 지적하지 않은 것은 지극히 진실하고 도타운 까닭이다.

윤정 [胤征]

윤(胤)은 나라 이름이다. 맹자가 말하기를, "정(征)이란 위에서 아래를 치는 것이다."라고 하였는데, 여기에서는 정(征)이라고 이름을 붙였으나 실상은 곧 서(誓)이다. 하(夏)가 중도에 쇠퇴하게 되자, 예(羿)가 국정을 잡아 사직의 안위가 그에게 달려 있게 되었다. 중강(仲康)이 윤후(胤侯)에게 명하여 육사(六師)를 맡게 하고 죄 있는 자를 쳤다. 이것이 비록 예(羿)의 무도함을 처벌하고 희화(羲和)가 악의 편을 든 죄를 밝혀내지는 못하였으나, 국가의 운명이 중도에 끊어지게 되자 군사를 동원하여 죄를 쳤으니, 예악과 정벌이 천자로부터 나오게 된 것이다. 공자가 그것을 글로 기록한 것은 바로 이 때문이다. 금문(今文)에는 없고 고문(古文)에는 있다.

惟仲康이 肇位四海하사 胤侯를 命掌六師러시니 羲和廢
厥職하고 酒荒于厥邑한대 胤后承王命하여 徂征하니라

| 언해 |

仲康이 四海예 비로소 位호샤 胤侯를 命호야 六師를 掌호얏더시니 羲和ㅣ 그 職을 廢호고 그 邑애 酒로 荒혼대 胤后ㅣ 王命을 承호야 徂호야 征호니라

| 번역 |

중강(仲康)이 사해(四海)에 비로소 임하셔서, 윤후(胤侯)에게 명하여 육사(六師)를 관장하게 하였다. 희화(羲和)가 직무를 폐하고

그 읍에서 술에 빠지게 되자, 윤후가 왕명을 받들어 가서 쳤다.

| 자해 |

仲康 : 태강(太康)의 아우. •胤侯 : 윤국(胤國)의 후(侯). 아래에서 윤후(胤后)라고 한 것은 제후가 왕조(王朝)에 들어가 공경(公卿)이 된 것임. •六師 : 대사마(大司馬)가 맡은 일중의 하나. •羲和 : 우(虞)나라의 희씨(羲氏)와 화씨(和氏)가 하(夏)나라 때에 합하여 한 벼슬이 됨.

| 의해 |

예(羿)가 태강(太康)을 폐하고 중강(仲康)을 세웠으나, 찬탈한 것은 중강의 아들 상(相)의 때였다. 중강은 오히려 예를 제어하여 윤후(胤侯)에게 명하여 병권을 거두어들이게 하였다. 또한 희화(羲和)가 예의 당(黨)이 되었기 때문에 정벌하였으니, 중강의 때에는 예가 감히 찬탈하지 못한 것이다.

告于衆曰 嗟予有衆아 聖有謨訓하시니 明徵定保이니라 先王이 克謹天戒어시든 臣人이 克有常憲하여 百官이 修輔할새 厥后惟明明이시니라

| 언해 |

물이게 告ᄒ야 닐오디 嗟홉다 우리 물이아 셩인이 謨訓을 두시니 붉끠 징험ᄒ야 안뎡ᄒ고 보젼홀찌니라 先王이 능히 天戒를 삼가ᄒ시거든 臣人이 능히 쩟쩟ᄒ 법을 두어 百官이 닥거셔 도을씨 그 님금이 붉으시며 붉으시니라

| 번역 |

무리에게 고하여 말하였다. "아! 우리 무리들아! 성인이 계책과 가르침을 두셨으니, 그것을 밝게 징험하면 안정되고 보전될 것이다. 선왕이 하늘의 경계를 삼가니, 신하들이 불변의 법을 두어 백관이 닦아서 도왔기 때문에 그 임금이 밝고 밝으시니라."

| 자해 |

天戒 : 일식(日蝕) 등의 종류. •謹 : 조심하고 다스리고 살펴서 이변이 없게 함. •常憲 : 법을 받들고 직무를 닦음.

| 의해 |

임금이 하늘의 경계를 위에서 삼가면 신하가 아래에서 불변의 법을 지켜 백관이 각각 그 직무를 닦아서 그 임금을 돕는 까닭에, 임금이 안으로 덕을 잃지 않고 밖으로 정치를 잘못하지 않아서 밝고 밝은 임금이 되는 것이다. 옛날에 일식(日食)은 임금이 약하고 신하가 강한 형상을 보이는 것이라고 생각했으므로, 당시에 일식이 있었던 것은 예(羿)가 정치를 전횡하는 것을 경계한 것이라고 해석되었다. 그런데 희화(羲和)는 천문을 맡은 벼슬로서 예의 무리가 되어 아뢰지 않으니, 죄를 용서해줄 수 없었던 것이다.

每歲孟春에 遒人이 以木鐸으로 徇于路하되 官師相規하며 工執藝事하여 以諫하라 其或不恭하면 邦有常刑하니라

| 언해 |

每歲의 孟春애 遒人이 木鐸으로 뻐 길에 두루 딩기되 官師ㅣ 셔루 規ᄒ며 工이 藝事를 잡어 뻐 諫ᄒ라 그 或 공손치 못ᄒ면 나라

에 쩟쩟한 형벌이 잇느니라

| 번역 |

"매년 초봄에 순찰관이 목탁을 가지고 길에 두루 다니면서 '관리
들은 서로 규찰하며, 모든 기술자들은 자신의 기술에 대한 일을
가지고 간하라. 혹 공손하지 못하면, 나라에 떳떳한 형벌이 있을
것이다.'라고 하라."

| 자해 |

遒人 : 명령을 전파하는 벼슬.　•木鐸 : 정교(政敎)를 베풀 때 두드리던 목탁.
　•官師 : 직책을 가지고 가르치는 관리.　•規 : 바로 잡음.　•工 : 기술자.　•
藝事 : 기예(技藝)의 일.

| 의해 |

모든 기술자들의 기예(技藝)의 일에도 지극한 이치가 있는 까닭
에 비록 미천하더라도 임금께 간언하는 도리가 있다. 관리와 기
술자들이 간언을 하지 않으면 불공(不恭)하게 된다. 불공한 죄에
대해서는 일정한 형벌이 있는데, 하물며 관청의 규정을 어기고
자리를 떠나서 천기(天紀)를 어지럽게 하는 사람이겠는가?

惟時羲和 顚覆厥德이요 沈亂于酒하여 畔官離次하여 俶
擾天紀하여 遐棄厥司하여 乃季秋月朔에 辰이 弗集于房
이어늘 瞽奏鼓하며 嗇夫馳하며 庶人走어늘 羲和尸厥官하
여 罔聞知하여 昏迷于天象하여 以干先王之誅하니 政典
에 曰先時者도 殺無赦하며 不及時者도 殺無赦라 하도다

| 언해 |

이 羲和ㅣ 그 德을 업질르고 슐에 沈亂ᄒ야 직무를 비반ᄒ며 위
ᄎ를 ᄯᅥ나셔 비로소 天紀를 어질이어 그 맛틈을 멀리 버리어 季
秋의 月朔에 辰이 房에 모뒤지 안이커늘 瞽ㅣ 북을 奏ᄒ며 嗇夫
ㅣ 달리며 庶人이 다러ᄂᆞ거늘 羲和ㅣ 그 벼실애 尸ᄒ야 드러알리
지 안이 ᄒ야 天象애 昏迷ᄒ야 뻐 先王의 베임을 干ᄒ니 政典에
ᄀᆞ오ᄃᆡ ᄢᅢ에 몬져 흔 者도 죽이어 노으지 말며 ᄢᅢ에 밋치지 못흔
者도 죽이어 노으지 말ᄂᆞ ᄒ도다

| 번역 |

"이 희화(羲和)가 그 덕을 전복시키고, 술에 빠져 어지럽게 되어
직무를 위반하며 자리를 떠나서, 천기(天紀)를 어지럽혀 맡은 것
을 멀리 버려, 늦가을 초하루에 해와 달의 만남이 방성(房星)에
모이지 않았다. 악사가 북을 두드리고, 하급 관리가 달리며, 서민
은 뛰어다니거늘, 희화(羲和)가 그 벼슬에 앉아 있기만 하여 듣고
알리지 않아서, 천상(天象)에 어둡게 되어 선왕의 처벌을 받게 되
었다. 정전(政典)에 말하기를, '제 때보다 먼저 한 자도 죽여 용서
하지 말며, 제 때에 미치지 못한 자도 죽여 용서하지 말라.'고 하
였다."

| 자해 |

畔官 : 관직을 어지럽게 함. •離次 : 위차(位次)를 떠남. •俶 : 비로소. •擾
: 어지러움. •大紀 : 「홍범(洪範)」의 세·월·일·성·신·역·수(歲·月·
日·星·辰·曆·數). •房 : 별 이름. •集 : 조화롭게 모임. •瞽 : 악사(樂
士). 눈이 없는 까닭으로 소리를 살핌. •嗇夫 : 하급 관리. •庶人 : 서민 가
운데 벼슬에 있는 자. •政典 : 선왕의 정치를 기록한 전적(典籍).

| 의해 |

요(堯)·순(舜)이 희화(羲和)를 명하여 일월성신(日月星辰)을
연구하게 한 후에 그 직업을 대대로 잇게 하여 문란하지 않았는

데, 이 때에 비로소 천기(天紀)를 어지럽혀 그 맡은 일을 멀리 버린 것이다. 해와 달이 방성에서 서로 조화롭게 모이지 못하여 일식이 일어났다. 일식이 일어나면 북을 치며 폐백을 드려서 정상이 되기를 구한다. 하급관리와 서민은 그러한 일을 맡은 자이다. 일식의 변화에 천자는 위에서 두려워하고 조심하며 하급관리와 서민은 아래에서 분주하여 정상이 되기를 구하는 것이 이와 같이 급한데, 희화는 그 자리에 앉아 있기만 하여서 천상(天象)에 어두워 죄를 범하였다. 제 때보다 먼저 하거나 제 때에 미치지 못하는 것은 모두 법제를 어기고 때를 잃어 마땅히 죽이고 용서해주지 못하는 것이다. 희화는 들어서 아는 것이 없었으므로 때에 미치지 못한 잘못을 범한 것이다.

今予以爾有衆으로 奉將天罰하노니 爾衆士는 同力王室하여 尚弼予하여 欽承天子威命하라

| 언해 |

이제 내 너희 물이로뼈 하늘의 罰을 奉將ㅎ노니 너희 衆士ᄂ 王室에 힘을 한가지 ㅎ야 거의 나를 도아 天子ㅅ 威命을 공경ㅎ야 밧들어라

| 번역 |

"이제 내가 너희 무리로써 하늘의 벌을 받들어 시행한다. 너희 여러 군사들은 왕실에 힘을 함께하여 나를 도와 천자의 위엄 있는 명령을 공경히 받들기를 바란다."

| 자해 |

將 : 행함.

| 의해 |

천자는 죄를 성토하고 정벌은 하지 않으며, 제후는 정벌을 하고 성토는 하지 않는다. 중강(仲康)이 윤후(胤侯)에게 명한 것은 천자의 죄를 성토하는 권한을 얻은 것이고, 윤후가 희화(義和)를 정벌한 것은 제후가 천자의 적을 물리치는 의리를 얻은 것이다. 그 말이 곧고 그 의리가 밝아서, 오패(五覇)가 제후를 이끌고 제후를 정벌할 때에, 그 말이 정당하지 못하고 그 의리가 바르지 못한 것과 같지 않다.

火炎崑岡하면 玉石이 俱焚하나니 天吏逸德은 烈于猛火하니 殲厥渠魁하고 脅從은 罔治하여 舊染汙俗을 咸與惟新하리라

| 언해 |

불이 崑岡에 더우면 玉과 돍이 다 타느니 天吏의 逸훈 德은 猛火보다 烈하니 그 큰 괴수를 죽이고 협박하야 좃느니란 다실이지 말아 녜전에 무드러 드러운 풍속을 다 더브러 시롭게 하리라

| 번역 |

"불이 곤강(崑岡)을 태우면 옥과 돌이 다 타버리니, 천리(天吏)의 잘못된 덕은 사나운 불보다 뜨겁다. 큰 괴수는 죽이고 협박당하여 따른 자들은 다스리지 말아서, 예전에 물들어 더러워진 풍속

을 모두 새롭게 하리라.”

| 자해 |

崑 : 곤륜(崑崙). 옥이 나는 곳. •岡 : 산등성이. •일(逸) : 잘못. •渠 : 큼.

| 의해 |

불이 곤강(崑岡)에 타오르면 옥과 돌의 좋음과 나쁨을 가리지 않고 다 태워버린다. 천리(天吏)의 잘못된 덕은 사람의 선악을 가리지 않고 죽이니, 그 해로움이 뜨거운 불이 옥과 돌을 구분하지 않는 것보다 더 심하다. 악한 자를 베고 선한 자를 놓아주는 것이 왕자(王者)의 군사이다. 희화(羲和)가 무리를 모아 예(羿)의 반역을 도왔는데도 중강(仲康)이 예를 제어하지 못하였다. 그래서 일식의 변고가 일어났으니, 이것을 기회로 하여 그 직책을 수행하지 못한 죄를 성토하고 그 신하답지 못한 것을 처벌한 것이다.

嗚呼라 威克厥愛하면 允濟요 愛克厥威하면 允罔功이니
其爾衆士는 懋戒哉어다

| 언해 |

嗚呼ㅣ라 위엄이 그 스랑을 익이면 진실로 濟ᄒ고 스랑홈이 그 위엄을 익이면 진실로 功이 업스리니 그 너의 衆士ᄂᆞᆫ 힘 뼈 경계홀찌어다

| 번역 |

“아! 위엄이 사랑을 이기면 진실로 일을 이루고, 사랑이 위엄을

이기면 진실로 공이 없을 것이니, 너희 여러 군사들은 힘써 경계
할지어다."

| 자해 |

濟 : 이룸.

| 의해 |

군대는 위엄을 주로 하는 것이니, 군법을 엄격하게 하면 일을 이
루고, 사랑을 앞세우면 공이 없는 것이다. 이편의 끝에서 다시 감
탄하고 깊이 경계하여 힘써 왕명을 받들게 하고자 한 것이다.

설(契)이 비로소 상(商)에 봉해져서, 그로 인하여 천하를 소유하였기에 이름으로 삼은 것이다. 글이 모두 열일곱 편이다.

탕서 [湯誓]

탕(湯)은 호(號)인데, 혹은 시호라고도 한다. 탕의 이름은 리(履)이고, 성은 자씨(子氏)이다. 하(夏)의 걸(桀)이 포학하므로 탕이 가서 치려고 할 때, 박(亳)의 백성이 정벌하는 일을 꺼려하였다. 그래서 탕이 그 백성을 불쌍히 여겨 임금을 치라는 뜻으로 깨우쳤다. 군사를 일으킬 때에 박도(亳都)에서 맹세한 것이다. 금문(今文)과 고문(古文)에 다 있다.

王曰 格하라 爾衆庶아 悉聽朕言하라 非台小子 敢行稱亂이라 有夏多罪어늘 天命殛之하시니라

| 언해 |

王이 ᄀᆞᄅᆞ샤ᄃᆡ 格ᄒᆞ라 너희 衆庶아 다 내 말을 聽ᄒᆞ라 나 小子ㅣ 敢히 亂을 稱ᄒᆞ야 行ᄒᆞᄂᆞᆫ 주리 아니라 有夏ㅣ 罪ㅣ 하거늘 天이 命ᄒᆞ샤 殛ᄒᆞ시ᄂᆞ니라

| 번역 |

왕이 말씀하셨다. "오라! 너희 백성들이여! 내 말을 모두 들으라. 나 소자(小子)가 감히 난을 일으키려는 것이 아니라, 하(夏)가 죄가 많아서 하늘이 명하여 처벌하게 하신 것이다."

| 자해 |

格 : 이르러 옴. ·台 : 나. ·稱 : 일으킴.

| 의해 |

인사(人事)로 말한다면 신하가 임금을 치는 것을 난이라고 말할 수 있으나, 천명(天命)으로 말한다면 이른바 천리(天吏)이고, 난을 일으키는 것이 아니다.

今爾有衆이 汝曰 我后不恤我衆하여 舍我穡事하고 而割正夏라하니 予惟聞汝衆言이나 夏氏有罪어늘 予畏上帝라 不敢不正이니라

| 언해 |

이제 너희 衆이 네 닐오디 우리 后ㅣ 우리 衆을 恤치 아니ᄒᆞ야 우리 穡事를 舍ᄒᆞ고 夏를 割ᄒᆞ야 正ᄒᆞᆫ다 ᄒᆞᄂᆞ니 내 너희 衆言을 드르나 夏氏ㅣ 罪ㅣ 잇거늘 내 上帝를 畏ᄒᆞᄂᆞᆫ 지라 敢히 正치 아니치 몯ᄒᆞᄂᆞᆫ 지니라

| 번역 |

"이제 너희 백성들이 말하기를, '우리 임금이 우리 무리들을 구휼하지 않고서, 우리 농사일을 버려두고 하(夏)를 공격하여 바로잡으려 한다.'고 한다. 내가 너희 많은 사람들의 말을 들었으나, 하씨(夏氏)가 죄가 있는데 내가 상제를 두려워하므로 감히 바로잡지 않을 수가 없다."

| 자해 |

穡 : 베고 거둠. • 割 : 끊음.

| 의해 |

박읍(亳邑)의 백성들이 탕(湯)의 덕 있는 정치를 편안히 여기고, 걸(桀)의 포학함이 그들에게는 미치지 아니하였다. 그래서 하씨(夏氏)의 죄를 알지 못하고, 걸을 치는 수고를 꺼렸다. 그리하여 도리어 탕에게 말하기를, "박읍의 무리를 근심하지 아니하고, 우리의 수확하는 일을 버려두고, 하나라를 끊어 바로잡으려 하는가?"라고 하였다. 탕이 말하기를, "나도 또한 너희 중론(衆論)이 이러한 것을 들었다. 그러나 하나라의 걸이 포학함에 하늘이 명하셔서 죽이라고 하시니, 내가 상제를 두려워하여 감히 가서 그 죄를 바로잡지 않을 수 없다."고 하였다.

今汝其曰하되 夏罪는 其如台라하나니 夏王이 率遏衆力하며 率割夏邑한대 有衆이 率怠弗協하여 曰時日은 曷喪고 予及汝로 皆亡이라하니 夏德이 若茲라 今朕이 必往하리라

| 언해 |

이제 너희 그 닐오디 夏ㅅ 罪는 그 내게 엇더뇨 ㅎㄴ니 夏王이 率ㅎ야 衆力을 遏ㅎ며 率ㅎ야 夏邑을 割혼대 衆이 다 怠ㅎ야 協디 아니ㅎ야 닐오디 이 日은 언제 喪홀고 내 널로 믿 홈끠 亡호리라 ㅎㄴ니 夏ㅅ 德이 이 곧튼디라 이제 朕이 반드시 往호리라

| 번역 |

"이제 너희가 '하(夏)의 죄가 나와 무슨 상관입니까?'라고 하는데, 하의 왕이 백성들의 힘을 다 막아버리고 하읍(夏邑)을 다 해치려 하고 있다. 그래서 백성들이 다 게으르고 협조하지 않으면서 말

하기를, '이 해는 언제 없어질까? 내가 너와 함께 없어지리라.'고
한다. 하의 덕이 이와 같으니, 이제 내가 반드시 가리라."

| 자해 |

遏 : 막음. ▪割 : 해침. ▪時 : 이 시(是).

| 의해 |

탕(湯)이 또 상(商)나라 백성들이 "걸(桀)이 비록 포학하지만 그
것이 나에게 무슨 상관인가?"라고 하는 것을 드러내고, 대답하여
말하였다. "하(夏)의 왕이 모든 힘든 일을 하게 하여 백성들의 힘
을 소진하게 하고, 가혹한 형벌을 행하여 민생을 잔학하게 하였
다. 이에 백성들이 하의 덕을 싫어하여 윗사람을 받듦에 게으르
고, 나라와 화합하지 못하여 그 임금을 질시하여 해를 가리켜 말
하기를, '이 해는 어느 때에 없어질까? 만일 없어진다면 내가 차
라리 함께 없어지리라.'라고 하였다. 걸이 포학한 것을 괴롭게 여
겨 망하게 하려는 마음이 강하였다. 걸의 악덕이 이와 같기에 이
제 내가 반드시 갈 것이다." 걸은 "내가 천하를 소유한 것이 하늘
이 해를 가진 것과 같으니, 해가 없어져야 내가 이에 망할 것이
다."라고 스스로 말하였다. 그래서 백성이 해를 지목한 것이다.

爾尙輔予一人하여 致天之罰하라 予其大賚汝하리라 爾無
不信하라 朕不食言하리라 爾不從誓言하면 予則孥戮汝하
여 罔有攸赦하리라

| 언해 |

너희 거의 나 一人을 輔ᄒᆞ야 天의 罰을 致ᄒᆞ라 내 그 너희를 키
賚호리라 너희 信치 아니치 말라 朕이 言을 食디 아니호리라 너
희 誓言을 從치 아니ᄒᆞ면 내 너를 孥조차 戮ᄒᆞ야 赦홀 바를 두디
아니호리라

| 번역 |

"너희가 나 한 사람을 보필하여 하늘의 벌을 집행하기를 바라노
라. 내가 너희에게 크게 상을 주리라. 너희가 믿지 않음이 없도록
하라. 내가 식언하지 않으리라. 너희가 맹서하는 말을 따르지 않
으면, 내가 너를 처와 자식까지 죽여 용서하지 않을 것이다."

| 자해 |

賚 : 줌. •食言 : 말을 이미 내었다가 다시 삼킴.

| 의해 |

우(禹)가 묘(苗)를 칠 때 말하기를, "마음과 힘을 하나로 하여야
공훈이 있을 것이다."라고 하였다. 계(啓)에 이르러서는 그가 말
하기를, "명을 따르면 조상의 신주 앞에서 상을 주고, 명을 따르
지 않으면 사직에서 죽이되 내가 너를 처와 자식까지 죽일 것이
다."라고 하였다. 이제 또 탕왕이 "내가 식언하지 않을 것이며, 용
서하지 않을 것이다"라는 말을 더하니, 세 번 바뀌었음을 볼 수
있다.

중훼지고[仲虺之誥]

중훼(仲虺)는 신하의 이름이니, 해중(奚仲)의 후손으로서 탕(湯)의 좌상(左相)이 되었다. 고(誥)는 고(告)한 것이다. 『주례(周禮)』에 "사사(士師)가 오계(五戒)를 가지고 형벌을 시행하는 앞뒤에 사용하여 도왔다. 첫 번째는 서(誓)인데 군대에 사용하며, 두 번째는 고(誥)인데 회동(會同)에 사용한다"고 하였으니, 여러 사람에게 알리는 것이다. 여기서는 다만 탕에게 고하는 것인데도 고(誥)라고 한 것에 대해서 당나라의 공영달은 말하기를, "중훼가 여러 사람에 대해서 말한 것이니, 특히 탕이 부끄러워하는 것을 풀어주려 하는 것이고, 또한 많은 신하와 백성들에게 깨우쳐 일러주려는 것이다."라고 하였다. 고문(古文)에는 있고 금문(今文)에는 없다.

成湯이 放桀于南巢하시고 惟有慙德하사 曰予恐來世 以
台爲口實하노라

| 언해 |

成湯이 桀을 南巢애 放ᄒ시고 慙德을 두샤 ᄀᆞᄅᆞ샤ᄃᆡ 내 來世ㅣ
날로 ᄡᅥ 口의 實을 사믈가 저허ᄒ노라

| 번역 |

성탕(成湯)이 걸(桀)을 남소(南巢)로 쫓아 보내고, 덕에 부끄러운 점이 있어서 "후세의 사람들이 나를 구실로 삼을까 두렵구나."라고 하였다.

| 자해 |

成湯 : 무공(武功)을 이루었으므로 부른 호칭. •南巢 : 지명. 여강(廬江) 육
현(六縣)에 거소성(居巢城)이 있음. 걸(桀)이 여기로 도망하였기 때문에 이
리로 내쫓은 것임.

| 의해 |

탕(湯)이 걸(桀)을 친 것은 비록 하늘의 뜻을 따르고 사람들의 바
람에 응한 것이지만, 요(堯)·순(舜)·우(禹)가 제위를 주고받던
다음이므로 마음에 불안한 바가 있었다. 그래서 자신의 덕이 옛
날만 같지 못한 것을 부끄러이 여기고, 또 천하 후세 사람들이 빙
자하여 구실을 삼을까 두려워한 것이다. 요·순이 천하를 사양함
에, 후세에 명예를 좋아하는 선비들이 오히려 알지 못하고 흠모
하는 자가 있었다. 탕(湯)·무(武)가 정벌로 천하를 얻은 것이,
후세에 이익을 좋아하는 사람이 어찌 그것으로써 구실을 삼지 않
겠는가? 이것이 탕이 두려워한 바이다.

仲虺乃作誥曰 嗚呼라 惟天이 生民有欲하니 無主면 乃
亂일새 惟天이 生聰明하사 時乂시니 有夏昏德하여 民墜塗
炭이어늘 天乃錫王勇智하사 表正萬邦하사 纘禹舊服하시
니 茲率厥典하여 奉若天命이니이다

| 언해 |

仲虺ㅣ 誥를 作ᄒ야 닐오디 嗚呼ㅣ라 天이 生ᄒ신 民이 欲이 잇
ᄂ니 主ㅣ 업스면 亂ᄒ릴시 天이 聰明을 生ᄒ샨든 이히 乂케 ᄒ
시니 夏ㅣ 德애 昏ᄒ야 民이 塗炭애 墜ᄒ거늘 天이 王ㅅ끠 勇智

를 주샤 萬邦애 表正ᄒᆞ샤 禹의 舊服을 纘케 ᄒᆞ시니 이 그 典을 率
ᄒᆞ야 天命을 奉若ᄒᆞ실 지니이다

| 번역 |

중훼(仲虺)가 고(誥)를 지어서 말하였다. "아! 하늘이 낳은 백성
이 욕망이 있어서, 주(主)가 없으면 어지러워지기 때문에 하늘이
총명한 사람을 내셔서 다스리게 하는 것입니다. 하(夏)가 덕에 어
두워 백성들이 도탄에 빠지거늘, 하늘이 왕에게 용기와 지혜를
주어서, 만방(萬邦)에 본보기가 되도록 하여 우(禹)의 옛일을 잇
게 하셨습니다. 이에 그 법을 따라서 천명(天命)을 받들어 따르신
것입니다."

| 자해 |

隲 : 빠짐. ·塗 : 진흙. ·炭 : 불. ·表正 : 표(表)가 바르면 그림자가 거기에
그대로 나타남.

| 의해 |

중훼(仲虺)가 탕(湯)이 부끄러워함을 그치시 않을까 두려워하여,
이 고(誥)를 지어서 그 근심을 풀어주려 한 것이다. 탄식하고 나
서 다음과 같이 말하였다. 백성들이 이목구비(耳目口鼻)의 좋아
하고 싫어하는 욕심을 가지고 있으므로, 주(主)가 없으면 다투고
또 어지러워진다. 그래서 하늘이 총명한 이를 내셔서 주를 삼아,
그 어지러이 다투는 자를 다스리는 것이다. 걸(桀)이 백성의 주가
되어 도리어 혼란함을 행하여, 백성을 도탄에 빠지게 하니, 이미
그 주가 된 바를 잃은 것이다. 그러나 백성들에게 주가 없을 수
없으므로 하늘이 탕에게 용기와 지혜를 주셔서, 그로 하여금 그
만방에 본보기가 되어 바로잡게 하시려고, 우(禹)가 옛날 시행하
던 일을 잇게 하셨다. 이는 모두 그 보편의 법칙을 따라 하늘을
받들어 따라 할 따름이다. 탕이 하(夏)를 바꾸었는데 옛일을 이어

받았으며, 무왕(武王)이 상(商)을 바꾸었는데 그 정치는 옛것을 그대로 따랐으니, 공자가 말한 백세(百世)를 알 수 있다고 한 것이 바로 이것이다.

夏王이 有罪하여 矯誣上天하여 以布命于下한대 帝用不臧하사 式商受命하사 用爽厥師하시다

| 언해 |

夏王이 罪ㅣ 잇셔 矯誣호디 上天으로 ㅎ야 뻐 命을 下애 布호대 帝ㅣ 뻐 臧히 아니 너기샤 商으로 뻐 命을 受케 ㅎ샤 뻐 그 師를 爽케 ㅎ시니이다

| 번역 |

"하왕(夏王)이 죄가 있어서 상천(上天)을 어기고 속여 명을 아래에 반포하였습니다. 상제(上帝)가 좋다고 생각하지 않으셔서 상(商)으로 하여금 명을 받도록 하셔서 백성들을 밝게 하셨습니다."

| 자해 |

矯 : 어김. 誣 : 속임. 臧 : 착함. 式 : 어조사. 爽 : 밝음. 師 : 여럿.

| 의해 |

걸(桀)이 민심이 따르지 않은 것을 알고, 거짓으로 하늘을 빙자하여 그 백성들을 현혹시키려 하였다. 하늘이 그것을 좋게 여기지 아니하여, 상(商)에게 명을 받게 하여 그 백성들을 밝게 한 것이다.

簡賢附勢 寔繁有徒_{하여} 肇我邦_이 于有夏_에 若苗之有

莠_{하며} 若粟之有秕_{하여} 小大戰戰_{하여} 罔不懼于非辜_{어늘}

矧予之德_이 言足聽聞_{이온여}

| 언해 |

賢을 簡호며 勢애 附호ᄂᆞ이 이 徒ㅣ 繁호야 비로소 우리 邦이 夏애 苗애 莠ㅣ 이숌 ᄀᆞᆮᄐᆞ며 粟애 秕ㅣ 이숌 ᄀᆞᆮᄐᆞ야 小ㅣ며 大ㅣ 戰戰호야 非辜를 懼치 아니리 업거늘사 호믈며 우리 德이 言홈애 聽聞애 足홈이ᄯᆞ녀

| 번역 |

"현명한 사람을 대수롭지 않게 여기며 권세 있는 자에게 붙는 사람들이 번성하고 무리를 이루었습니다. 비로소 우리나라〔商〕가 하(夏)에게는 새싹 사이에 가라지가 있는 것과 같으며, 곡식 사이에 쭉정이가 있는 것 같아서, 모두가 떨면서 죄가 아닌 것도 두려워하지 않는 이가 없었습니다. 하물며 우리의 덕을 말하면 충분히 들을 만함에 있어서이겠습니까!"

| 자해 |

簡 : 간략함. ・繁 : 많음. ・肇 : 비로소. ・戰戰 : 두려워하는 모양.

| 의해 |

현인을 대수롭지 않게 여기며 세력이 있는 자에게 붙는 사람이 함께 악행을 저질러 그 무리가 많아지자, 비로소 상(商)이 하(夏)의 걸(桀)에게 미움을 받아 걸이 쳐서 없애고자 하였다. 이것은 마치 싹에 가라지가 있는 것과 같고, 곡식에 쭉정이 있는 것과 같

아서, 호미로 가라지를 캐내고 키질을 하여 쭉정이를 날려버리
듯, 반드시 서로 용납하지 못할 형세였다. 상나라의 백성들 가운
데 크고 작은 사람들이 놀라고 두려워하며 죄가 아닌 데도 처벌
될까 두려워하지 않는 사람이 없었다. 하물며 탕(湯)의 덕을 말하
면 곧 사람들이 그것을 들어서 받아들일 만하여 걸이 꺼리고 미
워함에 있어서랴? 싹과 곡식으로 걸을 비유하고 가라지와 쭉정이
로 탕을 비유한 것은 특히 걸에게 용납되지 못하여 위태로움을
말한 것이다.

惟王은 不邇聲色하시며 不殖貨利하시며 德懋懋官하시며
功懋懋賞하시며 用人惟己하시며 改過不吝하사 克寬克仁
하사 彰信兆民하시니라

| 언해 |

王은 聲과 色을 갓가이 아니ᄒᆞ시며 貨利를 殖디 아니ᄒᆞ시며 德애
懋ᄒᆞᄂᆞ니란 懋호ᄃᆡ 官으로 ᄒᆞ시며 功애 懋ᄒᆞᄂᆞ니란 懋호ᄃᆡ 賞으
로 ᄒᆞ시며 人을 用ᄒᆞ샤ᄃᆡ 己ᄀᆞ치 ᄒᆞ시며 過를 改ᄒᆞ샤ᄃᆡ 吝치 아
니ᄒᆞ샤 능히 寬ᄒᆞ시며 능히 仁ᄒᆞ샤 彰ᄒᆞ샤 兆民애 信ᄒᆞ시니이다

| 번역 |

"왕은 소리와 색을 가까이 하지 않으시며, 재물과 이익을 증식하
지 않으셨습니다. 덕이 많은 사람은 관직으로 번성하게 해주고,
공적이 많은 사람은 상으로 번성하게 해주셨습니다. 남의 의견을
따르되 자신의 의견인 것처럼 하시며, 잘못을 고치는 데 인색하
지 않으셨습니다. 너그러우시며 인자하셔서 그 덕이 드러나 백성

들이 신뢰하였습니다."

| 자해 |

邇 : 가까움. • 殖 : 모음. • 懋 : 번성함.

| 의해 |

소리와 색을 가까이 하지 않는 것과 재물과 이익을 취하지 않는 것만으로는 탕(湯)의 덕을 다 말하기에는 부족하다. 그러나 이는 본바탕이 하늘의 덕과 합치되며 조금도 인욕의 사사로움이 없는 사람이 아니면 할 수 없다. 본원이 맑아야만 남의 의견을 따르고 자신의 의견을 처리하는 것이 합당하게 될 수 있다. 덕이 많은 자에게는 벼슬로써 번성하게 해주고 공적이 많은 사람은 상으로써 번성하게 해준다. 남의 의견을 따르기를 나의 의견과 같이 해서, 사람들 가운데 선함이 있는 자를 수용해주지 않음이 없으며, 잘못을 고치는 것에 인색하지 않았다. 나의 잘못을 고칠 수 있어야 남들의 능력을 시기하지 않을 것이며, 자신의 허물을 고치기를 꺼리지 않아야 나와 남이 서로 합치될 것이며, 자신의 의견을 고집하지 않게 될 것이다. 성인이 아니고서 그 누가 그렇게 할 수 있겠는가? 탕이 다른 사람을 쓰고 몸가짐을 갖는 것이 이와 같아서 백성들에게 임할 때 너그러우며 인자하였다. 『역(易)』에 말하기를, "너그러움으로 거처하며, 인으로 행하는 것이 임금의 덕이다."라고 하였다. 임금의 덕이 밝게 나타나 천하에 믿음을 주니, 탕의 덕이 사람들이 들을 만한 것이 이와 같았던 것이다.

乃葛伯이 仇餉이어늘 初征自葛하사 東征에 西夷怨하며 南
征에 北狄怨하여 曰奚獨後予오하며 攸徂之民은 室家相
慶하여 曰徯予后하더니 后來하시니 其蘇라하니 民之戴商이
厥惟舊哉니이다

| 언해 |

葛伯이 餉흐는 이로 仇흐거늘 처엄 征홈을 葛로 브터 흐샤 東으
로 征흐심애 西夷] 怨흐며 南으로 征흐심애 北狄이 怨흐야 닐오
디 엇지 홀로 우리를 後애 흐느뇨 흐며 徂흐신 밧 民은 室家] 셔
로 慶흐야 닐오디 우리 后를 徯흐다소니 后] 來흐시니 그 蘇흐
리라 흐니 民의 商을 戴홈이 그 오라니이다

| 번역 |

"갈백(葛伯)이 밥 먹이러 가는 자를 원수로 삼거늘, 처음 정벌하
는 것을 갈(葛)로부터 하셔서 동쪽으로 정벌함에 서이(西夷)가
원망하며, 남쪽으로 정벌함에 북적(北狄)이 원망하여 말하기를,
'어찌 유독 우리를 뒤로 하시는가?'라고 하였습니다. 가는 곳의
백성들이 집안이 서로 경사스럽게 여겨서 '우리 임금을 기다렸는
데, 임금이 오시니 다시 살아나리라.'고 하였습니다. 백성들이 상
(商)을 추대한 것이 오래되었습니다."

| 자해 |

葛 : 나라 이름. •伯 : 작위. •餉 : 먹임. •仇餉 : 밥 먹이는 자를 원수로 삼
음. •蘇 : 다시 살아남. •徯 : 기다림.

| 의해 |

갈백(葛伯)이 제사를 지내지 않거늘, 탕(湯)이 사신을 보내어 묻게 하였는데, 제사 음식을 바칠 것이 없다고 하였다. 탕이 박(亳) 땅의 백성들로 하여금 가서 밭 갈고 노약자들을 먹이라고 하였는데, 갈백이 밥 먹이러 가는 동자(童子)를 죽였다. 그리하여 탕이 드디어 정벌하는 것을 갈(葛)로부터 시작하였다. 다른 나라의 백성들은 탕의 군사가 오지 않자 원망하여 말하기를, "어찌 유독 우리를 뒤에 하는가?"라 하고, 가서 정벌하면 처와 자식들이 서로 경사라 하여 말하기를, "우리 임금을 기다린 지 오래되었는데, 임금이 오심에 다시 살아났다."고 하였다. 다른 나라의 백성들이 모두 탕을 우리 임금이라 하여, 그가 오기를 바라는 것이 이와 같으니, 천하가 상(商)을 사랑해서 돌아온 지가 오래되었다.

佑賢輔德하시며 顯忠遂良하시며 兼弱攻昧하시며 取亂侮亡하사 推亡固存이라야 邦乃其昌하리이다

| 언해 |

賢을 佑ᄒ시고 德을 輔ᄒ시며 忠을 顯ᄒ시고 良을 遂ᄒ시며 弱을 兼ᄒ시고 昧를 攻ᄒ시며 亂을 取ᄒ시고 亡을 侮ᄒ샤 亡ᄒᄂ니란 推ᄒ시고 存ᄒᄂ니란 固ᄒ시사 邦이 그 昌ᄒ리이다

| 번역 |

"현명한 자를 돕고 덕 있는 자를 보필하며, 충성스런 자는 드러내 주고 어진 자는 뜻을 이루어 주시며, 약한 자는 겸병하시고 어두운 자는 공격하시며, 어지러운 자는 빼앗으시며 망할 자는 해쳐

서, 망하는 자는 밀어뜨리고 존속될 자는 튼튼하게 하여야만 나
라가 번창할 것입니다."

| 자해 |

侦 : 상(傷)함.

| 의해 |

이전에 이미 탕(湯)의 부끄러워함을 풀어주고 이어서 권면한 것
이다. 제후 가운데 현명하고 있는 자는 돕고 보필하며, 충성스럽
고 어진 자는 드러내주고 이루어주는 것은 선을 선으로 여기는
것이다. 제후 가운데 약한 자는 겸병하고 어두운 자는 공격하고,
어지러운 자는 빼앗아버리고 망하는 자는 상하게 하는 것은 악을
미워하는 것이다. 망하는 자는 밀어뜨린다고 하는 것은 겸병하고
공격하고 빼앗고 상하게 하는 것이고, 존속될 자는 튼튼하게 한
다는 것은 돕고 보필하고 드러내고 이루어주는 것이다. 저 망할
것은 밀어뜨리고 우리의 존립을 굳게 하여야 나라가 창성할 것이
라고 한 것이다.

德日新하면 萬邦이 惟懷하고 志自滿하면 九族이 乃離하리
니 王은 懋昭大德하사 建中于民하소서 以義로 制事하시며
以禮로 制心이라야 垂裕後昆하리이다 予聞하니 曰能自得
師者는 王이요 謂人莫己若者는 亡이라 好問則裕하고 自
用則小니이다

| 언해 |

德이 日로 新ᄒ면 萬邦이 懷ᄒ고 志ㅣ 스스로 滿ᄒ면 九族이 離
ᄒ리니 王은 힘 뻐 大德을 昭ᄒ샤 民의게 中을 建ᄒ쇼셔 義로 뻐
事를 制ᄒ시며 禮로 뻐 心을 制ᄒ시사 後昆에 垂홈이 裕ᄒ리이다
내 聞ᄒ니 닐오ᄃᆡ 能히 스스로 師得ᄒᆫ 者ᄂᆫ 王ᄒ고 人을 己ㅣ ᄀᆞ
디 몯ᄒ니라 니ᄅᆞᄂᆫ 者ᄂᆫ 亡ᄒᄂᆫ ᄃᆡ라 問을 好ᄒ 則 裕ᄒ고 스스
로 用ᄒ 則 小ᄒᄂ니이다

| 번역 |

"덕이 날마다 새로워진다면 온 나라가 그를 마음에 둘 것이며, 뜻
이 스스로 가득 찼다고 생각하면 구족(九族)이 떠나갈 것입니다.
왕은 힘써 큰 덕을 밝히셔서 백성들에게 중(中)을 세우소서. 의
(義)로써 일을 제정하시며 예(禮)로써 마음을 통제하셔야 후손에
게 내려주는 것이 여유로울 것입니다. 제가 들으니, 스스로 스승
을 얻을 수 있는 자는 왕이 되고 남들을 자기만 못하다고 하는 자
들은 망하게 되며, 묻기를 좋아하면 여유롭게 되고 스스로 자기
생각만 고집하면 작아지게 된다고 했습니다."

| 자해 |

九族 : 고조로부터 현손까지, 팔촌까지의 친족.

| 의해 |

덕이 날마다 새로워진다는 것은 날마다 덕을 새롭게 하여 스스로
그만두지 않는 것이고, 뜻이 스스로 가득 찼다는 것은 이와는 반
대되는 것이다. 덕이 날마다 새로워지면 온 나라가 마음에 품지
않는 자가 없고, 뜻이 스스로 가득 차면 구족(九族)이 비록 친하
다 하더라도 또한 떠날 것이다. 왕은 힘써 큰 덕을 밝혀서 중도
(中道)를 천하에 세워야 할 것이다. 중도란 천하에 가치가 있는
것이지만, 임금이 세우지 않으면 백성이 스스로 중도를 실천하지

못한다. 예의(禮義)란 중도를 세우는 것이니, 의로써 일을 제재하면 일이 합당하게 되고, 예로써 마음을 제재하면 마음이 바르게 되어, 안과 밖의 덕이 합하여 중도가 설 것이다. 이와 같으면 특히 백성들에게 중도를 세우게 될 뿐 아니라, 후세에 내려주는 것이 또한 여유가 있을 것이다. 그러나 이 도는 반드시 배우고 난 후에 이를 수 있다. 그래서 옛 사람의 말을 들어서 스승을 높이고 묻기를 좋아하면 덕이 높아지고 사업이 넓어질 것이고, 스스로 현명하다고 하여 자신의 의견만 고집하는 자는 이와 반대될 것이라고 하였다. 스스로 스승을 얻을 수 있는 자는 진실로 자신의 부족함과 남의 넉넉함을 알아, 마음을 바르게 하여 남의 의견을 들어서 따르고 어기지 않는 사람을 말한다. 맹자가 말하기를, 탕(湯)이 이윤(伊尹)에게 배운 후에 신하를 삼았다고 하니, 탕이 스스로 스승을 얻은 것이다.

嗚呼라 愼厥終은 惟其始니 殖有禮하시며 覆昏暴하사 欽崇天道라야 永保天命하시리라

| 언해 |

嗚呼ㅣ라 그 終을 愼홀든 그 始애 홀지니 禮ㅣ 인ᄂ 이를 殖ᄒ시며 昏暴ᄒ니를 覆ᄒ샤 天道를 欽崇ᄒ샤사 기리 天命을 保ᄒ시리이다

| 번역 |

"아! 마지막을 삼가는 것은 시작에 있다고 할 것이니, 예가 있는 사람을 세우며 어리석고 포악한 사람은 엎어뜨려 망하게 하소서.

천도(天道)를 공경하고 숭상하여야 길이 천명(天命)을 보전하실
것입니다."

| 자해 |

欽崇 : 공경하고 숭상함.

| 의해 |

마땅히 처음에 도모해야 할 것이니, 처음에 삼가지 못하고 마침
을 삼갈 수 있는 자는 없다. 이윤(伊尹)도 마침을 삼가는 것을 처
음에 하라고 하였다. 일은 비록 다르다 하더라도 이치는 같은 것
이다. 예가 있는 사람은 세우고, 어리석고 포악한 사람은 엎어서
망하게 하는 것이 하늘의 도이다. 하늘의 도를 공경하고 숭상해
야 하늘의 명을 영원히 보전할 수 있다. 중훼(仲虺)의 고(誥)는
그 큰 뜻이 셋이 있다. 첫째는 하늘이 군주를 세우는 원칙을 말하
였고, 아울러 걸(桀)이 하늘의 명을 어겼기 때문에 탕(湯)에게 하
늘의 명을 내린 것을 사양할 수 없음을 말하였다. 둘째는 탕의 덕
이 백성들의 지지를 받을 만한 것이며, 백성들이 탕에게 귀의함
이 어제 오늘의 일이 아님을 말하였다. 셋째는 임금 노릇 하는 어
려움과 인심(人心)의 이합(離合)하는 기틀을 말하였고, 아울러
하늘의 도가 착한 사람에게 복을 주고 음란한 사람에게 화를 내
리는 것이 두려워할 만함을 말하였다. 이제 하(夏)를 이어받는 것
이 자신에게 이로운 것이 아니라 무한한 근심임을 밝혀서, 깊이
탕을 위로하여 그가 부끄러워함을 풀어 주려는 것이다. 중훼의
충성과 임금을 사랑함이 지극하다고 말할 수 있다.

탕고[湯誥]

탕(湯)이 하(夏)를 치고 박(亳)으로 돌아오니, 제후가 직책을 따라서 조회하자, 탕이 고(誥)를 지어서 천하와 더불어 다시 시작하였다. 금문(今文)에는 없고 고문(古文)에는 있다.

王이 歸自克夏하사 至于亳하사 誕告萬方하시다

| 언해 |

王이 歸ᄒ샤믈 夏를 이긔므로 브터 ᄒ샤 亳애 至ᄒ샤 키 萬方애 告ᄒ시다

| 번역 |

왕이 하(夏)를 이기고 돌아와 박(亳)에 이르러 크게 만방에 고하셨다.

| 자해 |

誕 : 큼. •亳 : 탕(湯)이 도읍한 곳. 송주(宋州) 곡숙현(穀熟縣)에 있음.

> 王曰 嗟爾萬方有衆아 明聽予一人誥하라 惟皇上帝 降
> 衷于下民하사 若有恒性하니 克綏厥猷라야 惟后니라

| 언해 |

王이 골 ㅇ샤디 嗟홉다 너희 萬方앳 衆아 나 一人의 誥를 明히 聽
ㅎ라 皇ㅎ신 上帝ㅣ 衷을 下民애 降ㅎ샤 若ㅎ야 恒性을 두시니
능히 그 猷애 綏케 ㅎ리사 后ㅣ니라

| 번역 |

왕이 말씀하셨다. "아! 너희 만방의 백성들아! 나 한 사람의 고함
을 분명하게 들으라. 크신 상제가 마음을 아래 백성에게 내리셔
서 그것을 따라서 일정한 본성을 두시니, 그 도에 합당하게 할 수
있어야 임금이다."

| 자해 |

皇 : 큼. •衷 : 가운데. •若 : 따름. •猷 : 도(道).

| 의해 |

하늘이 명을 내려서 인의예지신(仁義禮智信)의 이치를 갖추어 치
우침이 없는 것이 이른바 마음이다. 사람이 명을 받아서 인의예
지신의 이치를 얻어서 마음과 함께 생겨나는 것이 이른바 본성이
다. 그 이치의 자연스러움으로 말미암아 인의예지신의 행이 있는
것이 이른바 도이다. 마음을 내려준 것으로 말하면 치우침이 없
어서 그 자연스러움을 따라서 진실로 일정한 본성이 있고, 인간
이 받은 것으로 말하면 맑고 흐림과 순수하고 뒤섞임의 다름이
없지 않아서 반드시 임금과 스승의 직책이 있어야만 그 도에 합

당하게 된다.

夏王이 滅德作威하여 以敷虐于爾萬方百姓한대 爾萬方
百姓이 罹其凶害하여 弗忍荼毒하여 並告無辜于上下神
祇하니 天道는 福善禍淫이라 降災于夏하사 以彰厥罪하시
니라

| 언해 |

夏王이 德을 滅ᄒ고 威를 作ᄒ야 뼈 곰 虐을 너 萬方百姓의 敷ᄒ
대 너 萬方百姓이 그 凶害를 罹ᄒ야 荼와 毒을 춤디 몯ᄒ야 辜ㅣ
업슴을 上下神祇ㅅ끠 다 告ᄒ니 天의 道ᄂ 善을 福ᄒ시고 淫을
禍ᄒ시ᄂ 디라 災를 夏애 降ᄒ샤 뼈 그 罪를 彰ᄒ시니라

| 번역 |

"하왕(夏王)이 덕을 없애고 위의를 지어내서 포학함을 만방의 백
성에게 폈다. 너희 만방의 백성이 그 흉한 해로움을 당하여 씀바
귀와 같은 독을 참지 못하여 죄가 없음을 위아래의 신에게 모두
고하였다. 하늘의 도는 착한 사람에게 복을 주시고 음란한 사람
에게 화를 내리시기 때문에 하(夏)에 재앙을 내리셔서 그 죄를 드
러내셨다."

| 의해 |

걸(桀)이 인애(仁愛)가 있지 아니하고, 다만 살육을 하여 천하가
그 흉한 해로움을 입어, 씀바귀가 쓰고 전갈이 독한 것과 같아서

참을 수가 없어 천지의 귀신에게 억울함을 일컬어서 자신을 구해 주기를 바랐다. 굴원(屈原)이 말하기를, "사람이 궁하면 근본으로 돌아가는 것이기에 힘들고 괴로울 때에 하늘을 부르지 않은 적이 없다."고 하였다. 하늘의 도는 착한 사람에게 복을 주고 음란한 사람에게 화를 내리는 것이다. 걸이 음란하고 포학하여 하늘이 재앙을 내려서 그 죄를 밝힌 것이다.

肆台小子 將天命明威하여 不敢赦하여 敢用玄牡하여 敢
昭告于上天神后하여 請罪有夏하고 聿求元聖하여 與之
戮力하여 以與爾有衆으로 請命하라

| 언해 |

이러무로 나 小子ㅣ 天이 命ᄒᆞ샨 明ᄒᆞᆫ 威를 將ᄒᆞ야 敢히 赦치 몯ᄒᆞ릴시 敢히 玄ᄒᆞᆫ 牡를 뻐 敢히 上天과 神后ᄭᅴ 昭히 告ᄒᆞ야 夏의 罪를 請ᄒᆞ고 드듸여 元聖을 求ᄒᆞ야 더브러 力을 戮ᄒᆞ야 뻐 곰 너 衆으로 더브러 命을 請호라

| 번역 |

"이러므로 나 소자(小子)가 하늘이 명하신 분명한 위엄을 받들어 행하여 감히 용서하지 못한다. 감히 검은 희생을 써서 위의 하늘과 땅의 신께 밝게 고하여 하(夏)를 죄줄 것을 청하고, 드디어 으뜸가는 성인을 구하여 함께 힘을 써서 너희 백성들과 함께 명을 청한다."

| 자해 |

　肆 : 그러므로. • 玄牡 : 하(夏)가 흑색을 숭상하였으므로 그 예를 변경하지
아니한 것. • 神后 : 땅의 신. • 聿 : 드디어. • 元聖 : 이윤(伊尹).

| 의해 |

　그런 까닭으로 나 소자(小子)가 하늘이 명하신 분명한 위엄을 받
들어 행하여 감히 걸(桀)의 죄를 용서하지 못하는 것이다.

上天이 孚佑下民이라 罪人이 黜伏하니 天命弗僭이 賁若
草木이라 兆民이 允殖하니라

| 언해 |

　上天이 진실로 下民을 佑ᄒᆞᄂᆞᆫ 디라 罪人이 黜ᄒᆞ야 伏ᄒᆞ니 天命이
僭치 아니홈이 賁히 草木 ᄀᆞᄐᆞᆫ 디라 兆民이 진실로 殖ᄒᆞ니라

| 번역 |

　"위의 하늘이 진실로 아래 백성을 돕는 까닭에, 죄인이 쫓겨 나서
자복하니, 천명(天命)이 어긋나지 않는 것이 초목이 찬란하게 꽃
핀 것과 같다. 많은 백성들이 진실로 살 수 있게 되었다."

| 자해 |

　孚 · 允 : 진실로. • 僭 : 어그러짐. • 賁 : 문채남. • 殖 : 살아감.

| 의해 |

　위의 하늘이 진실로 아래 백성을 돕는 까닭에 하걸(夏桀)을 쫓아
내고 굴복시키니, 천명(天命)이 어긋남이 없는 것이 찬란하게 초

목(草木)이 꽃 핀 것과 같아서 많은 백성들이 진실로 살 수 있게 되었다고 한 것이다.

俾予一人으로 輯寧爾邦家하시니 茲朕이 未知獲戾于上下하여 慄慄危懼하여 若將隕于深淵하노라

| 언해 |

나 一人으로 ᄒ여곰 너희 邦家를 輯ᄒ야 寧케 ᄒ시니 이예 내 戾를 上下애 獲홀줄을 아디 몯ᄒ야 慄慄ᄒ야 危懼ᄒ야 쟝촛 深淵애 隕홀듯 ᄒ노라

| 번역 |

"나 한 사람으로 하여금 너희 나라를 화합하게 하여 편안하게 하시니, 이에 내가 위아래에 죄를 지을 줄 알지 못하여, 두려움에 떨며 위태롭고 두렵게 여겨서 장차 깊은 연못에 빠질 듯이 하였다."

| 자해 |

輯 : 화합함. •戾 : 죄. •隕 : 떨어짐.

| 의해 |

하늘이 나로 하여금 너희 나라를 화목하고 편안하게 하시니, 맡긴 일이 중대하여 감당하지 못할까 두려워하였다. 하늘과 땅에 죄를 지을 줄 알지 못하여 놀라고 두려워하고 근심 걱정하여 마치 깊은 연못에 빠지는 것처럼 하였다. 책임이 무거우니 근심이

더 큰 것이다.

凡我造邦은 無從匪彝하며 無卽慆淫하여 各守爾典하여
以承天休하라

| 언해 |

믈읫 우리 造혼 邦은 彝ㅣ 아닌 거슬 從치 말며 慆淫애 卽디 마라
각각 네 典을 守ᄒ야 뻐 天의 休를 承ᄒ라

| 번역 |

"우리가 만든 나라는 떳떳하지 않은 법을 따르지 말며, 안일하고
음란한 데 나아가지 말라. 각각 너의 법을 지켜서 하늘의 아름다
움을 이어 받들라."

| 자해 |

彝:법. • 卽:나아감. • 匪彝:법도가 아닌 것. • 慆淫:안일하고 음란함.
• 典:떳떳함.

| 의해 |

하(夏)의 명이 이미 끊어지고 탕(湯)의 명이 오직 새로워, 제후의
나라들이 비록 오래되었으나 모두 함께 다시 시작하는 것이기에
나라를 만든다고 하였다. 각각 그 떳떳한 법을 지켜서 하늘의 아
름다운 명을 이어서 받들라고 한 것이다.

> 이 유 선　　짐 불 감 폐　　죄 당 짐 궁　　불 감 자 사　　유 간
> 爾有善이면 朕弗敢蔽요 罪當朕躬이면 弗敢自赦니 惟簡
> 　　재 상 제 지 심　　기 이 만 방　　유 죄　　재 여 일 인
> 이 在上帝之心하니라 其爾萬方의 有罪는 在予一人이요
> 　　여 일 인　　유 죄　　무 이 이 만 방
> 予一人의 有罪는 無以爾萬方이니라

| 언해 |

너희 善을 두면 朕이 敢히 蔽치 몯홀 거시오 罪ㅣ 내 躬애 當ᄒ면
敢히 自赦치 몯홀 거시니 簡홈이 上帝의 心의 인ᄂᆞ니라 그 너희
萬方의 罪ㅣ 이쇼믄 나 一人의게 잇고 나 一人의 罪ㅣ 이쇼믄 너
희 萬方으로 뼈 아닌ᄂᆞ니라

| 번역 |

"너에게 착한 것이 있으면 내가 감히 가리지 못할 것이요, 죄가
내 몸에 해당되면 감히 스스로 용서하지 못할 것이니, 살펴서 판
별하는 것은 상제의 마음에 달려 있다. 너희 만방에게 죄가 있는
것은 나 한 사람에게 책임이 있고, 나 한 사람에게 죄가 있는 것
은 너희 만방 때문이 아니다."

| 자해 |

簡 : 살펴서 판별함.

| 의해 |

남에게 선이 있는 것을 감히 아뢰지 않을 수 없고, 자기에게 죄가
있는 것을 감히 스스로 용서하지 못하며, 살펴보고 죄가 있는지
훌륭한 점이 있는지 판별하는 것은 한결같이 상제의 뜻에 따르겠
다는 것이다. 그러나 하늘이 천하를 내게 맡겼으니, 백성에게 죄
가 있는 것은 진실로 임금이 한 것이고, 임금에게 죄가 있는 것은

백성들이 지은 것이 아니다. 성인이 자기를 질책하는 것은 철저하고 남을 질책하는 것은 가볍게 할 뿐이다. 이것이 임금이 된 도리로 마땅히 그렇게 해야 하는 것이다.

嗚呼라 尙克時忱이라야 乃亦有終하리라

| 언해 |

嗚呼ㅣ라 거의 능히 이에 忱ᄒᆞ야사 쏘ᄒᆞᆫ 終이 잇스리라

| 번역 |

"아! 이것을 믿을 수 있어야 또한 잘 마치게 될 것이다."

| 자해 |

忱 : 믿음.

| 의해 |

이것은 남과 자기를 아울러 말한 것이다.

이훈 [伊訓]

훈(訓)은 인도하는 것이다. 태갑(太甲)이 자리를 이음에 이윤(伊尹)이 글을 지어 훈도(訓導)하니, 사관이 기록하여 이 편을 지었다. 금문(今文)에는 없고 고문(古文)에는 있다.

惟元祀十有二月乙丑에 伊尹이 祠于先王하여 奉嗣王하여 祗見厥祖어늘 侯甸群后咸在하며 百官이 總己하여 以聽冢宰어늘 伊尹이 乃明言烈祖之成德하여 以訓于王하니라

| 언해 |

元祀ㅅ 十이오 또 二月 乙丑애 伊尹이 先王ㅅ끠 祠홀시 嗣王을 奉ᄒᆞ야 祗ᄒᆞ야 그 祖ㅅ끠 見ᄒᆞ거늘 侯와 甸앳 群后ㅣ 다 이시며 百官이 己를 總ᄒᆞ야 뻐 冢宰의게 聽ᄒᆞ거늘 伊尹이 烈祖의 成ᄒᆞᆫ 德을 明히 言ᄒᆞ야 뻐 王ㅅ끠 訓ᄒᆞ니라

| 번역 |

원년 십이월 을축에 이윤(伊尹)이 선왕께 제사를 올림에 사왕(嗣王)을 받들고 공경히 그 선조를 알현하거늘, 후복(侯服)과 전복(甸服)의 여러 제후들이 모두 다 있었다. 모든 관료들이 자기의 임무를 총괄하여 총재에게 허락을 받거늘, 이윤이 여러 선조가 이루신 공적과 덕을 분명하게 말하여 왕을 훈계하였다.

| 자해 |

元祀: 태갑이 즉위한 원년. 사(祀)는 상(商)나라에서 한 해를 가리키던 말. 하(夏)나라에서는 세(歲)라고 하였고 주(周)나라에서는 년(年)이라고 하였음. •十二月: 상(商)이 축월(丑月)을 정월(正月)로 삼았으므로 십이월을 정월이라 한 것임. •乙丑: 일진. •伊尹: 이(伊)는 성(姓)이고, 윤(尹)은 자(字). 이름은 지(摯). •祠: 사당에 제사를 올림. •先王: 탕(湯) 임금. •冢: 어른. •烈: 공.

| 의해 |

옛날에 왕이 상중에 있을 때에, 제사 지내는 것은 총재(冢宰)가 대신 행하여 종묘에 고하고 신하들에게 임하였다. 태갑(太甲)이 중임(仲壬)에 대한 상복을 입은 까닭에, 이윤(伊尹)이 선왕께 제사 지낼 때 태갑을 받들어 즉위하고 개원(改元)한 일을 가지고 공경히 그 선조에게 알현하고 종묘에 고하였다. 후복(侯服)과 전복(甸服)의 여러 제후가 다 거기에 있었으며, 모든 관료들이 자기의 직책을 총괄하여 총재에게 허락을 받고 임금을 대리하여 여러 신하들에게 임하는 것이다. 이윤이 선왕께 제사 지내어 고할 때에 밝게 탕(湯)의 성덕을 말하여 태갑을 훈계하였다는 것은 사관(史官)이 사실을 서술한 첫머리 말이다.

曰嗚呼라 古有夏先后 方懋厥德에 罔有天災하며 山川鬼神이 亦莫不寧하며 暨鳥獸魚鼈이 咸若하더니 于其子孫이 弗率한대 皇天이 降災하사 假手于我有命하시니 造攻은 自鳴條어늘 朕哉自亳하시니이다

| 언해 |

널오디 嗚呼ㅣ라 녯 夏ㅅ 先后ㅣ 방야흐로 그 德을 懋ᄒ실시 天
의 災ㅣ 잇디 아니ᄒ며 山川ㅅ 鬼神이 ᄯᅩ 寧치 아니 아니ᄒ며 밋
鳥와 獸와 魚와 鼈이 다 若ᄒ더니 그 子孫이 率치 아니ᄒᄃᆡ 皇天
이 災를 降ᄒ샤 手를 우리 命 둔ᄂᆞᆫ ᄃᆡ 假ᄒ시니 攻을 造홈은 嗚條
로 브터 ᄒ거늘 朕이 哉홈을 亳으로 브터 ᄒ시니이다

| 번역 |

"아! 옛날 하(夏)의 임금이 바야흐로 그 덕에 힘씀에 하늘의 재
앙이 있지 아니하며, 산과 내의 귀신이 또 편안하지 않음이 없으
며, 새와 짐승, 물고기와 자라가 모두 본성을 따라 살았습니다.
그 자손에 이르러 따르지 않아서 황천(皇天)이 재앙을 내리시는
데, 우리 명을 받은 자에게 손을 빌리셨습니다. 공격을 한 것은
명조(鳴條)로부터이지만 조짐이 시작된 것은 박(亳)에서부터였습
니다."

| 자해 |

率 : 따름. ·假 : 빌린다는 말. ·有命 : 천명(天命)을 둔 것. 탕(湯)을 말함.
·哉 : 비로소. ·鳴條 : 하(夏)가 자리잡은 곳. ·亳 : 탕(湯)이 도읍한 곳.

| 의해 |

『시경』에 말하기를, "은나라의 본보기가 멀지 아니하여, 하나라
의 세상에 있다."고 하였다. 은나라의 본보기가 하나라만큼 가까
운 것이 없으므로, 하나라의 일로 고한 것이다. 하나라의 옛 임금
이 바야흐로 그 덕을 성하게 하니, 하늘이 돌아보고 명함이 이와
같았다. 자손이 따르지 아니함에 없어지고 망하는 화가 또 이와
같았다. 태갑(太甲)이 탕임금의 덕을 따를 줄 알지 못하니, 하나
라의 걸왕이 없어지고 망한 화를 살펴보아야 할 것이다. 정벌할
만한 구실을 만든 것은 걸이 악함을 명조에서 쌓은 것이지만, 탕

임금이 덕을 닦은 것은 박(亳) 땅에서부터였다.

惟我商王_{유아상왕}이 布昭聖武_{포소성무}하사 代虐以寬_{대학이관}하신대 兆民_{조민}이 允懷_{윤회}

하니이다

| 언해 |

우리 商王이 聖武를 布昭ᄒᆞ샤 虐을 代ᄒᆞ샤디 寬으로 뻐 ᄒᆞ신대
兆民이 允ᄒᆞ야 懷ᄒᆞ니이다

| 번역 |

"우리 상나라의 임금이 성스러운 무력을 드러내고 널리 펴서, 포
학함을 너그러움으로 대신하셨는데, 많은 백성들이 믿어서 마음
에 품었습니다."

| 자해 |

布昭 : 펴서 드러냄. • 聖武 : 성스러운 무력.

| 의해 |

탕(湯)의 덕과 위엄이 천하에 퍼지고 드러나서 걸(桀)의 포학함
을 너그러움으로 대신하니, 천하의 백성들이 믿어서 마음속에 간
직한 것이다.

今王이 嗣厥德인댄 罔不在初하니 立愛惟親하시며 立敬惟
長하사 始于家邦하사 終于四海하소서

| 언해 |

이제 王이 그 德을 嗣ᄒᆞ샬든 初애 잇디 아닌 아니ᄒᆞ니 愛를 立ᄒᆞ
샤디 親으로 ᄒᆞ시며 敬을 立ᄒᆞ샤디 長으로 ᄒᆞ샤 家와 邦애 始ᄒᆞ
샤 四海예 終ᄒᆞ쇼셔

| 번역 |

"지금 왕께서 그 덕을 이으려 하신다면 처음에 달려 있지 않은 것
이 없으니, 사랑을 심으시되 어버이로부터 하시며 공경을 세우시
되 어른으로부터 하여 나라에서 시작하여 사해에서 마치소서."

| 자해 |

初 : 즉위한 처음. •立 : 심음.

| 의해 |

처음을 삼가는 도는 효도와 공손일 따름이니, 효도와 공손이라는
것은 사람들의 마음이 모두 같은 것이다. 반드시 사람마다 가르
칠 것이 아니라, 사랑과 공경을 여기에 심으면 저기에 나타나니,
내 어버이를 가까이 하여 남의 어버이에 이르게 하고, 내 어른을
공경하여 남의 어른에게 이르게 하면, 집에서 시작하여 나라에
이르고, 마침내 천하에 시행될 것이다. 『예기』에 공자가 말하기
를, "사랑을 심는 데 어버이로부터 시작하는 것은 백성들을 가르
쳐 화목하게 하는 것이고, 공경을 심는 데 어른으로부터 시작하
는 것은 백성을 가르쳐 따르게 하는 것이다."라고 하였다.

嗚呼라 先王이 肇修人紀하사 從諫弗咈하시며 先民을 時若하시며 居上克明하시며 爲下克忠하시며 與人不求備하시며 檢身若不及하사 以至于有萬邦하시니 茲惟艱哉니이다

| 언해 |

嗚呼ㅣ라 先王이 비로소 人紀를 修ㅎ샤 諫을 從ㅎ샤 咈치 아니ㅎ시며 先民을 이예 若ㅎ시며 上애 居ㅎ샨 능히 明ㅎ시며 下ㅣ 되여샤는 능히 忠ㅎ시며 人을 與ㅎ샤더 備를 求치 아니ㅎ시며 身을 檢ㅎ샤더 及디 몯홀 드시ㅎ샤 뻐 곰 萬邦을 두매 니르시니 이 艱ㅎ니이다

| 번역 |

"아! 선왕(先王)이 비로소 사람의 도리를 닦으시고, 간언하는 것을 따르셔서 어기지 않으시며, 선민(先民)을 따르셨습니다. 윗자리에 있을 때에는 밝게 하시며, 아랫사람이 되어서는 충성하시며, 남을 인정할 때는 다 갖추기를 요구하지 아니하시며, 자신을 단속할 때는 미치지 못할 듯이 하셔서 만방(萬邦)을 소유하는 데 이르시니, 이것이 어려운 것입니다."

| 자해 |

人紀 : 삼강(三綱)과 오상(五常). • 咈 : 거스름. • 先民 : 앞 사람들의 옛 덕.

| 의해 |

태갑(太甲)에게 사랑과 공경을 심고자 하여 여기에서 성탕(成湯)이 사람의 도리를 닦은 것이 이와 같다고 말하였다. 강상(綱常)의 이치는 사라지지 아니하였으나, 걸(桀)이 폐기한 것을 탕이 비로

소 닦아서 회복한 것이다. 간언을 따르며 거스르지 않고 선민의 뜻을 따르는 것은 선을 즐기는데 성실하지 않으면 할 수 없다. 윗자리에 있을 때 밝게 한다는 것은 아랫사람들에게 임하는 도를 다하는 것을 말한 것이고, 아랫사람이 되어서 충성한다는 것은 윗사람을 섬기는 도를 다하는 것을 말한다. 이윤(伊尹)이 앞에서 이미 하(夏)가 천하를 쉽게 잃어버렸던 것을 말하고, 여기에서 탕이 천하를 얻은 것이 어려웠던 것을 말하였으니, 태갑이 이을 바를 생각하지 아니하였겠는가?

敷求哲人하사 俾輔于爾後嗣하시니이다

| 언해 |

넓이 哲人을 求ᄒᆞ샤 ᄒᆞ여곰 너 後嗣를 輔케 ᄒᆞ시니이다

| 번역 |

"널리 지혜로운 사람을 구하셔서 그로 하여금 후사를 보필하게 하셔야 합니다."

| 자해 |

敷 : 넓음.

| 의해 |

널리 현명한 사람을 구하여 그로 하여금 후사를 돕게 한다는 말이다.

制官刑하사 儆于有位하사 曰敢有恒舞于宮하며 酣歌于室이면 時謂巫風이며 敢有殉于貨色하며 恒于遊畋하면 時謂淫風이며 敢有侮聖言하며 逆忠直하며 遠耆德하며 比頑童하면 時謂亂風이니 惟茲三風十愆에 卿士有一于身하면 家必喪하고 邦君이 有一于身하면 國必亡하나니 臣下不匡하면 其刑이 墨이라하사 具訓于蒙士하시니이다

| 언해 |

官앳 刑을 制ㅎ샤 位ㅣ 두는 이를 儆ㅎ샤 敢히 宮애셔 恒舞ㅎ며 室애셔 酣歌홈이 이시면 이 닐온 巫風이며 敢히 貨와 色애 殉ㅎ며 遊와 畋애 恒ㅎ욤이 이시면 이 닐온 淫風이며 敢히 聖言을 侮ㅎ며 忠直을 逆ㅎ며 耆德을 遠ㅎ며 頑童을 比ㅎ욤이 이시면 이 닐온 亂風이니 이 三風과 十愆에 卿士ㅣ 一을 身애 두면 家ㅣ 반ᄃ시 喪ㅎ고 邦君이 一을 身애 두면 國이 반ᄃ시 亡ㅎᄂ니 臣下ㅣ 匡치 아니ㅎ면 그 刑이 墨이라 ㅎ샤 具히 蒙士를 訓ㅎ시니이다

| 번역 |

"관직의 형벌을 만들어서 자리에 있는 사람들을 경계하시기를, '감히 궁에서 늘 노래하며 춤추고, 방에서 노래를 즐기면 이를 무풍(巫風)이라고 한다. 감히 재물과 여색을 쫓으며, 놀이와 사냥을 늘 하면 이를 음풍(淫風)이라고 한다. 감히 성인의 말씀을 모독하며, 충직(忠直)한 것을 거스르며 원로들의 덕을 멀리하며 완악한 사람들과 가까이하면 이를 난풍(暖風)이라고 한다. 이 삼풍(三

風)과 그에 속하는 열 가지 허물 가운데 경사(卿士)가 한 가지라도 몸에 가지고 있으면 집을 반드시 잃어버리고, 제후가 이중에 하나라도 몸에 가지고 있으면 나라가 반드시 망한다. 신하가 그것을 바로잡지 않으면 그에 대한 형벌은 묵형(墨刑)이다.'라고 하여 자세히 갖추어서 어린 선비들을 훈계하셔야 할 것입니다."

| 자해 |

官刑 : 관부(官府)의 형벌. •巫風 : 늘 노래하고 춤추는 것이 무격(巫覡)과 같음. •淫 : 지나쳐서 법도가 없음. •比 : 친절히 함. •亂 : 거꾸로 하여 이치에 어긋남. 다른 사람이 미워하는 것을 좋게 여기고, 다른 사람이 좋게 여기는 것을 미워함. •風 : 풍화(風化). •墨 : 묵형(墨刑). •具 : 자세히 모두.

| 의해 |

후일에 태갑(太甲)이 법도를 어그러뜨리고 욕망을 좇아 예를 무너뜨려 방종할 것을, 이윤(伊尹)이 먼저 그 기미를 보고서 간절하게 말한 것이다.

嗚呼라 嗣王은 祗厥身하사 念哉하소서 聖謨洋洋하여 嘉言이 孔彰하시니 惟上帝는 不常하사 作善이어든 降之百祥하시고 作不善이어든 降之百殃하시니 爾惟德이어든 罔小어다 萬邦의 惟慶이니이다 爾惟不德이어든 罔大어다 墜厥宗하리이다

| 언해 |

嗚呼ㅣ라 嗣王은 그 身애 祗ᄒᆞ샤 念ᄒᆞ쇼셔 聖謨ㅣ 洋洋ᄒᆞ야 嘉ᄒᆞ

言이 孔히 彰ᄒ시니 上帝는 常치 아니ᄒ샤 善을 作ᄒ거든 百祥을
降ᄒ시고 不善을 作ᄒ거든 百殃을 降ᄒ시ᄂ니 네 德이어든 小타
ᄒ디 마롤디어다 萬邦의 慶이니이다 네 德이 아니어든 大케 마롤
디어다 그 宗을 墜ᄒ리이다

| 번역 |

"아! 사왕(嗣王)께서는 몸을 삼가 염두에 두소서. 성인의 계책은
크고 커서 아름다운 가르침이 매우 빛납니다. 상제는 거취를 일
정하게 하지 아니하셔서, 선을 행하면 모든 상서로운 것을 내려
주시고 불선을 행하면 모든 재앙을 내리십니다. 그대는 덕이라고
생각되면 작다고 여기지 마십시오. 만방이 경사로 여길 것입니
다. 그대는 덕이 아니라고 생각되면 크다고 여기지 마십시오. 종
사(宗社)를 무너지게 할 것입니다."

| 자해 |

謨 : 꾀. •言 : 훈계. •洋 : 큼. •孔 : 심함. •不常 : 일정하지 않음.

| 의해 |

태갑(太甲)은 마땅히 삼풍(三風)·십건(十愆)의 가르침을 몸으로
공경하여 생각하고 잊지 말아야 할 것이다. 그 계책과 가르침을
크게 밝혀서 소홀이 여기지 않아야 할 것이다. 선을 행하면 모든
상서로운 것을 내려주고 악을 행하면 모둔 재앙을 내려주어 각각
같은 종류로 응답한다. 작은 선이라 하여 하지 않아서는 안 되니,
만방의 경사가 작은 것에서 쌓인다. 작은 악이라 하여 해서는 안
되니, 종사가 무너지는 것이 큰 것에 있지 아니하다. 선은 반드시
쌓인 후에 이루어지나, 악은 비록 작다 하더라도 두려워할 만한
것이다. 이는 윗 문장을 총결하여 천명(天命)과 인사(人事)의 화
복(禍福)으로 거듭 경계한 것이다.

태갑 상[太甲 上]

상(商)나라 사관이 이윤(伊尹)이 고하여 경계한 절차와 태갑(太甲)이 갔다가 돌아와서 한 말을 기록한 것이다. 그러므로 세 편을 서로 이어서 글을 이루고, 그 사이에 혹 사관의 말을 덧붙여 편의 뜻을 깨우치게 했으니, 사가(史家)가 「기(紀)」와 「전(傳)」을 기재한 체제와 같다. 당나라의 공영달은, "「이윤(伊尹)」·「사명(肆命)」·「조후(徂后)」·「태갑(太甲)」·「함유일덕(咸有一德)」이 모두 태갑에게 고하여 경계한 것인데, 전부 「이윤」이라고 이름을 붙일 수는 없으므로, 일을 따라 제목을 세운 것이다."라고 말했다. 임지기는, "이 편 역시 훈체(訓體)이다."라고 하였다. 금문(今文)에는 없고 고문(古文)에는 있다.

> 유 사 왕　　불 혜 우 아 형
> **惟嗣王이 不惠于阿衡**하신대

| 언해 |

嗣혼 王이 阿衡애 惠치 아니ᄒᆞ신대

| 번역 |

사왕(嗣王)이 아형(阿衡)인 이윤(伊尹)을 따르지 않았다.

| 자해 |

惠 : 따름. •阿衡 : 상(商)나라의 벼슬 이름. 보형(保衡)이라고도 함. 이윤(伊尹)의 호라는 설도 있음.

| 의해 |

사관이 이윤(伊尹)의 글을 기록할 때, 먼저 이렇게 기록하였다.

伊尹이 作書하여 曰先王이 顧諟天之明命하사 以承上下
神祇하시며 社稷宗廟를 罔不祇肅하신대 天監厥德하사 用
集大命하사 撫綏萬邦이어시늘 惟尹이 躬克左右厥辟하여
宅師하니 肆嗣王이 丕承基緒하시니이다

| 언해 |

伊尹이 書를 作ᄒᆞ야 닐오디 先王이 이 天의 明ᄒᆞᆫ 命을 顧ᄒᆞ샤 뻐 곰 上下ㅅ 神祇를 承ᄒᆞ시며 社稷과 宗廟를 祇肅디 아닐 아니ᄒᆞ신대 天이 그 德을 監ᄒᆞ샤 뻐 大命을 集ᄒᆞ샤 萬邦을 撫綏케 ᄒᆞ거시늘 尹이 몸소 능히 그 辟을 左右ᄒᆞ야 師를 宅ᄒᆞ니 이러모로 嗣王이 키 基緒를 承ᄒᆞ시니이다

| 번역 |

이윤(伊尹)이 글을 지어 말했다. "선왕께서는 이 하늘의 밝은 명을 돌아보셔서, 위아래의 신을 받드시며, 사직과 종묘를 공경하고 엄숙하게 하지 않으심이 없으셨습니다. 하늘이 그 덕을 살피고 큰 명을 모아 천하를 어루만지시고 안정되게 하셨습니다. 나 이윤이 몸소 좌우에서 임금을 보필하여 무리들을 편안히 살게 하였으므로 사왕(嗣王)이 크게 터와 실마리를 이으실 수 있으셨습니다."

| 자해 |

顧 : 항상 눈에 둠. •諟 : 시(是). •明命 : 하늘이 명한 밝은 이치. 하늘에 있으면 명명(明命)이 되고, 사람에게 있으면 명덕(明德)이 됨.

| 의해 |

성탕(成湯)이 하늘의 밝은 명을 항상 돌아보며, 천지의 신과 사직과 종묘를 받드는데, 공경하고 엄숙하지 않은 것이 없었다. 그러므로 하늘이 그 덕을 살펴보고 큰 명을 모아서, 천하를 소유하게 하고 만방을 어루만져 편안하게 하였다. 이윤 또한 직접 성탕을 보필하여 민중을 편안히 거처하게 했다. 그러므로 사왕(嗣王)이 그 터와 사업을 크게 이은 것이다.

惟尹이 躬先見于西邑夏하니 自周有終한대 相亦惟終이러니 其後嗣王이 罔克有終한대 相亦罔終하니 嗣王은 戒哉하사 祗爾의 厥辟하소서 辟不辟이면 忝厥祖하리이다

| 언해 |

尹이 몸소 몬져 西邑夏를 보니 周로 自ᄒ야 終을 둔대 相이 쏘ᄒᆞ 終ᄒ더니 그 後ㅅ 嗣王이 능히 終을 두디 몯ᄒᆞᆫ대 相이 쏘ᄒᆞ 終치 아니ᄒᆞ니 嗣王은 戒ᄒᆞ샤 너의 그 辟을 祗ᄒᆞ쇼셔 辟이 辟디 몯ᄒᆞ면 그 祖를 忝ᄒᆞ리이다

| 번역 |

"나 윤(尹)이 몸소 먼저 서읍(西邑)인 하(夏)나라를 보니, 스스로 진실하고 미더워 마침내 이루었고, 재상들이 또한 마침내 이루었습니다. 그 뒤의 사왕(嗣王)이 마침내 이루지 못하자, 재상 또한 마침내 이루지 못하였으니, 사왕께서는 경계하셔서 당신의 그 임금 자리를 공경하소서. 임금이 임금답지 못하면, 그 조상을 욕되게 하는 것입니다."

| 자해 |

西邑夏 : 하(夏)가 안읍(安邑)에 도읍하여 박(亳)의 서쪽에 있는 까닭으로 부른 말. ·周 : 진실하고 미더움.

| 의해 |

하(夏)나라 선왕(先王)은 진실하고 미더움으로 마침내 이루었기 때문에 그를 돕는 자들 또한 마침내 이룰 수 있었다. 그 후 걸(桀)이 마침내 이루지 못하자 그들 돕는 자들 또한 마침내 이루지 못했다. 그러므로 사왕(嗣王)은 하나라 걸의 일로 경계하여 마땅히 임금의 도를 공경해야 할 것이다. 임금이면서 임금노릇을 하지 않으면, 곧 성탕(成湯)을 욕되게 할 것이다.

王이 惟庸하사 罔念聞하신대

| 언해 |

王이 庸ᄒ샤 念聞치 아니ᄒ신대

| 번역 |

왕이 평소에 늘 하는 말이라 여기고, 생각하여 들으려 하지 않았다.

| 자해 |

庸 : 평범함.

| 의해 |

태갑(太甲)이 이윤(伊尹)의 말을 늘 하는 말이라 여기는 듯하였다. "생각하여 들으려 하지 않았다."는 것은 사관의 말이다.

伊尹^{이윤}이 乃言曰^{내언왈} 先王^{선왕}이 昧爽^{매상}에 丕顯^{비현}하사 坐以待旦^{좌이대단}하시며 旁^방

求俊彦^{구준언}하사 啓迪後人^{계적후인}하시니 無越厥命^{무월궐명}하사 以自覆^{이자복}하소서

| 언해 |

伊尹이 言ᄒᆞ야 닐오디 先王이 昧爽애 키 顯ᄒᆞ샤 坐ᄒᆞ야 써 旦를 待ᄒᆞ시며 旁으로 俊彦을 求ᄒᆞ샤 後人을 啓迪ᄒᆞ시니 그 命을 越ᄒᆞ샤 써 스스로 覆디 마ᄅᆞ쇼셔

| 번역 |

이윤(伊尹)이 말하여 아뢰었다. "선왕(先王)께서는 아직 날이 밝지 않았을 때 크게 덕을 드러내셔서 앉아서 아침을 기다리셨으며, 사방으로 준걸스런 자와 훌륭한 자를 널리 구하여 뒷사람들을 깨우쳐 이끌어 주셨으니, 그 명을 어겨서 스스로 뒤엎지 마소서."

| 자해 |

昧爽 : 아직 날이 밝지 않은 새벽. •조 : 큼. •顯 : 밝음. •旁求 : 널리 구함. •彦 : 훌륭한 선비.

| 의해 |

선왕은 날이 아직 밝지 않았을 때에 몸을 깨끗이 씻고 크게 그 덕을 밝혀 앉아서 밝기를 기다려 행하셨다. 또 준걸스럽고 훌륭한 선비를 사방으로 구하여 자손을 인도하셨다. 그러므로 태갑(太甲)은 그 명을 어기고 스스로 뒤엎지 말아야 할 것이다.

신 내 검 덕　　　유 회 영 도
愼乃儉德하사 **惟懷永圖**하소서

| 언해 |

儉혼 德을 愼ᄒ샤 永혼 圖를 懷ᄒ쇼셔

| 번역 |

"검약(儉約)의 덕을 삼가셔서, 영원한 계책을 생각하십시오."

| 의해 |

태갑(太甲)은 욕심으로 법도를 무너뜨리고 방종으로 도를 어그러
뜨리니, 사치가 도를 잃어버리게 하여 길고 원대한 생각이 없는
것이다. 이윤(伊尹)이 검약의 덕을 삼가 오로지 영원한 계책을 생
각하라고 한 것은, 검약하면 잘못되는 경우가 적기 때문이다. 이
는 태갑의 결점이므로 이윤이 특별히 말한 것이다.

약 우 기 장　　　왕 생 괄 우 도 즉 석　　흠 궐 지　　솔 내 조
若虞機張이어든 **往省括于度則釋**이니 **欽厥止**하사 **率乃祖**
유 행　　　유 짐　　이 예　　만 세　　유 사
攸行하시면 **惟朕**이 **以懌**며 **萬世**에 **有辭**하시리이다

| 언해 |

虞ㅣ 機를 張ᄒ얏거든 往ᄒ야 括을 省ᄒ야 度ᄒ거든 釋홈이 곧ᄐ
니 그 止를 欽ᄒ샤 내 祖의 行ᄒ던 바를 率ᄒ시면 朕이 뻐 懌ᄒ며
萬世예 辭ㅣ 이시리이다

| 번역 |

"사냥하는 사람이 쇠뇌의 고동을 당겨 놓으면, 가서 화살 끝이 법도에 맞는가를 살피고 화살을 발사하는 것과 같으니, 머물러야 할 곳을 공경히 하셔서 당신의 조상께서 행하신 바를 따르시면 저도 기쁠 것이며, 만세에 이르도록 칭찬하는 말이 있을 것입니다."

| 자해 |

虞 : 사냥하는 사람. ﹒機 : 쇠뇌의 고동. ﹒括 : 화살 끝. ﹒度 : 법도(法度). ﹒釋 : 놓음. ﹒欽 : 공경하고 엄숙하며, 거두어들임. ﹒止 : 머물러야 할 곳. ﹒率 : 따름.

| 의해 |

사냥하는 사람이 쇠뇌의 고동을 이미 당겼다면, 반드시 그 화살 끝이 법도에 맞는가를 살핀 후에 발사한다. 머물러야 할 곳을 공경하는 것은 그것으로 근본을 세우기 때문이다. 당신의 조상을 따른다는 것은 작용을 지극히 하는 것이니, 이른바 화살 끝이 법도에 맞는지 살핀 후 발시한다고 한 것이다. 왕이 이와 같이 할 수 있으면 행동에 지나침이 없어서 가까이는 이윤(伊尹)의 마음을 기쁘게 할 수 있고, 멀리는 후세에 명예가 있을 것이라고 한 것이다.

왕　　미 극 변
王이 未克變하신대

| 언해 |

王이 능히 變치 몯ᄒ신대

| 번역 |

왕이 옛 습관을 바꾸지 못하였다.

| 의해 |

옛 습관을 바꾸지 못했다고 한 것은 사관의 말이다.

伊尹曰 茲乃不義는 習與性成이로소니 予는 弗狎于弗順이

라하고 營于桐宮하여 密邇先王其訓하여 無俾世迷케하니라

| 언해 |

伊尹이 닐오디 이 不義는 習ᄒ야 性으로 다못 成ᄒ도소니 나는
弗順애 狎디 아니케 호리니 桐애 宮을 營ᄒ야 先王ㅅ끠 密邇케
ᄒ야 그 訓ᄒ야 ᄒ여곰 世예 迷치 아니케 호리라

| 번역 |

이윤(伊尹)이 말하기를, "이 의롭지 못한 행위는 습관이 본성과
더불어 이루어진 것이니, 나는 의리를 따르지 않는 자들과 가까
이 하지 않을 것이다."라고 하고, 동(桐) 땅에 궁(宮)을 지어 선왕
(先王)을 가까이 하게 하여 이로써 가르쳐 그로 하여금 종신토록
혼미함이 없게 하였다.

| 자해 |

狎 : 가까이 함. •弗順 : 의리를 따르지 않는 사람. •桐 : 성탕(成湯)의 능
(陵)이 있는 땅.

| 의해 |

태갑(太甲)이 하는 일은 의로운 일이 아니라 악함을 익혀 본성으로 이루어진 것이므로 의리를 따르지 않은 사람과 가까이 하지 않을 것이라고 했다. 이에 궁을 동 땅에 지어 태갑을 성탕(成湯)의 묘에 가까이 있게 하여, 아침저녁으로 슬프게 생각하도록 하였다. 아울러 그 선한 마음을 일으키게 하여 그를 종신토록 미혹되어 깨우치지 못하게 하지 않을 것이라고 한 것이다.

王이 徂桐宮居憂하사 克終允德하시다

| 언해 |

王이 桐宮애 가 憂애 居ᄒ샤 능히 終애 德을 允ᄒ시다

| 번역 |

왕이 동 땅의 궁으로 가서 상(喪)을 거행하면서 마침내 진실한 덕을 이루게 하셨다.

| 자해 |

徂 : 감. 允德 : 진실한 덕.

| 의해 |

태갑(太甲)이 동 땅의 궁에 거처한 것은, 이윤(伊尹)이 태갑으로 하여금 선왕의 능묘에 가까이 있으면서 선한 마음을 발로 되게 하고, 또 가까운 무리들과 끊어 악에 물든 것을 변하게 한 것이다. 그렇게 함으로써 마침내 진실한 덕을 이룰 수 있었다.

태갑 중[太甲 中]

惟三祀十有二月朔에 伊尹이 以冕服으로 奉嗣王하여 歸
于亳하다

| 언해 |

三祀ㅅ 十이오 쏘 二月 朔애 伊尹이 冕服으로 뻐 嗣王을 奉ᄒ야
亳애 歸ᄒ다

| 번역 |

삼년 십이월 초하루에 이윤(伊尹)이 면류관과 옷을 가지고 가서
사왕(嗣王)을 맞이하여 박(亳) 땅으로 돌아왔다.

| 자해 |

三祀 : 태갑(太甲)이 상(喪)을 마친 다음 해의 정삭(正朔). ·冕 : 면류관. ·
奉 : 맞이하여 옴.

| 의해 |

상복(喪服)을 벗고 곤룡포와 면류관, 즉 길복(吉服)으로 맞이하
여 돌아온 것이다.

作書曰 民非后면 罔克胥匡以生이며 后非民이면 罔以辟
四方하리니 皇天이 眷佑有商하사 俾嗣王으로 克終厥德하
시니 實萬世無疆之休샷다

| 언해 |

書를 作ᄒ야 골오디 民이 后ㅣ 아니면 능히 서ᄅ 匡ᄒ야 뻐 生치
몯ᄒ며 后ㅣ 民이 아니면 뻐 四方애 辟ᄒ디 몯ᄒ리니 皇天이 商
을 眷佑ᄒ샤 嗣王으로 ᄒ여곰 능히 그 德을 終케 ᄒ시니 진실로
萬世예 ᄀ업슨 休ㅣ 샷다

| 번역 |

글을 지어 말하였다. "백성은 임금이 아니면 서로 바로잡으면서
살지 못하며, 임금은 백성이 아니면 천하의 임금이 되지 못할 것
입니다. 황천(皇天)이 우리 상(商)을 돌아보고 도와주셔서 사왕
(嗣王)으로 하여금 그 덕을 마침내 이룰 수 있도록 하시니, 진실
로 영원히 끝없는 아름다움입니다."

| 자해 |

匡 : 바로잡음.

| 의해 |

백성은 임금이 아니면 서로 바로잡으며 살지 못하며, 임금은 백
성이 아니면 누구와 함께 임금노릇을 하겠는가? 백성에게는 임금
이 없어서는 안 되며, 임금에게는 더욱 백성이 없어서는 안 되는
것임을 말한 것이다. 태갑(太甲)이 허물을 고치자 이윤(伊尹)이
처음으로 이 뜻을 말한 것은 기뻐하고 두려워하는 뜻이 깊었기

때문이다. 태갑이 그의 의롭지 못함을 하루 아침에 신속하게 고치고 깨친 것이 어찌 사람의 힘으로 이룬 것이겠는가? 아마도 천명(天命)이 상(商)을 돌아보았을 것이다. 그러므로 사왕(嗣王)이 그 덕을 마침내 이룰 수 있었던 것이니, 어찌 만세의 끝없는 아름다움이 아니겠는가?

王이 拜手稽首曰 予小子는 不明于德하여 自底不類하여 欲敗度하며 縱敗禮하여 以速戾于厥躬하니 天作孽은 猶可違나 自作孽은 不可逭이니 旣往에 背師保之訓하여 弗克于厥初나 尙賴匡救之德하여 圖惟厥終하노이다

| 언해 |

王이 手애 拜ᄒ고 首를 稽ᄒ샤 ᄀᆞᆯᄋᆞ샤디 나 小子ᄂᆞᆫ 德애 明치 몯ᄒ야 스스로 不類애 底ᄒ야 欲으로 度를 敗ᄒ며 縱으로 禮를 敗ᄒ야 뻐 戾를 그 躬애 速ᄒ니 天이 作ᄒ신 孽은 오히려 可히 違ᄒ려니와 스스로 作ᄒᆫ 孽은 可히 逭치 몯ᄒᄂᆞ니 旣往애 師保의 訓을 背ᄒ야 그 初애 능치 몯ᄒ오나 거의 匡救ᄒᆫ 德을 賴ᄒ야 그 終을 圖ᄒ노이다

| 번역 |

왕이 절하고 머리를 조아리며 말하였다. "나 소자(小子)는 덕에 밝지 못하여 스스로 불초(不肖)함에 이르러, 욕심으로 법도를 어그러뜨렸고 방종함으로 예를 무너뜨려 이 몸에 죄를 재촉했습니다. 하늘이 만든 재앙은 오히려 피할 수 있으나, 스스로 만든 재

앙은 피할 수 없습니다. 이전에 사보(師保)의 가르침을 위배하여 처음에는 잘 하지 못하였으나, 바로잡고 구제하는 덕에 힘입어 마침을 잘 할 것을 도모하겠습니다."

| 자해 |

不類 : 불초(不肖).　•速 : 급히 부름.　•戾 : 죄.　•孼 : 재앙.　•遒 : 도피.

| 의해 |

이전에 이윤(伊尹)의 말을 믿지 않아 처음에는 삼가지 못하였으나, 바로잡고 구제해 주는 힘으로 그 마침을 도모한 것이다. 태갑(太甲)이 아형(阿衡)을 따르지 않았을 때에는 이윤의 말을 태갑이 듣지 않을까 두려워하였는데, 태갑이 허물을 고친 후에 이르러서는 태갑의 마음속에 이윤이 말해주지 않을까 두려워함이 있었다.

伊尹이 拜手稽首曰 脩厥身하며 允德이 協于下는 惟明后니이다

| 언해 |

伊尹이 手애 拜ᄒ고 首를 稽ᄒ야 ᄀᆞᆯ오ᄃᆡ 그 身을 修ᄒ며 允ᄒ 德이 下애 協ᄒᄂᆞᆫ 明ᄒ 后ㅣ니이다

| 번역 |

이윤(伊尹)이 절하고 머리를 조아리며 말하였다. "그 몸을 닦으며 진실한 덕이 아래에서 화합하는 것이 밝은 임금입니다."

| 의해 |

이윤(伊尹)이 공경을 이루어 태갑(太甲)에게 다시 아뢴 것이다. 몸을 닦으면 법도를 어그러뜨리거나 예를 허물어버리는 일이 없고, 덕을 진실하게 하면 몸을 성실하게 하고 뜻을 성실하게 하는 실상이 있다. 덕이 위에서 성실하고 아래에서 화합하는 것은 오직 밝은 임금이 그렇게 할 수 있다고 한 것이다.

先王이 子惠困窮하신대 民服厥命하여 罔有不悅하여 並其
有邦한 厥鄰이 乃曰 徯我后하노니 后來하시면 無罰아

| 언해 |

先王이 困窮을 子惠ㅎ신대 民이 그 命을 服ㅎ야 悅치 아니ㅎ리 잇디 아니ㅎ야 並ㅎ야 그 邦을 둔는 그 鄰이 닐오디 우리 后를 徯ㅎ노소니 后ㅣ 來ㅎ시면 罰이 업스랴

| 번역 |

"선왕께서 곤궁한 백성을 자식처럼 은혜롭게 대하시니, 백성들이 그 명에 복종하여 기뻐하지 않는 자가 없었습니다. 제후들과 나란히 하니 이웃 나라의 백성들이 말하기를, '우리 임금을 기다리니, 임금께서 오시면 벌이 없겠는가?'라고 하였습니다."

| 의해 |

이는 탕(湯)의 덕이 아래에 화합함을 말한 것이다. 곤궁한 백성을 자기 자식같이 은혜롭게 사랑하시니, 은혜롭게 사랑하는 것을 아들과 같이 하는 것은 마음속의 사랑이 정성스러운 것이다. 정성

스러우면서도 감동하게 하지 못하는 경우는 없다. 그러므로 백성이 그 명에 복종하여 환심을 얻지 못하는 일이 없었다. 당시 제후 가운데 탕처럼 나라를 가진 자의 백성이 탕을 자신들의 임금이라고 하면서, "우리 임금을 기다리니, 우리 임금이 오시면 벌이 없을까?"라고 한 것은 탕이 간사하고 포학함을 없애고 민심을 얻은 것을 말한다. 「중훼지고(仲虺之誥)」에서 "우리 임금을 기다렸는데, 임금이 오시니 다시 살아나리라."라고 한 뜻과도 같다.

王懋乃德하사 視乃烈祖하사 無時豫怠하소서

| 언해 |

王이 너의 德을 懋ᄒᆞ샤 너의 烈祖를 視ᄒᆞ샤 時도 豫怠치 마ᄅᆞ쇼셔

| 번역 |

"왕께서는 당신의 덕에 힘쓰시고 당신의 열조를 살펴서서 조금도 안일하거나 게으르지 마소서."

| 의해 |

탕(湯)의 반명(盤銘)에 "진실로 날로 새롭게 하며, 나날이 새롭게 하며, 또 날로 새롭게 해야 한다."라고 하였으니, 탕이 덕에 힘쓰는 바가 이와 같았다. 태갑(太甲) 또한 마땅히 그 덕에 힘쓰고 열조가 행하신 바를 살펴서 잠시라도 안일하거나 게으르지 말아야 할 것이다.

奉^봉先^선思^사孝^효하여 接^접下^하思^사恭^공하시며 視^시遠^원惟^유明^명하시며 聽^청德^덕惟^유聰^총하시면 朕^짐承^승王^왕之^지休^휴하여 無^무斁^역하리이다

| 언해 |

先을 奉ᄒᆞ샤ᄃᆡ 孝를 思ᄒᆞ시며 下를 接ᄒᆞ샤ᄃᆡ 恭을 思ᄒᆞ시며 遠을 視ᄒᆞ샤ᄃᆡ 明을 惟ᄒᆞ시며 德을 聽ᄒᆞ샤ᄃᆡ 聰을 惟ᄒᆞ시면 朕이 王의 休를 承ᄒᆞ야 斁디 아니ᄒᆞ리다

| 번역 |

"조상을 받들 때에는 효를 생각하시며, 아랫사람을 대할 때에는 공손함을 생각하시며, 멀리 볼 때는 밝게 볼 것을 생각하시며, 덕을 들으실 때에는 밝게 들으실 것을 생각하시면, 저는 왕의 아름다움을 받들어서 싫어함이 없을 것입니다."

| 자해 |

惟 : 생각함.

| 의해 |

효도할 것을 생각하면 감히 그 조상을 어기지 못하고, 공손함을 생각하면 감히 신하를 소홀히 하지 못하고, 밝게 볼 것을 생각하면 보는 바가 원대하여 천근(淺近)함에 가리지 않고, 밝게 들을 것을 생각하면 듣는 바가 덕이 되어 간사함에 미혹되지 않을 것이니, 이는 덕을 힘쓰는 데 종사하는 것이다. 태갑(太甲)이 이를 해 낸다면 이윤(伊尹)은 왕의 아름다움을 받들어서 싫어하는 바가 없을 것이라고 한 것이다.

태갑 하[太甲 下]

伊尹^{이윤}이 申誥于王曰^{신고우왕왈} 嗚呼^{오호}라 惟天^{유천}은 無親^{무친}하사 克敬^{극경}을 惟
親^친하시며 民罔常懷^{민망상회}하여 懷于有仁^{회우유인}하며 鬼神^{귀신}은 無常享^{무상향}하여
享于克誠^{향우극성}하나니 天位艱哉^{천위간재}니이다

| 언해 |

伊尹이 다시 王스긔 誥ᄒ야 닐오디 嗚呼ㅣ라 天은 親홈이 업스샤
능히 敬ᄒᄂ니를 親ᄒ시며 民은 썯썯이 懷홈이 업서 仁 둔ᄂ 디
懷ᄒ며 鬼神은 썯썯이 享홈이 업서 능히 誠ᄒᄃ 享ᄒᄂ니 天位ㅣ
艱ᄒ니이다

| 번역 |

이윤(伊尹)이 다시 왕에게 고하여 말하였다. "아! 하늘은 특별히
가까이 하는 사람이 없어서 공경할 수 있는 자를 가까이 하시며,
백성은 항상 마음속에 품는 것이 없어서 어진 자를 그리워하며,
귀신은 항상 받아들이는 것이 없어서 정성스러운 자를 받아들이
니, 천자의 지위는 어려운 것입니다."

| 자해 |

申誥 : 거듭 고함.

| 의해 |

하늘이 가까이 여기는 사람과 백성이 마음속에 품는 사람과 귀신

이 받아들이는 사람이 모두 일정하지 않은 까닭에, 오직 공경하며 어질며 정성스러운 이후에야 하늘이 가까이 하고 백성이 마음속에 품고 귀신이 받아들인다. 공경과 어짐과 정성은 각각 주로 하는 것을 따라 말하였다. 하늘에 대해서는 공경한다고 했는데, 이는 하늘에 이치가 있어서 조금이라도 소홀이 해서는 안 되기 때문이다. 백성에 대해서는 어질다고 했는데, 백성들은 임금이 아니면 누구를 받들 수 있겠는가? 홀아비·과부·고아·독신자는 모두 임금이 근심해야 할 대상이다. 귀신에 대해서는 정성스럽게 한다고 했는데, 정성이 아니면 사물이 존재할 수 없어서 정성이 여기에 선 뒤에 귀신이 저리로 오기 때문이다. 이 세 가지를 마땅히 극진히 해야 함이 이와 같으니, 천자의 지위에 거하면서 그 자리를 쉽게 여길 수 있겠는가?

德이면 惟治하고 否德이면 亂이라 與治로 同道하면 罔不興하고 與亂으로 同事하면 罔不亡하나니 終始에 愼厥與는 惟明明后니이다

| 언해 |

德이면 治ᄒᆞ고 德이 아니면 亂ᄒᆞᄂᆞᆫ 디라 治와 다ᄆᆞᆺ 道ㅣ 同ᄒᆞ면 興치 아닐 아니ᄒᆞ고 亂과 다ᄆᆞᆺ 事ㅣ 同ᄒᆞ면 亡치 아닐 아니ᄒᆞᄂᆞ니 終과 始예 그 與를 愼ᄒᆞᄂᆞ니ᄂᆞᆫ 明을 明ᄒᆞ신 后ㅣ니이다

| 번역 |

"덕이 있으면 잘 다스려지고, 덕이 없으면 어지러워집니다. 그러므로 잘 다스리는 자와 도를 함께 하면 흥하지 않음이 없고, 어지

러운 자와 일을 함께 하면 망하지 않음이 없습니다. 항상 함께 하
는 것을 신중히 하는 것이 밝고 밝은 임금입니다."

| 자해 |

德: 공경·어짐·정성의 덕.

| 의해 |

덕이 있으면 잘 다스려지고, 덕이 없으면 어지럽게 된다. 잘 다스
리는 것도 옛 사람 중에 행한 자가 있었고, 어지러움도 옛사람 중
에 행한 자가 있었다. 옛날의 잘 다스린 자와 도가 같으면 흥하지
않는 이가 없을 것이고, 옛날의 어지러운 자와 일이 같으면 망하
지 않을 이가 없을 것이니, 다스림과 어지러움의 구분은 다만 누
구와 함께 하는가에 달려 있다. 처음에는 잘 다스리는 이와 같이
하여 흥하는 것 같았다가도, 마침내 어지러운 이와 같이하면 곧
망함이 또한 이를 것이다. 함께 하는 자를 신중히 정하고 마침과
처음을 한결같이 하는 것은 오직 밝고 밝은 임금만이 그렇게 할
수 있다. 위의 편에서는 "밝은 임금입니다."라고 하였고, 이 편에
서는 "밝고 밝은 임금입니다."라고 한 것은 이미 밝은 것을 더 밝
게 하여 앞으로 나아감을 말한 것이다.

先王^{선왕}이 惟時^{유시}로 懋敬厥德^{무경궐덕}하사 克配上帝^{극배상제}하시니 今王^{금왕}이 嗣^사
有令緒^{유령서}하시니 尙監茲哉^{상감자재}인저

| 언해 |

先王이 時로 힘뻐 그 德을 敬ᄒᆞ샤 능히 上帝를 配ᄒᆞ시니 이제 王

이 슈호 緒를 嗣ᄒ야 두시니 거의 이를 보실 딘뎌

| 번역 |

"선왕께서는 때로 힘써 그 덕을 공경하여 상제와 짝하셨습니다.
이제 왕께서는 훌륭한 업적을 이어 거두셨으니, 이를 살펴보시기
바랍니다."

| 자해 |

敬 : 공경함.

| 의해 |

성탕(成湯)이 덕에 힘쓰고 공경하여 덕이 하늘과 합하였으니, 이
는 상제와 짝한 것이다. 이제 왕이 이를 이어 훌륭한 업적을 거두
었으니, 이를 살펴보아야 한다고 하였다.

若升高必自下하며 若陟遐必自邇하니이다

| 언해 |

高애 升ᄒ리 반ᄃ시 下로 브터 홈 ᄀᆮ트며 遐애 陟ᄒ리 반ᄃ시 邇
로 브터 홈 ᄀᆺᄒ니이다

| 번역 |

"높은 곳에 오르려면 반드시 아래로부터 하는 것과 같으며, 먼 곳
에 오르려면 반드시 가까운 곳으로부터 하는 것과 같습니다."

| 의해 |

이는 덕에 나아가는 차례로 아뢴 것이다. 『중용』에 군자의 도를
의론하면서 말하기를, "비유하자면 먼 곳에 갈 때는 반드시 가까
운 곳으로부터 시작하는 것과 같으며, 비유하자면 높은 곳에 오
를 때는 반드시 낮은 곳으로부터 하는 것과 같다."고 하였다. 덕
에 나아가고 업(業)을 닦는 비유가 이보다 간절한 것이 있지 않
다.

無輕民事하사 惟難하시며 無安厥位하사 惟危하소서

| 언해 |

民의 事를 輕히 너기디 마르샤 難을 惟ᄒ시며 그 位를 安히 너기
디 마르샤 危를 惟ᄒ쇼셔

| 번역 |

"백성의 일을 가볍게 여기지 마시고 어렵게 생각하시며, 그 지위
를 편안히 여기지 마시고 위태로움을 생각하소서."

| 자해 |

無 : 무(毋)와 같음. •惟 : 생각함.

| 의해 |

백성의 일을 가벼이 여기지 말고 그 어려움을 생각하며, 임금의
자리를 편하게 여기지 말고 그 위태로움을 생각하라고 한 것이
다.

^{신 종 우 시}
愼終于始하소서

| 언해 |

終을 愼호디 始예 ᄒᆞ쇼셔

| 번역 |

"끝을 삼가는 것을 처음에 하소서."

| 의해 |

인정(人情)으로는 누가 선함으로 마치고자 하지 않겠는가? 다만 욕심을 따르는 것을 편안히 여겨서, "오늘은 우선 이같이 하고 후일에 고칠 것이다."라고 하지만, 처음에 선하지 않고서 그 마침을 선하게 할 수 있는 자는 매우 적다. 동궁(桐宮)의 일은 이미 지나갔고, 이제 정사에 나아가고 백성에 임하니, 또한 일의 처음이라고 한 것이다.

^{유언   역우여심   필 구 저 도   유언   손 우 여 지}
有言이 **逆于汝心**이어든 **必求諸道**하시며 **有言**이 **遜于汝志**
어든 ^{필 구 저 비 도}**必求諸非道**하소서

| 언해 |

言이 네 心애 逆홈이 잇거든 반ᄃᆞ시 道애 求ᄒᆞ시며 言이 네 志애 遜홈이 잇거든 반ᄃᆞ시 非道애 求ᄒᆞ쇼셔

| 번역 |

"말이 당신의 마음에 거슬리거든 반드시 도에서 찾으시며, 말이 당신의 뜻에 공손하거든 반드시 도가 아닌 것에서 찾으소서."

| 의해 |

솔직한 말은 사람이 받아들이기 어렵고, 공손한 말은 사람이 따르기 쉽다. 받아들이기 어려운 말에 대해서는 반드시 도에서 구하여 마음에 거슬린다고 해서 막지 말아야 한다. 따르기 쉬운 말에 대해서는 반드시 도가 아닌 것에서 구하여 뜻에 공손하다고 해서 듣지 말아야 한다. 이상의 다섯 일은 태갑(太甲)으로 하여금 감정의 치우침을 바로잡도록 하고자 한 것이다.

嗚呼라 弗慮면 胡獲이며 弗爲면 胡成이리오 一人이 元良하면 萬邦이 以貞하리이다

| 언해 |

嗚呼ㅣ라 慮치 아니ᄒᆞ면 엇디 獲ᄒᆞ며 爲치 아니ᄒᆞ면 엇디 成ᄒᆞ리오 一人이 키 良ᄒᆞ면 萬邦이 뻐 貞ᄒᆞ리이다

| 번역 |

"아! 생각하지 않으면 어찌 얻으며, 행하지 않으면 어찌 이루겠습니까? 한 사람이 크게 훌륭하면 만방이 그것으로 바르게 될 것입니다."

| 자해 |

胡 : 어찌. •元 : 큼. •良 : 훌륭함. •貞 : 바름.

| 의해 |

"생각하지 않으면 어찌 얻으며"라고 한 것은 삼가 생각하게 하고
자 한 것이고, "행하지 않으면 어찌 이루겠습니까?"라고 한 것은
독실하게 행하게 하고자 한 것이다. '한 사람'이란 만방의 의표(儀
表)가 되는 사람이니, 한 사람이 크게 훌륭하면 만방이 그 때문에
바르게 될 것이라고 한 것이다.

君罔以辯言으로 亂舊政하며 臣罔以寵利로 居成功이라야
邦其永孚于休하리이다

| 언해 |

君이 辯言으로 뼈 舊政을 亂치 말며 臣이 寵리로 뼈 成功애 居치
마라사 邦이 그 기리 진실로 休흐리이다

| 번역 |

"임금은 교묘한 말솜씨로 옛 정사를 어지럽히지 말며, 신하는 은
총과 이익을 성공이라고 여기지 말아야 나라가 길이 진실로 아름
다움에 부합할 것입니다."

| 의해 |

생각하지 않고 행하지 않으며 방종하고 해이한 것만을 편히 여기
면 선왕의 법이 폐해지고, 생각하고 행한다고 하여 자신의 총명

만을 믿으면 선왕의 법이 어지럽게 될 것이니, 어지러움의 폐해
는 폐하는 것보다 심하다. 은총과 이익을 얻는 것은 공을 이루는
것이라고 여길 바가 아니다. 이때에 이르러 태갑(太甲)의 덕이 나
아진 까닭에 이윤(伊尹)이 물러나 쉬려고 하는 뜻이 있었던 것이
다. 임금과 신하가 각각 그 도를 다하면 나라가 길이 진실로 아름
다울 것이다.

함유일덕 [咸有一德]

이윤(伊尹)이 벼슬을 그만두고 갈 때에, 태갑(太甲)의 덕이 순일(純一)하지 아니하고 관직에 임용한 사람이 적임자가 아닐까 염려하여 이 편을 지었으니 또한 훈체(訓體)이다. 사관이 이 편 가운데 '함유일덕(咸有一德)'이라는 네 글자를 가져와서 편의 제목으로 삼았다. 금문(今文)에는 없고 고문(古文)에는 있다.

伊尹이 既復政厥辟하고 將告歸할새 乃陳戒于德하니라

| 언해 |

伊尹이 임의 政을 그 辟ㅅ끠 復ᄒ고 쟝ᄎᆞ 告ᄒ야 歸홀 시 德으로 陳ᄒ야 戒ᄒ니라

| 번역 |

이윤(伊尹)이 이미 정치를 그 임금에게 돌려주고, 장차 고하여 돌아가려 할 때에 덕에 대해 진술하여 경계하도록 하였다.

| 의해 |

이윤(伊尹)이 이미 정사를 태갑(太甲)에게 돌려주고 늙음을 고하고 자신의 고을로 돌아가려할 때에, 순일한 덕에 대해 임금에게 말하여 경계하였다. 이는 사관이 말한 본래의 서문이다.

曰嗚呼라 天難諶은 命靡常이니 常厥德하면 保厥位하고
厥德이 靡常하면 九有以亡하리이다

| 언해 |

닐오디 嗚呼ㅣ라 天이 諶홈이 難홈은 命이 常치 아닐시니 그 德
이 常ᄒ면 그 位를 保ᄒ고 그 德이 常치 아니ᄒ면 九有ㅣ 뻐 亡ᄒ
리이다

| 번역 |

"아! 하늘을 믿기 어려운 것은 그 명이 일정하지 않기 때문이니,
덕이 일정하면 지위를 보존할 수 있고 덕이 일정하지 않으면 구
주가 그 때문에 망할 것입니다."

| 자해 |

諶 : 믿음. ·九有 : 구주(九州).

| 의해 |

하늘을 믿기 어려운 것은 그 명이 일정하지 않기 때문이다. 그러
나 임금의 덕이 일정불변하면 하늘의 명이 또한 일정불변하여 그
지위를 보전할 것이며, 임금의 덕이 일정불변하지 않으면 하늘의
명이 또한 일정불변하지 않아서 구주가 그 때문에 망할 것이다.

夏王이 弗克庸德하여 慢神虐民한대 皇天이 弗保하시고 監
于萬方하사 啓迪有命하사 眷求一德하사 俾作神主어시늘
惟尹이 躬曁湯으로 咸有一德하여 克享天心하여 受天明
命하여 以有九有之師하여 爰革夏正하소이다

| 언해 |

夏王이 능히 德을 庸히 아니ᄒ야 神을 慢ᄒ며 民을 虐ᄒᆫ대 皇天
이 保치 아니ᄒ시고 萬方애 監ᄒ샤 命둗ᄂᆞ니를 啓迪ᄒ샤 一德을
眷求ᄒ샤 ᄒ여곰 神의 主를 作ᄒ거시늘 尹이 몸소 믿 湯으로 다
一德을 두어 능히 天心애 享ᄒ야 天ㅅ 明ᄒ 命을 受ᄒ야 뼈 九有
앳 師를 두어 이예 夏ㅅ 精을 革ᄒ소이다

| 번역 |

"하왕(夏王)이 덕을 따르지 아니하여 신을 업신여기며 백성을 학
대하였기 때문에 황천(皇天)이 보호하지 아니하시고, 만방을 살
펴 천명을 소유할 사람을 열어 인도하심에 순일한 덕을 가진 사
람을 찾으셔서 그로 하여금 모든 신의 주로 삼으려 하셨습니다.
이윤(伊尹)이 몸소 탕(湯)과 함께 모두 순일한 덕을 가지고 있어
하늘의 마음에 합당하여 하늘의 밝은 명을 받아서 구주의 백성을
소유하시어 이에 하(夏)의 정삭을 바꾸셨습니다."

| 자해 |

一德 : 순일한 덕. •神主 : 모든 신의 주장. •향(享) : 합당함.

| 의해 |

윗 문장에서 말하기를, 천명(天命)은 일정불변한 것은 아니지만,

오직 덕이 있으면 일정불변하게 될 것이라고 하였다. 이에 걸(桀)
이 천명을 잃은 것과 탕(湯)이 천명을 얻은 것을 인용하여 그것을
증거하였다. 탕 시대의 임금과 신하가 모두 같은 덕을 가지고 있
어서 위로 하늘의 마음에 합당할 수 있어서, 하늘의 밝은 명을 받
아 천하를 소유하였다. 이에 하나라의 인(寅)을 세운 정삭을 고쳐
축(丑)을 세운 정삭을 만든 것이다.

非天이 私我有商이라 惟天이 佑于一德이며 非商이 求于
下民이라 惟民이 歸于一德이니이다

| 언해 |

天이 우리 商을 私호신 주리 아니라 天이 一德을 佑호시며 商이
下民애 求호신 주리 아니라 民이 一德애 歸호니이다

| 번역 |

"하늘이 우리 상(商)을 사사롭게 도운 것이 아니라 하늘이 순일한
덕을 가진 자를 도운 것이며, 상이 아래 백성에게 요구한 것이 아
니라 백성이 순일한 덕을 가진 사람에게 귀의한 것입니다."

| 의해 |

위에서 말하기를, 덕이 순일하기에 천명을 얻었고, 백성의 지지
를 얻었다고 하였다. 여기에서는 하늘이 돕고 백성이 돌아온 것
이 다 덕이 순일하였기 때문이라고 하였으니, 반복하여 말한 것
이다.

德惟一이면 動罔不吉하고 德二三이면 動罔不凶하리니 惟
吉凶이 不僭在人은 惟天이 降災祥이 在德이니이다

| 언해 |

德이 一이면 動훈디 마다 吉치 아닛 아니ᄒ고 德이 二三이면 動
훈디 마다 凶치 아닛 아니ᄒ리니 吉과 凶이 僭치 아니ᄒ야 人애
在홈은 天이 災와 祥을 降ᄒ샴이 德애 잇실 시니이다

| 번역 |

"덕이 하나이면 움직일 때마다 길하지 않음이 없고, 덕이 둘 셋이
면 움직일 때마다 흉하지 않음이 없을 것입니다. 길과 흉이 어긋
나지 않음이 그 사람에게 달려 있다는 것은 하늘이 재앙과 상서
로움을 내리는 것을 덕에 따라 하기 때문입니다."

| 자해 |

僭 : 어그러짐.

| 의해 |

둘 셋이라는 것은 잡되다는 것이다. 덕이 순일하면 어디를 가도
길하지 않음이 없고, 덕이 잡되면 어디를 가도 흉하지 않음이 없
다. 길흉이 사람에게 어그러지지 않는 것은 하늘이 재앙과 상서
로움을 내리는 것을 덕에 따라 하기 때문이다.

今嗣王이 新服厥命이신댄 惟新厥德이니 終始惟一이 時
乃日新이니이다

| 언해 |

이제 嗣ᄒᆞ신 王이 새로 그 命을 服ᄒᆞ시란디 그 德을 새롭게 ᄒᆞ실
디니 終과 始예 一케 홈이 이 日로 新홈이니이다

| 번역 |

"지금 사왕(嗣王)이 새로이 그 명을 받아 일하시려면 그 덕을 새
롭게 해야 하실 것이니, 마침과 시작을 한결같게 하는 것이 바로
날마다 새롭게 하시는 것입니다."

| 의해 |

태갑(太甲)이 새로 천하의 명을 받아 일을 함에, 덕도 또한 마땅
히 새롭게 해야 할 것이다. 덕을 새롭게 하는 데 있어서 중요한
것은 일정불변하게 하는 것이다. 마침과 처음이 한결같고 중단됨
이 없는 것이 바로 날마다 새롭게 하는 것이다.

任官하되 惟賢材하시며 左右를 惟其人하소서 臣은 爲上爲
德하고 爲下爲民하나니 其難其愼하시며 惟和惟一하소서

| 언해 |

官을 任호디 賢과 材로 ᄒᆞ시며 左右를 그 人으로 ᄒᆞ쇼셔 臣은 上

을 爲ᄒ야ᄂ 德을 爲ᄒ고 下를 爲ᄒ야ᄂ 民을 爲ᄒᄂ니 그 難ᄒ
시며 그 愼ᄒ시며 和ᄒ시며 一ᄒ쇼셔

| 번역 |

"관직에 임명하되 현명한 자와 재주 있는 자로 하시며, 좌우를 합
당한 사람으로 하소서. 신하는 임금에 대해서는 덕을 위하고 아
래에 대해서는 백성을 위하니, 어렵게 여기며 삼가 화합되게 하
시고 전일하게 하소서."

| 자해 |

賢 : 현명한 자. •材 : 재주 있는 자. •左右 : 보필하는 대신. •惟其人 : 직책
에 합당한 사람.

| 의해 |

신하가 할 일이 윗사람을 위하여서는 덕을 위한다는 것은 임금을
보필하는 것이며, 아랫사람을 위하여서는 백성을 위한다는 것은
백성들을 잘 살게 하는 것이다. 임금이라고 말하지 않고 덕이라
고 한 것은 임금의 도를 겸하여 말한 것이니, 신하의 직분이 중요
함이 이와 같다. 반드시 어렵게 여기고 신중하게 하여 소인을 막
고, 화합하고 전일하게 하여 군자에게 맡기는 것이다.

德無常師하여 主善이 爲師며 善無常主하여 協于克一이
니이다

| 언해 |

德은 썻썻호 師ㅣ 업서 善애 主홈이 師ㅣ 되며 善은 썬썬호 主ㅣ

엽서 능히 一홈애 協홈이니이다

| 번역 |

"덕은 일정한 스승이 없고 선을 주로 하는 것을 스승으로 삼으며, 선은 일정하게 주로 하는 것이 없고 전일함에 부합하도록 하는 것입니다."

| 자해 |

協 : 부합함.

| 의해 |

덕은 여러 선을 겸하는 것이니, 선을 주로 하지 않으면 같은 근본에서 만 가지 다름이 나오는 이치를 이해하지 못할 것이다. 선은 전일함에 근본을 두고 있으니, 하나로 합하지 않으면 만 가지 다름이 같은 근본에서 나오는 미묘함을 통달하지 못할 것이다. 전일함이란 하나로 할 수 있다는 것을 말하니, 한결같지 않은 선을 포괄·요약하여 하나의 이치에 모이게 하는 것은 성학(聖學)의 처음과 마침의 순서이다. 이는 공자가 말한 "하나로 꿰뚫는다."는 것과 가깝다. 태갑(太甲)이 이에 이르러서 이 말을 듣게 되었으니, 평범한 사람이 허물을 뉘우치는 것과는 다르다.

俾萬姓으로 咸曰 大哉라 王言이여하게하시며 又曰 一哉라 王心이여하게하사 克綏先王之祿하사 永底烝民之生하소서

| 언해 |

萬姓으로 ᄒᆞ여곰 다 닐오디 大ᄒᆞ다 王의 言이여케 ᄒᆞ시며 쏘 닐

오디 一ᄒ다 王의 心이여케 ᄒ샤 능히 先王의 祿을 綏ᄒ샤 기리
烝民의 生을 닐우쇼셔

| 번역 |

"만백성으로 하여금, 모두 '크도다! 왕의 말씀이여!'라고 말하게
하시며, 또 '전일하도다! 왕의 마음이여!'라고 말하게 하셔서, 선
왕의 봉록을 편안하게 하시며, 길이 많은 백성들의 생업을 이루
소서."

| 자해 |

祿 : 선왕이 하늘로부터 받은 봉록. •烝 : 여럿.

| 의해 |

임금은 그 마음이 한결같아서 말로 표현되는 것이 크고, 모든 백
성들이 그 말이 큰 것을 보았기 때문에 마음이 한결같음을 안다.
감응의 이치가 자연히 그렇게 되어서 인심은 속일 수 없고 성실
함은 가릴 수 없음을 보여주는 것이다. 하늘로부터 받은 봉록을
편안하게 하고 민생을 두텁게 하는 것이 한결같은 덕의 효험이
다.

嗚呼라 七世之廟에 可以觀德이며 萬夫之長에 可以觀政
이니이다

| 언해 |

嗚呼ㅣ라 七世ㅅ 廟애 可히 ᄡᅥ 德을 觀ᄒ며 萬夫ㅅ 長애 可히 ᄡᅥ

政을 觀ᄒ리이다

| 번역 |

"아! 천자의 일곱 세대의 종묘 제도를 통해서 그 덕을 볼 수 있으며, 만 사람의 우두머리에게서 그 정치를 볼 수 있습니다."

| 자해 |

七世之廟 : 천자의 일곱 세대의 사당.

| 의해 |

천자의 일곱 세대의 종묘에서 친함이 다하면 종묘에서 신주를 옮기지만, 덕이 있는 임금의 신주는 옮기지 않는 까닭에 일곱 세대의 종묘 제도에서 그 덕을 볼 수 있다. 천자는 만민의 위에 있기 때문에 반드시 그 정치와 교화가 사람을 복종하게 하여야만 만민이 기뻐하며 복종한다. 그래서 만민의 우두머리가 된 것에서 그 정사를 볼 수 있다. 이윤(伊尹)이 탄식하고 말하기를, 덕 있는 정치를 닦거나 닦지 않는 것이 후세에 보여지는 것과 당시에 복종하는 것을 나누어 가릴 수 없음이 이와 같다고 한 것이다.

后非民이면 罔使며 民非后면 罔事니 無自廣以狹人하소서 匹夫匹婦 不獲自盡하면 民主罔與成厥功하리이다

| 언해 |

后ㅣ 民이 아니면 使치 몯ᄒ며 民이 后ㅣ 아니면 事치 몯ᄒ리니 스스로 廣호라 ᄒ야 뻐 곰 人을 狹히 너기디 마ᄅ쇼셔 匹夫와 匹

婦ㅣ 스스로 盡홈을 獲디 몯ㅎ면 民의 主ㅣ 드러 그 功을 成치 몯
ㅎ리이다

| 번역 |

"임금은 백성이 아니면 부릴 사람이 없으며, 백성은 임금이 아니
면 섬길 사람이 없습니다. 스스로 넓다고 생각하여 남을 좁다고
여기지 마소서. 보통의 남자와 보통의 여자가 스스로 다함을 얻
지 못하면, 백성의 주인이 더불어 그 공을 이루지 못할 것입니
다."

| 자해 |

無 : 무(毋)와 같음.

| 의해 |

임금이 부리고 백성이 섬기는 것이 비록 귀하고 천함이 같지 않
으나, 사람에게서 취하여 선을 행하는 것은 귀하고 천함의 차이
가 없으니, 하늘이 같은 이치를 사람에게 주어서 만 가지 선함이
된 것이다. 임금은 천하의 만 가지 선함을 합한 후에 이치가 하나
로 된 것을 보전해야 할 것이다. 만일 스스로 크다고 하여 남들을
좁다고 여겨서 보통의 남자와 보통의 여자가 스스로 다함을 얻지
못하면, 한 가지 선도 갖추지 못하여 백성들의 주인이 그 공을 이
룰 수 없을 것이다.

반경 상[盤庚 上]

반경(盤庚)은 양갑(陽甲)의 아우이다. 조을(祖乙) 때에 경(庚) 땅에 도읍하였는데, 황하의 홍수에 휩쓸려 무너져서 반경이 은(殷) 땅으로 옮기고자 하였다. 이에 대가(大家)와 세족(世族)이 살던 곳을 편안하게 여겨서 옮기기를 어려워하여 근거 없는 말로 서로 선동하였다. 백성들은 비록 홍수에 휩쓸린 땅에서 옮기는 것이 유리하나, 또한 이해관계에 현혹되어 새로 살 곳에 가지 않으려 하였다. 그러므로 반경이 도읍을 옮기는 이로움과 옮기지 않았을 때의 해로움으로 깨우쳐 준 것이다. 상·중 두 편은 옮기지 않았을 때의 말이고, 하편은 이미 옮긴 후의 말이다. 왕안석(王安石)이 말하기를, 상편은 신하에게 고한 것이고, 중편은 백성에게 고한 것이고, 하편은 백관(百官)과 족성(族姓)에게 고한 것이라고 하였다. 『좌전(左傳)』에 '반경지고(盤庚之誥)'라고 하였으니 고체(誥體)이다. 세 편은 금문(今文)과 고문(古文)에 다 있으나, 다만 금문에서는 세 편을 한 편으로 합하였다.

盤庚이 遷于殷할새 民不適有居어늘 率籲衆慼하사 出矢言하시다

| 언해 |

盤庚이 殷나라애 옴길시 빅셩이 居홈에 가기를 깃거 안이ᄒ거늘 여러 근심ᄒᄂᆫ 이를 다 불ᄂᆞ샤 밍셔 말을 닉시다

| 번역 |

반경(盤庚)이 은(殷)으로 옮길 때에, 백성이 살 곳으로 가려 하지 아니하거늘, 여러 근심하는 이를 다 부르셔서 맹서의 말을 하셨다.

| 자해 |

殷 : 하남(河南) 언사(偃師)의 땅에 있음. •適 : 감. •籲 : 부름. •矢 : 맹세
함.

| 의해 |

반경(盤庚)이 은(殷)으로 옮길 때에, 백성이 새로 살 곳으로 가기
를 기뻐하지 않거늘, 반경이 여러 근심하는 사람을 불러 맹세의
말을 내어서 일깨워준 것이다.

曰我王이 來하사 旣爰宅于茲하심은 重我民이라 無盡劉어

신마는 不能胥匡以生일새 卜稽하니 曰其如台라하다

| 언해 |

닐ᄋ샤디 우리 임금이 오셔 이믜 이에 집ᄒᆞ샨든 우리 빅셩을 重
히 ᄒᆞ신지라 다 죽이고ᄌ ᄒᆞ시ᄂᆞᆫ 주리 아니언마ᄂᆞᆫ 能히 셔로 바
루어셔 뻐 살지 몯홀 시 졈에 샹고ᄒᆞ니 닐오디 그 내게 엇더뇨 ᄒᆞ
ᄂᆞ다

| 번역 |

"우리 임금이 오셔서 여기에 자리 잡으신 것은 우리 백성을 귀중
하게 여기신 것이지, 다 죽이고자 하시는 것이 아니었다. 그런데
도 서로 바르게 하여서 살지 못하기 때문에 점을 쳐서 살펴보니,
'이곳이 우리에게 무슨 상관이 있는가?'라고 하였다."

| 자해 |

劉 : 죽임.

| 의해 |

반경의 선왕인 조을(祖乙)이 와서 경(耿) 땅에 도읍 한 것은, 진실로 백성이 잘 살기를 바란 것이지 다 죽이고자 함이 아니었다. 그런데도 백성이 불행하게도 홍수에 휩쓸려 떠돌아다니며, 서로 구제하면서 살지 못하였다. 점을 쳐서 살펴보니, "이 땅이 우리에게 무슨 의미가 있는가?"라고 하였다. 이는 도읍을 옮기지 않을 수 없다는 뜻이다.

先王이 有服이어시든 恪謹天命하시되 茲猶不常寧하사 不常厥邑이 于今五邦이시니 今不承于古하면 罔知天之斷命이어늘 矧曰其克從先王之烈아

| 언해 |

先王이 일이 잇거시든 天命을 恪謹ᄒ샤디 이예 오히려 뗼뗼이 편치 몯ᄒ샤 그 고을을 뗼뗼이 아니ᄒ심이 이제 다ᄉ 邦이시니 이제 예를 이으지 안이ᄒ면 하날이 命을 끈을지도 알지몯ᄒ곤 ᄒ물며 그 능히 先王의 烈을 조치ᄂ다 닐으랴

| 번역 |

"선왕이 일이 있으시면 천명을 삼가셨는데도, 오히려 항상 평안하지 못하시어 그 도읍을 일정하게 하지 않은 것이 지금 다섯 고을이다. 지금 옛날의 일을 이어 받지 않으면 하늘이 명을 끊을지도 알지 못하는데, 하물며 선왕의 공적을 잘 따른다고 말하겠는가?"

| 자해 |

服 : 일. •五邦 : 탕(湯)이 박(毫) 땅에 옮기고, 중정(仲丁)이 효(囂) 땅에 옮기고, 하단갑(河亶甲)이 상(相) 땅에 옮기고, 조을(祖乙)이 경(耿) 땅에 옮기고 반경(盤庚)이 은(殷) 땅에 옮긴 것.

| 의해 |

선왕도 이 같은 때를 당하여 옮기기를 다섯 번에 이르렀으니, 이는 천명(天命)을 삼가고 조심하는 것이다. 지금 옮기지 않는다면 어찌 선왕의 일을 잘 잇는다고 말하겠는가?

若顚木之有由蘗이라 天其永我命于玆新邑하사 紹復先
王之大業하여 底綏四方이시니라

| 언해 |

업드러진 나무의 由蘗이 잇슴가튼지라 하날이 그 우리 命을 이 시 고을애 길게 ᄒᆞ사 先王의 큰 業을 이어 회복ᄒᆞ야 四方이 편케 홈을 일위시니라

| 번역 |

"쓰러진 나무에서 움이 트는 것과 같이, 하늘이 우리 명을 이 새 도읍에서 길이 이어지도록 하셔서, 선왕의 큰 위업을 이어 회복하여 사방을 편안하게 하는 데 이를 것이다."

| 자해 |

顚 : 쓰러짐. •由 : 곁에서 나온 순. •蘗 : 싹.

| 의해 |

쓰러진 나무는 경(耿) 땅을 비유하고 움은 은(殷) 땅을 비유한 것
이다. 이제 경 땅으로부터 은 땅으로 옮기는 것이 이미 쓰러진 나
무에 다시 싹이 나는 것과 같다. 하늘이 장차 상나라의 명을 은
땅에서 영원하게 하여, 선왕의 큰 위업을 이어 사방을 편안하게
할 것이다.

盤庚이 斅于民하신대 由乃在位하사 以常舊服으로 正法度
하사 曰無或敢伏小人之攸箴하라하사 王이 命衆하신대 悉
至于庭하니라

| 언해 |

盤庚이 빅성을 가라치시디 벼술이 잇는 이로부터ᄒᆞ샤 떨떨ᄒᆞᆫ 녯
일로 뻐 法度를 바르게ᄒᆞ샤 닐ᄋᆞ샤디 或 敢히 小人의 경계ᄒᆞᄂᆞᆫ
바를 업치지 말라ᄒᆞ샤 임금이 무리를 命ᄒᆞ신대 다 쓸에 니르니라

| 번역 |

반경(盤庚)이 백성을 가르치기를 벼슬자리에 있는 사람부터 하셨
다. 변하지 않는 옛 일로 법도를 바르게 하셔서 말씀하시기를,
"감히 소인들을 경계하는 것을 숨기지 말라."고 하셔서, 임금이
신하와 백성에게 명하자 모두 뜰에 이르렀다.

| 자해 |

服 : 일.　•箴 : 경계.　•衆 : 신하와 백성.

| 의해 |

반경(盤庚)이 백성을 가르치되, 벼슬자리에 있는 사람으로부터 시작하였다. 벼슬에 있는 자를 가르치는 것이 또한 새 법으로 한 것이 아니라, 오직 선왕이 옛 도읍을 옮긴 일을 가지고 그 법도를 바르게 했을 뿐이다. 법도를 바르게 한 것은 다름이 아니라 오직 벼슬에 있는 신하로 하여금 감히 소인을 경계한 것을 숨기지 말라는 것이었다.

왕 약 왈　격 여 중　여 고 여 훈　　여 유 출 내 심　　무 오
王若曰 格汝衆아 予告汝訓하노니 汝猷黜乃心하여 無傲

종 강
從康하라

| 언해 |

임금이 이러타시 굴으샤더 格호라 너희 무리아 내 너희 더러 訓을 告호노니 네 네의 무음을 버리기를 꾀호야 거만호고 편안홈을 조치지 말라

| 번역 |

왕이 이와 같이 말하셨다. "오라! 백성들이여! 내가 너희에게 훈계할 것을 고하니, 너희는 너희 마음을 버리기를 꾀하여 거만하고 편안함을 따르지 말라."

| 자해 |

若曰 : 모두 당시에 한 말 그대로가 아니고, 그 대략이 이러하다는 말. •格 : 오라는 말. •汝猷黜乃心 : 너희 사사로운 마음을 버리기를 꾀하라는 뜻. •無 : 무(毋)자와 같음.

| 의해 |

윗사람을 업신여겨서 옮아가기를 좋아하지 않고, 자신의 편안함을 따라서 옮기려 하지 않으니, 이 두 가지 경우는 사사로운 마음을 버려야 하는 것이다. 이는 반경(盤庚)이 비록 여러 사람에게 말한 것이지만, 실제로는 여러 신하들에게 말한 것이다. 백성을 가르치되 벼슬자리에 있는 사람부터 시작한 까닭이다.

古我先王이 亦惟圖任舊人하여 共政하시니 王이 播告之脩어시든 不匿厥指일새 王用丕欽하시며 罔有逸言일새 民用丕變하더니 今汝聒聒하여 起信이 險膚하니 予不知乃所訟이로다

| 언해 |

녯 우리 先王이 또혼 녯 스룸을 도모ᄒᆞ야 믹기샤 정ᄉᆞ를 혼가지로 ᄒᆞ시니 임금이 닥금을 播ᄒᆞ야 씀커시든 그 가르침을 숭기지 안이 홈들로 임금이 뻐 크게 공경ᄒᆞ시며 허물의 말을 두지 안이 혼들로 빅성이 뻐 크게 變ᄒᆞ더니 이졔 네 聒聒ᄒᆞ야 미틈을 이리킴이 險ᄒᆞ고 야트니 내 너희 訟ᄒᆞ는 바를 아지 몯ᄒᆞ리로다

| 번역 |

"옛날 우리 선왕은 또한 옛 사람을 도모하여 맡겨서 정사를 같이 하셨다. 임금이 닦을 일을 펴서 고하면 신하들이 그 뜻을 숨기지 않으므로 임금이 크게 공경하시며, 잘못된 말을 하지 않으시니 백성이 크게 변하였다. 지금 너희는 떠들며 말을 하여 믿음을 일

으키는 것이 험하고 얕으니, 나는 너희가 말하는 바를 알지 못하
겠다."

| 자해 |

舊人 : 세신(世臣)과 구가(舊家)의 사람. •播 : 폄. •匿 : 숨김. •逸 : 잘못.
•聒聒 : 지껄임. •膚 : 얕음. •訟 : 말.

| 의해 |

선왕이 옛사람과 같이 정사하기를 꾀하여 임금이 정사 닦을 것을
펴서 고하면, 안에서는 받들어 이어받으며 그 가르친 뜻을 숨기
지 않아서 임금이 크게 공경하였으며, 밖에서는 펴서 교화하여
잘못된 말로 여러 사람을 현혹시키지 않아서 백성이 크게 변하였
다. 지금 안에서는 소인을 경계하는 것을 숨기고 밖에서는 화합
하고 길하지 아니하여 백성에게 말할 때 시끄럽게 떠들며 믿음을
일으키는 것이 험하고 얕다. 나는 너희가 말하는 것이 무엇인지
를 모르겠다.

非予自荒玆德이라 惟汝含德하여 不惕予一人하나니 予若
觀火언마는 予亦拙謀라 作乃逸이니라

| 언해 |

내 스스로 이 德을 폐ᄒᆞᄂᆞᆫ 쥬리 안이라 네 德을 먹음어 나 ᄒᆞᆫ 사
름을 두려워 안이 ᄒᆞᄂᆞ니 내 불을 봄과 갓건마는 내 쏘ᄒᆞᆫ 꾀가 拙
ᄒᆞᆫ 디라 너희 허물을 지으니라

| 번역 |

"내가 스스로 이 덕을 폐하려는 것이 아니라, 너희들이 나의 덕을 가려서 드러나지 않게 하며 나 한 사람을 두려워하지 않으니, 내가 불을 보듯 확실하지만, 나도 또한 꾀가 졸렬하여 너희들이 허물을 짓게 된 것이다."

| 자해 |

荒 : 폐함.　•惕 : 근심.　•逸 : 허물.

| 의해 |

내가 도읍을 옮기는 것을 가볍게 여겨서 이 덕을 폐한 것이 아니라, 너희가 덕을 베풀어 펴지 아니하여 나를 두려워하지 않는 것이다. 내가 너희의 의도를 불을 보듯이 알고 있지만, 내 꾀가 졸렬하여 억제하지 못한 까닭에 너희들로 하여금 허물을 짓게 하였다.

若網이 在綱이라야 有條而不紊하며 若農이 服田力穡이라야 乃亦有秋니라

| 언해 |

그물이 벼리가 잇셔샤 됴리 잇셔 어지럽지 안이 훔 갓트며 농스 훔이 밧애 服ᄒ야 힘 뼈 심어야 쏘훈 가을 잇슴 갓트니라

| 번역 |

"그물에 벼리가 있어야 조리가 있어서 어지럽지 않은 것과 같으

며, 농사하는 밭에 힘써 심어야 또한 가을이 있는 것과 같으니
라."

| 자해 |

網 : 그물. ·綱 : 벼리. ·棼 : 어지러움. ·服 : 일함.

| 의해 |

그물의 벼리를 들면 그물의 눈이 펴진다는 말은 아래가 위를 따
르고 작은 것이 큰 것을 따르는 이치를 깨우쳐 주려는 말이다. 이
는 앞에서 말한 거만하지 말라는 경계를 거듭 말한 것이다. 논밭
에서 부지런히 일하여 가을의 결실이 있기를 바란다는 말은 지금
비록 옮기기는 괴로우나 길이 네 집을 세우는 이익이 있음을 깨
우쳐 주려는 말이다. 이는 앞에서 말한 편안함을 따르지 말라는
경계를 거듭 말한 것이다.

汝克黜乃心하여 施實德于民하되 至于婚友오사 丕乃敢

大言汝有積德이라하라

| 언해 |

네 능히 네 ᄆᆞ음을 버려셔 實ᄒᆞᆫ 德을 빅셩의게 베푸되 혼인과 벗
에 니르고샤 크게 敢히 큰 말호되 네 積德을 두노라 ᄒᆞ라

| 번역 |

"너희가 너희 마음을 버려서 실행할 의지가 있는 덕을 백성에게
베풀되, 혼인한 사람과 벗에게 이르게 한 다음에야 감히 너희가

덕을 쌓음이 있다고 크게 말하라.”

| 의해 |

너희가 어찌 사사로운 마음을 버리고 실행할 의지가 있는 덕을
백성과 혼인한 사람과 벗에게 베풀지 아니하는가? 실행하여 공이
있는 것이 실제적인 덕이니, 너희가 실행하여 공이 있으면 너희
에게 쌓은 공적이 있다고 크게 말하라.

乃不畏戎毒于遠邇하나니 惰農이 自安하여 不昏作勞하여
不服田畝하면 越其罔有黍稷하리라

| 언해 |

네 큰 毒을 멀고 각가온디에 두려워 안이 ᄒᆞᄂᆞ니 게으른 농스ㅣ
스스로 편ᄒᆞ야 힘뼈 수고롬을 짓지 안이ᄒᆞ야 밧과 이랑에 좃지
안이ᄒᆞ면 그 黍稷을 두디 못ᄒᆞ리라

| 번역 |

“너희가 멀고 가까운 곳에서 큰 독을 두려워하지 않으니, 게으른
농사꾼이 스스로 편안하여 힘써 노력하지 않고 밭과 이랑에서 일
하지 않으면 곡식이 없을 것이다.”

| 자해 |

戎 : 큼. •昏 : 힘씀.

| 의해 |

너희가 안락함에 빠져 멀고 가까운 사이에서 크게 해가 됨을 두
려워하지 않으니, 수고로움을 꺼려서 옮기지 않는 것이 게으른
농부가 힘쓰고 노력하지 않고 밭과 이랑에서 일하지 않으면 곡식
을 바랄 수 없는 것과 같다.

汝不和吉을 言于百姓하나니 惟汝自生毒이로다 乃敗禍姦
宄로 以自災于厥身하여 乃旣先惡于民이요 乃奉其恫하
여서 汝悔身인들 何及이리오 相時憸民한댄 猶胥顧于箴言
이라도 其發에 有逸口니 矧予制乃短長之命이온여 汝는 曷
弗告朕하고 而胥動以浮言하여 恐沈于衆고 若火之燎于
原하여 不可嚮邇나 其猶可撲滅이니 則惟爾衆이 自作弗
靖이라 非予有咎니라

| 언해 |

너희 和吉을 뵉셩의게 닐르지 안이ᄒᆞᄂᆞ니 네 스스로 毒을 나게
홈이로다 敗ᄒᆞ며 禍ᄒᆞ며 간샤ᄒᆞ며 간악으로 뼈 스스로 그 몸에
지앙ᄒᆞ야 이믜 뵉셩으로 몬져 惡ᄒᆞ고 그 恫을 奉ᄒᆞ야샤 네 몸을
누이친ᄃᆞᆯ 엇지 밋치리오 이 憸民을 본ᄃᆡᆫ 오히려 셔로 경계 말을
도라 보곤든 그 發홈애 逸口 잇슬가 ᄒᆞᄂᆞ니 ᄒᆞ물며 내 너의 쫄고
긴 命을 制홈이ᄯᅡ녀 너희ᄂᆞᆫ 엇디 朕ᄃᆞ려 告치 아니ᄒᆞ고 서로 動
ᄒᆞ욤을 쁜 말로 뼈 ᄒᆞ야 무리를 공동ᄒᆞ며 줌기ᄂᆞ뇨 불이 언덕에

타셔 可히 嚮호야 갓가웁지 못호나 可히 쳐셔 멸홈 가트니 너희
무리가 스스로 편안호지 안이 홈을 짓논지라 내 허물 잇슴이 안
이니라

| 번역 |

"너희가 화목하고 길함을 백성에게 말하지 아니하니, 너희 스스
로 독을 낳게 하는 것이다. 어그러뜨리고 화를 끼치며 간사하고
간악하여 스스로 그 몸에 재앙을 끼쳐서 이미 백성보다 먼저 악
을 행하여 그 아픔을 받게 되면 너희 스스로 뉘우친들 어찌 미칠
수 있겠는가? 이 작은 백성들을 보니 오히려 서로 경계하는 말을
돌아보더라도 그 말을 함에는 잘못된 말이 있을까 하니, 하물며
내가 너희 짧고 긴 명을 제어함에 있어서랴! 너희는 어찌 나에게
고하지 아니하고 서로 사실이 아닌 말로 선동하여 백성들이 죄악
에 빠질까 두려워하게 하는가? 불이 언덕에서 타오르면 그리로
향하여 가까이 갈 수는 없지만 쳐서 꺼버릴 수 있으니, 너희 백성
들이 스스로 편안하지 않게 하는 것이지 내가 허물이 있는 것이
아니다."

| 자해 |

吉 : 좋음. •先惡 : 먼저 악을 함. •奉 : 이음. •恫 : 통(痛)자와 같음. •相 :
봄. •時 : 시(是)자와 같음. •憸民 : 작은 백성. •逸口 : 말의 잘못. •靖 : 편
안함. •咎 : 허물.

| 의해 |

이 장은 반복해서 변론하여 윗사람을 업신여기는 피해를 거듭 말
하였다.

지임　　유언왈　인유구구　　기비구구　　유신
遲任이 有言日 人惟求舊요 器非求舊라 惟新이라하도다

| 언해 |

遲任이 말을 두어 골오디 스롬은 녯을 求ᄒ고 그릇은 녯을 求치
안이ᄒᄂ지라 시것을 홀지라 ᄒ도다

| 번역 |

"지임(遲任)이 말하기를, '사람은 옛 사람을 구하며, 그릇은 옛 것
을 구하지 아니하고 새것으로 할 것이라.'고 하였다."

| 자해 |

遲任 : 옛날의 어진 사람.

| 의해 |

옛 사람은 익숙하고 옛 그릇은 낡았으니, 마땅히 항상 옛 사람을
부리고 새 그릇을 써야 한다.

고아선왕　　기내조내부　　서급일근　　　　여감동용비
古我先王이 曁乃祖乃父로 胥及逸勤하시니 予敢動用非

벌　　세선이로　　　여불엄이선　　　자여대향우선왕
罰가 世選爾勞하나니 予不掩爾善하리라 茲予大享于先王

할새 爾祖其從與享之하여 作福作災하나니 予亦不敢動用

비　덕
非德하리라

넷 우리 先王이 밋 너의 한아비와 너의 아비로 셔로 밋 편키도 ᄒ
며 부지런키도 ᄒ시니 내 敢히 안인 罰을 動ᄒ야 쓰랴 디디로 너
의 수고롬을 가리엿ᄂ니 내 너의 착홈을 가뤼지 안이 호리라 이
내 先王께 크게 享홀시 너의 한아비가 그 조츠 더브러 享ᄒ야 福
을 지으며 지앙을 짓ᄂ니 내 쏘호 德안인 거슬 敢히 動ᄒ야 쓰지
안이호리라

"옛날 우리 선왕이 너희 할아버지와 너희 아버지와 함께 서로 함
께 편하기도 하며 부지런하기도 하였으니, 내가 감히 그릇된 벌
을 동원하여 쓰겠는가? 대대로 너희 수고로움을 헤아렸으니, 내
가 너희 착함을 가리지 아니할 것이다. 이에 내가 선왕께 크게 제
사지낼 때에 너희 할아버지에게 함께 제사지내어 복을 지으며 재
앙을 지을 것이다. 내가 또한 덕이 아닌 것을 감히 동원하여 쓰지
아니할 것이다."

胥 : 서로. •非罰 : 마땅히 벌(罰)할 바가 아님. •掩 : 가림.

우리 선왕과 너희 할아버지와 너희 아버지는 임금과 신하가 서로
합하여 편함과 괴로움을 같이 하였으니, 내가 어찌 합당하지 않
은 벌을 너에게 가하겠는가? 그러므로 종묘에서의 제사에도 너희
할아버지와 너희 아버지가 같이 함께 제사를 지내어 복도 짓고
재앙도 지었는데, 내가 어찌 사사로운 뜻을 더하겠는가? 다만 도
읍은 옮기지 않을 수 없을 것이다.

予告汝于難하노니 若射之有志하니 汝無侮老成人하며 無
弱孤有幼하고 各長于厥居하여 勉出乃力하여 聽予一人
之作猷하라

| 언해 |

내 너의 더러 어려움을 告ᄒ노니 쏘옴이 志잇솜 갓트니 너의 老
成호 스름을 업슈이 여기지 말며 외로온 어린이를 弱히 넉기지
말고 각각 그 居홈을 쟝원ᄒ게 ᄒ야 힘뼈 네 힘을 니여 나 호사름
의 지은 쐬를 드르라

| 번역 |

"내가 너희에게 어려움을 고하니, 활쏘기에서 맞추려는 뜻이 있
는 것과 같으니, 너는 노성(老成)한 사람을 업신여기지 말며, 외
로운 어린이를 약하게 여기지 말고, 각각 그 사는 곳에서 길이 거
하여 노력하고, 네 힘을 내어 나 한 사람이 지은 계책을 따르라."

| 자해 |

志 : 맞추는 데에 뜻을 둠. • 弱 : 작게 여김.

| 의해 |

도읍을 옮기는 것이 쉬운 일이 아니며, 또 당시에 신하와 백성이
윗사람을 업신여기고 편함을 따라서 옮기는 것을 좋아하지 않는
까닭에 이와 같이 여러 번 말한 것이다.

無有遠邇히 用罪는 伐厥死하고 用德은 彰厥善하리니 邦
之臧은 惟汝衆이요 邦之不臧은 惟予一人이 有佚罰이니
라

| 언해 |

멀고 갓감이 업시 罪 쓰느니란 죽욤으로 伐ᄒ고 德 쓰느니란 그
착홈을 드러닐지니 나라의 臧홈은 너의 무리오 나라의 臧치 몯홈
은 나 ᄒᆞᆫ ᄉᆞ롬이 罰을 佚홀 시니라

| 번역 |

"멀고 가까움이 없이 죄를 짓는 사람은 죽임으로써 벌을 주고, 덕
을 행하는 사람은 그 착함을 드러낼 것이니, 나라가 훌륭하게 되
는 것은 너희 무리 때문이며, 나라가 훌륭하지 못하게 되는 것은
나 한 사람이 벌 집행을 잘못하였기 때문이다."

| 자해 |

伐 : 벰. • 臧 : 착함. • 佚 : 과실(過失).

| 의해 |

멀거나 가깝고, 친하거나 소원하거나를 가릴 것 없이 죽임으로써
벌을 주고 착함을 드러내는 것은 오직 너희의 착하고 악함이 어
떠한지를 보고서 할 뿐이다. 나라가 훌륭하게 되는 것은 너희 무
리가 덕을 실행한 까닭이고, 나라가 훌륭하게 되지 못하는 것은
나 한 사람이 마땅한 벌을 잘못 행하였기 때문이다.

凡爾衆은 其惟致告하여 自今으로 至于後日히 各恭爾事하여 齊乃位하며 度乃口하라 罰及爾身하면 弗可悔리라

| 언해 |

믈읫 너의 무리는 그 告흠을 일워서 이제로브터 뒤날에 니르히 각각 너의 일을 공손ᄒ야 네 位를 정제ᄒ며 네 입을 법도ᄒ라 罰이 네 몸에 밋치면 可히 뉘우치지 못ᄒ리라

| 번역 |

"너희 무리는 서로 경계할 것을 고하여서, 이제부터 뒷날에 이르기까지 각각 너희 일을 공손히 하여 네 자리를 가지런히 하며 네 입을 법도에 맞게 하라. 벌이 네 몸에 미치면 뉘우쳐도 소용없을 것이다."

| 자해 |

致告 : 각각 서로 고하여 경계함.

| 의해 |

이제부터 이후로 너희 일을 공경히 하고 너희 지위를 가지런히 하며 너희 말을 법도 있게 하라. 그렇지 않고 벌이 네 몸에 미치면 뉘우쳐도 소용없을 것이다.

반경 중[盤庚 中]

盤庚이 作하사 惟涉河하여 以民遷할새 乃話民之弗率하사

誕告用亶이어시늘 其有衆이 咸造하여 勿褻在王庭이러니

盤庚이 乃登進厥民하시다

| 언해 |

盤庚이 作ᄒᆞ샤 河를 건너셔 빅셩으로 ᄡᅥ 옴길시 빅셩이 조치지 안이 ᄒᆞᄂᆞᆫ 이를 말로ᄒᆞ사 크게 告홈이 졍셩을 쓰시거눌 그 무리가 다 造ᄒᆞ야 褻치 마쟈ᄒᆞ야 임금의 ᄠᅳᆯ애 잇더니 盤庚이 그 빅셩을 나나아 오라 ᄒᆞ시다

| 번역 |

반경(盤庚)이 천도의 일을 일으켜서 황하를 건너서 백성을 옮길 때, 백성 가운데 따르지 않는 이들에게 말을 해서 정성으로 크게 고하였다. 그 무리가 모두 나아가 왕의 조정에서 함부로 하지 않으니, 반경이 백성들에게 올라와서 앞으로 나오라고 하셨다.

| 자해 |

作 : 일어나서 장차 옮긴다는 말. •誕 : 큼. •亶 : 정성. •咸造 : 다 이름. •勿褻 : 함부로 하지 않도록 함.

| 의해 |

이는 사관의 말이다. 백성이 따르지 아니하는 것을 명령으로 다

스리지 아니하고 말로써 깨우친 것이니, 반경의 어짊이 이와 같
았다.

日明聽朕言하여 無荒失朕命하라

| 언해 |

골ᄋ샤디 밝히 朕의 말을 드러셔 朕의 命을 荒失치 말라

| 번역 |

"밝게 나의 말을 들어서 나의 명령을 폐하지 말라."

| 자해 |

荒 : 폐(廢)함.

嗚呼라 古我前后 罔不惟民之承하신대 保后胥慼일새 鮮
以不浮于天時하니라

| 언해 |

嗚呼ㅣ라 녯 우리 前임금이 빅셩을 공경치 안이치 안이 ᄒ신대
임금을 보젼ᄒ야 셔로 근심ᄒ들로 뼈 天時를 익이지 못홈이 젹더
니라

| 번역 |

"아! 옛 우리 이전의 임금이 백성을 공경하지 않음이 없으신대, 임금을 보전하여 서로 근심하여 하늘의 때를 이기지 못함이 적었다."

| 자해 |

承: 공경.　•浮: 이김.

| 의해 |

임금이 이미 오직 백성을 공경하지 않음이 없는 까닭에 백성이 또한 임금을 보전하여 서로의 근심을 근심함으로써 비록 자연의 재앙이 있었으나, 사람의 힘으로써 이기지 못하는 것이 적었다.

殷降大虐이어늘 先王이 不懷하사 厥攸作은 視民利하여 用遷이시니 汝는 曷不念我의 古后之聞고 承汝俾汝는 惟喜康共이니 非汝有咎라 比于罰이니라

| 언해 |

殷나라에 큰 포학을 나리거늘 先王이 편안치 못ᄒ야 그 作ᄒ신 바는 빅셩의 利를 보아셔 ᄡᅥ 옴기시니 너는 엇지 우리의 녯 임금의 드른 바를 싱각지 안이 ᄒᄂᆞᆫ고 너를 공경ᄒ고 너를 부리옴은 편안키를 갓치 홈을 깃거홈이니 네 허물이 잇ᄂᆞᆫ지라 罰에 比홈이 안이니라

| 번역 |

"은나라에 큰 재앙이 내리거늘, 선왕이 편안하지 아니하여 천도의 일을 일으킨 것은 백성의 이익을 보아서 옮기신 것인데, 너희는 어찌 나의 천도를 우리의 옛 임금에게서 들은 것으로 생각하지 않는가? 너희를 공경하고 너희를 부리는 것은 함께 편안한 것을 기뻐하는 것이니, 너희들에게 허물이 있어서 형벌에 미치도록 하려는 것이 아니다."

| 자해 |

懷 : 편안함. •作 : 일으킴.

| 의해 |

선왕은 하늘이 큰 재앙을 내림으로써 감히 편안히 살지 못하여, 천도의 일을 일으켜 백성의 이익을 보아서 옮겼을 따름이다. 너희 백성은 천도를 어찌 내가 선왕에게서 들은 일로 생각하지 아니하는가? 내가 너희를 공경하고 너희를 부리는 것은 오직 너희와 더불어 같이 편안함을 기뻐하는 것이니, 너희에게 죄가 있어서 벌을 주어 너희를 귀양 보내는 것이 아니다.

予若籲懷玆新邑은 亦惟汝故니 以丕從厥志니라

| 언해 |

내 이러틋시 이 시 고을애 불러오라 홈은 쏘훈 너의 연고 | 니 뼈 그 뜻을 크게 조칠지니라

| 번역 |

"내가 이와 같이 이 도읍에 불러오려는 것은 또한 너희 때문이니, 너희의 뜻을 크게 따른 것이다."

| 자해 |

籲 : 부름. •懷 : 오게 함.

| 의해 |

내가 이 새 고을에 불러 편안히 하는 것은 또한 오직 백성이 홍수에 휩쓸려 떠돌기 때문이다. 너희를 공경하고 너희를 부려서 편안함을 같이하여 너희의 뜻을 크게 따른 것이다.

今予將試以汝遷하여 安定厥邦이어늘 汝不憂朕心之攸困이요 乃咸大不宣乃心하여 欽念以忱하여 動予一人하나니 爾惟自鞠自苦로다 若乘舟하니 汝弗濟하면 臭厥載하리라 爾忱이 不屬하니 惟胥以沈이로다 不其或稽어니 自怒인들 曷瘳리오

| 언해 |

이제 내 쟝촛 널로 뻐 옴겨셔 그 나라를 安定ᄒ거늘 네 내 ᄆᆞᆷ의 困ᄒᆞᆫ 바를 근심치 안이ᄒᆞ고 다 크게 네 ᄆᆞᆷ을 베푸러 공경ᄒᆞ야 싱각홈을 졍셩으로ᄡᅥ ᄒᆞ야 나 ᄒᆞᆫ 사름을 動치 아니ᄒᆞᄂᆞ니 네 스스로 鞠ᄒᆞ며 스스로 苦홈이로다 ᄇᆡ 탄 것과 갓트니 네 濟치 안이ᄒᆞ면 그 시른 것을 해ᄒᆞ리라 너 졍셩이 이웃지 안이ᄒᆞ니 셔로 ᄡᅥ

줍기리로다 그 或 살펴지 안이 ᄒ거니 스스로 怒훈 둘 엇지 나으
리오

| 번역 |

"이제 내가 너희를 옮겨서 나라를 안정시키려고 하는데, 너희는
내 마음에 곤란하게 여기는 것을 염려하지 않고, 다 크게 너희 마
음을 드러내어 정성으로 공경히 생각하여 나 한 사람을 감동시키
려 하지 않으니, 너희 스스로 곤궁하게 한 것이며 스스로 괴롭게
만든 것이다. 배를 탄 것과 같으니 너희가 건너지 못하면 실은 것
을 상하게 할 것이다. 너희 정성이 이어지지 아니하니, 물에 잠길
것이다. 혹 살피지 못한 것이니 스스로 노한들 무슨 소용이 있겠
는가?"

| 자해 |

鞠 : 곤궁함. • 臭 : 부패하여 냄새가 남.

| 의해 |

이제 나 또한 오직 너희 연고로 나라를 안정시키려고 하는데, 너
희는 내 마음의 곤란한 바를 근심하지 아니하고, 이에 다 속마음
을 드러내서 정성을 가지고 공경히 생각하여 나를 감동시키지 아
니하며, 쓸데없이 어지러이 스스로 곤궁하게 하고 괴로움을 취하
였다. 비유하자면 배를 타고서 강을 건너지 않으면 실은 것을 상
하게 해서 냄새가 나게 하는 것과 같다. 이제 너희가 윗사람을 따
르는 정성이 이어지지 아니하니, 어찌 건널 수가 있겠는가? 오직
서로 함께 물에 빠지는 데에 이를 따름이다. 이로움과 해로움이
이와 같음을 너희 백성이 살피지 아니한 것이니, 이것이 비록 분
하고 원망스럽지만 어찌 곤란한 것이 덜어지겠는가?

汝不謀長하여 以思乃災하나니 汝誕勸憂로다 今其有今이나 罔後하리니 汝何生이 在上이리오

| 언해 |

네 길믈 꾀흐야 뻐 지앙을 싱각지 안이 흐느니 네 키 근심으로 勸홈이로다 이제 그 이제가 잇스나 뒤업스리니 네 무슴 生이 위에 잇스리오

| 번역 |

"너희가 먼 미래를 꾀하여 옮기지 않는 재앙을 생각하지 아니하니, 너희가 크게 근심을 권하는 것이다. 이제 오늘은 있으나 뒤가 없을 것이니, 너희의 어떤 삶이 하늘에 있겠는가?"

| 자해 |

有今 : 오늘날이 있음. • 罔後 : 뒷날이 없음. • 上 : 하늘.

| 의해 |

너희가 장구(長久)함을 꾀하여서 천도하지 않음으로써 닥쳐올 재앙을 생각하지 아니하니, 너희가 큰 근심을 스스로에게 권하는 것이다. 이제 오늘날이 있어도 뒷날이 없을 것이니, 이는 하늘이 너희 명을 끊어버리는 것이니, 너희의 어떤 살아갈 이치가 하늘에 있겠는가?

今予命汝하노니 一하여 無起穢以自臭하라 恐人이 倚乃身하여 迂乃心하노라

| 언해 |

이제 내 너를 命ㅎ노니 혼갈 갓치ㅎ야 더러옴을 이르켜셔 써 스스로 패치 말라 스름이 네 몸을 비겨셔 네 ᄆ음을 굽게 홀가 두려워 ㅎ노라

| 번역 |

"이제 내가 너희를 명하니, 한결같이 하여 더러움을 일으켜서 스스로를 더럽히지 말라. 사람들이 너희 몸을 기울여 너희 마음을 굽게 할까 두려워한다."

| 자해 |

穢 : 더러움.　•倚 : 편벽됨.　•迂 : 굽음.

| 의해 |

너희 백성은 마땅히 한 마음으로 윗사람을 따르되, 더러운 악을 일으켜서 자기를 더럽히지 말라. 근거 없는 말을 하는 사람들이 너희 몸을 기울어지게 하여 너희 마음을 구부러지게 하고서, 너를 간사하고 편벽되게 하여 바른 소견이 없게 할까 두려워하는 것이다.

予迓續乃命于天하노니 予豈汝威리오 用奉畜汝衆이니라

| 언해 |

내 네 命을 하늘에 마져 이웃노니 내 엇지 너를 위협ᄒ리오 뼈 너
의 무리를 밧들어 길음이니라

| 번역 |

"내가 너희 명을 하늘에서 맞이하여 잇는 것이니, 내가 어찌 너희
를 위협하겠는가? 그것으로 너희 무리를 받들어 기르는 것이다."

| 의해 |

내가 도읍을 옮기는 것은 바로 너희 명을 하늘에서 맞아 잇는 것
이니, 내가 어찌 너희를 위협하겠는가? 너희 생명을 온전하게 하
는 것이다.

予念我先神后之勞爾先하노니 予丕克羞爾는 用懷爾然
이니라

| 언해 |

내 우리 먼저 神后의 너의 먼져 ᄉ롬을 슈구로이 ᄒ심을 싱각ᄒ
노니 내 크게 능히 너의를 羞홈은 뼈 너의를 싱각홈이니라

| 번역 |

"내가 우리 이전 신령한 임금께서 너희 선조를 수고롭게 하였음을
생각하여, 내가 크게 너희를 기를 수 있는 것은 너희를 생각하기
때문이다."

| 자해 |

神后 : 선왕. •羞 : 기름.

| 의해 |

내가 우리 이전 신령한 임금께서 너희 선조를 수고롭게 한 것을
생각하여, 내가 크게 너희를 기르는 것은 너희를 생각하기 때문
이다.

失于政하여 陳于茲하면 高后丕乃崇降罪疾하사 曰曷虐
朕民고하시리라

| 언해 |

졍ᄉ를 일어서 이에 오리ᄒ면 高后ㅣ 크게 罪疾을 크게 ᄂ리샤
닐ᄋ디 엇지 내 빅셩을 ᄉ납게 ᄒᄂᆫ고 ᄒ시리라

| 번역 |

"정사를 잘못하면서 여기에 오래 있으면 탕 임금께서 죄와 질병을
크게 내리셔서, '어찌 내 백성들에게 포학하게 하는가?'라고 하실
것이다."

| 자해 |

陳 : 오래 됨. •崇 : 큼. •高后 : 탕 임금.

| 의해 |

경(耿) 땅이 무너져도 옮기지 아니하여 백성을 병들게 하면 이는
정사를 잘못하고서도 이 땅에 오래 있는 것이다. 탕 임금이 반드

시 크게 죄와 질병을 내게 내려 말씀하시기를, '어찌하여 내 백성들에게 포학하게 하는가?'라고 하실 것이다. 임금이 백성의 편안함을 도모하지 아니하는 것이 또한 사납게 하는 것이다.

汝萬民이 乃不生生하여 曁予一人猷로 同心하면 先后丕降與汝罪疾하사 曰曷不曁朕幼孫으로 有比오하시리니 故有爽德이라 自上으로 其罰汝하시리니 汝罔能迪하리라

| 언해 |

너희 萬빅셩이 生을 生ᄒ야 나 ᄒᆞᆫ 스룸꾀로 밋 ᄆᆞᄆᆞᆯ 갓치 안이ᄒ면 先后ㅣ 크게 너의게 罪疾을 ᄂᆞ리샤 닐으듸 엇지 내 어린 손즈로 밋 比치 안이ᄒᄂᆞ뇨 ᄒ시리니 故로 爽ᄒᆞᆫ 德이 잇ᄂᆞ지라 위로브터 그 너를 罰ᄒ시리니 네 능히 迪이 업스리라

| 번역 |

"너희 만백성이 삶을 즐기면서도 나 한 사람과 계책이나 마음을 같이 하지 않으면, 선왕이 크게 너희에게 죄와 질병을 내리셔서 이르기를 '어찌 내 어린 손자와 일을 같이하지 아니하는가?'라고 하실 것이다. 그리고 덕을 잃어버려서 위로부터 너희를 벌하실 것이니, 너희가 벗어날 방법이 없을 것이다."

| 자해 |

先后 : 상나라의 선왕. •幼孫 : 어린 손자. 반경이 스스로를 일컬은 말. •比 : 일을 함께 함. •爽 : 잃어버림. •迪 : 도리.

| 의해 |

너희 백성이 살기를 즐겨하고 일을 일으켜 나와 함께 마음을 같이하여 옮기지 아니하면, 내 선왕들이 크게 죄와 질병을 너희들에게 내려 말하기를, '너희가 어찌 내 어린 손자와 더불어 옮기지 않는가?'라고 하실 것이다. 그래서 너희 덕을 잃어 버려서 위로부터 너희를 벌할 것이니, 너희가 스스로 벗어날 도리가 없을 것이다.

古我先后 旣勞乃祖乃父라 汝共作我畜民이니 汝有戕이 則在乃心하면 我先后 綏乃祖乃父하여시든 乃祖乃父 乃斷棄汝하여 不救乃死하리라

| 언해 |

녯 우리 先后ㅣ 이믜 네 한아비와 네 아비를 위로하신지라 네 다 나의 길은 빅셩이 되얏느니 네 해롭흠이 네 무음에 잇스면 우리 先后ㅣ 네 한아비와 네 아비를 오게 하거시든 네 한아비와 네 아비가 너를 쓴코 버리여셔 네 죽음을 救치 안이하리라

| 번역 |

"옛 우리 이전 임금이 이미 너희 할아버지와 너희 아버지를 위로하셨고, 너희 모두 내가 기르는 백성이 되었는데, 너희가 해롭게 하려는 생각이 마음에 있다면 우리 이전 임금이 너희 할아버지와 너희 아버지를 회유하여 오게 하실 것이다. 너희 할아버지와 너희 아버지가 너희를 끊어 버리고 너희 죽음을 구하지 아니할 것이다."

| 자해 |

共 : 모두. •戕 : 해로움. •綏 : 회유하여 오게 함.

| 의해 |

이전 임금이 이미 너희 할아버지와 너희 아버지를 위로하였고, 너희가 다 내가 기른 바의 백성이다. 너희가 해롭게 하려는 마음이 있으면, 이전 임금이 진실로 알아서 너희 할아버지와 너희 아버지를 오게 할 것이다. 그러면 너희 할아버지와 너희 아버지가 또한 너희를 끊고 버려 너희 죽음을 구하지 아니할 것이다.

茲予有亂政同位 具乃貝玉하면 乃祖乃父 丕乃告我高后하여 曰作丕刑于朕孫이라하여 迪高后하여 丕乃崇降弗祥하리라

| 언해 |

이 나의 정사를 다샤려 位를 갓치ᄒ니들이 貝와 玉을 갓츄면 네 훈아비와 네 아비가 크게 우리 高后끠 告ᄒ야 길오디 우리 손즈의게 큰 형벌을 지을거시라 ᄒ야 高后끠 迪ᄒ야 크게 상셔롭지 못훔을 크게 나리시리라

| 번역 |

"이 나의 정사를 다스려 지위가 같은 이들이 패물과 옥을 모으면, 너희 할아버지와 너희 아버지가 크게 우리 탕 임금께 고하여 우리 손자에게 큰 형벌을 내리라고 하며, 탕 임금을 일깨워 크게 상서롭지 못함을 내릴 것이다."

| 자해 |

亂 : 다스림. •具 : 많이 취함. •迪 : 일깨움.

| 의해 |

만일 정사를 다스리는 신하로서 지위를 함께하는 자가 백성을 생각하지 않고 패물과 옥을 많이 취하기를 힘쓰는 사람이면, 그 할 아버지와 아버지가 우리 탕 임금에게 고하여 큰 형벌을 그 자손에게 내리라고 하며, 탕 임금을 일깨워 이에 크게 상서롭지 못함을 내릴 것이다.

嗚呼라 今予告汝不易하노니 永敬大恤하여 無胥絶遠하여 汝分猷念以相從하여 各設中乃心하라

| 언해 |

嗚呼ㅣ라 이제 내 너드려 쉬웁지 안이 홈을 告호노니 큰 근심홈을 길이 공경호야 셔로 쯘코 멀니 말아 네 도모홈과 싱각홈을 난우어 뼈 셔로 조츠 각각 즁도를 네 只음에 베풀라

| 번역 |

"아! 이제 내가 너희에게 쉽지 않은 일을 고하니, 큰 근심을 길이 공경하여, 서로 끊고 멀리하지 말고, 너희가 도모하는 것과 생각하는 것을 나누어서 서로 따르고 각각 중도를 너희 마음에 있게 하라."

| 자해 |

大恤 : 큰 근심. • 猷 : 일을 도모함. • 中 : 중도(中道). 극진한 이치.

| 의해 |

이에 내가 너희에게 도읍을 옮기는 것이 어려움을 고하노니, 너희는 마땅히 내가 크게 근심하여 생각하는 것을 길이 공경하여, 임금과 신하가 마음을 하나로 한 다음에야 구제함이 있을 것이다. 일을 나누는 자는 임금의 도모하는 바를 도모하고, 생각을 나누는 자는 임금의 생각하는 바를 생각하여, 각각 지극한 이치로써 마음에 두면 도읍을 옮기는 의논을 바꾸지 못함을 알 것이다.

乃有不吉不迪이 顚越不恭과 暫遇에 姦宄어든 我乃劓殄滅之無遺育하여 無俾易種于玆新邑하리라

| 언해 |

吉치 안이ᄒᆞ며 迪지 안이홈이 顚ᄒᆞ며 越ᄒᆞ야 공손치 안이하는 이와 잠간 만남애 간샤하며 간악ᄒᆞ리 잇거든 내 코를 벼히며 殄滅ᄒᆞ야 ᄯᅵ쳐 길으지 안이ᄒᆞ야 ᄒᆞ야곰 씨를 이 시 고을애 박구게 ᄒᆞ리라

| 번역 |

"길하지 않으며 따르지 않고 떨어뜨리고 어기면서 공손하지 않는 자와 잠깐 만남에 간사하며 간악한 사람이 있거든, 내가 코를 베어 모두 처벌하여 남겨두어서 기르지 않을 것이며, 그의 씨를 이 새 도읍에 옮겨 심지 못하게 하리라."

| 자해 |

迪 : 따름. •顚 : 떨어짐. •越 : 넘음. •劓 : 코 베는 형벌.

| 의해 |

이에 길하지 않고 따르지 않으며 윗사람의 명을 떨어뜨리고 어기면서 공손히 하지 않은 자와 잠깐 만남에 간사하여 겁을 주어 노략질하는 자이면, 내가 적게는 코 베는 형벌을 가하고 크게는 죽여 없애버리고 남겨서 길러지지 않도록 할 것이다. 그의 씨를 이 새 도읍에 옮기지 않을 것이다.

往哉生生하라 今予는 將試以汝遷하여 永建乃家니라

| 언해 |

가셔 生을 生ᄒᆞ라 이졔 나는 쟝촛 뻐 너의를 옴기여 기리 너의 집을 셰움이니라

| 번역 |

"가서 즐겁게 살라. 이제 나는 너희를 옮겨 길이 너희 집을 세울 것이다."

| 자해 |

往哉 : 새 도읍에 감.

| 의해 |

도읍을 막 옮길 때에 사람들이 옛 땅만을 생각하여 마음에 품고, 새 도읍에 사는 즐거움을 알지 못하였다. 그래서 이제 너희를 옮겨 너희 집을 길이 세워 자손의 무궁한 사업이 되게 할 것이라고

한 것이다.

반경 하[盤庚 下]

盤庚이 旣遷하사 奠厥攸居하시고 乃正厥位하사 綏爰有衆

하시다

| 언해 |

盤庚이 이믜 옴기샤 그 居홀 바를 뎡ㅎ시고 그 位를 바르샤 이에
무리를 편안케ㅎ시다

| 번역 |

반경(盤庚)이 도읍을 옮기고 나서 살 곳을 정하시고 지위를 바르
게 하셔서 이에 무리를 편안하게 하셨다.

| 자해 |

奠 : 정함. ・綏 : 편안함.

| 의해 |

반경이 새 도읍으로 옮기고 나서 살 곳을 정하고, 군신(君臣)・상
하(上下)의 지위를 바르게 하고, 신하와 백성들이 도읍을 옮긴 수
고로움을 위로하여 무리의 뜻을 편안하게 한 것이다.

曰無戲怠하여 懋建大命하라

| 언해 |

골ᄋ샤디 희학ᄒ며 게을으지 말아셔 힘 뼈 큰 命을 셰우라

| 번역 |

"희롱하며 게으르지 말고, 힘써 큰 명을 세워라."

| 자해 |

懋 : 힘씀.

| 의해 |

나라를 옮기는 처음에 신하와 백성들이 일하여 국가를 위하여 무궁한 계책을 세우고자 하였다. 그래서 반경이 희롱하고 게으르지 말 것으로 경계하고, 큰 명을 세우기 위해 노력하라고 권유한 것이다.

今予其敷心腹腎腸하여 歷告爾百姓于朕志하니 罔罪爾衆이니 爾無共怒하여 協比讒言予一人하라

| 언해 |

이졔 내 그 心과 腹과 腎과 腸을 펴셔 너의 百姓의게 내 ᄯᅳᆺ을 다 告ᄒ노니 너의 무리를 罪치 안일거시니 네 다 怒ᄒ야 나 ᄒᆞᆫ스름

을 참소ᄒᆞᄂᆞᆫ 말에 합ᄒᆞ야 좃지 말라

| 번역 |

"이제 내가 심장·배·콩팥·창자에 있는 말을 펴서 너희 백성에게 내 뜻을 모두 고하니, 너희 무리에게 죄를 주지 않을 것이니, 너희들이 모두 노하여 나 한 사람을 헐뜯는 말에 함께하여 따르지 말라."

| 자해 |

歷 : 다함.

| 의해 |

내가 마음속의 말을 다하여 너희에게 고하여 의심이 없도록 할 것이니, 너희는 공연히 서로 노하여 나를 헐뜯는 말을 따르지 말라고 한 것이다.

古我先王이 將多于前功하리라 適于山하사 用降我凶德하사 嘉績于朕邦하시니라

| 언해 |

녯 우리 先王이 쟝ᄎᆞᆺ 前功애 만흐리라 山에 가샤 뻐 우리 凶德을 나리샤 우리나라에 아름다온 공을 ᄒᆞ시니라

| 번역 |

"옛 우리 선왕이 앞 사람의 공적보다 아름답게 하려고 산에 가셔

서 우리의 흉한 덕을 줄이시고 우리나라에 아름다운 공을 쌓으셨
다."

| 자해 |

古我先王 : 탕 임금을 말함. •適于山 : 박(亳) 땅에 간 것. •降 : 줄임. •嘉
績 : 아름다운 공.

| 의해 |

옛날에 탕 임금이 또한 수재(水災)를 당하여 박(亳) 땅으로 옮겨
가 산을 의지하여 흉한 수재를 줄이고 우리나라에 아름다운 공적
을 쌓으셨다. 이런 까닭으로 탕 임금의 공적이 앞 사람들보다 많
은 것이니, 이제 우리도 생각할 바이다.

今我民이 用蕩析離居하여 罔有定極이어늘 爾謂朕하되 曷
震動萬民하여 以遷고하다

| 언해 |

이제 우리 빅셩이 蕩析ᄒ야 居를 쪄나 定極을 두지 못ᄒ거늘 너
희 나를 닐오디 엇디 萬빅셩을 震動ᄒ야 뼈 옴기ᄂᆫ고 ᄒᄂ다

| 번역 |

"이제 우리 백성이 홍수에 휩쓸려 살던 곳을 떠나 정해진 살 곳이
없으니, 너희가 나에게 '어찌 백성을 진동하여 옮기려 하는가?'라
고 한다."

| 자해 |

蕩 : 패함. • 析 : 헤어짐.

| 의해 |

이제 경(耿) 땅이 황하의 홍수에 무너지게 되어, 백성이 홍수에 휩쓸려 흩어져서 살던 곳을 떠나 거처를 정하여 멈추어 살지 못하였다. 흉한 덕에 빠져 구할 수가 없게 되자, 너희가 나에게 '무슨 연고로 백성을 진동하여 옮기는가?'라고 한다.

肆上帝 將復我高祖之德하사 亂越我家어시늘 朕及篤敬

으로 恭承民命하여 用永地于新邑호라

| 언해 |

이러므로 上帝ㅣ 쟝촛 우리 高祖의 德을 회복ᄒ샤 다스림이 우리 집에 밋치게 ᄒ거시늘 朕이 밋 돈독ᄒ고 공경ᄒᆫ 일로 빅셩의 命을 공손이 이어서 뻐 길이 시 고을에 살게 호라

| 번역 |

"이러므로 상제가 우리 고조의 덕을 회복하게 하셔서 다스림이 우리나라에 미치게 하시니, 내가 돈독하고 공경하는 사람과 백성의 명을 공손히 받들어 길이 새 도읍에서 살게 할 것이다."

| 자해 |

肆 : 이러므로. • 亂 : 다스림. • 越 : 미침. • 地 : 거처함.

| 의해 |

하늘이 탕 임금의 덕을 회복하여 다스림이 국가에 미치자, 반경
이 한 둘의 돈독하고 공경하는 신하와 더불어 공손히 백성의 명
을 받들어서 이 도읍에 길이 살게 할 것이라고 한 것이다.

肆予沖人이 非廢厥謀라 吊由靈이며 各非敢違卜이라 用
宏茲賁이니라

| 언해 |

이러므로 나 어린 스룸이 그 꾀를 廢ᄒᄂᆫ 것이 안이라 착홈을 씀
에 지극ᄒ며 각각 敢히 내 점을 억윔이 안이라 뻐 이 큼을 크게
ᄒ려 홈이니라

| 번역 |

"이러므로 나 어린 사람이 그 계책을 폐하는 것이 아니라 훌륭한
것을 따르기를 지극히 하며, 각각 감히 점괘를 어기려는 것이 아
니라 그것으로써 이 큰 일을 크게 하려는 것이니라."

| 자해 |

沖 : 어림. ・吊 : 지극함. ・由 : 따름. ・靈 : 훌륭함. ・宏・賁 : 큼.

| 의해 |

내가 너희 무리의 계책을 폐하는 것이 아니라, 이에 너희 계책의
훌륭한 점을 따르는 것을 지극히 하는 것이다. 너희 무리 또한 감
히 내 점을 어기는 것이 아니라, 또한 오직 이 큰 사업을 크게 하

고자 하려는 것이다. 반경(盤庚)이 이미 옮긴 후에 피차의 사정을
밝혀서 의심스럽고 두려웠던 것을 풀고 지난날의 계책을 밝히며,
이전의 거만하고 게을렀던 것은 대략만 말하였다. 곡진하고 충후
한 뜻이 말 밖으로 드러나니, 큰일이 그로써 정해지고 큰 사업이
그로써 일어나, 탕 임금의 은택이 이에 더욱 영원하게 되었다.

嗚呼라 邦伯師長百執事之人은 尙皆隱哉어다

| 언해 |

嗚呼ㅣ라 邦伯과 師長과 百執事ㅅ 스름은 거의 다 아풀지어다

| 번역 |

"아! 방백(邦伯)과 사장(師長)과 모든 집사(執事)가 된 사람은 거
의 다 마음이 아플 것이다."

| 자해 |

隱 : 아픔.

| 의해 |

반경(盤庚)이 다시 탄식하여 말하기를, 너희 제후·공경·모든
집사가 된 사람들은 거의 다 마음에 아픈 바가 있을 것이라고 하
였다.

予其懋簡相爾는 念敬我衆이니라

| 언해 |

　내 그 힘 뻐 가리여 너를 인도 홈은 우리 무리를 싱각ᄒ야 공경ᄒ
논 지니라

| 번역 |

　"내가 너희를 선택하여 인도하는 데 힘쓰는 것은 우리 무리를 마
음속에 두고 공경하기 때문이다."

| 자해 |

　簡 : 선택함.　•相 : 인도함.

| 의해 |

　내가 힘써 너희를 선택하여 인도하는 것은 우리 백성을 염두에
두고 공경하기 때문이다.

朕은 不肩好貨하고 敢恭生生하여 鞠人謀人之保居를 叙
欽하노라

| 언해 |

　朕은 지물을 조하ᄒᄂᆫ 이를 믹기지 안이ᄒ고 공경에 힘뼈 살고
살아셔 스롬을 기르며 스롬의 居를 보젼홈을 꾀하는 이를 쓰며
공경ᄒ노라

| 번역 |

　"나는 재물을 좋아하는 사람에게는 맡기지 아니하고, 공경에 힘

쓰며 살아서 사람을 기르며 사람의 거처를 보전하기를 꾀하는 사
람을 등용하며 공경한다."

| 자해 |

肩 : 맡김. ・敢 : 용맹하게 실행함. ・鞠 : 기름.

| 의해 |

내가 재물을 좋아하는 사람에게는 맡기지 아니하고, 오직 백성을
위하여 살기를 도모하고 거처할 곳을 보전하게 하는 사람을 쓰고
또 공경한다.

^{금 아 기 수 고 이 우 짐 지}   ^{약 부}   ^{망 유 불 흠}
今我旣羞告爾于朕志호니 若否를 罔有弗欽하라

| 언해 |

이제 내 임의 너의게 朕의 뜻을 나아가셔 告호니 갓트며 갓지 안
이 欽을 공경치 안이치 안이ᄒ라

| 번역 |

"이제 내가 이미 너희에게 나의 뜻을 나아가서 고하니, 내 뜻과
같고 같지 않은 것을 공경하지 않음이 없도록 하라."

| 자해 |

羞 : 나아감. ・若 : 내 뜻과 같음. ・否 : 내 뜻과 다름.

| 의해 |

내 뜻과 같고 같지 아니함을 너희가 마땅히 깊이 생각하여야 내
가 말한 바를 공경하지 아니함이 없을 것이다.

^{무 총 우 화 보}　^{생 생}　^{자 용}
無總于貨寶하고 生生으로 自庸하라

| 언해 |

지물과 보패를 모듸지 말고 살고 살무로 스스로 공호라

| 번역 |

"재물과 보배를 모으지 말고, 삶을 즐기는 것을 스스로의 일로 삼
으라."

| 자해 |

無 : 말라는 뜻. •總 : 모음. •庸 : 일.

| 의해 |

할 수 없는 일은 하지 말라고 경계하고, 해야 할 것은 하라고 권
면한 것이다.

^{식 부 민 덕}　^{영 견 일 심}
式敷民德하여 永肩一心하라

| 언해 |

공경호야 빅셩의 德을 펴셔 길이 혼 ㅁ음을 믹기라

| 번역 |

"공경하여 백성의 덕을 펴서, 길이 한 마음을 가진 사람에게 맡겨
라."

| 자해 |

　式 : 공경함.

| 의해 |

　백성을 위하는 덕을 공경히 널리 펴서, 길이 한결같은 마음을 가
진 사람에게 맡겨서 오래도록 변하지 않게 하라는 것이다.

열명 상[說命 上]

「열명(說命)」은 고종(高宗)이 부열(傳說)에게 명령한 말을 기록한 것이다. 상편에는 부열을 얻어 재상의 자리에 오르도록 명령한 말을 기록하였고, 중편에는 부열이 재상이 되어 경계하는 말을 아뢴 것을 기록하였으며, 하편에는 부열이 학문에 대해 논의한 말을 기록하였다. 총괄하여 명이라고 이른 것은 고종이 부열에게 명령한 것이 실제로 세 편의 강령이 되기 때문이다. 그러므로 함께 일컬었다. 금문(今文)에는 없고 고문(古文)에는 있다.

王이 宅憂亮陰三祀하사 旣免喪하시고 其惟弗言이어시늘 羣臣이 咸諫于王曰 嗚呼라 知之曰明哲이니 明哲이 實作則하나니 天子惟君萬邦이어시든 百官이 承式하여 王言을 惟作命하나니 不言하시면 臣下罔攸稟令하리이다

| 언해 |

임금이 亮陰에 憂를 살으심을 세히를 ᄒᆞ샤 이믜 喪을 免ᄒᆞ시고 그 말을 안이 ᄒᆞ서시놀 羣臣이 다 임금끠 諫ᄒᆞ야 골오디 嗚呼ㅣ라 아ᄂᆞᆫ걸 닐온 明과 哲이니 明과 哲이 진실로 법이 되ᄂᆞ니 天子ㅣ 萬邦에 임금ᄒᆞ야 계시거든 百官이 법을 이어셔 임금의 말을 命을 삼ᄂᆞ니 말ᄒᆞ지 안이 ᄒᆞ시면 臣下ㅣ 命을 稟홀비 업스리이다

| 번역 |

임금께서 양암(亮陰)에서 상(喪)을 치르기를 삼년 동안 하셔서

상을 벗고 나서 말을 하지 않으셨다. 여러 신하들이 다 임금께 간하여 말하였다. "아! 아는 것을 명철(明哲)이라고 하니, 명철은 진실로 법이 됩니다. 천자께서 만방에 임금이 되시면 모든 관리가 법을 받들어서 임금의 말을 명으로 삼습니다. 임금께서 말하지 않으시면, 신하가 명을 받을 데가 없을 것입니다."

| 자해 |

王 : 상(商)나라의 고종(高宗). •宅 : 살다. •憂 : 상제(喪制). •亮陰 : 상인(喪人)이 있는 여막.

| 의해 |

임금이 상을 치르면서 삼년 동안에 말을 하지 않는 것은 옛 예이다. 고종(高宗)이 예에 지나쳐서 상을 벗고도 말을 하지 않았다. 그러므로 모든 신하가 다 간언한 것이니, "천자가 모든 나라에 임금 노릇하면 모든 관리가 그 법을 이어 받들어서 임금의 말로 명령을 삼는데, 임금이 말을 하지 않으시면 신하가 어찌 명령을 받을 수 있겠습니까?"라고 한 것이다.

王庸作書以誥曰 以台로 正于四方이실새 台恐德弗類하여 茲故로 弗言하여 恭默思道하더니 夢에 帝賚予良弼하시니 其代予言이리라

| 언해 |

임금이 뻐 글을 지어셔 뻐 誥ᄒ야 굴ᄋ샤ᄃᆡ 날로 뻐 四方을 바르게 ᄒ실ᄉᆡ 내 德의 갓지 못홀가 두려워ᄒ야 이런 故로 말ᄒ지 안

이 ᄒᆞ야 공경ᄒᆞ야 잠잠이 道를 싱각ᄒᆞ다니 꿈애 帝ㅣ 나를 어진
도을 이를 쥬시니 그 나의 말을 디신ᄒᆞ리라

| 번역 |

임금께서 글을 지어서 고하여 말씀하셨다. "나로 하여금 사방을
바로잡게 하셨는데, 내 덕이 같지 못할까 두려웠다. 이런 까닭으
로 말하지 않고서 공경하고 묵묵하게 도를 생각하였는데, 꿈에
상제께서 나에게 어진 보필자를 주셨으니, 그가 나의 말을 대신
할 것이다."

| 자해 |

庸 : 씀. •帝 : 상제(上帝). •賚 : 줌.

| 의해 |

고종이 글을 지어 여러 신하들에게 말하지 않은 뜻을 일러, "상제
께서 나로 하여금 사방을 바로잡게 하였는데, 맡은 일이 크고 책
망이 무거우며, 내 덕이 전의 성왕 같지 못할까 두려워하였다. 그
러므로 감히 가볍고 쉽게 말하지 않고, 공경하여 가만히 다스리
는 도를 생각한 것이다. 꿈에 상제가 나를 도와줄 어진 이를 주셨
으니, 그가 나의 말을 대신하게 될 것이다."라고 한 것이다. 고종
이 공경하여 가만히 도를 생각하는 마음을 한결같이 하고, 도와
어긋나게 하지 않아서 하늘과 틈이 생기지 않았다. 그래서 꿈에
상제가 도울 어진 이를 알려주신 것이다. 이는 그 염려에 부합한
것이고 정신을 하나로 하여 성취된 것이니, 우연히 얻은 것은 아
니다.

> 　　내 심 궐 상　　　비 이 형　　　방 구 우 천 하　　　　열　　축 부 암
> 乃審厥象하사 俾以形으로 旁求于天下하시니 說이 築傅巖
> 　　지 야　　　유 초
> 之野하더니 惟肖하더라

| 언해 |

그 형샹을 살펴셔 ᄒ야곰 형샹으로뻐 旁으로 天下에 求ᄒ시니 說
이 傅巖의 들에 築ᄒ더니 갓더라

| 번역 |

그 모양을 자세히 살펴서 형상을 가지고 널리 천하에서 구하시
니, 열(說)이 부암(傅巖)의 들에 거처하였는데 형상과 같았다.

| 자해 |

審 : 자세히 살핌. •說 : 부열(傅說). •旁 : 사방으로 구함. •築 : 거처함. •
傅巖 : 땅 이름. •肖 : 같음.

| 의해 |

고종이 꿈에 본 사람을 자세히 살펴서 그 형상을 그려 사방에서
구하니, 부열이 부암 들판에 있었는데 그 형상과 같았다.

> 　원 립 작 상　　　왕 치 저 기 좌 우
> 爰立作相하사 王置諸其左右하시다

| 언해 |

이예 세워셔 정승을 지으샤 임금이 그 左右에 두시다

| 번역 |

이에 **세워서** 재상으로 삼아서 임금께서 그 좌우에 두셨다.

| 의해 |

사관이 고종이 부열에게 명한 말을 기록하려고 함에, 먼저 이와 같이 사실의 처음을 서술하였다.

命之曰 朝夕에 納誨하여 以輔台德하라

| 언해 |

命ᄒ야 글ᄋ샤디 아침과 저녁에 가라침을 드리여셔 뻐 나의 德을 도으라

| 번역 |

그에게 명하여 말씀하셨다. "아침과 저녁에 가르침을 들여서 나의 덕을 도우라."

| 의해 |

이 아래는 부열에게 명령한 말이다. 고종이 부열을 재상으로 삼은 후 사부의 직분을 맡기고, 또 명령하여 아침저녁으로 교훈을 들여서 자신의 덕을 도우라고 하였으니, 근본을 안다고 할 수 있다.

若金^{약금}이어든 用汝^{용여}하여 作礪^{작려}하며 若濟巨川^{약제거천}이어든 用汝^{용여}하여 作舟楫^{작주즙}하며 若歲大旱^{약세대한}이어든 用汝^{용여}하여 作霖雨^{작림우}하리라

| 언해 |

쇠ᄀᆞ거든 너를 뻐 숫돌을 지으며 큰 ᄂᆡ를 건너ᄂᆞᆫ것 갓거든 너를 뻐 쟝마비를 지으리라

| 번역 |

"쇠라면 너를 숫돌이 되게 할 것이며, 큰 내를 건넌다면 너를 배와 돛대가 되게 할 것이며, 해가 크게 가물면 너를 장마 비가 되게 할 것이다."

| 자해 |

霖 : 삼일 동안 비가 옴.

| 의해 |

고종이 물건에 의탁하여 부열에게 교훈을 들려주기를 바라는 간절함을 비유하였다. 세 말이 비록 하나의 뜻인 듯하나 갈수록 의미가 심화된다.

啓乃心^{계내심}하여 沃朕心^{옥짐심}하라

| 언해 |

너의 ᄆᆞ음을 열어서 나의 마음을 디이라

| 번역 |

"너의 마음을 열어서 나의 마음에 물을 대라."

| 자해 |

啓 : 연다는 뜻. •沃 : 물을 댐.

| 의해 |

너의 마음을 숨기지 말고 열어서 나의 마음에 공급하여 풍족하게
해야 할 것이다.

> 若藥이 弗瞑眩하면 厥疾이 弗瘳하며 若跣이 弗視地하면
> 厥足이 用傷하리라

| 언해 |

藥이 瞑眩치 안이ᄒ면 그 병이 낫지 안이홈 ᄀᆞᆺᄐ며 빈발이 싸를
보지 안이ᄒ면 그 발이 뼈 傷홈 ᄀᆞᆮᄐ리라

| 번역 |

"약이 독하여 어찔어찔하지 않으면 병이 낫지 않는 것과 같고, 맨
발에 땅을 살피지 않으면 발이 상하는 것과 같을 것이다."

| 자해 |

瞑眩 : 독함. •跣 : 맨발. •瘳 : 나음.

| 의해 |

나의 허물은 부열의 독한 약이 아니면 고칠 수 없고, 나의 밝지

못함은 부열이 인도하지 않으면 나아갈 수 없다.

惟曁乃僚로 罔不同心하여 以匡乃辟하여 俾率先王하여
迪我高后하여 以康兆民하라

| 언해 |

밋 녜 동관으로 ᄆᆞ음을 갓치 안이치 안이ᄒᆞ야 ᄡᅥ 네 님금을 匡ᄒᆞ야 ᄒᆞ야곰 先王을 조ᄎᆞ 우리 高后를 迪ᄒᆞ야 ᄡᅥ 억죠 ᄇᆞᆨ셩을 편안케 ᄒᆞ라

| 번역 |

"네 동료와 함께 마음을 함께하지 않음이 없게 하여 네 임금을 바르게 하여 선왕을 따르게 하라. 우리 탕 임금의 자취를 따라서 억조의 백성을 편안하게 하라."

| 자해 |

匡 : 바르게 함. •率 · 迪 : 따름.

| 의해 |

고종이 부열에게 그 동료들과 마음을 함께하여 자신을 바르게 하고 구원하여 선왕의 도를 따르고, 탕 임금의 자취를 밟아서 천하의 백성을 안정시킬 수 있게 하기를 바란 것이다.

嗚呼라 欽予時命하여 其惟有終하라

| 언해 |

嗚呼ㅣ라 내 이 命을 공경ᄒᆞ야 그 마침니 둠을 싱각ᄒᆞ라

| 번역 |

"아! 나의 이 명을 공경하여 끝을 잘 마칠 것을 생각하라."

| 자해 |

時: 이. •惟: 생각함.

說이 復于王曰 惟木이 從繩則正하고 后從諫則聖하나니

后克聖이시면 臣不命其承이어늘 疇敢不祗若王之休命하

리오

| 언해 |

說이 님금쎄 회복ᄒᆞ야 ᄀᆞ오디 나무가 노ᄰᆞᆫ을 조치면 바르고 님금
이 諫홈을 조치면 셩인하ᄂᆞ니 님금이 능히 셩인ᄒᆞ시면 신하ㅣ 命
치 안이ᄒᆞ야도 그 이으곤 뉘 敢히 공경ᄒᆞ야 님금의 아람드오신
命을 若지 안이 ᄒᆞ리잇고

| 번역 |

열(說)이 임금께 대답하여 말하였다. "나무가 먹줄을 따르면 바르

게 되고, 임금이 간하는 말을 따르면 성스럽게 됩니다. 임금께서
성스럽게 될 수 있으시면 신하는 명령을 내리지 않아도 그것을
받들 것이니, 누가 감히 임금의 훌륭한 명을 공경히 따르지 않겠
습니까?"

| 의해 |

나무가 먹줄을 따르는 것으로 임금이 간하는 말을 따르는 것에
비유한 것이니, 간하는 말을 받아들이지 않을 수 없다는 것을 밝
혔다. 그러나 고종은 간하는 말을 따르면 되는 것이고, 반드시 간
하는 말을 신하에게 요구할 것은 없다. 임금이 정말로 간하는 말
을 따르면, 신하는 비록 명령은 받지 않아도 받들 것이다. 하물며
명하는 것이 이와 같은데, 누가 감히 그 훌륭한 명령을 공경히 따
르지 않겠는가?

열명 중[說命 中]

惟說이 命으로 總百官하니라

| 언해 |

說이 命으로 百官을 거느리니라

| 번역 |

열(說)이 명을 받아서 모든 관리를 거느렸다.

| 자해 |

總: 거느림.

| 의해 |

부열(傅說)이 명을 받아서 모든 관리를 거느렸으니, 총재(冢宰)
의 직책이다.

乃進于王曰 嗚呼라 明王이 奉若天道하사 建邦設都하여

樹后王君公하시고 承以大夫師長하시어든 不惟逸豫라 惟

以亂民이니이다

| 언해 |

임금끠 나아가 굴오디 嗚呼ㅣ라 붉으신 임금이 天道를 밧드러 슌
이흐샤 나라를 셰우며 도읍을 베푸르샤 后王과 君公을 셰우시고
大夫와 師와 長과로 뻐 이웃케 ᄒ샨든 逸豫케 홈이 안이라 뻐 빅
셩을 다스리게 ᄒ니이다

| 번역 |

임금께 나아가 말하였다. "아! 밝으신 임금께서 천도를 받들어 따
라서 나라를 세우고 도읍을 설립하여 천자와 제후를 세우고, 대
부(大夫)와 사장(師長)들로 받들게 하셨는데, 편히 놀게 하려는
것이 아니라 백성을 다스리려고 한 것입니다."

| 자해 |

樹 : 세움. •后 : 천자. •君公 : 제후. •亂 : 다스림.

| 의해 |

명철한 임금이 천도를 받들어 따라서 나라를 세우고 도읍을 설립
하여 천자와 제후를 세우고 대부(大夫)와 사장(師長)으로 받들게
하였다. 임금과 신하, 윗사람과 아랫사람의 예를 제정하여 높은
지위의 사람이 낮은 지위의 사람을 어루만지고 아랫사람이 윗사
람을 받들게 하였는데, 이는 한 사람이 편히 놀게 하려는 계책이
아니라 오직 백성을 다스리려고 한 것이다.

惟天이 聰明하시니 惟聖이 時憲하시면 惟臣이 欽若하며 惟
民이 從乂하리이다

| 언해 |

하늘이 聰ᄒ시며 明ᄒ시니 聖인이 이를 법ᄒ시면 신하ㅣ 공경ᄒ
야 슌ᄒ며 빅셩이 좃츠 다ᄉ리리이다

| 번역 |

"하늘이 귀가 밝으시며 눈이 밝으시니, 성스러운 임금께서 이것
으로 법으로 삼으시면 신하가 공경히 따르며 백성도 따라서 다스
려질 것입니다."

| 자해 |

聖 : 성스러운 임금. •時 : 이. •憲 : 법. •乂 : 다스림.

| 의해 |

하늘은 귀가 밝고 눈이 밝아 듣지 못하는 것이 없고 보지 못하는
것이 없다. 이는 다른 이유가 아니라 공적이기 때문이다. 임금이
하늘의 총명을 본받아서 한결같이 공적인 것으로 나아가면, 신하
가 공경히 따르게 되며 백성도 또한 따라서 다스려질 것이다.

惟口는 起羞하며 惟甲冑는 起戎하나니이다 惟衣裳을 在笥
하시며 惟干戈를 省厥躬하사 王惟戒兹하사 允兹克明하시
면 乃罔不休하리이다

| 언해 |

입은 슈치를 일으키며 갑옷과 투구는 군ᄉ를 일으키ᄂ니이다 옷
과 치마를 샹ᄌ에 두시며 방패와 창을 그 몸에 살피샤 임금이 이

를 경계ᄒᆞ샤 이를 밋어 능히 붉으시면 아름답지 안이 홈이 업스
리이다

| 번역 |

"입은 부끄러움을 일으키고, 갑옷과 투구는 군사를 일으킵니다.
웃옷과 치마를 상자에 두시며 방패와 창을 그 몸에서 단속하셔
서, 임금께서 이를 경계하셔서 이를 믿어 분명히 하신다면 아름
답지 않음이 없을 것입니다."

| 의해 |

언어는 자신을 빛나게 하는 것이지만 가볍게 내면 수치를 일으키
는 근심이 있고, 갑옷과 투구는 몸을 보호하는 것이지만 가볍게
움직이면 군사를 일으키는 근심이 있다. 이 두 가지는 자신을 위
한 것이지만, 사람에게 근심이 될까 염려해야 하는 것이다. 웃옷
과 치마는 덕이 있는 자에게 명하는 것이니, 반드시 상자에 두어
삼가는 것은 가볍게 주는 것을 경계하는 것이다. 방패와 창은 죄
가 있는 이를 토벌하는 것이니, 반드시 몸에서 단속하기를 엄격
하게 하는 것은 가볍게 움직이는 것을 경계하는 것이다. 이 두 가
지는 사람에게 착용하는 것이어서 그 몸에 쓰이는 것을 살펴야
하는 것이다. 임금이 오직 이 네 가지를 경계하여 이를 믿고 분명
히 할 수 있으면, 정치가 아름답지 않음이 없을 것이다.

惟治亂이 在庶官하니 官不及私昵하사 惟其能하시며 爵罔
及惡德하사 惟其賢하소서

| 언해 |

다스리고 어지러옴이 여러 벼슬에 잇스니 官을 스스로이 갓가온
디 밋치지 마르샤 그 能흔 이로 흐시며 爵을 惡흔 德에 밋치지 마
르샤 그 어진 이로 흐쇼셔

| 번역 |

"잘 다스려지고 어지러워지는 것이 여러 벼슬에 달려 있으니, 관
직을 사사로이 가까이하는 데 미치지 않게 하여 능력이 있는 이
를 쓰시며, 작위를 악한 덕이 있는 이에게 미치지 않게 하여 어진
이를 쓰십시오."

| 자해 |

官 : 관직. 육경(六卿), 집사(執事). • 爵 : 작위. 공경(公卿), 대부(大夫), 사
(士).

| 의해 |

육경(六卿)과 모든 집사(執事)의 관직은 일을 담당하고 있으므로
'능력이 있는 이를 쓰라'고 하였고, 공경(公卿)과 대부(大夫)와 사
(士)의 작위는 덕으로 명하므로 '어진 이를 쓰라'고 한 것이다. 어
질고 능력이 있어야 잘 다스려지고, 사사로이 가까이하고 악한
덕이 있으면 어지러워지는 것이다.

려 선 이 동   동 유 궐 시
慮善以動하시되 動惟厥時하소서

| 언해 |

싱각이 善커든 뻐 動흐샤더 動홈을 그 時로 흐쇼셔

| 번역 |

“생각이 선하시거든 움직이시고, 움직일 때에는 때에 맞게 하십
시오.”

| 자해 |

善 : 이치에 합당함.　•時 : 때에 마땅함.

| 의해 |

생각이 진실로 이치에 합당하여도 움직이는 것이 때에 맞지 않으
면 오히려 유익함이 없으니, 성인이 세상에 대해 응대하는 것도
또한 때에 맞게 해야 하는 것이다.

有其善하면 喪厥善하고 矜其能하면 喪厥功하리이다

| 언해 |

그 착홈을 두엇노라 ᄒ면 그 착홈을 喪ᄒ고 그 能홈을 ᄌ랑ᄒ면
그 攻을 喪ᄒ리이다

| 번역 |

“선함이 있다고 하면 선함을 잃어버리고, 능력을 자랑하면 공을
잃어버릴 것입니다.”

| 의해 |

스스로 선함이 있다고 생각하면 자신이 더 힘쓰지 않아서 덕을
잃어버리고, 스스로 잘하는 것을 자랑하면 다른 사람이 그 힘을
다 쏟지 않아서 공이 무너지게 된다.

惟事事 乃其有備니 有備라야 無患하리이다

| 언해 |

일을 일홈이 그 갓춈이 잇느니 갓춈이 잇셔야 근심이 업스리이다

| 번역 |

"일을 일삼아 해야 준비가 있게 되니, 준비가 있어야 근심이 없을 것입니다."

| 의해 |

수레와 말을 수리하고 기계를 갖추어 군사적인 일을 일삼아 하면, 군대에 준비가 있게 되므로 외국의 침략을 근심하지 않을 수 있다. 농기구를 선택하고 농사 계획을 세워 농사를 일삼아 하면, 농사에 준비가 있게 되므로 물과 가뭄이 해가 되지 않을 수 있다. 일을 일삼아 해야 준비가 있어서 근심이 없다는 것이 이와 같다.

無啓寵하사 納侮하시며 無恥過하사 作非하소서

| 언해 |

寵을 여러셔 업슈이 여김을 드리지 마르시며 과실을 북그러호샤 그름을 지웃지 마르쇼셔

| 번역 |

"특별한 은총을 열어서 업신여김을 받지 마시며, 과실을 부끄러

위하여 그릇됨을 만들지 마십시오."

| 의해 |

특별한 은총을 베풀어서 사람들의 업신여김을 받지 말고, 과실을
부끄럽게 여겨 그릇됨을 짓지 말아야 할 것이다.

惟厥攸居라야 政事惟醇하리이다

| 언해 |

그 居홀 바에 ᄒᆞ야사 政事ㅣ 醇ᄒᆞ리이다

| 번역 |

"의리에 거처해야 정사(政事)가 순수할 것입니다."

| 자해 |

居 : 머물러 편안함. 의리가 지극한 것에 편안함. •醇 : 순수함.

| 의해 |

의리를 힘써 행한다면 아직 순수하지 않고, 의리를 자연스럽게
행한다면 의리와 하나가 된다. 그러므로 정사가 순수하여 잡되지
않다.

黷于祭祀 時謂弗欽이니 禮煩則亂하여 事神則難하리이다

| 언해 |

祭祀애 瀆홈이 이 닐온 欽치 아니홈이니 禮ㅣ 번거ᄒ면 어질어운
지라 귀신을 셤김이 어려우니이다

| 번역 |

"제사를 함부로 하는 것, 이것을 공경하지 않는다고 말하니, 예가
번거로우면 어지러워서 귀신을 섬기는 것이 어려울 것입니다."

| 의해 |

제사는 남용해서는 안 된다. 남용하면 공경할 수 없다. 예는 번거
로워서는 안 된다. 번거로우면 요란해진다. 이것들은 귀신을 대
접하는 도가 아니다. 상나라의 풍속이 귀신을 숭상하니, 고종이
당시의 풍속에서 벗어날 수 없어서 귀신을 섬기는 예에 반드시
과실이 있었다. 그러므로 부열이 그 과실을 따라서 바로잡게 한
것이다.

王曰 旨哉라 說아 乃言이 惟服이로다 乃不良于言이런들
予罔聞于行이랏다

| 언해 |

임금이 ᄀᆞᆯᄋᆞ샤ᄃᆡ 아름답다 說아 네 말이 힝ᄒ얌즉 ᄒ도다 네 말
애 어질지 안이 ᄒ던달 내 들어힝치 못ᄒ리랏다

| 번역 |

임금이 말씀하셨다. "좋다! 열(說)아. 네 말이 행할 만하구나. 네

가 말에 어질지 아니하였다면, 나는 듣고서 행하지 못하였을 것이다."

| 자해 |

旨 : 좋음. •服 : 행함.

| 의해 |

고종이 부열의 말을 찬미하여 실행할 만하다고 여겨, "네 말이 좋지 않았다면 내가 듣고서 행할 것이 없었을 것이다."라고 말하였다.

> 說이 拜稽首曰 非知之艱이라 行之惟艱하니 王忱不艱하시면 允協于先王成德하시리니 惟說이 不言하면 有厥咎하리이다

| 언해 |

說이 절ᄒ고 머리를 조아 ᄀᆞᆯ오ᄃᆡ 알기가 어려움이 안이라 行홈이 어려움이니 님금이 졍셩슬업게 ᄒᆞ야 어렵게 안이 하면 진실노 先王成德에 協ᄒ시리니 說이 말ᄒ지 안이ᄒ면 그 허물이 잇시리이다

| 번역 |

열(說)이 절하고 머리를 조아리며 말하였다. "알기가 어려운 것이 아니라, 행하는 것이 어려운 것입니다. 왕께서 정성스럽게 하고 어렵게 여기지 않으시면, 진실로 선왕이 이룬 덕에 화합하실 것

입니다. 열(說)이 말하지 않으면 허물이 있을 것입니다."

| 의해 |

고종이 곧 부열이 말한 것을 좋다고 하니, 부열이 "귀로 듣는 것이 어려운 것이 아니라, 몸으로 실행하는 것이 어려운 것입니다. 임금께서 정성으로 믿음직스럽게 하고 또 어렵게 여기지 않으시면, 진실로 탕 임금이 이룬 덕에 합할 것입니다. 부열이 말을 하지 않으면 죄가 있을 것입니다."라고 한 것이다.

열명 하[說命 下]

王曰 來汝說아 台小子 舊學于甘盤하더니 旣乃遯于荒野하며 入宅于河하며 自河徂亳하여 曁厥終하여 罔顯하노라

| 언해 |

님금이 골ㅇ샤디 오러라 너 說아 나 小子ㅣ 녜 젹에 甘盤의게 비 왓더니 이믜 거친 들에 물너가며 河에 드러가 살며 河로 브터 亳에 가셔 그 맛침애 밋쳐셔 낫타나지 못호라

| 번역 |

임금이 말씀하셨다. "오너라. 너 열(說)아. 나 소자(小子)가 예전에 감반(甘盤)에게 배웠는데, 이미 거친 들에 은둔하고 황하 가에 들어가서 살다가 황하로부터 박(亳)으로 가서, 그곳에서의 생활을 마칠 때에 미쳐서도 드러나지 못하였다."

| 자해 |

甘盤 : 신하의 이름. •遯 : 물러감. 은둔. •宅 : 자리함.

| 의해 |

고종이 말하기를, "내가 예전에 감반(甘盤)에게 배웠는데, 이미 거친 들에 은둔하다가 나중에 또 황하 가에 들어가 살고, 다시 황하로부터 박(亳)으로 가서, 옮기는 것이 일정하지 않았다."라고 하였다. 배움을 그만두게 된 원인을 자세히 서술하여, 그의 배움

이 끝내 밝게 드러나지 못함을 탄식한 것이다.

爾惟訓于朕志하여 若作酒醴어든 爾惟麴糱이며 若作和
羹이어든 爾惟鹽梅라 爾交脩予하여 罔予棄하라 予惟克邁
乃訓하리라

| 언해 |

네 朕의 뜻을 가라쳐 술을 지음 갓거든 네 오작 麴과 糱이며 고른
국을 지음 ㅈ거든 네 오즉 鹽과 梅라 네 나를 샤귀여 닥거셔 나를
버리지 말라 내 능히 네 가라침을 힝호리라

| 번역 |

"네가 나의 뜻을 가르쳐, 술을 만든다면 너는 오직 누룩이 되며,
맛있는 국을 끓인다면 너는 오직 소금과 매실이 되라. 네가 나를
맡아 수양하게 하여 나를 버리지 말라. 내가 너의 가르침을 실행
할 것이다."

| 자해 |

麴 : 쓴 누룩. •糱 : 단 누룩. •邁 : 행함.

| 의해 |

술은 누룩이 아니면 빚어내지 못하고, 국은 소금과 매실이 아니
면 조화롭게 하지 못한다. 이처럼 임금이 비록 아름다운 품성이
있어도 반드시 어진 사람의 도움과 이끌어줌을 얻어야만 덕을 이
룰 수 있다. 빚은 술에 쓴 누룩이 많으면 매우 쓰고, 단 누룩이 많

으면 매우 달게 되니, 쓴 누룩과 단 누룩이 적절히 조화되어야 술이 완성된다. 끓인 국에 소금을 많이 넣으면 짜고, 매실을 많이 넣으면 신맛이 나니, 소금과 매실이 적절해야 국이 맛있어진다. 이처럼 신하는 임금과 강유(剛柔)와 가부(可否)를 서로 조절하여 그 덕을 이루게 된다. 그러므로 "네가 나를 맡아 수양케 하여 나를 버리지 말라. 내가 너의 가르침을 실행할 것이다."라고 하였다.

說曰 王아 人을 求多聞은 時惟建事니 學于古訓이라야 乃有獲하리니 事不師古하고 以克永世는 匪說의 攸聞이로소이다

| 언해 |

說이 굴오디 王아 스룸을 드름이 만흔 이를 求홈은 이 일을 세우려 홈이니 녯 가라침을 비와샤 어듬이 잇스리니 일이 녜를 본밧지 안이 흐고 뼈 능히 세샹을 길이 흐리는 說의 드른배 안이로소이다

| 번역 |

열(說)이 말하였다. "왕이여! 사람을 구하면서 견문이 많은 이를 구하는 것, 이는 일을 세우려 하는 것이니, 옛 가르침을 배우셔야 얻음이 있을 것입니다. 일함에 옛날을 본받지 아니하고 세상을 오래도록 유지할 수 있다는 것을 열(說)은 들어보지 못했습니다."

| 자해 |

師 : 본받음.

| 의해 |

부열(傅說)이 임금을 칭송하여 고하였다. 견문이 많은 이를 구하는 것이 일을 시작하는 것이다. 그러나 반드시 옛 사람의 가르침을 배운 후에야, 깊이 의리를 알고 물정에 통달하게 되어 얻는 것이 있을 것이다. 그런 까닭으로 일함에 옛날을 본받지 아니하고 정치를 오래할 수 있다는 것은 들어보지 못한 것이다.

> 惟學은 遜志니 務時敏하면 厥脩乃來하리니 允懷于茲하면
> 道積于厥躬하리이다

| 언해 |

비움은 뜻을 겸손홈이니 힘뼈 뼈로 민첩흐면 그 닥금이 오리니 진실노흐야 이를 싱각흐면 道ㅣ 그 몸에 씨이리이다

| 번역 |

"배움은 뜻을 겸손히 하는 것이니 힘써 때때로 민첩하면 그 수양하는 것이 오게 될 것입니다. 진실로 이것을 생각하면 도가 그 몸에 쌓일 것입니다."

| 자해 |

遜 : 겸손함. •務 : 힘을 다함.

| 의해 |

그 뜻을 겸손히 하여 능하지 못하는 것이 있는 듯이 하고 배우는
것을 민첩하게 실천하여 미치지 못하는 것이 있는 듯이 해야, 비
워서 사람을 받아들이고 부지런히 하여 자신에게 힘쓰게 된다.
그렇게 하면 곧 수양하는 것이 샘이 비로소 솟아나와 끊임없이
흘러오는 것과 같게 될 것이다. 이것을 돈독히 믿고 깊이 생각해
야 도가 몸에 쌓이게 될 것이니, 한두 가지의 계획으로 할 수 있
는 것이 아니다. 수양이 끊임없이 쌓여 배움이 몸에 체득되는 것
이 이와 같다.

惟斅는 學半이니 念終始를 典于學하면 厥德脩를 罔覺하리
이다

| 언해 |

가라치는 거슨 비호는디 半이니 싱각의 終始를 비호는디 쥬쟝하
면 그 德이 닥금을 覺디 몯호리이다

| 번역 |

"가르치는 것은 배우는 것의 반이니, 생각의 끝과 시작을 배우는
것을 주로 하면 그 덕이 닦이는 것은 깨닫지 못하는 사이에 있을
것입니다."

| 자해 |

斅 : 가르침. •典 : 주로 함.

| 의해 |

사람을 가르치는 것은 배우는 것의 반에 해당하는 것이다. 도가 그 몸에 쌓이는 것은 본체를 세우는 것이고, 배운 것을 사람에게 가르치는 것은 작용을 행하는 것이다. 본체와 작용을 겸하고 안과 밖을 합한 후에야 성학(聖學)을 온전하게 할 수 있다. 처음에 스스로 배우는 것도 배움이고, 마침에 사람을 가르치는 것도 또한 배움이다. 한결같이 생각하여 처음부터 끝까지 항상 배우는 것을 염두에 두어서 조금도 끊어짐이 없으면, 덕을 닦은 것이 그렇게 된 줄 알지 못하지만 그렇게 되어 있을 것이다.

감 우 선 왕 성 헌　　기 영 무 건
監于先王成憲하사 其永無愆하소서

| 언해 |

몬져 임금의 일우신 법을 보시샤 그 기리 허물이 업스쇼셔

| 번역 |

"선왕이 이루신 법을 살펴보셔서, 오래도록 허물이 없게 하십시오."

| 자해 |

憲 : 법. ・愆 : 허물.

| 의해 |

덕이 비록 깨닫지 못하는 사이에 이루어지나 반드시 선왕의 법을 살펴보아야 하니, 선왕이 이룬 법은 자손이 마땅히 지켜야 할 것이다.

惟說이 式克欽承하여 旁招俊乂하여 列于庶位하리이다

| 언해 |

說이 뻐 능히 공경히 이어셔 旁으로 俊乂를 불너셔 무리 벼술에
벌니리이다

| 번역 |

"열(說)이 공경히 받들어서 널리 뛰어난 이들을 불러 여러 지위에
나열할 것입니다."

| 자해 |

式 : '이(以)'와 같음.

| 의해 |

고종의 덕이 진실로 허물이 없는 곳에 이르면, 부열이 공경히 그
뜻을 이어 받들어서 널리 뛰어난 이들을 구하여 여러 지위에 나
열할 것이라고 하였다. 뛰어난 이를 나서게 하는 것이 비록 대신
의 직책이나, 고종의 덕이 지극하지 못하면 뛰어난 이를 나오게
하려고 해도 어찌 할 수 없는 것이 있다.

王曰 嗚呼라 說아 四海之內가 咸仰朕德은 時乃風이니라

| 언해 |

님금이 골ᄋ샤디 嗚呼ㅣ라 說아 四海의 안이 다 내 德을 우러롬

은 이 너의 風이니라

| 번역 |

왕이 말씀하셨다. "아! 열(說)아! 사해(四海)의 안이 다 내 덕을 우러르는 것, 이것은 너의 가르침 때문이다."

| 자해 |

風 : 가르침.

| 의해 |

천하가 모두 나의 덕을 우러러보는 것은 너의 가르침 때문이다.

股肱이라야 惟人이며 良臣이라야 惟聖이니라

| 언해 |

팔과 다리라샤 스룸이며 어진 신하라샤 셩인이니라

| 번역 |

"팔과 다리가 있어야 사람이며, 어진 신하가 있어야 성인이다."

| 의해 |

손과 발을 갖추어야 사람이 되며, 어진 신하가 도와주어야 성왕이 된다. 고종이 처음에 배와 돛대와 장마 비로 비유하고, 이어서 누룩과 소금과 매실로 비유하고, 여기에 이르러 또 팔과 다리로써 비유하니, 나아가려는 것이 더욱 깊고 바라는 바가 더욱 간절한 것이다.

昔先正保衡이 作我先王하여 乃曰 予弗克俾厥后 惟堯

舜이면 其心愧恥 若撻于市하며 一夫不獲이어든 則曰時

予之辜라하여 佑我烈祖하여 格于皇天하니 爾尙明保予하

여 罔俾阿衡으로 專美有商하라

| 언해 |

넷 先正保衡이 우리 先王을 이르켜서 골오디 내 능히 그 임금으
로 ᄒ야금 堯舜이 아니케 ᄒ면 그 ᄆᆞᆷ 붓그러움이 져ᄉ에 종아
리 마짐과 가트며 ᄒᆞᆫ 지아비나 엇지 못ᄒᆞ거든 골오디 내의 죄라
ᄒᆞ야 우리 烈祖를 도와서 皇天ᄭᅴ 다다르니 네 거의 밝혀 나를 보
존ᄒᆞ야 阿衡으로 ᄒᆞ야금 商나라에 아름다음을 오로지 ᄒᆞ게 마라

| 번역 |

"옛 선정(先正) 보형(保衡)이 우리 선왕을 일으켜서 말하기를, '저
는 임금으로 하여금 요순(堯舜)과 같이 되게 하지 않으면 마음의
부끄러움이 시장에서 종아리를 맞는 것과 같았으며, 한 사람이라
도 제 자리를 얻지 못하면 이것은 나의 죄라고 하였습니다.'라고
하였다. 그리하여 우리 열조(烈祖)를 도와서 황천(皇天)에 다다
르게 하였으니, 네가 나를 밝혀 보존하여, 아형(阿衡)으로 하여금
상(商)나라에서 아름다운 명성을 혼자 차지하도록 하지 말라."

| 자해 |

先正 : 선세(先世)의 장관(長官)인 신하. •保衡•阿衡 : 이윤(伊尹)을 말함.
•作 : 일으킴.

| 의해 |

이윤(伊尹)이 자임한 것이 이와 같았기 때문에 탕 임금을 도와 공이 하늘에 이르렀다. 고종이 이윤의 말을 예로 들고서 부열에게 말하기를, "너는 나를 밝게 도와서 이윤으로 하여금 아름다운 명성을 상나라에서 혼자 차지하게 하지 말라."고 한 것이다.

惟后非賢이면 不乂하고 惟賢이 非后이면 不食하나니 其爾
克紹乃辟于先王하여 永綏民하라 說이 拜稽首曰 敢對揚
天子之休命하리이다

| 언해 |

님금이 어진이가 안이면 다스리지 못ᄒ고 어진이가 님금이 안이면 먹지 못ᄒᄂ니 그네 능히 네 님금을 先王ᄭᅴ 이어셔 기리 빅셩을 편안케 ᄒ라 說이 절ᄒ고 머리를 조와 골오디 敢히 天子의 아름다운 命을 對ᄒ야 揚ᄒ오리이다

| 번역 |

"임금은 현명한 이가 아니면 다스리지 못하고, 현명한 이는 임금이 아니면 먹지 못한다. 네가 너의 임금으로 하여금 선왕을 잇게 하여 오래도록 백성을 편안하게 하라." 열(說)이 절하고 머리를 조아려 말하였다. "천자의 아름다운 명을 대신하여 드러내겠습니다."

| 자해 |

對 : 자신이 대신함. •揚 : 무리에게 드러냄.

| 의해 |

임금은 현명한 신하가 아니면 함께 다스리지 못하고, 현명한 신하는 임금이 아니면 먹지 못하니, 임금과 신하가 서로 만나는 것이 이와 같이 어렵다. 이때에 이르러 고종은 탕 임금으로 스스로를 기약하고, 부열은 이윤으로 스스로를 기약하니, 임금과 신하가 서로 힘쓰는 것이 이와 같았다.

고종융일[高宗肜日]

고종(高宗)이 융제(肜祭)를 지내는데 꿩이 우는 괴이함이 있어 조기(祖己)가 임금을 가르친 것이다. 사관이 이런 사실로 이 편을 지었는데, 또한 훈체(訓體)이다. 훈(訓)이라고 말하지 않은 것은 이미 고종의 훈이 있기 때문이다. 다만 이 편의 앞머리 네 글자로 제목을 붙였다. 금문(今文)과 고문(古文)에 다 있다.

高宗肜日에 越有雊雉어늘

| 언해 |

高宗이 肜ᄒ신 날애 우는 雉ㅣ 잇거늘

| 번역 |

고종(高宗)이 융제(肜祭)를 지낸 날에 우는 꿩이 있거늘

| 자해 |

肜 : 제사한 다음 날에 또 지내는 제사. ∙雉 : 움.

| 의해 |

제사하는 날에 꿩이 우는 이상한 일이 있었다. 아마도 아버지 사당에 제사한 것으로 생각된다.

^{조 기 왈} ^{유 선 격 왕}　　^{정 궐 사}
祖己曰 惟先格王이오사 正厥事하리라

| 언해 |

祖己 굴오디 몬져 님금을 格ᄒ고사 그 일를 바르게 호리라

| 번역 |

조기(祖己)가 말하기를, "먼저 임금을 바로잡아야만 정사를 바로
잡을 것이다."라고 하였다.

| 자해 |

格 : 바로잡음.

| 의해 |

조기(祖己)가 스스로 말하기를, "마땅히 먼저 임금의 그릇된 마음
을 바르게 한 다음에 잘못된 정사를 바르게 할 수 있다."라고 하
였다.

^{내 훈 우 왕 왈} ^{유 천}　^{감 하 민}　　　^{전 궐 의}　^{강 년}　^{유 영}
乃訓于王曰 惟天이 監下民하시되 典厥義니 降年이 有永

^{유 불 영}　^{비 천}　^{요 민}　　^{민 중 절 명}
有不永은 非天이 夭民이라 民中絶命이니이다

| 언해 |

님금끠 가라쳐 굴오디 하날이 下民을 보샤디 그 義를 쥬쟝ᄒᆞᄂᆞ니
나을 나리심이 길미 잇스며 길지 아니홈이 잇슴은 하날이 빅셩을

天흐신 주리 아니라 빅셩이 가온더에 命을 씬음이니라

| 번역 |

왕께 가르쳐 말하였다. "하늘이 아래 백성들을 보시되 그 의로움을 주로 하니, 수명을 내리는 것이 긴 것이 있고 길지 않음이 있는 것은 하늘이 백성을 요절하게 한 것이 아니라, 백성이 중간에서 명을 끊은 것입니다."

| 자해 |

典 : 주로 함. •夭 : 일찍 죽음.

| 의해 |

하늘이 아래 백성을 보아 화와 복을 주고 빼앗는 것은 의리에 합당함을 주로 한다. 수명을 내리는 것이 길게 함이 있고 길지 않게 함이 있는데, 의로우면 길게 하고, 의롭지 않으면 길게 하지 않는다. 이는 하늘이 백성을 일찍 죽게 하는 것이 아니라, 백성이 스스로 의로움을 행하지 아니하여 중간에 명을 끊은 것이다.

民有不若德하며 不聽罪하여 天旣孚命으로 正厥德이어시늘 乃曰其如台아

| 언해 |

빅셩이 德애 슌치 아니ㅎ며 罪를 항복지 아니홀시 하날이 임의 孚命으로 그 德을 바르게 ㅎ거시눌 굴오디 그 내게 엇지료 ㅎ느냐

| 번역 |

"백성이 덕을 따르지 않으며 죄를 인정하지 않아서 하늘이 이미 그에 상응하는 명으로 그 덕을 바르게 하시거늘, 말하기를 '내게 어찌하겠는가?'라고 하겠습니까?"

| 자해 |

若 : 따름. •聽 : 인정함. •孚命 : 증험하여 꾸짖어 고하는 말.

| 의해 |

백성이 덕을 따르지 아니하고 죄를 인정하지 아니하여, 하늘이 이미 요얼(妖孽)로 확인시켜서 고하여 두렵게 하여 덕을 바르게 하고자 하였다. 그런데도 그 재앙이 내게 무슨 상관이랴라고 하면, 하늘이 반드시 베어 끊을 것이다.

오 호　　왕 사 경 민　　　망 비 천 윤　　　　전 사　　무 풍 우 닐
嗚呼라 王司敬民하시니 罔非天胤이시니 典祀를 無豐于昵

하소서

| 언해 |

嗚呼ㅣ라 님금은 빅셩을 공경홈을 맛하겨시니 하날의 胤이 아님이 아니시니 졔스를 쥬쟝홈을 갓가온디만 만히 마르소셔

| 번역 |

"아! 왕께서는 백성을 공경함을 맡고 계시니, 하늘을 이은 자가 아님이 없으니, 제사를 주관함에 가까운 데에만 풍성하게 하지 마소서."

| 자해 |

司 : 주장함. •胤 : 이음. •豐 : 많음. •昵 : 가까움.

| 의해 |

임금의 직책은 백성을 공경하는 것을 주로 하며, 복을 귀신에게 요구하는 것이 임금의 일이 아니다. 하물며 조종(祖宗)은 모두 하늘을 이은 자인데, 제사를 주관함에 가까운 사당에만 풍성하게 할 수 있겠는가? 이는 잘못된 일을 바로잡으려는 것이다.

서백감려 [西伯戡黎]

> 서백(西伯)은 문왕(文王)이고 이름은 창(昌)이며 성(姓)은 희(姬)씨이다. 감(戡)은 이긴다는 뜻이고 여(黎)는 나라의 이름이다. 문왕이 유리(羑里)의 갇힘에서 벗어나 낙서(洛西)의 땅을 드리니, 주(紂)가 활과 화살과 도끼를 주어 그로 하여금 정벌을 담당하게 하여 서백으로 삼았다. 문왕이 명을 받았는데 여(黎)가 도가 아닌 일을 하거늘, 이에 군사를 동원하여 정벌하였다. 조이(祖伊)가 주나라의 덕이 날로 성대하여 여(黎)를 이기고 나서도 주(紂)가 악함을 고치지 않으니, 형세가 반드시 은(殷)나라에 미칠 것을 알고서 두려워하여 임금에게 고칠 것을 고한 것이다. 사관이 그 말을 기록하여 이 편을 지은 것이니, 고체(誥體)이다. 금문(今文)과 고문(古文)에 다 있다.

西伯이 旣戡黎어늘 祖伊恐하여 奔告于王하니라

| 언해 |

西伯이 임의 黎를 익이거늘 祖伊ㅣ 두려워ᄒ야 님금끠 奔ᄒ야 告ᄒ니라

| 번역 |

서백(西伯)이 이미 여(黎)를 이기거늘, 조이(祖伊)가 두려워하여 왕께 달려가서 고하였다.

| 자해 |

祖伊 : 성(姓)은 조(祖)이고, 이름은 이(伊). 조기(祖己)의 후손(後孫).

| 의해 |

아래 글에서 문왕이 여(黎)를 이긴 일에 대해 언급하지 않았기 때문에, 사관이 특별히 이 편 앞에다 기록해서 조이(祖伊)가 임금께 고한 이유를 보여준 것이다.

왈천자　천기흘아은명　　격인원구　망감지길
曰天子아 天旣訖我殷命이라 格人元龜 罔敢知吉이로소

비선왕　불상아후인　유왕　음희　용자절
니 非先王이 不相我後人이라 惟王이 淫戱하여 用自絶이니

이다

| 언해 |

닐오디 天子하 하날이 임의 우리 殷나라 命을 訖ᄒ시ᄂᆞᆫ지라 格人과 元龜ㅣ 敢히 吉을 알지 못ᄒ노소니 몬져 님금이 우리 뒤 ᄉᆞ롬을 도으지 아니ᄒ시ᄂᆞᆫ 줄이 아니라 님금이 음란ᄒ고 희롱ᄒᆞ야 ᄡᅥ 스스로 ᄭᅳᆫ홈이니이다

| 번역 |

"천자여! 하늘이 이미 우리 은(殷)나라의 명을 끊어버린 까닭에 바른 사람과 큰 거북이 감히 길함을 알지 못하니, 선왕이 우리 뒷사람을 돕지 않는 것이 아니라, 임금이 음란하고 희롱하여 스스로 끊은 것입니다."

| 자해 |

訖 : 끊음. ·格人元龜 : 먼저 길함과 흉함을 아는 바른 사람과 큰 거북. ·相 : 도움.

| 의해 |

조이(祖伊)가 하늘이 은나라의 명을 끊으려 하는 것을 말한 것이
다. 그래서 특히 천자를 불러서 감동하게 한 것이다.

故天이 棄我하사 不有康食하며 不虞天性하며 不迪率典
하나이다

| 언해 |

故로 하날이 우리를 버리샤 편안이 먹기를 두지 아니케 ᄒ며 天
性을 虞치 아니ᄒ며 좃칠 법을 조치지 아니케 ᄒᄂ다

| 번역 |

"그러므로 하늘이 우리를 버려서 편안히 먹게 하지 않으며, 천성
을 근심하게 하지 않으며 따라야 할 법을 따르지 않게 하였습니
다."

| 자해 |

康 : 편안함. • 虞 : 헤아림. • 典 : 떳떳한 법.

| 의해 |

주(紂)가 스스로 하늘의 명을 끊었기 때문에 하늘이 은나라를 버
려서, 기근이 거듭 이르며 백성이 본성을 잃었으며 떳떳한 법이
폐하여 무너지게 한 것이다.

今我民이 罔弗欲喪曰 天은 曷不降威며 大命은 不摯오
今王은 其如台라하나이다

| 언해 |

이졔 우리 빅셩이 喪코즈 아님이 업셔 글오디 하날은 엇지 위엄을 나리지 아니ㅎ시며 大命은 니르지 아니ㅎㄴ뇨 이졔 님금은 그 내게 엇지료 ㅎㄴ이다

| 번역 |

"이제 우리 백성이 망하기를 바라지 않는 자가 없어서, '하늘은 어찌 재앙을 내리지 아니하시며, 큰 명은 이르지 아니하는가? 지금의 임금은 나와 무슨 상관이 있는가?'라고 하였습니다."

| 자해 |

大命 : 비상한 명. •摯 : 이름.

| 의해 |

백성이 주(紂)의 포학함을 괴로워하여 말하기를, "하늘은 어찌 은(殷)나라에 재앙을 내리지 아니하며, 큰 명을 받을 자는 어찌 이르지 않는가? 이제 임금은 내게 어떻게 하는 것이 없을 것이다."라고 한 것은 주(紂)가 덕을 잃어 다시 내게 임금 노릇을 못할 것이라고 한 것이다.

王曰 嗚呼라 我生은 不有命이 在天가

| 언해 |

님금이 굴ᄋ샤디 嗚呼ㅣ라 내 남은 命이 하날에 잇지 아니ᄒ냐

| 번역 |

왕이 "아! 내 삶은 명이 하늘에 있지 않은가?"라고 말하였다.

| 의해 |

주(紂)가 탄식하여 백성에게 "비록 나를 망하게 하고자 하나, 나의 남은 명이 하늘에 있지 아니하겠는가?"라고 한 것이다.

祖伊反曰 嗚呼라 乃罪多參在上이어늘 乃能責命于天가

| 언해 |

祖伊ㅣ 도라와 굴오디 嗚呼ㅣ라 네 罪ㅣ 만히버려 우에 잇거늘 能히 그 命을 하날에 칙망ᄒ느냐

| 번역 |

조이(祖伊)가 돌아와 "아! 그대의 죄가 많이 나열되어 위에 있거늘, 그 명을 하늘에 요구하는가?"라고 하였다.

| 자해 |

參 : 열거해 있음. •責 : 요구함.

| 의해 |

주(紂)가 허물을 고칠 뜻이 없는 까닭에, 조이(祖伊)가 물러나와 말하기를, "그대의 죄가 많이 나열되어 위에 있거늘, 그 명을 하늘에 요구하는가?"라고 하였다.

殷之卽喪이리니 指乃功한대 不無戮于爾邦이로다

| 언해 |

殷나라이 곳 망흐리로소니 네 일을 가라치건디 죽임이 네 나라에 업지 아니흐리로다

| 번역 |

"은(殷)나라가 곧 망할 것이니, 그대가 한 일을 지적해보면 그대의 나라에서 죽지 않음이 없을 것이로다."

| 자해 |

功 : 일.

| 의해 |

은나라가 곧 망할 것이니, 그대가 한 바의 일을 지적해보면, 어찌 은나라에서 죽음을 면할 수 있겠는가?

미자[微子]

微子若曰 父師少師아 殷其弗或亂正四方이로소니 我祖

底遂陳于上이어시늘 我用沈酗于酒하여 罔亂敗厥德于下

하나다

| 언해 |

微子ㅣ 이러틋시 닐오디 父師와 小師아 殷이 그 或두 四方을 다스려 바루지 못ᄒᆞ리로소니 우리 훈아비 일우어 드듸여 우에 버려셔 계시거늘 우리 ᄡᅥ 슐에 沈酗ᄒᆞ야 ᄡᅥ 그 德을 아릭에셔 어질어이 敗ᄒᆞᄂᆞ다

| 번역 |

미자(微子)가 다음과 같이 말하였다. "부사(父師)와 소사(少師)여! 은(殷)나라가 사방을 다스려 바르게 하지 못한 점이 있으니, 우리 할아버지가 하늘 위에 늘어서 계신데도 우리가 술에 빠져서 그 덕을 아래에서 어지럽게 하고 무너뜨렸습니다."

| 자해 |

父師 : 태사(太師). 기자(箕子)를 말함. • 少師 : 고경(孤卿). 비간(比干)을 말함. • 亂 : 다스림. 底 : 이룸. • 陳 : 벌림. • 沈酗 : 술에 빠져서 취하여 주정함.

| 의해 |

주(紂)가 무도하여 천하를 다스려 바르게 할 것을 바랄 수 없다. 우리 할아버지 성탕(成湯)이 공을 이루어 위에 늘어서서 있는데도, 자손이 술에 취하여 그 덕을 아래에서 어겨서 어지럽게 한 것이다.

殷이 罔不小大히 好草竊姦宄어늘 卿士師師非度하여 凡有辜罪 乃罔恒獲한대 小民이 方興하여 相爲敵讎하나니 今殷其淪喪이 若涉大水에 其無津涯하니 殷遂喪이 越至于今이러니라

| 언해 |

殷나라이 小大ㅣ 아님이 업시 草竊ᄒ며 간샤하며 간학홈을 조와ᄒ거늘 卿士ㅣ 법도 아님을 스승ᄒ고 스승ᄒ야 믈읏 죄두는이 쩟쩟이 잡지 아니ᄒᆫ대 젹은 빅셩이 바야ᄒ로 이러나 셔로 딕뎍ᄒ야 원슈ᄒᄂ니 이졔 殷나라이 그 ᄲᅡ져 망홈이 큰 믈을 건넘에 그 나루아 가이업슴과 갓ᄒ니 殷나라이 드듸여 망홈이 이졔 니르거니라

| 번역 |

"은(殷)나라는 크고 작은 사람을 가릴 것 없이 모두 도적질하고 간사하며 간악함을 좋아하여 경사(卿士)가 법도가 아닌 것을 서로 가르치고 배웁니다. 죄를 지은 자들이 잡히지 않으니, 작은 백성들이 바야흐로 일어나서 서로 대적하여 원수가 되었습니다. 이제 은나라가 빠져 망하는 것이 큰물을 건넘에 나루터가 없는 것과 같으니, 은나라가 드디어 망하는 것이 지금에 이르렀습니다."

| 자해 |

草竊 : 작은 도적. •敵 : 대적함.

| 의해 |

은(殷)나라 백성들이 크고 작은 사람을 가릴 것 없이 모두 도적질하고 간사하며 간악하자, 경사(卿士)가 또한 다 서로 법이 아닌 것을 본받아 법을 범한 사람을 잡지 아니하였다. 백성이 두려움이 없어 바야흐로 일어나 서로 원수가 되어 원망하여 다투고 빼앗아서 기강이 없었다. 그 빠져서 망하는 형상이 큰물을 건너는데 나루터가 없는 것과 같으니, 은나라가 망하는 것이 이에 지금에 이른 것이다. 미자(微子)가 위로 할아버지의 공을 진술하고 아래로 망하고 어지러움을 서술하여 애원하고 통절함을 말로 다할 수 없었다. 수천 년 아래 사람들로 하여금 감동하고 분하게 하니, 뒷날의 윗사람들이 이를 보고 깊이 경계해야 할 것이다.

曰 父師少師아 我其發出狂할새 吾家耄 遜于荒이어늘 今爾無指告予顚隮하나니 若之何其오

| 언해 |

굴오디 父師와 小師아 우리 그 미침을 發ᄒ야닐시 우리 집앳 耄
ㅣ 들애 도망ᄒ거늘 이제 네 날ᄃ려 업더지고 쩌러짐으로 가라쳐
告치 아니ᄒᄂ니 엇디려료

| 번역 |

"부사(父師)와 소사(少師)여! 우리가 미친 것처럼 하자 우리나라
의 노성한 사람들이 들판으로 숨어들어 버렸습니다. 이제 그대들
이 나에게 엎어지고 떨어짐을 가리켜서 고하지 않으니, 장차 어
찌하려는 것입니까?"

| 자해 |

耄 : 노성(老成)한 사람. •遜 : 도망함. 숨음. •荒 : 들. •顚 : 엎드러짐. •隮
: 떨어짐.

| 의해 |

주(紂)가 미치고 포학하며 무도함을 드러내니, 은나라의 노성한
사람이 다 들로 도망하여 위태하고 망할 형세가 이와 같다. 이제
그대들이 나에게 엎어지고 떨어짐을 가리켜 고하지 아니하니, 장
차 어찌하려는가?

父師若曰 王子아 天毒降災하사 荒殷邦이어시늘 方興하여
沈酗于酒하나다

| 언해 |

父師ㅣ 이러ᄐ시 닐오디 王子하 하날이 毒히 지앙을 나리샤 殷나

라를 거칠게 ᄒ거시늘 바야흐로 이러나 술에 沈酗ᄒᄂ다

| 번역 |

부사(父師)가 다음과 같이 말했다. "왕자(王子)여! 하늘이 독하게
재앙을 내리셔서, 은(殷)나라를 황폐하게 하시거늘, 바야흐로 일
어나 술에 빠져 주정을 한다."

| 자해 |

王子 : 미자(微子)를 말함.

| 의해 |

이 이하는 기자(箕子)의 대답이다. 하늘이 재앙을 은나라에 내리
는데도 바야흐로 술에 빠져서 취하여 주정한다는 것이다.

내 망 외 외　　　불 기 구 장 구 유 위 인
乃罔畏畏하여 咈其耈長舊有位人하나다

| 언해 |

두려워홀거슬 두려워 안이 ᄒ야 그 耈長이 녯 位 둔ᄂ 사롬을 咈
ᄒᄂ다

| 번역 |

"두려워할 것을 두려워하지 않아, 그 노성한 사람들로서 지위에
있는 사람들의 뜻을 거슬렸다."

| 자해 |

乃罔畏畏 : 마땅히 두려워할 바를 두려워하지 않음. •咈 : 거슬림. •耈長 :
노성(老成)한 사람.

| 의해 |

주(紂)가 마땅히 두려워할 것을 두려워하지 아니하고 노성(老成)한 사람으로 옛날부터 지위에 있는 이를 다 거스르고 쫓아버린 것이다.

今殷民이 乃攘竊神祇之犧牷牲이어늘 用以容하여 將食無災하나다

| 언해 |

이제 殷나라 빅셩이 神祇의 犧ᄒ고 牷ᄒᆞᆫ 牲을 쎄앗고 도적질ᄒ거늘 뻐 용납하야 가져셔 먹으되 지앙이 업ᄂ다

| 번역 |

"이제 은(殷)나라 백성이 신에게 바칠 순색의 몸체가 온전한 희생을 빼앗고 도적질 하는데도 용납해주어 가져가서 먹었는데도 재앙이 없다."

| 자해 |

攘 : 빼앗음.　•犧 : 순전한 색.　•牷 : 몸체가 온전함.　•牲 : 소와 양과 돼지.

| 의해 |

은(殷)나라 백성이 제물(祭物)을 빼앗고 도적질 하는데도 유사(有司)가 용납하여 숨기며, 가져가 먹었는데도 재앙이 없었다고 하니, 어찌 특별히 작은 도적, 간사한 자, 간악한 자뿐이겠는가?

降監殷民하니 罔乂讐斂이로소니 召敵讐不怠하여 罪合于
一하니 多瘠이라도 罔詔로다

| 언해 |

殷나라 빅셩을 나려보니 뼈 다스림이 원슈로 ㅎ야 거두노소니 더
뎍ㅎ야 원슈홈을 부르되 게을으지 아니ㅎ야 罪ㅣ 슴ㅎ야 一ㅎ니
파리홈이 만허도 고홀디 업도다

| 번역 |

"은(殷)나라 백성을 내려다보니, 등용하여 다스리게 한 자들이 원
수처럼 거두어들이니, 대적하여 원수처럼 대하는 것을 불러오는
것을 게을리 않는다. 죄가 합하여 하나가 되니, 파리함이 많아도
고할 데가 없다."

| 자해 |

讐斂 : 원수가 거두는 것과 같음. • 不怠 : 힘써 행하여 쉬지 않음. • 瘠 : 파
리함. • 詔 : 고함.

| 의해 |

은(殷)나라 백성을 내려다보니, 위에서 다스리는 자가 원수처럼
거두어들이지 않는 자가 없다. 위에서 원수처럼 아래를 거두어들
이면 아래에서 반드시 대적하여 위를 원수로 대한다. 주(紂)가 바
야흐로 적대하여 원수가 되는 것을 부르는데 게을리 하지 아니하
여, 위아래가 서로 악함이 합하여 하나가 되어서 백성이 굶주려
죽는 자가 많아도 고할 데가 없다. 이것은 미자(微子)의 "작은 백
성들이 서로 대적하여 원수가 된다."는 말에 대답한 것이다.

商이 今其有災하리니 我는 興受其敗하리라 商其淪喪이라
도 我罔爲臣僕하리라 詔王子出迪하노니 我舊云이 刻子랏
다 王子弗出하면 我乃顚隮하리라

| 언해 |

商나라이 이졔 그 지앙이 잇스리니 나는 이러나 그 敗를 밧으리
라 商나라이 그 빠져 망ㅎ야도 나는 신하와 종이 되지 아나호리
라 王子다려 나감이 도리인줄을 고ㅎ노니 나의 녯닐옴이 子를 해
홈이랏다 王子ㅣ 나가지 아니ㅎ면 우리 업더지고 쩌러지리라

| 번역 |

"상(商)나라에 이제 재앙이 있을 것이니, 나는 일어나 그 패망을
받아들일 것이다. 상나라가 빠져 망하여도 나는 남의 신하와 종
이 되지 않을 것이다. 왕자에게 떠나가는 것이 도리인 줄을 고하
니, 내가 예전에 말한 것이 그대를 해쳤다. 왕자가 떠나가지 아니
하면 우리는 엎어지고 떨어질 것이다."

| 자해 |

詔 : 고함. ·迪 : 도. ·刻 : 해침.

| 의해 |

상(商)나라에 이제 재앙이 있을 것이니, 내가 나아가 그 화를 받
아 패망함을 당할 것이다. 상나라가 만일 빠져 망하여도 나에게
는 결단코 다른 사람의 신하가 되고 종이 되는 이치가 없을 것이
다. 미자(微子)에게 고하기를 떠나가는 것이 도라고 한 것은, 상
나라의 종묘에 제사지낼 사람이 없을 수 없으니, 미자가 떠나가

면 상나라 종묘에 제사를 지낼 수 있다는 것이다. 기자(箕子)가 옛날에 말한 것은, 미자가 맏이고 또 어질기 때문에 제을(帝乙)에게 권하여 세우라고 한 것이다. 제을이 따르지 아니하고 마침내 주(紂)를 세웠으니, 주(紂)가 반드시 이를 꺼렸을 것이다. 이것이 바로 내가 옛날 말한 것이 마침내 그대를 해쳤다는 것이다. 미자가 만일 떠나가지 않으면 재앙을 반드시 면하지 못하고, 상나라 종묘 제사가 그쳐서 부탁할 데가 없을 것이다. 기자는 의리로 보아 결단코 떠날 수 없다고 하고, 미자의 의리는 결단코 떠나지 않을 수 없다고 한 것이다.

자 정 　　　　인 자 헌 우 선 왕 　　　아 불 고 행 돈
自靖하여 人自獻于先王이니 我不顧行遯하리라

| 언해 |

스스로 편안ᄒᆞ야 스름마다 스스로 先王끠 듸릴지니 나는 行ᄒᆞ야 遯홈을 도라보지 아니호리라

| 번역 |

"스스로 합당한 것을 사람마다 스스로 선왕께 드릴 것이니, 나는 떠나서 숨는 것은 고려하지 않을 것이다."

| 자해 |

靖 : 합당함.　• 遯 : 달아남.

| 의해 |

각각 의리의 마땅한 것을 스스로 선왕께 고하여 신명(神明)께 부끄러움이 없을 따름이고, 나는 다시 떠나서 달아남을 고려하지

않을 것이다.

주서 | 周書

주(周)는 문왕(文王)의 나라 이름이니, 무왕(武王)이 이어서 천하를 차지하였다. 글이 모두 서른두 편이다.

태서 상[泰誓 上]

태(太)는 크다는 뜻이다. 무왕(武王)이 은(殷)나라를 정벌하면서 그 무리에게 맹세한 말을 사관이 기록한 것이다. 『서경』을 편집한 자들이 맹진(孟津)에서 크게 회맹한 것을 「태서(泰誓)」라고 이름을 붙인 것이다. 상편은 황하를 건너지 않았을 때의 일을 기록한 것이고, 뒤의 두 편은 이미 황하를 건넌 뒤의 일을 기록한 것이다. 금문(今文)에는 없고 고문(古文)에는 있다.

유 십 유 삼 년 춘 대 회 우 맹 진
惟十有三年春에 大會于孟津하시다

| 언해 |

열이오 ᄯᅩ 세히ㅅ 봄애 크게 孟津에 모되시다

| 번역 |

십삼 년 봄에 맹진(孟津)에서 크게 회맹하였다.

| 자해 |

十有三年 : 무왕이 즉위한지 십삼 년이라는 말. • 春 : 맹춘(孟春). • 孟津 : 「우공(禹貢)」에 보임. 맹(孟)은 땅 이름이고, 진(津)은 나루터.

왕 왈 차 아 우 방 총 군 월 아 어 사 서 사 명 청 서
王曰 嗟我友邦冢君과 越我御事庶士아 明聽誓하라

| 언해 |

님금이 굴ᄋ샤디 슬프다 우리 友邦앳 冢君과 믿 우리 御事와 庶
士아 밝게 밍셰를 드르라

| 번역 |

왕이 말씀하셨다. "슬프다! 우리 우방의 총군(冢君)과 우리 어사
(御事)와 서사(庶士)야. 분명하게 맹세를 들어라."

| 자해 |

越 : '급(及)'자와 같음.

| 의해 |

상(商)나라를 정벌하는 뜻을 고하고, 또 분명하게 듣게 하려고 한
것이다.

惟天地는 萬物父母요 惟人은 萬物之靈이니 亶聰明이 作
元后요 元后作民父母니라

| 언해 |

天地ᄂᆞᆫ 萬物의 父母ㅣ오 사ᄅᆞᆷ은 萬物의 신령홈이니 亶흔 聰明이
元后ㅣ 되고 元后ㅣ 빅셩의 父母ㅣ 되ᄂᆞ니라

| 번역 |

"천지는 만물의 부모이고 사람은 만물의 신령함이니, 성실하고
총명한 사람이 원후(元后)가 되고 원후가 백성의 부모가 되느니
라."

| 자해 |

亶 : 성실하여 망령됨이 없음.

| 의해 |

만물은 건(乾)으로 말미암아 시작되며 곤(坤)으로 말미암아 생겨
나니, 천지는 만물의 부모이다. 만물로 생겨난 것 중에는 오직 사
람이 빼어나고 신령하여 사단(四端)을 갖추고 만선(萬善)을 갖추
어, 지각(知覺)이 동물과 다르다. 성인은 또 그 가운데 가장 빼어
나고 가장 신령하니, 천성(天性)이 총명하여 노력이 필요 없고 그
앎은 남보다 먼저 알고 그 깨달음은 먼저 깨달아, 모든 사람에 앞
서니 천하에 큰 임금이 된다. 천하의 어려운 자들이 그 삶을 얻
고, 홀아비와 과부와 고아와 홀로 사는 자들이 길러져서 모든 백
성들이 하나라도 제 자리를 얻지 못함이 없게 하는 것이 곧 원후
(元后)가 백성의 부모가 된 이유이다. 천지가 만물을 만들어내는
데 사람에게 후하게 하고, 천지가 사람을 내는데 성인에게 후하
니, 성인에게 후하게 하는 것은 또한 오직 그 백성에게 임금과 어
른이 되게 하여 천지가 백성의 부모가 된 마음을 펴려는 것이다.
하늘이 백성을 위하는 것이 이와 같으니, 원후의 책임을 맡은 자
가 백성의 부모가 된 뜻을 모를 수 있겠는가? 상(商)나라의 주
(紂)가 임금과 백성의 도를 잃어버려서 무왕(武王)이 이를 말한
것이니, 비록 한때 백성에게 맹서한 말이나, 실상은 만세의 임금
이 마땅히 체득하여 생각해야 할 것이다.

今商王受 弗敬上天하며 降災下民하나다

| 언해 |

이제 商나라 님금 受ㅣ 上天을 공경치 아니ᄒ며 下民애 지앙을
니리ᄂ다

| 번역 |

"지금 상(商)나라 임금 수(受)가 위의 하늘을 공경하지 아니하며,
아래 백성들에게 재앙을 내렸다."

| 자해 |

受 : 주(紂)의 이름.

| 의해 |

수(受)가 하늘을 업신여기고 백성에게 잔학하여 백성의 부모가
된 바를 알지 못한 것이다.

沈湎冒色하여 敢行暴虐하여 罪人以族하고 官人以世하며
惟宮室臺榭陂池侈服으로 以殘害于爾萬姓하며 焚炙忠
良하며 刳剔孕婦한대 皇天이 震怒하사 命我文考하사 肅將
天威하시니 大勳을 未集하시니라

| 언해 |

슐에 ᄲ지며 色에 음란ᄒ야 敢히 暴虐을 行ᄒ야 스롬을 罪ᄒ디
겨레로 ᄡᅥ ᄒ고 스롬을 버슬ᄒᆞ디 디로ᄡᅥ ᄒ며 宮室과 臺榭와 陂
地와 옷ᄉ치 홈으로 ᄡᅥ 너의 만 ᄇᆞ셩을 잔학ᄒ야 해롭게 ᄒ며 츙
셩슬업고 어진이를 焚炙ᄒ며 잉틱ᄒᆞᆫ 지어미를 刳剔ᄒᆞᆫ대 皇天이

震怒ᄒᆞ샤 우리 文考를 命ᄒᆞ샤 하날의 위엄을 공경이 가지시니 큰
공을 모도이지 못ᄒᆞ시니라

| 번역 |

"술에 빠지며 여색에 빠져 음란하여 감히 포학함을 행하여, 사람
에게 죄를 주되 친족까지 연루시키고, 사람에게 벼슬을 시키되
세습하게 하였다. 궁실과 누대와 연못과 사치한 옷으로 너희 만
백성에게 잔학하고 해롭게 하며, 충성스럽고 어진 이를 불에 태
우고 잉태한 부인의 배를 갈랐다. 황천(皇天)이 진노하여 우리 문
덕이 있는 아버지게 명하여 하늘의 위엄을 받들어 실행하게 하였
으나 큰 공을 모으지 못하셨도다."

| 자해 |

沈湎 : 술에 빠짐. ·冒色 : 여자에 빠져 음란함. ·族 : 친족(親族). ·世 : 자
제(子弟). ·侈 : 사치. ·臺 : 흙으로 쌓은 누대. ·榭 : 나무가 있는 누대. ·
陂 : 물을 막은 보. ·池 : 물을 모아둔 연못. ·焚炙 : 불로 지지는 형벌. ·刳
剔 : 베고 벗김.

| 의해 |

주(紂)가 불로 지지는 형벌을 만들고, 비간(比干)의 아내 배를 갈
라 그 태(胎)를 보았으니, 이는 그 실상을 들어 말한 것이다. 주
(紂)가 포학무도한 것이 이와 같아서 하늘이 진노하여 성인에게
명하여 그 죄를 치고 잔학함을 덜어버리게 하였다, 문왕(文王)이
그 책임을 맡았으나 공을 이루지 못하고 세상을 뜨니, 무왕(武王)
이 그 뜻을 이었다.

肆予小子發이 以爾友邦冢君으로 觀政于商하니 惟受罔

有悛心하여 乃夷居하여 弗事上帝神祇하며 遺厥先宗廟

하여 弗祀하여 犧牲粢盛이 旣于凶盜어늘 乃曰 吾有民有

命이라하여 罔懲其侮하나다

| 언해 |

이러무로 나 小子 發이 너의 友邦冢君으로 뻐 商나라에 정스를
보니 受ㅣ 고칠 므음을 두지 아니ᄒᆞ야 거라안져 居ᄒᆞ야 上帝神祇
를 셤기지 아니ᄒᆞ며 그 先宗廟를 버려셔 졔스치 아니ᄒᆞ야 犧牲과
粢盛이 흉ᄒᆞᆫ 도젹에 다 ᄒᆞ거늘 골오디 내 뵉셩이 잇스며 命이 잇
노라 ᄒᆞ야 그거 만을 징계치 아니ᄒᆞᄂᆞ다

| 번역 |

"그러므로 나 소자(小子) 발(發)이 너희 우방의 총군(冢君)과 함
께 상(商)나라의 정사를 살펴보니, 수(受)가 고칠 마음이 없고 걸
터앉아서 상제와 신을 섬기지 않으며, 그 선조의 종묘를 버려두
고 제사하지 않았다. 희생(犧牲)과 자성(粢盛)을 흉악한 도적에
게 다 빼앗겼는데도, 나에게는 백성이 있으며 명이 있노라고 하
여 그 거만함을 징계하지 아니하였다."

| 자해 |

肆 : 그러므로. •發 : 무왕(武王)의 이름. •悛 : 고침. •夷 : 걸터앉음. •遺 :
버림. •旣 : 다함.

| 의해 |

그러므로 나 소자가 너희 우방의 총군(冢君)들과 같이 상나라의
정사를 살펴보니, 주(紂)가 뉘우쳐 깨달아 고칠 마음은 없었다.
걸터앉아 상제와 신과 종묘의 제사를 폐하고, 희생과 자성을 다
흉한 도적에게 빼앗겼다. 그러면서도 주(紂)가 말하기를, 나에게
백성과 사직이 있으며, 하늘의 명이 있노라고 하여, 그 오만한 뜻
을 징계하지 아니하였다.

天佑下民하사 作之君作之師하신대 惟其克相上帝하여 寵
綏四方이시니 有罪無罪에 予는 曷敢有越厥志하리오

| 언해 |

하날이 下民을 도우샤 님금을 지으시며 스승을 지으샤든 그 능히
上帝를 도와셔 四方을 스랑하며 편안케 하시니 罪잇스며 罪업슴
애 나는 엇지 敢히 그 뜻을 越홈이 잇스리오

| 번역 |

"하늘이 아래 백성들을 도우셔서 그들에게 임금을 만들어 주시며
스승을 만들어 주시어, 상제를 도와 사방을 사랑하며 편안하게
하시니, 죄가 있으면 벌을 주고 죄가 없으면 용서하는 것을 내가
어찌 감히 그 뜻을 어기겠는가?"

| 자해 |

佑 : 도움. ・寵 : 사랑함. ・越 : 어김.

| 의해 |

하늘이 백성을 도우서서 임금이 되어 어른 노릇을 하게 하고 스승이 되어서 가르치게 하시니, 임금과 스승이 된 자가 상제를 좌우로 도와서 천하를 사랑하며 편안하게 하였다. 죄 있는 이는 마땅히 성토하고 죄 없는 이는 마땅히 놓아 줄 것이니, 내가 어찌 감히 그 마음을 어기겠는가?

同力^{동력}이어든 度德^{탁덕}하고 同德^{동덕}이어든 度義^{탁의}하리니 受有臣億萬^{수유신억만}하나 惟億萬心^{유억만심}이어니와 予有臣三千^{여유신삼천}하니 惟一心^{유일심}이니라

| 언해 |

힘이 갓거든 德을 혜아리고 德이 갓거든 義를 혜아릴지니 受ㅣ 신하 億萬을 두나 ᄆ옴이 億萬이어니와 나는 신하 三千을 두니 ᄆ옴이 훈아이니라

| 번역 |

"힘이 같으면 덕으로 헤아리고 덕이 같으면 의로 헤아릴 것이니, 수(受)는 신하 억만(億萬)을 두었어도 마음이 억만 갈래이지만, 나는 신하 삼천을 두었는데 마음이 하나이다."

| 자해 |

度: 헤아림.

| 의해 |

무왕(武王)이 상(商)나라를 치면 반드시 이길 것을 밝힌 것이다.

商罪貫盈이라 天命誅之하시나니 予弗順天하면 厥罪惟鈞

하리라

| 언해 |

商나라 罪ㅣ 貫ᄒ야 가득ᄒᆫ지라 하날이 命ᄒ야 베이시ᄂ니 내 하 날을 順치 아니ᄒ면 그 罪ㅣ 갓흐리라

| 번역 |

"상(商)나라의 죄가 두루 가득하여 하늘이 명하여 벌을 주시니, 내가 하늘을 따르지 아니하면, 그 죄가 같을 것이다."

| 자해 |

貫 : 통함. • 盈 : 가득함. • 鈞 : 같음.

| 의해 |

주(紂)가 악을 저지른 것이 이와 같아서 하늘이 명하여 벌을 주시 니, 이제 주(紂)를 벌하지 아니하면 이는 악함을 기르는 것이다. 그 죄가 어찌 주(紂)와 더불어 같지 않겠는가?

予小子는 夙夜祗懼하여 受命文考하여 類于上帝하며 宜

于冢土하여 以爾有衆으로 底天之罰하노라

| 언해 |

나 小子눈 夙夜에 공경ᄒ며 두려워ᄒ야 文考ㅅ긔 命을 밧아 上帝
ㅅ긔 類ᄒ며 冢土애 宜ᄒ야 너의 무리로 ᄡᅥ 하날의 罰을 일우노
라

| 번역 |

"나 소자(小子)는 밤낮으로 공경하며 두려워하여, 문덕이 있는 아
버지의 명을 받아 상제께 류(類) 제사를 지내며 사직에 의(宜) 제
사를 지내어, 너희 무리를 데리고 하늘의 벌을 이루고자 한다."

| 자해 |

類 : 하늘에 드리는 제사. •宜 : 사직에 드리는 제사. •冢土 : 큰 사직. •底 :
이룸.

| 의해 |

나 소자(小子)가 하늘의 위엄이 두려워서 낮과 밤으로 공경하고
두려워하여, 감히 스스로 편안하지 못하여 문왕(文王)의 사당에
서 명을 받아 천지의 신에게 고하여, 너희 무리를 데리고 하늘의
벌을 상(商)나라에 집행하려고 한다.

天矜于民이라 民之所欲을 天必從之하시나니 爾尙弼予一
人하여 永淸四海하라 時哉라 弗可失이니라

| 언해 |

하날이 빅셩을 불쌍이 녁이시ᄂ지라 빅셩의 ᄒ고즈 ᄒᄂ 바를 하

날이 반다시 조치시ᄂᆞ니 너의 거의 나 ᄒᆞᆫ 스람을 도아 기리 四海
를 맑케 ᄒᆞ라 ᄶᅥ라 可히 일치 못ᄒᆞ리라

| 번역 |

"하늘이 백성을 불쌍히 여기기 때문에 백성이 하고자 하는 바를
하늘이 반드시 따르니, 너희가 나 한 사람을 도와 길이 사해(四
海)를 맑게 하라. 때에 맞으니 놓쳐서는 안 된다."

| 자해 |

矜 : 불쌍히 여김. •弼 : 도움.

| 의해 |

이제 백성이 주(紂)를 망하게 하고자 하는 것이 이와 같으니 하늘
의 뜻을 알 수 있다. 너희는 나 한 사람을 도와 그 간사하고 더러
움을 없애고 길이 사해(四海)를 맑게 하기 바란다. 이는 하늘과
사람이 서로 부합하는 때이므로 잃어버려서는 안 된다.

태서 중[泰誓 中]

惟戊午에 王次于河朔이시어늘 羣后以師畢會한대 王이 乃
徇師而誓하시다

| 언해 |

戊午에 王이 河朔에 그치시거늘 羣后ㅣ 군스로 뻐 다 모뒨대 王
이 군스를 둘너셔 밍셰ᄒ시다

| 번역 |

무오(戊午)에 왕이 황하의 북쪽에 주둔하자, 여러 제후가 군사를
데리고 다 모였는데, 왕이 군사를 둘러보고 맹세하셨다.

| 자해 |

次: 머무름. • 徇: 둘러봄.

曰嗚呼라 西土有衆아 咸聽朕言하라

| 언해 |

골ᄋ샤딕 嗚呼ㅣ라 西土ㅅ 무리아 다 朕의 말을 드르라

| 번역 |

　"아! 서쪽 땅의 무리여. 모두 나의 말을 들어라."

| 의해 |

　주(周)나라 도읍이 서방(西方)에 있어 무왕(武王)을 따르는 제후
가 다 서방의 제후이다. 그래서 서쪽 땅의 무리라고 하였다.

我聞吉人은 爲善하되 惟日不足이어늘 凶人은 爲不善하되
亦惟日不足이라하니 今商王受 力行無度하여 播棄犂老
하고 昵比罪人하며 淫酗肆虐한대 臣下化之하여 朋家作仇
하여 脅權相滅한대 無辜籲天하여 穢德이 彰聞하니라

| 언해 |

　나는 들으니 吉혼 스룸은 착흠을 호디 날로 不足흐야 흐거든 凶
혼 스룸은 不善을 호디 또혼 날로 不足흐야 혼다 호니 이제 商나
라 님금 受ㅣ 힘 뻐 법도 아님을 行흐야 犂혼 늙은이를 니쳐바리
고 罪人을 갓가이 흐며 음란흐며 酗흐야 스나움을 노은대 臣下ㅣ
化흐야 집애셔 붕당흐야 원슈를 지어셔 권셰로 협박흐야 셔로 滅
혼대 죄업는 이 하날을 불너셔 더러운 德이 드러나 들리니라

| 번역 |

　"내가 들으니, 길한 사람은 착한 일을 행하되 날이 부족하고, 흉
한 사람은 착하지 아니한 일을 하는데 또한 날이 부족하다고 한

다. 지금 상(商)나라 임금 수(受)가 힘써 법도 아닌 것을 행하여 노성한 자를 내쳐 버리고 죄 있는 사람을 가까이 하며, 음란하고 술에 취하여 사나운 짓을 함부로 행하고 있다. 신하가 동화되어 붕당을 세워서 원수를 삼고 권세를 끼고 서로 협박하여 없애려 하였다. 죄 없는 자들이 하늘에 부르짖으니 더러운 덕이 드러나 들리었다.”

| 자해 |

惟日不足 : 하루 종일 하여도 오히려 부족함. •播 : 내침. •犁 : 검고 누런 모양. •酗 : 취하여 놓음. •肆 : 마음대로 함.

| 의해 |

노성(老成)한 신하로 마땅히 가깝게 할 자는 주(紂)가 버리고, 죄악(罪惡)이 있는 사람으로 마땅히 내칠 자는 주(紂)가 가까이 하였다. 그러자 신하들도 또한 주(紂)의 악함에 동화되어 각각 붕당을 세워 서로 원수가 되어 권세로 협박하여 서로 없애려고 하여 천하에 독을 흘렸다. 죄가 없는 사람이 하늘에 부르짖어 원통함을 고하니, 더러운 덕이 위에 나타나서 들렸다.

惟天이 惠民이어시든 惟辟은 奉天하나니 有夏桀이 弗克若
天하여 流毒下國한대 天乃佑命成湯하사 降黜夏命하시니라

| 언해 |

하날이 빅셩을 은혜ᄒ시거든 님금은 하날을 밧드ᄂ니 夏ㅅ 나라 桀이 능히 하날을 슌치 아니ᄒ야 下國애 毒을 흘린대 하날이 成

湯을 도와 命ᄒ샤 夏ㅅ 나라 命을 나려셔 닉치게 ᄒ시니라

| 번역 |

"하늘이 백성에게 은혜롭게 하시면 임금은 하늘을 받드는 것이다.
하(夏)나라 걸(桀)은 하늘을 따르지 않고 아래 나라에 독을 흘렸
는데, 하늘이 성탕(成湯)을 도와 명하셔서 하나라의 명을 내려셔
내치게 하셨다."

| 자해 |

辟 : 임금.

| 의해 |

하늘이 이 백성을 사랑하면 임금은 하늘의 뜻을 받드는 것이다.
옛날에 걸(桀)이 하늘을 따르지 아니하여 아래 나라에 독을 흘리
자, 하늘이 탕(湯) 임금에게 명하여 하(夏)나라의 명을 내치셨다.

惟受는 罪浮于桀하니 剝喪元良하며 賊虐諫輔하며 謂己
有天命이라하며 謂敬不足行이라하며 謂祭無益이라하며 謂
暴無傷이라하나니 厥鑒이 惟不遠하여 在彼夏王하니라 天
其以予로 乂民이라 朕夢協朕卜하여 襲于休祥하니 戎商
必克하리라

| 언해 |

受는 罪ㅣ 桀애 지닉니 元良을 剝喪ᄒ며 諫輔를 賊虐ᄒ며 몸에

하날 命을 두엇노라 닐으며 공경을 足히 行치 아닐 것이라 닐으
며 졔스를 유익홈이 업다 닐으며 스나움이 傷홈이 업다 니르느니
그 보임이 멀지 아니ᄒ야 뎌 夏ㅅ 나라 님금애 잇느니라 하날이
그 날로 뻐 빅셩을 다스리게 ᄒ시는 지라 朕의 꿈이 朕의 졈애 합
ᄒ야 아람다운 샹셔가 거듭ᄒ니 商나라를 戎ᄒ야 반드시 익이리
라

| 번역 |

"수(受)는 죄가 걸(桀)보다 지나치니, 으뜸가는 훌륭한 미자를 쳐
서 떠나게 하며 간하고 돕는 비간을 해치고 포학하게 하였다. 자
신에게 하늘의 명이 있다고 하였으며 공경은 행할 만하지 않다고
하고 제사는 유익함이 없다고 하며, 사나움은 해치는 것이 없다
고 하였다. 그 본보기가 멀지 아니하니, 저 하(夏)나라 임금에 있
다. 하늘이 나로 하여금 백성을 다스리게 하시는 까닭에 나의 꿈
이 나의 점에 부합하여 아름다운 상서가 거듭되니, 상(商)나라를
정벌하여 반드시 이길 것이다."

| 자해 |

孚 : 지나침. •剝 : 침. •喪 : 버림. •元良 : 미자(微子). •諫輔 : 비간(比干).
•鑒 : 거울. 본보기. •協 : 부합함. •襲 : 거듭. •戎 : 침.

| 의해 |

지금 주(紂)의 죄가 많으므로 하늘이 나로 하여금 백성을 다스리
게 한 것이니, 내 꿈이 내 점과 부합하여 거듭 아름다운 상서가
나타나니, 상(商)나라를 쳐서 반드시 이길 것을 알았다.

受有億兆夷人이 離心離德이어니와 予有亂臣十人하니 同心同德하니 雖有周親하나 不如仁人하니라

| 언해 |

受ㅣ 億兆夷人을 두엇스나 ᄆᆞ음이 ᄯᅥ나며 德이 ᄯᅥ나거니와 나는 다스리는 신하 열 스람을 두니 ᄆᆞ음이 갓ᄒᆞ며 德이 갓ᄒᆞ니 비록 周혼 親을 두나 어진 스람만 갓지 못ᄒᆞ니라

| 번역 |

"수(受)는 억조(億兆)의 보통 사람이 있었으나, 마음이 떠나며 덕이 떠났다. 나는 다스리는 신하 열 사람을 두었는데 마음이 같으며 덕이 같다. 비록 아주 친한 사람이 있다 하더라도 어진 사람만 같지 못하다."

| 자해 |

夷 : 보통 사람. • 亂 : 다스림. • 周 : 지극함.

| 의해 |

주(紂)에게는 비록 보통 사람이 많으나, 주(周)나라의 다스리는 신하가 충성을 다하는 것만 같지 못하다. 주(紂)에게는 비록 아주 친한 신하가 많으나, 주(周)나라의 어진 사람이 어질어서 믿을 만한 것만 같지 못하다.

天視自我民視하시며 天聽이 自我民聽하시나니 百姓有過

在予一人하니 今朕은 必往하리라

| 언해 |

하날의 보심이 우리 빅셩의 보음으로 브터 ᄒ시며 하날의 드르심
이 우리 빅셩의 드름으로 브터 ᄒ시ᄂ니 빅셩의 칙망 잇슴이 나
ᄒᆫ 스룸의게 잇스니 이졔 나는 반다시 가리라

| 번역 |

"하늘의 보심이 우리 백성의 봄으로부터 하시며, 하늘의 들으심
이 우리 백성이 들음으로부터 하신다. 백성의 책망이 나 한 사람
에게 있으니, 이제 나는 반드시 갈 것이다."

| 자해 |

過 : 책망.

| 의해 |

하늘이 보고 듣는 것이 다 백성으로부터 하는 것이다. 이제 백성
이 다 나를 책망하기를, 상(商)나라 죄를 바로잡지 아니한다고 한
다. 백성의 마음으로 하늘의 뜻을 살펴보면, 내가 상나라를 정벌
하러 반드시 가야 할 것이다.

> ^{아 무}我武를 ^{유 양}惟揚하여 ^{침 우 지 강}侵于之疆하여 ^{취 피 흉 잔}取彼凶殘하여 ^{아 벌 용}我伐이 用
> ^장張하면 ^{우 탕}于湯에 ^{유 광}有光하리라

| 언해 |

우리 武를 들어 디경에 들어가셔 뎌 凶殘을 取ᄒᆞ야 우리 침이 뻐
베풀면 湯의게 빗이 잇으리라

| 번역 |

"우리의 무력을 들어 저 강토로 들어가서 저 흉악하고 잔인한 자
를 취하여 우리의 정벌을 시행하면, 탕(湯) 임금에게 빛이 될 것
이다."

| 자해 |

揚 : 들음. •侵 : 들어감. •凶殘 : 주(紂)를 이름.

| 의해 |

무왕(武王)이 탕(湯)의 자손을 치니, 탕에게 원수인 듯하다. 그러
나 천하의 공적인 마음이고 한 몸의 사사로운 욕심이 아니며, 백
성을 위하여 죄가 있는 이를 치는 것이다. 이것은 탕의 일과 같으
니, 이로 말미암아 탕의 마음이 더욱 명백해질 것이다. 그러므로
빛이 있다고 한 것이다.

勗哉夫子는 罔或無畏하여 寧執非敵이라하라 百姓이 懍懍

하여 若崩厥角하나니 嗚呼라 乃一德一心하여 立定厥功하

여 惟克永世하라

| 언해 |

힘쓸지어다 夫子는 或도 두려워홈이 업다 말아 홀아리 잡으되 더

뎍지 못흐리라 흐라 百姓이 懍懍흐야 그 쓸이 문어질듯 흐느니

嗚呼ㅣ라 너의 德을 흔갈 갓치흐며 므음을 한갈 갓치흐야 그 功

을 셰워 定흐야 능히 셰샹을 길게흐라

| 번역 |

"힘쓸지어다! 그대들은 조금이라도 두려움이 없다고 하지 말고,

차라리 적수가 되지 못한다는 태도를 가지라. 상나라 백성이 두

려워하여 뿔이 무너지는 듯하니, 아! 너희 덕을 한결같이 하며 마

음을 한결같이 하여 공을 세워 대를 이어 영원하게 하라."

| 자해 |

勗 : 힘씀. •夫子 : 장사(將士). •懍懍 : 두려워하는 모양.

| 의해 |

장사(將士)들은 혹 주(紂)를 두려워할 것이 없다고 말하지 말고,

차라리 내가 대적할 수 없다는 태도를 취하라. 상(商)나라 백성들

이 주(紂)의 사나움을 두려워하여 그 머리와 뿔이 무너진 것과 같

다. 너희는 마땅히 덕을 한결같이 하고 마음을 한결같이 하여, 공

을 세워 대를 이어 영원하게 하라.

태서 하[泰誓 下]

^{시 궐 명} ^왕 ^{내 대 순 육 사} ^{명 서 중 사}
時厥明에 王이 乃大巡六師하사 明誓衆士하시다

| 언해 |

찌 그 明애 王이 크게 六師에 순힝ᄒᆞ샤 밝히 무리 군ᄉᆞ를 밍셰ᄒ

시다

| 번역 |

그 다음날에 왕이 크게 육사(六師)를 돌아보시며 분명하게 군사
들에게 맹세하시다.

| 자해 |

厥明 : 무오일(戊午日)의 이튿날.

^{왕 왈} ^{오 호} ^{아 서 토 군 자} ^{천 유 현 도} ^{궐 류 유 창}
王曰 嗚呼라 我西土君子아 天有顯道하여 厥類惟彰하니

^{금 상 왕 수} ^{압 모 오 상} ^{황 태 불 경} ^{자 절 우 천} ^결
今商王受 狎侮五常하며 荒怠弗敬하여 自絶于天하며 結

^{원 우 민}
怨于民하나다

| 언해 |

王이 글으샤디 嗚呼ㅣ라 우리 西土ㅅ 君子아 하날이 나탄호 道ㅣ
이셔 그 類ㅣ 彰호니 이제 商나라 님금 受ㅣ 五常을 셜만호야 업
슈 녁이며 황잡호고 계을너셔 공경치 하니호야 스스로 하날에 끈
치며 빅셩애 원망을 미지느다

| 번역 |

왕이 말씀하셨다. "아! 우리 서쪽 땅의 군자여. 하늘에는 드러난
도가 있으며 의리가 매우 밝은데, 이제 상(商)나라의 왕인 수(受)
가 오상(五常)을 함부로 업신여기며, 돌보지 않고 게을리 하며 공
경하지 아니하여 스스로 하늘과 끊어지게 하였으며 백성에게 원
망을 맺었다."

| 자해 |

류(類) : 의리의 종류. •彰 : 밝음.

| 의해 |

하늘에는 지극히 잘 드러난 이치가 있으며, 그 의리가 매우 밝다.
주(紂)가 임금과 신하, 아버지와 아들, 형과 아우, 남편과 아내의
보편적인 법을 소홀하게 하며, 게을러서 공경하고 두려워하는 바
가 없어, 위로 스스로 하늘에서 끊어지며, 아래로 백성에게 원망
을 맺었다.

작 조 섭 지 경　　부 현 인 지 심　　작 위 살 륙　　독 보 사
斲朝涉之脛하며 剖賢人之心하며 作威殺戮으로 毒痛四

해　　숭 신 간 회　　방 출 사 보　　병 기 전 형　　수 노 정
海하며 崇信姦回하고 放黜師保하며 屛棄典刑하고 囚奴正

士하며 郊社를 不修하며 宗廟를 不享하고 作奇技淫巧하여 以悅婦人한대 上帝弗順하사 祝降時喪하시나니 爾其孜孜하여 奉予一人하여 恭行天罰하라

| 언해 |

아참에 건너ᄂ 다리를 찍으며 어진 스룸의 심통을 剖ᄒ며 위엄을 지어 殺戮으로 四海를 毒痛ᄒ며 간샤ᄒ고 간샤홈을 노피며 밋고 師와 保를 니치고 니치며 법과 형벌을 물리쳐 버리고 正士를 가두어 죠 노릇ᄒ게 ᄒ며 郊와 社를 슈리치 아니ᄒ며 宗廟를 享치 아니코 긔이ᄒ 기능과 음란ᄒ 공교를 지어 ᄡᅥ 婦人을 깃겁게 ᄒᆫ대 上帝ㅣ 順치 아니ᄒ샤 결단히 이 망홈을 나리시ᄂ니 너의 그 孜孜ᄒ야 나 ᄒᆫ 스룸을 밧드러 공경ᄒ야 하날의 罰을 行ᄒ라

| 번역 |

"아침에 물을 건너는 사람의 다리를 자르고 어진 사람의 심장을 쪼개며, 포학하게 살육하고 사해에 독을 끼쳐 병들게 하였다. 간사하고 사악함을 높이며 믿고, 사보(師保)를 내쫓고 법과 형벌을 내버리며, 바른 선비를 가두어 죄수가 되게 하였다. 교외 제사와 사직 제사를 지내지 않으며, 종묘에 제사를 지내지 않았다. 기이한 기능과 음란한 기예를 부려서 부인을 기쁘게 하니, 상제가 인정하지 아니하여 이 망함을 내렸다. 너희는 열심히 노력하여 나 한 사람을 받들어 하늘의 벌을 공경히 행하라."

| 자해 |

斮 : 찍음. •剖 : 배를 가름. •痛 : 병. •回 : 간사함. •屛 : 물리침. •正士 :

기자(箕子). •祝 : 결단. •孜孜 : 부지런함.

| 의해 |

주(紂)가 겨울 아침에 물을 건너는 사람의 다리를 잘라 보며, 어
진 사람의 배를 갈라 그 심장을 보며, 형벌과 포학함을 지어서 살
육을 일삼아, 사해의 사람을 병들게 하였다. 간사한 사람은 높이
고 믿으며, 사보(師保)는 내치고 쫓으며, 선왕의 법을 물리쳐 버
리고, 바른 선비를 가두었다. 제사의 예를 폐하고 기이한 기능과
음란한 교술로 부인을 기쁘게 하고, 오로지 더럽고 함부로 하는
행실에만 뜻을 두었다. 보편적인 이치를 어기고 혼란스럽게 만들
었기 때문에 하늘이 단연코 이 망함을 내렸다. 너희 무리는 힘써
나를 받들어 하늘의 벌을 공경히 행할 것이니라.

古人이 有言曰 撫我則后요 虐我則讎라하니 獨夫受 洪
惟作威하나니 乃汝世讎니라 樹德엔 務滋요 除惡엔 務本이
니 肆予小子 誕以爾衆士로 殄殲乃讎하노니 爾衆士는 其
尙迪果毅하여 以登乃辟이어다 功多면 有厚賞하고 不迪하
면 有顯戮하리라

| 언해 |

녯 스룸이 말을 두어 골으디 나를 어르만지면 님금이오 나를 스
나웁게 흐면 원슈ㅣ라 흐니 獨夫受ㅣ 크게 위엄을 지으느니 너희
디의 원슈ㅣ니라 德을 심을 진딘 셩홈을 힘쓰고 惡을 除홀진딘

근본을 힘쓸지니 이러무로 나 小子ㅣ 크게 너의 무리 군소로 뻐
너의 원슈를 끈코 멸ᄒ노니 너의 무리 군소ㅣ 그 거의 결단ᄒ고
굿셰임을 迪ᄒ야 뻐 너의 님금을 오르게 홀지어다 功이 만으면
厚ᄒᆞᆫ 賞이 잇고 迪디 아니ᄒ면 드러난 죽임이 잇스리라

| 번역 |

"옛 사람이 말하기를, '나를 어루만지면 임금이고, 나에게 사납게
하면 원수이다.'라고 했는데, 한 남자인 수(受)가 크게 포학하게
하니, 너희에게 대를 이은 원수이다. 덕을 심을 때에는 무성하게
하는 데 힘쓰고, 악을 제거할 때에는 근본까지 제거하도록 힘써
야 한다. 그러므로 나 소자(小子)가 크게 너희 무리의 군사로 너
의 원수를 끊고 멸할 것이니, 너희 무리의 군사는 과감하고 굳셈
을 실천하여 너희 임금의 뜻을 이루게 하라. 공이 많으면 후한 상
이 있고, 실행하지 아니하면 반드시 죽음이 있을 것이다."

| 자해 |

獨夫 : 한 남자. 천명이 끊어지고 인심이 떠나가면, 임금이라도 다만 한 남자
에 불과하다는 말. •洪 : 큼. •樹 : 심음. •迪 : 실행. •果 : 결단함. •毅 :
굳셈.

| 의해 |

이제 한 남자인 수(受)가 크게 포학하게 하여 너의 백성을 해롭게
하니, 이는 너희 대대로의 원수이다. 덕을 심으려면 무성함에 힘
쓰고, 악을 버리려면 근본을 끊는다. 나 소자(小子)가 너의 무리
로 너희 대대로의 원수를 끊어 멸하려 하니, 너희 무리는 결단하
고 굳세게 실행하여 너의 임금의 뜻을 이루라. 만일 공이 많으면
후한 상이 있을 것이니, 특별히 하나의 작위와 하나의 직급뿐만
이 아니다. 결단하고 굳세게 실행하지 않으면 확실하게 죽일 것
이니, 반드시 저자와 조정에서 시행하여 무리에게 보일 것이다.

嗚呼라 惟我文考 若日月之照臨하사 光于四方하시며 顯
于西土하시니 惟我有周는 誕受多方이리라

| 언해 |

嗚呼ㅣ라 우리 文考ㅣ 日月의 빗쳐 臨홈과 갓흐샤 四方에 빗나시
며 西土에 나탄ᄒ시니 우리 周ㅅ 나라ᄂ 크게 多方을 밧으리라

| 번역 |

"아! 나의 문덕이 있는 아버지가 해와 달이 비추어 임하는 것과
같으셔서 사방에 빛나시며, 서쪽 땅에 드러나셔서 우리 주(周)나
라는 많은 지방을 크게 받을 것이다."

| 의해 |

문왕(文王)의 땅은 백리에 그쳤으나 문왕의 덕은 천하에 이르렀
으니, 천하의 제후들을 주나라가 아니면 그 누가 받겠는가? 문왕
의 덕에 진실로 천명과 인심이 돌아가고 있다. 그러므로 무왕(武
王)이 군사들에게 맹서한 끝에 감탄하여 말한 것이다.

予克受라도 非予武라 惟朕文考無罪시며 受克予라도 非
朕文考有罪라 惟予小子無良이니라

| 언해 |

　내 受를 익이여도 내 호반슬어움이 아니라 朕의 文考ㅣ 罪업스심

이며 受ㅣ 나를 익이여도 朕의 文考ㅣ 罪잇스심이 아니라 내 小

子ㅣ 어짐이 업스미니라

| 번역 |

　"내가 수(受)를 이겨도 나의 굳셈 때문이 아니라 나의 문덕이 있

는 아버지가 죄가 없기 때문이며, 수(受)가 나를 이겨도 나의 문

덕이 있는 아버지가 죄가 있으셔서가 아니라, 나 소자(小子)가 훌

륭하지 못하기 때문이다."

| 의해 |

　상(商)나라가 주(周)나라를 대적할 수 없게 된 지 오래 되었지만,

무왕(武王)이 져서 문왕(文王)에게 수치가 될까 두려워한 것이다.

목서 [牧誓]

목(牧)은 땅 이름이니, 무왕(武王)이 목야(牧野)에 진을 쳐서 싸움에 임하여 군사에게 맹세한 것이다. 이미 「태서(泰誓)」 세 편이 있기 때문에 그에 이어서 땅 이름을 붙여 구분한 것이다. 금문(今文)과 고문(古文)에 다 있다.

時甲子昧爽에 王이 朝至于商郊牧野하사 乃誓하시니 王이 左杖黃鉞하시고 右秉白旄하사 以麾曰 逖矣라 西土之人아

| 언해 |

찐 甲子ㅅ 昧爽애 王이 아춤애 商ㅅ 郊牧野애 니르샤 밍셰ᄒ시니 王이 외인편으로 누른 독긔를 잡으시고 오른편으로 흰긔를 잡으샤 둘너 ᄀᆞᆯᄋ샤ᄃᆡ 멀다 西土의 ᄉᆞ롬아

| 번역 |

갑자(甲子)일 새벽에 왕이 아침에 상(商)의 교외 목야(牧野)에 이르러 맹세하셨다. 왕이 왼편으로 누런 도끼를 잡고 오른편으로는 흰 깃발을 잡으시고 둘러보며 말씀하셨다. "멀리 왔도다. 서쪽 땅의 사람들이여!"

| 자해 |

甲子 : 이월(二月) 사일(四日). ·昧 : 어두움. ·爽 : 밝음. ·鉞 : 도끼. ·旄 :
깃발. ·麾 : 휘두름. ·逖 : 멀다는 뜻.

| 의해 |

갑자일(甲子日) 밝으려고 할 때에 무왕(武王)이 비로소 이르러 군
사들에게 맹세하여 말하였다. 이는 멀리 행군한 것을 위로한 것
이다.

王曰 嗟我友邦家君과 御事인 司徒와 司馬와 司空과 亞
旅와 師氏와 千夫長과 百夫長과 及庸蜀羌髳微盧彭濮
人아

| 언해 |

王이 골ᄋ샤디 슯흐다 우리 友邦의 冢君과 御事ㅣ언 司徒와 司馬
와 司空과 亞와 旅와 師氏와 千夫엣 長과 百夫엣 長과 밋 庸과 蜀
과 羌과 髳와 微와 盧와 彭과 濮엣 스룸아

| 번역 |

왕이 말씀하셨다. "아! 우리 우방의 총군(冢君)과 일을 담당한 사
도(司徒)와 사마(司馬)와 사공(司空)과 아(亞)와 려(旅)와 사씨
(師氏)와 천부장(千夫長)과 백부장(百夫長)과 용(庸)과 촉(蜀)과
강(羌)과 모(髳)와 미(微)와 로(盧)와 팽(彭)과 복(濮)의 사람아."

| 자해 |

司徒・司馬・司空 : 삼경(三卿). •亞 : 버금. •旅 : 무리. •師氏 : 군사를 데
리고 문을 지키는 자. •千夫長 : 천 사람을 거느린 장수. •百夫長 : 백사람
을 거느린 장수. •庸・蜀・羌・髳・微・盧・彭・濮 : 모두 땅 이름.

| 의해 |

군사들에게 맹세함에 여덟 나라를 일컬은 것은 여덟 나라가 주
(周)나라 서도(西都)에 가까워 전쟁에 참여하기로 약속을 하고
싸웠기 때문이다.

稱爾戈하며 比爾干하며 立爾矛하라 予其誓하리라

| 언해 |

네 창을 들며 네 방패를 견쥬며 네 창을 셰우라 내 그 밍셰호리라

| 번역 |

"너의 창을 들며, 너의 방패를 나란히 하며, 너의 긴 창을 세워라.
내가 맹세하리라."

| 자해 |

•稱 : 듦. •戈 : 창. •干 : 방패. •矛 : 긴 창.

| 의해 |

군대의 무기가 엄정하니 군사의 기운이 깨끗하고 밝아서 맹세하
는 명을 들을 수 있었다.

王曰 古人有言曰하되 牝雞는 無晨이니 牝雞之晨은 惟家

之索이라하도다

| 언해 |

王이 글ᄋ샤디 녯 스름이 말을 두어 닐오디 암ᄃᆞᆰ은 시벽이 업스

니 암ᄃᆞᆰ의 시벽에 홈은 집의 索이라 ᄒᆞ도다

| 번역 |

왕이 말씀하셨다. "옛 사람이 말하기를, '암탉은 새벽이 없으니,
암탉이 새벽에 울면 집안이 궁색하게 된다.'라고 하였다."

| 자해 |

• 牝 : 암컷. • 索 : 다함.

| 의해 |

암탉이 새벽에 우는 것은 음양이 어긋난 것이고, 이것이 요얼(妖
孽)이 되어 집안이 궁색하게 된다는 옛말이 있었다.

今商王受 惟婦言을 是用하여 昏棄厥肆祀하여 弗答하며

昏棄厥遺王父母弟하여 不迪하고 乃惟四方之多罪逋逃

를 是崇是長하며 是信是使하여 是以爲大夫卿士하여 俾

暴虐于百姓하며 以姦宄于商邑하나다

| 언해 |

이제 商나라 님금 受ㅣ 지어미의 말을 이에 뻐 어둠으로 그 베풀 졔亽를 버려셔 갑지 아니ᄒ며 어둠으로 그 삐치신 王父母의 아오를 버려셔 迪으로 아니ᄒ고 四方앳 罪가 만ᄒ야 도망혼 이를 이에 노피며 이에 기루며 이에 밋으며 이에 부려셔 일로 뻐 大夫와 卿士를 삼아 ᄒ여곰 百姓을 暴虐ᄒ며 뻐 商ㅅ 邑애 姦ᄒ며 宄케 ᄒᄂ다

| 번역 |

"이제 상(商)나라 임금 수(受)가 자기 아내의 말을 따라 어리석어서 지내야 할 제사를 버려두고 보답하지 않았다. 어리석어서 부모님이 남긴 아우를 버려 도로 대하지 않고, 사방의 죄가 많아 도망한 이를 높이며 기르고 믿고 부려서, 이들로 대부(大夫)와 경사(卿士)를 삼았다. 그들로 하여금 백성에게 포학하게 하며, 상나라의 도읍에서 간사한 짓과 도적질을 하게 하였다."

| 자해 |

• 婦 : 달기(妲己). • 肆 : 베품. • 答 : 갚음. • 迪 : 도. • 逋逃 : 도망.

| 의해 |

주(紂)가 술을 좋아하고 음란하게 풍악을 즐겨서 달기(妲己)를 떠나보내지 아니하고, 달기가 천거하는 사람은 귀하게 여기고 미워하는 사람은 벌을 주었다. 오직 달기의 말만을 따라서 뒤집어지고 어지러워져서 종묘의 예를 폐하며 종족의 의를 버렸다. 사방의 죄가 많아 도망한 사람을 높이며 믿어서 그들로 대부(大夫)와 경사(卿士)를 삼고, 그들로 하여금 백성에게 포학하게 하며 상(商)나라 도읍에서 간사하게 하고 도적질하게 하였다. 주(紂)가 달기를 사랑하는 데 현혹되어 평상의 도리를 어기고 이치를 어지

럽게 하여, 드디어 독으로 흘러 이와 같은 데에 이르렀다.

今予發은 惟恭行天之罰하노니 今日之事는 不愆于六步

七步하여 乃止齊焉하리니 夫子는 勗哉하라

| 언해 |

이제 나 發은 공경ᄒᆞ야 하날의 罰을 行ᄒᆞ노니 이제 날일은 六步
와 七步를 愆치 아니ᄒᆞ야 그쳐서 정졔호리니 夫子는 힘쓰라

| 번역 |

"이제 나 발(發)은 하늘의 벌을 공경히 집행하니, 오늘의 일은 여
섯 걸음, 일곱 걸음을 지나지 아니하여 그쳐서 정제될 것이다. 그
대들은 힘쓰라."

| 자해 |

• 愆 : 지나침. • 步 : 나아감. • 齊 : 정제. • 勗 : 힘씀.

| 의해 |

이는 앉고 일어서는 것과 나아가고 물러나는 법을 고하여, 가볍
게 나아가는 것을 경계한 것이다.

不愆于四伐五伐六伐七伐하여 乃止齊焉하리니 勖哉하라

夫子아

| 언해 |

四伐과 五伐과 六伐과 七伐을 愆치 아니ᄒ야 그쳐셔 정제호리니

힘쓰라 夫子아

| 번역 |

"네 번의 공격과 다섯 번의 공격과 여섯 번의 공격과 일곱 번의
공격을 지나지 아니하여 그쳐서 정제될 것이다. 힘쓰라, 그대들
이여."

| 자해 |

•伐 : 치고 찌름.

| 의해 |

이는 죽이고 찌르는 법을 고하여 죽이기를 탐하는 것을 경계한
것이다.

尙桓桓如虎如貔하며 如熊如羆于商郊하여 弗迓克奔하

여 以役西土하라 勖哉하라 夫子아

| 언해 |

거의 桓桓ᄒᆞ야 虎와 ᄀᆞᆮᄐᆞ며 貔와 ᄀᆞᆮᄐᆞ며 熊과 ᄀᆞᆮᄐᆞ며 羆와 갓히
商郊애 ᄒᆞ야 능히 奔ᄒᆞᄂᆞᆫ 이를 마져셔 ᄡᅥ 西土를 役디 말라 힘쓰
라 夫子아

| 번역 |

"부디 위엄 있고 씩씩하여 상나라의 교외에서 호랑이와 같고 비휴
와 같으며 곰과 같고 큰 곰과 같아서, 달아나는 이를 맞아 공격하
여 서쪽 땅 사람들을 수고롭게 하지 말도록 하라. 힘쓰라, 그대들
이여."

| 자해 |

• 桓桓 : 위엄스럽고 호방한 모양. • 貔 : 호랑이와 비슷한 짐승. 비휴. • 迓 :
맞이함. • 奔 : 따라 옴. • 役 : 노역(勞役).

| 의해 |

장사(將士)가 네 가지 짐승의 사나움과 같이 상(商)나라 들에서
뽐내는데, 와서 항복하는 자를 맞이하여 쳐서 그들로 우리 서쪽
땅의 사람을 힘들게 말라고 하였다. 이는 그 호방하고 용맹스러
움을 힘쓰게 하고, 항복하는 이를 죽이는 것을 경계한 것이다.

爾所弗勖이면 其于爾躬에 有戮하리라

| 언해 |

네 힘쓰지 아니홀배면 그 네 몸에 죽임이 잇스리라

| 번역 |

"너희가 힘쓰지 아니하면, 너희 몸에 죽임이 있을 것이다."

| 의해 |

이 편은 엄숙하고 온후하여 탕 임금의 서(誓)・고(誥)와 더불어
서로 겉과 속이 되니, 진실로 성인의 말이다.

무성 [武成]

사관이 무왕(武王)이 가서 정벌하여 짐승을 돌려보내고, 여러 신들에게 제사하고 여러 제후들에게 고한 것과 그 정사의 일을 함께 기록하여 한 글로 만든 것이다. 편 가운데 '무성(武成)' 두 글자가 있기 때문에 이 편 이름을 지은 것이다. 금문(今文)에는 없고 고문(古文)에는 있다.

惟一月壬辰旁死魄越翼日癸巳에 王이 朝步自周하사 于
征伐商하시다

| 언해 |

一月ㅅ 壬辰겯 死혼 魄건넌 翼日癸巳애 님금이 아춤애 거름함을 周로 브터 호샤 가셔 商나라를 치시다

| 번역 |

일월(一月)의 임진(壬辰) 초하루 건너 다음날 계사(癸巳)에 왕이 아침에 주(周)로부터 걸어가셔서 상(商)나라를 치시다.

| 자해 |

死魄 : 초하루. •旁死魄 : 초이틀. •周 : 호경(鎬京).

厥四月哉生明에 王이 來自商하사 至于豐하사 乃偃武修
文하사 歸馬于華山之陽하시며 放牛于桃林之野하사 示天
下弗服하시다

| 언해 |

그 四月 비로소 밝음애 님금이 오기를 商나라로 브트샤 豐에 니
르샤 武를 偃ᄒ시고 文을 닥그샤 말을 華山ㅅ 陽애 돌녀보ᄂ시며
소를 桃林ㅅ 들애 노으샤 天下애 쓰지 아니홈을 뵈이시다

| 번역 |

사월(四月) 비로소 달이 밝아짐에 왕이 상(商)나라로부터 오셔서
풍(豐)에 이르셔서, 무(武)를 쉬고 문(文)을 닦으시고, 말을 화산
(華山)의 남쪽으로 돌려보내시며, 소를 도림(桃林)의 들에 놓으
셔서, 천하에 무력을 쓰지 않을 깃임을 보이셨다.

| 자해 |

哉 : 비로소. •哉生明 : 초사흘. •豐 : 문왕(文王)의 옛 도읍. •陽 : 산의 남
쪽. •桃林 : 땅 이름. •服 : 씀.

| 의해 |

상(商)나라를 이미 이김에 다시 군사를 쓸 일이 없어, 말과 소를
흩어 보내어 백성에게 다시는 군사를 쓰지 아니할 뜻을 보였다.

丁未^{정미}에 祀于周廟^{사우주묘}하실새 邦甸侯衛駿奔走^{방전후위준분주}하여 執豆邊^{집두변}하더니 越三日庚戌^{월삼일경술}에 柴望^{시망}하사 大告武成^{대고무성}하시다

| 언해 |

丁未애 周ㅅ 나라 ᄉ당에 졔ᄉᄒᆞ실시 邦甸과 侯衛ㅣ 駿히 奔走ᄒᆞ야 豆와 邊을 잡더니 건넌 三日庚戌애 柴ᄒᆞ시며 望ᄒᆞ샤 크게 武의 일홈을 告ᄒᆞ시다

| 번역 |

정미(丁未)에 주(周)나라 사당에 제사를 지낼 때, 가깝고 멀리 있는 제후가 신속하고 분주하게 두(豆)와 변(邊)을 잡았다. 삼일이 지난 경술(庚戌)에 시(柴) 제사를 지내며 망(望) 제사를 지내어 크게 무(武)가 이루어짐을 고하셨다.

| 자해 |

邦·甸：가까운 제후. •侯·衛：먼 제후. •駿：빨리함. •豆·邊：제기(祭器). 두(豆)는 나무 그릇이고, 변(邊)은 대그릇임. •柴：하늘에 제사함. •望：산천에 제사함.

| 의해 |

무왕(武王)이 상(商)나라를 이긴 일을 사당에 고할 때에, 가깝고 먼 제후가 다 속히 분주하게 일을 잡아 제사를 도왔다. 이미 사당에 고하고 나서 하늘과 산천에 제사하여 큰 공을 이룬 것을 고한 것이다.

既生魄에 庶邦冢君과 暨百工이 受命于周하니라
（기생백）（서방총군）（기백공）（수명우주）

| 언해 |

임의 魄이 生흠애 庶邦冢君과 믿 百工이 命을 周ㅅ 나라에 바드
니라

| 번역 |

이미 달의 어두운 곳이 생겨남에 많은 나라의 총군(冢君)들과 모
든 관리들이 명을 주(周)나라에서 받았다.

| 자해 |

生魄 : 보름 다음날.

| 의해 |

무왕(武王)이 새로 즉위하니, 제후들과 모든 관리들이 다시 임금
께 조회하여 뵌 것이다.

王若曰 嗚呼羣后아 惟先王이 建邦啓土하여시늘 公劉克
（왕약왈）（오호군후）（유선왕）（건방계토）（공유극）

篤前烈이어시늘 至于太王하야 肇基王迹하여시늘 王季其
（독전렬）（지우태왕）（조기왕적）（왕계기）

勤王家어시늘 我文考文王이 克成厥勳하사 誕膺天命하사
（근왕가）（아문고문왕）（극성궐훈）（탄응천명）

以撫方夏하신대 大邦은 畏其力하고 小邦은 懷其德이 惟
（이무방하）（대방）（외기력）（소방）（회기덕）（유）

九年이러니 大統을 未集이어시늘 予小子其承厥志호라
（구년）（대통）（미집）（여소자기승궐지）

| 언해 |

님금이 이러틋시 글 ᄋ샤디 嗚呼ㅣ라 羣后아 先王이 나라를 셰워
흙을 열거시늘 公劉ㅣ 능히 前의 공을 도탑게 ᄒ거시늘 太王애
니르러셔 비로소 님금의 ᄌ취를 터닥거시늘 王季ㅣ 그 王家애 부
지런ᄒ거시늘 우리 文考 文王이 능히 그 공을 일우샤 크게 하늘
命을 바드샤 뼈 方夏를 어르만지신디 큰나라는 그 힘을 두려워ᄒ
고 젹은 나라는 그 德을 싱각ᄒ지 아홉히러니 大統을 모도지 못
ᄒ야시늘 나 小子ㅣ 그 뜻을 니엇노라

| 번역 |

왕이 다음과 같이 말씀하셨다. "아! 여러 제후들이여! 선왕이 나
라를 세워 땅을 여셨거늘, 공유(公劉)가 앞의 공을 두텁게 하셨
고, 태왕(太王)에 이르러서 비로소 임금의 자취의 터를 닦으셨다.
왕계(王季)가 왕가에 부지런히 하시고, 우리 문덕이 있는 아버지
문왕(文王)이 그 공을 이루셔서 크게 하늘의 명을 받아 사방의 중
국을 어루만지셨다. 큰 나라는 그 힘을 두려워하고 작은 나라는
그 덕을 생각한 지 아홉 해였는데, 대통(大統)을 모으지 못하였거
늘, 나 소자(小子)가 그 뜻을 이어 받았다."

| 자해 |

羣后 : 제후. •先王 : 후직(后稷). •公劉 : 후직(后稷)의 증손. •太王 : 고공
단보(古公亶父). •方夏 : 중국(中國). •膺 : 받음.

| 의해 |

후직(后稷)이 비로소 백성의 나라를 세워 땅을 열었으며, 공유(公
劉)가 후직(后稷)의 업을 닦았다. 태왕(太王)이 비로소 백성의 마
음을 얻어 임금의 업의 터를 닦았으며, 왕계(王季)가 부지런히 하
여 그 업을 이었다. 문왕(文王)에 이르러 공을 이루어 크게 하늘

의 명을 받아 중국을 어루만져 편안하게 하였다. 큰 나라는 위엄을 두려워하여 감히 함부로 하지 못하고, 작은 나라는 덕을 생각하여 자립하였다. 서백(西伯)이 되어 오로지 정벌하여 위엄과 덕이 더욱 천하에 나타난 지 아홉 해에 세상을 뜨니, 무왕(武王)이 그 뜻을 이어 또한 천하를 편안하게 하는 것으로 마음을 삼았다.

底商之罪하사 告于皇天后土와 所過名山大川하사 曰惟有道曾孫周王發은 將有大正于商하노니 今商王受無道하여 暴殄天物하여 害虐烝民하며 爲天下逋逃主라 萃淵藪어늘 予小子旣獲仁人하여 敢祗承上帝하여 以遏亂略하니 華夏蠻貊이 罔不率俾하나다

| 언해 |

商나라 罪를 底ᄒᆞ샤 皇天과 后土와 지나는바 名山과 大川애 告ᄒᆞ샤 글ᄋᆞ샤디 有道의 曾孫周ㅅ 나라 님금 發은 쟝ᄎᆞ 商나라애 크게 바로잡음을 두노니 이제 商나라 님금 受ㅣ 道ㅣ 업서 하늘의 물건을 포학ᄒᆞ게 업시며 여러 빅셩을 해롭헤 ᄒᆞ며 표학ᄒᆞ며 天下앳 逋逃主ㅣ 되엿는지라 못과 수풀에 모뒤돗ᄒᆞ거늘 小子ㅣ 임의 어진 ᄉᆞ롬을 어더셔 敢히 공경ᄒᆞ야 上帝를 니어셔 ᄡᅥ 어지러운 쇠를 막노니 華夏와 蠻貊이 좃고 조치지 아니치 아니ᄒᆞᄂᆞ다

| 번역 |

상(商)나라의 죄에 대해서 황천(皇天)과 후토(后土)와 지나가는 바의 명산(名山)과 대천(大川)에 고하셔서 말씀하셨다. "도가 있는 분들의 증손 주나라 임금 발(發)은 상나라를 크게 바로 잡으려 하는데, 이제 상나라 임금 수(受)가 도가 없어 하늘의 물건을 함부로 하여 없애버리고, 여러 백성을 해롭게 하고 포학하게 하며 천하에 도망 다니는 자들의 주인이 되어 못과 수풀로 모이듯 하였습니다. 소자(小子)가 이미 어진 사람을 얻어서 감히 공경하여 상제를 이어서 혼란스러운 계책을 막으니, 화하(華夏)와 만맥(蠻貊)이 따르지 않음이 없었습니다."

| 자해 |

底 : 이름. •后土 : 사직(社稷). •有道 : 부조(父祖). •正 : 바로 잡음. •萃 : 모임. •仁人 : 태공(太公)·주공(周公)·소공(召公). •略 : 꾀. •俾 : 따름.

| 의해 |

주(紂)가 물건을 없애고 백성을 해롭게 하여 천하의 죄인의 주인이 된 까닭에, 고기가 못에 모이는 것과 같으며 짐승이 수풀에 모이는 것과 같았다. 무왕(武王)이 어진 사람을 얻어서 공경히 상제를 이어 어지러운 꾀를 막고 끊으니, 안으로 화하(華夏)와 밖으로 만맥(蠻貊)이 다 따랐다.

恭天成命하여 肆予東征하여 綏厥士女하니 惟其士女 篚
厥玄黃하여 昭我周王은 天休震動이라 用附我大邑周니
라

| 언해 |

하날의 成命을 공경ᄒ야 이러무로 내 東으로 가셔 그 士女를 편
안케호니 그 士女ㅣ 그 玄黃을 篚에 ᄒ야 우리 周ㅅ 나라 님금을
붉키 옴은 하늘 아람다움이 震動ᄒ 디라 뼈 우리 큰 고을 周ㅅ 나
라에 부치니라

| 번역 |

"하늘의 정해진 명을 공경하여 이에 내가 동쪽으로 가서 그 사녀
(士女)를 편안하게 하니, 사녀가 검고 노란 비단을 광주리에 싸서
바쳐서 우리 주나라 임금을 밝힌 것은 하늘의 아름다움이 진동하
여 우리 큰 도읍 주나라에 붙은 것입니다."

| 자해 |

成命 : 상(商)나라를 정벌하라는 정해진 명. •篚 : 대그릇. •玄黃 : 색이 있
는 폐백.

| 의해 |

하늘이 정한 명을 공경히 받들어 내가 동쪽으로 가서 그 사녀(士
女)를 편안하게 하니, 사녀들이 주나라가 옴을 기뻐하여 대그릇
에 색이 있는 비단 폐백을 가득 담아 바쳐서 우리 주나라 임금의
덕을 밝힌 것은 하늘의 아름다움이 진동한 것이다. 이런 까닭으
로 백성이 우리 주나라에 돌아와 붙은 것이다.

惟爾有神은 尙克相予하여 以濟兆民하여 無作神羞하라 旣戊午에 師渡孟津하여 癸亥에 陳于商郊하여 俟天休命하더시니 甲子昧爽에 受率其旅하되 若林하여 會于牧野하니 罔有敵于我師요 前徒倒戈하여 攻于後以北하여 血流漂杵하여 一戎衣에 天下大定이어늘 乃反商政하여 政由舊하시고 釋箕子囚하시며 封比干墓하시며 式商容閭하시며 散鹿臺之財하시며 發鉅橋之粟하사 大賚于四海하신대 而萬姓이 悅服하니라

| 언해 |

너희 有神은 거의 능히 나를 도와셔 뻐 억죠빅셩을 건져셔 귀신의 붓그럼을 지웃게 말라 임의 戊午애 군亽ㅣ 孟津에 건너셔 癸亥애 商郊에 진쳐셔 하늘의 아람다온 命을 기다르더시니 甲子昧爽애 受ㅣ 그 군亽를 거나리되 수풀갓치 ᄒ야 牧野애 모뒤이니 우리 군亽를 디뎌ᄒ리 잇지 아니ᄒ고 압 무리가 창을 격구로 ᄒ야 뒤를 쳐셔 뻐 패ᄒ야 피츨너 져구공이 써셔 ᄒᆫ 번 戎衣홈애 天下ㅣ 크게 定커늘 이예 商나라 졍亽를 뒤쳐셔 졍亽를 녯을 말미암으시고 箕子의 가침을 노ᄒ시며 比干의 무덤을 封ᄒ시며 商容의 閭를 式ᄒ시며 鹿臺의 지물을 흐트시며 鉅橋의 곡식을 發ᄒ샤 크게 四海를 쥬신대 萬빅셩이 깃거ᄒ야 복죵ᄒ니라

| 번역 |

"그대 신들은 나를 도와 억조 백성을 구제하여 신의 부끄러움을 짓게 하지 마소서." 이미 무오(戊午)에 군사가 맹진(孟津)을 건너서 계해(癸亥)에 상의 교외에 펼쳐서 하늘의 아름다운 명을 기다리셨다. 갑자(甲子) 새벽에 수(受)가 그 군사를 거느리기를 수풀같이 하여 목야(牧野)에 모이니, 우리 군사를 대적할 이가 있지 아니하였다. 앞 무리가 창을 거꾸로 하여 뒤를 쳐서 패하게 하여 피가 흘러 절구 공이가 떠내려가게 했다. 한 번 갑옷을 입음에 천하가 크게 정해지니, 이에 상(商)나라 정사를 되돌려서 정사가 예전을 따르게 하였다. 기자(箕子)가 갇힌 것을 풀어주시며, 비간(比干)의 무덤을 봉하시며, 상용(商容)의 마을 문에 예를 표하시며, 녹대(鹿臺)의 재물을 흩으시며, 거교(鉅橋)의 곡식을 풀어서 크게 사해(四海)에 주시니, 만백성이 기뻐하여 복종하였다.

| 자해 |

休命 : 상(商)나라를 이기는 명. •若林 : 모인 것이 수풀 같음. •北 : 패배. •漂 : 뜸. •式 : 수레 앞에 가로지른 나무로 공경할 사람이 있으면 구부려 숙이는 곳. •商容 : 상(商)나라의 어진 사람. •閭 : 종족이 사는 마을의 문. •鹿臺•鉅橋 : 땅 이름. •賚 : 줌.

| 의해 |

무왕(武王)이 군사를 상의 교외에서 정돈하여 조화롭고 여유 있게 해서 급박하지 아니하여 주(紂)의 군사가 이르기를 기다렸다. 주(紂)의 무리가 비록 수풀같이 무성하였으나, 모두 무왕의 군사를 기꺼이 대적할 뜻이 없었다. 앞 무리가 창을 거꾸로 하여 도리어 그 뒤에 있는 무리를 쳐서 달아나게 하니, 서로 무찌르고 죽여 피가 흘러 절구 공이가 뜨게 되었다. 주(紂)의 무리가 마음이 떠나고 덕이 떠나 특별히 형세를 겁내어 감히 움직이지 못한 것이다. 그러다가 하루아침에 죄를 정벌하는 무왕의 군사로 인하여 비로소 틈을 타서 그 노여움을 드러내어 창을 돌이켜 서로 죽여

가혹하고 맹렬함이 이에 이르렀다. 또한 그것으로써 주(紂)가 백
성에게 원망을 쌓은 것이 이와 같이 심하고, 무왕의 군사가 칼날
에 피를 묻히지 아니하려 함을 볼 수 있다. 이것이 이른바 한번
갑옷을 입음에 천하가 크게 정해졌다는 것이다. 무왕이 포학함을
제거하고 어진 사람을 존숭하며 궁한 백성을 진휼하여 은택이 천
하에 미치니, 천하 사람이 다 마음으로 기뻐하여 복종한 것이다.

列爵惟五에 分土惟三이며 建官惟賢하시며 位事惟能하시
며 重民五敎하시되 惟食喪祭하시며 惇信明義하시며 崇德
報功하시니 垂拱而天下治하니라

| 언해 |

벼슬을 벌리되 다삿가지로 홈애 흙을 난홈을 셰가지로 ᄒ며 벼슬
을 셰우샤디 어진이로 ᄒ시고 이를 믹기샤디 能ᄒ이로 ᄒ시며
빅셩의 五敎를 重히 ᄒ샤디 食과 喪과 祭를 ᄒ시며 信을 두텁게
ᄒ시며 義를 밝키시며 德을 놉피시며 갑ᄒ시니 垂ᄒ시며 拱ᄒ야
셔 天下ㅣ 다스리니라

| 번역 |

벼슬을 나열하는 것은 다섯 가지로 하고, 땅을 나누는 것은 세 가
지로 하며, 관직을 세우는 것은 현명한 사람으로 하고, 일을 맡기
는 것은 능력이 있는 사람으로 하며, 백성의 다섯 가지 가르침을
중요하게 여기되, 음식과 상례와 제사로 하셨다. 믿음을 두텁게
하고, 의를 밝히며, 덕을 높이고 공이 있는 자에게 갚으시니, 옷

깃을 드리우고 두 손을 맞잡고 있어도 천하가 다스려졌다.

| 자해 |

爵五 : 공(公)·후(侯)·백(伯)·자(子)·남(男). ·土三 : 공후(公侯)는 백리(百里), 백(伯)은 칠십리(七十里), 자(子)·남(男)은 오십리(五十里). ·位 : 맡김. ·五敎 : 오륜(五倫). ·惇 : 두터움. ·垂 : 옷을 드리움. ·拱 : 손을 맞잡음.

| 의해 |

현명한 사람을 벼슬에 세우면 불초한 자가 나오지 못하고, 능력이 있는 사람에게 일을 맡기면 재주 없는 자가 쓰이지 못할 것이다. 음식으로 생명을 기르고 장례로 죽은 이를 보내며 제사로 근본을 갚으면 오륜이 밝을 것이다. 믿음과 의를 세워 천하의 풍속을 장려하고 벼슬과 상을 행하여 천하의 착한 이들을 권해야 할 것이니, 그렇게 한다면 임금이 다시 무슨 할 일이 있겠는가? 옷을 드리우고 손을 맞잡고서도 천하가 저절로 다스려질 것이다.

금고정무성 [今考定武成]

「무성(武成)」이 편차가 틀려 있기 때문에 주자가 차서를 고정하니, 아래와 같다.

惟一月壬辰旁死魄越翼日癸巳에 王이 朝步自周하사 于征伐商하시다 底商之罪하사 告于皇天后土와 所過名山大川하사 曰惟有道曾孫周王發은 將有大正于商하노니 今商王受無道하여 暴殄天物하며 害虐烝民하며 爲天下에 逋逃主라 萃淵藪어늘 予小子 旣獲仁人하여 敢祗承上帝하여 以遏亂略하니 華夏蠻貊이 罔不率俾하나니이다 惟爾有神은 尙克相予하여 以濟兆民하여 無作神羞하라 旣戊午에 師渡孟津하여 癸亥에 陳于商郊하여 俟天休命하더시니 甲子昧爽에 受率其旅하되 若林하여 會于牧野하니 罔有敵于我師요 前徒倒戈하여 攻于後以北하여 血流漂杵하여 一戎衣에 天下大定이어늘 乃反商政하여 政由舊하시고 釋箕子囚하시며 封比干墓하시며 式商容閭하시며 散鹿臺之財하시며 發鉅橋之粟하사 大賚于四海하신대 而萬姓

이 悅服하니라 厥四月哉生明에 王이 來自商하사 至于豊하

사 乃偃武修文하사 歸馬于華山之陽하시며 放牛于桃林

之野하사 示天下弗服하시다 旣生魄에 庶邦冢君과 暨百

工이 受命于周하니라 丁未에 祀于周廟하실새 邦甸侯衛

駿奔走하여 執豆籩하더니 越三日庚戌에 柴望하사 大告武

成하시다 王若曰 嗚呼群后아 惟先王이 建邦啓土하여시늘

公劉克篤前烈이어시늘 至于大王하여 肇基王迹하여시늘

王季其勤王家어시늘 我文考文王이 克成厥勳하사 誕膺

天命하사 以撫方夏하신대 大邦은 畏其力하고 小邦은 懷其

德이 惟九年이러니 大統을 未集이어시늘 予小子其承厥志

하노라 恭天成命하사 肆予東征하여 綏厥士女하시니 惟其

士女 篚厥玄黃하여 昭我周王은 天休震動이라 用附我大

邑周니라 列爵惟五에 分土惟三이며 建官惟賢하시고 位事

惟能하시며 重民五敎하시되 惟食喪祭하시며 惇信明義하시

며 崇德報功하시니 垂拱而天下治하니라

홍범 [洪範]

『한지(漢志)』에 "우(禹)임금이 홍수(洪水)를 다스림에 「낙서(洛書)」를 주어 본받아 시행하게 하였고, 이를 「홍범」이라 하였다."고 했다. 『사기(史記)』에 "무왕(武王)이 은(殷)나라를 이기고, 기자(箕子)에게 찾아가서 천도(天道)를 물으니, 기자가 「홍범」으로 시행하라고 하였다."고 했다. 살펴보건대 편 내에 '이(而)'라고 하고 '여(汝)'라고 한 것은 기자가 무왕에게 고한 말이다. 「홍범」 은 우(禹)임금에게 말한 것인데, 기자가 그 의미를 늘이고 더하여 이 편을 이루었다. 금문(今文)과 고문(古文)에 다 있다.

유 십 유 삼 사　　왕　　방 우 기 자
惟十有三祀에 王이 訪于箕子하시다

| 언해 |

열이오 쏘 셰히애 王이 箕子끠 차지시다

| 번역 |

십삼 년에 왕이 기자(箕子)를 찾으시다.

| 자해 |

祀 : 년(年). ・訪 : 가서 물음. ・箕 : 나라 이름. ・子 : 작위(爵位).

| 의해 |

상(商)나라는 사(祀)라 하였고, 주(周)나라는 년(年)이라 하였는 데, 사(祀)라고 한 것은 기자(箕子)가 상나라 사람이기 때문에 그

렇게 말한 것이다. 기자가 주나라의 신하가 아니었기 때문에 무왕(武王)이 나아가 찾아 물은 것이다.

王이 乃言曰 嗚呼라 箕子아 惟天陰騭下民하사 相協厥居하시니 我는 不知其彝倫攸叙하노라

| 언해 |

王이 이에 말ᄒᆞ야 ᄀᆞᆯ약샤ᄃᆡ 嗚呼ㅣ라 箕子아 하ᄂᆞᆯ이 그으기 아래 빅셩을 騭ᄒᆞ샤 그 居를 도와셔 協ᄒᆞ시니 나ᄂᆞᆫ 그 彝倫의 펼 바를 알지 못ᄒᆞ노라

| 번역 |

왕이 이에 말하였다. "아! 기자(箕子)여! 하늘이 드러나지 않는 가운데 아래 백성을 안정시켜서 그 거처하는 것을 도와 화합하게 하시니, 나는 그 인륜이 펴지게 할 바를 알지 못한다."

| 자해 |

騭 : 안정시킴. • 協 : 화합함. • 이(彝) : 떳떳한 법도. • 륜(倫) : 이치. 인륜(人倫).

| 의해 |

하늘이 드러나지 않게 잠잠히 그 백성을 편안하고 안정하게 하여 그들의 삶을 돕고 보전하니, 무왕이 그 인륜을 어떻게 펼칠지 알지 못한다고 한 것이다.

箕子乃言曰 我聞하니 在昔鯀이 陻洪水하야 汩陳其五行한대 帝乃震怒하사 不畀洪範九疇하시니 彝倫의 攸斁니라 鯀則殛死어늘 禹乃嗣興하신대 天乃錫禹洪範九疇하시니 彝倫의 攸叙니라

| 언해 |

箕子ㅣ 이에 말ᄒᆞ야 ᄀᆞᆯ오ᄃᆡ 나는 드르니 녯에 잇셔 鯀이 큰 물을 막어셔 그 五行을 어지러이 베푼ᄃᆡ 帝ㅣ 이예 震怒ᄒᆞ샤 洪範九疇를 畀치 아니ᄒᆞ시니 彝倫의 斁혼 배니라 鯀이 殛ᄒᆞ야 죽거늘 禹님금이 이어 興ᄒᆞ신대 하늘이 禹님금께 洪範九疇를 쥬시니 彝倫의 편배니라

| 번역 |

기자(箕子)가 이에 말하였다. "내가 들으니, 옛날에 곤(鯀)이 큰 물을 막아서 오행(五行)을 어지러이 시행하자, 제(帝)가 이에 진노하여 홍범구주(洪範九疇)를 주지 아니하여 인륜이 무너지게 되었습니다. 곤이 벌을 받아 죽고 우(禹)임금이 이어 일어나자, 하늘이 우임금에게 홍범구주를 주어 인륜이 펴지게 되었습니다."

| 자해 |

陻 : 막음. •汩 : 어지러움. •陳 : 벌림. •畀 : 줌. •洪 : 큼. •範 : 법. •疇 : 동류. •斁 : 패함. •殛 : 처벌함. •錫 : 줌. •洪範九疇 : 천하를 다스리는 아홉 가지 큰 법.

| 의해 |

홍범구주(洪範九疇)의 근원은 하늘인데, 곤(鯀)이 물의 성질을 거슬러서 오행을 어지럽게 시행하였기 때문에 제(帝)가 진노하여 이를 주지 아니하니, 인륜이 무너지게 되었다. 우(禹)임금은 물의 성질을 따라서 땅을 다스리고 자연이 이루어져서 하늘이 낙서(洛書)를 주었는데, 우임금이 이것을 분별하여 홍범구주를 만들어 인륜이 펴지게 되었다. 인륜이 펴진다는 것은 곧 아홉 가지 법이 펴지는 것이다.

初一은 曰五行이요 次二는 曰敬用五事요 次三은 曰農用八政이요 次四는 曰協用五紀요 次五는 曰建用皇極이요 次六은 曰乂用三德이요 次七은 曰明用稽疑요 次八은 曰念用庶徵이요 次九는 曰嚮用五福이요 威用六極이니라

| 언해 |

처음 하나는 굴온 五行이오 버금 둘은 굴온 공경호대 五事로 뻐 홈이오 버금 셋은 굴온 농亽애 八政으로 뻐 홈이오 버금 넷은 굴온 協홈을 五紀로 뻐 홈이오 버금 다삿은 굴온 세옴을 皇極으로 뻐 홈이오 버금 여섯은 굴온 다스림을 三德으로 뻐 홈이오 버금 일곱은 굴온 밝킴을 稽疑로 뻐 홈이오 버금 여달은 굴온 싱각홈을 庶徵으로 뻐 홈이오 버금 아홉은 굴온 누리옴을 五福으로 뻐 홈이오 위엄홈을 六極으로 뻐 홈이니라

| 번역 |

　"처음 첫 번째는 오행(五行)이고, 다음 두 번째는 공경하되 오사(五事)로써 하고, 다음 세 번째는 농사에 팔정(八政)으로써 하고, 다음 네 번째는 화합하는 것을 오기(五紀)로써 하고, 다음 다섯 번째는 세우기를 황극(皇極)으로써 하고, 다음 여섯 번째는 다스림을 삼덕(三德)으로써 하고, 다음 일곱 번째는 밝힘을 의심을 살피는 것[稽疑]으로써 하고, 다음 여덟 번째는 생각함을 여러 징험[庶徵]으로써 하고, 다음 아홉 번째는 누리는 것을 오복(五福)으로써 하고, 위엄을 보이는 것을 육극(六極)으로써 하는 것입니다."

| 자해 |

　五行·五事·八政·五紀·皇極·三德·稽疑·庶徵·五福·六極`：설명이 아래 문장에 나옴.

| 의해 |

　이는 아홉 가지 범주의 중심이 되는 요소들이다. 하늘에는 오직 오행(五行)이고 사람에게는 오직 오사(五事)이니, 오사(五事)를 오행(五行)에 연관시키는 것은 하늘과 인간이 합하는 것이다. 팔정(八政)이라는 것은 사람이 이것으로써 하늘을 잇는 것이다. 오기(五紀)라는 것은 하늘이 사람에게 보여주는 것이다. 황극(皇極)이라는 것은 임금이 표준[極]을 세우는 것이다. 삼덕(三德)이라는 것은 다스려서 이것으로써 변화에 응하는 것이다. 의심을 살피는 것[稽疑]은 사람이 하늘에서 듣는 것이다. 여러 징험[庶徵]이라는 것은 하늘을 미루어 사람에게서 징험하는 것이다. 오복(五福)·육극(六極)이라는 것은 사람이 감동함에 하늘이 응하는 것이다. 오사(五事)를 공경이라고 한 것은 몸을 정성스럽게 하기 때문이다. 팔정(八政)을 농사라고 한 것은 삶을 두터이 하기 때문이다. 오기(五紀)를 화합이라고 한 것은 하늘에 합하기 때문이다. 황극(皇極)을 세움이라고 한 것은 표준[極]을 세우기 때문이다.

삼덕(三德)을 다스림이라고 한 것은 백성을 다스리기 때문이다. 의심을 살피는 것[稽疑]을 밝힘이라고 한 것은 의혹을 분별하기 때문이다. 여러 징험[庶徵]을 생각함이라고 한 것은 살펴서 징험하기 때문이다. 오복(五福)을 누림이라고 한 것은 권면하는 것이기 때문이다. 육극(六極)을 위엄이라고 한 것은 징계하는 것이기 때문이다. 근본을 오행(五行)으로써 하고, 공경을 오사(五事)로써 하고, 두텁게 함을 팔정(八政)으로써 하고, 화합을 오기(五紀)로써 하는 것은 황극(皇極)을 세운 것이다. 다스림을 삼덕(三德)으로써 하고, 밝힘을 의심을 살피는 것[稽疑]으로써 하고, 징험을 여러 징험[庶徵]으로써 하고, 권하고 징계함을 오복(五福)·육극(六極)으로써 하는 것은 황극(皇極)을 행하는 것이다. 천하를 다스리는 법이 이보다 더한 것이 무엇이 있겠는가?

一五行은 一曰水요 二曰火요 三曰木이요 四曰金이요 五曰土니라 水曰潤下요 火曰炎上이요 木曰曲直이요 金曰從革이요 土爰稼穡이니라 潤下는 作鹹하고 炎上은 作苦하고 曲直은 作酸하고 從革은 作辛하고 稼穡은 作甘이니라

| 언해 |

一五行은 一은 굴온 水ㅣ오 二는 굴온 火ㅣ오 三은 굴온 木이오 四는 굴온 金이오 五는 굴온 土ㅣ니라 水는 굴온 불으며 나리고 火는 굴온 불꽃ㅎ며 올으고 木은 굴온 굽으며 곳고 金은 굴온 조치며 변ㅎ고 土는 이에 심으로 거두ㄴ니라 불으며 나림은 짠걸 作ㅎ고 불곳ㅎ고 올름은 쓴것을 作ㅎ고 굽으며 고듬은 씬걸 作ㅎ

고 조치며 변홈은 미운걸 作ᄒ고 심으며 거듬은 단걸 作ᄒᄂ니라

| 번역 |

"첫 번째 오행(五行)은 일(一)은 수(水)를 말하고, 이(二)는 화
(火)를 말하고, 삼(三)은 목(木)을 말하고, 사(四)는 금(金)을 말
하고, 오(五)는 토(土)를 말하는 것입니다. 수(水)는 젖으며 내려
가는 것을 말하고, 화(火)는 불꽃으로 올라가는 것을 말하고, 목
(木)은 굽은 것과 곧은 것을 말하고, 금(金)은 따르는 것과 변하
는 것을 말하고, 토(土)는 이에 심고 거두는 것입니다. 젖으며 내
려가는 것은 짠 것이 되고 불꽃으로 올라가는 것은 쓴 것이 되고,
굽으며 곧은 것은 신 것이 되고, 따르며 변하는 것은 매운 것이
되고, 심으며 거두는 것은 단 것이 됩니다."

| 자해 |

水·火·木·金·土 : 오행(五行)의 생성 순서. •爰 : 이에. •作 : 됨.

| 의해 |

모든 물건이 모양을 이루는데 작은 것으로부터 드러나는 것으로
순서를 지운다. 오행(五行)의 선후 또한 그러하다. 오행에서 수
(水)는 가장 작아서 일(一)이 되고, 화(火)는 점점 드러나니 이
(二)가 되고, 목(木)은 더욱 실하니 삼(三)이 되고, 금(金)은 더
욱 굳으니 사(四)가 되고, 토(土)는 가장 크니 오(五)가 된다. 젖
으며 내려가는 것, 불꽃으로 올라가는 것, 굽은 것과 곧은 것, 따
르는 것과 변하는 것은 성질로 말한 것이고, 심고 거두는 것은 덕
으로 말한 것이다. 심고 거두는 것만을 덕으로 말한 것은 흙이 오
행을 겸하여 일정한 자리가 없고, 낳는 덕은 심고 거두는 것이 가
장 성하기 때문에 심고 거두는 것으로 말한 것이다. 심고 거두는
것은 본성이라 할 수 없으므로 '말하고[曰]'라고 하지 않고 '이에
[爰]'라고 한 것이다. 짠 것과 쓴 것과 매운 것과 단 것은 오행의

맛이다. 오행에는 소리와 빛과 기운과 맛이 있는데, 유독 맛만을
말한 것은 백성들이 사용하는 데 절실하기 때문이다.

二五事는 一曰貌요 二曰言이요 三曰視요 四曰聽이요 五
曰思니라 貌曰恭이요 言曰從이요 視曰明이요 聽曰聰이요
思曰睿니라 恭은 作肅하며 從은 作乂하며 明은 作哲하며 聰
은 作謀하며 睿는 作聖이니라

| 언해 |

二五事는 一은 굴온 모양이오 二는 굴온 말이오 三은 굴온 보는
것이오 四는 굴온 듯는 것이오 五는 굴온 싱각홈이니라 모양은
굴온 공손홈이오 말은 굴온 슌홈이오 봄은 굴온 밝음이오 들음은
굴온 귀밝음이오 싱각은 굴온 통홈이니라 공손홈은 肅을 作ᄒ며
從은 乂를 作ᄒ며 明은 哲을 作ᄒ며 聰은 謀를 作ᄒ며 睿는 聖을
作ᄒᄂ니라

| 번역 |

"두 번째 오사(五事)는 일(一)은 모양이고, 이(二)는 말이고, 삼
(三)은 보는 것이고, 사(四)는 듣는 것이고, 오(五)는 생각하는
것입니다. 모양은 공손하고, 말은 순종하고, 보는 것은 눈 밝고,
듣는 것은 귀 밝고, 생각은 통합니다. 공손하면 엄숙하게 되며,
이치에 맞으면 조리가 있고, 보는 것이 밝으면 지혜롭게 되며, 듣
는 것이 분명하면 헤아림이 있고, 생각이 은미한 데까지 통하면

통달하지 않음이 없습니다.”

| 의해 |

모양과 말과 보는 것과 듣는 것과 생각하는 것은 오사(五事)의 차
례이다. 모양은 윤택하니 수(水)이고, 말은 드러나니 화(火)이고,
보는 것은 흩어지니 목(木)이고, 듣는 것은 거두니 금(金)이고,
생각은 통하니 토(土)이다. 또한 인사(人事)가 발현(發現)하는 선
후의 차례이니, 사람이 비로소 태어나면 형용이 갖추어지고, 이
미 태어나면 소리를 내고, 또 뒤에 보고 듣고 생각할 수 있는 것
이다. 공(恭)과 종(從)과 명(明)과 총(聰)과 예(睿)는 오사(五事)
의 덕이니, 공(恭)은 공경함이고, 종(從)은 순한 것이고, 명(明)
은 보지 않음이 없는 것이고, 총(聰)은 듣지 않음이 없는 것이고,
예(睿)는 은미한 데에 통하는 것이다. 숙(肅)과 예(乂)와 철(哲)
과 모(謀)와 성(聖)은 오덕(五德)에 쓰이는 것이니, 숙(肅)은 엄
정함이고, 예(乂)는 조리(條理)이고, 철(哲)은 지혜이고, 모(謀)
는 헤아림이고, 성(聖)은 통하지 않음이 없는 것이다.

三八政은 一曰食이요 二曰貨요 三曰祀요 四曰司空이요
五曰司徒요 六曰司寇요 七曰賓이요 八曰師니라

| 언해 |

三八政은 一은 굴온 먹는것이오 二는 굴온 지물이오 三은 굴온
제亽ㅣ오 四는 굴온 司空이오 五는 굴온 司徒ㅣ오 六은 굴온 司
寇ㅣ오 七은 굴온 손이오 八은 굴온 군亽ㅣ니라

| 번역 |

"세 번째 팔정(八政)은 일(一)은 먹는 것이고, 이(二)는 재물이고, 삼(三)은 제사이고, 사(四)는 사공(司空)이고, 오(五)는 사도(司徒)이고, 육(六)은 사구(司寇)이고, 칠(七)은 손님이고, 팔(八)은 군사입니다."

| 의해 |

먹는 것은 백성들에게 중요하고 재물은 백성의 자본이기 때문에, 먹는 것이 첫째이고 재물이 그 다음이다. 먹는 것과 재물은 삶을 기르는 것이고, 제사는 근본에 보답하는 것이다. 사공(司空)은 땅을 담당하니 살 곳을 편안하게 하고, 사도(司徒)는 가르치는 것을 맡으니 성품을 이루게 하고, 사구(司寇)는 금령을 맡으니 간악함을 다스린다. 손님은 제후와 먼 곳의 사람을 예로써 왕래하여 교제하게 하는 것이고, 군사는 잔악함을 제거하고 포학함을 금하는 것이다. 군사는 성인이 마지못하여 쓰는 것이므로 끝으로 말하였다.

四五紀는 一曰歲요 二曰月이요 三曰日이요 四曰星辰이요 五曰曆數니라

| 언해 |

四五紀는 一은 골온 히오 二는 골온 달이오 三은 골온 날이오 四는 골온 별과 쩌오 五는 골온 曆數ㅣ니라

| 번역 |

"네 번째 오기(五紀)는 일(一)은 해이고, 이(二)는 달이고, 삼(三)은 날이고, 사(四)는 별이고, 오(五)는 역수(曆數)입니다."

| 자해 |

星 : 경성(經星)과 위성(緯星). •辰 : 해와 달이 만나는 열두 방위. •曆數 : 역서(曆書)로서, 일월(日月)과 성신(星辰)을 기록한 것.

오 황 극   황   건 기 유 극   염 시 오 복   용 부 석 궐 서
五皇極은 皇이 建其有極이니 斂時五福하야 用敷錫厥庶
민   유 시 궐 서 민   우 여 극   석 여 보 극
民하면 惟時厥庶民이 于汝極에 錫汝保極하리라

| 언해 |

五皇極은 님금이 그 極을 셰우심이니 이 五福을 거두어셔 뻐 펴셔 그 뭇 빅셩을 주면 이에 그 뭇 빅셩이 네 極애 네게 極을 보전홈을 쥬리라

| 번역 |

"다섯 번째 황극(皇極)은 임금이 표준을 세우는 것이니, 이 오복(五福)을 거두어서 펼쳐 여러 백성에게 주면, 이에 여러 백성이 그대의 표준에 대해서 그대가 표준을 보전하도록 해줄 것입니다."

| 자해 |

皇 : 임금. •建 : 세움. •極 : 지극함. 표준.

| 의해 |

임금이 마땅히 인륜(人倫)의 지극함을 다하여야 한다. 부자(父子)를 말하면 친(親)함을 지극히 하여야 천하의 부자된 자들이 이에 본받을 것이다. 부부(夫婦)를 말하면 분별함을 지극히 하여야 천하의 부부된 자들이 이에 본받을 것이다. 형제(兄弟)를 말하면 사랑함을 지극히 하여야 천하의 형제된 자들이 이에 본받을 것이다. 한 일이나 한 사물을 접함과 한 번 말하고 한 번 행함에 이르기까지 그 의리의 당연함을 지극히 하지 않음이 없고, 조금이라도 지나치거나 미치지 못하여 어그러짐이 없게 하면 표준이 세워지는 것이다. 표준이라는 것은 복의 근본이고, 복이라는 것은 표준의 효력이니, 표준을 세우는 것이 곧 복이 모이는 것이다. 임금이 위에서 복을 모으는 것은 자신만을 두터이 할 뿐만 아니라, 그 복을 펴서 뭇 백성들에게 주면 사람들로 하여금 감동하여 교화되게 하는 것이니, 이른바 펴서 준다는 것이다. 당시의 백성들 또한 모두 임금의 표준에 대해서 보전하고 지켜서 감히 잃어버리고 떨어뜨리지 아니하니, 이른바 보전함을 준다는 것이다. 황극(皇極)을 임금과 백성이 서로 줌이 이와 같음을 말하는 것이다.

凡厥庶民이 無有淫朋하며 人無有比德은 惟皇이 作極일새니라

| 언해 |

물읏 그 뭇 빅셩이 淫朋을 두지 아니ᄒ며 스름이 比德을 두지 아니홈은 님금이 極을 作홀 시니라

| 번역 |

"서민들이 간사한 벗을 두지 아니하며, 사람이 서로 아첨하는 덕
을 두지 않는 것은 임금이 표준을 세웠기 때문입니다."

| 자해 |

淫朋 : 간사한 무리. · 人 : 벼슬이 있는 사람. · 比德 : 사사로이 서로 붙음.

| 의해 |

여러 백성이 벼슬 있는 사람과 더불어 간사하게 벗하고 사사로이
아첨함이 없는 것은, 오직 임금이 표준이 되어 이들로 하여금 바
름을 취하게 한 바가 있기 때문이다. 임금이 표준을 세우지 않으
면 안 됨을 거듭 말한 것이다.

凡厥庶民이 有猷有爲有守를 汝則念之하며 不協于極이
라도 不罹于咎어든 皇則受之하라 而康而色하야 曰予攸好
德이라커든 汝則錫之福하면 時人이 斯其惟皇之極하리라

| 언해 |

무릇 뭇 빅셩이 猷를 두며 爲를 두며 守를 두는 이를 네 싱각ᄒᆞ며
極애 協지 못ᄒᆞ야도 허물에 걸니지 아니ᄒᆞ거든 님금은 밧으라 色
을 康ᄒᆞ야 ᄀᆞ로오ᄃᆡ 나의 조와ᄒᆞᄂᆞᆫ바 德이라 커든 네 福을 쥬면 이
스룸이 이에 그 님금의 極을 ᄒᆞ리라

| 번역 |

"뭇 백성 가운데 계책이 있으며 행함이 있으며 지조가 있는 사람

들을 그대가 생각하며, 표준에 부합하지 못하여도 허물에 걸리지
아니하거든 임금은 받아주십시오. 얼굴빛을 편안히 하여 말하기
를, '내가 좋아하는 바가 덕이다.'라고 하거든 그대가 그에게 복을
주면, 이 사람이 이에 임금을 표준으로 삼을 것입니다."

| 자해 |

有猷 : 꾀 있는 사람. •有爲 : 행함이 있는 사람. •有守 : 지조를 지키는 사
람. •福 : 작록(爵祿).

| 의해 |

이는 뭇 백성을 말한 것이다. 계책이 있으며 행함이 있으며 지조
가 있는 사람을 임금은 마땅히 염두에 두어야 할 것이다. 착한 데
부합되지는 않더라도 악한 데 빠지지 아니한 자는 이른바 중간의
사람이다. 나아가게 하면 착하게 될 수 있으나 버리면 악하게 될
것이니, 임금은 마땅히 거두어 주어야 한다. 생각하고 받아주어
서 그 재주를 따라 성취하게 해야 할 것이다. 밖으로 드러나 보이
는 것이 편안하며 온화한 얼굴빛이 있고, 그 마음에서 우러나 덕
을 좋아하는 말이 있거든, 그대가 작록을 내려주면 이 사람이 임
금을 표준으로 삼을 것이다.

無虐煢獨하고 而畏高明하라

| 언해 |

煢獨을 사나이ᄒ고 高明을 두려워 말라

| 번역 |

"빈천한 백성을 사납게 대하지 말고, 지위가 높은 사람을 두려워
하지 마십시오."

| 자해 |

煢獨 : 백성 중 지극히 빈천한 자. •高明 : 벼슬을 가지고 있는 사람 중 지위
가 높고 드러난 자.

| 의해 |

뭇 백성 중 지극히 빈천한 자에게 착함이 있다면 마땅히 권면해
야 할 것이고, 벼슬을 가진 사람 중 지위가 높고 드러난 자에게
착하지 않음이 있다면 마땅히 징계해야 할 것이다.

> 人之有能有爲를 使羞其行하면 而邦이 其昌하리라 凡厥
> 正人은 旣富오사 方穀이니 汝弗能使有好于而家하면 時
> 人이 斯其辜리라 于其無好德에 汝雖錫之福이라도 其作
> 汝用咎리라

| 언해 |

스룸이 能을 두며 爲를 둔는 이를 ᄒ야곰 그 行을 羞케 ᄒ면 네
나라이 그 챵셩ᄒ리라 무릇 그 正人은 임의 富케 ᄒ고샤 바야흐
로 착할지니 네 能히 ᄒ야곰 네 집에 조케 홈을 두지 못ᄒ면 이
스룸이 이에 그 허믈ᄒ리라 그 德을 조와ᄒ지 아니ᄒᄂ이애 네
비록 福을 쥴지라도 그 네 허믈을 씀이 되리라

| 번역 |

"사람들 중 능력이 있으며 시행하려는 의지가 있는 사람에게 그 일을 실행하게 하면, 그대의 나라가 번성할 것입니다. 관직에 있는 사람은 부유하게 해준 후에야 비로소 착하게 됩니다. 그대가 그대의 집에서 이들에게 좋게 하지 못한다면, 이 사람이 이에 죄를 짓게 될 것입니다. 그 덕을 좋아하지 않는 이에게 그대가 비록 복을 줄지라도, 이는 그대가 허물이 있는 자를 쓰는 것이 될 것입니다."

| 자해 |

有能 : 재주와 지혜가 있는 사람. •羞 : 나아감. •正人 : 벼슬을 가진 사람. •富 : 봉록. •穀 : 착함.

| 의해 |

이는 벼슬에 있는 자를 말한 것이다. 벼슬에 있는 자들로 하여금 실행하게 하면 그들이 어질고 재주가 있어 나라가 창성할 것이다. 벼슬에 있는 사람에게는 봉록이 있다고 믿게 한 이후에야 그 착함을 요구할 수 있다. 봉록이 이어지지 못하고 의식(衣食)이 닉넉하지 못하여 그대의 집에서 좋게 해주지 못하면 이 사람은 죄에 빠질 것이다. 덕을 좋아하지 않는 사람에게 봉록을 주면, 그대가 허물과 악함을 쓰는 사람이 되는 것이다.

무편무피 無偏無陂하야　준왕지의 遵王之義하며　무유작호 無有作好하야　준왕지도 遵王之道하며

무유작오 無有作惡하야　준왕지로 遵王之路하라　무편무당 無偏無黨하면　왕도탕탕 王道蕩蕩하며

무당무편 無黨無偏하면　왕도평평 王道平平하며　무반무측 無反無側하면　왕도정직 王道正直하리

니　회기유극 會其有極하야　귀기유극 歸其有極하리라

| 언해 |

偏홈이 업스며 陂홈이 업시ᄒ야 님금의 義를 조치며 조아홈을 ᄒ지 아니ᄒ야 님금의 道를 조치며 미워홈을 하지 아니ᄒ야 님금의 길을 조치라 偏홈이 업스며 黨홈이 업스면 님금의 道ㅣ 蕩蕩ᄒ며 黨홈이 업스며 偏홈이 업스면 님금의 道ㅣ 平平ᄒ며 反홈이 업스며 側홈이 업스면 임금의 道ㅣ 正直ᄒ리니 그 極에 모도아 그 極에 도라오리라

| 번역 |

"치우침이 없으며 기울어짐이 없이 하여 왕의 의리를 따르며, 사사롭게 좋아함을 만들어내지 아니하여 왕의 도를 따르며, 사사롭게 미워함을 만들어내지 아니하여 왕의 길을 따르십시오. 치우침이 없고 불공정함이 없으면, 왕의 도가 넓고 원대하게 될 것입니다. 불공정함이 없고 치우침이 없으면 왕의 도가 평평할 것이며, 상도에 어그러짐이 없으며 삐뚤어짐이 없으면 왕의 도가 정직할 것이니, 표준에 모여 표준으로 돌아올 것입니다."

| 자해 |

偏 : 치우침. •陂 : 기울어짐. •作好·作惡 : 좋아하고 미워하는 것을 사사로운 뜻으로 함. •黨 : 공정하지 못함. •反 : 상도(常道)를 배반함. •側 : 바르

지 못함. •蕩蕩 : 넓고 넓음. •平平 : 평이(平易)함.

| 의해 |

치우침과 기울어짐, 좋아함과 싫어함은 사사로운 마음에서 생기는 것이고, 치우침과 불공정함과 상도에 어그러짐과 삐뚤어짐은 자신의 사사로운 마음이 일에 나타난 것이다. 임금의 의리와 임금의 도와 임금의 길은 임금의 표준을 통하여 시행되는 것이다. 넓고 원대함, 평평함과 정직은 임금의 표준의 정대(正大)한 본체이다. 의리를 따르고 도를 따르고 길을 따른다는 것은 표준에 모이는 것이고, 넓고 원대함, 평평함과 정직은 표준에 돌아오는 것이다.

曰皇이 極之敷言이 是彝是訓이니 于帝其訓이시니라

| 언해 |

골오디 님금이 極으로 편 말이 이 썻썻이며 이 훈계이니 帝ㅣ 그 훈계ᄒ시니라

| 번역 |

"임금이 표준을 펼쳐 말한 것, 이것이 바로 떳떳함이고 훈계이니, 상제가 훈계한 것입니다."

| 자해 |

帝 : 상제.

| 의해 |

임금이 표준의 이치를 반복하여 해석한 말이 천하의 떳떳한 이치이고 천하의 큰 훈계이니, 이는 임금의 훈계가 아니고 바로 하늘의 훈계인 것이다. 이치가 하늘에서 나왔으니 말이 하늘에 부합하면 곧 하늘의 말인 것이다.

凡厥庶民이 極之敷言을 是訓是行하면 以近天子之光하여 曰天子作民父母하사 以爲天下王이라하리라

| 언해 |

무릇 그 뭇 빅셩이 極의 편 말을 이에 훈계ᄒ며 이에 힝ᄒ면 뼈 天子의 빗애 갓가워셔 골오디 天子ㅣ 빅셩의 父母ㅣ 되샤 뼈 天下앳 님금이 되야 겨시다 ᄒ리라

| 번역 |

"모든 백성들이 표준을 펼쳐 말한 이것을 가르침으로 삼고 이것을 실행하면, 천자의 빛나는 덕에 가까워져서 '천자는 백성의 부모가 되셔서, 천하의 왕이 되신다.'고 할 것입니다."

| 자해 |

光 : 도덕의 빛.

| 의해 |

천자와 서민이 성품은 동일하기 때문에, 모든 백성들이 표준을 펼쳐 말한 것을 가르침으로 삼고 실행하면 천자의 빛나는 도덕에

가까워져서, "천자는 백성의 부모가 되셔서, 천하의 임금이 되신다."라고 할 것이다. 부모라 함은 기르는 은혜를 말하는 것으로 가깝게 여기는 뜻이고, 임금이라 함은 다스리는 덕을 말하는 것으로 높이는 뜻이다.

六三德은 一曰正直이요 二曰剛克이요 三曰柔克이니 平康은 正直이요 彊弗友는 剛克하고 燮友는 柔克하며 沈潛은 剛克하고 高明은 柔克이니라

| 언해 |

六三德은 一은 굴온 正直이오 二는 굴온 剛으로 다스림이오 三은 굴온 柔로 다스림이니 平康은 正直이오 彊ᄒ야 슌치 안이니란 剛으로 다스리고 화ᄒ야 슌ᄒ니란 柔로 다스리며 기푸며 줍기니란 剛으로 다스리고 노푸며 밝은이란 柔로 다스리ᄂ니라

| 번역 |

"여섯 번째 삼덕(三德)은 일(一)은 정직이고, 이(二)는 굳셈으로 다스리는 것이고, 삼(三)은 부드러움으로 다스리는 것입니다. 평강(平康)은 정직이고, 강하여 따르지 않은 자는 굳셈으로 다스리고, 온화하여 유순한 자는 부드러움으로 다스리며, 깊이 잠긴 자는 굳셈으로 다스리고 높으며 밝은 자는 부드러움으로 다스립니다."

| 자해 |

克 : 다스림. •友 : 따름. •燮 : 변화. •正直 · 剛 · 柔 : 삼덕(三德).

| 의해 |

'정(正)'이란 간사함이 없는 것이고, '직(直)'이란 굽음이 없는 것이다. 굳셈으로 다스리고 부드러움으로 다스린다는 것은 재앙이나 복을 내리고, 주거나 빼앗고, 억제하거나 높이고, 나아가게 하거나 물러나게 하는 것이다. 강하여 따르지 않은 자는 강경하여 유순하지 않은 자이고, 온화하여 유순한 자는 온화하고 부드러워 순한 자이다. 깊이 잠긴 자는 깊으며 잠기어 중도에 미치지 못하는 자이며, 높으며 밝은 자는 높고 밝아서 중도를 지나친 자이니, 습속(習俗)이 편벽되고 기품(氣稟)이 지나친 자이다. 그러므로 평강이 정직이라는 것은 바로잡거나 억누르는 일이 없이 저절로 다스려지는 것이다. 강하여 순하지 않은 자는 굳셈으로 다스린다는 것은 굳셈으로 굳셈을 다스리는 것이다. 온화하여 순한 자는 부드러움으로 다스린다는 것은 부드러움으로 부드러움을 다스린다는 것이다. 깊으며 잠긴 자는 굳셈으로 다스린다는 것은 굳셈으로 부드러움을 다스리는 것이다. 높으며 밝은 자는 부드러움으로 다스린다는 것은 부드러움으로 굳셈을 다스리는 것이다. 정직의 쓰임은 하나인데, 굳셈 · 부드러움의 쓰임은 넷이다. 성인이 세상을 어루만져 사물에 대응함에, 상황에 따라 적절하게 하여 삼덕(三德)을 사용하여 다스리고 양으로 펴고 음으로 거두어 두 끝을 잡아 백성에게 중도(中道)를 쓴다. 천하의 풍속을 임금의 표준에 맞게 하는 것이 이와 같다.

惟辟이사 作福하며 惟辟이사 作威하며 惟辟이사 玉食하나니

臣無有作福作威玉食이니라

| 언해 |

오직 辟이사 福을 作ᄒ며 오직 辟이사 威를 作ᄒ며 오직 辟이사 玉食ᄒᄂ니 臣은 福을 作ᄒ야 威를 作ᄒ며 玉食홈이 잇디 아니ᄒ니라

| 번역 |

"오직 군주만이 복을 짓고, 오직 군주만이 위엄을 짓고, 오직 군주만이 기름진 음식을 먹을 수 있으니, 신하는 복을 짓고 위엄을 짓고 기름진 음식을 먹어서는 안 됩니다."

| 의해 |

복과 위엄은 윗사람이 아랫사람을 부리는 것이고, 기름진 음식은 아랫사람이 윗사람을 받드는 것이다. '오직 임금'이라고 말한 것은 권세를 아래로 옮겨서는 안 됨을 경계한 것이고, '안 됩니다'라고 말한 것은 신하가 윗사람을 넘어서서는 안 됨을 경계한 것이다.

臣之有作福作威玉食하면 其害于而家하며 凶于而國하야 人用側頗僻하며 民用僭忒하리라

| 언해 |

臣이 福을 作ᄒ며 威를 作ᄒ며 玉食홈이 이시면 그 네 家애 害ᄒ며 네 國애 凶ᄒ야 人이 뻐 側ᄒ며 頗ᄒ며 僻ᄒ며 民이 뻐 僭ᄒ며 忒ᄒ리라

| 번역 |

"신하가 복을 지으며 위엄을 지으며 기름진 음식을 먹으면, 그대 집에 해롭고 그대 나라에 흉하여 사람들이 바르지 못하고 기울고 편벽되며, 백성들이 참람하며 지나치게 될 것입니다."

| 자해 |

側 : 기울어짐. • 頗 : 편하지 못함. • 僻 : 공변되지 못함. • 僭 : 넘음. • 忒 : 지나침.

| 의해 |

신하가 임금의 권세를 넘어서면 대부는 반드시 그대 집에 해로우며 제후는 반드시 그대 나라에 흉하여, 벼슬이 있는 자들은 진실로 기울어지며 공평치 못하여 직분을 편안히 하지 못하고, 백성들은 또한 참람하고 지나쳐서 떳떳함을 넘게 되는 것이다.

七稽疑는 擇建立卜筮人하고서 乃命卜筮니라

| 언해 |

七稽疑ᄂ 卜筮ᄒᄂ 人을 擇ᄒ야 建立ᄒ고사 命ᄒ야 卜筮를 ᄒᄂ니라

| 번역 |

"일곱 번째 의심을 살피는 것은 점치는 사람을 가려 세우고서야
명하여 점을 치는 것입니다."

| 자해 |

稽 : 상고함. •卜 : 거북으로 점치는 것. •筮 : 시초로 점치는 것.

| 의해 |

의심스러운 일이 있으면 점을 쳐서 확인해본다. 시초와 거북점을
치는 사람은 지극히 공정하고 사사로움이 없어야 하늘의 밝음을
이을 수 있고, 점은 또한 지극히 공정하고 사사로움이 없어야 시
초와 거북이 뜻을 전할 수 있다. 반드시 이러한 사람을 가려서 세
운 이후에야 그로 하여금 점치게 하는 것이다.

曰雨와 曰霽와 曰蒙과 曰驛과 曰克이며

| 언해 |

닐온 雨와 닐온 霽와 닐온 蒙과 닐온 驛과 닐온 克이며

| 번역 |

"비가 오는 듯함과 개임과 몽매함과 끊어짐과 이김이며"

| 의해 |

이는 점의 징험이다. 비라고 한 것은 비가 오는 듯한 것이니, 그
징험은 수(水)가 된다. 개임이라고 한 것은 비가 개인 것이니, 그
징험은 화(火)가 된다. 몽(蒙)이라고 한 것은 몽매(蒙昧)함이니,

그 징험은 목(木)이 된다. 끊어짐이라고 한 것은 이어지지 않음이
니, 그 징험은 금(金)이 된다. 이김이라고 한 것은 서로 뒤섞여
이기는 뜻이 있으니, 그 징험은 토(土)가 된다.

^{왈 정}　　^{왈 회}
曰貞과 曰悔니라

| 언해 |

닐온 貞과 닐온 悔왜니라

| 번역 |

"참음[貞]과 후회[悔]입니다."

| 의해 |

이는 점괘(占卦)이니, 내괘(內卦)는 참아야 할 상황이 많으므로
참음[貞]이 되고 외괘(外卦)는 후회할 상황이 많으므로 후회[悔]
가 된다. 또 만난 괘를 정(貞)이라 하고, 변한 괘를 회(悔)라 한
다.

^{범 칠}　^{복 오}　^{점 용 이}　^{연 특}
凡七은 卜五요 占用二니 衍忒하나니라

| 언해 |

믈읫 七은 卜애는 五ㅣ오 占애는 二를 用ㅎᄂ니 忒을 衍ㅎᄂ니라

| 번역 |

"일곱 가지는 거북점[卜]이 다섯 가지이고 시초점[占]이 두 가지이니, 잘못을 미루어 아는 것입니다."

| 자해 |

衍 : 미루어 앎.　•忒 : 잘못.

| 의해 |

일곱 가지란 비가 오는 듯함과 개임과 몽매함과 끊어짐과 이김과 참음과 후회이다. 거북점 다섯 가지는 비가 오는 듯함과 개임과 몽매함과 끊어짐과 이김이고, 시초점 두 가지는 참음과 후회이다. 사람의 일 가운데 잘못된 것들을 미루어 추측하는 것이다.

立時人하여 作卜筮하되 三人이 占이어든 則從二人之言이니라

| 언해 |

이 人을 立ᄒᆞ야 卜筮를 作호ᄃᆡ 三人이 占ᄒᆞ야든 二人의 言을 從홀 디니라

| 번역 |

"이 사람을 세워 점을 치되, 세 사람이 점을 치면 두 사람의 말을 따릅니다."

| 의해 |

점을 칠 때에는 반드시 세 사람을 세워서 서로 참고한다.

汝則有大疑어든 謀及乃心하며 謀及卿士하며 謀及庶人하며 謀及卜筮하라

| 언해 |

네 큰 의심홈이 잇거든 꾀를 네 ᄆᆞ음에 밋치며 꾀를 卿士애 밋치며 꾀를 뭇 ᄉᆞ롬애 밋치며 꾀를 卜筮애 밋치라

| 번역 |

"그대에게 큰 의심이 있으면 헤아림을 그대 마음에 미치고 헤아림을 경사(卿士)에 미치며, 헤아림을 모든 백성에게 미치고 헤아림을 점에 미치도록 하십시오."

汝則從하며 龜從하며 筮從하며 卿士從하며 庶民從이면 是之謂大同이니 身其康彊하며 子孫이 其逢吉하리라

| 언해 |

네 조치며 거북이 조치며 筮ㅣ 조치며 卿士ㅣ 조치며 뭇 빅셩이 조치면 이 닐온 크게 갓함이니 몸이 그 康彊ᄒᆞ며 子孫이 그 吉을

만나리라

| 번역 |

"그대가 따르며 거북이 따르며 시초가 따르며 경사(卿士)가 따르
며 뭇 백성이 따르면 이것을 크게 같음[大同]이라 하니, 자신은
편안하고 건강하며 자손은 길함을 만날 것입니다."

汝則從하며 龜從하며 筮從이요 卿士逆하며 庶民이 逆하여
도 吉하리라

| 언해 |

네 조치며 거북이 조치며 龜ㅣ 조치고 卿士ㅣ 거사리며 뭇 빅셩
이 기사려도 吉ᄒ리라

| 번역 |

"그대가 따르며 거북점이 따르며 시초가 따르고, 경사(卿士)가 거
스르며 뭇 백성이 거슬러도 길할 것입니다."

卿士從하며 龜從하며 筮從이요 汝則逆하며 庶民이 逆하여
도 吉하리라

| 언해 |

卿士ㅣ 조치며 거북이 조치며 筮ㅣ 조치고 네 거사리며 뭇 빅셩
이 거사려도 吉ᄒᆞ리라

| 번역 |

"경사(卿士)가 따르며 거북이 따르며 시초가 따르고, 그대가 거스
르며 뭇 백성이 거슬러도 길할 것입니다."

庶民이 從하며 龜從하며 筮從이요 汝則逆하며 卿士逆하여
도 吉하리라

| 언해 |

뭇 빅셩이 조치며 거북이 조치며 筮ㅣ 조치고 네 거샤리며 卿士
ㅣ 거샤려도 吉ᄒᆞ리라

| 번역 |

"뭇 백성이 따르며 거북이 따르며 시초가 따르고, 그대가 거스르
며 경사(卿士)가 거슬러도 길할 것입니다."

汝則從하며 龜從이요 筮逆하며 卿士逆하며 庶民이 逆하면
作內는 吉하고 作外는 凶하리라

| 언해 |

네 조치며 거북이 조치고 筮ㅣ 거사리며 뭇 빅셩이 거사리면 안을 홈은 吉ᄒ고 밧을 홈은 凶ᄒ리라

| 번역 |

"그대가 따르며 거북이 따르고, 시초가 거스르며 경사(卿士)가 거스르며 뭇 백성이 거스르면, 안의 일을 하는 것은 길하고 밖의 일을 하는 것은 흉할 것입니다."

| 자해 |

內 : 제사 등의 일. •外 : 정벌 등의 일.

龜筮共違于人하면 用靜은 吉하고 用作은 凶하리라

| 언해 |

거북과 筮ㅣ 다 ᄉ룸에 억의면 靜홈애 씀은 吉ᄒ고 作ᄒᄃ 씀은 凶ᄒ리라

| 번역 |

"거북과 시초가 다 사람을 거스르면, 고요한 데 쓰면 길하고 움직이는 데 쓰면 흉할 것입니다."

| 자해 |

靜 : 평상의 도를 지킴. •作 : 일을 일으킴.

| 의해 |

의심을 살피는 것은 거북과 시초를 중시한다. 사람과 거북과 시초가 다 따르면 이를 크게 같음〔大同〕이라 하니 진실로 길하고, 사람이 하나만 따르고 거북과 시초가 어기지 않는 것도 또한 길하다. 거북이 따르고 시초가 거스르면 안의 일은 길하고 밖의 일은 흉하다. 거북과 시초가 모두 위배되면 평상대로 하는 것은 괜찮고 일을 일으키는 것은 불가할 것이다.

八庶徵은 曰雨와 曰暘과 曰燠과 曰寒과 曰風과 曰時이니

五者가 來備하되 各以其叙하면 庶草도 蕃廡하리라

| 언해 |

八庶徵은 닐온 雨와 닐온 暘과 닐온 燠과 닐온 寒과 닐온 風과 닐온 時ㅣ니 五者ㅣ와 備호디 각각 뻐 그 叙ᄒ면 庶草도 蕃廡ᄒ리라

| 번역 |

"여덟 번째 여러 징험은 비와 볕과 더움과 추움과 바람과 때이니, 다섯 가지가 와서 갖추어지되 각각 그 절후에 맞게 응하면 뭇 풀도 번성할 것입니다."

| 자해 |

徵 : 징험. ·時 : 각각 때에 따라 이름. ·叙 : 절후에 응함. ·蕃 : 번성함. ·廡 : 무성함.

| 의해 |

비와 볕과 더움과 추움과 바람이 때에 맞추어 갖춰져 그 절기의 차례를 잃지 아니하면 모든 풀도 번성하고 무성할 것이니, 그렇다면 다른 것들도 알 수가 있다. 비는 수(水)에 속하고, 볕은 화(火)에 속하고, 더움은 목(木)에 속하고, 추움은 금(金)에 속하고, 바람은 토(土)에 속한다.

一이 極備하여도 凶하며 一이 極無하여도 凶하니라

| 언해 |

一이 極히 備ᄒ야도 凶ᄒ며 一이 極히 無ᄒ야도 凶ᄒ니라

| 번역 |

"한 가지만 극도로 갖추어져도 흉하며, 한 가지만 극도로 없어도 흉합니다."

| 자해 |

極備 : 많음. ● 極無 : 적음.

曰休徵은 曰肅에 時雨若하며 曰乂에 時暘이 若하며 曰哲
에 時燠이 若하며 曰謀에 時寒이 若하며 曰聖에 時風이 若
이니라 曰咎徵은 曰狂에 恒雨若하며 曰僭에 恒暘이 若하며
曰豫에 恒燠이 若하며 曰急에 恒寒이 若하며 曰蒙에 恒風
이 若이니라

| 언해 |

닐온 아람다온 징험은 닐온 肅애 찌 비가 若ᄒ며 닐온 乂애 찌 볏
이 若ᄒ며 닐온 哲애 찌 더움이 若ᄒ며 닐온 謀애 찌 차음이 若ᄒ
며 닐온 聖애 찌 바람이 若ᄒᄂ니라 닐온 허물 징험은 닐온 狂애
恒雨ㅣ 若ᄒ며 닐온 僭애 恒暘이 若ᄒ며 닐온 豫애 恒燠이 若ᄒ
며 닐온 急애 恒寒이 若ᄒ며 닐온 蒙애 恒風이 若ᄒᄂ니라

| 번역 |

"아름다운 징험은, 엄숙함에 때에 맞는 비가 순응하며, 잘 다스려
짐에 때에 맞는 볕이 순응하며, 지혜로움에 때에 맞는 따뜻함이
순응하며, 헤아림에 때에 맞는 추위가 순응하며, 성스러움에 때
에 맞는 바람이 순응하는 것입니다. 나쁜 징험은, 망령된 짓을 함
에 계속되는 비로 순응하며, 참람한 짓을 함에 계속되는 볕이 순
응하며, 게으름에 계속되는 더움이 순응하며, 핍박함에 계속되는
추위가 순응하며, 몽매함에 계속되는 바람이 순응하는 것입니다."

| 자해 |

若 : 순응. ● 狂 : 망령. ● 僭 : 어그러짐. ● 豫 : 게으름. ● 急 : 핍박. ● 蒙 : 어

두움.

| 의해 |

하늘에 있는 것은 오행(五行)이고, 사람에 있는 것은 오사(五事)
이다. 오사가 갖추어지면 아름다운 징험이 각각 종류에 따라 응
하고, 오사를 잃으면 나쁜 징험이 각각 종류에 따라 응하는 것은
자연의 이치이다.

왈 왕 성   유 세   경 사   유 월   사 윤   유 일
曰王省은 惟歲오 卿士는 惟月이요 師尹은 惟日이니라

| 언해 |

닐오더 님금의 살핌은 히오 卿士는 달이오 師尹은 날이니라

| 번역 |

"임금이 살펴야 하는 것은 해이고, 경사(卿士)는 달이고, 사윤(師
尹)은 날입니다."

| 의해 |

해(歲)와 달(月)과 날(日)은 높고 낮음으로 징험을 삼은 것이다.
임금이 잘하고 못하는 것은 그 징험이 해로 나타나고, 경사(卿士)
가 잘하고 못하는 것은 그 징험이 달로 나타고, 사윤(師尹)이 잘
하고 못하는 것은 그 징험이 날로 나타나는 것이다. 비와 볕과 더
움과 추움과 바람, 다섯 가지가 아름답거나 잘못됨은 한 해의 이
로움과 해로움에 관계되어 있으며, 한 달의 이해와 관계됨이 있
으며, 하루의 이해와 관계됨이 있으니, 각각 그 크고 작음을 말한
것이다.

歲月日에　時無易하면　百穀用成하며　乂用明하며　俊民이
用章하며　家用平康하리라

| 언해 |

ᄒᆞ와 달과 날애 ᄢᅵ 박귀임이 업스면 일빅 곡식이 ᄡᅥ 일우며 乂ㅣ
ᄡᅥ 밝ᄒᆞ며 쥰결ᄒᆞᆫ 빅셩이 ᄡᅥ 章ᄒᆞ며 집ㅣ ᄡᅥ 平康ᄒᆞ리라

| 번역 |

"해(歲)와 달(月)과 날(日)에 때가 어긋남이 없으면 모든 곡식이
이루어지고 다스림이 밝아지며 뛰어난 백성들이 드러나고 집이
편안해질 것입니다."

| 자해 |

乂 : 다스림.　•章 : 빛남.

| 의해 |

해(歲)와 달(月)과 날(日), 셋에 비와 볕과 더움과 추움과 바람이
마땅한 때를 잃지 않으면 그 효험이 이와 같으니, 아름다운 징험
이 감응한 것이다.

日月歲에　時旣易하면　百穀用不成하며　乂用昏不明하며
俊民用微하며　家用不寧하리라

| 언해 |

날과 달과 ᄒᆞ애 ᄢᅵ 임의 박귀이면 일 빅 곡식이 ᄡᅥ 일우지 못ᄒᆞ며
乂ㅣ ᄡᅥ 어두어 밝지 못ᄒᆞ며 쥰걸ᄒᆞᆫ 빅셩이 ᄡᅥ 젹으며 집이 ᄡᅥ 편
안치 못ᄒᆞ리라

| 번역 |

"날과 달과 해가 제 때를 잃어 때가 바뀌면 모든 곡식이 이루어지
지 못하고 다스려짐이 어두워 밝지 못하며 뛰어난 백성들이 적어
지고 집이 편안하지 못할 것입니다."

| 의해 |

날과 달과 해, 셋에 비와 볕과 더움과 추움과 바람이 마땅한 때를
잃으면 그 해로움이 이와 같으니, 이는 나쁜 징험이 감응한 것이
다.

庶民은 惟星이니 星有好風하며 星有好雨니라 日月之行
은 則有冬有夏하니 月之從星으로 則以風雨니라

| 언해 |

뭇 빅셩은 별이니 별이 바람을 조아홈이 잇스며 별이 비를 조아
홈이 잇ᄂᆞ니라 날과 달의 行홈은 겨을이 잇스며 여름이 잇ᄂᆞ니
달이 별을 조침으로 ᄡᅥ 바람ᄒᆞ며 비ᄒᆞᄂᆞ니라

| 번역 |

"뭇 백성은 별이니, 별은 바람을 좋아하기도 하며 별은 비를 좋아
하기도 합니다. 날과 달의 운행은 겨울이 있고 여름이 있으니, 달
이 별을 따르는 것으로 비와 바람을 알 수 있습니다."

| 의해 |

별이 바람과 비를 좋아한다고 하는 것은, 기성(箕星)은 바람을 좋
아하고 필성(畢星)은 비를 좋아하는 것과 같은 종류이다. 날과 달
이 운행하는 길은 여름과 겨울이 다르고, 별은 자리를 떠나지 않
기 때문에 달이 별을 따른다고 한 것이다. 달이 별을 따르는 것에
의해 비가 내리고 바람이 부는 것은 윗사람이 백성의 뜻을 따라
좋게 하거나 그르게 하는 것과 같다.

九五福은 一曰壽이요 二曰富이요 三曰康寧이요 四曰攸

好德이요 五曰考終命이니라

| 언해 |

九五福은 一은 닐온 壽ㅣ오 二는 닐온 富ㅣ오 三은 닐온 康寧홈

이오 四는 닐온 德을 好ᄒᆞᆫ 배오 五는 닐온 終命을 考홈이니라

| 번역 |

"아홉 번째 오복(五福)은 첫 번째는 오래 사는 것이고, 두 번째는
부유한 것이고, 세 번째는 편안한 것이고, 네 번째는 덕을 좋아하
는 것이고, 다섯 번째는 수명을 잘 마침을 이룬 것입니다."

| 자해 |

　考終命 : 수명의 마침을 이룸.

| 의해 |

　사람은 오래 살아야 모든 복을 누릴 수 있으므로 오래 사는 것을
앞세웠다.

六極은 一曰凶短折이요 二曰疾이요 三曰憂요 四曰貧이
요 五曰惡이요 六曰弱이니라

| 언해 |

　六極은 一은 닐온 凶ᄒ며 短折이오 二ᄂ 닐온 疾이오 三은 닐온
憂ㅣ오 四ᄂ 닐온 貧이오 五ᄂ 닐온 惡이오 六은 닐온 弱이니라

| 번역 |

　"육극(六極)은 첫 번째는 잘못된 죽음과 일찍 죽음이고, 두 번째
는 병이고, 세 번째는 근심이고, 네 번째는 가난이고, 다섯 번째
는 악함이고, 여섯 번째는 약함입니다."

| 자해 |

　凶 : 잘못된 죽음. 제대로 죽지 못한 것. •短折 : 일찍 죽음.

| 의해 |

　화(禍)는 잘못된 죽음과 일찍 죽음보다 더 큰 것이 없으므로 먼저
말한 것이다. 표준[極]의 가볍고 무거운 것으로 선후(先後)를 삼

았다. 오복(五福)과 육극(六極)은 임금에게 있어서는 표준을 세우고 세우지 못함에 관계되고, 백성에 있어서는 가르침을 행하고 행하지 않음에 달려 있으니, 감응의 이치가 깊다.

여오[旅獒]

서려(西旅)가 큰 개를 바치자, 소공(召公)이 받아서는 안 된다고 하여, 이로써 무왕(武王)을 경계한 것이니, 또한 훈체(訓體)이다. 그에 따라 「여오(旅獒)」라고 편을 이름 지었다. 금문(今文)에는 없고 고문(古文)에는 있다.

惟克商하시니 遂通道于九夷八蠻이어늘 西旅底貢厥獒한대 太保乃作旅獒하여 用訓于王하니라

| 언해 |

商나라를 익이시니 九夷와 八蠻애 道ㅣ 通ㅎ거늘 西旅ㅣ 貢애 그 獒를 底ㅎ대 太保ㅣ 旅獒를 作ㅎ야 뻐 王끠 訓ㅎ니라

| 번역 |

상(商)나라를 이기니 구이(九夷)와 팔만(八蠻)에 길을 통하였다. 서려(西旅)가 공물로 개를 바치자, 태보(太保)가 「여오(旅獒)」를 지어서 왕을 경계하였다.

| 자해 |

西旅 : 서방 만이(蠻夷) 나라의 이름. •底 : 이름. •獒 : 키가 4척인 개. •太保 : 소공(召公) 석(奭).

| 의해 |

무왕(武王)이 상(商)나라를 이긴 뒤에 위엄과 덕이 널리 구주(九州)의 밖에 미쳐, 만이(蠻夷)와 융적(戎狄) 가운데 오지 않는 이가 없었다. 만이의 나라가 이 개를 공물로 바치자 소공(召公)이 「여오(旅獒)」를 지어 임금을 훈계하였다.

曰嗚呼라 明王이 愼德이어시든 四夷咸賓하야 無有遠邇畢獻方物하나니 惟服食器用이니이다

| 언해 |

골오디 嗚呼ㅣ라 밝으신 님금이 德을 삼가시거든 四夷 다 賓ㅎ야 멀고 갓가옴이 업시 다 方物을 드리ᄂ니 오직 입ᄂ 것과 먹ᄂ 것과 그릇과 쓰ᄂ 것이니이다

| 번역 |

"아! 밝으신 왕이 덕을 삼가시면 사방 이민족이 모두 손님이 되어 멀고 가까움 없이 모두 지방의 물건을 바치는데, 오직 입는 것과 먹는 것과 그릇과 쓰는 물건뿐이었습니다."

| 자해 |

賓:손님. 복종의 의미. •方物:각 지역에서 나는 물건.

| 의해 |

덕을 삼가는 것이 이 한 편의 강령이다. 임금이 덕을 삼가면 사방 이민족이 모두 복종하여 해당 지역의 공물을 바치는데, 오직 입

는 것과 먹는 것과 그릇과 사용하는 물건뿐으로, 다른 물건이 없음을 말한 것이다.

王이 乃昭德之致于異姓之邦하사 無替厥服하시며 分寶玉于伯叔之國하사 時庸展親하시면 人不易物하야 惟德其物하리이다

| 언해 |

님금이 德으로 일운 것을 다른 姓 나라애 보이샤 그 일을 변치 아니케 ᄒ시며 寶玉을 伯叔의 나라애 나누샤 이 ᄡᅥ 親홈을 펴게 ᄒ시면 스름이 물건을 쉬웁게 아니ᄒ야 德으로 그 물건을 ᄒ리이다

| 번역 |

"왕이 덕을 이룬 것을 이성(異姓)의 나라에 보여주셔서 그 일을 변하지 않게 하시며, 보옥을 백숙(伯叔)의 나라에 나눠주시어 이로써 친함을 펴게 하시면, 사람들이 물건을 쉽게 여기지 아니하여 그 물건을 덕으로 생각할 것입니다."

| 자해 |

昭 : 보여줌. •替 : 변함. •服 : 일. •展 : 폄.

| 의해 |

덕을 이루어 받은 지방의 물건을 이성(異姓) 제후들에게 보여주어 그들로 하여금 그 직분을 폐함이 없게 하고, 보옥을 동성(同姓) 제후들에게 나눠주어 그들로 하여금 그 친함을 더욱 두텁게

하는 것이다. 임금이 그 덕으로 지방의 물건을 이르게 하여 제후
들에게 나누어주었으므로 제후 또한 감히 그 물건을 가볍게 여기
지 아니하고 그 물건을 임금의 덕으로 여기는 것이다.

德盛은 不狎侮하나니 狎侮君子하면 罔以盡人心하고 狎侮
小人하면 罔以盡其力하리이다

| 언해 |

德이 盛ᄒ니ᄂᆞᆫ 가부여히 ᄒ며 업수이 녁이지 아니ᄒᄂᆞ니 君子를
가부여히 ᄒ며 업수녁이면 ᄡᅧ 그 힘을 다 ᄒ게 못ᄒ리이다

| 번역 |

"덕이 융성하면 가볍게 여기거나 업신여기지 않으니, 군자를 가
볍게 여기거나 업신여기면 사람의 마음을 다하게 할 수 없고, 소
인을 가볍게 여기거나 업신여기면 그 힘을 다하게 할 수 없을 것
입니다."

| 의해 |

덕이 융성하면 움직이는 것이 모두 예에 맞으니, 그런 뒤에 가벼
이 여기거나 업신여기는 마음이 없을 수 있다. 이는 덕을 삼가는
것을 지극히 하지 않을 수 없음을 말한 것이다. 덕이 지극하지 아
니하면 가벼이 여기거나 업신여기는 마음이 있다. 벼슬에 있는
군자를 가벼이 여기며 업신여기면 높이 뛰고 멀리 물러날 것이
니, 어찌 그 마음을 다하게 하겠는가? 일반 백성인 소인을 가벼
이 여기며 업신여기면 비록 미천해서 위엄을 두려워하여 부리기

는 쉬우나 지극히 어리석으면서도 신령하니, 또한 어찌 그 힘을
다하게 할 수 있겠는가?

불역이목　백도　유정
不役耳目하사 百度를 惟貞하소서

| 언해 |

귀와 눈애 불리지 마르샤 일빅 법도를 貞으로 ᄒ쇼셔

| 번역 |

"귀와 눈에 부림을 당하지 않아 모든 법도를 바르게 하소서."

| 자해 |

貞 : 바름.

| 의해 |

귀와 눈이 좋아하는 것에 부림당하지 않으면, 모든 행위의 법도
가 오직 바름을 따르게 된다.

완인　상덕　완물　상지
玩人하면 喪德하고 玩物하면 喪志하리이다

| 언해 |

ᄉ룸을 玩ᄒ면 德을 일코 물건을 玩ᄒ면 뜻을 일흐리이다

| 번역 |

"사람을 가볍게 여기거나 업신여기면 덕을 잃고, 좋아하는 물건
에 귀와 눈이 미혹되면 뜻을 잃을 것입니다."

| 자해 |

玩人 : 군자를 업신여김. • 玩物 : 귀와 눈에 부림을 당함.

志以道寧하시며 言以道接하소서

| 언해 |

몸의 뜻을 道로 뻐 편안이 ᄒ시며 말을 道로 뻐 接ᄒ쇼셔

| 번역 |

"뜻을 도로써 편안히 하시며, 말을 도로써 대하소서."

| 의해 |

자신의 뜻을 도로써 편안히 하면 망령되이 행동하는 데 이르지
않고, 다른 사람의 말을 도로써 대하면 망령되이 받아들이지 않
을 것이다. 마음속에 간직하는 것은 밖으로 응하려는 것이고, 밖
에서 제어하는 것은 마음을 기르는 것이니, 이것이 옛날의 성현
이 전수한 마음의 법이다.

不作無益^{부작무익}하야 害有益^{해유익}하면 功乃成^{공내성}하며 不貴異物^{불귀이물}하고 賤用^{천용}

物^물하면 民乃足^{민내족}하며 犬馬^{견마}를 非其土性^{비기토성}이어든 不畜^{불휵}하시며 珍^진

禽奇獸^{금기수}를 不育于國^{불육우국}하소서 不寶遠物^{불보원물}하면 則遠人^{즉원인}이 格^격하고

所寶惟賢^{소보유현}이면 則邇人^{즉이인}이 安^안하리이다

| 언해 |

유익홈이 업슴을 지어 유익홈이 잇슴을 害치 아니ᄒ면 功이 이에 일우며 異ᄒ 물건을 貴ᄒ고 쓰는 물건을 賤치 아니ᄒ면 빅셩 足ᄒ며 개와 말을 그 흙셩품이 아니어든 기르지 마르시며 보븨시와 긔이ᄒ 김승을 나라에 기르지 마르소셔 먼디 물건을 보븨ᄒ지 아니ᄒ면 먼디 ᄉ롭이 니르고 보븨ᄒᄂ비 오직 어진이면 갓가온 디 ᄉ롭이 편안ᄒ리이다

| 번역 |

"무익한 일을 하여 유익한 일을 해치지 않으면 공이 이에 이루어지며, 특이한 물건을 귀하게 여기고 쓰이는 물건을 천하게 여기지 않으면 백성들이 풍족해집니다. 개와 말은 그 지방에서 생산된 것이 아니면 기르지 마시며, 보배로운 새와 진기한 짐승을 나라에서 기르지 마소서. 먼 지방의 물건을 보배로 여기지 않으면 멀리 있는 사람이 오고, 보배로 여기는 것이 오직 현명한 사람이면 가까운 사람이 편안하게 여길 것입니다."

| 자해 |

異物 : 기이하고 공교한 물건.

| 의해 |

이 장은 모두 세 구절이니, 보배로 여기는 것이 오직 현명한 사람
이라고 한 데 이르면 더욱 간절하고 지극하다.

嗚呼라 夙夜에 罔或不勤하소서 不矜細行하시면 終累大德
하야 爲山九仞에 功虧一簣하리이다

| 언해 |

嗚呼ㅣ라 일즉이나 밤에 或도 부지런치 아니치 마르소셔 細行을
矜치 아니ᄒ시면 마참ᄂ 큰 德을 累ᄒ야 山을 아홉 길을 홈애 功
이 한삼터예 이지러지리이다

| 번역 |

"아! 이른 새벽부터 밤늦게까지 만에 하나라도 부지런하지 않게
하지 마소서. 조그만 행동이라도 신중히 하지 않으면 마침내 큰
덕에 누를 끼쳐 산을 아홉 길이나 쌓아도 그 공이 한 삼태기에 무
너질 것입니다."

| 자해 |

或 : 만에 하나. •矜 : 신중한 마음을 가짐. •細行 · 一簣 : 가벼움을 가리켜
말함.

| 의해 |

이는 덕을 삼가는 공부이다. '혹(或)'이라는 한 글자가 가장 의미
가 있으니, 한 번 잠깐이라도 그치고 쉬면 덕을 삼가는 것이 아니

다.

允迪玆하시면 生民이 保厥居하야 惟乃世王하시리이다

| 언해 |

진실로 이를 힝ᄒ시면 生民이 그 居홈을 보젼ᄒ야 디로 님금ᄒ시
리이다

| 번역 |

"진실로 이를 행하시면 생민(生民)이 거처할 곳을 보전하여 대대
로 왕 노릇 하실 수 있을 것입니다."

| 의해 |

이를 행하면 백성들이 그 거처할 곳을 보전하여 임금의 업(業)을
길이 할 수 있을 것이다. 임금의 한 몸이 실로 모든 변화의 근원
이니, 만일 이치에 털끝만큼이라도 다하지 못함이 있으면 곧 백
성들에게 무궁한 해를 끼쳐서 왕업(王業)을 창립하고 왕통(王統)
을 드리워 잇게 할 수 있는 방도가 아니다. 무왕(武王)의 성덕으
로도 소공(召公)의 경계하는 바가 이와 같았으니, 후세의 임금이
깊이 생각하고 더욱 유념치 않을 수 있었겠는가?

금등[金縢]

무왕(武王)에게 병이 있자, 주공(周公)은 왕실이 편안하지 않고 은(殷)나라 백성들이 복종하지 아니하여 근본이 요동하기 쉽다고 여겼다. 그러므로 윗대의 세 임금에게 명을 청하여 스스로 무왕의 죽음을 대신하고자 했다. 사관이 그 책에 쓴 축문을 기록하고 일의 처음과 끝을 서술하여 합하여 한 편을 만들고 쇠로 꿰어 맨 궤에 보관하였기 때문에, 글을 편집한 자가 그것에 의거하여 「금등(金縢)」이라고 이름 지은 것이다. 금문(今文)과 고문(古文)에 다 있다.

既克商二年에 王이 有疾하사 弗豫하시다

| 언해 |

임의 商나라를 익인지 두희만에 님금이 병이 계셔셔 豫치 몯ᄒ시다

| 번역 |

상(商)나라를 이긴 후 두 해만에 왕이 병이 있어서 즐겁지 아니하였다.

| 자해 |

弗豫 : 즐겁지 아니함.

二公曰 我其爲王하야 穆卜하리라

| 언해 |

두 公이 ᄀᆞᆯ오디 우리 그 님금을 爲ᄒᆞ야 穆卜호리라

| 번역 |

두 공(公)이 말하였다. "우리가 왕을 위하여 점을 칠 것이다."

| 자해 |

二公 : 태공(太公)과 소공(召公).

| 의해 |

옛날에 나라에 큰 일이 있어 점을 치려고 하면 공경(公卿)과 모든 집사(執事)가 다 그 자리에 있어 정성스럽고 화합하여 하나가 되어 복서(卜筮)의 명령을 들었다. 그러므로 그 점을 이름 하여 목복(穆卜)이라고 한 것이니, 공경하고도 화합하는 뜻이 있어 한 가지로 점친다는 말이다.

周公曰 未可以戚我先王이라하시고

| 언해 |

周公이 ᄀᆞᆯᄋᆞ샤디 可히 뻐 우리 先王을 戚케 몯ᄒᆞᆯ시라 ᄒᆞ시고

| 번역 |

주공(周公)이 말하기를, "우리 선왕을 근심하게 할 수 없다."라고
하시고,

| 자해 |

戚 : 근심.

| 의해 |

무왕(武王)의 병으로 우리 선왕을 근심하게 하지 않아야 할 것이
라고 하니, 태공과 소공이 점치라고 한 것을 물리친 것이다.

公이 乃自以爲功하사 爲三壇하되 同墠하고 爲壇於南方
하되 北面하고 周公立焉하사 植璧秉珪하사 乃告太王王季
文王하시다

| 언해 |

公이 스스로 뻐 功을 ᄒᆞ샤 뻐 壇을 호되 墠을 갓게 ᄒᆞ고 壇을 남
녁 方에 호디 北으로 面ᄒᆞ고 周公이 立ᄒᆞ샤 璧을 植ᄒᆞ고 珪를 秉
ᄒᆞ샤 太王과 王季와 文王끠 告ᄒᆞ시다

| 번역 |

주공(周公)이 스스로 자신의 일로 삼으시어 세 단을 만들되 터를
같게 하고, 단을 남쪽에 만들되 북면하여, 주공이 거기에 서서 벽
(璧)을 두고 규(珪)를 잡으셔서 태왕(太王)·왕계(王季)·문왕
(文王)께 고하였다.

| 자해 |

功 : 일. •壇 : 흙으로 쌓는 단. •墠 : 터를 닦음. •植 : 둠. •珪璧 : 귀신을 예우하는 홀과 구슬.

| 의해 |

주공(周公)이 두 공(公)의 점을 물리치고 스스로 자신의 일로 삼은 것은, 두 공은 무왕의 편안하고 편안하지 않음을 점친 데 지나지 못하였고, 주공은 형을 사랑하고 나라를 염려하여 충성이 조(祖)·부(父) 앞에서 간절하였기 때문이다. 아래 글에서 말한 바와 같이 다하지 못할 것이 있어서 이 때문에 스스로 자신의 일로 삼은 것이다. 또 두 공이 점을 치면 반드시 종묘에 빌면서 조정에서 점치는 예를 쓸 것이니, 이같이 하면 상하가 떠들고 인심이 요동할 것이다. 그런 까닭에 주공이 종묘에서 하지 않고, 특별히 단과 터를 만들어 스스로 빈 것이다.

史乃冊祝曰 惟爾元孫某 遘厲虐疾하니 若爾三王은 是有丕子之責于天하시니 以旦으로 代某之身하소서

| 언해 |

史ㅣ 冊祝ᄒᆞ야 ᄀᆞᆯ오ᄃᆡ 너의 元孫某ㅣ 厲虐ᄒᆞᆫ 疾을 遘ᄒᆞ니 너 三王은 이 丕子ㅅ 責을 天애 두어 겨시니 旦으로 ᄢᅥ 某의 身을 代ᄒᆞ쇼셔

| 번역 |

태사(太史)가 책에 축문을 써서 말하였다. "당신들의 원손(元孫)

모(某)가 악하고 급한 병을 만났으니, 당신들 세 왕은 원자(元子)를 보호할 책임을 하늘에서 갖고 있으니, 단(旦)으로써 모(某)의 몸을 대신하소서."

| 자해 |

史 : 태사(太史). •冊祝 : 축문판(祝文版). •元孫謀 : 무왕(武王). •遘 : 만남. •厲 : 악함. •虐 : 급함. •조子 : 원자(元子). •旦 : 주공(周公)의 이름.

| 의해 |

무왕(武王)이 악하고 급한 병을 만났으니, 세 임금은 원자(元子)를 보호할 책임을 하늘에서 갖고 있는 것이다. 무왕이 하늘의 원자(元子)가 되었으니, 세 임금은 마땅히 보호할 책임을 하늘에게서 맡아서 그를 죽게 하지 않아야 할 것이다. 만일 죽게 하고자 할진댄 단(旦)으로써 무왕의 몸을 대신할 것을 청한 것이다.

予仁若考라 能多材多藝하야 能事鬼神이어니와 乃元孫은 不若旦의 多材多藝하야 不能事鬼神하리이다

| 언해 |

나는 考에게 스랑호고 슌훈지라 能히 지됴ㅣ 만흐며 기예 만허셔 能히 鬼神을 섬기려니와 元孫은 旦의 지됴ㅣ 만흐며 기예 만흠과 갓지 못호야 能히 鬼神을 섬기지 몯호리이다

| 번역 |

"나는 돌아가신 조상님들을 사랑하고 잘 따르고 재주가 많고 기예

가 많아 귀신을 섬길 수 있으나, 원손(元孫)은 나 단(旦)처럼 재
주가 많고 기예가 많지 못하여 귀신을 섬기지 못할 것입니다."

乃命于帝庭하사　敷佑四方하사　用能定爾子孫于下地하

신대　四方之民이　罔不祗畏하나니　嗚呼라　無墜天之降寶

命하시사　我先王도　亦永有依歸하시리이다

| 언해 |

帝ㅅ 庭애 命ᄒᆞ샤 敷ᄒᆞ샤 四方을 佑ᄒᆞ샤 ᄢᅥ 能히 네 子孫을 下地
예 定ᄒᆞ신대 四方ㅅ 民이 祗畏치 아니 아니ᄒᆞᄂᆞ니 嗚呼ㅣ라 天의
降ᄒᆞ신 寶命을 墜케 마르시사 우리 先王도 ᄯᅩᄒᆞᆫ 기리 依歸ᄒᆞ시미
이시리이다

| 번역 |

"상제의 뜰에서 명하여 펴서 사방을 도와 당신들의 자손을 아래
땅에 안정하게 하였으므로 사방의 백성들이 공경하고 두려워하지
않음이 없습니다. 아! 하늘이 내린 보배 같은 명을 떨어지게 하지
않아야 우리 선왕도 또한 길이 의지하여 돌아갈 곳이 있으실 것
입니다."

| 자해 |

帝 : 상제. ·寶 : 일을 중히 여김.

| 의해 |

　무왕(武王)이 상제의 뜰에서 명을 받아 덕을 폄으로써 사방을 도와 당신들의 자손들을 아래 땅에 안정시켜서 사방의 백성으로 하여금 공경하고 두려워하지 않음이 없게 하였다. 그 맡은 일이 크고 책임이 무거우니, 이 때문에 죽어서는 안 될 것이다. 그런 까닭에 탄식하면서 거듭 말하기를, "세 임금은 하늘이 내리신 보배 같은 명을 떨어뜨려 잃지 않게 해야 아마도 선왕의 제사도 또한 길이 의지하여 보존되는 바가 있을 것이다."라고 한 것이다.

今我卽命于元龜하리니　爾之許我인댄　我其以璧與珪로
歸俟爾命이어니와　爾不許我인댄　我乃屛璧與珪하리라

| 언해 |

　이졔 내 큰 거북에 나아가 命호리니 네 나를 許홀딘댄 내 그 璧과 다믄 珪로 뻐 도라가 네 命을 기다리려니와 네 나를 許치 아니 홀딘댄 내 그 璧과 다믄 珪를 감츄리라

| 번역 |

　"이제 나는 큰 거북에 나아가 명할 것이니, 당신들이 나를 허락한다면 나는 벽(璧)과 규(珪)를 가지고 돌아가 당신들의 명을 기다리겠지만, 당신들이 나를 허락하지 않는다면 나는 벽(璧)과 규(珪)를 감출 것입니다."

| 자해 |

　卽 : 나아감.　•屛 : 감춤.

| 의해 |

　벽(璧)과 규(珪)를 감춘다는 것은 귀신을 섬기지 못함을 말하는
것이다. 무왕(武王)이 죽으면 주(周)나라의 기업(基業)이 반드시
떨어질 것이니, 비록 귀신을 섬기고자 할지라도 할 수 없을 것이
다.

乃卜三龜하니 一習吉이어늘 啓籥見書하니 乃幷是吉하더라

| 언해 |

　셰 거북을 졈ᄒ니 한갈 갓치 길ᄒ고 졈한 글을 보니 ᄯ한 다 吉ᄒ
더라

| 번역 |

　세 거북을 짐치니 한결같이 거듭 길하거늘, 자물쇠를 열어 점친
글을 보니 다 길하였다.

| 자해 |

　三龜 : 세 사람이 점친 거북. ·習 : 거듭.

| 의해 |

　세 거북점의 징험이 한결같이 길하고, 점친 글을 보니 또한 다 길
하였다.

공왈 체 왕기망해 여소자신명우삼왕 유영
公曰 體는 王其罔害로소니 予小子新命于三王하여 惟永
종 시도 자유사 능념여일인
終을 是圖하리니 玆攸俟니 能念予一人이샷다

| 언해 |

公이 ᄀᆞᆯᄋᆞ샤디 體는 님금이 그 害홈이 업스리로소니 나 小子ㅣ
새로이 셰 님금 끠 命ᄒᆞ란디 기리 맛침을 이 도모호리니 이 기다
리든 비니 能히 나 한 스롬을 싱각ᄒᆞ샷다

| 번역 |

주공(周公)이 말하기를, "점의 징조는 왕에게 해로움이 없을 것
이니, 나 소자(小子)가 새로이 세 임금의 명을 받아 길이 잘 마침
을 도모할 것이다. 이는 기다리던 바이니, 우리의 한 사람을 염두
에 두신 것이다."라고 했다.

| 자해 |

體 : 점친 징험.   •一人 : 무왕(武王).

| 의해 |

점의 징험이 길한 것을 보니, 임금에게 해됨이 없을 것이다. 내가
새로이 세 임금의 명을 받아 길이 잘 마침을 도모할 것이니, 세
임금이 우리 무왕(武王)을 생각하여 편안하게 한 것이다.

公이 歸하사 乃納冊于金縢之匱中하시니 王이 翼日에 乃瘳하시다

| 언해 |

公이 도라가샤 冊을 金으로 쏘믠 匱 가운디 너으시니 님금이 이튼날에 나으시다

| 번역 |

주공(周公)이 돌아가 책을 쇠로 꿰맨 궤 속에 넣으시니, 왕이 이튼날 나으셨다.

| 자해 |

冊 : 축문을 써 놓은 책. ·匱 : 글을 넣는 궤. ·金縢 : 쇠로 꿰맴. ·瘳 : 나음.

| 의해 |

쇠로 꿰맨 궤는 주나라에서 점친 글을 보관하던 것이다. 점을 칠 때 귀신에게 고하는 말을 책에 쓰고, 점이 끝나면 책을 궤에 넣어 보관하였다. 점치는 물건을 선왕이 감히 함부로 하지 않았으므로 쇠로 궤를 만들어 이 책을 보관하였다.

武王이 旣喪이어시늘 管叔이 及其羣弟로 乃流言於國曰 公將不利於孺子하리라

| 언해 |

武王이 임의 喪커시늘 管叔이 믿 그 羣弟로 國애 流言ᄒᆞ야 ᄀᆞᆯ오
ᄃᆡ 公이 쟝ᄎᆞᆺ 孺子의게 利치 아니ᄒᆞ리라

| 번역 |

무왕(武王)이 돌아가시자 관숙(管叔)이 여러 아우들과 함께 나라
에 말을 흘려서 "주공(周公)이 장차 유자(孺子)에게 이롭지 못할
것이다."라고 하였다.

| 자해 |

管叔 : 이름은 선(鮮)으로 무왕(武王)의 아우이자 주공(周公)의 형. •群弟 :
채숙(蔡叔) 도(度)와 곽숙(霍叔) 처(處). •流言 : 뿌리 없는 말. •孺子 : 성
왕(成王).

| 의해 |

상(商)나라 사람은 형이 죽으면 아우가 즉위한 경우가 많았다. 무
왕(武王)이 붕(崩)하고 성왕(成王)이 어려서 즉위하여 주공(周公)
이 정사를 대신 잡자, 상나라 사람들은 진실로 의심하였고, 또 관
숙(管叔)은 주공의 형이 되므로 더욱 엿보았다. 그런 까닭에 무경
(武庚)과 관숙(管叔)과 채숙(蔡叔)이 나라에 유언(流言)을 퍼뜨려
성왕을 두렵게 하고 주공을 동요하게 한 것이다.

周公이 乃告二公曰 我之弗辟면 我無以告我先王이라하
시고

| 언해 |

周公이 두 公ᄃ려 告ᄒ야 ᄀᆞᆯ으샤ᄃᆡ 내 辟치 아니ᄒ면 내 뼈 우리
몬져 님금끠 告치 몯ᄒ리라 ᄒ시고

| 번역 |

주공(周公)이 두 공(公)에게 고하기를, "내가 피하지 않으면 나
는 우리 선왕께 고하지 못할 것이다." 라고 하시고,

| 자해 |

辟 : 피함.

| 의해 |

피하지 않으면 의리를 다하지 못한 바가 있어 죽어서 선왕께 고
할 수 없을 것이라고 하였으니, 이는 주공(周公)이 스스로 자신을
위해 계교한 것이 아니라 충성을 다한 것일 뿐이었다.

주공　거동이년　즉죄인　사득
周公이 居東二年에 則罪人을 斯得하시다

| 언해 |

周公이 東애 居ᄒ신지 두ᄒᆡ 만애 罪人을 이졔야 어드시다

| 번역 |

주공(周公)이 동쪽에 거하신 지 두 해만에 죄인을 이제야 잡으셨
다.

| 자해 |

居東 : 나라의 동편에 거함.

| 의해 |

바야흐로 유언(流言)이 일어날 적에는 성왕(成王)이 죄인이 누구
인지를 알지 못하였다가 두 해 뒤에 임금이 비로소 유언이 관숙
(管叔)과 채숙(蔡叔)에게서 일어난 것을 알게 된 것이다.

于後에 公이 乃爲詩하야 以貽王하시고 名之曰鴟鴞라하시
니 王亦未敢誚公하시다

| 언해 |

뒤애 公이 詩를 ᄒᆞ야 뻐 님금ᄭᅴ 쥬시고 일홈ᄒᆞ야 ᄀᆞᆯ오디 鴟鴞ㅣ
라 ᄒᆞ시니 님금이 ᄯᅩᄒᆞᆫ 敢히 公을 ᄭᅮ짓지 못ᄒᆞ시다

| 번역 |

뒤에 주공(周公)이 시(詩)를 지어 왕에게 주고 이름을 '올빼미'라
하니, 임금이 또한 감히 주공을 꾸짖지 못하였다.

| 자해 |

鴟鴞 : 올빼미. •誚 : 꾸짖음.

| 의해 |

이후에 성왕(成王)의 의심이 많이 없어졌다.

秋大熟하야 未穫이어늘 天이 大雷電以風하니 禾盡偃하며 大木이 斯拔이어늘 邦人이 大恐하더니 王이 與大夫로 盡弁하사 以啓金縢之書하사 乃得周公所自以爲功하여 代武王之說하시다

| 언해 |

가을이 크게 익어서 거두지 못ᄒ얏거늘 하늘이 크게 우레ᄒ고 번기ᄒ고 ᄡᅥ 바람ᄒ니 벼가 다 쓰러지며 큰 나무가 이에 ᄲᅡ지거늘 나라 ᄉ람이 크게 두려워ᄒ더니 님금이 大夫로 더브러 다 弁ᄒ샤 ᄡᅥ 金縢에 글을 여르샤 이에 周公의 스스로 ᄡᅥ 일을 삼아 武王을 디신ᄒ시던 말을 어드시다

| 번역 |

가을에 곡식이 크게 익고 아직 거두지 못하였는데, 하늘이 크게 우레와 번개를 치고 여기에 바람이 부니, 벼가 다 쓰러지고 큰 나무가 이에 뽑히자 나라 사람들이 크게 두려워하였다. 왕이 대부(大夫)들과 함께 모두 고깔을 쓰고 금등(金縢)의 글을 열어 이에 주공(周公)이 스스로 자신의 일로 삼아 무왕(武王)을 대신하던 말을 얻게 되었다.

| 의해 |

임금이 대부(大夫)들과 함께 모두 고깔을 쓰고 금등(金縢)의 글을 열어 장차 하늘의 변고를 점치려 하다가 우연히 주공(周公)이 책에 써서 청한 말을 얻은 것이다.

二公及王이 乃問諸史與百執事하신대 對曰信하니이다 噫
라 公命이어시늘 我勿敢言이로소이다

| 언해 |

두 公과 밋 님금이 이에 諸史와 다못 百執事이게 무르신대 디답
ᄒ여 굴오ᄃᆡ 밋부니이다 슬푸다 公의 命이어시늘 우리 敢히 말ᄋ
지 못ᄒ엿다 소이다

| 번역 |

두 공(公)과 임금이 이에 여러 사관과 모든 집사(執事)에게 물으
니, 대답하기를, "정말입니다. 아! 주공(周公)이 명하였으므로 우
리가 감히 말하지 못했습니다."라고 하였다.

| 자해 |

諸史・百執事 : 점치는 사람.

| 의해 |

두 공(公)과 성왕(成王)이 주공(周公)이 스스로의 일로 삼은 말을
얻어서 그것에 의거하여 물었다. 모두 이르기를, "정말로 이러한
일이 있었습니다."라고 하고, 조금 후 탄식하며 말하기를, "이는
실로 주공의 명이었기 때문에 우리는 감히 말하지 못했습니다."
라고 하였다.

王이 執書以泣曰 其勿穆卜이로다 昔에 公이 勤勞王家어
시늘 惟予沖人이 弗及知러니 今天이 動威하사 以彰周公
之德하시니 惟朕小子 其親逆이 我國家禮에 亦宜之라하
시고

| 언해 |

님금이 글을 잡고 뼈 울어 굴으샤디 그 穆卜지 말거시로다 녯애
公이 님금의 집에 勤勞ᄒ야시늘 나 어린 스름이 밋쳐 알지 못ᄒ
엿더니 이제 하늘이 위엄을 움지기샤 뼈 周公의 德을 밝켜시니
나 小子ㅣ 그 친히 마짐이 우리 나라 禮에 쪼흔 맛당하다 ᄒ시고

| 번역 |

왕이 글을 잡고 눈물을 흘리머 말하기를, "점을 치지 말라. 옛날
에 공(公)이 왕가(王家)을 위하여 노력한 것을 나 어린 사람이 미
처 알지 못하였는데, 이제 하늘이 위엄을 움직이게 하셔서 주공
(周公)의 덕을 밝히시니, 나 소자(小子)가 친히 맞이하는 것이 우
리나라의 예에 또한 마땅하다."라 하시고

| 자해 |

逆 : 맞이함.

| 의해 |

성왕(成王)이 금등(金縢)의 글을 열어 천변(天變)을 점치고자 하
다가 주공(周公)이 책에 쓴 글을 얻은 후 드디어 감동하고 깨달아
글을 잡고 울며 말하기를, "반드시 다시 점칠 것이 아니다. 옛날

에 주공이 왕실을 위하여 노력하였거늘 내가 어려서 미처 알지 못하였는데, 이제 하늘이 위엄을 움직이셔서 주공의 덕을 밝히시니, 나 소자가 친히 공을 맞이하여 돌아오는 것이 나라의 예에 또한 마땅하다."라고 하였다.

王이 出郊하신대 天乃雨하여 反風하니 禾則盡起어늘 二公이 命邦人하여 凡大木所偃을 盡起而築之하니 歲則大熟하니라

| 언해 |

님금이 들에 나가신대 하늘이 이에 비흐야 바람을 돌이키니 벼가 곳 다 이러나거늘 두 公이 나라 스람을 命흐야 무릇 큰 나무 쓰러진 바를 다 이르켜 싸으니 힉가 곳 크게 익으니라

| 번역 |

왕이 들에 나가자, 하늘이 이에 비를 내려 바람을 반대로 불게 하여 벼가 다 일어나게 하였다. 두 공(公)이 나라 사람들에게 명하여 큰 나무가 쓰러진 것을 다 일으켜서 다지게 하니, 해가 풍년이 되었다.

| 의해 |

임금이 교외에 나가 친히 주공을 맞이하니, 하늘이 이에 바람을 돌이키게 하였다. 감동하고 응함이 이같이 신속하였다.

대고[大誥]

무왕(武王)이 은(殷)나라를 이기고 은나라의 남은 백성에게 수(受)의 아들 무경(武庚)을 봉(封)했으며 삼숙(三叔 : 管叔, 蔡叔, 霍叔)을 명하여 은나라를 감시하게 하였다. 무왕이 죽고 나서 성왕(成王)이 즉위하여 주공(周公)이 도왔는데, 삼숙이 유언(流言)을 퍼뜨리기를, "공(公)이 장차 유자(孺子)에게 이롭지 아니하리라."라고 하자, 주공이 자리를 피하여 동쪽에 거처하였다. 뒤에 성왕이 깨닫고 주공을 맞이하여 돌아오니, 삼숙이 두려워하여 드디어 무경과 더불어 반란을 일으키므로 성왕이 주공에게 명하여 동쪽으로 가서 정벌하라고 할 때에 천하에 크게 고한 것이다. 글에 무경만 말하고 관숙(管叔)을 말하지 않은 것은 가까운 자를 위하여 피한 것이다. 편 머리에 대고(大誥)라는 두 글자가 있으므로 책을 편집한 자가 이를 따라 편을 이름 지었다. 금문(今文)과 고문(古文)에 다 있다.

王若曰 猷라 大誥爾多邦과 越爾御事하노라 弗吊라 天이 降割于我家하사 不少延이어시늘 洪惟我幼沖人이 嗣無疆大歷服하야 弗造哲하야 迪民康이온 矧曰其有能格知天命가

| 언해 |

님금이 이러틋시 글으샤디 猷라 크게 너의 만은 나라와 밋 너의 御事다려 誥ᄒ노라 불상이 역이지 아니 ᄒ지라 하늘이 해를 우리 집에 나리샤 조곰도 기다리지 아니ᄒ야시늘 크게 싱각컨댄 나 어

린 스름이 한 업는 큰 歷과 服을 이어서 밝음을 지어서 빅셩을 편
안훈디에 인도치 못훈곤 훌물며 그 能히 훌놀 命을 지극히 하야
알욤이 잇다 닐으랴

| 번역 |

왕이 다음과 같이 말씀하셨다. "아! 너희 많은 나라와 너희 어사
(御事)들에게 크게 고한다. 불쌍히 여기지 않는 하늘이 피해를 우
리나라에 내려 조금도 기다려 주지 않았다. 크게 생각하건대 나
어린 사람이 한없이 큰 제왕의 역수와 오복(五服)을 이어서 명철
한 곳으로 나아가 백성들을 편안한 곳으로 인도하지 못하였으니,
하물며 하늘의 명을 지극히 하여 안다고 말할 수 있겠는가?"

| 자해 |

猷 : 발어사. • 吊 : 불쌍히 여김. • 割 : 해침. • 延 : 기다림. • 沖人 : 성왕(成
王). • 歷 : 역수(歷數). • 服 : 오복(五服). • 哲 : 밝음. • 格 : 지극함.

| 의해 |

내가 하늘로부터 불쌍히 여김을 받지 못하여, 하늘이 해로움을
우리 주나라에 내려서 무왕(武王)이 드디어 죽고 조금도 기다려
주지 않으셨다. 크게 생각하건대 나 어린 임금이 한없이 큰 업을
잇고 지키며 이로써 명철한 곳으로 나아가 백성을 편안한 곳으로
인도하지 못하였다. 이는 사람의 일에도 또한 지극하지 못한 바
가 있는 것인데, 하물며 하늘의 명을 지극히 하여 안다고 말할 수
있겠는가?

已아 予惟小子 若涉淵水하니 予惟往은 求朕攸濟니라 敷
賁하며 敷前人受命은 茲不忘大功이니 予不敢閉于天降
威用이니라

| 언해 |

말랴 나 小子ㅣ 淵水를 건늠과 갓흐니 내 감은 朕의 건늘 바를 求
홈이니라 펴셔 꾸미며 前스룸의 바드신 命을 폄은 이 큰 功을 잇
지 못홈이니 내 敢히 하늘의 나리신 위엄을 닷지 못홀 것이니라

| 번역 |

"그만두겠는가? 나 소자(小子)는 깊은 물을 건너는 것과 같으니,
내가 가는 것은 내가 건너는 곳을 구하려고 해서이다. 법도를 펴
고 꾸미며 이전 사람이 받은 명을 펴는 것은 큰 공을 잊지 못해서
이니, 내가 감히 하늘이 내리신 위엄을 막지 못할 것이다."

| 자해 |

已 : 그만두려 하여도 그만 둘 수 없음. •淵水 : 깊은 물. •敷 : 폄. •賁 : 꾸
밈.

| 의해 |

나 소자가 근심하고 두려워하는 것이 깊은 물을 건너는 것과 같
으니, 반드시 가고자 하는 것은 그 일에서 공을 구하는 것이다.
펴고 꾸미어 법을 닦고 밝히며, 이전 사람이 받은 명을 펴서 앞
임금의 기업을 더 크게 하려는 것이니, 이와 같이 하는 것은 무왕
(武王)이 천하를 편안히 한 큰 공을 잊지 못하기 때문이다. 지금
무경(武庚)이 안정하지 못하여 하늘이 진실로 벌을 주시니, 내가

어찌 감히 하늘의 위엄을 막아서 토벌을 행하지 않겠는가?

寧王이 遺我大寶龜하심은 紹天明이시니 卽命한대 曰有大
艱于西土라 西土人이 亦不靜이라하더니 越茲蠢이로다

| 언해 |

寧王이 우리를 큰 보븨 거북을 遺ᄒ샨ᄃᆞᆫ 하늘의 밝음을 이읏게
ᄒ시니 命에 나아간ᄃᆡ 닐ᄋᆞ디 큰 어려움이 西土에 잇슬지라 西土
ㅅ 스룸이 ᄯ오한 안정치 못ᄒ리라 ᄒ더니 이에 밋쳐 蠢ᄒ놋다

| 번역 |

"나라를 편안하게 한 무왕이 우리에게 큰 보배인 거북을 전해 주
심은 하늘의 밝음을 잇게 하려 하신 것이니, 명하여 말씀하시기
를, '큰 어려움이 서쪽 땅에 있다. 서쪽 땅의 사람들이 또한 안정
하지 못하리라.'고 하였는데, 이에 이르러 준동하는도다."

| 자해 |

寧王 : 무왕(武王). • 蠢 : 꿈틀거림.

| 의해 |

나라를 편안하게 한 무왕이 우리에게 큰 보배인 거북을 전해 준
것은 하늘의 밝음을 잇게 하여 길하고 흉함을 정하게 한 것이다.
이전에 거북이 명한 바를 보면 그 조짐에, "장차 크게 어려운 일
이 서쪽 땅에 있을 것이니, 서쪽 땅의 사람들이 또한 안정하지 못
하리라."고 하였다. 이는 무경(武庚)이 아직 반란을 일으키지 않

앉을 때에 거북의 조짐이 미리 예고한 것이다. 지금에 이르러서 준동하니, 그 점을 징험할 수 있는 것이 이와 같다.

殷小腆이 誕敢紀其叙하여 天降威나 知我國에 有疵하여
民不康하고 曰予復하여 反鄙我周邦이라하나다

| 언해 |

殷나라 조곰 두터운 것이 크게 敢히 그 실마리를 벼리ᄒ야 하늘이 위엄을 나리시나 우리나라에 병이 잇셔 빅성이 편안치 못흠을 알고 닐오디 내 회복ᄒ야 도로혀 우리 周ㅅ 나라를 고을 호리라 ᄒᄂ니

| 번역 |

"은(殷)나라가 조금 두터워져 감히 그 실마리를 크게 바로 잡아 하늘이 위엄을 내렸으나, 우리나라에 병이 있어 백성들이 편안하지 못함을 알고는 말하기를, '내가 회복하리라.'라고 하며, 도로 우리 주(周)나라를 변방으로 삼겠다고 하는구나."

| 자해 |

腆 : 두터움. •誕 : 큼. •叙 : 실마리. •疵 : 병. •鄙 : 변방.

| 의해 |

무경(武庚)이 나라가 조금 두터워지자 감히 이미 망한 나라의 실마리를 정리하려 하였다. 비록 하늘이 위엄을 은(殷)나라에 내렸으나, 또한 무경이 주나라에 삼숙(三叔)의 틈이 있어 백성의 마음

이 편안하지 않을 것을 알았다. 그런 까닭에 감히, "내가 장차 은나라의 왕업을 회복하겠다."고 하며, 도로 주나라를 변방으로 삼고자 한 것이다.

今蠢이어늘 今翼日에 民獻有十夫 予翼以于하야 敉寧武圖功하나니 我有大事休는 朕卜이 幷吉이니라

| 언해 |

이제 蠢ᄒ거늘 이제 잇튼 날에 빅셩 어진 열 지아비 잇셔 나를 도와 뼈 가서 어르만지며 편안이 ᄒ야 도모ᄒ신 功을 이웃게 ᄒᄂ니 우리 군ᄉ 일을 아름다이 홈이 이슬든 朕의 졈이 다 吉ᄒ니라

| 번역 |

"이제 무경이 준동하거늘 이튿날에 백성 중 열 명의 현명한 자가 있어 나를 도와 가서 어루만져 편안하게 하여 도모하신 공을 잇게 하니, 우리 군사의 일을 아름답게 함이 있는 것은 나의 점이 모두 길하기 때문이다."

| 자해 |

于 : 감. •敉 : 어루만짐. •武 : 이음. •大事 : 군사의 일.

| 의해 |

이제 무경(武庚)이 준동하거늘 이튿날에 백성 중 어진 열 명의 사람들이 나를 돕고, 가서 상(商)나라를 어루만져 안정하게 하여 무왕(武王)이 도모한 공을 잇게 하였는데, 나의 군사에 대한 일이

아름답게 되어 감을 알게 된 것은 내가 세 거북으로 점을 친 것이
모두 길하였기 때문이다.

肆予告我友邦君과 越尹氏와 庶士와 御事하여 曰予得吉
卜이라 予惟以爾庶邦으로 于伐殷에 逋播臣하노라

| 언해 |

이러무로 내 우리 벗나라에 님금과 밋 尹氏와 庶士와 御事ᄃ려
告ᄒ야 일오디 내 吉흔 졈을 어든지라 내 너의 뭇나라로 뻐 殷나
라의 도망ᄒ야 옴긴 신하를 가셔 치노라

| 번역 |

"이래서 내가 우리 우방의 임금과 윤씨(尹氏)와 서사(庶士)와 어
사(御事)에게 고하여 말하기를, '내가 길한 점괘를 얻었으므로,
내가 너희 모든 나라를 데리고 은(殷)나라에서 도망하고 옮겨간
신하들을 가서 치겠다.'라고 하였노라."

| 자해 |

肆 : 그러므로. •尹氏 : 뭇 벼슬아치의 우두머리. •殷逋播臣 : 무경(武庚)과
그의 여러 신하가 본래 도망하고 옮겨간 신하임을 말함.

| 의해 |

이는 일찍이 점이 길한 연고를 들어 여러 나라의 임금과 어사(御
事)에게 가서 무경(武庚)을 친다는 것을 고하는 말이다.

爾庶邦君과 越庶士御事ㅣ 罔不反하야 曰艱大하며 民不靜
이 亦惟在王宮과 邦君室이라하며 越予小子考翼도 不可
征이라하여 王은 害不違卜고하나다

| 언해 |

너의 뭇나라에 님금과 庶士와 御事ㅣ 반드치 아니ᄒᆞᄂᆞᆫ 이 업셔
닐오디 어렵고 크다 ᄒᆞ며 빅셩이 안졍치 아니홈이 쏘혼 王의 宮
과 邦君의 집에 잇ᄂᆞ니라 ᄒᆞ며 밋 나 小子와 考ㅣ 도읍ᄂᆞ니도 치
ᄂᆞᆫ 것이 可치 아니ᄒᆞ니라 ᄒᆞ야 님금은 엇지 졈을 억의지 아니ᄒᆞ
ᄂᆞᆫ고 ᄒᆞᄂᆞ다

| 번역 |

"너희 여러 나라의 임금과 서사(庶士)와 어사(御事)들이 반대하지
않는 이가 없어 말하기를, '어렵고 크며, 백성들이 안정하지 못함
이 또한 왕의 궁과 제후들의 집에 있습니다.'라고 하며, 나 소자
(小子)의 일을 공경히 하는 자들도 정벌할 수 없다고 하며, '왕은
어찌 점을 어기려 하지 않습니까?'라고 하는구나."

| 자해 |

考翼 : 일을 공경히 하는 자. •害 : 어찌.

| 의해 |

여러 나라의 임금과 무리가 반대하지 않는 이가 없어 말하기를,
"어려우며 중대하니 가볍게 행동해서는 안 될 것이며, 또 백성들
이 안정하지 못하는 것이 비록 무경(武庚)으로 말미암았기 때문

이나 또한 왕의 궁과 제후의 집에서 삼숙(三叔)이 화목하지 않아
화의 단서를 만들었으니, 스스로 돌이키지 않을 수 없다."고 하였
다. 부로(父老)들로서 나 소자(小子)의 일을 공경히 섬기는 자들
도 다 정벌할 수 없다고 하며 "임금은 어찌 점을 어기어 정벌을
그만두지 않습니까?"라고 한 것이다.

肆予沖人이 永思艱하니 曰嗚呼라 允蠢이면 鰥寡哀哉나
予造는 天役이라 遺大投艱于朕身이시니 越予沖人은 不
卬自恤이니라 義엔 爾邦君과 越爾多士와 尹氏와 御事綏
予하야 曰無毖于恤이어다 不可不成乃寧考의 圖功이니라

| 언해 |

이러무로 나 어린 사름이 기리 어려옴을 싱각호니 골온 嗚呼ㅣ라
진실로 蠢호면 홀아비와 과부ㅣ 불샹호나 나의 하는 것은 하눌의
부리심이라 나의 몸애 큼을 끼치시며 어려옴을 던지시니 나 어린
사름은 내 스스로 불샹치 못홀 것이라 의리엔 너의 邦君과 밋 너
의 多士와 尹氏와 御事ㅣ 나를 편안이 호야 골오디 근심애 毖치
마롤지어다 寧考의 도모호신 功을 可히 일우지 아니치 못홀것이
라 홀 디니라

| 번역 |

"이리하여 나 어린 사람이 길이 어려움을 생각하니, 아! 진실로
준동하면 홀아비와 과부가 불쌍하지만 내가 하는 일은 하늘이 시

키신 것이다. 내 몸에 큰일을 남겨주고 어려움을 던져 주시니, 나 어린 사람은 스스로 구휼하지 못할 것이다. 의리로는 너희 방군(邦君)과 너희 다사(多士)와 윤씨(尹氏)와 어사(御事)들이 나를 편안하게 하며 말하기를, '근심으로 수고롭게 하지 마십시오. 당신의 나라를 편안하게 한 아버지께서 도모하신 공을 이룩하지 않을 수 없습니다.'라고 해야 할 것이다."

| 자해 |

造 : 함. •卬 : 나. •毖 : 수고로움. •寧考 : 무왕(武王).

| 의해 |

그런 까닭에 나 어린 사람이 또한 길이 이 일이 어렵고 크다는 것을 생각하여, 탄식하며 말하였다. "진실로 네 나라가 준동하면 해로움이 홀아비와 과부에게까지 미칠 것이니, 깊이 불쌍히 여길 만하다. 그러나 내가 하는 일은 다 하늘이 시킨 것이다. 오늘의 일은 하늘이 진실로 매우 큰일을 나 자신에게 주신 것이니, 나 어린 사람이 진실로 스스로 불쌍히 여길 겨를이 없을 것이다. 그러나 의리로 말한다면 너희 여러 나라 임금과 신하의 무리가 마땅히 나를 편안하게 하며 말하기를, '근심으로 수고롭게 하지 마십시오. 진실로 무왕(武王)이 도모하신 공을 이룩하지 않을 수 없습니다.'라고 하여, 서로 더불어 힘을 다하여 정벌하여야 할 것이다."

已아 予惟小子 不敢替上帝命이로니 天休于寧王하사 興
我小邦周하실새 寧王이 惟卜을 用하사 克綏受茲命하시며
今天이 其相民하심에도 矧亦惟卜을 用이온여 嗚呼라 天明
畏는 弼我丕丕基시니라

| 언해 |

말랴 나 小子ㅣ 敢히 上帝의 命을 폐치 못ᄒᆞ노니 하늘이 寧王을
아름다이 ᄒᆞ샤 우리 젹은 나라 周ㅅ 나라를 興ᄒᆞ실 시 寧王이 졈
을 쓰샤 능히 이 命을 편안이 바드시며 이졔 하늘이 그 빅셩을 도
으신대도 ᄒᆞ물며 ᄯᅩᄒᆞᆫ 졈을 씀이 ᄯᆞ녀 嗚呼ㅣ라 하늘 밝음이 두
려움은 우리 크고 큰 터를 도으심이니라

| 번역 |

"그만두겠는가? 나 소자(小子)는 감히 상제의 명을 폐하지 못하
니, 하늘이 나라를 편안하게 한 왕을 아름답게 여기시어 우리 작
은 나라인 주(周)나라를 흥하게 하실 때에 이 점괘를 따름으로써
이 명을 편안히 받을 수 있었다. 이제 하늘이 백성을 도우시며,
하물며 또한 점을 씀에 있어서랴! 아! 하늘의 밝음이 두려운 것
은 우리의 크고 큰 터를 도우시기 때문이다."

| 의해 |

점에 무경(武庚)을 치는 것이 길하다고 했다면, 이는 상제가 명하
여 치게 한 것이니, 상제의 명을 감히 폐할 수 있겠는가? 옛날에
하늘이 무왕(武王)을 돌아보아 백 리로부터 시작하여 천하를 소
유하게 할 때에도 또한 점을 쓰셨다. 이제 하늘이 이 백성을 도와

흉함을 피하고 길함에 나가게 하는데, 또한 점을 쓰는 데 있어서랴! 위로는 선왕과 아래로는 백성들이 점을 쓰지 않는 이가 없는데, 내가 홀로 점을 폐할 수 있겠는가? 그런 까닭에 또 탄식하고 말하기를, "하늘의 밝은 명이 두려운 것은 우리의 크고 큰 기업을 도와서 이루어 주기 때문이다. 이를 어길 수 있겠는가?"라고 하였다.

王曰 爾惟舊人이라 爾丕克遠省하나니 爾知寧王若勤哉어니 天閟毖는 我成功所니 予不敢不極卒寧王圖事니라 肆予大化誘我友邦君하나니 天棐忱辭는 其考我民이니 予는 曷其不于前寧人圖功에 攸終이리오 天亦惟用勤毖我民이라 若有疾하시나니 予는 曷敢不于前寧人攸受休에 畢하리오

| 언해 |

님금이 골ᄋ샤ᄃᆡ 너의는 녯 ᄉᆞ롬이라 네 크게 능히 멀니 살피ᄂᆞ니 네 寧王의 이러ᄐᆞ시 부지런ᄒᆞ시든 쥴을 알어니ᄯᆞᆫ 하ᄂᆞᆯ이 閟ᄒᆞ야 毖케 ᄒᆞ욤은 나의 功 일올 배니 나는 敢히 寧王의 도모ᄒᆞ시던 일을 極히 맛추지 안니치 못ᄒᆞᆯ 것이니라 이러무로 내 크게 우리 벗나라 님금을 化ᄒᆞ며 誘ᄒᆞ노니 하ᄂᆞᆯ이 도으되 정성으로 ᄒᆞ시는 말숨은 그 우리 빅셩에게 샹고 ᄒᆞᆯ지니 나는 엇지 그 前寧人의 도모ᄒᆞᆫ 功애 맛칠바를 아니ᄒᆞ리오 하ᄂᆞᆯ이 ᄯᅩᄒᆞᆫ 뻐 우리 빅셩을 수

고롭게 ᄒᆞᄂᆞᆫ지라 병이 잇슴과 갓치 ᄒᆞ시ᄂᆞ니 나ᄂᆞᆫ 엇지 敢히 前
寧人의 바든 바 아름다옴에 마츄지 아니하리오

| 번역 |

왕이 말씀하셨다. "너희는 옛 사람들이다. 너희들은 크게 멀리 살
필 수 있으니, 너희 나라를 편안하게 한 왕이 그렇게 부지런하셨
음을 알 것이다. 하늘이 막아 어렵게 하는 곳이 바로 내가 공을
이룰 곳이니, 나는 감히 나라를 편안하게 한 왕이 도모하시던 일
을 끝까지 마치지 않을 수 없다. 그렇기 때문에 나는 크게 우리
우방의 임금을 변화하게 하며 따르도록 하였다. 하늘이 성실한
사람을 돕는다는 말씀은 우리 백성에게서 살펴볼 수 있으니, 내
가 어찌 앞서 나라를 편안하게 한 사람들이 도모한 일을 마치지
않겠는가? 하늘이 또한 우리 백성들을 수고롭게 함에 병이 있는
것과 같이 간주하시니, 내가 어찌 감히 앞서 나라를 편안하게 한
사람들이 받은 아름다운 명을 마치지 않겠는가?"

| 자해 |

閟 : 닫혀 통하지 못함. •艱 : 어려워 쉽지 않음. •化 : 굳게 막힌 것은 변하
게 함. •誘 : 따르도록 꾀함. •棐 : 도움. •寧人 : 무왕(武王)의 대신.

| 의해 |

주공(周公)이 오로지 옛 신하들을 불러 말하기를, "너희는 무왕
(武王)의 옛 사람이다. 너희는 크게 지난날의 일을 멀리까지 살필
수 있으니, 너희가 어찌 무왕이 이와 같이 근로하심을 모르겠는
가?"라고 말했다. 하늘이 막고 어렵게 하여 나라에 어려움이 많은
것은 바로 내가 공을 이뤄야 할 곳이니, 나로서는 극진하게 무왕
이 도모하신 일을 마쳐야 할 것이다. 나는 이제 여러 나라 임금들
이 굳게 막힌 것을 변하게 하며 그들이 따르도록 꾀할 것이다. 백
성 가운데 어진 열 명의 사람들이 직접 도우니, 하늘이 성실한 사

람을 돕는다는 말씀은 백성에게서 살펴보면 알 수 있다. 내가 어찌 앞서 나라를 편안하게 한 분들을 위해 일을 마칠 것을 도모하지 않겠는가? 하늘이 또한 네 나라의 준동 때문에 우리 백성들을 괴롭게 하고 우리로 하여금 속히 정벌하여 다스리게 한 것은 마치 사람에게 질병 있으면 반드시 급히 다스려야 하는 것과 같다. 내가 어찌 감히 앞서 나라를 편안하게 한 분들이 받은 아름다운 명을 마치지 않겠는가?

王(왕)曰(왈) 若(약)昔(석)에 朕(짐)其(기)逝(서)할새 朕(짐)言(언)艱(간)하여 曰(일)思(사)하니 若(약)考(고)作(작)室(실)하여 旣(기)底(지)法(법)이어든 厥(궐)子(자)乃(내)弗(불)肯(긍)堂(당)이온 矧(신)肯(긍)構(구)아 厥(궐)父(부)菑(치)어든 厥(궐)子(자)乃(내)弗(불)肯(긍)播(파)온 矧(신)肯(긍)穫(확)가 厥(궐)考(고)翼(익)은 其(기)肯(긍)曰(왈) 予(여)有(유)後하니 弗(불)棄(기)基(기)아 肆(사)予(여)는 曷(갈)敢(감)不(불)越(월)卬(앙)하여 敉(미)寧(영)王(왕)大(대)命(명)하리오

| 언해 |

님금이 골♀샤디 朕이 그 갈시 朕도 말호되 어렵다 호야 날로 싱각호니 맛치 아비가 집을 지어 임의 法에 니르럿거든 그 아달이 질기여 堂을 안니호곤 호물며 질기여 얼그랴 그 아비가 菑호야든 그 아달이 질기여 심우지 아니호곤 호물며 질기여 거두랴 그 考ㅣ 翼호는 이는 그 질기여 골오디 내 뒤를 두엇스니 터를 바라지 아니리라 호랴 이러무로 나는 엇지 敢히 내게 밋쳐 寧王의 큰 命을 敉치 아니호리오

| 번역 |

왕이 말씀하셨다. "옛날에 내가 무경을 정벌하러 갈 때에 나도 어렵다고 말하며 날마다 생각하였다. 마치 아버지가 집을 지어 이미 그 규모를 정하였는데도 그 아들은 당(堂)의 터도 만들려고 하지 않으니, 하물며 기꺼이 건물을 만들려고 하겠는가? 아버지가 밭을 일구었는데 그 아들은 심으려고도 하지 않으니, 하물며 기꺼이 수확하려고 하겠는가? 노성한 사람으로서 일을 공경히 하는 자들이 기꺼이, '나에게 후손이 있으니, 터전을 버리지 않을 것이다.'라고 생각하겠는가? 그러므로 내가 어찌 감히 나에게 이르러서 나라를 편안하게 한 왕의 큰 명을 어루만지지 않겠는가?"

| 자해 |

昔 : 옛날.　•底 : 이름.　•菑 : 한 해 된 밭.

| 의해 |

전날에 내가 무경을 정벌하러 가고자 할 때에, 나 또한 그 일이 어렵다는 것을 알아 날마다 생각하였다. 무왕(武王)이 천하를 평정하여 기강을 세우고 시행한 것이, 마치 집을 짓는 데 규모를 정한 것과 같으며 밭을 다스림에 이미 일 년 된 밭을 만든 것과 같다. 이제 삼감(三監)이 반란을 일으키므로 쳐서 평정하지 못하면, 이는 기꺼이 당(堂)의 터를 만들려 하지 않고 기꺼이 심지 않으려 하는 것과 같다. 하물며 기꺼이 집을 지으며 기꺼이 수확하여 나라의 복을 무궁하게 누리기를 바라겠는가? 하늘에 계신 무왕의 신령이 또한 기꺼이 스스로 뒤를 잇는 후손이 있어 그 기업을 버리고 떨어뜨리지 않을 것이라고 말하지 못할 것이다. 그러므로 내가 어찌 감히 내 자신에 이르러서 무왕의 큰 명을 어루만져 보존하지 않겠는가?

若兄考의 乃有友 伐厥子어든 民養은 其勸하고 弗救아

| 언해 |

만일에 兄考의 두엇는 友ㅣ 그 子를 치거든 民養은 그 勸코 救치 아니호랴

| 번역 |

"만일 형과 아버지의 벗이 자기 아들을 친다면, 백성을 기르는 자들이 이를 권하고 구하지 않겠는가?"

| 자해 |

兄考 : 무왕(武王)을 비유. • 友 : 사국(四國)을 비유. • 子 : 백성을 비유. • 民養 : 방군(邦君)과 어사(御事)를 비유.

| 의해 |

만일 부형(父兄)의 벗이 자기 아들을 친다면, 신하가 된 자가 치는 것을 권하고 구원하지 않겠는가?

王曰 嗚呼라 肆哉어다 爾庶邦君과 越爾御事아 爽邦은 由哲이며 亦惟十人이 迪知上帝命하며 越天이 棐忱이시니 爾時에 罔敢易法하니 矧今에 天이 降戾于周邦하사 惟大艱人이 誕鄰하여 胥伐于厥室이온여 爾亦不知天命不易로다

| 언해 |

님금이 ㄹ으샤디 嗚呼ㅣ라 肆홀 디어다 너 뭇나라 임금과 밋 너
御事아 나라애 爽ㅎ샤믄 밝은 이로 말미아므며 쏘혼 열 스룸이
上帝의 命을 밝어 알며 밋 하늘이 정성을 도으심이니 네 쩌에 敢
히 法을 박구지 못ㅎ니 ㅎ믈며 이졔에 하늘이 周ㅅ 나라에 戾를
나리샤 크게 어려운 스룸이 크게 갓가워셔 셔로 그 집에셔 침이
쓰녀 네 쏘한 하늘 命이 박구지 못홈을 아지 못ㅎ놋다

| 번역 |

왕이 말씀하셨다. "아! 마음을 풀어놓을지어다. 너희 여러 나라의
임금과 너희 어사(御事)들아. 나라를 밝게 하는 것은 지혜로운 사
람으로부터 말미암는 것이다. 또한 열 사람이 상제의 명을 실천
을 통해서 알며, 하늘이 정성스러움을 도와주시니, 너희는 이때
에 감히 법을 바꾸지 못할 것이다. 하물며 지금 하늘이 주나라에
화를 내려서 크게 어렵게 하는 사람이 아주 가까이 있어 서로 그
집을 공격함에 있어서랴! 너희 또한 하늘의 명을 바꿀 수 없음을
알지 못하는구나."

| 자해 |

肆 : 풀어놓음. • 爽 : 밝음. • 鄰 : 가까이 있음.

| 의해 |

옛날 무왕(武王)이 큰 명을 나라에 밝히신 것은 모두 밝고 슬기로
운 선비들 때문이었다. 또한 다스리는 신하 열 사람이 하늘의 명
을 실천하여 알고, 하늘이 무왕의 정성을 도와 상(商)나라를 이긴
것이다. 너희가 이때에도 감히 무왕의 법제를 어겨 정벌하는 일
을 꺼리지 않았는데, 하물며 지금 무왕이 붕(崩)하고 하늘이 화를
주나라에 내리며, 크게 어지러운 네 나라가 매우 가까이 있어 서

로 그 집을 치는 데 있어서랴? 일이 위태롭고 형세가 급박함이 이와 같은데도 너희들은 쳐서는 안 된다고 하니, 너희가 또한 하늘의 명을 어길 수 없음을 알지 못하는 것이다.

予永念하야 曰天惟喪殷이 若穡夫시니 予는 曷敢不終朕畝하리오 天亦惟休于前寧人이시니라

| 언해 |

내 기리 싱각ᄒᆞ야 ᄀᆞᆯ오ᄃᆡ 하늘이 殷나라를 喪ᄒᆞ심이 거두는 지아비 ᄀᆞᆺ흐시니 나는 엇지 敢히 朕의 밧두둑을 마치지 아니ᄒᆞ리오 하늘이 ᄯᅩ한 前寧人에게 아름다옵게 호려 ᄒᆞ시ᄂᆞ니라

| 번역 |

"내가 이 생각하여 이르기를, '하늘이 은나라를 망하게 하심이 잡초를 제거하는 농부와 같으니, 내가 어찌 감히 나의 밭두둑의 일을 마치지 않겠는가? 하늘이 또한 앞서 나라를 편안하게 한 사람들을 아름답게 하고자 하시는 것이다.'라고 한다."

| 의해 |

하늘이 은나라를 망하게 하는 것이 농사짓는 농부가 김매는 것과 같아, 잡초는 반드시 그 뿌리까지 끊으니, 내가 어찌 감히 나의 밭두둑의 일을 마치지 않을 수 있겠는가? 내가 밭두둑의 일을 마치는 것은 하늘이 또한 앞서 나라를 편안하게 한 사람들을 아름답게 하고자 하는 것이다.

予는 曷其極卜이며 敢弗于從하리오 率寧人한대 有指疆土

어시늘 矧今에 卜幷吉이온여 肆朕이 誕以爾로 東征하나니

天命이 不僭이라 卜陳이 惟若茲하니라

| 언해 |

나는 엇지 그 졈을 극진이 ᄒ며 敢히 조치 아니ᄒ리오 寧人을 좃
건딘 疆土를 가라침이 잇거늘샤 ᄒ물며 이졔에 졈이 다 吉홈이ᄯ
녀 이러모로 朕이 크게 너의로 뼈 東으로 치노니 ᄒ늘 命이 억의
여지지 아니혼지라 졈의 볘폼이 이갓흐니라

| 번역 |

"내가 어찌 점을 극진히 하며 감히 따르지 않겠는가? 나라를 편안
하게 한 사람들을 따르자면 강토를 가리켜 준 것이 있거늘, 하물
며 지금 점이 모두 길함에 있어서랴? 이러므로 내가 크게 너희들
을 데리고 동쪽으로 정벌하는 것이니, 하늘의 명은 어긋남이 없
고 점괘의 진술이 이와 같으니라."

| 의해 |

내가 어찌 감히 점만을 따라서 감히 너희의 정벌하지 말라 하는
말을 따르지 않겠는가? 나라를 편안하게 한 사람들의 공을 따름
에는 마땅히 선왕의 강토를 지정함이 있다. 점을 쳐서 길하지 않
더라도 진실로 정벌하려 하는데, 하물며 지금 점을 쳐서 모두 길
함에 있어서랴? 점괘가 진술하는 것이 이와 같다.

미자지명 [微子之命]

'미(微)'는 나라 이름이고, '자(子)'는 벼슬이다. 성왕(成王)이 이미 무경(武庚)을 죽이고 미자(微子)를 송(宋)나라에 봉하여 탕(湯)의 제사를 받들게 하니, 사관(史官)이 그 고(誥)한 명을 기록하여 이 편을 만들었다. 금문(今文)에는 없고 고문(古文)에는 있다.

王若曰 猷라 殷王元子아 惟稽古하여 崇德하며 象賢할새 統承先王하여 脩其禮物하여 作賓于王家하노니 與國咸休하여 永世無窮하라

| 언해 |

님금이 이러투시 굴ㅇ샤티 猷ㅣ라 殷나라 님금 元子아 녜를 샹고ㅎ야 德을 노피며 象ㅎ느니 어질시 몬져 님금을 統承ㅎ야 그 禮와 物을 닥거셔 님금의 집에 賓을 지으노니 나라로 더브러 다 아름다와셔 디예 기리ㅎ야 窮홈이 업게 ㅎ라

| 번역 |

왕이 다음과 같이 말씀하였다. "아! 은(殷)나라 왕의 원자(元子)여. 옛날을 상고하여 덕이 있는 자를 높이며 선왕을 닮은 어진 자가 있으면, 선왕을 계승하여 예물을 닦아 임금의 집에 손님이 되게 하니, 나라와 더불어 아름다워 영세(永世)토록 무궁하게 하

라."

| 자해 |

元子 : 장자(長子). •象 : 닮음. •禮 : 전례(典禮). •物 : 문물(文物).

| 의해 |

옛 법을 상고하여 성탕(成湯)의 덕을 높여서 미자(微子)가 현인
을 닮았다고 하여 그 제사를 받들게 한 것이다.

嗚呼라 乃祖成湯이 克齊聖廣淵하신대 皇天이 眷佑어시늘
誕受厥命하사 撫民以寬하시며 除其邪虐하시니 功加于時
하시며 德垂後裔하시니라

| 언해 |

嗚呼ㅣ라 네 한아비 成湯이 능히 齊ᄒ며 聖ᄒ며 廣ᄒ며 淵ᄒ신대
皇天이 眷佑ᄒ여시늘 크게 그 命을 밧으샤 빅셩을 어르만지되 너
그로옴으로 뻐 ᄒ시며 그 간샤ᄒ고 스나옴을 除ᄒ시니 功이 ᄢᅢ에
더ᄒ시며 德이 後裔예 드리우시니라

| 번역 |

"아! 너의 할아버지이신 성탕(成湯)이 엄숙하며 성스러우며 크며
깊으시니, 황천(皇天)이 돌아보고 도우시거늘 크게 그 명을 받으
시어 백성을 어루만지되 너그러움으로 하시며, 간사하고 사나움
을 제거하시니, 공이 당시에도 행해졌으며 덕이 후손에게 드리워

졌다."

| 자해 |

齊 : 엄숙. •聖 : 통함. •廣 : 큼. •淵 : 깊음. •後裔 : 미자(微子).

| 의해 |

성탕(成湯)이 공경하지 않음이 없고 통하지 않음이 없고 넓고 깊
어서 하늘이 도우니, 크게 명을 받아 백성을 어루만지되 너그러
움으로 하며, 간사하고 사나움을 제거하니, 공이 그 당시에 시행
되어 미친 바가 많으며, 덕이 후손에 드리워 전해진 것이 오래되
었다. 이는 덕을 높이려는 뜻이다.

爾惟踐脩厥猷하야 舊有令聞하니 恪愼克孝하며 肅恭神
人일새 予嘉乃德하여 曰篤不忘하노라 上帝時歆하시며 下
民祇協할새 庸建爾于上公하여 尹茲東夏하노라

| 언해 |

네 그 猷를 밟으며 닥겨셔 네로 착혼 기름이 잇ᄂ니 공경ᄒ고 삼
가셔 능히 孝ᄒ며 神과 人을 엄숙히ᄒ고 공경홀시 내 네 德을 아
람다이 ᄒ야 도탑게 ᄒ야 잇지 못ᄒ노라 上帝ㅣ 이에 흠향ᄒ시며
下民이 공경ᄒ야 協홀 시 뼈 너를 上公애 세워셔 이 東夏를 다ᄉ
리게 ᄒ노라

| 번역 |

"네가 그 도를 실천하고 닦아서 옛부터 좋은 평판이 있었으니, 공경하고 삼가 효도하며 신과 사람에게 엄숙히 하고 공경하는구나. 내가 너의 덕을 아름답게 여기고 두텁게 여겨 잊지 못한다. 상제가 이에 흠향하시며 아래 백성들이 공경하여 화합하니, 너를 상공(上公)으로 세워 이 동하(東夏)를 다스리게 한다."

| 자해 |

猷 : 도. •令 : 좋음. •聞 : 평판. •恪 : 공경. •篤 : 도타움. •欽 : 흠향. •上公 : 선왕의 후예. •尹 : 다스림. •東夏 : 송(宋)나라.

| 의해 |

미자(微子)가 성탕(成湯)의 도를 실천하고 닦아서 옛부터 좋은 평판이 있었다. 공경하고 삼가며 효도하며 귀신과 사람을 엄숙하게 하고 공손히 하였으니, 나는 너의 덕을 훌륭하게 여기고 도탑게 여겨 잊지 못한다고 한 것이다. 이는 어짊을 본받는다는 의미이다.

欽哉하여 往敷乃訓하여 愼乃服命하여 率由典常하여 以蕃王室하며 弘乃烈祖하며 律乃有民하여 永綏厥位하여 毗予一人하여 世世享德하여 萬邦作式하여 俾我有周로 無斁케하라

| 언해 |

공경ᄒᆞ야 가셔 네 가라침을 펴셔 네 服과 命을 삼가셔 법 쩟쩟 흠

을 조차 말미암아셔 뼈 님금의 집에 蕃ᄒ며 네 烈祖를 크게 ᄒ며
네 빅셩을 법률로 ᄒ야 그 位를 기리 편안케 ᄒ야 나 훈 스롬을
도와 디디로 德을 누리여 萬나라애 법이 되야 우리 周ㅅ 나라로
ᄒ야금 슬려 홈이 업게 ᄒ라

| 번역 |

"공경하여 가서 너의 가르침을 펴 너의 복장과 명을 삼가 상도를
따라 행하여 왕실의 울타리가 되어라. 네 열조의 공덕을 크게 하
고 네 백성들을 법률로 다스려 그 지위를 길이 편안하게 하여 나
한 사람을 도와서 대대로 덕을 누려 만방이 본보기로 삼아 우리
주나라로 하여금 싫어함이 없게 하라."

| 자해 |

服命 : 상공(上公)의 복장과 명. ·蕃 : 울타리. ·弘 : 큼. ·律 : 법률. ·毗 :
도움. ·式 : 본보기. ·斁 : 싫어함.

| 의해 |

이것은 이어서 경계하고 힘쓰게 한 것이다. 송(宋)나라는 왕자
(王者)의 후손이고 성탕(成湯)의 사당에 마땅히 천자의 예와 악
이 있으므로 참람하게 거기에 비견하는 과실이 있을까 염려한 것
이다. 그런 까닭에 복장과 명을 삼가 상도의 법을 따르라고 경계
한 것이다.

오 호　　　왕 재 유 휴　　　무 체 짐 명
嗚呼라 往哉惟休하여 無替朕命하라

| 언해 |

嗚呼 ㅣ라 가서 아람다이 하야 朕의 命을 替치 말라

| 번역 |

"아! 가서 아름답게 하여 나의 명을 폐하지 말라."

| 자해 |

替 : 폐하여 버림.

| 의해 |

너는 너의 나라에 가서 마땅히 정사를 아름답게 하여 내가 너에
게 명한 말을 폐하여 버리지 말라고 한 것이다.

강고[康誥]

강숙(康叔)은 문왕(文王)의 아들이고 무왕(武王)의 아우이다. 무왕이 고(誥)로 명하여 위후(衛侯)를 삼았다. 금문(今文)과 고문(古文)에 다 있다. 「서서(書序)」에 「강고(康誥)」를 성왕(成王)의 글이라 하였으나, 이제 본 편을 자세히 살펴보면 강숙이 성왕에게 숙부가 되니, 성왕이 그를 아우라고 할 수 없다. 「서서(書序)」에서 「강고」 편 첫 머리에 있는 마흔 여덟 글자가 「낙고(洛誥)」의 탈간(脫簡)임을 알지 못하고 마침내 성왕의 글이라고 잘못 알았으니, 「서서(書序)」가 과연 공자가 지은 것이 아님을 알 수 있다. 「강고(康誥)」와 「주고(酒誥)」와 「자재(梓材)」는 마땅히 「금등(金滕)」의 앞에 있어야 한다.

惟三月哉生魄에 周公이 初基하사 作新大邑于東國洛하시니 四方民이 大和會어늘 侯甸男邦采衛百工이 播民和하여 見士于周하더니 周公이 咸勤하사 乃洪大誥治하시다

| 언해 |

오즉 三月 비로소 魄이 生홈애 周公이 처엄 基ᄒᆞ샤 시 큰 고을을 동녁 나라 洛에 즈이시니 四方ㅅ 民이 크게 和ᄒᆞ야 모되거늘 侯와 甸과 男邦과 采와 衛와 百工이 民의 和를 播ᄒᆞ야 見ᄒᆞ야 周의 士ᄒᆞ더니 周公이 다 勤타 ᄒᆞ샤 이예 널리 크게 治를 誥ᄒᆞ시다

| 번역 |

삼월 비로소 달의 검은 부분이 생겨나기 시작할 때〔십육일〕에 주
공(周公)이 처음 터를 잡아 새로 큰 읍을 동녘 나라인 낙(洛)에
만드셨다. 사방의 백성들이 크게 화합하여 모이자, 후(侯)와 전
(甸)과 남방(男邦)과 채(采)와 위(衛)와 모든 관리들이 백성들에
게 화합함을 전파하여, 주(周)나라에 와서 뵙고 일하니, 주공이
모두 부지런히 하여 크게 다스릴 바를 고하셨다.

| 자해 |

三月 : 주공(周公)이 섭정하던 칠년의 삼월. •哉生魄 : 비로소 달의 검은 부
분이 생겨났다는 것으로 십육일. •百工 : 모든 관리. •士 : 일.

| 의해 |

이는 「낙고(洛誥)」의 글이니, 마땅히 '주공이 절하고 머리를 조아
리며〔周公拜手稽首〕'의 위에 있어야 한다.

王若曰 孟侯朕其弟小子封아

| 언해 |

王이 이러틋시 굴으샤디 孟侯ㅣ언 朕의 그 弟 小子 封아

| 번역 |

왕이 다음과 같이 말씀하셨다. "맹후(孟侯)인 나의 아우 소자(小
子) 봉(封)아!"

| 자해 |

王 : 무왕(武王). • 孟侯 : 제후의 우두머리. • 小子 : 친애를 표현하는 말. •
封 : 강숙(康叔)의 이름.

惟乃丕顯考文王이 克明德愼罰하시니라

| 언해 |

오즉 네 크게 顯ᄒ신 考文王이 능히 德을 붉키시며 罰을 愼ᄒ시
니라

| 번역 |

"오직 너의 크게 드러나신 돌아가신 아버지 문왕께서 덕을 밝히시
고 벌을 삼가셨다."

| 의해 |

덕을 밝히고 벌을 삼감으로써 문왕(文王)은 주(周)나라를 세웠
다. 덕을 밝히고 벌을 삼간 것은 이 한 편의 강령이다.

不敢侮鰥寡하시며 庸庸하시며 祗祗하시며 威威하사 顯民하
사 用肇造我區夏어시늘 越我一二邦이 以脩하며 我西土
惟時怙冒하여 聞于上帝하신대 帝休하사 天乃大命文王하
사 殪戎殷이어시늘 誕受厥命하시니 越厥邦厥民이 惟時叙
어늘 乃寡兄이 勖하니 肆汝小子封이 在兹東土하니라

| 언해 |

敢히 鰥寡를 侮치 아니ᄒᆞ시며 庸을 庸ᄒᆞ시며 祗를 祗ᄒᆞ시며 威를
威ᄒᆞ샤 民애 顯ᄒᆞ샤 뻐 비로소 우리 區夏를 造ᄒᆞ거시늘 믿 우리
一二邦이 뻐 脩ᄒᆞ며 우리 西土ㅣ 이예 怙ᄒᆞ며 冒ᄒᆞ야 上帝ㅅ긔
聞ᄒᆞ신대 帝ㅣ 休ᄒᆞ샤 天이 이예 키 文王을 命ᄒᆞ샤 殷을 殪戎케
ᄒᆞ야시늘 키 그 命을 受ᄒᆞ시니 믿 그 邦애 그 民이 이예 叙ᄒᆞ거늘
네 寡혼 兄이 勖ᄒᆞ니 이러모로 너 小子 封이 이 東土애 잇게 ᄒᆞ니
라

| 번역 |

"감히 홀아비와 과부를 업신여기지 않으시며, 등용하여야 할 사
람을 등용하고 공경하여야 할 사람을 공경하고 위엄을 보여야 할
사람에게 위엄을 보이셔서 백성들에게 덕이 드러나 비로소 우리
중국을 만드셨다. 우리 한 두 나라가 다스려져서 우리 서쪽 땅이
이를 믿고 의지하여 상제에게 알려지시니 상제가 아름답게 여기
셨다. 하늘이 이에 크게 문왕(文王)에게 명하여 은(殷)나라를 멸
하게 하시고 그 명을 크게 받으시니, 그 나라와 백성이 이에 질서

가 잡혔다. 너의 형인 내가 힘쓴 것이다. 그러므로 너 소자(小子) 봉(封)이 이 동쪽 땅에 있게 되었다."

| 자해 |

庸 : 등용. •怙 : 믿기를 아버지와 같이 함. •冒 : 의지하기를 하늘과 같이 함. •寡兄 : 덕이 적은 형이란 뜻으로, 자신을 겸손히 낮추는 말.

| 의해 |

홀아비와 과부는 사람들이 소홀히 하기 쉬운 사람들인데 소홀히 하지 않았으니, 곧 요임금이 고할 데 없는 자들을 포학하게 대하지 않았다는 것과 같은 뜻이다. 문왕(文王)이 어진 이를 공경하고 죄를 지은 자를 토벌하는 것을 한결같이 이치에 따르고 자신의 사사로움은 개입시키지 않았다. 그러므로 덕이 백성들에게서 드러나 비로소 중국을 만들자, 한 두 우방이 다스려지고, 서쪽 땅의 사람에 이르기까지 문왕을 믿기를 부모처럼 하고 의지하기를 하늘처럼 하여 밝은 덕이 상제에게까지 들리니, 상제가 아름답게 여겼다. 이에 크게 문왕에게 명하여 은나라를 멸하게 하였다. 그 명을 크게 받으니, 만방의 만민이 때에 맞게 일을 진행하지 않음이 없었다. 너의 덕이 적은 형인 나도 또한 힘쓰고 게을리 하지 않았으므로 너 소자 봉(封)이 이 때문에 동쪽 땅에 있을 수 있게 된 것이다. 은나라를 멸한 것은 무왕(武王)의 일인데, 여기서 문왕이라 칭한 것은 무왕이 감히 자신의 공으로 삼지 않았기 때문이다.

王曰 嗚呼라 封아 汝念哉어다 今民은 將在祗遹乃文考니
紹聞하며 衣德言하라 往敷求于殷先哲王하여 用保乂民
하며 汝丕遠惟商耈成人하여 宅心知訓하며 別求聞由古
先哲王하여 用康保民하라 弘于天하여 若德이 裕乃身이라
야 不廢在王命하리라

| 언해 |

王이 굴으샤디 嗚呼ㅣ라 封아 네 念홀 디어다 이제 民은 쟝촛 네
文考를 祗ㅎ야 遹홈애 인ᄂ니 聞을 紹ㅎ며 德言을 衣ㅎ라 往ㅎ야
殷ㅅ 先哲王을 敷求ㅎ야 뻐 民을 保乂ㅎ며 네 키 멀리 商耈 成人
을 惟ㅎ야 心을 宅ㅎ며 訓을 知ㅎ며 別히 네 先哲王을 求ㅎ야 聞
ㅎ야 由ㅎ야 뻐 民을 康保ㅎ라 天을 弘ㅎ야 德이 네 身애 裕ㅎ야
사 王에 인는 命을 廢치 아니ㅎ리라

| 번역 |

왕이 말씀하셨다. "아! 봉(封)아. 너는 생각할지어다. 지금 백성
들을 다스리는 것은 장차 네가 문덕이 있는 아버지를 공경히 따
름에 있으니, 들은 것을 이으며 덕 있는 말을 시행하도록 하라.
은나라의 지혜로운 선왕의 도를 널리 구하여 백성들을 보전하고
다스리라. 너는 크고 멀리 상나라의 노성(老成)한 사람들을 생각
하여 그 마음을 간직하고 가르칠 바를 알아두어라. 별도로 옛 지
혜로운 왕의 도를 찾아서 듣고 실행하여 백성들을 편안히 보전하
라. 하늘에까지 넓혀 네 덕이 너 자신을 넉넉하게 하여야 왕의 명
을 폐하지 않을 것이다."

| 자해 |

遷 : 따름. •衣 : 시행함. •往 : 나라로 감. •宅 : 둠. •訓 : 백성을 가르침.
•由 : 행함. •弘 : 넓혀 크게 함. •天 : 이치의 근원인 하늘.

| 의해 |

지금 백성을 다스리는 것은 문덕이 있는 아버지의 일을 공경히
따르는 데 있으니, 들은 것을 이으며 문왕의 덕 있는 말을 시행하
라. 또 상나라의 지혜로운 선왕을 널리 찾고, 또 멀리 상나라의
노성한 사람을 생각하라. 또 별도로 옛 지혜로운 왕의 일을 듣고
행하라 하여, 가까이는 지금을 따르고 멀리는 옛것을 상고하여
하나로만 만족하지 않으니, 의리가 다함이 없음을 보여준 것이
다. 널리 배워서 모으고 의로운 행실을 모아 이로써 진실이 쌓이
고 힘쓰기를 오래하여 뭇 이치에 통하면 천리에서 나오는 마음이
비로소 넓어져 쓰고 남음이 있을 것이다. 이와 같으면 마음이 넓
고 몸이 여유로워서 거동함에 예를 어기지 않을 것이니, 이와 같
이 되면 왕의 명을 폐하지 않게 될 것이다.

王曰 嗚呼라 小子封아 恫瘝乃身하여 敬哉어다 天畏나 棐
忱이어니와 民情은 大可見이나 小人은 難保니 往盡乃心하
여 無康好逸豫라야 乃其乂民이니 我聞하니 曰怨은 不在
大하며 亦不在小라 惠不惠하며 懋不懋니라

| 언해 |

王이 글ᄋᆞ샤디 嗚呼ㅣ라 小子 封아 네 몸애 瘝이 恫툿ᄒᆞ야 敬홀
디어다 天은 畏ᄒᆞ오나 忱ᄒᆞ면 棐ᄒᆞ려니와 民情은 키 可히 見홀

거시나 小人은 保홈이 難ᄒ니 往ᄒ야 네 ᄆᆞᆷ을 盡ᄒ야 康ᄒ야
逸豫를 好치 마라사 이예 그 民을 乂ᄒ리니 我ᄂᆞᆫ 聞ᄒ니 굴오ᄃᆡ
怨은 大예 잇디 아니ᄒ며 ᄯᅩᄒᆞᆫ 小애 잇디 아니혼 디라 惠ᄒ며 惠
치 아니ᄒ며 懋ᄒ며 懋치 아니홈이니라

| 번역 |

왕이 말씀하셨다. "아! 소자(小子) 봉(封)아. 네 몸에 병을 앓는
것처럼 하여 공경할지어다. 하늘은 두렵지만 정성스러우면 돕거
니와 백성의 실정은 크게 볼 수 있으나 소인들은 보장하기 어려
우니, 가서 네 마음을 다하여 편안하게 하며 안일함을 좋아하지
말아야 이에 그 백성을 다스릴 것이다. 내가 들으니, 원망은 큰
데 있지 않으며 또한 작은 데 있지도 않아서 이치를 따르는지 따
르지 않는지, 힘쓰는지 힘쓰지 않는지에 달려 있다고 한다."

| 자해 |

恫 : 아픔. ▪ 瘝 : 병.

| 의해 |

백성들의 불안을 보기를 자신의 몸에 아픈 병이 있는 것과 같이
하여 삼가지 않을 수 없다. 하늘이 일정하지 않음이 비록 두려울
만하지만 정성스러우면 도와줄 것이고, 백성들의 실정을 통하여
좋아하고 미워함은 비록 크게 볼 수 있으나, 백성들의 향배는 지
극히 보장하기 어렵다. 네가 나라에 가서 다스리는 방법은 다른
것이 아니라, 오직 네 마음을 다하여 스스로 편안하여 놀기를 좋
아하지 않으면 이것이 백성을 다스리는 방법이다. 옛 사람이 말
하기를 원망은 큰 데 있지도 않으며 또한 작은 데 있지 않으니,
오직 이치에 따르는가 따르지 않는가, 행실에 힘쓰는가 힘쓰지
않는가에 있다고 했다.

已아 汝惟小子아 乃服은 惟弘王하여 應保殷民하며 亦惟
助王하여 宅天命하며 作新民이니라

| 언해 |

말랴 너 小子아 네 服은 王을 弘ᄒ야 殷나라 民을 應保ᄒ며 ᄯᅩᄒᆫ
王을 助ᄒ야 天命을 宅ᄒ며 民을 作ᄒ야 新홀 디니라

| 번역 |

"그만두겠는가? 너 소자(小子)야. 너의 일은 왕의 덕을 넓혀 은나
라 백성들을 화합하고 보호하며, 또한 왕을 도와서 천명을 자리
잡게 하고 백성들을 진작시켜 새롭게 하는 것이다."

| 자해 |

服 : 일. •應 : 화합.

| 의해 |

너의 일은 오직 임금의 덕을 넓혀 은나라 백성들을 화합시키고
보호하여 그들로 하여금 그 자리를 잃지 않게 하며, 왕을 도와서
천명을 편안히 자리 잡게 하고 이 백성을 진작하여 새롭게 하는
데 있다. 이는 덕을 밝히는 일의 마침을 말한 것이다.

王曰 嗚呼라 封아 敬明乃罰하라 人有小罪라도 非眚이면 乃有終이라 自作不典하여 式爾니 有厥罪小나 乃不可不殺이니라 乃有大罪라도 非終이면 乃惟眚災라 適爾니 旣道極厥辜어든 時乃不可殺이니라

| 언해 |

王이 골ㅇ샤디 嗚呼ㅣ라 封아 네 罰함을 공경ㅎ야 밝키라 사람이 젹은 罪ㅣ 잇슬지라도 眚이 아니면 이예 오즉 終할 것이라 스스로 법안임을 지여셔 뼈 이러듯 홈이니 그 罪 적으나 이예 可히 죽이지 아니치 못할 것이니라 이예 큰 罪ㅣ 잇슬지라도 終이 아니면 이예 오즉 眚이며 災라 適ㅎ야 홈이니 임의 그 辜를 일러 다ㅎ거든 이 이예 可히 죽이지 말을 지니라

| 번역 |

왕이 말씀하셨다. "아! 봉(封)아. 네가 처벌하는 것을 삼가고 분명하게 하라. 사람이 작은 죄가 있을지라도 모르고 지은 죄가 아니면 이에 의도적인 것이다. 스스로 의도적으로 법에 어긋난 일을 한 것이니, 그 죄가 작더라도 죽이지 않을 수 없을 것이다. 큰 죄가 있을지라도 의도적이지 않으면 모르고 지은 죄이며 재앙으로 우연히 된 것이니, 이미 그 죄를 말하여 다하였거든 이에 죽이지 말아야 할 것이다."

| 자해 |

式 : '용(用)'과 같은 뜻. •適 : 우연히.

| 의해 |

사람이 작은 죄가 있을지라도 과실이 아니면 진실로 상도를 어지럽히는 일을 한 것이니, 의도가 이와 같으면 그 죄가 비록 작더라도 죽이지 않을 수 없다. 곧 「순전(舜典)」에 이른바 고의적 범법자를 형벌할 경우에는 작은 것도 모두 처벌한다는 것이다. 사람이 큰 죄가 있더라도 고의적인 범죄가 아니고 과실이거나 불행에서 나온 것이며, 그 뜻을 다 말하고 은닉함이 없다면 죄가 비록 크더라도 죽이지 말아야 한다. 곧 「순전(舜典)」에 이른바 과실을 용서함에는 죄가 큰 것도 모두 용서한다는 것이다.

王曰 嗚呼라 封아 有叙라야 時乃大明服하여 惟民이 其勅懋和하리라 若有疾하면 惟民이 其畢棄咎하며 若保赤子하면 惟民이 其康乂하리라

| 언해 |

王이 골♀샤더 嗚呼ㅣ라 封아 敍ㅣ이셔사 이 예 크개 明ᄒ야 服ᄒ야 오즉 빅셩이 그 勅ᄒ야 和애 힘쓰리라 疾이 잇ᄂ 것 갓치 ᄒ면 오즉 빅셩이 그 맛쳐 허물을 버릴 것이며 赤子를 보젼함과 갓치 하면 오즉 빅셩이 그 康ᄒ야 乂ᄒ리라

| 번역 |

왕이 말씀하셨다. "아! 봉(封)아. 형벌에 질서가 있어야만 이에 크게 밝혀 복종시켜서 오직 백성들이 경계하여 화합에 힘쓸 것이다. 몸에 병이 있는 것처럼 하면 오직 백성들이 허물을 모두 버릴

것이며, 갓난아이를 보호하듯이 하면 오직 백성들이 편안하여 잘
다스려질 것이다."

| 의해 |

질서가 있다는 것은 형벌에 무겁고 가벼운 등급의 질서가 있다는
것이다. 밝히는 것은 벌을 밝히는 것이고, 복종시키는 것은 백성
이 죄를 인정하게 하는 것이다. 병이 있는 것처럼 한다는 것은 병
을 제거하는 마음으로 악을 버리는 것이다. 갓난아이를 보호하는
것처럼 한다는 것은 자식을 보호하는 마음으로 선을 보호하는 것
이다. 그러므로 백성들이 편안하여 잘 다스려지는 것이다.

비 여 봉　　　　형 인 살 인　　　　　무 혹 형 인 살 인　　　　　우 왈 비 여 봉
非汝封이 刑人殺人이니 無或刑人殺人하라 又曰非汝封

　　　의 이 인　　　　무 혹 의 이 인
이 劓刵人이니 無或劓刵人하라

| 언해 |

너 封이 人을 刑ㅎ며 人을 殺홀 거시 아니니 或시도 人을 刑ㅎ며
人을 殺치 말라 쏘 ᄀᆞᆯᄋᆞ샤디 너 封이 人을 劓刵홀 거시 아니니 或
시도 人을 劓刵치 말라

| 번역 |

"너 봉(封)이 사람에게 형벌을 시행하여 사람을 죽이는 것이 아니
니, 혹시라도 사람을 형벌하거나 사람을 죽이지 말라. 또 너 봉
(封)이 사람의 코를 베거나 귀를 베는 것이 아니니, 혹시라도 사
람의 코를 베거나 귀를 베지 말라."

| 자해 |

刵 : 귀를 벰.

왕 왈 외 사 여 진 시 얼 사 사 자 은 벌 유 륜
王曰 外事에 汝陳時臬하야 司師茲殷罰有倫케하라

| 언해 |

王이 골으샤디 外事애 네 이 臬을 베풀어셔 司ㅣ 이 殷나라 罰이
倫이 인느니를 師케 ᄒ라

| 번역 |

왕이 말씀하셨다. "바깥의 일에 대해 너는 이 법을 시행하여 유사
(有司)들이 이 은나라의 벌에 등급이 있음을 본받게 하라."

| 자해 |

外事 : 자세하지는 않지만 유사(有司)의 일인 듯함. •臬 : 법. 기준. •司 : 유
사(有司).

우 왈 요 수 복 념 오 륙 일 지 우 순 시 비 폐 요 수
又曰 要囚를 服念五六日하며 至于旬時하여서 丕蔽要囚
하라

| 언해 |

쏘 골으샤디 要ᄒᆞᆫ 囚를 五六日을 服ᄒᆞ야 念ᄒ며 旬이며 時예 至

ᄒ야사 키 要ᄒᆫ 囚를 蔽ᄒ라

| 번역 |

또 말씀하셨다. "재판에서 중요한 말은 오일, 육일 간 마음속에 두고 생각하며, 열흘이나 삼 개월에 이르러 중요한 말에 대해 결단하라."

| 자해 |

要囚 : 옥사(獄辭)에서 중요한 것. •服念 : 마음속에 두고 생각함. •旬 : 열흘. •時 : 삼 개월. 이 기간 동안 죄수를 위하여 살릴 방법을 구함. •蔽 : 결단.

王曰 汝陳時臬事ᄒ야 罰蔽殷彝ᄒ되 用其義刑義殺이요 勿庸以次汝封ᄒ라 乃汝盡遜ᄒ야 曰時叙라도 惟曰 未有遜事라ᄒ라

| 언해 |

王이 ᄀᆞᄅᄋ샤ᄃᆡ 네 이 臬과 事를 베풀어셔 罰을 殷나라에 썻썻한 것으로 蔽ᄒ되 그 義ᄒᆫ 刑과 義ᄒᆫ 殺을 쓰고 써셔 ᄡᅥ 너 封에게 次치 말라 이예 네가 다 遜ᄒ야 ᄀᆞᄅᄋᄃᆡ 이예 叙ᄒᆞ얏다 하야도 오즉 ᄀᆞᄅᄋᄃᆡ 遜ᄒᆫ 일이 잇지 아니타 ᄒ라

| 번역 |

왕이 말씀하셨다. "너는 이 법과 일을 시행하여 은나라의 떳떳한 법으로 처벌을 결단하되 형벌과 죽임을 마땅하게 하고, 너 봉(封)

의 뜻에 두지 말라. 이에 너는 모두 정당함을 따라서, 이에 차례
와 순서가 있다 하더라도, 오직 너는 정당함을 따른 일이 아직 있
지 아니하다고 말하라.”

| 자해 |

義 : 마땅함. •次 : 머무름.

| 의해 |

이 법과 일을 시행하여 은나라의 떳떳한 법으로 결단하였으나,
또 그 옛 법에 빠져 통하지 못할까 염려하여, 형벌과 죽임을 반드
시 때에 마땅한지를 살펴서 쓰라고 한 것이다. 또 때에 맞추고 자
신의 생각대로 할까 염려하여 형벌을 주고 죽임에 네가 뜻한 데
로 나아가지 말라고 한 것이다. 또 형벌을 주고 죽이는 것이 비록
이미 죄에 합당하더라도 자랑하는 마음이 있을까 염려하여 비록
모두 정당함을 따라서 차례와 순서가 있다 하더라도 마땅히 정당
함을 따른 일이 아직 있지 않다고 말하게 한 것이다. 자랑하는 마
음이 생기면 태만한 마음이 일어나서, 형벌이 이로 말미암아 맞
지 않게 되니, 경계하지 않겠는가?

己아 汝惟小子나 未其有若汝封之心하니 朕心朕德은 惟

乃知니라

| 언해 |

말랴 네가 오즉 小子이나 그 너 封의 모음 갓흐니가 잇지 아니ᄒ
야 내 모음과 내 德은 오직 네가 아느니라

| 번역 |

"그만두겠는가? 네가 오직 소자(小子)이나, 너 봉(封)의 마음과
같은 이가 있지 않으니, 나의 마음과 나의 덕은 오직 네가 알고
있느니라."

| 자해 |

已 : 어사(語辭). 그만둘 수 없다는 의미.

| 의해 |

너의 나이는 비록 적으나 마음은 착하니, 너의 마음이 착한 것은
내가 진실로 알고 있다. 내 마음과 내 덕은 또한 오직 네가 알고
있다. 형벌을 쓰는 일을 말하려고 한 것이었으므로 먼저 그 어진
마음을 드러낸 것이다.

凡民이 自得罪하여 寇攘姦宄하며 殺越人于貨하여 暋不
畏死를 罔弗憝니라

| 언해 |

무릇 民이 스스로 罪를 得ᄒ야 寇攘ᄒ며 姦宄ᄒ며 人을 貨에 殺
ᄒ며 越ᄒ야 暋ᄒ야 死를 畏치 아니ᄒᄂ니를 憝치 아니 아니ᄒᄂ
니라

| 번역 |

"백성들이 스스로 죄를 얻어서 도적질하며 간사하게 하여 사람을
재물 때문에 죽이며 넘어뜨리고서도 고집하여 죽음을 두려워하지

않는 이를 미워하지 않음이 없느니라.”

| 자해 |

越 : 넘어뜨려 상하게 함. •瞽 : 무릅쓰고 주장함. •憝 : 미워함.

| 의해 |

남의 꼬임에 빠진 것이 아니고 스스로 죄를 범하여 도적이 되어 사람을 죽이거나 상하게 하고 재물을 빼앗으면서 죽는 것을 두려워하지 않는 자를 미워하지 않는 사람은 없다. 형벌을 이러한 사람에게 시행한다면 사람들 가운데 복종하지 않는 이가 없을 것이다.

王曰 封아 元惡은 大憝니 矧惟不孝不友온여 子弗祗服厥父事하여 大傷厥考心하면 于父不能字厥子하여 乃疾厥子하리며 于弟弗念天顯하여 乃弗克恭厥兄하면 兄亦不念鞠子哀하여 大不友于弟하리니 惟吊茲오 不于我政人에 得罪하면 天惟與我民彝 大泯亂하리니 曰乃其速由文王作罰하여 刑茲無赦하라

| 언해 |

王이 굴ㅇ샤디 封아 웃듬 惡한 것은 크게 미워ㅎ는 것이니 ㅎ물며 오즉 孝치 아니ㅎ며 友치 아니ㅎㄴ니ᄯ녀 子ㅣ 그 父의 일을 공경ㅎ야 服ㅎ지 아니ㅎ야 크게 그 考의 ᄆ음을 傷케ㅎ면 父ㅣ

能히 그 子를 사랑치 아니ᄒᆞ야 이예 그 子를 미워ᄒᆞ리어며 弟ㅣ
天에 顯을 싱각지 아니ᄒᆞ야 이예 능히 그 兄에게 공손치 아니ᄒᆞ
면 兄이 쏘ᄒᆞᆫ 子를 길느든 수구를 싱각지 아니ᄒᆞ야 크게 弟에게
우익ᄒᆞ지 아니ᄒᆞ리니 오직 이에 니르고 우리 경ᄉᆞᄒᆞᆫ 사롬에게
罪를 엇지 아니ᄒᆞ면 天이 오직 우리 民에게 쥬신 쩟쩟ᄒᆞᆫ 것이 크
게 泯亂ᄒᆞ리니 골오디 네 그 샐리 文王의 作ᄒᆞ신 罰을 由ᄒᆞ야 이
를 형벌ᄒᆞ야 노치말어라

| 번역 |

왕이 말씀하셨다. "봉(封)아! 가장 큰 악은 크게 미워할 만한 것
이니, 하물며 효도하지 않고 우애롭지 않음에 있어서랴! 자식이
아버지의 일을 공경하고 힘쓰지 아니하여 크게 아버지의 마음을
상하게 하면, 아버지는 자식을 사랑할 수 없으며 이에 자식을 미
워할 것이다. 아우가 하늘의 드러난 존비(尊卑)의 질서를 생각하
지 아니하여 이에 형에게 공손하지 않으면, 형 또한 부모가 자식
을 기른 수고를 생각하지 아니하여 크게 아우를 사랑하지 않을
것이다. 오직 이러한 상황에 이르고도 우리 정사하는 사람들에게
죄를 얻지 않으면, 하늘이 오직 우리 백성에게 주신 떳떳한 도리
가 크게 혼란스러워질 것이다. 너는 빨리 문왕(文王)이 만든 벌을
따라 이들에게 형벌을 주고 용서하지 말라."

| 자해 |

天顯 : 하늘이 밝힌 높고 낮은 차례.

不率은 大戞이니 矧惟外庶子訓人과 惟厥正人과 越小臣
諸節이 乃別播敷하여 造民大譽하여 弗念弗庸하여 瘝厥
君이온여 時乃引惡이라 惟朕의 憝니 已아 汝乃其速由茲
義하여 率殺하라

| 언해 |

率치 아니ᄒᆞᄂᆞ니는 크게 憂홀 디니 ᄒᆞ믈며 오즉 外에 庶子ㅣ 人
을 訓ᄒᆞᄂᆞ니와 오즉 그 正人과 믿 小臣의 모든 節이 이예 각별이
播敷ᄒᆞ야 民에게 큰 譽함을 지어서 싱각지 아니ᄒᆞ며 쓸 아니ᄒᆞ야
그 님금을 병들게 함이 ᄯᅡ녀 이 이예 惡흠을 引ᄒᆞᄂᆞ 디라 오즉 나
의 미워홈이니 말랴 네 이예 그 셜리 이 義를 由ᄒᆞ야 다 쥭이라

| 번역 |

"따르지 아니하는 자는 크게 법으로 다스릴 것이니, 하물며 오직
외직에 있는 아들들로서 사람을 가르치는 관직의 우두머리와 작
은 신하로 부절을 잡은 이들이 이에 별도로 가르침을 펼쳐서 백
성들이 자기를 칭찬하도록 만들어, 임금을 생각하지도 따르지도
않아서 임금을 병들게 함에 있어서랴! 이는 바로 악을 늘이는 것
이므로 오직 내가 미워하는 것이니, 그만둘 수 있겠는가? 너는
이에 빨리 이 의리를 따라 모두 죽이도록 하라."

| 자해 |

戞 : 법.　• 節 : 부절.

| 의해 |

백성 가운데 가르침을 따르지 않는 자들도 진실로 법에 따라 처벌해야 하는데, 하물며 외직에 있는 아들들로서 사람을 가르치는 것을 직분으로 하는 여러 관직의 우두머리와 작은 신하로서 부절을 가진 자들이, 이에 별도의 조목으로 가르침을 펴서 도를 어기고 명예를 구하여, 임금을 생각하지 않고 법을 쓰지 않아 임금을 병들게 함에 있어서랴! 이는 악을 아래에서 기르게 하는 것이니, 내가 크게 미워하는 것이다. 신하의 불충이 이와 같다면 형벌을 어찌 그만두겠는가? 너는 빨리 이 의리를 따라 다 죽이라.

亦惟君惟長이 不能厥家人과 越厥小臣外正이요 惟威惟虐으로 大放王命하면 乃非德用乂니라

| 언해 |

쏘혼 오직 君이며 長이 그 家人과 믿 그 小臣과 外正을 能히 몯ᄒ고 오직 위염과 오직 虐홈으로 크게 王의 命을 放ᄒ면 이예 德안인 것으로 뻐 乂홈이니라

| 번역 |

"또한 오직 군주이며 우두머리가 그 집안 식구와 작은 신하와 바깥 정사를 다스리지 못하고 오직 위엄과 포학함으로 크게 왕의 명을 버리면, 이는 덕이 아닌 것으로 다스리는 것이다."

| 자해 |

惟君惟長 : 강숙(康叔).

| 의해 |

　강숙(康叔)이 집안을 다스리거나 신하를 가르치지 못하고, 위엄과 포학함으로 크게 천자의 명을 폐하여 버리며 덕이 아닌 것으로 다스리고자 한다면, 이는 강숙이 또 윗사람의 명을 따르지 못하는 것이다. 또한 어찌 신하들이 임금을 해치는 것을 책망하겠는가?

汝亦罔不克敬典하여 乃由裕民하되 惟文王之敬忌로하여 乃裕民이요 曰我惟有及이라하면 則予一人이 以懌하리라

| 언해 |

　네 쏘흔 능히 典을 공경치 아니치 아니ᄒᆞ야 이예 由ᄒᆞ야 民을 裕ᄒᆞ디 오직 文王의 敬ᄒᆞ고 忌흠으로 ᄒᆞ야 이예 民을 裕케 ᄒᆞ고 굴오디 내 오직 及흠이 잇쇼라 ᄒᆞ면 곳 나 한 사롬이 뼈 깃버호리라

| 번역 |

　"너는 또한 법을 공경하지 않음이 없어 이로 말미암아 백성들을 관대하게 대하되, 오직 문왕(文王)이 삼가고 조심한 것처럼 하여, 이에 백성들을 관대하게 대하고, 말하기를, '내가 오직 문왕에게 미침이 있다.'라고 하면 곧 나 한 사람이 이로써 기뻐할 것이다."

| 의해 |

　공경하면 소홀히 하지 않는 바가 있고, 꺼리면 감히 하지 않는 바가 있을 것이다. 백성들에게 관대히 대하여 "문왕에게 미침이 있다."고 하면 곧 나 한 사람이 이로써 기뻐할 것이라고 한 것이다.

이는 벌을 삼가는 마지막을 말한 것이다.

왕왈 봉 상유민 적길강 아 시기유은선철왕
王曰 封아 爽惟民은 迪吉康이니 我는 時其惟殷先哲王

덕 용강예민 작구 신금민 망적부적 부
德으로 用康乂民하여 作求니 矧今民이 罔迪不適이온여 不

적 즉망정 새궐방
迪하면 則罔政이 在厥邦하리라

| 언해 |

王이 굴ㅇ샤디 封아 밝게 싱각ㅎ건디 民은 吉하고 康흠으로 인도
할지니 나는 이 그 오직 殷나라 몬져 哲한 王의 德으로 뼈 民을
편안이 乂ㅎ야 求를 作홀 디니 ㅎ믈며 이제 民이 인도ㅎ면 좇지
안음이 업슴이 쏘녀 인도치 아니ㅎ면 곳 政이 그 邦에 잇슴이 업
스리라

| 번역 |

왕이 말씀하셨다. "봉(封)아! 밝게 생각하건대, 백성들은 길하고
편안함으로 인도해야 하니, 나는 오직 이 은나라의 현명한 선왕
의 덕으로 백성들을 편안히 다스려 은나라의 선왕과 같아지려 할
것이니, 하물며 지금 백성들이 인도하면 따르지 않음이 없음에
랴! 인도하지 않는다면 곧 정사(政事)가 나라에서 없어질 것이
다."

| 자해 |

求 : 같은 등급.

| 의해 |

앞에서 이미 백성들에게 엄하게 훈계하고 또 신하들에게 엄하게 훈계하고 또 강숙(康叔)에게 엄하게 훈계하였는데, 여기서는 무왕(武王)이 스스로 두려워한 것이다.

王曰 封아 予惟不可不監이라 告汝德之說于罰之行하나니 今惟民이 不靜하여 未戾厥心하여 迪屢未同하니 爽惟天이 其罰殛我하시리니 我其不怨하리라 惟厥罪는 無在大하며 亦無在多하니 矧曰 其尙顯聞于天이온여

| 언해 |

王이 굴ᄋ샤디 封아 나는 싱각ᄒ건디 可히 監치 아니치 몯홀 거시라 네게 德의 說로 罰을 行홈을 告ᄒ노니 이제 오직 民이 靜치 아니ᄒ야 그 ᄆᄋ을 戾치 아니ᄒ야 迪홈이 屢ᄒ나 同치 아니ᄒ니 爽히 惟컨대 天이 그 我를 罰ᄒ야 殛ᄒ시리니 내 그 怨치 아니호리라 그 罪는 大예 잇디 아니ᄒ며 쏘ᄒ 多의 잇디 아니ᄒ니 ᄒ믈며 닐오디 그 오히려 天의 顯聞홈이ᄯ녀

| 번역 |

왕이 말씀하셨다. "봉(封)아! 내가 생각하건대 살피지 않을 수 없다. 너에게 형벌을 집행하는 덕에 대해 고하니, 지금 오직 백성들이 안정되지 못하고 악한 마음을 그치지 아니하여 인도하기를 누차 하였으나 같아지지 않는다. 밝게 생각하건대, 하늘이 나를 벌

하여 죽이실지라도 나는 원망하지 않으리라. 오직 죄는 큰 데 있
지 아니하고 또한 많은 데 있지 않으니, 하물며 오히려 하늘에 드
러나 알려짐에 있어서랴!"

| 자해 |

戾 : 그침.

| 의해 |

백성들이 안정되지 않아 마음이 사납고 미워하기를 그치지 않아,
인도하기를 계속하였으나 다스려짐에 미치지 못하였다. 밝게 생
각하건대, 하늘이 나를 벌하여 죽일지라도 내가 어찌 감히 원망
하겠는가? 오직 백성의 죄는 크고 작은 데 있는 것이 아니라, 진
실로 죄가 있으면 곧 나의 몸에 있는 것이다. 하물며 지금 여러
무리의 더러운 덕이 오히려 드러나 하늘에 알려짐에 있어서랴?

王曰 嗚呼라 封아 敬哉어다 無作怨하며 勿用非謀非彝하
고 蔽時忱하여 丕則敏德하여 用康乃心하며 顧乃德하며 遠
乃猷하며 裕乃以民寧하면 不汝瑕殄하리라

| 언해 |

王이 골ᄋ샤디 嗚呼ㅣ라 封아 공경홀 디어다 怨을 지음이 업스며
非혼 謀와 非혼 彝를 쓰지말고 결단호디 이 졍셩으로 ᄒ야 크게
敏德한 이를 법ᄒ야 뻐 네 ᄆᆞ음을 康ᄒ며 네 德을 顧ᄒ며 네 猷를
遠케 ᄒ며 裕ᄒ야 뻐 民을 寧케 ᄒ면 너를 하ᄌ ᄒ야 끈치지 아니
호리라라

| 번역 |

　왕이 말씀하셨다. "아! 봉(封)아. 삼갈지어다. 원망 받을 일을 만들지 말고 좋지 않은 계책과 떳떳하지 않은 법을 쓰지 말며, 결단하되 진실함으로 하고 크게 덕에 힘쓰는 자를 본받아 네 마음을 편안히 하고 네 덕을 돌아보며, 네 계책을 원대히 하며 너그럽게 하여 이로써 백성들을 편안케 하면 너를 미워하고 끊지 않을 것이다."

| 의해 |

　이는 벌을 쓰지 않고 덕을 쓰고자 한 것이다. 원망을 받을 일을 하지 말며 좋지 않은 계책과 떳떳하지 않은 법을 쓰지 말고 성실함으로써 결단하여, 옛사람의 부지런한 덕을 크게 본받아 네 마음을 편안히 하며, 네 덕을 살피고 네 계책을 원대히 하며 너그럽게 하여 백성들이 스스로 편안하게 하라. 이와 같이 하면 너를 미워하여 끊어버리지 않을 것이다.

王曰嗚呼라 肆汝小子封아 惟命은 不于常이니 汝念哉하여 無我殄享하여 明乃服命하며 高乃聽하여 用康乂民하라

| 언해 |

　王이 골으샤디 嗚呼ㅣ라 너 小子 封아 命은 쩟쩟홈에 안이 ᄒᆞᄂ니 네 싱각ᄒᆞ야 날로 享홈을 ᄯᅳ음이 업게 ᄒᆞ야 네 服한 命을 붉키며 네 聽을 놉히ᄒᆞ야 써 民을 康히 乂ᄒᆞ라

| 번역 |

왕이 말씀하셨다. "아! 너 소자 봉(封)아! 오직 천명은 일정하지
않으니, 너는 생각하여 나로 하여금 네가 누리는 것을 끊어버리
지 않게 하라. 네가 받은 명을 밝히고 너의 들음을 높여 백성을
편안히 다스리라."

| 자해 |

肆 : 의미가 확실하지 않음. 어조사로 보기도 하고 '지금'이라는 뜻으로 보기
도 함.

| 의해 |

천명은 일정하지 않아 선하면 얻고 선하지 못하면 잃으니, 너는
이를 생각하여 내가 봉해준 제후국을 끊어서 누리지 못하게 하지
말라. 네가 받은 명을 밝히며 너의 들음을 높이 하여 나의 말을
낮게 여겨 소홀히 하지 말아서 너의 백성이 편안하도록 다스리
라.

王若曰 往哉封아 勿替敬典하여 聽朕의 告汝라야 乃以殷
民으로 世享하리라

| 언해 |

王이 이러틋시 글ᄋ샤ᄃᆡ 往ᄒᆞᄂᆞᆫ 封아 공경할 典을 替치 마라서
나의 너ᄃᆞ러 告ᄒᆞᆫ 것을 聽ᄒᆞ야사 이예 殷나라 民으로 뼈 世로 享
ᄒᆞ리라

| 번역 |

　왕이 다음과 같이 말씀하셨다. "가라, 봉(封)이여! 공경해야 할 법을 없애지 말고 내가 너에게 고한 말을 들어야만 이에 은나라 백성을 데리고 대대로 누리리라."

| 의해 |

　공경해야 할 떳떳한 법을 폐하지 말아서 내가 명한 것을 듣고 실행하여야 이에 은나라 백성들을 데리고 대대로 그 나라를 누릴 것이라고 하였다. 대대로 누린다는 것은 위의 문장에서 누리는 것을 끊어지게 한다는 것에 상대하여 말한 것이다.

주고 [酒誥]

상(商)나라 수(受)가 술에 빠지니, 천하가 이에 닮아 변화되었다. 매토(妹土)는 상나라의 도읍이어서 악에 물든 것이 더욱 심하였다. 무왕(武王)이 그 땅을 강숙(康叔)에게 봉하여 글을 지어 고하여 가르쳤다. 금문(今文)과 고문(古文)에 다 있다.

왕 약 왈 　명 대 명 우 매 방
王若曰 明大命于妹邦하노라

| 언해 |

王이 이러트시 굴ㅇ샤디 큰 命을 妹邦의 붉키노라

| 번역 |

왕이 다음과 같이 말씀하셨다. "큰 명을 매방(妹邦)에 밝히노라."

| 자해 |

妹邦 : 매향(沫鄕).

| 의해 |

편 머리에 매방(妹邦)을 칭한 것은 이 글이 오로지 매방을 위하여 말한 것이기 때문이다.

乃^내穆^목考^고文^문王^왕이 肇^조國^국在^재西^서土^토하실새 厥^궐誥^고毖^비庶^서邦^방庶^서士^사와 越^월

少^소正^정御^어事^사하사 朝^조夕^석에 曰^왈祀^사茲^자酒^주니 惟^유天^천이 降^강命^명하사 肇^조我^아

民^민하심은 惟^유元^원祀^사니라

| 언해 |

네 穆ᄒ신 考文王이 나라를 지으샤 西土에 잇스실 시 그 庶邦읫 庶士와 밋 小正과 御事를 誥ᄒ야 毖케 ᄒ샤 朝夕애 글ᄋ샤ᄃ 祀애만 이 酒를 홀 디니 天이 命을 降ᄒ샤 우리 民애 肇ᄒ샨든 元ᄒ 祀ㅣ니라

| 번역 |

"너의 공경하는 아버지 문왕이 나라를 세우셔서 서쪽 땅에 계실 때에, 여러 나라의 서사(庶士)와 소정(少正)과 어사(御事)들에게 고하고 경계하게 하시어 아침저녁으로 말씀하시기를, '제사에만 이 술을 쓸 것이니, 하늘이 명을 내리시어 우리 백성들에게 처음 술을 만들게 한 것은 오직 큰 제사를 위한 것이다.'라고 하셨다."

| 자해 |

穆 : 공경함. •毖 : 경계하고 삼감. •小正 : 관청의 우두머리 다음 자리.

| 의해 |

문왕(文王)이 아침저녁으로 경계하여 말하기를, "오직 제사에만 이 술을 쓸 것이니, 하늘이 비로소 백성들로 하여금 술을 만들게 한 것은 큰 제사를 위한 것일 뿐이다."라고 하였다. 먼 서쪽 땅에서 이처럼 상세하게 술로써 경계하였으니, 가까운 상나라의 도읍

은 알 만할 것이다. 문왕이 서백(西伯)이 되었으므로 여러 나라에 고하고 경계한 것이다.

천   강위   아 민   용 대 란 상 덕   역 망 비 주   유 행
天이 降威하사 我民이 用大亂喪德이 亦罔非酒의 惟行이

월 소 대 방   용 상   역 망 비 주   유 고
며 越小大邦이 用喪이 亦罔非酒의 惟辜니라

| 언해 |

天이 위엄을 내리샤 우리 民이 뼈 크게 亂ᄒ야 德을 喪홈이 쏘훈 酒의 行이 아니 아니며 믿 小大邦이 뼈 喪홈이 쏘훈 酒의 辜ㅣ 아니 아니니라

| 번역 |

"하늘이 재앙을 내리시어 우리 백성들이 크게 혼란하여 덕을 잃은 것이 또한 술의 행위가 아님이 없으며, 작고 큰 나라가 망함이 또한 술의 허물이 아님이 없다."

| 의해 |

술이 사람에게 화를 끼쳤는데도 하늘이 재앙을 내린다고 말한 것은 화란(禍亂)이 이루어지게 하는 것은 또한 하늘이기 때문이다. 기자(箕子)가 수(受)의 술주정을 말할 때에도 또한, "하늘이 독하게 재앙을 내렸다."고 하였으니, 바로 이 뜻이다. 백성이 덕을 잃는 것과 군주가 덕을 잃는 것이 모두 술로 말미암는다. 덕을 잃어버리기 때문에 행위라고 말하였고, 나라를 잃어버리기 때문에 허물이라고 말하였다.

문　왕　　　고　교　소　자　　　유　정　유　사　　　　무　이　주　　　월　서　국
文王이 誥敎小子와 有正有事하시되 無彛酒하라 越庶國

　　음　　　　유　사　　　덕　장　무　취
이 飮하되 惟祀니 德將無醉하라

| 언해 |

文王이 小子와 正 잇ᄂ니와 事 잇ᄂ니를 誥ᄒ야 가라치샤디 酒애
彛홈이 업스라 밋 庶國이 마시되 오직 祀에만 홀디니 德으로 將
ᄒ고 醉홈이 업스라

| 번역 |

"문왕(文王)이 소자(小子)와 벼슬이 있는 이와 직업이 있는 이에
게 고하여 가르치시되, '술을 항상 마시지 말라. 여러 나라가 술
을 마시되 오직 제사 때에만 할 것이니, 덕으로 술을 받들어 마시
고 취하지 않도록 하라.'고 하셨다."

| 자해 |

有正 : 관직과 임무가 있는 자. •有事 : 맡은 일이 있는 자. •彛 : 항상.

| 의해 |

소자(小子)는 혈기가 정해지지 않아 더욱 술을 멋대로 하여 덕을
잃기 쉬우므로 문왕(文王)이 오로지 고하여 가르친 것이다. 술을
항상 마시지 말고 술을 마시는 것은 오직 제사 지낼 때만 마셔야
한다. 그러나 반드시 덕으로 봉행하여 취하는 데 이르지 말아야
한다.

惟曰我民이 迪小子하되 惟土物愛하면 厥心이 臧하리니 聰
聽祖考之彛訓하여 越小大德에 小子가 惟一하라

| 언해 |

오직 골ᄋ샤디 우리 民이 小子를 迪ᄒ되 土物을 샤랑케 ᄒ면 그 마음이 챡ᄒ리니 祖考의 쩟쩟ᄒ 가라침을 귀밝게 들어셔 밋 小하고 大ᄒ 德애 小子ㅣ 오직 ᄒ갈 갓치ᄒ라

| 번역 |

"오직 말씀하시기를, '우리 백성들이 소자(小子)를 인도하되 오직 땅에서 나는 것을 사랑하게 하면 마음이 착해질 것이니, 할아버지와 아버지의 항상적인 가르침을 분명하게 들어서 작고 큰 덕을 소자들은 오직 한결같이 하라.'고 하셨다."

| 의해 |

우리 백성들이 또한 항상 그 자손들을 가르쳐 인도하되, 오직 땅에서 나는 것을 사랑하여 농사를 부지런히 짓고 밭에서 일하고 그 이외의 다른 것을 사랑함이 없게 하면, 마음에 지키는 것이 바르게 되어 선함이 날로 생겨날 것이다. 자손 된 자들 또한 마땅히 할아버지와 아버지의 항상적인 가르침을 밝게 들어서, 술을 삼가는 것을 가지고 작은 덕이라 여겨서는 안 되니, 작은 덕과 큰 덕을 소자(小子)들은 똑 같이 여겨야 한다.

妹土아 嗣爾股肱하여 純其藝黍稷하여 奔走事厥考厥長하며 肇牽車牛하여 遠服賈하여 用孝養厥父母하여 厥父母 慶이어사 自洗腆하여 致用酒하라

| 언해 |

妹土아 네 股肱을 嗣ᄒ야 크게 그 黍稷을 藝ᄒ야 奔走ᄒ야 그 考와 그 長을 事ᄒ며 肇ᄒ야 車牛를 牽ᄒ야 멀리 賈를 服ᄒ야 뻐 그 父母를 孝養ᄒ야 그 父母ㅣ 慶ᄒ거사 스스로 洗ᄒ며 腆ᄒ야 酒를 致ᄒ야 用ᄒ라

| 번역 |

"매토(妹土)여! 너희의 팔다리를 계속 움직여서 크게 기장을 심어 분주하게 부모와 어른을 섬기며, 부지런하게 수레와 소를 끌고 멀리 장사를 하여 이로써 부모를 효로 봉양하여 부모가 기뻐하면 스스로 깨끗이 하고 넉넉히 하여 술을 바쳐 쓰도록 하라."

| 자해 |

嗣 : 계속함. •純 : 큼. •肇 : 부지런함. •服 : 일삼음. •洗 : 깨끗함을 지극히 함. •腆 : 도타움을 지극히 함.

| 의해 |

이는 무왕(武王)이 매토(妹土)의 백성을 가르친 것이다. 매토의 백성들은 마땅히 너희 사지(四肢)의 힘을 계속하여 게을리 함이 없이 하여 크게 농사일을 닦고 논밭에서 수고롭게 일하여 분주하게 부형(父兄)을 섬기고, 혹 장사하는 일에 민첩하여 수레와 소를 끌고서 멀리 장사하여 이로써 부모를 효도로 봉양해서 부모가 기

뼈한 다음에야 스스로 깨끗이 하고 후하게 하여 술을 쓸 수 있다.

서사유정 월서백군자 기이 전청짐교 이대극
庶士有正과 越庶伯君子아 其爾는 典聽朕敎하라 爾大克

수구유군 이내음식취포 비유왈 이극영관성
羞耈惟君이오사 爾乃飮食醉飽하라 丕惟曰 爾克永觀省

작계중덕 이상극수궤사 이내자개용일
하여 作稽中德이어사 爾尙克羞饋祀니 爾乃自介用逸이니

자내윤유왕정사지신 자역유천 약원덕 영
라 玆乃允惟王正事之臣이며 玆亦惟天이 若元德하사 永

불망 재왕가
不忘이 在王家하리라

| 번역 |

"여러 관리와 관부의 우두머리와 여러 어른 군자들이여! 너희들
은 항상 나의 가르침을 들어라. 너희는 크게 노인을 봉양하고 나
서야 너희들의 음식을 취하고 배부르게 먹도록 하라. 크게 말하
니, '너희는 늘 관찰하고 살펴서 행동이 중덕(中德)에 맞는지 살
피고 나서야 너희들은 거의 음식을 올려 제사를 드릴 수 있을 것
이다. 너희들은 이에 스스로 거기에 맞추어 잔치를 하여 즐길 수

있을 것이다.'라고 한다. 이렇게 하면 진실로 오직 왕의 일을 바로잡는 신하이며, 이렇게 하면 또한 하늘이 큰 덕을 인정하여 길이 잊지 못함이 왕가에 있을 것이다."

| 자해 |

伯 : 어른. •典 : 항상. •羞 : 봉양. •介 : 도움. •逸 : 잔치하여 즐김. •若 : 따름.

| 의해 |

이는 무왕(武王)이 매토(妹土)의 신하를 가르친 것이다. 너희가 항상 돌이켜 살피고 안으로 성찰하여 생각이 나오는 것과 영위하는 것을 모두 중정(中正)한 덕에 맞는지 자세히 살펴 지나치고 미치지 못함이 없이 하면 덕이 몸에 온전하여 이로써 신명(神明)을 만날 수 있을 것이니, 이같이 하면 음식을 올려 제사를 드릴 수 있을 것이다. 너희들이 또한 스스로 도와서 잔치하여 즐길 수 있을 것이니, 이와 같다면 진실로 왕의 일을 다스리는 신하가 될 것이며, 이와 같다면 또한 하늘이 큰 덕을 인정하여 길이 잊지 않음이 왕가에 있을 것이다.

王曰 封아 我西土棐徂邦君御事小子 尙克用文王敎하여 不腆于酒일새 故我至于今하여 克受殷之命이니라

| 언해 |

王이 골ᄋ샤디 封아 우리 西土ㅅ 棐ᄒ던 徂애 邦君과 御事와 小子ㅣ 오히려 능히 文王의 敎를 뻐 酒의 腆치 아니혼들로 故로 我

| 今애 至ᄒ야 殷命을 受ᄒ니라

| 번역 |

왕이 말씀하셨다. "봉(封)아! 우리 서쪽 땅을 돕던 옛 방군(邦君)과 어사(御事)와 소자(小子)들이 오히려 문왕(文王)의 가르침을 따라서 술에 빠지지 않았으므로, 내가 지금에 이르러 은(殷)나라의 명을 받을 수 있었다."

| 자해 |

徂 : 지난 날.

王曰 封아 我聞하니 惟曰 在昔殷先哲王이 迪畏天顯小民하사 經德秉哲하사 自成湯으로 咸至于帝乙히 成王畏相이어시늘 惟御事厥棐有恭하여 不敢自暇自逸이온 矧曰 其敢崇飮가

| 언해 |

王이 ᄀᆞᄅᆞ샤ᄃᆡ 封아 나ᄂᆞᆫ 드ᄅᆞ니 오직 ᄀᆞᄅᆞ오ᄃᆡ 녜에 잇셔 殷나라 몬져 哲ᄒᆞᆫ 王이 天顯과 小民을 迪ᄒᆞ야 畏ᄒᆞ샤 德을 經ᄒᆞ시며 哲을 秉ᄒᆞ샤 成湯으로 브터 다 帝乙에 니르히 王을 成ᄒᆞ며 相을 畏ᄒᆞ시거늘 御事ㅣ 그 棐ᄒᆞ야 恭을 두어 敢히 스스로 暇ᄒᆞ며 스스로 逸치 몯ᄒᆞ곤 ᄒᆞ물며 그 敢히 飮을 崇ᄒᆞ다 니르랴

| 번역 |

왕이 말씀하셨다. "봉(封)아! 내가 들으니, '옛날 은(殷)나라의 선철왕(先哲王)이 하늘의 드러난 명과 백성들을 두려워하여 덕을 줄기로 삼고 밝음을 잡아서 성탕(成湯)으로부터 제을(帝乙)에 이르기까지 왕의 덕을 이루고 돕는 신하를 두려워하였으므로, 오직 어사(御事)들이 도움을 공손히 하여 감히 스스로 안일하지 못하였다.'고 하였으니, 하물며 '감히 술 마시는 것을 숭상한다.'고 하겠는가?"

| 자해 |

殷先哲王 : 탕(湯). ▪迪畏 : 두려워하는 거동이 드러남.

| 의해 |

상(商)나라의 임금과 신하들이 한가하거나 안일하지 않은 것을 가지고 강숙(康叔)에게 고한 것이다. 하늘의 밝은 명을 두려워하고 백성들의 마음을 보장하기 어려운 것을 두려워하여, 덕을 줄기로 삼아 변하지 않는 것으로 스스로 처신하고, 지혜로움을 가지고 현혹되지 않는 것으로 사람을 등용하는 것이다. 탕왕(湯王)이 왕통(王統)을 드리운 것이 이와 같았기 때문에, 탕왕으로부터 제을(帝乙)에 이르기까지 성현(聖賢)인 임금이 예닐곱 명이 나왔으니, 그들은 비록 세대가 같지 않으나 모두 임금의 덕을 이루고 보필하는 신하를 경외하였다. 그래서 당시에 일을 다스리는 신하들이 또한 모두 충성을 다하여 보필해서 어려운 일을 하도록 권하였으므로, 스스로 한가하고 안일한 것도 감히 하지 못하였다. 하물며 감히 술 마시는 것을 숭상했다고 하겠는가?

越在外服^{월재외복}한 侯甸男衛邦伯^{후전남위방백}과 越在內服^{월재내복}한 百僚庶尹^{백료서윤}과

惟亞惟服^{유아유복}과 宗工^{종공}과 越百姓里居^{월백성리거}에 罔敢湎于酒^{망감면우주}하니 不惟^{불유}

不敢^{불감}이라 亦不暇^{역불가}요 惟助成王德顯^{유조성왕덕현}하며 越尹人祗辟^{월윤인지벽}하니라

| 언해 |

밋 外服애 인는 侯와 甸과 男과 衛와 邦伯과 밋 內服애 인는 百僚
와 庶尹과 亞와 服과 宗工과 밋 百姓과 里애 居ᄒᄂ니왜 敢히 酒
애 湎치 아니ᄒ니 敢히 아니홀ᄯᆞᆫ이 아니라 ᄯᅩᄒᆞᆫ 暇치 몯ᄒ고 王
의 德을 成ᄒ야 顯케 ᄒ며 밋 尹人의 辟을 祗케 홈을 助ᄒ니라

| 번역 |

"밖에서 일하는 후(侯)·전(甸)·남(男)·위(衛)의 제후와 안에서 일
하는 백료(百僚)·서윤(庶尹)·아(亞)·복(服)·종공(宗工)·백성·마을
에 거주하는 자에 이르기까지 술에 빠지지 않았다. 감히 하지 않
을 뿐 아니라 또한 겨를이 없었고, 오직 왕의 덕을 이루어 드러나
게 하며, 우두머리들이 임금을 공경하는 것을 도왔다."

| 자해 |

尹人 : 백관과 제후의 장.

| 의해 |

위로 임금의 덕을 돕고 이루어서 밝게 드러나게 하고, 아래로 우
두머리들을 도와 임금을 공경하게 하여 더욱 태만하지 않게 하였
다.

我聞하니 亦惟曰 在今後嗣王하여 酗身하여 厥命이 罔顯

于民이요 祗保越怨이어늘 不易하고 誕惟厥從淫泆于非彝

하여 用燕喪威儀한대 民이 罔不盡傷心이어늘 惟荒腆于酒

하여 不惟自息乃逸하며 厥心疾狠하여 不克畏死하며 辜在

商邑하여 越殷國滅無罹하니 弗惟德馨香祀가 登聞于天

이요 誕惟民怨庶羣自酒腥이 聞在上이라 故天降喪于殷

하사 罔愛于殷은 惟逸이니 天非虐이라 惟民이 自速辜니라

| 언해 |

나는 드르니 쏘ᄒᆞᆫ 오직 ᄀᆞᆯ오ᄃᆡ 이제 뒤에 嗣ᄒᆞᄂᆞᆫ 王에 잇셔셔 몸

을 酗ᄒᆞ야 그 命이 民에 顯치 아니ᄒᆞ고 祗ᄒᆞ야 保홈이 怨애 믿거

늘 易디 아니ᄒᆞ고 키 그 淫泆을 非彝예 縱ᄒᆞ야 ᄡᅥ 燕ᄒᆞ야 威儀를

喪ᄒᆞᆫ대 民이 心을 盡傷치 아니치 아니ᄒᆞ거늘 荒ᄒᆞ야 酒에 腆ᄒᆞ야

스스로 逸을 息홈을 惟치 아니ᄒᆞ며 그 心이 疾狠ᄒᆞ야 능히 死를

畏치 아니ᄒᆞ며 辜ㅣ 商邑애 이셔 믿 殷國이 滅호ᄃᆡ 罹치 아니ᄒᆞ

니 德으로ᄒᆞᆫ 馨香ᄒᆞᆫ 祀ㅣ 天애 登ᄒᆞ야 聞치 아니ᄒᆞ고 키 民이 怨

ᄒᆞᄂᆞᆫ 모ᄃᆞᆫ 酒로 브튼 腥이 上애 聞ᄒᆞ야 인ᄂᆞᆫ 디라 故로 天이 殷에

喪을 降ᄒᆞ샤 殷을 愛치 아니ᄒᆞ샴은 逸홀 ᄉᆡ니 天이 虐ᄒᆞ신 주리

아니라 民이 스스로 辜를 速ᄒᆞ니라

| 번역 |

"내가 들으니 또한 오직 이르기를, '지금 사왕(嗣王)은 몸을 술에
빠뜨려 그 명이 백성에게 드러나지 않고, 그가 공경하며 보존하
는 것이 원망을 일으키는 데 이르렀는데도 이를 바꾸지 않는다.
떳떳하지 않은 일에 마음대로 함부로 하여서 안일함으로 위의를
잃어버렸다. 백성들이 애통하고 상심하지 않는 이가 없는데도,
오직 황폐하여 술에 빠져 스스로 안일함을 그칠 것을 생각하지
않으며, 그 마음이 미움으로 가득차고 사나워져서 죽음을 두려워
하지 않으며, 허물이 상읍(商邑)에 있어 은(殷)나라가 멸망해도
근심하지 않는다. 오직 덕으로 지내는 향기로운 제사가 하늘에
올라가 들리지 않고, 오직 백성들이 크게 원망하여 모든 술로부
터 나오는 더러움이 위에 들리어 하늘이 은나라에 망함을 내리셨
다. 은나라를 사랑하지 않으심은 오직 안일한 탓이니, 하늘이 사
나운 것이 아니라 오직 사람들이 스스로 허물을 재촉한 것이다.'
라고 한다."

| 자해 |

後嗣王 : 수(受)를 가리킴. • 燕 : 편안함. • 民 : 군신(君臣)의 통칭(通稱).

| 의해 |

상(商)의 수(受)가 황폐한 것을 강숙(康叔)에게 고한 것이다. 수
(受)가 그 몸을 술에 빠뜨려 정사(政事)에 혼미하여 명령이 백성
에게 드러나지 못하고, 공경하여 보존하는 것이 오직 원망을 만
드는 일에 있는데, 이를 고치지 않고 크게 함부로 함을 떳떳하지
않은 일에 멋대로 하여 안일하여 그 위의를 잃어버렸다. 백성들
은 마음 아파하고 나라가 망할 것을 슬퍼하였는데, 수(受)는 정사
를 폐하고 게을러지고 더욱 술에 빠져서 그 안일함을 그칠 것을
생각하지 않고 힘써 무도한 일을 행하였다. 그 마음이 미움으로
가득하고 사나워져서 비록 자신이 죽는다 하더라도 두려워하지

않았다. 허물이 상읍(商邑)에 있어 비록 나라가 멸망하더라도 근심하지 않았다. 상제를 섬기지 아니하여 향기로운 덕이 하늘에 이른 것이 없고, 오직 백성들의 원망함과 갖가지 술주정하는 더러운 덕만이 하늘에 들렸으므로, 하늘이 망함을 은(殷)나라에 내려 돌아보고 사랑하는 뜻이 없었던 것은 또한 오직 수(受)가 멋대로 안일한 행위를 했기 때문이다. 하늘이 어찌 은나라를 포학하게 대했겠는가? 은나라 사람이 술에 빠져 스스로 그 허물을 재촉한 것이다.

王曰 封아 予不惟若茲多誥라 古人이 有言曰 人은 無於水에 監이요 當於民에 監이니 今惟殷이 墜厥命하니 我其可不大監하여 撫于時아

| 언해 |

王이 ᄀᆞᆯᄋᆞ샤ᄃᆡ 封아 내 오직 이 갓치 만히 誥ᄒᆞᄂᆞᆫ 줄이 아니라 古人이 말ᄉᆞᆷ을 두어 ᄀᆞᆯ오ᄃᆡ 人은 水에 監홈이 업슬 것이오 맛당히 民에 監홀 것이라 ᄒᆞ니 이졔 오직 殷나라 이 그 命을 墜ᄒᆞ니 나는 그 可히 크게 監ᄒᆞ야 時를 撫치 아니ᄒᆞ랴

| 번역 |

왕이 말씀하셨다. "봉(封)! 나는 오직 이같이 많이 고하려는 것이 아니다. 옛 사람이 말하기를, '사람을 물에서 살펴보지 말고 마땅히 백성에게서 살펴보라.'고 하였다. 지금 은(殷)나라가 천명을 떨어뜨렸으니, 나는 크게 거울로 삼아 이때를 어루만지지 않을

수 있겠는가?"

| 의해 |

나는 이와 같이 말을 많이 하고자 한 것이 아니다. 탕왕(湯王)과 수(受)에 대하여 이와같이 상세하게 말하는 것은 옛 사람이 이르기를, "사람은 물에서 살펴보지 않아야 하니, 물은 사람의 곱고 추함을 보여줄 뿐이지만, 백성에게서 살피면 그 득실을 알 수 있다."고 하였기 때문이다. 지금 은(殷)나라 백성들이 스스로 허물을 재촉하여 이미 그 천명을 떨어뜨렸으니, 내가 은나라 백성의 잘못을 크게 경계로 삼음으로써 이때를 어루만져 편안히 하지 않을 수 있겠는가?

予惟曰 汝劼毖殷獻臣과 侯甸男衛니 矧太史友와 內史友와 越獻臣百宗工이온여 矧惟爾事인 服休服采온여 矧惟若疇인 圻父薄違와 農父若保와 宏父定辟이온여 矧汝剛制于酒온여

| 언해 |

내 오직 골오디 네 殷에 獻臣과 侯와 甸과 男과 衛를 劼ᄒ야 毖홀디니 ᄒ믈며 太史友와 內史友와 믿 獻臣과 百宗工이ᄯ녀 ᄒ믈며 네 섬기ᄂ 休를 服ᄒ며 采를 服ᄒᄂ니ᄯ녀 ᄒ믈며 네 疇ㅣ 圻父ㅣ 違를 薄ᄒᄂ니와 農父ㅣ 若保ᄒᄂ니와 宏父ㅣ 辟을 定ᄒᄂ니ᄯ녀 ᄒ믈며 네 酒를 剛制ᄒ리ᄯ녀

| 번역 |

내가 오직 말하였다. "너는 은(殷)나라의 현신(賢臣)과 후(侯)와 전(甸)과 남(男)과 위(衛)를 힘써 경계해야 하는데, 하물며 태사우(太史友)와 내사우(內史友)와 헌신(獻臣)과 백종공(百宗工)에 있어서랴. 하물며 네가 섬기는 자인 복휴(服休)와 복채(服采)에 있어서랴. 하물며 너의 짝인 기보(圻父)로 거스르는 자를 축출하는 자와, 농보(農父)로 백성들의 뜻을 따라서 보호하는 자와, 굉보(宏父)로 법을 정하는 자에 있어서랴. 하물며 네가 술을 힘써 제어하는 데 있어서랴."

| 자해 |

劼 : 힘씀. •友 : 벗으로 대하는 자. •服休 : 앉아서 도를 논하는 신하. •服采 : 일어나 일하는 신하. •圻父 : 사마(司馬)로 경기 지역을 관장. •農父 : 사도(司徒)로 농사를 관장. •宏父 : 사공(司空)으로 외곽 지역에 거처하는 백성을 관장.

| 의해 |

너는 마땅히 힘써 은(殷)나라의 현신(賢臣)과 이웃 나라의 후·전·남·위(侯·甸·男·衛)를 경계하여 삼가서 술에 빠지지 않게 하여야 하는데, 하물며 네가 벗으로 대하는 자에 있어서랴. 하물며 네가 섬기는 자에 있어서랴. 하물며 너의 짝으로 기보(圻父)로서 명을 어긴 자를 내쫓는 자에 있어서랴. 농보(農父)로서 만민의 뜻을 따라서 보호하는 자에 있어서랴. 굉보(宏父)로서 경계를 만들어 법을 정하는 자에 있어서랴. 모두 술을 삼가지 않으면 안 될 것이다. 먼저 기보를 말한 것은 기보가 정사를 맡은 관원이기 때문이다. 은나라 사람이 술에 빠짐을 제재하는 것을 정사(政事)에서 급한 것으로 여겼는데, 하물며 너 자신이 한 나라에서 보고 본받는 대상이 되는 자이니, 술을 삼가지 않을 수 있겠는가? 먼 것으로부터 가까운 것에 이르고 낮은 데로부터 높은 데에 이르니, 강숙(康叔) 자신부터 술을 힘써 삼가도록 한 것이다.

厥或誥曰 羣飮이어든 汝勿佚하여 盡執拘하여 以歸于周하라 予其殺이니라

| 언해 |

그 或誥ᄒ야 굴오디 羣ᄒ야 飮혼다 커든 네 佚치 마라 다 執ᄒ야 狗ᄒ야 뻐 周애 歸ᄒ라 내 그 殺커나 호리라

| 번역 |

"어떤 자가 고하기를, '떼 지어 술을 마신다.'고 하거든 너는 놓치지 말고 모두 잡아 구속해서 주(周)나라로 데리고 돌아오라. 내가 죽일 것이다."

| 자해 |

佚 : 놓침.

| 의해 |

"내가 죽이겠다."고 한 말은 반드시 죽인다는 말은 아니고, 법을 세워 사람들이 두려워하여 감히 범하지 못하게 하려고 해서이다.

又惟殷之迪諸臣惟工이 乃湎于酒어든 勿庸殺之하고 姑惟敎之하라

| 언해 |

또 오직 殷의 迪혼 모든 신하와 오직 工이 酒애 湎ᄒ거든 뻐 殺치
말오 아직 가라치라

| 번역 |

"또 오직 은(殷)이 인도하여 모든 신하들과 관리들이 술에 빠지거
든 죽이지 말고 우선 가르쳐라."

| 의해 |

은(殷)나라의 인도에 의해서 악을 행하는 모든 신하들과 모든 관
리들이 비록 술에 빠져 급히 고치지 못하더라도, 떼 지어 모여서
간악한 짓을 한 자가 아니니, 죽이지 말고 우선 가르쳐라.

有斯면 明享이어니와 乃不用我敎辭하면 惟我一人이 弗恤
하여 弗蠲乃事하여 時同于殺하리라

| 언해 |

이를 두면 明히 享ᄒ려니와 이여 내의 가라치는 말을 用치 아니
ᄒ면 오직 나 한 사ᄅᆞᆷ이 恤치 아니ᄒ야 네 事를 蠲치 아니ᄒ야 이
예 殺애 同호리라

| 번역 |

"이를 잊지 않으면 분명히 잔치를 베풀겠지만, 내가 가르치는 말
을 따르지 않으면 오직 나 한 사람이 불쌍하게 여기지 않으며, 네

일을 깨끗하게 여기지 아니하여 이에 죽이는 죄와 같이 다스리리
라.”

| 자해 |

有 : 잊지 않음. •斯 : 가르치는 말. •享 : 윗사람이 아랫사람에게 잔치를 베
품.

| 의해 |

은(殷)나라의 여러 신하와 모든 관리들이 가르친 말을 잊지 아니
하여 술에 빠지지 않으면 나는 분명히 연향을 베풀 것이나, 내가
가르치는 말을 따르지 않으면 나 한 사람은 너희를 구휼하지 않
고 너의 일을 깨끗하게 여기지 아니하여 이에 너를 떼 지어 술을
마셔 죽임을 당하는 죄와 같이 다스릴 것이다.

王曰 封아 汝典聽朕毖하라 勿辯乃司하면 民湎于酒하리라

| 언해 |

王이 굴♀샤디 封아 네 朕의 毖를 쎧쎧이 聽ᄒ라 乃司를 辯치 아
니ᄒ면 民이 酒애 湎ᄒ리라

| 번역 |

왕이 말씀하셨다. “봉(封)아! 너는 나의 경계를 똑바로 들어라.
유사(有司)들을 다스리지 못하면 백성들이 술에 빠질 것이다.”

| 자해 |

辯 : 다스림. •乃司 : 유사(有司).

| 의해 |

강숙(康叔)이 모든 신하와 백관들이 술에 빠진 것을 다스리지 못하면, 백성들이 술에 빠지는 것을 금할 수 없음을 말한 것이다.

자재 [梓材]

이 또한 무왕(武王)이 강숙(康叔)에게 고한 글이니, 나라를 다스리는 이치로 말하여 상하의 정을 통하게 하고, 형벌을 쓰는 것을 너그럽게 하고자 한 것이다. 편 가운데 '자재(梓材)'라는 두 글자가 있어 이 편을 구별하는 것으로 삼은 것이다. 읽는 자가 글의 뜻을 찾아내고 말의 맥락을 살펴보면, 한 편 가운데 앞부분은 높은 사람이 낮은 사람에게 한 말이고, 뒷부분은 신하가 임금에게 고한 말이다. 금문(今文)과 고문(古文)에 다 있다.

王曰 封아 以厥庶民과 暨厥臣으로 達大家하며 以厥臣으로 達王은 惟邦君이니라

| 언해 |

王이 ᄀᆞᄅᆞ샤ᄃᆡ 封아 그 庶民과 밋 그 臣으로 ᄡᅥ 大家의 達ᄒᆞ며 그 臣으로 ᄡᅥ 王ᄭᅴ 達ᄒᆞᄂᆞ니ᄂᆞᆫ 邦君이니라

| 번역 |

왕이 말씀하셨다. "봉(封)아! 서민과 신하로써 대가(大家)에 이르게 하며, 신하로써 왕에게 이르게 하는 이는 오직 나라의 임금이니라."

| 자해 |

大家 : 거실(巨室).

| 의해 |

백성과 신하로써 대가(大家)에 이르게 하면 아래의 정이 통하지
않음이 없고, 신하로써 왕에게 이르게 하면 위의 정이 통하지 않
음이 없을 것이다. 왕이 신하를 언급하고 백성을 말하지 않은 것
은 땅 끝까지 왕의 신하가 아닌 자가 없기 때문이다. 나라의 임금
은 위로는 천자가 있고 아래로는 대가가 있으니, 상하의 정을 통
하게 하여 틈이 생기지 않도록 하는 자가 오직 나라의 임금일 것
이다.

汝若恒越하여 曰我有師師는 司徒와 司馬와 司空과 尹과
旅니 曰予罔厲殺人이라하라 亦厥君이 先敬勞니 肆徂厥
敬勞하라 肆往姦宄殺人歷人을 宥하면 肆亦見厥君事하
여 戕敗人을 宥하리라

| 언해 |

네 만일에 쩟쩟이 越ᄒᆞ야 닐오디 내 두엇ᄂᆞᆫ 師로 師ᄒᆞᄂᆞᆫ 이ᄂᆞᆫ 司
徒와 司馬와 司空괴 尹과 旅왜니 닐오디 나ᄂᆞᆫ 人을 厲殺치 아니
홀 꺼시라 ᄒᆞ라 ᄯᅩ훈 그 君이 몬져 敬ᄒᆞ야 勞홀 디니 드듸여 俎ᄒᆞ
야 그 敬勞ᄒᆞ라 드듸여 往ᄒᆞ야 姦ᄒᆞ며 宄ᄒᆞ며 人을 殺ᄒᆞ며 人을
歷ᄒᆞᄂᆞ니를 宥ᄒᆞ면 드듸여 ᄯᅩ훈 그 君의 事를 보와 人을 狀ᄒᆞ며
敗ᄒᆞᄂᆞ니를 宥ᄒᆞ리라

| 번역 |

"너는 늘 말하기를, '내 관사(官師)를 스승으로 삼는 이는 사도(司徒)와 사마(司馬)와 사공(司空)과 관의 우두머리와 여러 대부들이니, 나는 사람을 사납게 죽이지 않을 것이다.'라고 말하라. 또한 그 임금이 먼저 공경하여 위로하니, 신하들이 마침내 가서 공경하고 위로하라. 지난날 간궤(姦宄)하며 사람을 죽이거나 죄인을 숨겨주는 자를 용서하면, 마침내 신하들 또한 그 임금이 하는 일을 보고 사람을 때려서 해친 자를 용서할 것이다."

| 자해 |

師師 : 관사(官師)를 스승으로 삼음. •尹 : 정관(正官)의 장. •旅 : 여러 대부. •敬勞 : 공경하고 위로해서 오게 함. •徂 : 감. •歷人 : 죄인인 것을 알고도 숨겨주는 자. •戕敗 : 사지(四肢)와 얼굴과 눈을 다치게 함. 때려서 상해를 입힌 것.

| 의해 |

이 장은 글이 자세하지 않은 부분이 많다.

王^왕啓^계監^감하심은 厥^궐亂^난이 爲^위民^민이니 曰^왈無^무胥^서戕^장하며 無^무胥^서虐^학하여 至^지于^우敬^경寡^과하며 至^지于^우屬^속婦^부하여 合^합由^유以^이容^용하라 王^왕이 其^기效^효邦^방君^군과 越^월御^어事^사인댄 厥^궐命^명은 曷^갈以^이오 引^인養^양引^인恬^념이니라 自^자古^고로 王^왕이 若^약茲^자하니 監^감은 罔^망攸^유辟^벽이니라

| 언해 |

王이 監을 啓ᄒᆞ샤든 그 亂이 民을 爲ᄒᆞ야니 글온 서르 狀치 말며

서르 虐디 마라 寡를 敬홈애 니르며 婦를 屬홈애 니르러 合흐야
由흐야 뼈 容흐라 王이 그 邦君과 믿 御事의게 效흐논 그 命은 엇
디 뼈 오 養애 引흐며 恬애 引케 콰댜 홈이니라 녜로 브터 王이
이 곧튼시니 監은 辟홀 배 업스니라

| 번역 |

"왕이 감(監)의 제도를 설치한 것은 그 다스림이 백성을 위해서이
니, 말씀하시기를, '서로 해침이 없으며 서로 포학하게 함이 없어
서 약한 자를 공경하며 홀로 사는 부인을 이어주어서 화합하게
하며 이를 따라서 포용하도록 하라.'고 하셨다. 왕이 그 방군(邦
君)과 어사(御事)들에게 힘쓰도록 하는 그 명령은 어떻게 하는
가? 백성을 길러주는 데로 이끌고 편안함으로 이끌게 하고자 하
는 것이다. 예로부터 왕이 이 같으시니, 감(監)은 형벌할 것이 없
을 것이다."

| 자해 |

監 : 삼감(三監)의 감(監).

| 의해 |

천자가 제후의 나라를 감(監)하는 자를 둔 것은 그 다스림이 본래
백성을 위해서일 뿐이다. 감(監)에게 명한 말에 이르기를, "서로
그 백성을 해쳐서 죽이지 않고, 서로 그 백성에게 포학하게 하지
않아서, 사람 중 약한 자를 불쌍히 여기고 공경하여 그들로 하여
금 살 곳을 잃지 않게 하고, 부인 중 홀로 사는 자를 이어주게 하
여 그들로 하여금 돌아가 보전할 곳이 있게 해서 백성들을 화합
하게 하여 모두 이를 따라 용납하고 길러주어야 한다."고 하였다.
또 왕이 방군(邦君)과 어사(御事)들에게 힘쓰도록 요구하는 그
명령을 어떻게 하는가? 또한 그 백성을 살 수 있는 안전한 곳으

로 인도하려 한 것이니, 예로부터 천자가 감(監)에게 명한 것이
이와 같다. 네가 이제 감(監)이 되었으니, 형벌을 사용하여 사람
들에게 포학하게 함이 없어야 할 것이다.

惟曰 若稽田에 旣勤敷菑인댄 惟其陳修하여 爲厥疆畎하
며 若作室家에 旣勤垣墉인댄 惟其塗墍茨하며 若作梓材
에 旣勤樸斲인댄 惟其塗丹艧이니라

| 언해 |

닐으건댄 田을 稽홈애 임의 敷菑를 勤히 ᄒ란디 오직 그 陳ᄒ며
脩ᄒ야 그 疆畎을 홈 ᄀᆮᄐ며 室家를 作홈애 임의 垣墉을 勤히 ᄒ
란디 그 塗墍ᄒ며 茨홈 ᄀᆮᄐ며 梓材를 作홈애 임의 樸ᄒ야 斲홈
을 勤히 ᄒ란디 그 丹艧을 塗홈 ᄀᆮᄐ니라

| 번역 |

"밭을 다스림에 이미 풀과 가시나무를 널리 제거했으면 오직 펴고
닦아 그 밭두둑과 개천을 만드는 것과 같으며, 집을 지음에 이미
담을 부지런히 쌓았으면 진흙을 바르고 지붕을 덮는 것과 같으
며, 나무로 그릇을 만듦에 이미 나무를 부지런히 다스리고 깎았
으면 물감을 칠하는 것과 같다."

| 자해 |

稽 : 다스림. •敷菑 : 풀과 가시나무를 널리 제거함. •疆 : 밭두둑. •畎 : 물
을 통하게 하는 개천. •塗墍 : 진흙으로 꾸밈. •茨 : 덮음. •梓 : 그릇을 만
들 수 있는 좋은 재목. •艧 : 채색.

| 의해 |

풀과 가시나무를 널리 제거하는 것으로 악을 제거하는 것을 비유하였고, 담을 부지런히 쌓는 것으로 나라를 세우는 것을 비유하였고, 나무를 부지런히 다스리고 깎는 것으로 제도를 비유하였으니, 이것은 무왕(武王)이 이미 만든 것이다. 밭두둑과 개천, 지붕을 덮는 것, 물감을 칠하는 것은 강숙(康叔)이 마무리하기를 바란 것이다.

今王이 惟曰 先王이 旣勤用明德하사 懷爲夾하신대 庶邦享하여 作兄弟方來하여 亦旣用明德하니 后式典集하시면 庶邦이 丕享하리이다

| 언해 |

이제 王이 니르건댄 先王이 다 밝은 德을 勤히 쓰샤 懷ᄒ야 夾게 ᄒ신대 庶邦이 享ᄒ야 兄弟를 作ᄒ야 方으로 來ᄒ야 ᄯ또ᄒ 다 明德을 쓰니 后ㅣ 典을 式ᄒ야 集ᄒ시면 庶邦이 키 享ᄒ리이다

| 번역 |

"이제 왕께서 말씀하시기를, '선왕이 모두 밝은 덕을 부지런히 써서 회유하여 가깝게 하시니, 여러 나라가 조공을 하여 형제가 되어 사방에서 와서 또한 모두 밝은 덕을 썼으니, 후왕(後王)이 변함없는 옛 법을 써서 화합하여 모이게 하겠다.'라고 하시면, 여러 나라가 크게 조공할 것입니다."

| 자해 |

先王 : 문왕(文王)과 무왕(武王). •夾 : 가까움. •兄弟 : 우애를 말함. •方來
: 사방에서 옴. •旣 : 다함. •后 : 후왕(後王). •典 : 옛 법. •集 : 화합하여
모임.

| 의해 |

이 장부터는 신하가 올린 말인 것 같다.

皇天이 旣付中國民과 越厥疆土于先王하시니

| 언해 |

皇天이 임의 中國의 民과 밋 그 疆土를 先王끠 부치셧시니

| 번역 |

"황천(皇天)이 이미 중국의 백성과 상토를 선왕에게 맡기셨으니"

| 자해 |

越 : '급(及)'과 같은 뜻.

肆王은 惟德을 用하사 和懌先後迷民하사 用懌先王受命
하소서

| 언해 |

이제 王은 德을 用ᄒ샤 迷ᄒᆫ 民을 和懌ᄒ며 先後ᄒ샤 뻐 先王의
바ᄃ신 命을 懌ᄒ쇼셔

| 번역 |

"이제 왕께서는 밝은 덕을 쓰시어 미혹된 백성들을 화합하여 기쁘
게 하며 위로하여 오게 하여 선왕께서 받으신 천명을 기쁘게 하
소서."

| 자해 |

肆 : 이제. 지금. •德用 : 밝은 덕을 씀. •懌 : 화합하여 기쁨. •先後 : 위로
하여 오게 함. •迷民 : 미혹되어 악한 데에 물든 백성. •命 : 천명.

已若茲監하소서 惟曰 欲至于萬年惟王하사 子子孫孫이
永保民하나이다

| 언해 |

이러ᄐ시 보쇼셔 오직 ᄀᆞᆯ오ᄃᆡ 萬年에 니르히 오직 王ᄒ샤 子子ㅣ
며 孫孫이 기리 民을 保ᄒ시과댜 ᄒ노이다

| 번역 |

"이와 같이 살피소서. 만년에 이르도록 오직 왕 노릇을 하여 자자
손손이 길이 백성을 보호하시기 바랍니다."

| 자해 |

已 : 어사(語辭).   ·監 : 살펴 봄.

| 의해 |

이는 신하가 군주의 천명이 영원하기를 기원하는 말이다.

소고[召誥]

주나라가 낙읍(洛邑)을 경영한 것은 무왕(武王)의 뜻이고 주공(周公)과 성왕(成王)이 그것을 이루었으나, 소공(召公)이 실상 먼저 경영하여 다스린 것이다. 낙읍이 이미 이루어지자 성왕이 비로소 정사(政事)를 하니, 소공은 주공이 돌아가는 것을 인하여 글을 지어 보내어 고하여 왕께 전달하게 하였다. 글의 귀추를 궁구해보면 백성을 화합하게 하는 것으로 천명을 비는 근본을 삼고, 빨리 덕을 공경하는 것을 백성들을 화합하게 하는 근본으로 삼아 한 편 안에서 여러 번 뜻을 지극히 하였다. 옛 대신들이 국가를 위하여 생각하는 것을 원대한 것이 대개 이와 같았다. 소공이 고한 것이라 하여 「소고(召誥)」라고 편의 이름을 지었다. 금문(今文)과 고문(古文)에 다 있다.

惟二月旣望越六日乙未에 王이 朝步自周하사 則至于豐하시다

| 언해 |

二月 임의 望건넌 六日乙未애 王이 朝애 步를 周로 브터호샤 豐애 至호시다

| 번역 |

이월 기망(旣望)에서 육일이 지난 을미일(乙未日)에 왕이 아침에 주(周)나라로부터 와서 풍(豐)에 이르셨다.

| 자해 |

　　旣望 : 십육일. ・周 : 호경(鎬京).

| 의해 |

　　성왕(成王)이 풍(豊)에 와서 낙읍(洛邑)에 거처하게 하는 일을 문
왕과 무왕의 사당에 고한 것이다.

惟太保先周相宅하여 越若來三月惟丙午朏越三日戊申
에 太保朝至于洛하여 卜宅하니 厥旣得卜하여 則經營하니
라

| 언해 |

　　太保ㅣ 周公으로 몬져 宅을 相ᄒᆞ야 越若來ㅅ 三月 丙午朏ㅅ 건넌
三日 戊申에 太保ㅣ 朝에 洛애 至ᄒᆞ야 宅홀 ᄃᆡ를 卜ᄒᆞ니 그 임의
卜을 得ᄒᆞ야 經營ᄒᆞ니라

| 번역 |

　　태보(太保)가 주공(周公)보다 먼저 가서 살 곳을 살펴보고, 이윽
고 삼월 병오일(丙午日) 초사흘에서 삼일이 지난 무신일(戊申日)
에 태보가 아침에 낙읍(洛邑)에 이르러 살 곳을 점치니 점괘를 얻
어서 경영하였다.

| 자해 |

　　越若來 : 어사(語辭). ・朏 : 초사흘. ・卜宅 : 거북으로 살 곳을 점침.

| 의해 |

성왕(成王)이 풍(豊)에 있으면서 소공(召公)으로 하여금 주공(周公)보다 먼저 가서 낙읍(洛邑)을 보게 하니, 소공이 풍으로부터 와서 삼월 오일에 도읍으로 정할 터를 점쳐보니, 점이 이미 길한 점괘를 얻었으므로 곧 그 성곽과 종묘와 교사(郊社)와 조정과 시장의 위치를 경영한 것이다.

越三日庚戌에 太保乃以庶殷으로 攻位于洛하니 越五日 甲寅에 位成하니라

| 언해 |

건넌 三日 庚戌에 太保ㅣ 모든 殷으로 뻐 位를 洛汭예 攻ᄒ니 건넌 五日 甲寅에 位ㅣ 成ᄒ니라

| 번역 |

삼일이 지난 경술일(庚戌日)에 태보(太保)가 여러 은(殷)나라 백성들로써 낙수 물굽이에 자리를 다스리게 하니, 오일이 지난 갑인일(甲寅日)에 자리가 이루어졌다.

| 자해 |

庶殷 : 은나라의 모든 서민. •位成 : 선조의 사당과 사(社)와 조정과 시장이 위치를 이룸.

| 의해 |

이때에 은(殷)나라 백성들을 낙읍(洛邑)으로 옮겼으므로 태보(太

保)가 그 옮긴 백성으로 하여금 역사(役事)를 하게 하여 형극(荊棘)을 제거하고 높고 낮은 곳을 평평히 하여 이로써 경영할 위치를 정하니, 곧 왼쪽에 선조의 사당과 오른쪽에 사(社)와 앞에 조정과 뒤에 시장을 이룬 것이다.

若翼日乙卯에 周公이 朝至于洛하사 則達觀于新邑營하시다

| 언해 |

翼日 乙卯애 周公이 朝에 洛애 至ᄒ샤 곧 新邑營ᄒ 디를 達觀ᄒ시다

| 번역 |

다음날 을묘일(乙卯日)에 주공(周公)이 아침에 낙읍(洛邑)에 이르러 곧 새 도읍을 경영할 곳을 두루 살펴보았다.

| 의해 |

그 이튿날 주공이 낙읍에 이르러 새 도읍을 경영할 위치를 두루 살펴본 것이다.

越三日丁巳에 用牲于郊하시니 牛二러라 越翼日戊午에
乃社于新邑하시니 牛一羊一豕一이러라

| 언해 |

건넌 三日 丁巳애 牲을 郊애 쓰시니 소가 둘이러라 翼日 戊午에
新邑에 社ㅎ시니 소가 하나이오 羊이 하나이오 도야지가 하나이
러라

| 번역 |

삼일이 지난 정사일(丁巳日)에 희생을 교제(郊祭)에 쓰시니 소 두
마리였다. 다음날 무오일(戊午日)에 새로운 읍에서 사제(社祭)를
지내시니, 소 한 마리, 양 한 마리, 돼지 한 마리였다.

| 자해 |

郊 : 천지에 제사함. •社 : 사직(社稷).

| 의해 |

삼일 만에 천지에 제사할 때 소 두 마리를 쓰고, 이 이튿날 새로
운 읍에 사직(社稷)을 세우고 제사할 때 태뢰(太牢)의 예를 쓰니,
소 한 마리, 양 한 마리, 돼지 한 마리였다. 이는 모두 낙읍(洛邑)
을 경영하는 일을 고한 것이다.

越七日甲子_애 周公_이 乃朝用書_{하사} 命庶殷侯甸男邦伯

하시다

| 언해 |

건넌 七日 甲子애 周公이 朝애 書를 쓰샤 모든 殷과 侯와 甸과 男 邦앳 伯을 命ᄒ시다

| 번역 |

칠일이 지난 갑자일(甲子日)에 주공(周公)이 아침에 글을 써서 모든 은(殷)과 후(侯)와 전(甸)과 남(男)의 방백(邦伯)에게 명하였다.

| 자해 |

書 : 역사(役事)를 명한 글.

| 의해 |

주공이 역사를 명하는 글을 써서 모든 은나라 백성과 후(侯)와 전(甸)과 남(男)의 방백에게 명령하여 역사를 하게 한 것이다.

厥旣命殷庶_{하시니} 庶殷_이 丕作_{하니라}

| 언해 |

그 임의 殷庶를 命ᄒ시니 庶殷이 키 作ᄒ니라

| 번역 |

이미 은나라 백성들에게 명하시니, 많은 은나라 백성들이 크게
일하였다.

| 자해 |

조作 : 모두 일에 달려가고 공으로 나아감.

| 의해 |

은나라의 완악한 백성들을 역사에 부리기가 쉽지 않을 것 같으
나, 소공(召公)이 거느리고 자리를 다스리게 함에 자리가 이루어
졌고, 주공(周公)이 글로 명령하자 모두 일에 달려가고 공으로 나
아갔다. 은나라 백성들 중 교화되기 어려운 자가 오히려 또한 이
와 같았으니, 기쁨으로 백성을 부렸음을 알 수 있다.

太保乃以庶邦冢君으로 出取幣하여 乃復入錫周公하고
曰拜手稽首하여 旅王若公하나니 誥告庶殷은 越自乃御
事니이다

| 언해 |

太保ㅣ 庶邦앳 冢君으로 뻐 나와셔 幣를 取ᄒᆞ야 도로 드러와 周

公끠 쥬고 닐오디 손에 절ᄒᆞ고 머리를 ᄂᆞ리어셔 王과 밋 公의 旅

ᄒᆞ노니 庶殷을 誥告홀든 밋 네 御事로 부텃ᄂᆞ니아다

| 번역 |

태보(太保)가 여러 나라의 총군(冢君)을 데리고 나와서 폐백을

취하여 다시 들어와 주공(周公)에게 주고 말하였다. "절하고 머리를 조아리고 왕과 공(公)에게 진술하고자 합니다. 많은 은나라 백성을 가르쳐 고하는 것은 당신의 어사(御事)로부터입니다."

| 의해 |

낙읍(洛邑)에서 일을 마치고 주공(周公)이 종주(宗周)로 돌아가려 하니, 소공(召公)이 이 때문에 성왕(成王)에게 경계의 말을 하였다. 이에 제후들이 알현할 때 가지고 가는 폐백을 취하여 주공에게 주고, 또 절하고 머리를 조아려 왕과 주공에게 진술할 바를 말한 것이다. 소공이 주공에게 말한 것이지만, 주공이 제후들의 폐백과 소공이 고한 것을 연결하여 아울러 왕에게 바치게 하고자 한 것이다. 낙읍이 이미 정해진 것을 은나라 백성들에게 고하려고 한 것인데, 그 근본은 곧 어사(御事)로부터 해야 한다고 말한 것이다.

嗚呼라 皇天上帝 改厥元子茲大國殷之命하시니 惟王受命이 無疆惟休시나 亦無疆惟恤이시니 嗚呼曷其오 奈何不敬이리오

| 언해 |

嗚呼ㅣ라 皇天 上帝ㅣ 그 元子와 이 大國殷ㅅ 命을 곳치시니 王의 命을 受ᄒ심이 無疆ᄒ온 아람다옴이시나 ᄯᅩᄒᆫ 無疆ᄒ온 근심이시니 嗚呼ㅣ라 엇지홀고 엇지ᄒ야 공경치 안이 ᄒ리오

| 번역 |

"아! 황천 상제가 그 원자(元子)와 이 큰 나라인 은나라의 명을 바꾸셨으니, 왕께서 천명을 받으신 것이 끝없는 아름다움이시나 또한 끝없는 근심이시니, 아! 어찌하리오. 어찌하여 삼가지 않겠습니까?"

| 자해 |

曷 : 어찌. •其 : 어사(語辭).

| 의해 |

이 아래는 모두 성왕(成王)에게 고한 말이니, 주공(周公)에게 부탁하여 왕에게 전달하게 한 것이다. 상(商)나라 수(受)가 천자의 지위를 이어서 원자(元子)가 되었으니, 원자는 바꿀 수가 없는데도 하늘이 바꾸었고, 큰 나라는 망하는 것이 쉽지 않은데도 하늘이 망하게 하였으니, 황천 상제의 명을 믿을 수 없는 것이 이와 같다. 이제 왕이 천명을 받은 것이 진실로 무궁한 아름다움이 있으나 또한 무궁한 근심이 있다. 이에 탄식하여 말하기를, "왕은 어찌하시겠습니까? 어찌 삼가지 않을 수 있겠습니까?"라고 하였으니, 삼가지 않으면 안 됨을 말한 것이다.

天旣遐終大邦殷之命하시며 茲殷多先哲王도 在天이어신마는 越厥後王後民이 茲服厥命하여 厥終에 智藏瘝在어늘 夫知保抱攜持厥婦子하여 以哀로 籲天하여 徂厥亡出執하니 嗚呼라 天亦哀于四方民이라 其眷命用懋하시니 王其疾敬德하소서

| 언해 |

하늘이 임의 大邦殷나라의 命을 멀리 맛츄고즈 ᄒ시며 이 殷나라
의 만흔 먼져 哲王도 하늘에 在ᄒ시건 마ᄂᆞᆫ 밋 그 後王 後民이 이
에 그 命을 服ᄒ야 그 終에 智ㅣ 감츄고 癏이 잇거늘 夫ㅣ 그 婦
子를 保抱ᄒ며 攜持홀쥴을 아라 슬픔으로 뼈 하늘을 籲하야 俎ᄒ
야 그 亡ᄒ야 出ᄒ다가 執ᄒ이니 嗚呼ㅣ라 하늘이 ᄯᅩ흔 四方人
民을 哀ᄒ시ᄂᆞᆫ 지라 그 도라보아셔 命ᄒ심이 懋애 쓰시니 王은
그 ᄲᆞᆯ리 德을 공경ᄒ쇼셔

| 번역 |

"하늘이 이미 큰 나라인 은나라의 명을 먼 후일에 끊고자 하시며,
이 은나라의 많은 지혜로운 선왕들도 하늘에 계시건만, 후왕과
후민이 이에 그 명을 위하여 일하면서 끝내는 지혜로운 자는 숨
고 백성을 병들게 하는 자가 지위에 있거늘, 지아비는 처자식을
끌어안고 보호할 줄 알아 슬픔으로 하늘에 호소하고 도망하다가
붙잡혔습니다. 이! 하늘이 또한 사방의 백성을 불쌍히 여기시어
돌아보고 명하심을 덕에 힘쓰는 자에게 하셨으니, 왕은 빨리 덕
을 공경하소서."

| 자해 |

後王後民 : 상(商)나라의 수(受).

| 의해 |

하늘이 이미 큰 나라인 은나라의 명을 먼 후일에 끊고자 하시며,
은나라의 지혜로운 선왕들의 정령이 하늘에 계시니 믿을 만할 것
같다. 그러나 주(紂)가 명을 받아 일한다고 하면서 마침내 어질고
지혜로운 자는 물러가 숨고 백성을 병들게 하는 자는 지위에 있
게 되었다. 백성들은 포학한 정사(政事)에 곤고하게 되어 처자들

을 안고 끌며 슬피 하늘을 부르면서 도망하다가 잡혀서 스스로
용납될 여지가 없었다. 그래서 하늘이 백성들을 불쌍히 여겨 돌
아보아 명하심을 덕에 힘쓰는 자에게 돌아가게 하니, 천명의 무
상함이 이와 같다. 이제 왕은 빨리 덕을 공경하지 않을 수 있겠는
가?

相古先民有夏컨대 天迪하시고 從子保어시늘 面稽天若하
시니 今時에 旣墜厥命하니이다 今相有殷컨대 天迪하시고
格保어시늘 面稽天若하시니 今時에 旣墜厥命하니이다

| 언해 |

녯 先民 有夏를 相혼디 하늘이 迪ᄒ시고 아들을 조차 보존ᄒ시거
늘 하늘을 面ᄒ야 稽ᄒ야 若ᄒ시니 今時예 임의 그 命을 墜ᄒ니
이나 이제 有殷을 相혼디 天이 迪ᄒ시고 格保커시늘 天을 面ᄒ야
稽ᄒ야 若ᄒ시니 今時예 임의 그 命을 墜ᄒ시니이다

| 번역 |

"옛 선민(先民)인 하(夏)나라를 살펴보면 하늘이 인도하여 아들을
따라서 보호해 주시니, 하늘을 향하여 살펴보아서 따랐는데도 지
금에는 이미 그 천명이 떨어졌습니다. 이제 은(殷)나라를 살펴보
면 하늘이 인도하시고 바로잡아 보전해 주시니, 하늘을 향하여
살펴서 따랐는데도 지금에는 이미 그 천명이 떨어졌습니다."

| 자해 |

從子保 : 아들을 따라서 보존함. •面 : 향함.

| 의해 |

옛 선민(先民)인 하(夏)나라를 살펴보면 하늘이 진실로 열어서 인도하시고 또 그 아들을 따라서 보호하시거늘, 우(禹) 또한 하늘을 향하여 그 마음을 살펴보고 공경하고 따라서 어김이 없었으니, 아마도 후세에 의지할 수가 있을 것 같지만 이제 이미 그 천명이 떨어졌다. 은(殷)나라를 살펴보면 하늘이 명을 바로잡아 보호하시거늘, 탕(湯)이 또한 하늘을 향하여 그 마음을 살펴보아 공경하고 따라서 어김이 없었으니, 아마도 후세에 의지할 수가 있을 것 같지만 이제 이미 그 천명이 떨어졌다. 이로써 하늘의 명이 진실로 믿고서 편안히 할 수 없음을 알 수 있다.

今沖子嗣하시니 則無遺壽耇하소서 曰其稽我古人之德이어늘 矧曰其有能稽謀自天이온여

| 언해 |

이제 沖子ㅣ 嗣ᄒᆞ시니 곳 壽 늙은이를 버리지 마르쇼셔 닐으건딘 그 우리 古人의 德을 샹고ᄒᆞ거늘사 ᄒᆞ믈며 닐으건딘 그 能히 샹고ᄒᆞ야 꾀 홈을 하늘로부터 홈이 ᄯᅥ녀

| 번역 |

"이제 어린 아들이 이으셨으니, 노성(老成)한 늙은이를 버리지 마소서. 우리 고인(古人)들의 덕을 살펴보라고 말하거늘, 하물며 계

책을 살펴보는 것을 하늘로부터 한다고 함에 있어서이겠습니까?"

| 자해 |

稽 : 살펴봄. •矧 : 하물며.

| 의해 |

어린 임금은 노성(老成)한 신하를 소원(疎遠)하게 대하기가 쉽다. 그러므로 소공(召公)이 말하기를, "이제 왕이 어린 아들로서 지위를 이었으니, 노성한 신하를 버려서는 안 됩니다."라고 한 것은, 옛 사람의 덕을 살펴볼 것이며 진실로 버려서는 안 된다는 뜻이다. 하물며 상고하고 꾀함을 하늘로부터 함에 있어서랴? 이는 더욱 버릴 수 없는 것이다. 옛 사람의 덕을 상고하면 일에 증거가 있을 것이고, 계책을 살펴보는 것을 하늘을 기준으로 하면 이치를 어김이 없을 것이다. 노성한 사람을 버리지 않는 것은 천하의 임금 된 자의 중요한 일이다. 그러므로 소공이 특별히 먼저 말한 것이다.

嗚呼라 有王은 雖小하시나 元子哉시니 其丕能誠于小民하여 今休하소서 王不敢後하사 用顧畏于民碞하소서

| 언해 |

嗚呼ㅣ라 王은 비록 적으시나 元子이시니 그 크게 能히 小民을 誠ᄒ야 이예 아름답게 하쇼셔 王이 敢히 뒤ᄒ지 말으샤 빅셩의 碞홈을 도라보아서 두려워 ᄒ쇼셔

| 번역 |

"아! 왕은 비록 나이가 적으시나 원자(元子)이시니, 크게 백성들을 화합하게 할 수 있으니 이에 아름답게 하소서. 왕은 감히 뒤로 늦추지 마시고 백성들의 험함을 돌아보시고 두려워하소서."

| 자해 |

諴 : 화합함. •嵒 : 험함.

| 의해 |

왕은 비록 나이는 적으나 그 책임은 크다. 왕이 백성들을 화합하게 할 수 있으니, 이제 반드시 아름답게 하도록 해야 한다. 백성들이 비록 지극히 적으나 지극히 두려울 만하니, 왕은 마땅히 감히 덕을 공경함을 늦추지 말고 백성들의 험함을 돌아보고 두렵게 여겨야 한다.

王이 來紹上帝하사 自服于土中하소서 旦도 曰其作大邑하여 其自時로 配皇天하며 毖祀于上下하며 其自時로 中乂라하나니 王이 厥有成命하시면 治民이 今休하리이다

| 언해 |

王이 來ᄒ야 上帝를 이으샤 스스로 土中에 服ᄒ쇼셔 旦도 닐오디 그 大邑을 作ᄒ야 그 이로 브터 皇天을 配ᄒ며 上下의 毖ᄒ야 祀ᄒ며 그 일로 브터 中ᄒ야 乂홀 디라 ᄒ노니 王이 그 成命을 두시면 民을 治홈이 이예 休ᄒ리이다

| 번역 |

"왕이 와서 상제를 이으시어 스스로 땅의 한가운데에서 일을 하소서. 저 단(旦)도 말하기를, '큰 읍을 만들어서 이로부터 황천에 부응하고 상하에 삼가 제사하며, 이로부터 중도로서 다스릴 것입니다.'라고 하니, 왕이 하늘의 이루어진 명을 가지시면 백성을 다스림이 이제 아름다울 것입니다."

| 자해 |

土中 : 낙읍(洛邑). 천지의 중앙.

| 의해 |

왕이 낙읍(洛邑)에 와서 하늘의 뜻을 이어 다스리는 데 나아가심에, 마땅히 스스로 땅의 한가운데서 실행해야 할 것이다. 이때 낙읍이 이루어짐을 고하여 성왕(成王)이 비로소 정사를 하였다. 그러므로 소공(召公)이 스스로 땅의 한가운데에서 실행하는 것을 말하였다. 또 주공(周公)이 일찍이 "이 큰 읍을 지어서 이로부터 상천(上天)의 뜻에 대응하고 신기(神祇)를 향하여 응답하고 이로부터 중앙에 자리 잡아 다스림을 도모하겠다."고 한 것을 거론한 것이다. 성명(成命)은 하늘의 이루어진 명이다. 성왕이 상제의 명을 이어서 땅 한가운데서 실행하여 하늘의 이루어진 명을 소유하여 백성을 다스림이 이제 아름다워질 것이다.

王이 先服殷御事하사 比介于我有周御事하사 節性하시면
惟日其邁하리이다

| 언해 |

王이 먼져 殷나라의 御事를 服ᄒᆞ샤 우리 周ㅅ 나라의 御事애 比
介ᄒᆞ샤 性을 節케 ᄒᆞ시면 日로 그 邁ᄒᆞ리이다

| 번역 |

"왕이 먼저 은(殷)나라의 어사(御事)들을 복종시켜 우리 주(周)나
라의 어사들에 가깝게 하고 돕게 하여 성(性)을 절제하게 하시면
날로 좋은 곳으로 나아갈 것입니다."

| 의해 |

사람을 다스릴 때는 마땅히 먼저 신하를 복종시켜야 할 것이다.
먼저 은나라의 어사들을 복종시켜 우리 주나라의 어사들에 친근
히 하고 돕게 하여 그들로 하여금 물들고 훈도되게 하여 서로 보
고 선을 행하게 하고 교만하고 음탕한 성품을 절제하게 하면 날
로 선에 나아가 그치지 않을 것이다.

왕 경 작 소　　　불 가 불 경 덕
王敬作所시니 不可不敬德이니이다

| 언해 |

王이 敬으로 所를 삼으실 지니 德을 공경치 안이 홈이 可치 안이
ᄒᆞ니이다

| 번역 |

"왕은 공경으로 처소를 삼아야 하니, 덕을 공경하지 않으면 안 됩
니다."

| 자해 |

　所 : 처소(處所).

| 의해 |

신하를 교화함에 반드시 스스로를 삼가야 한다. 왕이 삼가는 것
으로 처소를 삼으면 어디에서든지 공경을 가지고 있지 않음이 없
을 것이다. 주자(朱子)는 「소고(召誥)」에서 가장 중요한 것이 "덕
을 공경하지 않으면 안 된다."는 말이라고 하였다.

我는 不可不監于有夏며 亦不可不監于有殷이니 我不敢
知하나니 曰有夏服天命하여 惟有歷年가 我不敢知하나니
曰不其延가 惟不敬厥德하여 乃早墜厥命하니이다 我不敢
知하나니 曰有殷이 受天命하여 惟有歷年가 我不敢知하나
니 曰不其延가 惟不敬厥德하여 乃早墜厥命하니이다

| 언해 |

나는 可히 有夏를 보지 안이치 못ᄒᆞᆼ것시며 ᄯᅩᄒᆞᆫ 可히 有殷을 보
지 안이치 못ᄒᆞᆼ것시니 나는 敢히 아지못ᄒᆞ노니 닐으건딘 有夏ㅣ
天命을 服ᄒᆞ야 歷年을 두엇넌가 내 敢히 아지 몯ᄒᆞ노니 닐으건딘
그 延치 못ᄒᆞ얏넌가 그 德을 공경치 안이 ᄒᆞ야 이에 그 命을 墜ᄒᆞ
니이다 나는 敢히 아지 몯ᄒᆞ노니 닐으건딘 有殷이 天命을 受ᄒᆞ야
歷年을 두엇넌가 내 敢히 아지 몯ᄒᆞ노니 닐으건딘 그 延치 몯ᄒᆞ
얏넌가 그 德을 공경치 안이 ᄒᆞ야 일직 그 命을 墜ᄒᆞ니이다

| 번역 |

"나는 하(夏)나라를 살펴보지 않을 수 없으며 또한 은(殷)나라를 살펴보지 않을 수 없으니, 나는 감히 알지 못하니 하나라가 천명을 위하여 노력한 지 여러 해가 지나갔는지? 나는 감히 알지 못하니 연장하지 못할 것인지? 그 덕을 공경하지 아니하여 이에 그 천명을 떨어뜨렸습니다. 나는 감히 알지 못하니 은나라가 천명을 받아 여러 해가 지나갔는지? 나는 감히 알지 못하니 연장하지 못할 것인지? 그 덕을 공경하지 아니하여 이에 그 천명을 떨어뜨렸습니다."

| 의해 |

하(夏)나라와 상(商)나라의 지나간 연수가 길고 짧음은 감히 알지 못하는 것이나, 내가 알 수 있는 것은 오직 덕을 공경하지 않으면 곧 천명을 떨어뜨린다는 것이다. 윗 장에서는 하늘의 돌아보심이 믿을 만하지 않음을 주로 하여 말하였고, 이 장에서는 바로 덕을 공경하지 않으면 곧 천명이 떨어짐을 말하였다.

今王이 嗣受厥命하시니 我亦惟玆二國命에 嗣若功이라하나니 王乃初服이온여

| 언해 |

이제 王이 이어셔 그 命을 바드시니 나는 쏘흔 이 두 나라 命애 功을 이을지라 ᄒᆞ노니 王이 初애 服홈이ᄯᆞ녀

| 번역 |

"이제 왕이 천명을 이어 받으시니, 저는 또한 '이 두 나라의 명에
서 공을 이을 것입니다.'라고 합니다. 왕이 처음 정치를 행함에
있어서이겠습니까?"

| 의해 |

이제 왕이 천명을 이어 받았다. 하(夏)나라와 상(商)나라의 명에
서 마땅히 공이 있는 자를 이을 것이라고 한 것은 덕을 공경하여
여러 해를 지낸 자를 이음을 말한 것이다. 하물며 왕이 새로운 읍
에서 처음 정사(政事)를 하여 교화를 시행하는 처음에 있어서이
겠는가?

嗚呼라 若生子 罔不在厥初生하여 自貽哲命하니 今天은
其命哲가 命吉凶가 命歷年가 知今我初服이니이다

| 언해 |

嗚呼ㅣ라 生혼 子ㅣ 그 初生홈애 이셔 스스로 哲命을 쥬지 안임
이 업심과 갓흐니 이제 하눌은 그 哲을 命호실가 吉과 凶을 命호
실가 歷年을 命호실가 알것이 이제 우리 初服이니이다

| 번역 |

"아! 자식을 낳음에 처음 낳을 때에 스스로 밝은 명을 주는 것에
달려 있지 않음이 없는 것과 같으니, 이제 하늘은 그 밝음을 명할
것인가? 길흉을 명할 것인가? 여러 해를 지냄을 명할 것인가? 이
를 아는 것은 지금 우리가 처음 다스림에 있습니다."

| 의해 |

왕이 처음 정사(政事)를 시행하는 것이 자식을 낳음에 처음 낳을 때에 달려 있지 않음이 없는 것과 같아서, 선을 익히면 선해져서 스스로 밝은 명을 받으니, 정사를 다스리는 도가 또한 이와 같다. 이제 하늘은 왕에게 밝음으로 명할 것인가? 길흉으로 명할 것인가? 여러 해를 지내는 것으로 명할 것인가? 모두가 알 수 없지만, 알 수 있는 것은 지금 우리가 처음 다스리는 것을 어떻게 하느냐에 달려 있다. 처음으로 정사를 다스림에 덕을 공경하면 또한 스스로 밝은 명을 받아 길하고 모두 해를 지내는 것이 장구(長久)할 것이다.

宅新邑하사 肆惟王이 其疾敬德하소서 王其德之用이 祈天永命이니이다

| 언해 |

新邑애 宅ᄒᆞ샤 이에 王이 그 ᄲᆞᆯ리 德을 공경ᄒᆞ쇼셔 王이 그 德을 쓰심이 하늘ᄭᅴ 永命을 비ᄂᆞᆫ 것이니이다

| 번역 |

"새로운 읍에 자리 잡아서 왕께서는 빨리 덕을 공경하소서. 왕께서 덕을 쓰심이 하늘에 영원한 명을 비는 것입니다."

| 의해 |

새로운 읍에 자리 잡는다는 것은 처음으로 정사를 시행한다는 것이다. 왕이 처음으로 정사를 시행함에 빨리 덕을 공경해야 하는

것이니, 어찌 늦출 수 있겠는가? 왕이 덕을 쓰는 것은 하늘에 해를 지내는 것이 영구하기를 비는 것이다.

其惟王은 勿以小民의 淫用非彝로 亦敢殄戮用乂하소서
民若이라야 有功하리이다

| 언해 |

그 王은 小民의 彝안인 것을 淫用홈으로 뻐 또혼 殄戮애 敢ㅎ야 뻐 乂치 마른쇼셔 民을 若ㅎ야사 功이 잇시리이다

| 번역 |

"왕께서는 백성들이 일정한 법이 아닌 것을 지나치게 쓴다고 하여서 또한 과감하게 죽임으로 다스리지 마소서. 백성들의 뜻을 따라야 공이 있을 것입니다."

| 의해 |

형벌이란 덕의 반대이다. 덕을 공경함을 빨리 하면 마땅히 형벌 쓰기를 늦게 할 것이다. 백성들이 법이 아닌 것을 지나치게 쓰는 까닭으로 또한 죽이는 형벌을 과감하게 쓰지 말고 오직 백성들의 뜻을 따라서 인도하면 공이 있을 것이다. 백성은 물과 같으니, 물이 범람하여 멋대로 흐르는 것은 그 본성을 잃은 것이다. 그러나 만일 막아서 흐르지 못하게 하면 그 해가 더욱 심하니, 오직 그 성질을 따라서 인도하면 공을 이룰 것이다.

其惟王位 在德元하면 小民이 乃惟刑하여 用于天下라 越

王에 顯하리이다

| 언해 |

그 王의 位ㅣ 德元에 잇시면 小民이 刑ᄒᆞ야 天下애 用홀디라 王

씌 顯ᄒᆞ리이다

| 번역 |

"왕의 자리가 덕이 으뜸인 자에게 있으면, 백성들이 이를 본받아
천하에 덕을 써서 왕의 덕이 더욱 드러날 것입니다."

| 자해 |

元 : 으뜸.

| 의해 |

천하의 위에 거하려면 반드시 천하에 으뜸 되는 덕이 있어야 한
다. 왕의 자리가 덕이 으뜸인 자에게 있으면 백성들이 모두 왕의
덕을 본받아서 덕을 아래에 쓸 것이니, 왕의 덕이 이로써 더욱 드
러날 것이다.

上下勤恤하여 其曰하되 我受天命이 丕若有夏歷年하며

式勿替有殷歷年이라하나니 欲王은 以小民으로 受天永命

하노이다

| 언해 |

上下ㅣ 勤恤ㅎ야 基ㅎ야 닐오디 우리 天命을 바듬이 크게 有夏의
歷年 갓흐며 뻐 有殷의 歷年을 替치 마롤디라 ㅎᄂ니 王은 小民
으로 뻐 하늘의 永命을 受코즈 ㅎ노이다

| 번역 |

"상하가 걱정하여 노력하며 말하기를, '우리가 천명을 받은 것이
크게는 하(夏)나라가 여러 해를 지낸 것과 같게 하여 은(殷)나라
가 여러 해를 지낸 것을 폐하지 말라.'고 해야 하니, 왕께서는 백
성을 데리고 하늘의 영원한 명을 받기를 원합니다."

| 자해 |

其 : 반드시 그렇게 되도록 한다는 의미.

| 의해 |

임금과 신하가 노력하여 서로 그렇게 하려고 말하기를, "우리가
천명을 받은 것이 크게 하(夏)나라가 여러 해를 지낸 것과 같으
니, 또 은(殷)나라가 여러 해를 지낸 것을 어기지 말자."고 하니,
하나라와 은나라가 해를 지낸 것이 장구함을 겸하고자 한 것이
다. 소공(召公)이 또 이어서 왕이 백성을 데리고 하늘의 영원한
명을 받기를 원하니, 백성은 걱정하여 노력하는 실상이고, 하늘
의 영원한 명을 받는다고 한 것은 여러 해를 지낸 실상이다.

拜手稽首曰 予小臣은 敢以王之讎民과 百君子와 越友
民으로 保受王威命明德하나니 王이 末有成命하시면 王亦
顯하시리이다 我非敢勤이라 惟恭奉幣하여 用供王의 能祈
天永命하노이다

| 언해 |

손에 절ᄒ고 머리를 느리어 닐오ᄃᆡ 나 小臣은 敢히 王의 讎ᄒᆞᆫ 民
과 百君子와 밋 友民으로 ᄡᅥ 王의 威命과 明德을 보존ᄒ야 밧게
ᄒᄂᆞ니 王이 맛ᄎᆞᆷᄂᆡ 成命을 두시면 王이 ᄯᅩᄒᆞᆫ 顯ᄒ시리이다 내
敢히 勤ᄒᄂᆞᆫ 주리 아니라 幣를 공손히 밧드러셔 ᄡᅥ 王의 能히 하
ᄂᆞᆯᄭᅴ 永命을 祈ᄒ삼애 供ᄒ노이다

| 번역 |

절하고 머리를 조아리며 아뢰었다. "저 소신(小臣)은 감히 왕의
원수가 되는 백성과 여러 군자와 우호적인 백성을 데리고 왕의
위엄 있는 명령과 밝은 덕을 받아서 보존하게 하니, 왕께서 끝까
지 이룬 명을 소유하시면 왕이 또한 드러나실 것입니다. 제가 감
히 수고롭다 여기는 것이 아니라 폐백을 공손히 받들어서 왕께서
하늘에 영원한 명을 비는 데 바칩니다."

| 자해 |

讎民 : 은(殷)나라의 완악한 백성으로 삼감(三監)과 더불어 배반한 자들. •
百君子 : 은나라의 일을 다스리는 서사(庶士). •友民 : 주(周)나라와 친하고
복종하는 백성. •保 : 보존하여 잃지 않음. •受 : 받아서 막지 않음. •威命·
明德 : 덕의 위엄과 밝음. •末 : 마침.

| 의해 |

소공(召公)이 편의 끝에서 공경을 다하여 말하기를, "저 작은 신하는 감히 은나라와 주나라의 신민으로써 왕의 위엄 있는 명령과 밝은 덕을 받아서 보존하게 하였으니, 왕이 마땅히 하늘이 이룬 명을 끝까지 보존하시면 또한 후세에 드러나실 것입니다. 제가 감히 이로써 수고롭게 여기는 것이 아니라 오직 공손히 폐백을 받들어 왕께서 하늘에 영원한 명을 비는 데에 바칠 뿐입니다."라고 하였다. 폐백을 받드는 예는 신하된 직분으로 마땅히 공손히 해야 할 일이고 하늘에 비는 실상이니, 왕이 스스로 다해야 할 것이다.

낙고[洛誥]

낙읍(洛邑)이 이미 정해지자 주공(周公)이 사자(使者)를 보내어 점을 친 결과를 고하니, 사관이 기록하여 「낙고(洛誥)」라 하고, 또 임금과 신하가 묻고 대답한 것과 성왕(成王)이 주공에게 명하여 머물러 낙읍을 다스리게 한 일을 아울러 기록하였다. 성왕이 제사를 거행하고 정사(政事)를 시행한 후에 곧 호경(鎬京)으로 돌아갔으며 낙읍에 도읍하지는 않았다. 금문(今文)과 고문(古文)에 다 있다.

周公이 拜手稽首曰 朕은 復子明辟하노이다

| 언해 |

周公이 숀애 절ᄒ고 머리를 나리여 닐오디 朕은 子明辟씌 復ᄒ노이다

| 번역 |

주공이 절하고 머리를 조아리며 말하였다. "저는 그대 밝은 임금께 복명(復命)합니다."

| 의해 |

이 아래는 주공(周公)이 사자(使者)에게 주어서 점친 것을 고한 말이다. 성왕(成王)이 주공에게 명하여 가서 성주(成周)를 경영하게 하니, 주공이 점괘를 얻어서 왕에게 복명한 것이다. 성왕을 가리켜서 그대라고 한 것은 친하게 여긴 것이고, 밝은 임금이라

고 한 것은 높인 것이다. 주공이 성왕을 도움에 높은 것으로 하면
임금이고, 가까운 것으로 하면 형의 아들이다.

王이 如弗敢及天의 基命定命이실새 予乃胤保하여 大相
東土하니 其基作民明辟이로소이다

| 언해 |

王이 敢히 하놀의 基命과 定命을 밋치지 못ᄒᆞᄂᆞ듯 ᄒᆞ실시 내 保
를 胤ᄒᆞ야 크게 東土를 相호니 그 빅셩의 明辟이 되옴을 基ᄒᆞ리
로소이다

| 번역 |

"왕이 감히 하늘의 명의 터전을 닦아 명을 안정시킴에 미치지 못
할 것 같아서 제가 태보(太保)를 이어 크게 동쪽 땅을 살펴, 백성
의 현명한 임금이 될 터전을 닦았습니다."

| 의해 |

터를 닦은 후에 이루고 이룬 후에 안정된다. 명의 터전을 닦는 것
은 처음을 이루는 것이고, 명을 안정시키는 것은 마지막을 이루
는 것이다. 성왕(成王)이 어려서 감히 하늘의 명의 터전을 닦아
안정시키는 것을 미처 알지 못하는 것 같으니, 주공이 이에 태보
(太保)를 이어서 크게 낙읍(洛邑)을 살펴보니 거의 왕을 위하여
비로소 백성의 밝은 임금이 될 터전을 닦은 것이다. 낙읍(洛邑)이
호경(鎬京)의 동쪽에 있으므로 동쪽 땅이라고 하였다.

予惟乙卯에 朝至于洛師하여 我卜河朔黎水하며 我乃卜
澗水東과 瀍水西하니 惟洛을 食하며 我又卜瀍水東하니
亦惟洛을 食할새 伻來하여 以圖及獻卜하노이다

| 언해 |

내 乙卯애 朝애 洛師애 니르러셔 내 河朔과 黎水에 卜ㅎ며 내 澗
水東과 瀍水西애 卜ㅎ니 洛을 食ㅎ며 내 쏘 瀍水東을 卜ㅎ니 쏘
洛을 食홀 시 伻ㅎ야 來ㅎ야 뼈 圖와 믿 卜과로 獻ㅎ노이다

| 번역 |

"제가 을묘일(乙卯日) 아침에 낙사(洛師)에 이르러 제가 황하의
북쪽과 여수(黎水)를 점치며 제가 간수(澗水)의 동쪽과 전수(瀍
水)의 서쪽을 점치니, 점치는 거북의 금이 낙(洛)으로 먹어들어
갔습니다. 내가 또 선수(瀍水)의 동쪽을 점치니 또한 낙(洛)으로
먹어 들어갔으므로 사람을 보내어 지도와 점친 것을 바칩니다."

| 자해 |

洛師 : 경사(京師). •河朔黎水 : 황하의 북쪽과 여수(黎水)가 교류하는 곳의
안. •澗水東瀍水西 : 왕성(王城). 조회(朝會)하는 곳. •瀍水東 : 하도(下都)
로 상(商)나라 백성을 거주하게 한 땅. •팽(伻) : 사신. •圖 : 낙(洛)의 지도.
•獻卜 : 점의 징조를 바침.

| 의해 |

이는 주공(周公)이 낙읍(洛邑)을 정한 후에, 그 점의 길한 징조와
낙읍의 지도를 성왕(成王)에게 바치는 말이다. 왕성(王城)은 간
수(澗水)와 전수(瀍水)의 사이에 있고, 하도(下都)는 전수(瀍水)

의 밖에 있으니, 그 땅이 모두 낙수(洛水)에서 가까우므로 두 번 낙수를 먹어 들어갔다고 말한 것이다.

王이 拜手稽首曰 公이 不敢不敬天之休하사 來相宅하시니 其作周에 匹休샷다 公旣定宅하시고 伻來하여 來視予卜休恒吉하시니 我二人이 共貞이로다 公其以予로 萬億年을 敬天之休하실새 拜手稽首誨言하노이다

| 언해 |

王이 손에 졀ㅎ고 머리를 ᄂᆞ리여셔 ᄀᆞᆯᄋᆞ샤디 公이 敢히 하늘의 아름다옴을 공경치 안이치 못ㅎ샤 와셔 宅을 相ㅎ시니 그 周애 匹ᄒᆞᆫ 아름다옴을 지으샷다 公이 임의 宅을 定ㅎ시고 伻ㅎ야 來ㅎ야와 와셔 내게 卜이 아름다워셔 ᄒᆞᆼ샹 吉흠을 뵈이시니 우리 二人이 ᄒᆞᆫ가지로 貞ㅎ리로다 公이 그 나로 뻐 萬億年을 하늘의 아름다옴을 공경케 ㅎ실시 가라치신 말숨을 손에 졀하고 머리를 ᄂᆞ리ᄂᆞ이다

| 번역 |

왕이 절하고 머리를 조아리며 말하였다. "공(公)이 감히 하늘의 아름다움을 공경하지 않을 수 없어서 와서 집 자리를 살펴보니, 주(周)나라에 짝할 아름다움을 지었습니다. 공(公)이 이미 자리를 정하고 사람을 보내어 와서 나에게 점친 것이 아름다워서 항상 길함을 보여주니, 우리 두 사람이 함께 점을 친 것입니다. 공

(公)이 나로 하여금 만억 년 하늘의 아름다움을 공경하게 하기에
깨우쳐준 말에 절하고 머리를 조아립니다.”

| 자해 |

匹 : 짝. •視 : 보여줌. •二人 : 성왕(成王)과 주공(周公). •貞 : 점침.

| 의해 |

이는 왕이 사자(使者)에게 주어 공(公)에게 대답한 말이다. 왕이
절하고 머리를 조아린 것은 성왕(成王)이 주공(周公)을 높여 특
별하게 대접하여 예를 중하게 한 것이다. 공(公)이 감히 하늘의
아름다운 명을 공경하지 않을 수 없어 와서 자리를 살펴보고 주
(周)나라의 아름다움에 짝할 만한 땅을 만들었으니, 낙(洛)에 점
을 친 것은 주나라의 명을 무궁함에 짝하게 한 것을 말하는 것이
다. 점이 아름다워서 항상 길함을 보여주니, 성왕과 주공 두 사람
이 함께 점을 친 것이다. 주공이 낙에 터를 정함에 규모가 크고
원대하여 만억 년이나 하늘의 아름다운 명을 공경하게 하였으므
로, 또 절하고 머리를 조아려 주공이 점친 것을 고하여 깨우쳐준
말에 사례한 것이다.

周公曰 王이 肇稱殷禮하사 祀于新邑하시되 咸秩無文하
소서

| 언해 |

周公이 닐오디 王이 비로소 殷흔 禮를 稱ㅎ샤 新邑애 祀ㅎ샤디
文에 업스니 조차 다 秩ㅎ쇼셔

| 번역 |

주공(周公)이 말하였다. "왕이 비로소 성대한 예를 거행하여 새로운 읍에서 제사지내시되 사전(祀典)에 기재되지 않은 것까지 모두 등급에 맞추어 하소서."

| 자해 |

殷 : 성대함. •秩 : 등급. •無文 : 사전(祀典)에 기록되지 않은 것.

| 의해 |

이 아래는 주공(周公)이 성왕(成王)에게 낙읍(洛邑)에 자리를 잡은 일을 고한 것이다. 왕이 비로소 성대한 예를 거행하여 낙읍에서 제사를 할 때, 모두 마땅히 제사할 만한 것을 그 등급에 맞추어 제사하니, 비록 사전(祀典)에 기재되지 않은 것이라도 마땅히 제사할 것은 또한 등급에 따라 제사해야 한다고 한 것이다. 임금의 마음을 바로잡고 천하를 모으는 도가 이보다 더 중요한 것이 없으니, 주공이 먼저 힘쓴 것이 마땅하다.

予齊百工하여 伻從王于周하고 予惟曰庶有事라호이다

| 언해 |

내 百工을 齊ᄒ야 ᄒ여곰 王을 周에 從케 ᄒ고 내 닐오디 거의 일이 잇시리라 호이다

| 번역 |

"저는 모든 관리들을 가지런히 하여 그들로 하여금 주나라에서 왕을 따르게 하고, 제가 말하기를, '아마도 일이 있을 것이다.'라고

하였습니다.”

| 의해 |

주공이 모든 관리들을 가지런히 하여 그들로 하여금 성왕을 주나라에서 따르게 하였는데, 이는 낙읍(洛邑)으로 가려 할 때를 말한 것이다. “일이 있을 것이다.”라고 한 것은 주공이 그 뜻을 조금만 보여주고 성왕이 스스로 명령할 것을 기다린 것이다.

今王이 卽命曰 記功宗하여 以功으로 作元祀하라하시고 惟
命曰 汝受命하란대 篤弼하라하소서

| 언해 |

이졔 王이 命ᄒᆞ야 니ᄅᆞ샤디 功의 宗을 記ᄒᆞ야 功으로 뻐 元祀를 作ᄒᆞ라 ᄒᆞ시고 命ᄒᆞ야 ᄀᆞᆯ ᄋᆞ샤디 네 命을 受ᄒᆞ란디 篤히 弼ᄒᆞ라 ᄒᆞ쇼셔

| 번역 |

“이제 왕이 명하여 이르시기를, ‘공이 높게 드러난 자를 기록하여 공으로써 원사(元祀)를 지내라.’고 하시고, 명하여 이르시기를, ‘너희가 명을 받았으니 철저하게 보필하라.’고 하소서.”

| 자해 |

功宗 : 공이 높고 드러난 자. •元祀 : 으뜸 제사.

| 의해 |

원사(元祀)로 만들어 공신(功臣)들을 위로하고 보답하며, 또 왕
실을 보필하여 더욱 오래고 큰일을 도모함에 힘쓰라고 한 것이
다.

丕視功載니 乃汝其悉自敎工이니이다

| 언해 |

크게 功의 載를 뵈일지니 네 그 다 스스로 工을 敎홈이니이다

| 번역 |

"크게 공을 기록한 것을 기준으로 하면 그대가 모두 저절로 모든
관리들을 가르치는 것입니다."

| 자해 |

丕 : 큼. •視 : 기준으로 함. •功載 : 공을 기록한 문서.

| 의해 |

크게 공을 기록한 문서를 기준으로 상을 주어 공정하게 하면 모
든 관리들이 본받아서 또한 모두 공정하게 될 것이며, 크게 공을
기록한 문서를 기준으로 하되 사사로움에서 나왔으면 모든 관리
들이 본받아서 또한 모두 사사롭게 될 것이다. 공(公)과 사(私)는
모두 그대가 가르치는 것이라 하니, 윗글에서 공신들을 포상하는
것으로 고하였으므로 크게 공을 기록한 문서를 기준으로 할 것을
경계함이 이와 같은 것이다.

^{유 자} 孺子는 ^{기 붕} 其朋가 ^{유 자 기 붕} 孺子其朋이면 ^{기 왕} 其往이 ^{무 약 화 시 염 염} 無若火始燄燄이라
^{궐 유 작} 厥攸灼이 ^{서 불 기 절} 叙弗其絶아

| 언해 |

孺子는 그 朋홀것인가 孺子ㅣ 그 朋ᄒ면 그 往이 불이 비로소 厭
厭ᄒᄂ 디라 그 灼ᄒᄂ 배 叙ᄒ야 그 絶치 몯홈 ᄀᆮ디 아니ᄒ랴

| 번역 |

"어린 아들은 붕당을 지을 것입니까? 어린 아들이 붕당을 짓는다
면 후에 불이 처음에는 미미하다가 그 타는 것이 퍼져서 끊을 수
없는 것과 같지 않겠습니까?"

| 자해 |

孺子 : 어린 아들. •朋 : 무리 지음.

| 의해 |

모든 관리들이 보고 본받는 이와 같으니, 논공행상에 어린 아들
은 조금이라도 무리를 짓는 사사로움을 따르겠는가? 어린 아들이
조금이라도 무리를 짓는 사사로움을 따른다면, 이로부터 그 후로
는 불이 일어나는 것 같아서, 처음에는 비록 미미하여 작으나 불
사르고 타는 것이 장차 차례로 뻗어나가 타올라서 끄지 못할 것
이다. 이는 논공행상을 함에 사사로움을 좇는 해로움이 처음에는
매우 작지만 나중에는 막고 끊을 수 없음을 말한 것이니, 그러므
로 말을 엄하게 한 것이다.

厥若彝及撫事를 如予하여 惟以在周工으로 往新邑하여
佇嚮卽有僚하며 明作有功하며 惇大成裕하면 汝永有辭

하리이다

| 언해 |

그 彝를 若홈과 믿 事를 撫홈을 나를 곧치 ᄒ야 在혼 周工으로 ᄡᅥ
新邑에 往ᄒ야 ᄒ여곰 嚮ᄒ야 有僚애 卽ᄒ며 明ᄒ며 作ᄒ야 功을
두며 惇ᄒ며 大ᄒ야 裕를 成케 ᄒ면 네 기리 辭ㅣ 이시리이다

| 번역 |

"떳떳한 도리를 따르고 일을 어루만지기를 제가 하듯이 하여 현재
주나라의 관리로써 새로운 읍에 가서 그들로 하여금 관직에 나아
가게 하며, 분명히 진작하게 하여 공을 있게 하며 돈후히 하고 크
게 하여 풍속을 넉넉하게 이루시면 그대에게는 길이 칭찬하는 말
이 있을 것입니다."

| 의해 |

떳떳한 도리를 따르며 국사(國事)를 처리하기를 항상 주공이 정
사(政事)할 때와 같이 하고 오직 사사로운 사람들을 참여하게 하
지 말며, 지금 있는 주나라의 관리들을 새로운 읍에 가게 하여 모
든 관리들로 하여금 임금의 의향을 알아서 각각 관직에 나아가
명백히 분발하여 드높여 공에 나아가게 하며, 두텁고 크게 하여
이로써 풍속을 넉넉하게 한다면 왕의 아름다운 명성에 대하여 또
한 길이 후세에 칭찬하는 말이 있을 것이다.

公曰 已아 汝惟沖子惟終이어다

| 언해 |

公이 닐오디 말리아 너 沖子ㅣ 終홀 지어다

| 번역 |

공(公)이 말하였다. "아! 그대 어린 아들은 잘 끝마쳐야 합니다."

| 의해 |

주(周)나라의 왕업(王業)은 문왕(文王)과 무왕(武王)이 시작하였
고, 성왕(成王)이 마땅히 잘 마무리해야 하는 것이다. 이 위는 공
을 기록하고 모든 관리들을 가르쳐 안으로 다스리는 일을 자세히
말한 것이고, 이 아래는 제후들을 거느려 통제하고 만민을 가르
쳐 기르는 도를 말하고 있다.

汝其敬이라야 識百辟의 享하며 亦識其有不享이니 享은 多

儀하니 儀不及物하면 惟曰不享이니 惟不役志于享하면 凡

民이 惟曰不享이라하여 惟事 其爽侮하리이다

| 언해 |

네 그 공경호야사 百辟의 享을 識호며 쏘호 그 享치 아니홈을 識
호리니 享은 儀ㅣ 하니 儀ㅣ 物애 믿디 몯호면 닐온 享치 아니홈
이니 志를 享애 役디 아니호면 믈읫 民이 닐오디 享치 아닐 거시

라 ᄒᆞ야 事ㅣ 그 爽ᄒᆞ며 侮ᄒᆞ리이다

| 번역 |

"그대가 공경하여야 모든 제후들이 조공하는 것을 알고 또한 조공하지 않는 것을 알 것입니다. 조공에는 의례가 많으니 의례가 물건에 미치지 못하면 이것을 조공하지 않는 것이라고 합니다. 뜻을 조공함에 쓰지 않으면 모든 백성들이, '조공하지 않겠다.'라고 하여 일이 어그러지고 업신여기게 될 것입니다."

| 자해 |

百辟 : 제후. •享 : 조회하고 폐백을 바침. •儀 : 예. •物 : 폐백(幣帛).

| 의해 |

이는 제후를 다스리는 방도이다. 제후가 왕에게 조공함에 정성스러움도 있고 거짓도 있으니, 오직 공경하는 임금이라야 이를 알 수 있어서 조공함에 정성스러운 자도 알고 또한 조공함에 정성스럽지 않은 자도 아는 것이다. 조공하는 것이 폐백에 있지 않고 예에 있으니, 폐백은 남음이 있으나 예가 부족하면 또한 조공하지 않는 것과 같다. 제후들이 오직 뜻을 조공에 쓰지 않으면 나라 사람들이 그에게 교화되어 또한 모두 이르기를, "왕에게 굳이 조공할 것이 없다."라고 할 것이다. 온 나라가 윗사람에게 조공하는 정성이 없으면 어찌 어그러지고 참람하고 업신여겨서 왕의 제도를 떨어뜨려 반란에 이르지 않겠는가? 임금이 공경을 마음을 두어서 일찍 분변하고 미미할 때에 살피지 않을 수 있겠는가?

乃惟孺子 頒朕의 不暇하여 聽朕의 教汝于棐民彝어다 汝
乃是不蘉하면 乃時惟不永哉인저 篤叙乃正父하되 罔不
若予하면 不敢廢乃命하리니 汝往敬哉어다 茲予는 其明農
哉로리니 彼裕我民하면 無遠用戾하리이다

| 언해 |

孺子ㅣ 朕의 暇치 몯ᄒᆞᄂᆞᆫ 거슬 頒ᄒᆞ야 朕의 네게 民의 彝를 棐홈으로 教홈을 聽홀 디어다 네 이예 蘉치 아니ᄒᆞ면 이 히 永치 몯ᄒᆞ린뎌 네 正父를 篤ᄒᆞ며 叙호ᄃᆡ 날 ᄀᆞ치 아니 아니ᄒᆞ면 敢히 네 命을 廢치 아니ᄒᆞ리니 네 往ᄒᆞ야 敬홀 디어다 이 나는 農을 明호리니 뎌에 우리 民을 裕ᄒᆞ면 먼ᄃᆡ 업시 ᄡᅥ 戾ᄒᆞ리이다

| 번역 |

"어린 아들은 제가 겨를이 없어 하지 못했던 것을 반포하여 제가 그대에게 백성의 본성을 도우라고 가르쳐준 것을 따르십시오. 그대가 이에 힘쓰지 않으면 이에 영원하지 못할 것입니다. 그대의 정부(正父)의 도를 돈독히 하여 질서 있게 펴나가는 것을 저와 같이 하지 않음이 없으면 감히 당신의 명을 폐하지 않을 것이니, 그대는 가서 공경해야 할 것입니다. 이에 저는 농사지을 것을 밝힙니다. 저 우리 백성들을 넉넉히 하면 멀어서 이르지 못할 사람은 없을 것입니다."

| 자해 |

頒朕不暇 : 미상(未詳). 혹은 내가 급급하여 겨를이 없었던 것을 반포함. •
正父 : 무왕(武王). •篤 : 철저하게 하여 잊어버리지 않음. •叙 : 선후(先後)

가 문란하지 않음. •彼 : 낙읍(洛邑). •戾 : 이름.

| 의해 |

이는 만민을 가르쳐 기르는 도이다. 내가 그대에게 백성의 떳떳한 본성을 돕는 도를 가르쳐준 것을 따라야 할 것이다. 그대가 이에 힘쓰지 않으면 백성의 본성이 혼란될 것이니 오래 갈 수 있는 도가 아니다. 무왕(武王)의 도를 두터이 펴 나아감을 나와 같이 하지 않음이 없으면 사람들이 감히 그대의 명을 폐하지 못할 것이라는 말이다. "왕은 낙읍(洛邑)으로 가서 공경해야 할 것입니다. 나는 전야(田野)로 물러나서 오직 농사지을 것을 밝힙니다."라고 하였으니, 대개 공(公)이 돌아가서 늙으려는 뜻이 있었던 것이다. 왕이 낙읍(洛邑)에서 그 백성들을 화합하고 넉넉하게 하면 백성들이 가까운 데 먼 데 할 것이 없이 이를 것이라고 한 것이다.

王若曰 公이 明保予沖子하사 公稱丕顯德하사 以予小子로 揚文武烈하며 奉答天命하며 和恒四方民하여 居師하시다

| 언해 |

王이 이러틋시 길ᄋ샤디 公이 나 沖子를 明ᄒ며 保ᄒ샤 公이 키 顯ᄒ 德을 稱ᄒ샤 나 小子로 뼈 文武의 烈을 揚ᄒ며 天命을 奉答ᄒ며 四方애 民을 和ᄒ며 恒ᄒ야 師를 居케 ᄒ시다

| 번역 |

왕이 다음과 같이 말씀하셨다. "공(公)이 나 어린 아들을 밝히고

보호하시어 공(公)이 크게 드러난 덕을 들어서 나 소자(小子)로
하여금 문왕(文王)과 무왕(武王)의 업적을 드날리며 천명을 받들
어 대답하며, 사방의 백성들을 화합하게 하며 항구하게 하여 백
성들을 살게 하셨습니다."

| 자해 |

明 : 드러내어 밝힘. •保 : 보존하여 도와줌. •稱 : 듬. •和 : 어그러지지 않
게 함. •恒 : 오래가게 함. •居師 : 무리를 살게 함. 낙읍(洛邑)을 경영하여
백성들이 사는 것을 안정시킴.

| 의해 |

이 아래는 성왕(成王)이 주공(周公)에게 대답하고 또 공(公)을 낙
(洛)에 머물러 다스리게 한 것이니, 위의 글과 서로 관련하여 응
한다. 주공이 밝게 성왕을 보존하여 크게 드러난 덕을 들어서 그
임금으로 하여금 문왕(文王)과 무왕(武王)을 더럽히지 않게 하며
우러러 하늘에 부끄럽지 않고 구부려 사람에게 부끄럽지 않게 한
것이다.

惇宗將禮하여 稱秩元祀하되 咸秩無文케하시다

| 언해 |

宗의 큰 禮를 도타이 ㅎ야 元祀를 秤ㅎ야 秩호더 다 文에 업스니
조차 秩케 ㅎ시다

| 번역 |

"공이 높고 드러난 자에 대한 큰 예를 두터이 하여 원사(元祀)를

등급에 맞게 거행하되 사전(祀典)에 기재되지 않은 것까지도 모
두 등급에 맞추어 제사지내게 하였습니다.”

| 자해 |

宗 : 공이 높고 드러난 자. 공이 높고 드러난 자에 대한 예. •將 : 큼.

惟公德이 明光于上下하며 勤施于四方하여 旁作穆穆迓
衡하여 不迷文武勤教하시니 予沖子는 夙夜에 毖祀로다

| 언해 |

公의 德이 上下의 明光ᄒ며 四方의 勤施ᄒ야 旁으로 穆穆을 作ᄒ
야 衡을 迓ᄒ야 文武의 勤ᄒ신 教를 迷치 아니ᄒ시니 나 沖子는
夙夜애 祀애만 毖홀 디로다

| 번역 |

“공(公)의 덕이 위아래에 밝게 빛나고 부지런히 사방에 시행되어
널리 조화로움을 이루고 잘 다스려짐을 맞이해서 문왕(文王)과
무왕(武王)이 애쓰신 가르침을 혼미하지 않게 하시니, 나 어린 아
들은 밤낮으로 제사를 삼갈 것입니다.”

| 자해 |

旁 : 일정한 방향의 장소가 없음. •穆穆 : 조화롭고 공경함. •迓 : 맞이함.

| 의해 |

주공(周公)의 덕이 위아래에 밝게 빛나고 사방에 부지런히 시행

되어서 위아래와 사방의 구분이 없이 널리 조화로움을 이루고 잘 다스려짐을 맞이하여 문왕(文王)과 무왕(武王)이 부지런히 천하를 가르치신 바를 혼미하지 않게 하니, 주공의 덕 있는 교화가 그 당시에 베풀어지는 것이 이와 같았다. 성왕(成王)은 다시 무엇을 하겠는가? 오직 밤낮으로 제사에만 삼갈 따름이다. 성왕은 주공이 물러가 쉬려는 뜻이 있음을 알았으므로 주공을 머무르게 하여 가지 못하게 하는 뜻을 보인 것이다.

> 王曰 公功은 棐迪이 篤하니 罔不若時어다

| 언해 |

王이 굴ᄋ샤ᄃᆡ 公의 功은 棐하며 迪홈이 篤하니 이 ᄀᆞ치 아니 홈이 업실지어다

| 번역 |

왕이 말씀하셨다. "공(公)의 공은 나를 돕고 인도함이 돈독하였으니, 이와 같이 하지 않음이 없어야 할 것입니다."

| 의해 |

주공의 공은 성왕을 돕고 성왕을 열어준 바가 돈독하니, 마땅히 항상 이와 같이 할 것이고, 물러가겠다고 말해서는 안 된다고 한 것이다.

王曰 公아 予小子는 其退하여 卽辟于周하고 命公後하리라

| 언해 |

王이 글ㅇ샤딕 公아 나 小子는 그 退ㅎ야 곧 周의 辟ㅎ고 公을 命ㅎ야 後호리라

| 번역 |

왕이 말씀하셨다. "공(公)이여! 나 소자(小子)는 물러가서 곧 주나라에서 임금 노릇을 하고, 공에게 명하여 뒤에 남게 할 것입니다."

| 의해 |

이 아래는 성왕이 주공을 머물게 하여 낙읍을 다스리게 한 것이다. 낙읍을 만든 것은 주공이 본래 성왕으로 하여금 도읍을 옮겨 천하의 가운데 자리 잡도록 하려고 한 것인데, 성왕의 뜻은 호경(鎬京)을 버리고 조종(祖宗)의 구업(舊業)을 폐하려는 것이 아니었다. 그래서 낙읍에서 제사를 거행하고 정사(政事)를 발표한 후에 곧 호경에 돌아와 살고 주공을 낙읍에 머물러 다스리게 하고자 한 것이다.

四方이 迪亂커늘 未定于宗禮라 亦未克敉公功이로다

| 언해 |

四方이 迪ㅎ야 다스리거늘 宗禮를 定치 몯ㅎ얏눈지라 쪼흔 능히

公의 功을 敉치 몯ᄒᆞ얀노라

| 번역 |

"사방이 인도되고 다스려졌으나 공이 높은 자에 대한 예를 정하지
못하였습니다. 그리하여 주공의 공 또한 정하지 못하였습니다."

| 자해 |

宗禮 : 공이 높은 자에 대한 예. ·亂 : 다스림.

| 의해 |

사방이 열리어 다스려진 것은 주공의 공인데 아직 공이 높은 사
람을 예우하는 예를 정하지 못하였다. 그래서 주공의 공을 정하
지 못하였다. 공을 정한다고 하는 것은 그 공을 합당하게 정한다
는 것이니, 곧 아래 문장의 명하여 편안하게 한다는 것과 같다.

迪將其後하여 監我士師工하여 誕保文武受民하여 亂爲
四輔어다

| 언해 |

그 後를 迪ᄒᆞ야 將ᄒᆞ야 우리 士와 師와 工으로 監케 ᄒᆞ야 키 文武
의 受ᄒᆞ신 民을 保ᄒᆞ야 亂ᄒᆞ야 四輔ㅣ 되올디어다

| 번역 |

"후손을 인도하여 크게 해서 우리 선비와 대중과 모든 관리들로
본받게 해서 크게 문왕과 무왕께서 받으신 백성을 보호하여 다스

려 사방에서 보필하는 신하가 되어야 할 것입니다."

| 자해 |

將 : 큼.

| 의해 |

주공이 낙읍에 거하여 그 뒤를 인도하여 크게 해서 우리 선비와 대중과 모든 관리들로 하여금 본받는 바가 있게 하고, 크게 문왕과 무왕이 하늘에서 받으신 백성을 보존하여 다스려 주나라의 사방에서 보필하는 신하가 되게 한다는 것이다. 이 문장을 보면 주공에게 명하여 뒤에 남아 낙읍에 머물게 한 것이 분명하다.

王曰 公定이어든 予往已니 公功을 肅將祗歡하나니 公無困哉어다 我惟無斁其康事하나니 公勿替刑하면 四方이 其世享하리라

| 언해 |

王이 글ᄋ샤디 公이 定커든 내 往홀만 홀 디니 公의 功을 肅ᄒ야 將ᄒ며 祗ᄒ야 歡ᄒᄂ니 公이 나를 困케 마롤디어다 내 그 康혼 事를 斁디 아니ᄒ노니 公이 刑을 替치 아니ᄒ면 四方이 그 世로 享ᄒ리라

| 번역 |

왕이 말씀하셨다. "공(公)이 머물면 나는 갈 수 있을 것이니, 공

(公)의 공을 엄숙히 봉행하며 공경하고 기뻐하니, 공(公)은 나를
곤궁하게 하지 마십시오. 나는 백성들을 편안하게 하는 일을 싫
어하지 않으니, 공(公)이 본보기를 폐하지 않으면 사방이 대대로
덕을 누릴 것입니다."

| 자해 |

定 : 그침.

| 의해 |

성왕(成王)이 주공(周公)을 낙읍(洛邑)에 머물러 있게 하고 자기
는 종주(宗周)로 돌아가고자 한 것이다. 주공의 공을 사람들이 모
두 엄숙히 받들고 공경하여 기뻐하니, 낙읍을 어루만져 사람들의
마음을 위로해야 할 것이고, 물러가려고 하여 나를 곤궁하게 하
지 말라. 나는 오직 백성을 편안히 하는 일을 싫어하지 않으니,
공(公)이 나의 선비와 대중과 모든 관리들이 본받아야 할 바를 폐
하지 않으면 사방이 대대로 공(公)의 덕을 누릴 것이다.

주공　　배 수 계 수 왈　왕 명 여 래　　　　승 보 내 문 조 수 명 민
周公이 拜手稽首曰 王命予來하사 承保乃文祖受命民과

월 내 광 열 고 무 왕　　　홍 짐 공
越乃光烈考武王하시니 弘朕恭이샷다

| 언해 |

周公이 손애 졀ᄒᆞ고 머리를 죠아 닐오디 王이 나를 命ᄒᆞ야 오라
ᄒᆞ샤 네 文祖의 命을 바드신 빅셩과 밋 네 光烈ᄒᆞ신 考武王을 承
ᄒᆞ야 보존케ᄒᆞ시니 朕의 공손홈을 크게 너기샷다

| 번역 |

주공(周公)이 절하고 머리를 조아리며 말했다. "왕께서 저에게 명하여 오라고 하셔서 당신의 문덕이 있는 할아버지가 명을 받으신 백성과 당신의 빛나는 업적을 이루신 아버지 무왕을 계승하여 보존하게 하시니, 저의 공손함을 크게 여기셨습니다."

| 의해 |

이 아래는 주공이 성왕에게 낙읍에 머물러 다스리는 일을 허락한 것이다. 문덕이 있는 할아버지가 명을 받은 백성과 빛나는 업적을 이루신 아버지 무왕을 이어서 보존하게 한다는 것은 윗 문장의 문왕과 무왕이 받으신 백성을 보존하라는 말에 대답한 말이다. 임금에게 어려운 일을 요구하는 것을 공손이라 하니, 나의 공손함을 크게 여긴다는 것은 어려운 일을 요구한 뜻을 크게 여긴 것이다.

孺子來相宅하시니 其大惇典殷獻民하사 亂爲四方新辟하사 作周恭先하소서 曰其自時로 中乂하여 萬邦이 咸休하면 惟王이 有成績하시리이다

| 언해 |

孺子ㅣ 와셔 宅을 相ᄒᆞ시니 그 크게 典과 殷의 獻民을 도타이 ᄒᆞ샤 다ᄉᆞ려셔 四方에 님금이 되샤 周앳 공손홈으로 먼져 홈이 되게 ᄒᆞ쇼셔 닐오디 그 이로붓터 中ᄒᆞ야 乂ᄒᆞ야 萬邦이 다 아롬다우면 王이 成績을 두시리이다

| 번역 |

"어린 아들이 와서 자리를 살펴보시고, 전장(典章)과 은나라의 어진 백성을 크게 두터이 하시며 다스려서 사방의 새 임금이 되어 주나라에 공손함으로 솔선하소서. 이로부터 중앙에서 다스려 만방이 모두 아름답게 되면 왕께서는 업적을 이룸이 있을 것입니다."

| 자해 |

典 : 전장(典章). 통치 제도. •殷獻民 : 은나라의 어진 자. •亂 : 다스림.

| 의해 |

전장(典章)과 현명한 백성은 다스리는 대요(大要)가 된다. 주나라에 공손함으로 솔선하라고 한 것은 임금이 공손함으로 아랫사람들을 접하며 공손함으로 후왕(後王)을 이끌도록 하라는 것이다. 이는 주공이 낙읍을 다스리는 효과를 성왕에게 바란 것이다.

予旦은 以多子와 越御事로 篤前人成烈하여 答其師하여
作周孚先하여 考朕昭子刑하여 乃單文祖德하리이다

| 언해 |

나 旦는 多子와 밋 御事로 뻐 前人의 成烈을 돈독히 ᄒ야 그 師를 답ᄒ야 周에 孚로 먼져홈이 되야 朕의 昭子의 刑을 考ᄒ야 文祖의 德을 單호리이다

| 번역 |

"저 단(旦)은 여러 경대부(卿大夫)와 어사(御事)들을 데리고 앞
사람이 이룬 업적을 돈독히 하여 그 백성들의 바람에 답해서 주
나라에 성실함으로 솔선하여 저의 밝은 임금의 본보기를 이루어
문덕이 있는 할아버지의 덕을 다할 것입니다."

| 자해 |

多子 : 여러 경대부(卿大夫). •師 : 무리. •孚 : 믿음. •考 : 이룸. •昭子 :
밝은 임금. •刑 : 본보기. •單 : 다함.

| 의해 |

주공(周公)이 여러 신하들과 더불어 옛 사람이 이룬 공적을 돈독
히 하는 것은 성왕(成王)의 본보기를 이루는 것이고, 이에 문왕
(文王)의 덕을 다하는 것이다. 이는 주공이 낙읍을 다스리는 일로
써 스스로 힘을 쓴 것이다.

伻來毖殷하시고 乃命寧予하시되 以秬鬯二卣하시고 曰明
禋하나니 拜手稽首하여 休享하노라하시다

| 언해 |

伻ᄒᆞ야 와셔 殷을 毖ᄒᆞ시고 命ᄒᆞ야 나를 寧ᄒᆞ샤ᄃᆡ 秬鬯二卣로 ᄡᅥ

ᄒᆞ시고 니ᄅᆞ샤ᄃᆡ 明히 禋ᄒᆞ노니 手애 拜ᄒᆞ고 首를 稽ᄒᆞ야 休히

享ᄒᆞ노라 ᄒᆞ시다

| 번역 |

"사람을 보내와서 은나라 사람들을 경계하시고, 명하여 검은 기장과 울금으로 빚은 술 두 잔으로 나를 편안히 하시되 '밝게 공경하니, 절하고 머리를 조아려서 아름답게 올린다.'라고 하셨습니다."

| 자해 |

秬 : 검은 기장. ・鬯 : 울금향초(鬱金香草). ・卣 : 중간 크기의 술잔. ・明 : 깨끗함. ・禋 : 공경함.

| 의해 |

이는 은나라 백성들을 삼가게 하여 경계하고, 주공에게 명하여 편안하게 한 것이니, 신명(神明)을 섬기는 예로 주공을 섬긴 것이다.

予不敢宿하여 則禋于文王武王호이다
(여 불 감 숙　　즉 인 우 문 왕 무 왕)

| 언해 |

내 敢히 宿디 못하야 곳 文王과 武王끠 禋호이다

| 번역 |

"저는 감히 나아가지 못하고 문왕과 무왕께 제사를 드립니다."

| 자해 |

宿 : 나아감. ・禋 : 제사의 이름.

| 의해 |

주공이 감히 이 예를 받지 못하여 곧 문왕과 무왕에게 제사한 것
이다

惠篤叙하여 無有遘自疾하여 萬年에 厭于乃德하며 殷乃
引考케하소서

| 언해 |

惠ㅎ야 篤ㅎ며 叙ㅎ야 스스로 疾을 遘홈이 잇지 안이ㅎ야 萬年에
네 德을 厭ㅎ며 殷도 考를 引케 ㅎ쇼셔

| 번역 |

"따르고 돈독하게 하고 질서 있게 하여 스스로 병을 만남이 없어
만년토록 그대의 덕에 만족하도록 하며, 은나라도 오래 가게 하
소서."

| 자해 |

惠 : 따름.　•篤叙 : 돈독하게 하고 질서 있게 함.

| 의해 |

이는 제사 때에 비는 말이니, 주공이 성왕을 위하여 빈 것이다.
문왕과 무왕의 도를 따르고 돈독히 하며 질서 있게 펴서 몸이 건
강해서 스스로 질병에 걸려 해를 만남이 없게 하면 자손이 만년
토록 그대의 덕으로 충만하게 될 것이고, 은나라 사람들도 또한
오래 갈 것이다.

王이 伻殷으로 乃承叙萬年하여 其永觀朕子하여 懷德케하

소서

| 언해 |

王이 殷으로 ᄒᆞ여곰 萬年에 叙를 承ᄒᆞ야 그 길히 朕의 子를 보아
셔 德을 품게 ᄒᆞ쇼셔

| 번역 |

　"왕께서는 은나라 사람들로 하여금 만년토록 가르치는 조목과 차
례를 받들게 하여 길이 우리 어린 아들을 보고서 덕을 생각하게
하소서."

| 자해 |

　承 : 들어서 받듦.　•叙 : 가르치는 조목의 순서.

| 의해 |

　주공이 비록 성왕에게 낙읍에 머물 것을 허락하였으나 또한 낙읍
으로 옮긴 백성들로 하여금 만년토록 차서를 받들도록 하는 것은
실상 왕에게 달려 있다고 한 것이다.

戊辰_{무진}에 王_왕이 在新邑_{재신읍}하사 烝祭_{증제}하시니 歲_세러니 文王_{문왕}에 騂牛一_{성우일}이며 武王_{무왕}에 騂牛一_{성우일}이러라 王命作冊_{왕명작책}하신대 逸_일이 祝冊_{축책}하니 惟告周公其後_{유고주공기후}러라 王賓_{왕빈}이 殺禋_{살인}이라 咸格_{함격}이어늘 王_왕이 入太_{입태}室_실하여 祼_관하시다

| 언해 |

戊辰애 王이 新邑에 在ᄒ야 烝祭ᄒ시니 歲러니 文王애 騂牛ㅣ 一이며 武王애 騂牛ㅣ 一이러라 王이 命ᄒ야 冊을 作ᄒ라 ᄒ신대 逸이 祝을 冊ᄒ니 周公이 그 後홈을 告ᄒ야ᄯ러라 王의 賓이 殺ᄒ야 禋ᄒᄂ 디라 다 格ᄒ얏거늘 王이 太室애 入ᄒ야 祼ᄒ시다

| 번역 |

무진일(戊辰日)에 왕이 새로운 읍에 계시면서 증제(烝祭)를 올리시니, 해마다 한 번씩 올리는 세제(歲祭)로 문왕(文王)에게는 붉은 소 한 마리이며, 무왕(武王)에게도 붉은 소 한 마리였다. 왕이 명하여 책을 지으라 하셔서, 일(逸)이 축문을 책에 쓰니, 주공이 그 뒤에 남음을 고한 것이었다. 왕의 손님이 희생을 잡아 공경히 제사 지내려고 모두 왔으니, 왕이 태실(太室)에 들어가서 강신(降神)을 했다.

| 자해 |

歲 : 해마다 거행하는 제사. •逸 : 사관(史官). •王賓 : 제사를 돕는 제후. •
太室 : 청묘(清廟) 중앙에 있는 방. •祼 : 술을 떠서 땅에 부어 신명(神明)을
내리게 하는 것.

| 의해 |

이 아래는 사관(史官)이 제사하고 책으로 고한 일을 기록하여 편의 끝에 붙인 것이다. 무진(戊辰)은 12월의 무진일(戊辰日)이다. 이 날에 성왕이 낙읍에 있으면서 증제(烝祭)의 예를 거행하였다. 주나라는 붉은 빛을 숭상하였으므로 붉은 소를 썼다. 종묘의 예에 소, 돼지, 양으로 제사하는데, 여기에서 소 한 마리를 쓴 것은 주공에게 명하여 낙읍에 머무르게 하였으므로 성대한 예를 거행한 것이다.

王이 命周公後하사 作冊이어시늘 逸이 誥하니 在十有二月이러라

| 언해 |

王이 周公을 命ᄒᆞ야 後ᄒᆞ샤 冊을 作ᄒᆞ라 ᄒᆞ야시늘 逸이 誥ᄒᆞ니 十이오 ᄯᅩ 二月의 잇더라

| 번역 |

왕이 주공(周公)에게 명하여 뒤에 남게 하고, 책(冊)을 짓게 하시므로 일(逸)이 고하니, 12월에 있었다.

| 의해 |

일고(逸誥)는 사관인 일(逸)이 주공이 낙읍을 다스리며 뒤에 머무르는 것을 고한 것이다. 12월이라 한 것은 무진일(戊辰)이 12월의 일(日)이 됨을 밝힌 것이다.

惟周公이 誕保文武受命을 惟七年하시다

| 언해 |

周公이 크게 文武의 受ᄒ신 命保홈을 七年을 ᄒ시다

| 번역 |

주공이 크게 문왕과 무왕께서 받으신 천명을 보존하기를 칠년 동안 하였다.

| 의해 |

주공이 낙읍에 머문 뒤로부터 칠년 만에 세상을 떠났다.

다사[多士]

상(商)나라 백성으로 낙읍(洛邑)으로 옮겨온 자들 또한 지위에 있는 선비가 있었으므로, 주공(周公)이 낙읍에서 처음으로 정사를 함에 왕명으로 다사(多士)를 모두 불러서 고하였다. 책을 엮는 자가 그것으로 인하여 편의 이름을 붙였으니, 또한 고체(誥體)이다. 금문(今文)과 고문(古文)에 다 있다.

유 삼 월　주 공　초 우 신 읍 낙　용 고 상 왕 사
惟三月에 周公이 初于新邑洛에 用告商王士하시다

| 언해 |

三月애 周公이 처음으로 新邑洛애 뼈 商나라 王士ᄃ려 告ᄒ시다

| 번역 |

삼월에 주공(周公)이 처음으로 새로운 읍인 낙읍(洛邑)에서 상(商)나라의 왕사(王士)들에게 고하시다.

| 의해 |

이는 「다사(多士)」의 본서(本序)이다. 삼월은 성왕(成王)이 낙읍(洛邑)에서 제사한 다음 해의 삼월이다. 주공(周公)이 낙읍에 온 지가 오래인데 이제 처음이라고 말한 것은 성왕이 이미 도읍을 옮기지 않고 주공을 머물게 하여 낙읍을 다스리게 하였는데, 이 때에 이르러 주공이 비로소 낙읍을 다스리는 일을 행하였기 때문에 처음이라고 말한 것이다. 상(商)나라의 왕사(王士)라고 한 것은 귀하게 여긴 것이다.

王若曰 爾殷遺多士아 弗弔라 旻天이 大降喪于殷이어시

늘 我有周佑命하여 將天明威하여 致王罰하여 勅殷命하여

終于帝하소라

| 언해 |

王이 이러트시 골ᄋ샤디 너희 殷나라의 씻친 多士아 弔치 몯혼지

라 旻天이 크게 降ᄒ야 殷을 喪ᄒ야시늘 우리 周ㅣ 나라이 佑命

ᄒ야 하늘의 明威를 將ᄒ야 王의 罰을 닐우어서 殷의 命을 勅ᄒ

야 帝를 終ᄒ소라

| 번역 |

왕이 다음과 같이 말씀하셨다. "너희 은나라의 남아 있는 많은 선

비들이여! 하늘이 가엾게 여기지 않아 민천(旻天)이 크게 은나라

에 망함을 내리시거늘, 우리 주나라가 상제의 도와주는 명을 받

아서 하늘의 밝은 위엄을 받들어 왕의 벌을 이루어서 은나라의

명을 바로잡아 상제의 일을 끝마쳤노라."

| 자해 |

弗弔 : 탄식하고 민망하게 여김. •旻天 : 가을 하늘로서, 시들게 하는 것을

위주로 함.

| 의해 |

민천(旻天)이 크게 재해를 내려 은나라를 망하게 하니, 주나라가

권고하고 도우라는 명을 받아 하늘의 밝은 위엄을 받들어 가서

왕의 형벌의 공정함을 이루어서 은나라 명을 바로잡아 개혁하여

이로써 상제의 일을 마쳤다. 대개 혁명의 공정함을 가지고 많은

선비들을 열어 깨우쳐 준 것이다.

肆爾多士아 非我小國이 敢弋殷命이라 惟天不畀는 允罔
固亂이라 弼我시니 我其敢求位아

| 언해 |

너희 多士아 우리 小國이 敢히 殷나라 命을 弋홈이 안이라 하늘
이 畀치 아니ᄒ샴은 진실로 亂을 固치 아니ᄒ논 디라 우리를 弼
ᄒ시니 우리 그 敢히 位를 求ᄒ랴

| 번역 |

"그러므로 너희 많은 선비들이여! 우리 작은 나라가 감히 은나라
의 명을 취하려고 한 것이 아니라, 하늘이 명을 주지 않으신 것은
진실로 혼란한 자를 견고히 하지 않기 때문이다. 우리를 도우신
것이니, 우리가 감히 지위를 구한 것이겠는가?"

| 자해 |

肆 : 그러므로. •弋 : 취함.

| 의해 |

일의 형세로 말하면 우리 작은 나라가 또한 어찌 감히 은나라의
명을 취하려고 하겠는가? 심은 것은 북돋우고 기운 것은 넘어뜨
리고 다스려진 것은 견고하게 하고 어지러운 것은 견고하게 하지
않는 것은 하늘의 도이다. 오직 하늘이 은나라에게 명을 주지 않
은 것은 정말 은나라의 어지러움을 견고하게 하지 않은 것이다.

오직 하늘이 은나라의 어지러움을 견고히 하지 않았으므로 우리
주나라의 다스림을 도와서 천자의 지위를 스스로 사양하지 못한
바가 있었던 것이니, 우리가 감히 천자의 지위를 구하는 마음이
있었겠는가?

惟帝不畀는 惟我下民의 秉爲 惟天明畏일새니라

| 언해 |

帝의 畀치 아니ㅎ샴은 우리 下民의 秉훈 爲ㅣ 天의 明畏ㄹ싀니라

| 번역 |

"상제께서 은나라에게 명을 주지 않으신 것은 우리 아래 백성들이
잡은 떳떳한 행위가 하늘의 밝음과 위엄이기 때문이다."

| 자해 |

秉 : 잡다는 뜻.

| 의해 |

천명이 주어지지 않는 것은 곧 백성들이 잡은 떳떳한 행위 때문
이고, 백성들이 잡은 떳떳한 행위는 곧 하늘의 위엄이 분명하고
두려운 것이다. 하늘과 백성이 서로 연관되어 있다는 이치를 반
복함으로써 하늘은 과연 백성에게서 벗어나지 않는다는 것과 백
성이 과연 하늘에서 벗어나지 않는다는 것을 보여주었다.

我聞_{하니} 曰上帝引逸_{이어시늘} 有夏不適逸_{한대} 則惟帝降

格_{하사} 嚮于時夏_{어시늘} 弗克庸帝_{하고} 大淫泆有辭_{한대} 惟

時天_이 罔念聞_{하사} 厥惟廢元命_{하사} 降致罰_{하시니라}

| 언해 |

나는 드르니 골온 上帝ㅣ 逸에 引ᄒ시거늘 夏ㅅ 나라이 逸에 適지 안이ᄒᆞᆫ대 帝ㅣ 降格ᄒᆞ샤 이 夏애 嚮커시늘 능히 帝를 庸치 아니ᄒᆞ고 키 淫泆ᄒᆞ야 辭를 둔대 이예 天이 念聞치 아니ᄒᆞ샤 그 元命을 廢ᄒᆞ샤 罰을 降ᄒᆞ야 致ᄒᆞ시니라

| 번역 |

"내가 들으니 상제께서 편안함으로 인도하시거늘 하(夏)나라가 편안함으로 나아가지 않자 상제가 내려와 이르시고, 이 하나라에 의향을 보이시거늘 상제를 따르지 않고 크게 음일하고 변명하는 말만 하였다. 하늘이 이를 생각하여 마음에 두시지 않으시고 그 큰 명을 폐하여 벌을 내리셨다."

| 자해 |

引 : 인도함. •逸 : 편안함. •降格 : 내려와 이름.

| 의해 |

상제가 편안함으로 인도한다는 것은 모습이나 소리로 접한 것이 아니다. 사람의 마음은 편안함을 얻으면 힘쓰고 힘써 그치지 않으니, 이것이 상제가 인도하는 것이다. 이 이치가 평등하니, 또한 어찌 하나라의 걸(桀)에게만 차별을 두었겠는가? 다만 걸이 양심

을 잃어 스스로 편안함으로 나아가지 못한 것이다. 상제는 실상 인도하였으나 걸이 실상 피한 것이다. 상제가 오히려 빨리 끊지 않으시고 이에 재이(災異)를 내려 의향을 걸에게 보인 것인데, 걸은 오히려 경계하고 두려워할 줄을 알지 못하여 상제의 명을 공경히 따르지 못하였다. 이에 크게 음일한 행위를 마음대로 하여 비록 속이는 말이 있었으나 하늘이 들어서 마음에 두지 않았다. 중훼(仲虺)가 말한 "상제가 좋게 여기지 않았다."는 것이 이것이다. 그리하여 큰 명을 폐하고 벌을 내려서 하나라의 천자의 지위를 누리는 복이 끝난 것이다."

내 명 이 선 조 성 탕　　혁 하　　준 민　　　전 사 방
乃命爾先祖成湯하사 革夏하사 俊民으로 甸四方하시니라

| 언해 |

네 先祖 成湯을 命ᄒ샤 夏ㅅ 나라를 革ᄒ샤 俊民으로 四方을 다스리게 ᄒ시니라

| 번역 |

"이에 네 선조인 성탕(成湯)에게 명하여 하(夏)나라를 개혁하시고 뛰어난 백성으로 사방을 다스리게 하셨다."

| 자해 |

甸 : 다스림.

| 의해 |

이윤(伊尹)은 탕(湯)이 뛰어난 사람을 널리 구했다고 했고, 맹자(孟子)는 탕이 현명한 사람을 세움에 한정된 방위(方位)가 없이

하였다고 하였으니, 뛰어난 백성들을 밝혀 드러내어 멀고 가까운 곳에 분포시켜서 구획한 곳을 다스리게 하는 것이, 성탕(成湯)이 인사를 하는 큰 원칙이었다. 주공(周公)이 하(夏)나라와 상(商)나라를 가지고 반복하여 말한 것은 하나라가 망한 것이 곧 은나라가 망한 것과 같고, 탕이 흥한 것이 곧 무왕(武王)이 흥한 것과 같아서, 상나라의 백성들이 이것을 보면 또한 스스로 돌이켜 생각할 것이기 때문이다.

自成湯으로 至于帝乙히 罔不明德恤祀하시니라

| 언해 |

成湯으로 붓터 帝乙에 니르히 德을 붉키시며 祀를 恤치 안이 ᄒ심이 업ᄂ니라

| 번역 |

"성탕(成湯)으로부터 제을(帝乙)에 이르기까지 덕을 밝히고 제사를 공경히 하지 않음이 없었다."

| 의해 |

덕을 밝히는 것은 몸을 닦는 것이고, 제사를 공경히 함은 귀신을 공경하는 것이다.

亦惟天이 丕建保乂有殷이어시늘 殷王도 亦罔敢失帝하여

罔不配天其澤하시니라

| 언해 |

  坯호 하늘이 크게 殷을 셰워셔 保乂ᄒᆞ거시늘 殷王두 坯호 敢히
  帝를 失치 아니ᄒᆞ야 하늘을 配ᄒᆞ야 그 澤디 아니치 아니ᄒᆞ시니라

| 번역 |

  "또한 하늘이 크게 은나라를 세워서 보호하고 다스리게 하셨는데,
  은나라의 선왕들도 또한 감히 상제의 명을 잃어버리지 않아 하늘
  의 뜻에 부응하여 은택을 내리지 않음이 없었다."

| 의해 |

  또한 하늘이 크게 은나라를 세워서 보호하고 다스리게 하셨으니,
  은나라의 선왕들도 또한 모두 이 마음을 간직하여 감히 상제의
  법을 잃어버리지 않아서 하늘의 뜻에 부응하여 이로써 백성들에
  게 은택을 내리지 않음이 없었다.

在今後嗣王하여 誕罔顯于天이온 矧曰其有聽念于先王

勤家아 誕淫厥泆하여 罔顧于天顯民祗하니라

| 언해 |

이제 後嗣王에 잇셔 크게 하늘에 顯치 몯ᄒᆞ곤 ᄒᆞ믈며 그 先王의
家애 勤홈을 聽念ᄒᆞᆫ다 닐으랴 크게 淫ᄒᆞ야 그 泆ᄒᆞ야 天의 顯과
民의 祗를 도라 보지 안이ᄒᆞ니라

| 번역 |

"지금 사왕(嗣王)에 있어서는 크게 하늘에 드러나지 못하였는데,
하물며 그 선왕들이 왕가(王家)를 위하여 수고한 것을 들어서 마
음속에 두었다고 할 수 있겠는가? 크게 음일하여 하늘의 드러난
도와 백성들을 공경해야 함을 돌아보지 않았다."

| 자해 |

後嗣王 : 주왕(紂王).

| 의해 |

사왕(嗣王) 주(紂)는 크게 천도에 밝지 못하였는데, 하물며 상
(商)나라 선왕들이 왕가를 위하여 수고한 것을 들어서 마음속에
두었다고 할 수 있겠는가? 크게 음일을 멋대로 부려 다시는 하늘
의 드러난 도와 백성들을 공경하고 두려워해야함을 돌아볼 생각
이 없었다.

유 시 상 제 불 보　　　　강 약 자 대 상
惟時上帝不保하사 降若茲大喪하시니라

| 언해 |

이 ᄒᆡ 上帝께 保치 안히ᄒᆞ샤 이러틋 ᄒᆞᆫ 大喪을 ᄂᆞ리시니라

| 번역 |

"이에 상제께서 보호하지 않으시어 이와 같은 큰 망함을 내리셨
다."

| 자해 |

大喪 : 나라가 망하고 몸이 죽음.

유 천 불 비　　불 명 궐 덕
惟天不畀는 不明厥德일새니라

| 언해 |

하늘이 畀치 안이 호심은 그 德을 붉히지 안일시니라

| 번역 |

"하늘이 은나라에 명을 주지 않으신 것은 그 덕을 밝히지 않았기
때문이다."

| 의해 |

상(商)나라의 선왕들은 덕을 밝힘으로써 하늘이 크게 세워주었는
데, 상나라의 후왕(後王)은 덕을 밝히지 않았으므로 하늘이 주지
않은 것이다.

범 사 방 소 대 방　　　상　　망 비 유 사 우 벌
凡四方小大邦이 喪함은 罔非有辭于罰이니라

| 언해 |

믈읏 四方에 젹고 큰 나라이 喪ᄒ논든 罰애 말이 잇지 안이 홈이
업ᄂ니라

| 번역 |

"모든 사방의 작고 큰 나라가 망한 것에는 그 벌에 이유가 있지
않음이 없다."

| 의해 |

모든 사방의 작고 큰 나라가 망한 것은 그 벌을 집행함에 모두 말
할 만한 것이 있어서인데, 하물며 상(商)나라의 죄가 사방에 가득
하여 주(周)나라가 그 이유를 받들어 정벌함에 있어서랴?

왕 약 왈 이 은 다 사   금 유 아 주 왕   비 령 승 제 사
王若曰 爾殷多士아 今惟我周王이 丕靈承帝事하시니라

| 언해 |

王이 이러트시 ᄀᆞᆯᄋᆞ샤ᄃᆡ 너희 殷多士아 이졔 惟컨댄 우리 周王이
크게 帝의 事를 靈히 承ᄒ시니라

| 번역 |

왕이 다음과 같이 말씀하셨다. "너희 은(殷)나라의 많은 선비들이
여! 지금 생각하건대 우리 주나라 왕은 크게 상제의 일을 잘 받들
고 계시다."

| 자해 |

靈: 잘함.

| 의해 |

　주나라 왕이 크게 하늘이 하는 바를 잘 이었으니, 「무성(武成)」편
의 "상제를 공경히 이어서 난을 일으키려는 모략을 막았다."는 것
이 바로 그것이다.

有命曰 割殷이실새 告勑于帝하시니라

| 언해 |

　命을 두어 닐으샤디 殷을 割ᄒ랴 ᄒ실 시 帝ᄭᅴ 勑을 告ᄒ시니라

| 번역 |

　"명을 내리며 말하기를, '은(殷)나라를 끊어서 바로잡으라.'고 하
시기에 상제께 바로잡을 것을 고하신 것이다."

| 의해 |

　상제께서 명을 내리시기를, "은(殷)나라를 끊어 바로잡으라."고
하셨으니, 정벌하여 안정시키고 제거하여 바로잡는 일을 상제에
게 고하지 않을 수 없었다. 「무성(武成)」편에 "황천(皇天)과 후토
(后土)에 고하여 상(商)나라를 크게 바로잡음이 있었다."는 것이
바로 그것이다.

惟我事不貳適이라 惟爾王家我適이니라

| 언해 |

우리 일이 貳애 適디 안이혼 지라 너의 王家ㅣ 우리게 適ᄒ니라

| 번역 |

"우리 일이 두 갈래로 가지 않았다. 너희 왕가(王家)는 우리를 따라야 할 것이다."

| 의해 |

은(殷)나라를 끊어 바로잡는 일은 사사로운 마음을 가지지 않고, 한결같이 상제를 따르고 두 갈래로 감이 없었으니, 너희 은나라 왕가가 스스로 우리를 따라야 할 것이다. 주(周)나라가 상제에게 두 마음을 품지 않았으니, 은나라가 주나라에 두 마음을 품을 수 있겠는가? 이는 확연하여 동요할 수 없는 뜻을 보여주고 완악한 백성들이 반란을 일으키려는 마음을 점차 사라지게 한 것이다.

予其曰 惟爾洪無度하니 我不爾動이라 自乃邑이니라

| 언해 |

내 그 닐으건대 네 크게 度ㅣ 업스니 내 너를 動ᄒ는 쥬리 안이라 네 邑으로 부텃ᄂ니라

| 번역 |

"내가 말하기를, '너희가 크게 법도가 없으니, 내가 너희를 동요시키려는 것이 아니라 동요가 너희 읍으로부터 시작된 것이다.'라고 하였다."

| 의해 |

삼감(三監)이 난을 일으켰으므로 내가 말하기를, "너희가 크게 법이 아닌 행위를 하였으니, 내가 너희를 동요하려는 것이 아니라 변고가 너희 고을로부터 시작되었다."라고 하였다. 이는 「이훈(伊訓)」편에 이른바 "처음 공격을 명조(鳴條)로부터 시작하였다."는 것과 같다.

予亦念天이 卽于殷하사 大戾하시니 肆不正이로다

| 언해 |

내 쏘훈 싱각ᄒ니 하늘이 殷에 卽ᄒ샤 크게 戾ᄒ시니 이러홈으로 바르지 안이 ᄒ도다

| 번역 |

"내가 또한 생각하니, 하늘이 은나라에 나아가 크게 재앙을 내리시니, 이런 까닭으로 바르게 되지 못하였다."

| 의해 |

내가 또한 생각하니, 하늘이 은나라에 나아가 여러 번 큰 허물을 내리시니 주(紂)가 이미 죽고 무경(武庚)이 또 죽었다. 그러므로 사특하여 바르지 못하다고 한 것이니, 마땅히 옮겨 가야 함을 말한 것이다.

王曰 猷告爾多士하노라 予惟時其遷居西爾는 非我一人이 奉德不康寧이라 時惟天命이시니 無違하라 朕은 不敢有後하리니 無我怨하라

| 언해 |

王이 굴ᄋ샤ᄃᆡ 猷ㅣ라 너 多士ᄃᆞ려 告ᄒ노라 내 이러모로 그 너희를 西애 遷ᄒ야 居ᄒ욤은 나 一人이 德을 奉홈을 康寧히 아니ᄒᄂ 주리 아니라 이 天의 命이시니 違치 말라 朕은 敢히 後를 두디 아니ᄒ리니 나를 怨치 말라

| 번역 |

왕이 말씀하셨다. "아! 너희 많은 선비들에게 고한다. 내가 이에 너희를 서쪽으로 옮겨 살게 한 것은 나 한 사람이 덕을 받드는 것이 편안하지 못해서가 아니라, 이는 천명이시니 어기지 말라. 나는 감히 뒤끝을 두지 않을 것이니, 나를 원망하지 말라."

| 자해 |

時 : '시(是)'와 같음.

| 의해 |

이것은 은나라의 큰 재앙을 가리켜 말한 것이다. 오직 이런 까닭에 서쪽으로 옮겨 살게 한 것은 나 한 사람이 즐거워서 이같이 옮겨 진동케 하는 것이 아니라, 이는 오직 하늘의 명이 이러하기 때문이니, 너희들은 어기지 말라. 나는 감히 뒤에 다른 벌을 주지 않을 것이니, 너희들은 나를 원망하지 말라.

惟爾知惟殷先人의 有冊有典하나니 殷革夏命하니라

| 언해 |

네 殷나라 先人의 冊을 두며 典을 둔는 쥴을 아느니 殷이 夏의 命을 革하니라

| 번역 |

"너희는 은나라 선인들이 책과 전적을 두었음을 알고 있다. 은나라도 하나라의 명을 개혁하였다."

| 의해 |

이는 곧 예전에 들었던 것을 가지고 열어 깨우친 것이다. 은나라의 선조들이 책과 전적을 가지고 있어 거기에 은나라가 하나라의 명을 개혁했던 일을 실어 놓은 것이 바로 이와 같다. 너희만 어찌 지금의 일을 의심하는가?

今爾其曰 夏는 迪簡在王庭하며 有服이 在百僚라하나니 予一人은 惟聽用德이니라 肆予敢求爾于天邑商은 予惟 率肆矜爾니 非予罪라 時惟天命이시니라

| 언해 |

이졔 네 그 닐오디 夏는 迪簡하야 王庭의 잇시며 服이 百僚애 잇더니라 하느니 나 一人은 聽하야 用홈이 德이니라 그러모로 내

敢히 너희를 天邑 商애 求홈은 내 肆를 率ᄒ야 너희를 矜ᄒ야니
내 罪ㅣ 아니라 이 天命이시니라

| 번역 |

"이제 너희는 말하기를, '하(夏)나라는 신하들을 선발하여 왕정
(王庭)에 두었으니, 일하는 자들이 모든 관료들 가운데 있었다.'
라고 하는데, 나 한 사람은 덕이 있는 사람의 말을 듣고 쓸 뿐이
다. 그러므로 내가 감히 너희를 천읍(天邑)인 상(商)나라에서 구
한 것은 내가 오직 옛 일을 따르고 너희를 불쌍히 여겨서이니, 이
는 나의 죄가 아니라 천명이시다."

| 의해 |

주공(周公)이 이미 상(商)나라가 하(夏)나라를 개혁한 일을 들어
서 상나라의 완악한 백성들을 깨우치니, 완악한 백성들이 다시
상나라가 하나라를 개혁하던 일을 가지고 주(周)나라에 요구하기
를, "상나라가 하나라를 개혁하던 처음에, 하나라의 선비들을 모
두 선발하여 상왕(商王)의 조정에 있게 하였으며, 모든 관료들 사
이에 일하게 하였는데, 지금 주나라는 상나라의 선비들을 선발한
바가 있다는 말을 듣지 못하였습니다."라고 하였다. 주공이 그 말
을 들어서 대의(大義)로 그들의 의지를 꺾어 말하기를, "너희 완
악한 백성들에게 비록 이러한 말이 있으나, 나 한 사람이 듣고 쓰
는 것은 오직 덕 있는 사람의 말일 뿐이다. 그러므로 내가 감히
너희를 천읍(天邑)인 상(商)에서 구하여 낙읍(洛邑)으로 가게 한
것은 덕을 따라 행실을 고치기를 바라서이다. 나는 오직 상나라
의 고사(故事)를 따라 너희를 불쌍히 여길 따름이다. 너희를 쓰지
않은 것은 나의 죄가 아니라, 이 천명이 이와 같은 것이다."라고
하였다. 덕이 있는 자를 드러내는 것은 하늘의 명이다. 이제 완악
한 백성들이 덕을 없애고 나서 등용되기를 구하고자 하니 얻을
수 있겠는가?

王曰 多士아 昔朕이 來自奄할새 予大降爾四國民命하여
我乃明致天罰하여 移爾遐逖하여 比事臣我宗多遜케하니라

| 언해 |

王이 굴ㅇ샤디 多士아 녯 적에 朕이 奄으로 붓터 올시 내 크게 너
희 四國의 빅셩의 命을 降ㅎ야 내 하놀의 罰을 밝히 일우어셔 너
희를 멀고 먼 디 옴기여셔 우리 宗애 比事ㅎ야 臣ㅎ야 손슌함이
만케 호니라

| 번역 |

왕이 말씀하셨다. "많은 선비들이여! 옛날에 내가 엄(奄)으로부
터 올 적에 나는 크게 너희 사방 나라 백성들에 대한 처벌의 명을
낮추어서 하늘의 벌을 밝게 이루어 너희를 먼 곳으로 옮겨 우리
많이 공손한 종주(宗周)를 가깝게 하고 섬겨 신하가 되게 하려고
했다."

| 자해 |

降 : 벌을 낮춤.

| 의해 |

옛날 내가 상(商)나라의 엄(奄)으로부터 올 때에 너희 사방 나라
백성들은 죄가 모두 마땅히 죽어야 하나, 나는 크게 너희들에 대
한 처벌의 명을 낮추어서, 차마 죽이지 않고 이에 천벌을 밝게 시
행하는 데 그쳤다. 너희를 옮겨 멀리 낙읍(洛邑)에 살게 하여 이
로써 우리 공손함이 많은 종주(宗周)에 가깝게 하고 신하로서 복
종하게 하였으니, 그 벌이 또한 매우 가볍고 그 은혜가 진실로 매

우 두텁다. 그런데도 이제 오히려 원망하는 바가 있겠는가? 이 장을 자세히 살펴보면 상나라의 백성들을 낙읍으로 옮긴 지가 이미 오래이다.

王曰 告爾殷多士하노라 今予惟不爾殺이라 予惟時命을 有申하노라 今朕이 作大邑于茲洛은 予惟四方罔攸賓이며 亦惟爾多士攸服하여 奔走臣我多遜이니라

| 언해 |

王이 골 ㅇ샤디 너 殷나라 多士ㄷ려 告ㅎ노라 이제 너희를 죽이지 안는지라 내 이 命을 申ㅎ노라 이제 朕이 大邑을 이 洛애 作홈은 내 四方이 賓홀배 업스며 쏘혼 너희 多士ㅣ 服ㅎ야 奔走ㅎ야 우리 多遜애 臣홀 배니라

| 번역 |

왕이 말씀하셨다. "너희 은(殷)나라의 많은 선비들에게 고한다. 이제 나는 너희를 죽이지 않을 것이니, 내가 이 명을 거듭한다. 이제 내가 큰 도읍을 이 낙읍(洛邑)에 만든 것은 내가 사방 제후들을 손님으로 맞이할 곳이 없으며, 또한 너희 많은 선비들이 일하여 분주히 우리 많이 공손한 주나라에 신하 노릇하게 하려는 것이다."

| 의해 |

엄(奄)으로부터 와서 한 명령을 첫 명령이라고 한다면 이 명령은

거듭한 명령이 된다. 내가 오직 차마 너희를 죽일 수 없으므로 이
명령을 거듭 밝히는 것이다. 또 내가 낙읍(洛邑)을 경영한 것은
사방의 제후들이 천자를 알현하여 예를 표할 곳이 없었기 때문이
고, 또한 너희 무리가 일하여 분주히 우리 많이 공손한 주나라에
게 신하 노릇하게 할 곳이 없었기 때문이다. 이 장을 자세히 살펴
보면 백성을 옮긴 것이 낙읍을 경영하기 이전이었다.

爾乃尙有爾土하며 爾乃尙寧幹止니라

| 언해 |

너희 거의 네 土를 두며 너희 거의 일함과 거함을 편안ᄒ엿ᄂ니
라

| 번역 |

"너희는 너희의 토지를 가지며, 너희는 일하는 것과 거처하는 것
을 편안히 해야 할 것이다."

| 자해 |

幹 : 일. •止 : 거처함.

| 의해 |

너희가 이에 너희의 토지를 소유하며 너희가 일하는 바를 편안히
여기고 거처하는 바를 편안히 해야 할 것이라고 한 것이다. 이 장
을 자세히 살펴보면 말하는 것이 모두 옛날 그대로 토지와 거처
를 소유한다는 말이니, 상나라 백성들을 옮긴 것이 오래되었음을
알 수 있다.

爾克敬_{이극경}하며 天惟畀矜爾_{천유비긍이}어니와 爾不克敬_{이불극경}하면 爾不啻不有_{이불시불유}
爾土_{이토}라 予亦致天之罰于爾躬_{여역치천지벌우이궁}하리라

| 언해 |

네 능히 공경ᄒ면 하늘이 너를 畀ᄒ야 矜ᄒ시려니와 네 능히 공
경치 안이ᄒ면 네 土를 두지 못ᄒᆯ뿐 안이라 내 ᄯᅩᄒᆫ 하늘의 罰을
네 몸에 致호리라

| 번역 |

"너희가 공경하면 하늘이 너희에게 복을 주어 불쌍히 여기시겠지
만, 너희가 공경하지 않으면 너희는 땅을 소유하지 못할 뿐만 아
니라, 내가 또한 하늘의 벌을 너희에게 집행할 것이다."

| 의해 |

공경하면 말과 행동이 이치를 따르지 않음이 없으므로 하늘이 복
을 주고 길하고 상서로움이 모일 것이며, 공경하지 않으면 말과
행동이 어긋나고 악이 되지 않음이 없을 것이니, 하늘이 화를 내
리는 바이며, 형벌과 죽임을 더하는 것이다. 어찌 단지 쫓아 보내
어 옮겨 가서 너희의 토지를 소유하지 못할 뿐이겠는가? 자신 또
한 보전하지 못함이 있을 것이다.

今爾惟時宅爾邑하며 繼爾居하여 爾厥有幹有年于茲洛하니 爾小子의 乃興이 從爾遷이니라

| 언해 |

이제 네 이에 네 邑에 宅ᄒ며 네 居를 繼ᄒ야 네 그 이 洛애 幹을 두며 年을 두니 너 小子의 興홈이 너의 天으로 브테니라

| 번역 |

"이제 너희가 이에 너희의 읍에 거주하며 너희의 거처를 이어 이 낙읍(洛邑)에서 일할 것이며 오래 살 것이니, 너희 소자(小子)들의 일어남이 너희가 옮김으로부터 시작될 것이다."

| 자해 |

繼 : 이어서 편안히 거처함.

| 의해 |

영위(營爲)하는 것과 오래 사는 것이 모두 이 낙읍(洛邑)에 있어서, 너희 자손들이 이에 일어남이 너희가 옮겨옴으로부터 시작될 것이다. 망한 나라의 마지막 자손이 집안을 일으키는 시조가 되니, 완악한 백성들이 비록 어리석어도 또한 선택할 바를 알 것이다.

王曰 又曰 時予乃或言은 爾攸居니라

| 언해 |

王이 골ᄋ샤 ᄯᅩ 골ᄋ샤디 이 내 或 말홈은 너희 居홀 배니라

| 번역 |

왕이 말씀하셨다. 또 말씀하였다. "이에 내가 혹 말하는 것은 너
희의 거처할 곳 때문이다."

| 자해 |

王曰 : 이 아래에 아마도 문장이 빠졌을 것임.

| 의해 |

내가 혹 말하는 바가 있는 것은 모두 너희의 거처를 생각하기 때
문이라고 하였으니, 윗 문장의 '너희의 거처[爾居]'의 뜻을 거듭
맺은 것이다.

무일 [無逸]

'편안함[逸]'이라는 것은 임금이 크게 경계해야 할 것이니, 예로부터 국가를 소유하는 것은 부지런함으로써 일어나고 편안함으로 폐하지 않음이 없었다. 성왕(成王)이 처음으로 정치를 함에, 주공(周公)은 편안함만 알고 안일하지 말아야 함을 알지 못할까 두려워하였다. 그래서 이 글을 지어 가르쳤으니, 또한 훈체(訓體)이다. 금문(今文)과 고문(古文)에 다 있다.

周公曰 嗚呼라 君子는 所其無逸이니라

| 언해 |

周公이 골오디 嗚呼ㅣ라 君子는 그 無逸로 쳐소를 ᄒᆞᄂᆞ니라

| 번역 |

주공(周公)이 말하였다. "아! 군자는 편안함이 없는 것을 처소로 삼습니다."

| 자해 |

所 : 처소(處所).

| 의해 |

군자는 편안함이 없는 것을 처소로 삼으니, 움직이고 가만히 있고 먹고 숨 쉬는 것이 여기에 있지 않음이 없다. 하다가 그만 두면 이른바 처소(處所)가 아니다.

先知稼穡之艱難이오사 乃逸하면 則知小人之依하리이다

| 언해 |

몬져 稼穡의 艱難을 알어사 逸ᄒ면 곧 小人의 依를 알리이다

| 번역 |

"먼저 심고 거두는 어려움을 알고 나서 편안하게 하면, 곧 백성들
이 의지하는 것을 알 것입니다."

| 자해 |

依 : 백성들이 믿고 살아가는 것. 심고 거두는 것.

| 의해 |

먼저 심고 거두는 어려움을 알고 나서 편안하게 한다는 것은 부
지런한 태도를 가지고 편안하게 산다는 것이다. 농사를 밭에 의
지하는 것은 물고기가 물에 의지하고 나무가 흙에 의지하는 것과
같아서, 물고기는 물이 없으면 죽고 나무는 흙이 없으면 마르며,
백성은 농사가 아니면 살 수 없다. 그러므로 순(舜)은 밭 갈고 심
는 것으로부터 임금이 되기에 이르렀고, 우(禹)와 직(稷)은 몸소
농사를 하여 천하를 소유하였으며, 문왕(文王)과 무왕(武王)의
왕업의 터전은 후직(后稷)에서부터 일어났다. 백성들의 일은 농
사보다 수고로운 것이 없고, 백성들의 공은 농사보다 더 융성한
것이 없다. 주공(周公)이 「무일(無逸)」의 훈계를 말함에 앞머리
에서 이것을 언급하였으니 이렇게 한 이유가 있는 것이다.

^{상 소 인}相小人_{한대} ^{궐 부 모 근 로 가 색}厥父母勤勞稼穡_{이어든} ^{궐 자 내 부 지 가 색 지}厥子乃不知稼穡之

^{간 난}艱難_{하고} ^{내 일}乃逸_{하며} ^{내 언}乃諺_{하며} ^{기 탄}旣誕_{하나니} ^{부 즉 모 궐 부 모 왈}否則侮厥父母曰

^{석 지 인}昔之人_이 ^{무 문 지}無聞知_{라하나니이다}

| 언해 |

小人을 相혼디 그 父母ㅣ 稼穡을 勤勞ㅎ거든 그 아들이 稼穡의 艱難을 아지 못ㅎ고 逸ㅎ며 諺ㅎ며 임의 誕ㅎᄂ니 안인 즉 그 父母를 업슈이 여기어 닐어디 녯 사름이 聞ㅎ며 知함이 업다 ㅎᄂ니이다

| 번역 |

"백성들을 살펴보면 부모가 심고 거두는 일에 수고로운데 아들은 심고 거두는 어려움을 알지 못하고, 편안하고 세속의 비루한 말을 하며 망령되게 합니다. 그렇지 않으면 부모를 업신여겨 말하기를, '옛날 사람들은 들은 것도 없고 아는 것도 없다.'고 합니다."

| 자해 |

諺 : 속된 말

| 의해 |

농사의 어려움을 알지 못하고 편안한 자는 그저 편안함으로 편안함을 삼는 자이다. 백성들을 보면 부모는 심고 거두느라 수고로운데 자식들은 한가하게 길러주는 것으로 생장하여 농사의 어려움을 알지 못하고, 이에 방종하고 편안하여 스스로 방자하며, 거리의 더러운 말을 익히며, 이미 또 방탕하고 허망하여 이르지 않

는 데가 없다. 그렇지 않으면 또 부모를 업신여기며 말하기를, "옛날 늙은 사람들은 들은 것도 없고 아는 것도 없이 단지 스스로 노고하여 스스로 편안하게 할 바를 알지 못한다."고 한다.

周公曰 嗚呼라 我聞하니 曰昔在殷王中宗하사 嚴恭寅畏하사 天命自度하시며 治民祇懼하사 不敢荒寧하시니 肆中宗之享國이 七十有五年이시니이다

| 언해 |

周公이 글오디 嗚呼ㅣ라 내 드르니 닐오디 녯 殷王 中宗애 在ᄒ샤 嚴ᄒ며 恭ᄒ며 寅ᄒ며 畏ᄒ샤 天命으로 스스로 度ᄒ시며 民을 治홈애 祇懼ᄒ샤 敢히 荒寧치 아니ᄒ시니 이러모로 中宗의 國을 享ᄒ샴이 七十이오 또 五年이시니이다

| 번역 |

주공(周公)이 말하였다. "아! 제가 들으니, 옛날 은나라 왕 중종(中宗)은 엄숙하고 공손하며 공경하고 두려워하여 천명으로 스스로 다스리며, 백성을 다스림에 공경하고 두려워하여 감히 게으르거나 편안하게 하지 않으시니, 그러므로 중종이 나라를 누리신 것이 칠십오 년이었습니다."

| 자해 |

中宗 : 태무(太戊)를 가리킴.

| 의해 |

중종(中宗)이 엄숙하고 공손하며 공경하고 두려워하여 천리로 스스로 몸을 단속하고 다스렸으며, 백성을 다스리는 데 이르러서도 또한 공경하고 두려워하여 감히 게으르고 편안하지 않았으니, 중종이 편안함이 없게 한 실상이 이와 같았다. 그러므로 나라를 누리기를 오래 하는 효험이 있었던 것이다.

其在高宗時하사는 舊勞于外하사 爰暨小人이러시니 作其
卽位하사 乃或亮陰三年을 不言하시니 其惟不言하시나 言
乃雍하시며 不敢荒寧하사 嘉靖殷邦하사 至于小大히 無時
或怨하니 肆高宗之享國이 五十有九年이시니이다

| 언해 |

그 高宗時애 在ㅎ샤는 오래 外에 勞ㅎ샤 이에 小人으로 밋ㅎ더시니 作ㅎ야 그 位예 卽ㅎ샤 或 亮陰ㅎ야 三年을 言치 안이ㅎ시니 그 言치 안이ㅎ시나 言ㅎ시면 雍ㅎ시며 敢히 荒寧치 아니ㅎ샤 殷邦을 嘉ㅎ며 靖ㅎ샤 小大의 니르히 이 或怨ㅎ리 업스니 이러모로 高宗의 國을 享ㅎ샴이 五十이오 쏘 九年이시니이다

| 번역 |

"고종(高宗) 때에는 오랫동안 밖에서 수고하셨고 이에 백성들과 함께 하였습니다. 일어나 즉위하시어 곧 양암(亮陰)에서 상을 치르는 삼년 동안 말하지 않았습니다. 말하지 않았으나 말하면 이치에 맞게 하였으며, 감히 게으르거나 편안하지 아니하여 은나라

를 아름답게 하고 안정시켜 작고 큰 사람에 이르기까지 혹시라도 원망하는 이가 없었습니다. 그러므로 고종이 나라를 누리신 것이 오십구 년이었습니다."

| 자해 |

高宗 : 무정(武丁)을 가리킴. •雍 : 말을 할 때에 화순(和順)하여 이치에 합당한 것. •嘉靖 : 편안하게 살아 생업을 즐기는 가운데 예악(禮樂)과 교화(敎化)가 융성한 것.

| 의해 |

고종(高宗)이 즉위하지 않았을 때에 그 아버지 소을(小乙)이 고종으로 하여금 오랫동안 민간에서 살게 하여 백성들과 함께 출입하며 일을 같이 하였으므로 백성들의 농사가 어려움을 일찍부터 모두 알고 있었다. 고종이 편안함이 없게 한 실상이 이와 같았다. 그러므로 나라를 누리기를 오래 하는 효험이 있었던 것이다.

其在祖甲하사는 不義惟王이라하사 舊爲小人이러시니 作其卽位하사 爰知小人之依하사 能保惠于庶民하시며 不敢侮鰥寡하시니 肆祖甲之享國이 三十有三年이시니이다

| 언해 |

그 祖甲의 在호샨 王되옴미 義가 안이라 호샤 오러 小人이 되얏더시니 作호야 그 位애 卽호샤 이에 小人의 依를 알으샤 能히 庶民을 保惠호시며 敢히 호라비와 과부를 업슈이 여기지 안이 호시니 이럼으로 祖甲의 나라를 누리심이 三十이오 쏘 三年이시니이

다

| 번역 |

"조갑(祖甲)은 왕이 되는 것이 의롭지 않다 하여 오랫동안 일반 백성이 되셨는데, 일어나 즉위하셔서 이에 백성들이 의지하는 것을 알아서 서민들을 보호하고 은혜를 베풀어 감히 홀아비와 과부를 업신여기지 않았습니다. 그러므로 조갑이 나라를 누리신 것이 삼십삼 년이었습니다."

| 의해 |

조갑(祖甲)은 고종(高宗)의 아들이고 조경(祖庚)의 아우이다. 고종이 조경을 폐위하고 조갑을 세우고자 하니, 조갑은 이를 의롭지 않다 하여 민간으로 도망하였다.

自時厥後로 立王이 生則逸하니 生則逸이라 不知稼穡之 艱難하며 不聞小人之勞하고 惟耽樂之從하니 自時厥後로 亦罔或克壽하여 或十年하며 或七八年하며 或五六年하며 或四三年하니이다

| 언해 |

일로 붓터 그 後로 立ᄒ신 王이 生ᄒ면 곧 逸ᄒ니 生ᄒ면 곧 逸혼지라 稼穡의 艱難을 알지 못ᄒ며 小人의 슈고로움을 듯지 못ᄒ고 오직 耽樂을 從ᄒ니 일로 붓터 그 後로 ᄯᅩ혼 或 능히 壽ᄒ리 업셔 或 十年ᄒ며 或 七八年ᄒ며 或 五六年ᄒ며 或 四三年 ᄒ니이다

| 번역 |

"이로부터 그 뒤로 즉위한 왕들은 태어나면 곧 편안하였습니다.
태어나면 곧 편안하였기 때문에 심고 거두는 어려움을 알지 못하
며, 백성들의 수고로움을 듣지 못하고 오직 즐거움을 탐하는 것
만을 따랐으니, 이로부터 그 뒤로 또한 아무도 장수하지 못하여
혹은 십년, 혹은 칠, 팔년, 혹은 오, 육년, 혹은 삼, 사년이었습니
다."

| 자해 |

耽樂 : 지나치게 즐거워함.

| 의해 |

삼종(三宗)의 뒤로부터 임금의 자리에 나아간 자들이 태어나면
곧 편안하여 심고 거두는 어려움을 알지 못하며 백성들의 수고로
움을 듣지 못하며 오직 지나친 즐거움만을 좇아서 성품을 해쳐서
생명을 상하게 하였다. 그 때문에 삼종의 뒤로는 또한 오래 산 사
람이 없어서 오래된 자는 십년이나 칠, 팔년에 지나지 못하며, 짧
은 자는 오, 육년, 삼, 사년일 뿐이었다. 즐거움을 탐하는 것이 더
욱 심하면 향년이 더욱 짧아졌다. 사람들이 장수하고자 하며 요
절을 싫어하지 않는 이가 없는데, 이 편은 오로지 향년이 길고 길
지 않음을 가지고 말하였다. 이는 하고자 하는 바를 열어주고 경
계해야 할 바를 금하려는 것이다.

주공왈 오호   궐역유아주   태왕왕계 극자억외
周公曰 嗚呼라 厥亦惟我周에 太王王季 克自抑畏하시니
이다

| 언해 |

周公이 굴오디 嗚呼ㅣ라 그 쏘혼 우리 周ㅅ 나라에 太王과 王季
ㅣ 능히 스스로 抑호며 畏호시니이다

| 번역 |

주공(周公)이 말하였다. "아! 그 또한 우리 주(周)나라의 태왕(太
王)과 왕계(王季)께서 스스로 억제하고 두려워하셨습니다."

| 의해 |

상(商)나라도 오히려 이전의 세상이다. 그러므로 우리 주(周)나
라의 선왕을 가지고 고하되, 태왕(太王)과 왕계(王季)가 스스로
억제하고 두려워했다고 말한 것은 문왕(文王)의 편안함이 없었음
을 말하려는 것이다. 그래서 먼저 그 원류가 깊고 긴 것을 말하였
다. 억제하고 두려워하는 것이 편안함이 없는 것의 근본이고, 마
음대로 하며 게으른 것은 모두 과시하며 거리낌이 없는 자의 행
위이다.

文王이 卑服으로 卽康功田功하시니이다

| 언해 |

文王이 卑혼 服으로 康功과 田功애 卽호시니이다

| 번역 |

"문왕(文王)이 거친 의복으로 백성을 편안하게 하는 일과 농사일
로 나아가셨습니다."

| 자해 |

卑服 : 거친 의복. •康功 : 백성을 편안하게 한 공. •田功 : 백성을 기르는 일.

| 의해 |

문왕(文王)은 의복으로 봉양하는 데 마음을 두지 않고, 이 백성을 편안하게 기르는 데 전념하였다. 거친 의복은 한 단서를 들어 말한 것이니, 궁실과 음식으로 스스로 받들기를 박하게 하였음을 모두 미루어 알 수 있다.

徽柔懿恭하사 懷保小民하시며 惠鮮鰥寡하사 自朝로 至于

日中昃히 不遑暇食하사 用咸和萬民하시니이다

| 언해 |

아롬다히 부들어우리셔 아롬다히 공손ᄒ샤 小民을 품어셔 보젼ᄒ시며 鰥寡를 은혜ᄒ야 빗나게 ᄒ샤 아참으로 붓터 ᄒ가 가운디 ᄒ야 기우러짐에 니르히 먹기를 겨를치 못ᄒ샤 ᄡᅥ 萬民을 다 和케 ᄒ시니이다

| 번역 |

"아름답게 부드러우며 아름답게 공손하시어 백성들을 품어 보전하시며, 홀아비와 과부들에게 은혜를 베풀어 빛나게 하시어, 아침부터 해가 중천에 있다가 해가 기울 때까지 밥 먹을 겨를도 없었습니다. 그럼으로써 만민들을 모두 화합하게 하셨습니다."

| 자해 |

徵·懿 : 모두 아름다움. •昃 : 해가 기울어짐.

| 의해 |

문왕(文王)이 부드럽고 공손한 덕이 있어 그 아름다움의 융성함
이 지극하여, 화합함은 백성들을 가까이 하기 쉬워서 백성들은
품어 보전해주며, 홀아비나 과부는 은혜를 베풀어 삶의 기운을
북돋우었다. 은혜를 베풀어 빛나게 했다는 것은 홀아비나 과부가
머리를 숙이고 기운을 잃었는데, 재물을 주어서 그들로 하여금
살아갈 뜻이 있게 한 것이다. 아침으로부터 해가 중천에 뜰 때에
이르고, 해가 중천에 있을 때로부터 해가 기울 때에 이르기까지
도 한 번 밥을 먹을 겨를이 없었던 것은 만민을 모두 화합하게 하
여 한 사람이라도 살 곳을 얻지 못하는 이가 없게 하고자 한 것이
다.

文王이 不敢盤于遊田하사 以庶邦惟正之供하시니 文王

受命이 惟中身이러시니 厥享國이 五十年이시니이다

| 언해 |

文王이 敢히 遊와 田애 盤치 안이ᄒ샤 庶邦엣 正ᄒ 供으로 뻐 ᄒ
시니 文王의 命을 受ᄒ샴이 中身이러시니 그 國을 享ᄒ샴이 五十
年이시니이다

| 번역 |

"문왕(文王)이 감히 유람이나 사냥을 편안하게 여기지 아니하시

고 여러 나라에서 올바르게 매겨진 세금만을 받으시니, 문왕이 천명을 받은 것이 중년이었는데 나라를 누린 것은 오십년이었습니다."

| 의해 |

유람과 사냥은 나라의 일상적인 제도이니, 문왕(文王)이 유람과 사냥하기를 법도가 없이 하지 않았다. 위로는 함부로 비용을 낭비하지 않았고 아래로는 세금을 지나치게 거두지 않아 여러 나라에서 올바르게 정해진 것만을 바치니, 항상 공물(貢物)을 받는 정수(正數) 이외에 더 받지 않았던 것이다. 검소함을 숭상하고 고아와 독신자를 구휼하며 정사를 부지런히 하고 유람을 경계한 것은 모두 문왕이 편안함이 없었던 실상이었으므로 그가 나라를 누린 햇수가 오래되었던 것이다.

周公曰 嗚呼라 繼自今으로 嗣王은 則其無淫于觀于逸于遊于田하사 以萬民惟正之供하소서

| 언해 |

周公이 골오디 嗚呼ㅣ라 이제 븟터 이음으로 嗣ᄒᆞ신 王은 그 觀과 逸과 遊와 田에 淫함이 업스심을 則ᄒᆞ샤 萬民의 正ᄒᆞᆫ 供으로 뻐 ᄒᆞ쇼셔

| 번역 |

주공(周公)이 말하였다. "아! 이제부터 계속 사왕(嗣王)께서는 구경과 편안함과 유람과 사냥에 지나침이 없었던 점을 본받아 만민

이 올바르게 바치는 세금을 받으십시오."

| 자해 |

則 : 본받음. •淫 : 지나침.

| 의해 |

오늘로부터 이후로 사왕(嗣王)은 문왕(文王)이 구경과 편안함과
유람과 사냥을 지나치게 하지 않으신 것을 본받아 만민이 올바른
세금으로 바친 것으로 하라고 한 것이다.

無皇曰 今日에 耽樂이라하소서 乃非民의 攸訓이며 非天의
攸若이라 時人이 丕則有愆하리니 無若殷王受之迷亂하사
酗于酒德哉하소서

| 언해 |

皇ᄒ야 ᄀᆞᆯ오ᄃᆡ 今日에만 耽樂ᄒᆞ려 마ᄅᆞ쇼셔 ᄇᆡᆨ셩의 訓ᄒᆞᆯ배 안이
며 하ᄂᆞᆯ의 若ᄒᆞᆯ 배 안이라 時의 人이 크게 愆을 則ᄒᆞ리니 殷王受
의 迷亂홈이 갓ᄒᆞ샤 酒德애 酗ᄒᆞ치 마ᄅᆞ쇼셔

| 번역 |

"한가롭게 여겨 '오늘만 즐거움을 탐한다.'라고 말하지 마십시오.
백성들이 본받을 것이 아니며, 하늘이 인정하는 바가 아닙니다.
당시 사람들이 잘못을 크게 본받을 것이니, 은나라 왕 수(受)가
혼미한 것처럼 하여 술의 덕에 빠지지 마십시오."

| 자해 |

無 : 무(毋). 하지 말라는 의미. •皇 : 황(遑). 겨를. •訓 : 본받음. •若 : 인
정함. •則 : 본받음.

| 의해 |

스스로 여유롭게 하거나 한가하게 하지 않으면서 하루만 즐거움
을 탐하는 것이 진실로 해가 없을 것 같으나, 아래로는 백성들이
본받을 바가 아니고 위로는 하늘이 인정하는 바가 아니다. 세상
사람들이 지나치게 편안한 행실을 크게 본받는 것이, 상(商)나라
사람들이 수(受)에 물들어 술 마시는 것을 숭상하는 부류와 같은
것이다.

周公曰 嗚呼라 我聞하니 曰古之人이 猶胥訓告하며 胥保
惠하며 胥敎誨혼들로 民이 無或胥譸張爲幻하니이다

| 언해 |

周公이 골오딕 嗚呼ㅣ라 나는 드르니 골오딕 녯 사롬이 오히려
서로 訓告ᄒ며 서르 保惠ᄒ며 셔로 敎誨혼들로 빅셩이 或 서로
譸ᄒ며 張ᄒ야 幻홈이 업더니이다

| 번역 |

주공(周公)이 말하였다. "아! 내가 들으니, 옛날 사람들은 오히려
서로 경계하고 일러주며 서로 보호하고 따르며 서로 가르쳤으므
로 백성들이 누구도 서로 속이거나 과장하여 현란하게 함이 없었
습니다."

| 자해 |

胥 : 서로. •訓 : 경계함. •惠 : 따름. •譸 : 속임. •張 : 허탄함. •幻 : 현란
하게 함.

| 의해 |

옛사람들은 덕업(德業)이 이미 성하였으나 그 신하들이 오히려
또한 서로 더불어 경계하고 고하며 서로 더불어 보호하고 따르며
서로 더불어 가르쳤다. 오직 이와 같이 보고 듣고 생각하는 것에
가리고 막히는 바가 없어서 좋아하고 미워하고 취하고 주는 것이
밝아서 어그러짐이 없었다. 그러므로 당시의 백성들이 혹시라도
감히 속이고 허탄하여 현란하게 함이 없었던 것이다.

此厥不聽하시면 人乃訓之하여 乃變亂先王之正刑하여 至
于小大하리니 民이 否則厥心이 違怨하며 否則厥口詛祝
하리이다

| 언해 |

이를 그 듯지 안이 ᄒ시면 사ᄅᆷ이 이에 訓ᄒ야 先王의 바른 법을
變ᄒ며 亂케 ᄒ야 젹고 큰디에 니를지니 ᄇᆡ셩이 좀ᄒ면 곧 그 마
음이 어긔며 원망ᄒ며 좀ᄒ면 곧 그 입이 詛ᄒ며 祝ᄒ리이다

| 번역 |

"이를 듣지 않으시면 사람들이 본받게 되어 선왕의 바른 법을 변
하게 하고 어지럽게 하여 작고 큰일에 이르게 될 것입니다. 백성
들이 그렇지 않으면 곧 그 마음으로 어기고 원망하며, 그렇지 않

으면 그 입으로 저주할 것입니다."

| 자해 |

正刑 : 바른 법.

| 의해 |

왕이 옛 사람들이 서로 더불어 경계하고 고하며 서로 더불어 보호하고 따르며 서로 더불어 가르친 일에 대해서 듣고 믿지 않으면, 사람들이 이를 본받아 군신·상하가 법도가 아닌 것을 배우고 스승으로 삼아 반드시 선왕의 바른 법을 바꾸어서, 작은 일이나 큰 일 할 것 없이 모두 취하여 어지럽게 고치지 않음이 없을 것이다. 선왕의 법이 백성들에게는 심히 편하나 방종하고 사치하는 임금에게는 심히 불편하다. 형벌을 줄여 백성들의 목숨을 중히 하는 것은 백성들이 편하게 여기는 바이나, 임금으로서 잔혹한 자는 반드시 바꾸어 버릴 것이다. 세금을 가볍게 하여 이로써 민생을 두터이 하는 것은 백성들이 편하게 여기는 바이나, 임금으로서 탐욕스럽고 사치한 자는 반드시 바꾸어 버릴 것이다. 그 마음이 어기고 원망하는 것은 원망이 마음 가운데 쌓이는 것이고, 그 입으로 저주하는 것은 원망이 밖에 나타나는 것이다. 사람의 윗자리에 있으면서 백성으로 하여금 마음과 입으로 서로 원망하게 한다면 그 나라가 위태롭지 않은 경우는 없다. 이는 다스려짐과 어지러움, 보존됨과 망함의 기미이다. 그러므로 주공(周公)이 간곡하게 말한 것이다.

周公曰 嗚呼라 自殷王中宗하여 及高宗과 及祖甲과 及
我周文王과 茲四人이 迪哲하시니이다

| 언해 |

周公이 골오디 嗚呼ㅣ라 殷王ㅅ 中宗으로 붓터셔 밋 高宗과 祖甲
과 밋 우리 周文王과 이 四人이 哲을 迪ᄒ시니이다

| 번역 |

주공(周公)이 말하였다. "아! 은나라 왕 중종(中宗)으로부터 고종
(高宗)과 조갑(祖甲)과 우리 주나라 문왕(文王), 이 네 분은 모두
지혜를 실천하셨습니다."

| 자해 |

迪 : 실천함. •哲 : 지혜.

| 의해 |

임금이 백성들이 의지하는 바를 알면서도 혹 어기는 것은 지혜를
실천하지 못하는 것이다. 오직 중종(中宗)과 고종(高宗)과 조갑
(祖甲)과 문왕(文王)이 진실로 지혜를 실천하였다.

厥或告之曰 ^{궐 혹 고 지 왈} 小人이 ^{소 인} 怨汝詈汝라하거든 ^{원 여 리 여} 則皇自敬德하사 ^{즉 황 자 경 덕}

厥愆을 ^{궐 건} 曰朕之愆이라하소서 ^{왈 짐 지 건} 允若時하시면 ^{윤 약 시} 不啻不敢含怒 ^{불 시 불 감 함 노}

리이다

| 언해 |

그 或이 告ᄒ야 ᄀᆞᆯ오디 小人이 너를 원망ᄒ며 너를 ᄭᅮ짇는다 ᄒ거든 곳 크게 스스로 德을 공경ᄒ샤 그 허물을 ᄀᆞᆯᄋᆞ샤디 朕의 허물이라 ᄒ쇼셔 진실로 이 갓히 ᄒ시면 敢히 노염을 먹음이 안이 ᄒᆞᆯ ᄯᅲ롬이 안이리이다

| 번역 |

"그 누가 고하기를, '백성들이 당신을 원망하고 꾸짖는다.'고 하면 크게 스스로 덕을 공경하여 그 허물을 나의 잘못이라 하소서. 진실로 이와 같이 하면 감히 노여움을 품지 않을 뿐만이 아닐 것입니다"

| 자해 |

詈 : 꾸짖음.

| 의해 |

삼종(三宗)과 문왕(文王)은 백성들이 의지하는 것을 마음에 진실로 알고 있었으므로 백성들의 잘못된 말을 책망할 겨를이 없었고, 또한 그것으로 인하여 자신의 지극하지 못함을 살피며, 원망하고 꾸짖는 말을 즐겁게 들었다. 이 어찌 다만 숨기고 참아서 노여움을 품고 말하지 않음에 그칠 따름이겠는가?

此厥不聽하시면 人乃或譸張爲幻하여 曰小人怨汝詈汝라하거든 則信之하리니 則若時하면 不永念厥辟이며 不寬綽厥心하여 亂罰無罪하며 殺無辜하리니 怨有同하여 是叢于厥身하리이다

| 언해 |

이를 그 듯지 안이 ᄒᆞ시면 사ᄅᆞᆷ이 或 譸ᄒᆞ며 張ᄒᆞ야 幻을 ᄒᆞ야 ᄀᆞᆯ오ᄃᆡ 小人이 너를 원망ᄒᆞ며 너를 ᄭᅮ짓ᄂᆞᆫ다 ᄒᆞ거든 곳 밋으리니 곳이 ᄀᆞᆺ호면 그 辟을 永히 ᄉᆡᆼ각지 안이ᄒᆞ며 그 ᄆᆞᄋᆞᆷ을 너그럽고 크게 안이 ᄒᆞ야 어지러히 無罪ᄒᆞᆫ 이를 罰ᄒᆞ며 無辜ᄒᆞᆫ 이를 殺ᄒᆞ리니 원망이 갓ᄒᆞ야 이에 그 몸에 모뒤리이다

| 번역 |

"이를 듣지 않으시면 사람들이 혹 속이고 과장하여 현혹되게 하여 '백성들이 당신을 원망하고 당신을 꾸짖는다.'라고 하면 그 말을 곧 믿을 것이니, 이와 같으면, 영원히 임금 된 도리를 생각하지 못하며 마음을 관대하고 너그럽게 하지 못해 어지럽게 죄 없는 사람들을 벌하며 무고한 자들을 죽일 것이니, 이같이 하면 원망이 하나로 뭉쳐 그 몸에 쌓일 것입니다."

| 자해 |

綽 : 큼. • 叢 : 모임.

| 의해 |

성왕(成王)이 삼종(三宗)과 문왕(文王)이 지혜를 실천한 일을 즐

겨 듣고 믿으려 하지 않는다면, 백성들이 혹 허탄하여 허와 실을
바꿔 말하기를, "백성들이 당신을 원망하고 당신을 꾸짖는다."고
하면, 곧 그 말을 듣고 믿을 것이다. 이와 같으면 길이 임금이 된
도를 생각하지 않고, 그 마음을 관대하게 하지 아니하여, 허탄하
여 실제가 없는 말로써 의심스럽고 유사한 것을 다 엮어서 죄가
없는 사람들을 어지럽게 벌하고 무고한 자들을 살육할 것이다.
천하의 사람들이 화를 받는 것은 각각 다르지만 원망은 한 가지
로 모두 임금의 한 몸에 모일 것이다. 또한 이것이 어찌 편하겠는
가? 「무일(無逸)」의 글은 백성의 의지함을 아는 것으로 한 편의
강령을 삼았는데, 이 장은 이미 백성의 의지함을 알았으면 마땅
히 그 앎을 실천해야 함을 거듭 말하였다. 삼종(三宗)과 문왕(文
王)은 그 앎을 실천하였으므로 그 가슴속이 너그럽고 화평하여,
사람들의 원망과 꾸짖음이 그 마음에 조금도 지장이 되지 않는
것이 마치 천지가 만물을 한결같이 길러줄 따름인 것과 같다. 천
지는 만물로 마음을 삼고, 임금은 만민으로 마음을 삼는다. 그러
므로 임금 된 자는 마땅히 백성들이 원망하고 꾸짖는 말을 자기
의 책망으로 삼아야 할 것이고, 마땅히 백성의 원망과 꾸짖음을
자기의 노여움으로 삼아서는 안 되니, 이로써 자기의 책망으로
삼으면 백성들이 편안하며 임금 또한 편안할 것이다. 자기의 노
여움으로 삼으면 백성들이 위태롭고 임금 또한 위태로울 것이다.

周公曰 嗚呼라 嗣王은 其監于茲하소서

| 언해 |

周公이 굴오디 嗚呼ㅣ라 嗣ᄒ신 王은 그 이에 監ᄒ쇼셔

| 번역 |

주공(周公)이 말하였다. "아! 사왕(嗣王)은 이것을 잘 살피소서."

| 의해 |

'자(玆)'는 위 문장을 가리켜 말한 것이다. 「무일(無逸)」 한 편은 일곱 장인데, 장 첫머리마다 먼저 감탄하는 뜻을 지극히 한 연후에 말하려는 것을 언급하였다. 이 장에 이르러서는 감탄하는 것 외에 다시 다른 말이 없고, 오직 사왕(嗣王)은 이를 살펴보라는 말로 끝을 맺었으니, 이른바 '말은 다함이 있지만, 뜻은 다함이 없다.'는 것이다.

군석 [君奭]

소공(召公)이 늙음을 고하고 떠나려 하자 주공(周公)이 만류하였다. 소공이 아뢴 말을 사관이 기록하여 편을 만들었으니, 고체(誥體)이다. 주공이 맨 첫머리에서 군석(君奭)이라 불렀으므로, 이로 인해 편명을 군석이라 하였다. 편 가운데에는 자세하지 않은 말이 많다. 금문(今文)과 고문(古文)에 다 있다.

周公이 若曰君奭아

| 언해 |

周公이 이러트시 골ᄋᆞ샤디 君奭아

| 번역 |

주공(周公)이 다음과 같이 말하였다. "군석(君奭)이여!"

| 자해 |

君 : 높이는 칭호. •奭 : 소공(召公)의 이름.

弗吊라 天이 降喪于殷하사 殷이 旣墜厥命이어늘 我有周旣受하소니 我不敢知하노니 曰厥基는 永孚于休아 若天이 棐忱가 我亦不敢知하노니 曰其終에 出于不祥가

| 언해 |

弔치 못혼 지라 하늘이 喪을 殷나라에 내리샤 殷나라 이 임의 그 命을 쪄러트리엇거늘 우리 周ㅅ 나라 이 임의 밧엇시니 내 敢히 아지 못ㅎ노니 닐으건대 그 基는 기리 아롬다운 디에 밋을 가 만일에 하늘이 정성을 도울가 나는 쏘혼 敢히 아지 못ㅎ노니 닐으건대 그 ㅁ춤에 샹셔 안이 혼디에 날가

| 번역 |

"불쌍히 여기지 않았도다! 하늘이 은(殷)나라에 망함을 내려, 은나라는 이미 천명을 떨어뜨려, 우리 주(周)나라가 천명을 받게 되었도다. 내가 감히 알지 못하겠지만, 그 터가 길이 아름다움에 부합할 것인가? 하늘이 정성을 도와줄 것인가? 나는 또한 감히 알 수 없으니, 그 끝이 상서롭지 못하게 되지는 않을 것인가?"

| 의해 |

하늘이 이미 은(殷)나라에 망함을 내려 은나라는 이미 천명을 잃었고, 우리 주(周)나라가 천명을 받게 되었다. 내가 감히 알 수는 없지만, 그 터가 길이 아름다움에 부합할 것인가? 하늘이 과연 우리의 정성을 도와줄 것인가? 나는 또한 감히 알 수 없으니, 그 종말에 과연 상서롭지 않게 되지는 않을 것인가? 이 편은 주공(周公)이 소공(召公)을 만류하여 지은 것이다. 천명의 길흉을 말하면서 비록 "내가 감히 알지 못하겠다."고 말하였으나, 지극히 간절하고 염려하고 두려워한 뜻은 천명과 길흉의 결정은 실로 소공이 머무느냐 머물지 않느냐의 여부에 달려 있음을 말한 것이다.

嗚呼_{오호}라 君_군이 已曰_{이왈} 時我_{시아}라하더니 我亦不敢寧于上帝命_{아역불감녕우상제명}하

여 弗永遠念天威_{불영원념천위} 越我民_{월아민}에 罔尤違_{망우위}하나니 惟人_{유인}이니라 在_재

我後嗣子孫_{아후사자손}하여 大弗克恭上下_{대불극공상하}하여 遏佚前人光_{알일전인광}하면 在_재

家不知_{가부지}아

| 언해 |

嗚呼ㅣ라 君이 임의 글오디 이 내라 ᄒ더니 내 ᄯ흔 敢히 上帝ㅅ 命을 寧치 몯ᄒ야 기리 遠히 天앳 威ㅣ 우리 民의게 尤ᄒ며 違홈이 업스리라 念치 아니ᄒᄂ니 人이니라 우리 後嗣 子孫의 이셔 키 능히 上下를 恭치 몯ᄒ야 前人의 光을 遏佚ᄒ면 家의 이셔 아디 몯ᄒ다 ᄒ랴

| 번역 |

"아! 그대는 '이는 우리들에게 달려 있다.'라고 말했었다. 나 또한 감히 상제의 명을 편안하게 여기지 못하여, 길이 하늘의 위엄으로 우리 백성들이 원망하며 위배됨이 없게 되리라 생각하지 않는다. 이는 사람에 달려 있다. 우리의 뒤를 이은 자손들이 크게 위아래를 공경하지 못하여 앞 사람의 빛나는 업적을 막아버리거나 끊기게 한다면, 집에 있으면서 모른다고 하겠는가?"

| 자해 |

尤 : 원망함. ・違 : 위배함. 등짐.

| 의해 |

소공(召公)이 예전에, "이는 우리들에게 달려 있을 뿐이다."라고

말했었다." 이에 대해서 주공(周公)이 다음과 같이 말하였다. 나 또한 감히 천명을 구차히 편안하게 여기지는 않는다. 그래서 하늘의 위엄에 우리 백성들이 원망하고 위배하게 되는 경우는 없으리라는, 그런 생각을 멀리까지 하지는 않는다. 천명과 민심의 거취가 일정하지 않은 것은 실로 오직 사람에게 달려 있을 뿐이다. 그런데 이제 소공은 예전에 말한 것을 잊고 선뜻 떠나려고 한다. 우리의 뒤를 이을 자손들이 성대히 하늘을 공경하고 백성을 공경하지 못하고, 교만하고 사치하게 하여 문왕(文王)과 무왕(武王)의 빛나는 업적을 막아 끊고 떨어뜨리게 한다면, 집에 있었으므로 알지 못한다고 말할 수 있겠는가?

天命이 不易라 天難諶이니 乃其墜命은 弗克經歷嗣前人의 恭明德이니라

| 언해 |

天命이 쉽지 안이 혼지라 天이 諶홈이 어려오니 그 命을 墜홈은 능히 前人의 恭ᄒ시며 明ᄒ신 德을 經歷ᄒ야 嗣치 몯홀 시니라

| 번역 |

"천명은 보전하기가 쉽지 않고 하늘은 믿기 어렵다. 천명을 떨어뜨리는 것은 앞 사람이 공경히 하고 밝게 한 덕을 두루 겪고 잇지 못하기 때문이다."

| 의해 |

천명을 보존하기가 쉽지 않고 하늘을 믿기 어려우니, 이에 천명

을 떨어뜨려 잃어버린 자는 앞 사람의 공경히 하고 밝게 한 덕을
두루 겪지 않고 계승하지 못하기 때문이다. 공경하지 못하므로
앞 사람의 공경한 덕을 잇지 못하고, 앞 사람의 빛나는 업적을 막
고 떨어뜨렸으므로 앞 사람의 밝은 덕을 잇지 못하는 것이다.

在今予小子旦하여 非克有正이라 迪은 惟前人光으로 施
于我沖子니라

| 언해 |

이졔 나 小子 旦에 잇셔 능히 正홈을 두엇는 줄이 안이라 迪홈은
前人의 光으로 우리 沖子끠 施ᄒᆞᄂᆞᆫ 디니라

| 번역 |

"지금 나 소자(小子) 단(旦)은 바로잡기를 잘하지는 못하지만, 인
도하는 것은 오직 앞 사람의 빛나는 업적으로 우리 어린 아들에
게 베풀려 한다."

| 의해 |

지금 나 소자(小子) 단(旦)은 바로잡기를 잘 하지는 못하지만, 대
체로 열어주고 인도하려는 바는 오직 앞 사람의 빛나고 위대한
덕을 더욱 빛나게 하여 어린 아들에게 맡기려고 한다. 앞에서 뒤
를 이을 자손들이 앞 사람의 빛나는 업적을 끊고 떨어뜨렸다고
말했기 때문에 이런 말을 한 것이다.

又曰 天不可信이나 我道는 惟寧王德을 延하여 天不庸釋

于文王受命이니라

| 언해 |

　또 골ᄋ샤ᄃᆡ 하늘을 可히 밋지 못홀 것이나 내의 道ᄂᆞᆫ 寧王의 德
을 延ᄒᆞ야 天으로 文王의 受ᄒᆞ신 命을 庸釋디 아니케 홀 디니라

| 번역 |

　또 말하였다. "하늘은 믿을 수 없다. 우리의 도는 나라를 편안하
게 한 무왕(武王)의 덕을 연장하여, 하늘이 문왕(文王)께서 받으
신 명을 놓아버리지 않게 하는 것이다."

| 의해 |

　하늘은 진실로 믿을 수 없으나, 우리의 도는 무왕(武王)의 덕을
연장하여 하늘이 문왕(文王)이 받은 명을 놓지 않게 하도록 하는
것이다.

公曰 君奭아 我聞하니 在昔成湯이 旣受命이어시늘 時則

有若伊尹이 格于皇天하며 在太甲하여 時則有若保衡하

며 在太戊하여 時則有若伊陟臣扈格于上帝하며 巫咸이

乂王家하며 在祖乙하여 時則有若巫賢하며 在武丁하여 時

則有若甘盤하니라

| 언해 |

公이 골ㅇ샤디 君奭아 내 드르니 녯 젹에 잇셔 成湯이 임의 命을
밧앗거시늘 時에 伊尹 갓흔이 잇셔 皇天끠 格ㅎ며 太甲에 잇셔
時에 保衡 갓흔이 잇시며 太戊에 잇셔 時에 伊陟과 臣扈 갓흐니
잇셔 上帝끠 格ㅎ며 巫咸이 王家를 乂ㅎ며 祖乙에 잇셔 時에 巫
賢 갓흔이 잇스며 武丁의 이셔 時에 甘盤 갓흔이 잇더니라

| 번역 |

공(公)이 말하였다. "군석(君奭)이여! 내가 들었다. 옛날 성탕(成
湯)이 천명을 받으셨을 때에는 때마침 이윤(伊尹)이란 이가 있어
황천(皇天)에까지 이르렀으며, 태갑(太甲) 때에는 때마침 보형
(保衡)이란 이가 있었으며, 태무(太戊) 때에는 때마침 이척(伊陟)
과 신호(臣扈)란 이들이 있어 상제에까지 이르렀고, 무함(巫咸)
은 왕가를 다스렀으며, 조을(祖乙) 때에는 때마침 무현(巫賢) 이
란 이가 있었으며, 무정(武丁) 때에는 때마침 감반(甘盤)이란 이
가 있었다."

| 자해 |

保衡 : 이윤(伊尹). • 太戊 : 태갑(太甲)의 손자. • 伊陟 : 이윤(伊尹)의 아들.
 • 臣扈 : 성탕(成湯) 때의 신호(臣扈)와 이름은 같지만 다른 사람. • 巫咸 :
무(巫)는 씨(氏)이고, 함(咸)은 이름. • 祖乙 : 태무(太戊)의 손자. • 巫賢 :
무함(巫咸)의 아들. • 武丁 : 고종(高宗). • 甘盤 : 「열명(說命)」에 보임.

| 의해 |

이 장에서 상(商)나라의 여섯 신하의 공렬(功烈)을 차례로 서술
하였으니, 대체로 소공(召公)이 앞 사람의 아름다움과 짝하기에
힘쓰게 하려 한 것이다. 두루 덮어주었기 때문에 천(天)이라 말하
고, 주재했기 때문에 제(帝)라 말하였으니, 『서경(書經)』에서 더
러는 천(天)이라 칭하고 더러는 제(帝)라 칭한 것은 각각 가리키

는 바에 따른 것이지, 경중(輕重)이 있어서 그런 것은 아니다. 이
장에 이르러서 성인과 현인을 상대적으로 말했는데, 이후에는 성
인과 현인이 구분되고 차이를 보이게 되었다.

率惟玆有陳하여 保乂有殷하니 故殷이 禮陟配天하여 多
歷年所하니라

| 언해 |

이를 率ᄒ야 陳을 두어 殷나라를 保乂ᄒ니 故로 殷이 禮로 陟ᄒ
야 天에 配ᄒ야 年을 歷ᄒ 所ㅣ 만ᄒ니라

| 번역 |

"이것을 따라 펼친 것이 있어 은(殷)나라를 보존하고 다스렸다.
그러므로 은나라가 이 예로 올려서 하늘에 배향하여 지내온 햇수
가 많게 되었다."

| 자해 |

陟 : 멀리 올라감.

| 의해 |

여섯 신하가 오직 이 도를 따라 펼친 공이 있어 은(殷)나라를 보
존하고 다스렸다. 그러므로 은나라 선왕들이 마침내 덕으로써 하
늘에 배향하여 나라를 누리기를 오래 했던 것이다.

天惟純佑命이라 則商이 實하여 百姓王人이 罔不秉德明恤하며 小臣屏侯甸이 矧咸奔走온여 惟茲惟德을 稱하여 用乂厥辟이라 故一人이 有事于四方이어든 若卜筮하여 罔不是孚하니라

| 언해 |

ㅎ늘이 도으스 命ㅎ샤미 純혼 지라 곳 商나라이 이 實ㅎ야 百姓과 王人이 德을 秉ㅎ며 恤울 明치 안이 홈이 업시며 小臣과 屏앳 侯甸이 ㅎ믈며 다 奔走홈이ᄯ녀 이러모로 德을 稱ㅎ야 뻐 그 辟을 乂혼 디라 故로 一人이 事를 四方애 두시거든 卜筮 곧ᄐ여 이예 孚치 아니 아니ㅎ니라

| 번역 |

"하늘은 순전히 돕고 명하시니, 상(商)나라는 충실히 백성과 왕의 사람들이 덕을 잡고 동정심을 밝히지 않은 이가 없었다. 하물며 작은 신하들 및 변방의 제후들도 모두 분주함에 있어서랴! 오직 덕을 잡고 가져 군주를 다스렸다. 그러므로 군주가 사방에 일함이 있으면 마치 거북점이나 시초점과 같이 여겨서 이것을 믿지 않은 이가 없었다."

| 자해 |

佑 : 도움. • 實 : 가득 참. • 稱 : 잡고 가짐. • 事 : 정벌(征伐)과 회동(會同).

| 의해 |

하늘이 상(商)나라를 도와 명함이 순일하여 잡되지 않았다. 상나

라에 훌륭한 사람이 있어 충실하니, 안으로는 모든 관리와 미천한 자들도 덕을 잡고 가져서 밝게 동정심을 이루지 않음이 없었으며, 밖으로는 작은 신하들과 번방의 제후들이 모두 분주히 일하였다. 오직 이러한 까닭으로 덕을 잡고 가져 임금을 다스리게 하였다. 그러므로 임금이 사방에 일함이 있으면 거북점과 시초점과 같이 여겼으니, 천하가 공경하고 믿지 않음이 없었던 것이다.

公曰 君奭아 天壽平格이라 保乂有殷하더시니 有殷이 嗣
天滅威하니 今汝永念하면 則有固命하여 厥亂이 明我新
造邦하리라

| 언해 |

公이 골오샤디 君奭아 하늘이 平ㅎ야 格ㅎᄂ니를 壽ㅎ시논 디라 殷나라를 保乂ㅎ더시니 殷나라 이 하늘을 嗣ㅎ야 滅ᄒ 威예 ㅎ니 이졔 네 永홀 念을 ㅎ면 곧 구든 命이 잇셔 그 亂이 우리 新造ᄒ 邦애 明ㅎ리라

| 번역 |

공(公)이 말하였다. "군석(君奭)이여! 하늘은 공평하여 하늘에 이르는 자를 장수하게 한다. 하늘은 은(殷)나라를 보존하고 다스리게 하였는데, 은나라는 하늘이 멸망시키려는 위엄을 이었으니, 이제 네가 길이 생각하면 굳은 명을 가져서 그 다스림이 우리 새로 만든 나라에 밝게 드러날 것이다."

| 의해 |

하늘은 사사로이 장수하게 함이 없고 지극히 공평하여 하늘에 오직 통하고 도달한 자이면 장수하게 한다. 이윤(伊尹) 이하 여섯 신하는 공평하고 하늘에 도달하는 실질을 다하였다. 그러므로 은(殷)나라를 보존하고 다스려서 지나온 햇수가 많았다. 은나라 주왕(紂王)에 이르러서도 또한 천자의 지위를 잇기는 했으나 급히 멸망하는 위엄에 걸렸으니, 하늘이 일찍이 사사로이 장수하게 하지 않은 것이다. 이제 소공(召公)이 힘써 주(周)나라를 오래고 오래게 할 생각을 한다면, 하늘의 굳은 명을 가져서 다스림의 효험이 또한 빛나게 우리 새로 만든 나라에 밝게 드러나 몸과 나라가 모두 드러날 것이다.

公曰 君奭아 在昔上帝割하사 申勸寧王之德하사 其集大命于厥躬하시니라

| 언해 |

公이 골ᄋᆞ샤디 君奭아 녯적에 잇셔 上帝ㅣ 割ᄒᆞ샤 다시곰 寧王의 德을 勸ᄒᆞ샤 그 大命을 그 躬애 集ᄒᆞ시니라

| 번역 |

공(公)이 말하였다. "군석(君奭)이여! 옛날에 상제께서 바로잡으시어 거듭 나라를 편안하게 한 무왕(武王)의 덕을 권면하게 하여 큰 명을 그 몸에 모으게 하셨다."

| 자해 |

申 : 거듭 함. •勸 : 힘씀.

| 의해 |

옛날 상제가 은(殷)나라에 바른 정사를 내리고 무왕(武王)의 덕
을 거듭 권면하여 큰 명을 그 몸에 모이게 하여 천하를 소유하게
하였다.

惟文王이 尙克脩和我有夏하심은 亦惟有若虢叔과 有若
閎夭와 有若散宜生과 有若泰顚과 有若南宮括이니라

| 언해 |

文王이 거의 능히 우리 두엇는 夏를 脩和ᄒ샨든 쏘흔 虢叔 갓흔
이와 閎夭 갓흔이와 散宜生 갓흔이와 泰顚 갓흔이와 南宮括 갓흔
이 이실 시니라

| 번역 |

"문왕(文王)이 아마 우리 중국을 다스리고 화합하게 할 수 있었던
것은 또한 괵숙(虢叔)과 굉요(閎夭)와 산의생(散宜生)과 태전(泰
顚)과 남궁괄(南宮括) 같은 사람이 있었기 때문이다."

| 자해 |

虢叔 : 문왕(文王)의 아우. •閎·散·泰·南宮 : 모두 씨(氏). •夭·宜生·
顚·括 : 모두 이름.

| 의해 |

　문왕(文王)이 주나라를 다스리고 화합하게 할 수 있었던 것은 괵
숙(虢叔) 등 다섯 신하의 도움이 있었기 때문이다.

又曰 無能往來玆하여 迪彝敎인댄 文王도 蔑德이 降于國
人이시니라

| 언해 |

　쏘 굴ᄋ샤디 能히 이예 往來ᄒ야 彝敎를 迪디 아니ᄒ던든 文王두
德이 國人의게 降홈이 업스시리러니라

| 번역 |

　또 말하였다. "이곳에 왕래하여 떳떳한 가르침으로 인도하지 못
했더라면 문왕(文王)의 덕이 나라 사람들에게 내려지지 않았을
것이다."

| 자해 |

　蔑 : 없음.

| 의해 |

　만일 이 다섯 신하들이 문왕(文王)을 위하여 이곳에 왕래하며 분
주히 떳떳한 가르침으로 인도하지 못하였더라면, 문왕의 덕이 나
라 사람들에게 내려지지 않았을 것이다.

역 유 순 우　　병 덕　　적 지 천 위　　　내 유 시 소 문 왕　　　　적
亦惟純佑는 秉德이 迪知天威하여 乃惟時昭文王하여 迪

현 모　　　문 우 상 제　　유 시 수 유 은 명 재
見冒하여 聞于上帝라 惟時受有殷命哉하시니라

| 언해 |

쏘호 純히 佑호샴은 德을 秉호니 迪호야 天威를 知호야 일로 文
王을 昭호야 迪見호며 冒호야 上帝씌 聞혼 디라 이런들로 殷앳
命을 受호시니라

| 번역 |

"또한 순전하게 도와주신 것은, 덕을 잡은 이들이 하늘의 위엄을
알아서 실천하였고 이에 문왕(文王)을 밝게 하여 그 덕을 인도하
고 드러내어 세상에 덮이게 하여 상제에게 알려지게 했기 때문이
다. 이러한 까닭으로 은(殷)나라의 천명을 받으신 것이다."

| 의해 |

문왕(文王)에게 이러한 다섯 신하들이 있었으므로, 주나라 백성
과 왕의 사람들이 덕을 잡지 않음이 없었다. 이와 같이 덕을 잡은
신하들이 실천하여 하늘의 위엄을 알기에 이르게 되었다. 이로써
문왕의 덕을 밝게 하고 그 덕을 인도하여 위에서 드러나고 아래
에 덮이게 하여 상제에게까지 들리게 되었다. 이런 까닭에 하늘
이 순전히 문왕을 도와 마침내 천명을 받게 된 것이다.

武王은 惟玆四人이 尙迪有祿하니 後暨武王으로 誕將天
威하여 咸劉厥敵하니 惟玆四人이 昭武王惟冒하여 丕單
稱德하니라

| 언해 |

武王은 이 四人이 거의 迪ㅎ야 祿을 두니 後애 밀 武王으로 키 天
威를 將ㅎ야 다 그 敵을 劉ㅎ니 이 四人이 武王을 昭ㅎ야 冒ㅎ야
키 다 德을 稱케 ㅎ니라

| 번역 |

"무왕(武王)은 이 네 사람이 거의 인도하여 천록(天祿)을 받게 되
었는데, 나중에 무왕과 함께 크게 하늘의 위엄을 펼쳐 그 적을 모
두 죽였다. 이 네 사람이 무왕의 덕을 밝히고 천하에 덮여 크게
님김없이 덕을 칭송하게 하였다."

| 자해 |

劉 : 죽임.　•單 : 다함.

| 의해 |

괵숙(虢叔)이 먼저 죽었으므로 네 사람이라고 말하였다. 이 네 사
람이 무왕(武王)을 거의 인도하여 천록(天祿)을 소유하게 되었다.
그 후에 무왕과 함께 적을 모두 죽였다. 이 네 사람이 무왕을 밝
혀 마침내 덕이 천하에 덮여져서 천하가 크게 모두 무왕의 덕을
일컫게 되었다. 이는 그 명성과 교화가 사해에 도달한 것을 말한
것이다. 문왕(文王)은 서쪽 땅에 나갔을 따름이었고, 크게 모두
덕을 일컬은 것은 오직 무왕만이 그러하다. 문왕에게는 명을 말

하고 무왕에게는 천록을 말한 것은, 문왕은 다만 천명을 받았고
무왕에 이르러 바야흐로 부유함이 천하를 소유하였기 때문이다.

今在予小子旦하여 若游大川하니 予往에 暨汝奭으로 其
濟하리라 小子同未在位하시니 誕無我責가 收罔勗不及하
여 耇造德이 不降하면 我則鳴鳥를 不聞이온 矧曰其有能
格가

| 언해 |

이제 나 小子旦의 잇셔 큰 내물에 游홈 갓흐니 내 往홈애 너 奭으
로 밋 그 濟호리라 小子ㅣ 位예 잇자 안임과 갓흐시니 크게 우리
責이 업스랴 收호야 不及을 勗디 안이호야 耇造의 德이 降치 안
이호면 우리 곳 鳴호던 鳥를 聞치 몯홀 꺼시온 호믈며 그 能히 格
홈이 잇다 닐으랴

| 번역 |

"이제 나 소자(小子) 단(旦)은 마치 큰 냇물을 헤엄쳐가는 것과
같으니, 내가 가는데, 너 석(奭)과 함께 건너리라. 소자(小子)인
성왕(成王)은 재위하지 않은 것과 같으니, 크게 우리에게 책임이
없겠는가? 미치지 못한 바를 거두어 힘쓰지 않아 노성(老成)한
사람들의 덕이 내려가지 않으면 우리는 봉황의 울음소리도 듣지
못할 것이다. 하물며 하늘에 이를 수 있다고 할 수 있겠는가?"

| 자해 |

游 : 물에 떠서 감. •誕 : 큼. •收罔勗不及 : 미상.

| 의해 |

문왕(文王)과 무왕(武王)의 기업을 이어 공을 이루지 못할까 두
려워하는 것이 마치 큰 냇물을 헤엄쳐가면서도 나루터와 물가를
알지 못하는 것과 같으니, 어찌 홀로 건너겠는가? 내가 감에 너
소공(召公)과 함께 건너야 할 것이다. 성왕(成王)이 어려 비록 이
미 즉위를 하기는 하였으나 즉위하지 않은 것과 같다. 소공이 떠
나가면 노성(老成)한 사람들의 덕을 백성에게 내리지 못하게 되
어, 봉황의 우는 소리를 듣지 못하게 될 것인데, 그런데도 감히
여기에서 더 나아가 하늘에 감격함이 있겠는가?

公曰 嗚呼라 君아 肆其監于茲어다 我受命이 無疆惟休나
亦大惟艱이니 告君乃猷裕하나니 我는 不以後人迷하노라

| 언해 |

公이 골ㅇ샤디 嗚呼ㅣ라 君아 크게 그 이에 監홀 디어다 우리 命
을 바듬이 無疆훈 休ㅣ나 쏘훈 키 艱ㅎ니 君드려 告ㅎ야 裕홈을
쐬ㅎ게 ㅎ노니 나는 後人으로 써 迷콰댜 안이ㅎ노라

| 번역 |

공(公)이 말하였다. "아! 그대여! 크게 이것을 살펴볼지어다. 우
리가 천명을 받은 것은 끝없이 아름다운 것이지만 또한 큰 어려
움이기도 하다. 그대에게 너그러이 마음 쓰기를 고하니, 우리는

뒷사람들이 미혹되지 않도록 해야 한다."

| 자해 |

肆 : 큼. • 猷 : 꾀함.

| 의해 |

문왕(文王)과 무왕(武王)이 천명을 받은 것은 진실로 끝없이 아름다운 것이다. 그러나 쌓고 얽어 만든 자취를 보자면 어려움도 컸으니, 서로 힘을 다해 지키지 않을 수 없다. 그대에게 너그러운 도를 도모할 것을 이르노니, 속 좁게 떠나가려 하지 말라. 나는 뒷사람들이 미혹되어서 도를 잃게 하고자 하지 않는다. 대신(大臣)의 지위는 온갖 책임이 모이는 곳이다. 넓은 도량을 자부하지 않는 자나, 직위를 잃을까 걱정하고 세에 따라 부침하는 자가 아니라면 갑자기 떠날 뜻을 가지지 않는다. 더구나 소공(召公)은 친히 큰 변고를 만나 정벌하러 갈 때에도 굽히고 꺾어서 둘러싸 보호하여, 마음을 수고롭게 하고 힘을 써 고달팠던 것이 평상시의 대신에 비할 바가 아니다. 단지 성왕(成王)이 친정(親政)하지 못하여 감히 사직하고 떠나가지 못했을 뿐이었는데, 이제 하루아침에 정권이 돌아감에 떠나갈 뜻을 품는 것은 진실로 인정이 이르는 바이기는 하다. 그러나 문왕과 무왕의 왕업이 어려웠음을 생각하고 성왕이 수성(守成)함에 돕는 이가 없음을 생각한다면 소공은 의리상 떠나갈 수가 없는 것이다. 이제 이에 급급히 떠나가려 하기에 겨를이 없으니, 박절함이 매우 심하다. 마음을 너그러이 하는 도를 꾀하여 공을 마칠 바를 도모하고, 몸을 펼쳐 장구하고 원대한 모범이 되어 임금의 덕을 열어 밝힐 것이지, 버리고 떠나가서 뒷사람들이 미혹되도록 해서는 안 된다.

公曰 前人이 敷乃心하사 乃悉命汝하사 作汝民極하시고 曰汝明勗偶王하여 在亶乘玆大命하여 惟文王德하여 丕承無疆之恤하라하시다

| 언해 |

公이 굴ᄋ샤ᄃᆡ 前人이 마음을 敷ᄒ샤 다 너를 命ᄒ샤 너를 民極을 삼으시고 굴ᄋ샤ᄃᆡ 네 밝히 勗하야 王ᄭᅴ 偶하야 亶애 在하야 이 大命을 乘하야 文王의 德을 惟하야 키 無疆ᄒᆞᆫ 恤을 承ᄒ리라 ᄒ시다

| 번역 |

공(公)이 말하였다. "앞 사람이 마음을 펴시어 모든 것을 너에게 명하여 '너는 백성의 표준이 되라.'고 하고, 말씀하기를, '너는 밝게 힘써 왕을 대할 때에는 진실하고, 이 큰 명을 타고서 문왕의 덕을 생각하여 끝없는 동정심을 크게 받들라.'고 하셨다."

| 자해 |

偶 : 짝.

| 의해 |

주공(周公)이 소공(召公)과 함께 무왕(武王)의 고명(顧命)을 받아 성왕(成王)을 도왔다. 그러므로 주공이 말하기를, "앞 사람이 마음을 펴서 너 소공에게 명하여 삼공(三公)의 지위에 있게 해서 이로써 백성들의 표준으로 삼았다."고 하였다. 또 "너는 마땅히 밝게 힘써 어린 아들을 도와서 마치 밭가는 자에게 짝이 있는 것처

럼 하며, 수레에 말몰이꾼이 있는 것처럼 하라. 힘을 아우르고 마음을 한결같이 하여 천명을 신게 하고, 문왕의 옛 덕을 생각하여 한없는 근심을 받들라."고 한 무왕의 말을 인용하였다. 무왕의 말이 이와 같은데 소공이 떠나갈 수 있겠는가?

公曰 君아 告汝朕允하노라 保奭아 其汝克敬以予하여 監于殷喪大否하여 肆念我天威하라

| 언해 |

公이 굴ㅇ샤딕 君아 너드려 朕의 允으로 告ᄒ노라 保ㅣ언 奭아 그 네 능히 날로 ᄡᅥ 敬ᄒ야 殷의 喪혼 大否를 監ᄒ야 키 우리 天威를 念ᄒ라

| 번역 |

공(公)이 말하였다. "그대여! 너에게 나는 진실로 고한다. 태보(太保)인 석(奭)이여! 너는 나의 말을 삼가고, 은(殷)나라가 망한 큰 어지러움을 살펴서 크게 우리 하늘의 위엄을 생각하라."

| 자해 |

大否 : 크게 어지러움.

| 의해 |

너에게 나의 진실을 고한다. 너는 내가 한 말을 삼가고 은(殷)나라가 망하게 된 큰 어지러움을 볼 것이니, 크게 우리 하늘의 위엄이 두려울 만함을 생각하지 않을 수 있겠는가?

予不允이요 惟若玆誥아 予惟曰 襄我二人이라하나니 汝有合哉아 言曰 在時二人하여 天休滋至어든 惟時二人이 弗戡이로소니 其汝克敬德하여 明我俊民이니 在讓後人于丕時니라

| 언해 |

내 允치 안이ᄒ고 이러ᄐ시 誥ᄒ랴 내 닐으되 襄홈이 우리 二人이라 ᄒ노니 네 合홈이 잇ᄂ냐 말ᄒ야 골오디 이 二人에 잇셔 天休ㅣ 滋ᄒ야 니르거든 이 二人이 戡치 못ᄒ리로소니 그 네 능히 德을 공경ᄒ야 우리 俊民을 明홀 디니 後人을 丕時애 讓홈애 인ᄂ니라

| 번역 |

"내가 진실하지 않으면서 이와 같이 고하겠는가? 내가 말하기를, '물려주는 것이 우리 두 사람이다.'라고 하니, 너는 여기에 합함이 있는가? 말하기를, '우리 두 사람에게 하늘의 아름다움이 불어나서 이르게 되거든, 이 두 사람이 감당하지 못할 것이다. 너는 덕을 공경하여 우리의 뛰어난 백성을 밝혀야 할 것이니, 크게 성할 때 뒷사람에게 물려주어야 한다.'고 한다."

| 자해 |

戡 : 이김.

| 의해 |

내가 남에게 진실함이 없이 이와 같은 말을 고하겠는가? 왕업을

이루는 것이 나와 너에게 달려 있을 따름이다. 너는 내 말을 듣고 마음에 합함이 있는가? 우리 두 사람에게 있다 할지라도 다만 하늘의 아름다움이 불어나서 이르게 되면 우리 두 사람으로는 장차 감당할 수 없을 것이다. 네가 만약 가득 참이 두렵다면 마땅히 스스로 덕을 더욱 공경하며 두려워해야 할 것이다. 뛰어난 백성을 밝게 드러내어 여러 지위에 나열해서, 이로써 대신이 일을 다 하게 하고, 이로써 불어나서 이르게 되는 하늘의 아름다움에 보답해야 할 것이다. 겨우 두려움 정도로 떠나가려 하지 말라. 후일에 네가 크게 성할 때에 뒷사람들에게 미루어주고 초연하게 숨어버린다면 누가 다시 너를 말리겠는가? 지금이 어찌 네가 지위를 사양할 때이겠는가?

嗚呼라 篤棐는 時二人이니 我式克至于今日休하나 我咸成文王功于不怠하여 丕冒하여 海隅出日이 罔不率俾니라

| 언해 |

嗚呼ㅣ라 棐예 篤ᄒᆞᄂᆞ니는 이 二人이 내 뻐 능히 今日休애 至호나 내 다 文王의 功을 게을지 안이 ᄒᆞ데 일우서셔 크게 冒ᄒᆞ야 바다 모퉁이 ᄒᆡ가 나오는 디 ᄭᅡ지 率俾치 안이 함이 업게 ᄒᆞ고져 ᄒᆞ니라

| 번역 |

"아! 철저하게 돕는 이는 우리 두 사람이니, 내가 이로써 지금의

아름다움에 이르렀도다. 내가 모두 문왕(文王)의 공을 게을리 하지 않아 문왕의 덕을 이루어서 크게 천하를 덮어, 바다 모퉁이 해가 나오는 데까지 따르고 복종하지 않음이 없게 하고자 하니라."

| 의해 |

임금을 돕는 데 철저한 자는 우리 두 사람이다. 내가 지금의 아름답고 성함에 이르렀으나, 나는 너와 더불어 문왕(文王)의 공업을 게을리 하지 않을 것이다. 이루어서 크게 이 백성들을 덮어 바다 모퉁이의 해가 나오는 땅까지 신하로서 복종하지 않음이 없게 한 연후에나 그만하면 괜찮다. 주(周)나라가 서쪽 땅에 도읍하여 동쪽으로 가기가 멀기 때문에 해가 나오는 곳을 가지고 말한 것이다. 주공(周公)이 일찍이 자신의 공을 자랑하지 않았으나 소공(召公)을 만류하느라 그렇게 말했다. 대체로 이미 그렇게 된 것을 설명하여 아직 이르지 못한 것에 힘쓰는 것이니, 또한 사람들이 기뻐하여 따르는 바이다.

公曰 君아 予不惠오 若茲多誥아 予惟用閔于天越民이니라

| 언해 |

公이 굴ᄋ샤ᄃ 君아 내 惠치 안이ᄒ고 이러ᄐᆞ시 誥를 만히ᄒ랴 내 뻐 하늘과 밋 빅셩을 閔ᄒ는 지니라

| 번역 |

공(公)이 말하였다. "그대여! 내가 이치를 따르지 않으면서 이같

이 자주 고하겠는가? 나는 하늘과 백성을 근심한다."

| 의해 |

내가 이치를 따르지 아니하고 이와 같이 곡진하게 자주 고하겠는
가? 나는 천명이 영원하지 않다는 것과 백성들이 기댈 데가 없는
것을 근심한다.

公曰 嗚呼라 君아 惟乃知民德하나니 亦罔不能厥初나 惟
其終이니 祗若玆하여 往敬用治하라

| 언해 |

公이 ᄀᆞᆯᄋᆞ샤디 嗚呼ㅣ라 君아 네 빅셩의 德을 아ᄂᆞ니 ᄯᅩᄒᆞᆫ 그 쳐
음애 능치 안이 함이 업시나 그 終을 惟홀 지니 이를 祗若ᄒᆞ야 가
셔 공경ᄒᆞ야 ᄡᅥ 다스리라

| 번역 |

공(公)이 말하였다. "아! 그대여! 네가 백성의 덕을 아니, 또한 시
작을 잘 하지 않음이 없어야 하며, 끝을 생각하여야 할 것이다.
이를 어기지 말고 잘 따라서 가서 삼가 다스리도록 하라."

| 의해 |

너는 겪어오고 익힌 것이 오래이니, 오직 너만이 백성의 덕을 알
것이다. 또한 그 처음에 잘하지 않음이 없으면, 오늘에는 진실로
더욱 어김이 없을 것이다. 마땅히 그 끝을 생각하면 백성 중 보전
하기 어려운 자가 더욱 두려워할 만하니, 이 고하는 말을 공경하

고 순순히 따라 가서 삼가고 다스림을 소홀히 하지 말라. 이는 소공(召公)이 이미 머무르게 되자, 주공(周公)이 경계하여 보내어서 벼슬에 나아가게 한 말이다. 소공은 성왕(成王)을 도왔고 그 후에 또 강왕(康王)을 도와서, 두 대가 되도록 정사를 놓지 않았다. 주공의 말을 잘 이해해서 그렇게 했을 것이다.

채중지명 [蔡仲之命]

채(蔡)는 나라 이름이고 중(仲)은 자(字)이니, 채숙(蔡叔)의 아들이다. 채숙이 죽자 주공(周公)은 채중(蔡仲)이 어질다 여겨 성왕(成王)으로 하여금 명하여 다시 채(蔡)나라에 봉하게 하였다. 이것은 그 때에 고하여 명한 글이다. 살펴보건대, 이 편의 차서가 마땅히 「낙고(洛誥)」의 앞에 있어야 할 것이다. 금문(今文)에는 없고 고문(古文)에는 있다.

惟周公이 位冢宰하사 正百工이어시늘 羣叔이 流言한대 乃致辟管叔于商하시고 囚蔡叔于郭鄰하되 以車七乘하시고 降霍叔于庶人하여 三年不齒러시니 蔡仲이 克庸祗德이어늘 周公이 以爲卿士러시니 叔이 卒커늘 乃命諸王하사 邦之蔡하시다

| 언해 |

周公이 冢宰예 位ᄒᆞ샤 百工을 正ᄒᆞ거시늘 무리 叔이 流言ᄒᆞᆫ대 管叔을 商애 辟을 致ᄒᆞ시고 蔡叔을 郭鄰애 囚호되 슈레 七乘으로 뻐 ᄒᆞ시고 霍叔을 庶人에 降ᄒᆞ야 三年을 齒치 안이ᄒᆞ얏더시니 蔡仲이 능히 ᄶᆞᆺᄶᆞᆺ이 德을 공경ᄒᆞ거늘 周公이 뻐 卿士를 삼앗더시니 叔이 卒커늘 이예 王끠 命ᄒᆞ샤 蔡에 나라를 ᄒᆞ게 ᄒᆞ시다

| 번역 |

주공(周公)이 총재(冢宰)로 있으면서 모든 관리들을 바로잡자, 여러 숙부들이 유언비어를 퍼뜨렸다. 이에 관숙(管叔)을 상(商)나라에서 처벌하고 채숙(蔡叔)을 곽린(郭隣)에 가두되 수레 일곱 대로 따르게 하였으며, 곽숙(霍叔)을 서민으로 강등하여 삼년 동안 만나지 못하게 하였다. 채중(蔡仲)은 덕을 잘 따르고 공경하므로 주공이 경사(卿士)로 삼았는데, 채숙이 죽자 이에 왕으로 하여금 명하여 채(蔡)에 나라를 세우게 하였다.

| 자해 |

郭隣 : 중국 밖의 지명. 곽(虢). •管·霍 : 나라 이름.

| 의해 |

주공(周公)이 총재로 있으면서 모든 관리들을 바로잡은 것은 무왕(武王)이 세상을 떠났을 때이다. 무왕이 세상을 떠나고 성왕(成王)이 어리니 주공이 총재의 지위에 있었다. 모든 관리들이 자신의 직책을 총괄하여 총재에게 명령을 들은 것은 고금에 통하는 도이다. 이 때를 당하여 관숙(管叔)과 채숙(蔡叔)과 곽숙(霍叔)은 임금이 어리고 나라도 의심스러우며, 상(商)나라 사람들이 안정되지 못함을 틈타 옳지 않은 방법으로 미혹하게 할 수 있다고 여겼다. 마침내 서로 유언비어를 퍼뜨려 난을 일으켜 어지럽혔다. 이 어찌 주공 한 몸의 이해에 관계된 일이겠는가? 바로 사직을 전복시키고 백성을 도탄에 빠뜨리고자 한 것이니, 하늘의 성토가 가해진 것이어서 주공이 그만둘 수 있는 바가 아니었다. 그러므로 관숙을 상나라에서 죽이고, 채숙을 곽린(郭隣)에 가두되 수레 일곱 대로 따르게 하며, 곽숙을 내려 서인이 되게 하여 삼년 동안 만나지 못하게 하였다. 채중(蔡仲)은 채숙의 아들로서 덕을 잘 따르고 공경하므로 주공이 그를 경사(卿士)로 삼았는데, 그 후 채숙이 죽자 성왕으로 하여금 명하여 채(蔡)에 봉하였다.

王若曰 小子胡아 惟爾率德改行하여 克愼厥猷할새 肆予
命爾하여 侯于東土하나니 往卽乃封하여 敬哉어다

| 언해 |

王이 이러트시 글 우샤더 小子胡아 네 德을 率ㅎ야 行을 곳쳐셔
능히 그 猷를 愼홀시 이러모로 내 너를 命ㅎ야 東土애 侯ㅎ노니
往ㅎ야 네 封에 나아가셔 공경홀 지어다

| 번역 |

왕이 다음과 같이 말씀하셨다. "소자(小子) 호(胡)여! 너는 덕을
따르고 행실을 고쳐서 도를 잘 삼았다. 그러므로 나는 너에게 명
하여 동쪽 땅의 제후가 되게 하니, 가서 너의 봉한 나라에 나아가
공경하라."

| 자해 |

胡 : 채중(蔡仲)의 이름.

| 의해 |

너 채중(蔡仲)이 할아버지인 문왕(文王)의 덕을 따르고 아버지인
채숙(蔡叔)의 행실을 고쳐서 그 도를 잘 삼았으므로 내가 너를 명
하여 동쪽 땅의 제후로 삼으니, 너는 봉해진 나라에 나아가 공경
하라. "공경하라"고 한 것은 이 마음을 잃어버림이 없게 하고자
한 것이다. 명한 글의 말은 비록 성왕(成王)을 칭했으나 실상은
주공(周公)의 뜻이다.

爾尙盖前人之愆은 惟忠惟孝니 爾乃邁迹自身하여 克勤
無怠하여 以垂憲乃後하여 率乃祖文王之彝訓하고 無若
爾考之違王命하라

| 언해 |

네 오히려 前人의 허믈을 덥흠은 忠과 孝이니 네 迹을 邁호디 몸
으로 붓터 ᄒ야 능히 부지런ᄒ야 게을으지 말어서 뻐 憲을 네 後
애 디뤄셔 네 하라바니 文王의 彝訓을 좃고 네 아비니의 王命을
어김과 갓히 말라

| 번역 |

"바라건대, 네가 앞 사람의 허물을 덮을 수 있는 것은 충성과 효
도이니, 네가 그 자취에 매진하되 네 자신부터 하라. 부지런히 하
고 게을리 하지 말아서 네 후손에게 모범이 되어라. 네 할아버지
인 문왕(文王)의 떳떳한 교훈을 따르고, 네 아버지가 왕명을 어긴
것 같이는 하지 말라."

| 의해 |

채숙(蔡叔)의 죄가 충성스럽지 않은 것과 효도하지 않는 데 있었
기 때문에 채중(蔡仲)이 앞 사람의 허물을 가릴 수 있는 것은 오
직 충성과 효도에 있다.

皇天은 無親하사 惟德을 是輔하시며 民心은 無常이라 惟惠
之懷하나니 爲善이 不同하나 同歸于治하고 爲惡이 不同하
나 同歸于亂하나니 爾其戒哉어다

| 언해 |

皇天은 親홈이 업스샤 德을 도으시며 民心은 쩟쩟홈이 업슨 지라 은혜를 품느니 착훈 것을 함이 갓지 안이 ᄒ나 훈가지로 다스리ᄂᆞᆫ 디 도라가고 악훈 것을 함이 갓지 안이ᄒ나 훈 가지로 어지러운 디 도라가ᄂᆞ니 네 그 경계 홀지어다

| 번역 |

"황천(皇天)은 친함이 없어 덕이 있는 사람을 도우며, 민심(民心)은 일정함이 없어 은혜를 품는다. 선행을 하는 것은 같지 않으나 함께 다스림으로 돌아가고, 악행을 하는 것은 같지 않으나 함께 어지러움으로 돌아가니, 너는 경계할지어다."

| 의해 |

선은 진실로 한 단서가 아니지만 행할 수 없는 선이 없고, 악도 또한 한 단서가 아니지만 할 만한 악이 없으니, 너는 경계하지 않을 수 있겠는가?

慎厥初하되　惟厥終이라야　終以不困하리니　不惟厥終하면

終以困窮하리라

| 언해 |

그 처음을 삼가되 그 나죵을 싱각ᄒᆞ여샤 마참ᄂᆡ 뻐 困치 안이ᄒᆞ
리니 그 나죵을 싱각지 안이 ᄒᆞ면 마참ᄂᆡ 뻐 困窮ᄒᆞ리라

| 번역 |

"처음을 삼가되 마침을 생각하여야 마침내 곤궁하지 않을 것이니,
마침을 생각하지 않으면 마침내 곤궁할 것이다."

| 자해 |

惟 : 생각함.　•窮 : 어려움이 다함.

| 의해 |

마침을 생각하는 것은 처음을 삼가는 것이다.

懋乃攸績하며　睦乃四鄰하며　以蕃王室하며　以和兄弟하며

康濟小民하라

| 언해 |

네의 績홀 바를 힘씨며 네 四鄰을 화목ᄒᆞ며 뻐 王室을 蕃ᄒᆞ며 뻐

兄弟를 和ᄒ며 小民을 康濟ᄒ라

| 번역 |

"너는 업적 쌓기에 힘쓰며, 너의 이웃과 화목하여 이로써 왕실의
울타리가 되며, 이로써 형제를 화합하게 하며 백성들을 편안하게
하고 구제하라."

| 의해 |

너는 세워야 할 공을 힘쓰고 너의 이웃 나라들과 화목하며, 왕실
의 울타리가 되고 형제들과 화합하며, 백성들을 편안하게 하고
구제해야 한다. 이 다섯 가지는 제후의 직분으로 마땅히 힘을 다
해야 할 바이다.

率自中이요 無作聰明하여 亂舊章하며 詳乃視聽하여 罔以
側言으로 改厥度하면 則予一人이 汝嘉하리라

| 언해 |

率홈을 中으로 붓터ᄒ고 聰明을 作ᄒ야 舊章을 亂치 말며 네 보
고 듯는 것을 살피여셔 側ᄒ 말로 뻐 그 度를 곳치지 안이ᄒ면 나
一人이 너를 아름다이 호리라

| 번역 |

"중정의 도를 따르며 잔꾀를 부려 옛 법도를 어지럽히지 말라. 자
세히 보고 들어 치우친 말로 법도를 고치지 않는다면, 나는 너를

아름답게 여길 것이다.”

| 자해 |

率 : 따름.　•無 : 무(毋).　•舊章 : 선왕의 성법(成法).　•側言 : 한쪽으로 편벽
된 말.　•厥度 : 내 몸의 법도.　•詳 : 살핌.

| 의해 |

잔꾀를 부리면 기쁨·노여움·좋아함·미워함이 모두 사사로움
에서 나와 중(中)이 되지 못하니, 선왕의 옛 법도를 어지럽히지
않을 수 있겠는가? 보고 듣는 것을 살피지 아니하고 한쪽의 편벽
된 말에 미혹되면 중(中)이 되지 못하니, 내 몸의 법도를 고치지
않을 수 있겠는가? 채중(蔡仲)이 이것을 경계할 수 있으면, 나 한
사람이 너를 아름답게 여길 것이다.

王曰 嗚呼라 小子胡아 汝往哉하여 無荒棄朕命하라

| 언해 |

王이 ᄀᆞᆯ으샤디 嗚呼ㅣ라 小子胡아 네 往ᄒᆞ야 朕의 命을 荒棄치
말라

| 번역 |

왕이 말씀하셨다. “아! 소자(小子)인 호(胡)여! 너는 가서 나의
명령을 폐하여 버리지 말라.”

| 의해 |

네 나라에 나아가서 내가 네게 명한 말을 폐하여 버리지 말라고

경계한 것이다.

다방[多方]

성왕(成王)이 정사에 나아가자, 엄(奄)나라와 회이(淮夷)가 또 반란을 일으켰다. 성왕이 엄나라를 멸하고 돌아와 이 편을 지었다. 당시에 난을 일으킨 것이 다만 은(殷)나라 사람뿐만 아니라, 서융(徐戎)과 회이(淮夷) 같은 족속들도 사방에 있었을 것이므로 많은 지방[多方]에까지 미친 것이다. 은나라 사람에게만 그치지 않고 사방의 선비들에게까지 미쳤으므로, 분분히 심복하지 않았던 자는 오직 은나라 사람뿐은 아니었다. 천하가 겨우 안정되자 사람들이 은나라의 일곱 왕을 생각하기를 부모와 같이 하였다. 비록 무왕(武王)이나 주공(周公)과 같은 성인들이 서로 이어 그들을 어루만졌으나 다스리지 못하였다. 그러나 주(周)나라에 주공이 없었더라면 또한 더욱 위태로웠을 것이니, 이것이 주공이 두려워하여 감히 떠나지 못한 이유이다. 또한 고체(誥體)이다. 금문(今文)과 고문(古文)에 다 있다.

惟五月丁亥에 王이 來自奄하사 至于宗周하시다

| 언해 |

五月丁亥애 王이 來홈을 奄으로 붓터 ᄒᆞ샤 宗周에 니르시다

| 번역 |

오월 정해일(丁亥日)에 성왕(成王)이 엄(奄)나라로부터 와서 종주(宗周)에 이르렀다.

| 자해 |

宗周 : 호경(鎬京).

| 의해 |

성왕(成王)이 정사에 나아간 이듬해에 상엄(商奄)이 또 반란을 일으키자 성왕이 쳐서 멸하였다.

周公曰 王若曰 猷라 告爾四國多方하노라 惟爾殷侯尹民아 我惟大降爾命하니 爾罔不知니라

| 언해 |

周公이 골으샤디 王이 이러트시 골으샤디 猷ㅣ라 너희 四國과 多方드려 告호노라 너희 殷侯의 民을 尹호느니아 내 키 너희 命을 降호니 네 아디 아니치 몯홀 꺼시니라

| 번역 |

주공(周公)이 말하였다. "왕이 다음과 같이 말씀하셨다." "아! 너희 사방 나라와 많은 지방에 고한다. 너희 은나라의 제후이자 백성을 다스리는 자들이여! 내가 크게 너희의 죄를 낮추어주었으니, 너희는 반드시 알아야 할 것이다."

| 의해 |

성왕(成王)이 엄(奄)나라를 멸한 뒤에 사방 나라의 은(殷)나라 백성에게 고하여 깨우치고, 이로 인하여 천하 사람들을 밝게 깨우친 것이다. 은나라 백성들의 죄가 마땅히 죽임을 당해야 할 것이나, 내가 크게 너희의 죄를 낮추어 죄를 용서해 주었으니, 너희는 마땅히 알아야 한다.

洪惟圖天之命하여 弗永寅念于祀하니라
홍 유 도 천 지 명　　불 영 인 념 우 사

| 언해 |

크게 하늘의 命을 圖ᄒᆞ야 기리 寅念ᄒᆞ야 祀치 안이ᄒᆞ니라

| 번역 |

"크게 하늘의 명을 도모하여, 길이 공경히 생각하여 제사하지 않았다."

| 자해 |

圖 : 꾀함.

| 의해 |

상엄(商奄)이 크게 사사로운 뜻으로 천명을 도모하여 스스로 멸망에 다다랐고, 깊고 길게 공경히 생각하여 그 제사를 보전하지 않았다. 천명을 받는 것은 가능하지만 도모하는 것은 불가능하다. 도모하는 것은 사람의 꾀로서 사사로운 것이고, 천명과 같은 공적인 것은 아니다. 이는 천명에 함부로 간여할 수 없음을 깊이 보인 것으로, 「다방(多方)」 한 편의 강령이다. 아래 글은 하(夏)나라와 상(商)나라가 천명을 잃는 것과 천명을 받는 것을 분명하게 보여준다.

惟帝降格于夏_{어시늘} 有夏誕厥逸_{하여} 不肯慼言于民_{하고}
乃大淫昏_{하여} 不克終日勸于帝之迪_은 乃爾攸聞_{이니라}

| 언해 |

帝ㅣ 夏ㅅ 나라에 降ᄒ야 格ᄒ시거늘 夏ㅣ 크게 그 逸ᄒ야 빅셩을 慼ᄒᄂᆫ 말을 질겨ᄒ지 안이 ᄒ고 크게 淫昏ᄒ야 능히 날이 맛토록 帝의 迪을 勸치 안이훔은 너희 드른 배니라

| 번역 |

"상제가 하(夏)나라에 내려와 이르셨지만, 하나라가 크게 안일하여 백성을 근심하는 말을 즐겨하지 않고, 크게 음란하고 어리석어 종일토록 상제의 인도에 힘쓰지 않았던 것은 너희가 들은 것이다."

| 자해 |

勸:힘씀. •迪:인도함.

| 의해 |

상제가 재이(災異)를 내려서 걸(桀)에게 경고하였으나, 걸은 경계하거나 두려워하지 않고 크게 안일함을 제멋대로 하며, 오히려 백성을 근심하는 말을 즐겨하지 않았다. 하물며 걸에게 백성을 근심하는 실상이 있기를 바라겠는가? 보고 듣고 움직이고 쉬는 일상 가운데 가득한 것이 모두 상제가 이 사람들을 인도하는 것인데, 걸은 이에 크게 음란하고 어리석음을 멋대로 하여 종일토록 이를 조금도 힘쓰지 않았으니, 천리가 거의 종식된 것이다. 하물며 인도를 따라 어기지 않음이 있기를 바라겠는가? 이것이 너

희가 들은 것이라고 하여, 걸의 일을 인하여 주(紂)의 일을 알게
하고자 한 것이다.

厥圖帝之命하여 不克開于民之麗하고 乃大降罰하여 崇
亂有夏하니 因甲于內亂하여 不克靈承于旅하며 罔丕惟
進之恭하여 洪舒于民이요 亦惟有夏之民이 叨懫를 日欽
하여 劓割夏邑하니라

| 언해 |

그 帝의 命을 圖ᄒ야 능히 빅셩의 麗를 開치 아니ᄒ고 크게 罰을
降ᄒ야 夏ㅅ 나라에 亂을 崇ᄒ니 因은 內亂에 비로쇼 ᄒ야 능히
旅를 靈承치 안이ᄒ여 크게 恭에 進ᄒ야 크게 빅셩을 舒치 안이
ᄒ고 ᄯᅩ 夏ㅅ 나라의 빅셩이 叨ᄒ며 懫ᄒᄂ니를 日로 欽ᄒ야 夏
邑을 劓割ᄒ니라

| 번역 |

"상제의 명을 도모하여 백성들이 의지하는 바를 열어주지 않고,
크게 벌을 내려 하(夏)나라를 혼란스럽게 하니, 내란으로 말미암
아 무리에 잘 순응하지 못하고, 크게 공손함으로 나아가 크게 백
성을 편안하게 하지 않았으며, 또 하나라의 백성 가운데 탐욕스
럽고 포악한 자들을 날로 공경하여 하나라의 읍을 해치게 했다."

| 자해 |

麗 : 붙음. 의지함.   •甲 : 비롯함.

| 의해 |

이 장은 글에 자세하지 않은 것이 많다. 걸(桀)이 하늘을 속여 상
제의 명을 도모하고, 백성들의 의식(衣食)의 근원을 열어주지 않
으며, 백성들이 의지하여 믿고 사는 것을 한결같이 다 막아서 끊
어버리고, 오히려 크게 백성에게 벌과 포학함을 내려 나라에 혼
란을 더하게 했다. 이로 인하여 안으로 총애하는 여자에서 비롯
하여 마음을 고혹하고 집을 망하게 하여, 그 무리들을 잘 받들지
못하며, 크게 공손함에 나아가 그 백성들을 크게 너그럽고 관대
하게 대하지 못하였다. 또한 하나라 읍의 백성도 탐욕스럽고 포
학한 자들을 날마다 공경하고 높였으며 이들을 등용하여 나라를
해치게 한 것이다.

天이 惟時求民主하사 乃大降顯休命于成湯하사 刑殄有
夏하시니라

| 언해 |

하늘이 이 빅셩의 主를 求ᄒ샤 크게 나타ᄂᆞᆫ 아름다운 命을 成湯
의게 ᄂᆞ리샤 有夏를 刑殄ᄒ시니라

| 번역 |

"하늘이 이 백성의 주인을 구하시어 크게 드러난 아름다운 명을
성탕(成湯)에게 내리시어 하(夏)나라를 형벌하여 끊어지게 했다."

| 의해 |

하늘이 이 백성을 위하여 주인을 구하였는데, 걸(桀)은 이미 백성

의 주인이 될 수 없었다. 그러므로 하늘이 이에 크게 드러난 아름다운 명을 성탕(成湯)에게 내리시어, 그로 하여금 백성의 주인이 되게 하여 하(夏)나라를 쳐서 진멸하게 하였다. 이것이 어찌 사람의 사사로움이겠는가? 그러므로 하늘이 구하고 하늘이 내린다고 한 것이다.

惟天이 不畀純은 乃惟以爾多方之義民으로 不克永于多享이요 惟夏之恭多士는 大不克明保享于民이요 乃胥惟虐于民하여 至于百爲히 大不克開하니라

| 언해 |

하늘이 畀치 안이 흐심이 큼은 너희 多方엣 義民으로 뻐 多享애 능히 기리 안니흐고 夏ㅅ 나라의 공손흔 多士는 크게 능히 빅셩을 붉게 보젼흐야 享치 못흐고 셔로 빅셩을 虐흐야 빅가지 흐는 디 니르도록 크게 능히 開흐지 못흐게 흐니라

| 번역 |

"하늘이 주지 않으심이 큰 것은, 너희 많은 지방의 의로운 백성들을 데리고 많이 누림을 길이 하지 못하였고, 하(夏)나라의 공손한 많은 선비들은 크게 백성들을 밝게 보존하여 누릴 수 없었으며, 서로 백성들에게 포학하게 대하여 백 가지 행위에 이르기까지 크게 열어줄 수 없었기 때문이다."

| 자해 |

純 : 큼.

| 의해 |

하늘이 걸(桀)에게 명을 주지 않은 것이 큰 것은, 너희 많은 지방
의 의로운 백성들을 데리고 많이 누림을 길이 하지 못하여 망함
에 이르렀기 때문이다. 걸이 의로운 백성을 쓰지 못하였고, 공경
하는 많은 선비들은 모두 의롭지 못한 백성이었다. 크게 밝게 보
전하여 백성에게 누리게 하지 못하고 곧 서로 함께 포학함을 백
성들에게 끼치니, 백성들은 수족을 둘 곳이 없어 백 가지 행하는
바를 하나도 상달할 수 없었다. 이것이 비록 걸과 많은 선비들을
가리켜 말한 것이지만, 너희 은나라 제후로서 백성을 다스리는
자들은 주(紂)를 섬겼던 자들이니, 어찌 속으로 부끄럽지 않겠는
가?

乃惟成湯이 克以爾多方簡으로 代夏하사 作民主하시니라

| 언해 |

成湯이 능히 너희 多方의 簡으로 뻐 夏를 代ᄒᆞ샤 民의 主ㅣ 되시
니라

| 번역 |

"성탕(成湯)이 너희 많은 지방의 선택으로 하(夏)나라를 대신하여
백성의 주인이 되었다."

| 자해 |

簡 : 고름.

| 의해 |

백성들이 탕(湯)을 선택하여 돌아온 것이다.

신 궐 리　　　　내 권　　　　궐 민　　형　　　용 권
愼厥麗하여 乃勸하신대 厥民이 刑하여 用勸하니라

| 언해 |

그 麗를 愼ᄒ야 勸ᄒ신대 그 民이 刑ᄒ야 뻐 勸ᄒ니라

| 번역 |

"백성들이 의지하는 바를 삼가서 권면하시니, 백성들이 본받아
권면하였다."

| 의해 |

탕(湯)이 깊이 백성이 의지하는 바를 삼가서 백성들을 권면하였
다. 이 때문에 백성들이 모두 이를 본받아 권면한 것이다. 임금은
천하에서 인(仁)을 행할 따름이니, 인이라는 것은 임금이 의지하
는 것이다. 임금이 인하면 인하지 않은 사람이 없는 것이다.

이 지 우 제 을　　망 불 명 덕 신 벌　　　역 극 용 권
以至于帝乙히 罔不明德愼罰하사 亦克用勸하시니라

| 언해 |

뻐 帝乙에 니르히 德을 밝히며 罰을 삼가지 안이 홈이 업스샤 坯
ᄒᆞᆫ 능히 뻐 勸ᄒᆞ시니라

| 번역 |

"제을(帝乙)에 이르기까지 덕을 밝히고 형벌을 신중히 하지 않음
이 없었으며, 또한 권면하였다."

| 의해 |

덕을 밝히면 백성들이 사랑하여 사모하고, 벌을 삼가면 백성들이
두려워하여 복종한다. 성탕(成湯)으로부터 제을(帝乙)에 이르기
까지 비록 지나온 세대는 같지 않지만, 모두 덕을 밝히고 벌을 삼
갈 줄 알았다. 그러므로 또한 백성들을 권면할 수 있었던 것이다.
덕을 밝히고 형벌을 삼가는 것은 백성이 의지하는 바를 삼가는
것이다. 덕을 밝히는 것은 인(仁)의 근본이고, 벌을 삼가는 것은
인한 정사(政事)이다.

要囚를 殄戮多罪도 亦克用勸이며 開釋無辜도 亦克用勸
이니라

| 언해 |

要ᄒᆞᆫ 囚를 多罪ᄒᆞ니를 殄戮ᄒᆞ욤도 坯ᄒᆞᆫ 능히 뻐 勸홈이며 허물이
업ᄂᆞᆫ 이를 開釋홈도 坯ᄒᆞᆫ 능히 뻐 勸홈이니라

| 번역 |

"죄수를 심리할 때에 죄가 많은 자를 죽이는 것도 또한 권면하는
것이며, 허물이 없는 이를 열어 석방하는 것도 또한 권면하는 것
이다."

| 의해 |

덕은 밝힐 따름이고, 벌은 처벌하는 경우도 있고 용서해 주는 경
우도 있다. 그러므로 처벌하여 죄에 마땅한 벌을 주는 것도 또한
권면하는 것이며, 용서하여 잘못을 용서해 주는 것도 또한 권면
하는 것이다. 권면을 두 번 말하였으니, 처벌과 용서가 모두 사람
으로 하여금 착함을 힘쓰게 하는 데 충분한 것이다.

금 지 우 이 벽　　불 극 이 이 다 방　　향 천 지 명
今至于爾辟하여 弗克以爾多方으로 享天之命하니라

| 언해 |

이제 너희 辟의 니르러셔 능히 너희 多方으로 뻐 天命을 享치 몯
ᄒᆞ니라

| 번역 |

"이제 너희 임금에 이르러서, 너희 많은 지방을 데리고 천명을 누
릴 수 없다."

| 의해 |

'너희 임금'은 주(紂)를 말한 것이다. 상(商)나라의 앞선 뛰어난
왕들이 대대로 가법(家法)을 전하고 쌓아 유지한 것이 이와 같았
는데, 이제 하루아침에 너희 임금에 이르러 너희 성대한 많은 지

방으로서도 앉아서 천명을 누릴 수 없게 하고 망하였으니, 이는
진실로 민망하다. 천명은 지극히 공정하여 잡으면 보존되고 놓으
면 망하는 것이다.

嗚呼라 王若曰 誥告爾多方하노라 非天이 庸釋有夏며 非
天이 庸釋有殷이시니라

| 언해 |

嗚呼ㅣ라 王이 이러트시 골♀샤디 誥로 너희 多方다려 告ᄒ노라
하늘이 뻐 夏ㅅ 나라를 버리심이 안이며 하늘이 뻐 殷나라를 버
리심이 안이시니라

| 번역 |

"아! 왕이 다음과 같이 말씀하셨다." "가르침으로 너희 많은 지방
에 고한다. 하늘이 하(夏)나라를 버린 것이 아니며, 하늘이 은
(殷)나라를 버린 것이 아니다."

| 자해 |

庸 : 용(用)과 같은 의미. 마음이 있음.　•釋 : 버림.

| 의해 |

주공(周公)이 먼저 스스로 감탄한 뒤에 왕명(王命)을 일컬어 고
한 것이다. 윗 문장에서는 하(夏)나라와 은(殷)나라가 망함을 말
하였고, 이 문장에서는 이어서 하늘이 하나라를 버리는 데 마음
이 있었던 것이 아니고, 또한 하늘이 은나라를 버리는 데 마음이

있었던 것이 아님을 말하였으며, 아래 문장에서는 마침내 걸(桀)
과 주(紂)가 멸망을 스스로 취하였음을 말하였다.

乃惟爾辟이 以爾多方으로 大淫圖天之命하여 屑有辭하
니라

| 언해 |

네 辟이 너희 多方으로 뻐 크게 淫ᄒ야 하늘의 命을 圖ᄒ야 屑ᄒᆫ
辭를 두니라

| 번역 |

"너희 임금이 너희 많은 지방을 데리고 크게 음란하고 하늘의 명
을 도모하여 자질구레한 말을 두었다."

| 의해 |

주(紂)가 많은 지방을 데리고 크게 음란함을 제멋대로 하여 천명
을 도모함에 자질구레한 말을 하였으니, 은나라의 망함은 스스로
취한 것이 아니겠는가?

乃惟有夏 圖厥政하되 不集于享한대 天降時喪하사 有邦
으로 間之하시니라

| 언해 |

夏ㅅ 나라이 그 졍ᄉᆞ를 圖ᄒᆞ더 享에 모듸지 안이 ᄒᆞᆫ대 하늘이 이 喪을 降ᄒᆞ샤 有邦으로 間케 ᄒᆞ시니라

| 번역 |

"하(夏)나라가 정사를 도모하였지만 누리는 데에 모이지 않자, 하늘이 이 망함을 내리시어 은(殷)나라로 대신하게 하셨다."

| 자해 |

集 : 모임. •享 : 향유(享有)함.

| 의해 |

걸(桀)이 정사를 도모하되 향유하는 데 모이지 못하고 망함에 모였다. 그러므로 하늘이 이 어지러움을 내려 은(殷)나라로 하여금 대신하게 하였으니, 하나라의 망함은 스스로 취한 것이 아니겠는가?

乃惟爾商後王이 逸厥逸하여 圖厥政하되 不蠲烝한대 天惟降時喪하시니라

| 언해 |

너희 商나라 後王이 逸로 그 逸ᄒᆞ야 그 졍ᄉᆞ를 도모ᄒᆞ더 죠촐ᄒᆞ며 나아가지 안이ᄒᆞᆫ대 하늘이 일로 喪을 ᄂᆞ리시니라

| 번역 |

"너희 상(商)나라의 후세 왕들이 안일함을 편안하게 여겨, 정사를 도모하되 몸을 깨끗이 하여 선으로 나아가지 못하자, 하늘이 이 망함을 내리셨다."

| 자해 |

蠲 : 깨끗함. • 烝 : 나아감.

| 의해 |

주(紂)는 안일함에 거하여 주색(酒色)에 깊이 빠져 법도가 없었다. 그러므로 정사를 행함이 깨끗하지 못하여 더럽고 악하며 선으로 나아가지 못하여 게으르고 게으르니, 하늘이 이로써 은(殷)나라에 망함을 내리신 것이다. 그러니 은나라의 망함이 스스로 취한 것이 아니겠는가?

惟聖이라도 罔念하면 作狂하고 惟狂이라도 克念하면 作聖하나니 天惟五年을 須暇之子孫하사 誕作民主어시늘 罔可念聽하니라

| 언해 |

聖이라두 싱각지 안니ᄒ면 狂이 되고 狂이라두 능히 싱각ᄒ면 聖이 되나니 하늘이 五年을 子孫애 須ᄒ며 暇ᄒ샤 크게 빅셩의 主ㅣ 되거시늘 可히 싱각ᄒ며 듯지 아니ᄒ니라

| 번역 |

"성인이라도 생각하지 않으면 미친 사람이 되고, 미친 사람이라
도 생각할 수 있으면 성인이 되니, 하늘이 오년간 자손들을 기다
리고 여유를 주어 크게 백성의 주인이 되게 하였지만 생각하지도
듣지도 않았다."

| 의해 |

성인이라도 생각하지 않으면 미친 사람이 되고 미친 사람이라도
생각할 수 있으면 성인이 된다는 것을 말한 것이다. 주(紂)가 비
록 어둡고 어리석지만 또한 개과천선할 수 있는 이치가 있었다.
그러므로 하늘 또한 차마 급히 끊지 않고 오히려 오년이라는 오
랜 기간 동안 주(紂)를 기다리고 여유를 주어서, 생각하여 크게
백성의 주인이 될 수 있기를 바랐으나, 주(紂)는 생각하고 듣는
것이 없었다. 성인은 진실로 쉽게 되지 못한다. 그러나 미친 사람
이라도 생각할 수 있다면, 성인이 되는 공부가 바른 방향을 향하
게 될 것이다. 한 생각의 차이가 비록 미친 사람에 이르지는 않으
나, 미친 사람에 이르는 이치는 또한 여기에 있다. 이처럼 사람의
마음은 오직 위태로운 것이니, 성인이 경계하신 것이 어찌 뜻이
없겠는가?

天惟求爾多方하사 大動以威하여 開厥顧天이어시늘 惟爾
多方이 罔堪顧之하니라

| 언해 |

하늘이 너희 多方의 求호샤 키 威로 뻐 動호야 그 하늘의 顧를 開

ᄒ거시늘 너희 多方이 顧를 堪치 몯ᄒ니라

| 번역 |

"하늘이 너희 많은 지방에서 구하여 크게 위엄으로 움직여 천명을 돌아볼 수 있는 자를 열어주었으나, 너희 많은 지방은 천명을 돌아보는 것을 감당하지 못하였다."

| 의해 |

주(紂)가 이미 생각하지도 듣지도 못하니, 하늘이 이에 백성의 주인을 너희 많은 지방에서 구하여 크게 재앙과 꾸짖어 고하는 위엄을 가지고 경계하고 움직여 권고의 명을 받을 자를 열어주었으나, 너희 많은 지방의 무리는 모두 권고의 명을 감당하기에 충분하지 못했다.

> 惟我周王이 靈承于旅하사 克堪用德하사 惟典神天이실새
> 天惟式敎我用休하사 簡畀殷命하사 尹爾多方하시니라

| 언해 |

우리 周王이 旅를 靈承ᄒ샤 능히 德을 堪ᄒ야 用ᄒ샤 神天을 典ᄒ릴시 天이 뻐 우리를 敎ᄒ샤ᄃ 休로 뻐 ᄒ샤 簡ᄒ야 殷의 命을 畀ᄒ샤 너희 多方을 尹케 ᄒ시니라

| 번역 |

"우리 주나라 왕이 무리를 잘 받드시어 덕을 감당할 수 있어서 신

과 하늘을 주관하셨다. 하늘이 우리를 가르치시되 아름다움으로
써 하시고, 선택하여 은나라의 명을 주시어 너희 많은 지방을 다
스리게 하셨다."

| 자해 |

典 : 주관함. •式 : 씀. •克堪 : 감당할 수 있음.

| 의해 |

덕은 가볍기가 털과 같으나 백성들 가운데 들 수 있는 자는 드물
다. 이는 덕을 들 수 있는 자를 이길 수 없음을 말한다. 문왕(文
王)과 무왕(武王)은 무리를 잘 이어서 덕을 쓰는 것을 감당할 수
있어, 진실로 신과 하늘에 제사를 드리는 주인이 될 수 있었으므
로, 하늘이 문왕과 무왕을 가르쳐 아름다움으로 쓰게 하고, 선택
해서 은나라의 명을 주어 너희 많은 지방을 바로잡게 하셨다. 이
장은 천하를 깊이 의론한 것이다. 이전에 천명이 정해지지 못하
여 백성의 주인을 권고하여 구할 때에, 능한 자라면 얻을 수 있었
을 것이니, 누가 너를 막을 자가 있었겠는가? 이에 한 사람도 하
늘의 권고를 감당하는 자가 없었다. 이제 하늘이 이미 우리 주
(周)나라에 명하여 하나로 정해졌는데, 너희는 오히려 흉흉하여
안정하지 않고 무엇을 하고자 하는가?

今我는 曷敢多誥리오 我惟大降爾四國民命하니라

| 언해 |

이제 나는 엇지 敢히 만이 誥ᄒ리오 내 크게 너희 四國ㅅ 民의 命
을 降ᄒ오니라

| 번역 |

"이제 내가 어찌 감히 많이 고하겠는가? 나는 크게 너희 사방 나라 백성들의 죄를 낮추려는 것이다."

| 의해 |

이제 내가 어찌 감히 이와 같이 많이 고하겠는가? 나는 크게 너희 사방 나라의 백성들의 죄를 낮추어 용서한다. 이는 용서하는 은혜를 들어 착한 데로 옮기는 실상을 요구한 것이다.

爾는 曷不忱裕之于爾多方고 爾는 曷不夾介乂我周王 享天之命고 今爾尚宅爾宅하며 畋爾田하나니 爾는 曷不 惠王하여 熙天之命고

| 언해 |

너는 엇지 너희 多方애 忱ᄒ며 裕치 안이ᄒᄂ뇨 너는 엇지 우리 周王이 하늘의 命을 享ᄒ샴을 夾ᄒ며 介ᄒ야 乂치 안이ᄒᄂ뇨 이제 네 오히려 네 집에 집ᄒ며 네 田을 畋ᄒᄂ니 너는 엇디 王을 惠ᄒ야 하늘의 命을 熙치 안이ᄒᄂ뇨

| 번역 |

"너희는 어찌 너희 많은 지방에서 성실하고 너그럽지 않는가? 너희는 어찌 우리 주나라 왕이 천명을 누리시는 것을 보좌하고 도와 다스리지 않는가? 이제 너희가 오히려 너희 집에 거주하며 너희 땅을 경작하는데, 너희는 어찌 왕을 따라 하늘의 명을 넓히지

않는 것인가?"

| 자해 |

夾·介 : 도움.

| 의해 |

너희는 어찌 너희 많은 지방에서 성실하고 너그럽게 하지 않는
가? 너희는 어찌 우리 주나라 왕이 하늘의 명을 누리는 것을 보
좌하고 돕지 않는 것인가? 너희의 반란을 법에 의거하여 죄를 단
정하면, 집을 파서 못으로 만들고 땅을 거두어 들여야 옳다. 지금
너희는 오히려 너희 집에 거주하고 너희 밭을 갈 수 있게 되었는
데, 너희는 어찌 우리 왕실을 따라 각각 너희 법을 지켜서 천명을
넓히지 않는가?

> 爾乃迪屢不靜하나니 爾心未愛아 爾乃不大宅天命가 爾
> 乃屑播天命가 爾乃自作不典하여 圖忱于正가

| 언해 |

네 즈죠 不靜을 迪ᄒᆞᄂᆞ니 네 마ᄋᆞ매 사랑치 못ᄒᆞᄂᆞ냐 네 크게 하
늘의 命을 宅치 안이ᄒᆞᄂᆞ냐 네 하늘의 命을 屑播ᄒᆞᄂᆞᆫ가 네 스ᄉ
로 典이 안임을 作ᄒᆞ야 正애 忱을 圖ᄒᆞᄂᆞᆫ가

| 번역 |

"너희가 자주 안정하지 못함을 따르니, 너희 마음이 아직 사랑하
지 않는가? 너희가 크게 하늘의 명을 편안하게 여기지 않는가?

너희는 하늘의 명을 가볍게 버리는가? 너희는 스스로 떳떳하지 않은 행위를 하면서 바르다고 믿기를 도모하는가?"

| 의해 |

너희가 자주 안정하지 못한 것을 따라서 스스로 멸망을 취하니, 너희 마음은 스스로 사랑하는 바를 알지 못하는가? 너희는 크게 하늘의 명을 편안하게 여기지 않는가? 너희는 하늘의 명을 가볍 게 버리는가? 너희는 스스로 법이 아닌 행위를 하면서 바른 것이 라 믿기를 도모하는 것을 당연하다고 생각하는가?

我惟時其敎告之하여 我惟時其戰要囚之하되 至于再하며 至于三하니 乃有不用我의 降爾命하면 我乃其大罰殛之하리니 非我有周 秉德不康寧이라 乃惟爾自速辜니라

| 언해 |

내 이 그 敎告ᄒ며 내 이 그 戰ᄒ야 要囚호디 再예 至ᄒ며 三애 至호니 네 나의 네 命을 降홈을 用치 안이ᄒ면 내 그 크게 罰ᄒ야 죽이리니 우리 周ㅅ 나라이 德을 秉홈이 康寧치 안이ᄒ 주리 안 이라 너희 스스로 辜를 速ᄒᄂᆫ 것이니라

| 번역 |

"내가 이렇게 가르쳐 고하며, 내가 이렇게 두려워하여 죄수를 심 리하되 두 번에 이르고 세 번에 이르렀다. 너희는 내가 너희의 죄 를 낮추려는 것을 따르지 않으면, 내가 크게 벌하여 죽일 것이니,

우리 주(周)나라가 덕을 잡음이 편안하지 않은 것이 아니라, 너희 스스로 죄를 재촉하는 것이다."

| 의해 |

내가 이처럼 가르쳐 고하고, 내가 이렇게 경계하고 두려워하여 죄수를 심리하는 것이 두 번에 이르고 세 번에 이르렀다. 너희는 내가 너희 죄를 낮추어 용서함을 따르지 않고 오히려 반란을 반복하는 것을 익히면 내가 크게 벌하여 죽일 것이니, 우리 주(周)나라가 덕을 가진 것이 편안하지 않은 것이 아니라, 너희가 스스로 나쁜 일을 저질러서 벌을 재촉한 것이다.

王曰 嗚呼라 猷라 告爾有方多士와 暨殷多士하노라 今爾
奔走臣我監이 五祀어니라

| 언해 |

王이 골ᄋ샤디 嗚呼ㅣ라 猷ㅣ라 너희 有方애 多士와 믿 殷多士ᄃ려 告ᄒ노라 이제 네 奔走ᄒ야 우리 監애 臣ᄒ얀디 五祀ㅣ어니라

| 번역 |

왕이 말씀하셨다. "아! 너희 많은 지방의 많은 선비들과 은(殷)나라의 많은 선비들에게 고한다. 이제 너희가 분주하게 우리 감(監)의 신하가 된 지 오년이 되었다."

| 의해 |

감(監)은 낙읍(洛邑)으로 옮긴 백성들을 감독하는 벼슬이다. 백

성들에게 임금의 도가 있으니, 이 때문에 우리 감(監)의 신하가 되었다고 말한 것이다. 상(商)나라 선비를 낙읍으로 옮겨, 분주히 우리 감(監)에게 신복한 것이 이제 다섯 해가 되었다고 말한 것이다. 연(年)이라고 하지 않고 사(祀)라고 한 것은 상나라 풍속에 의거하여 말한 것이다.

越惟有胥伯小大多正아 爾罔不克臬이어다
(월 유 유 서 백 소 대 다 정   이 망 불 극 얼)

| 언해 |

밋 胥와 伯과 小大多正아 너희 臬을 능히 안이치 못홀지어다

| 번역 |

"서(胥)와 백(伯)과 크고 작은 관직의 많은 우두머리들이여! 너희는 일을 하지 않음이 없도록 하라."

| 자해 |

胥: 재주와 지혜가 있는 자. •伯·正 : 우두머리. •臬 : 일.

| 의해 |

주(周)나라 벼슬에는 서(胥)와 백(伯)과 정(正)으로 이름을 한 것이 많다. 서(胥)와 백(伯)과 크고 작은 많은 관직의 우두머리는 은(殷)나라의 많은 선비들에게 낙읍(洛邑)에서 벼슬을 주어 같이 옮겨온 백성들을 길이 다스리는 자들이니, 그들이 분주하게 우리의 감(監)에게 신하로서 복종한 지가 또한 오래되었다. 마땅히 서로 상세히 알아서 그 직책에 힘을 다해야 할 것이고, 혹시라도 옳지 않은 마음을 품고 배반하거나 게을리 하여 일을 하지 않음이

없어야 할 것이다.

자작불화
自作不和하니　爾惟和哉어다　爾室이　不睦하니　爾惟和哉

어다　爾邑克明이라야　爾惟克勤乃事니라

| 언해 |

스스로 不和를 作ᄒ니 너희 和홀 디어다 너희 室이 睦디 아니ᄒ
니 너희 和홀 디어다 너희 邑이 능히 明ᄒ야사 너희 능히 너희 事
를 勤ᄒ논 디라

| 번역 |

"스스로 화합하지 못하니, 너희가 화합하게 해야 할 것이다. 너희
왕실이 화목하지 못하니, 너희가 화목하게 해야 할 것이다. 너희
읍이 밝아야 너희가 너희 일을 부지런히 할 수 있을 것이다."

| 의해 |

마음이 안정되지 않으면 몸이 화순(和順)하지 못하고, 몸이 안정
되지 않으면 집이 화목하지 못하다. 몸을 화순하게 하고 집을 화
목하게 한 후에야 읍을 화합하게 할 수 있다. 기꺼이 은혜를 베풀
며 이로써 서로 사랑하고 찬란하게 문채를 서로 접하여, 너희 읍
이 밝게 되어야 비로소 그 직책을 저버리지 않을 수 있을 것이니,
이렇게 하면 일을 부지런히 했다고 할 수 있다. 앞에서 이미 일을
하지 않음이 없어야 한다고 경계하였으므로 여기서는 일을 부지
런히 하라는 것으로써 기대한 것이다.

爾尙不忌于凶德하여 亦則以穆穆으로 在乃位하며 克閱
于乃邑하여 謀介하라

| 언해 |

너희 거의 凶德을 忌치 말아 또혼 穆穆으로 뻐 네 位예 在ᄒ며 능
히 邑애 閱ᄒ야 介를 謀ᄒ라

| 번역 |

"너희는 부디 완악한 백성의 흉한 덕을 꺼리지 말고, 또한 화목하
고 공경함으로 너희 자리에 처하며, 읍에서 잘 살펴서 도와줄 자
들을 꾀하도록 하라."

| 자해 |

忌 : 꺼림.　穆穆 : 온화하고 공경하는 모양.

| 의해 |

완악한 백성은 진실로 두려울 만하지만, 너희 많은 선비들이 완
악한 백성의 흉한 덕을 두려워하고 꺼리지 아니하며, 또한 화목
하고 공경함으로 너희 자리에 단정히 처하라. 또 너희 읍의 뛰어
난 자들을 살펴서 그들에게 도움 받기를 꾀하면, 백성들 가운데
완악한 자들이 또한 장차 바뀌어 교화될 것이니, 오히려 무엇을
두려워하겠는가? 성왕(成王)이 상(商)나라 선비 가운데 선한 자
들에게 권하여 상나라 백성 가운데 악한 자들을 교화하게 한 것
이다.

爾乃自時洛邑으로 尙永力畋爾田하면 天惟畀矜爾하시며
我有周도 惟其大介賚爾하여 迪簡在王庭하리니 尙爾事
어다 有服이 在大僚니라

| 언해 |

네 이 洛邑으로 붓터 거의 기리 힘 뻐 네 田을 畋ᄒ면 天이 너희
를 畀ᄒ며 矜ᄒ시며 우리 周 두고 키 너희를 介ᄒ며 賚ᄒ야 迪ᄒ
며 簡ᄒ야 王庭애 在호리니 거의 네 事를 훌디어다 服이 大僚애
인ᄂ니라

| 번역 |

"너희가 이 낙읍(洛邑)으로부터 길이 힘써서 너희 땅을 경작하면,
하늘이 너희를 불쌍히 여기실 것이다. 우리 주(周)나라도 크게 너
희를 돕고 상을 내리며, 이끌어 훌륭한 자를 가려서 왕의 뜰에 있
게 할 것이니, 부디 너희의 일을 하기 바란다. 높은 관직에서 일
하게 될 것이다."

| 의해 |

너희가 이 낙읍(洛邑)으로부터 일을 보전하여 힘써 너희 땅을 갈
면, 하늘이 또한 내게 부탁하여 너를 불쌍하게 여길 것이다. 우리
주(周)나라도 또한 크게 돕고 너희에게 상을 내리며 이끌어 훌륭
한 자들을 선발하여 임금의 조정에 둘 것이니, 너희 일에 힘쓰기
바란다. 높은 관직에서 일하게 되는 것이 어렵지 않을 것이다.

王曰 嗚呼라 多士아 爾不克勸忱我命하면 爾亦則惟不克享이라 凡民惟曰不享이라하리니 爾乃惟逸惟頗하여 大遠王命하면 則惟爾多方[士]이 探天之威라 我則致天之罰하여 離逖爾土하리라

| 언해 |

王이 갈ㅇ샤디 嗚呼ㅣ라 多士아 너희 능히 내 命을 勸ㅎ야 忱치 아니ㅎ면 너희 쏘혼 능히 享치 아니ㅎ논 디라 믈읫 民이 닐오디 享치 아닐 거시라 ㅎ리니 너희 逸ㅎ며 頗ㅎ야 키 王命을 遠ㅎ면 너희 多方이 天威를 探홈이라 내 곧 天의 罰을 致ㅎ야 너희 土를 離ㅎ야 逖게 호리라

| 번역 |

왕이 말씀하셨다. "아! 많은 선비들이여. 너희가 나의 명을 권면하고 믿지 않으면, 너희 또한 윗사람을 받들지 못할 것이다. 모든 백성들이 받들지 않을 것이라고 할 것이니, 너희가 안일하고 편벽되어 왕명에서 크게 멀어진다면, 너희 많은 선비들은 하늘의 재앙을 찾게 되는 것이다. 나는 곧 하늘의 벌을 이르게 해서 너희 선비들을 이곳에서 멀리 보낼 것이다."

| 자해 |

多方 : 마땅히 '많은 선비들[多士]'로 고쳐야 함.

| 의해 |

가르쳐 고하는 것이 끝나려 하므로 이에 탄식하여 말한 것이다.

너희 많은 선비들이 만일 서로 권면하여 나의 명을 믿지 않으면, 너희도 또한 윗사람을 받들지 못할 것이다. 또한 너희 백성들도 윗사람을 반드시 받들지 않으리라고 할 것이다. 너희가 안일하고 편벽되어 크게 나의 명령을 어기면, 너희 많은 선비들은 하늘의 재앙을 스스로 취하는 것이다. 내가 또한 하늘의 벌을 이르게 하여 흩어지고 흘러 다녀, 너희로 하여금 너희의 땅을 떠나 멀리 보낼 것이다. 너희가 비록 너희 집에 거처하고 너희 밭을 갈고자 하여도 어찌 그렇게 할 수 있겠는가? 윗 장에서는 아름다운 것으로 권면하였고, 이 장에서는 위엄으로 경계하였다.

王曰 我不惟多誥라 我惟祗告爾命이니라

| 언해 |

王이 골ᄋ샤딕 내 만이 誥ᄒᄂᆫ 줄이 안이라 내 네게 命을 공경ᄒ야 告ᄒ노라

| 번역 |

왕이 말씀하셨다. "내가 많이 가르쳐 고하려는 것은 아니다. 나는 너희에게 명을 공경히 하여 고하는 것이다."

| 의해 |

내가 어찌 이와 같이 말을 많이 하려는 것이겠는가? 나는 너희에게 윗글에서 권면한 명으로 공경히 고할 따름이다.

우 왈　시 유 이 초　　　불 극 경 우 화　　　즉 무 아 원
又曰 時惟爾初니 不克敬于和하면 則無我怨하리라

| 언해 |

쏘 굴으샤더 이 너희 쳐음이니 능히 和에 공경치 안이ᄒ면 곳 나
를 원망치 못ᄒ리라

| 번역 |

또 말씀하셨다. "이는 너희에게 처음이니, 화합함에 공경하지 않
는다면 나를 원망하지 못할 것이다."

| 의해 |

너희 백성들이 여기에 이르러서도 진실로 화합함을 공경하지 아
니하고, 오히려 다시 어지러움을 일으키면 스스로 죽임을 당함에
이를 것이니, 나를 원망하지 못할 것이다. 이는 선을 행하도록 열
어주고 악한 행위를 금한 것이다.

입정 [立政]

이 글은 성왕(成王)에게 현명한 인재를 등용하는 도를 경계한 것이다. 제후는 한 사람의 경(卿)을 군주에게서 명령을 받고, 나머지 관리들은 스스로 선택하였다. 우두머리가 어질면 그가 천거하여 등용한 사람도 어질지 않은 자가 없다. 고체(誥體)이다. 금문(今文)과 고문(古文)에 다 있다.

周公若曰 拜手稽首하여 告嗣天子王矣로이다 用咸戒于

王曰 王左右는 常伯과 常任과 準人과 綴衣와 虎賁이니이

다 周公曰 嗚呼라 休茲나 知恤이 鮮哉니이다

| 언해 |

周公이 이러투시 골♀샤디 손애 졀ᄒ고 머리를 죠와 嗣天子王끠 告ᄒ노이다 뻐 다 王끠 戒ᄒ야 골♀샤디 王의 左右ᄂᆞᆫ 常伯과 常任과 準人과 綴衣와 虎賁괘니이다 周公이 골♀샤디 嗚呼ㅣ라 이 게 알음다우나 恤홀쥴 알을이 젹으니이다

| 번역 |

주공(周公)이 다음과 같이 말하였다. "절하고 머리를 조아려 천자를 이은 왕께 아룁니다." 모두가 왕에게 경계하여 말하였다. "왕의 좌우에서 보필하는 신하는 상백(常伯), 상임(常任), 준인(準人), 추의(綴衣)와 호분(虎賁)입니다." 주공이 말하였다. "아! 이

들은 아름답지만, 근심할 줄을 아는 자가 드뭅니다.”

| 의해 |

이 편은 주공(周公)이 지은 것인데 기록한 자는 주(周)나라 사관(史官)이므로 “다음과 같이 말하였다.”고 한 것이다. 주공이 여러 신하들을 거느리고 왕에게 경계하여 말하기를, “절하고 머리를 조아려 천자를 이은 왕께 아룁니다.”라고 하였다. 여러 신하들이 모두 경계하여, 왕의 좌우에서 보필하는 신하에는 백성을 다스리는 장관이 있으니 상백(常伯)이라 하고, 일을 맡은 공경(公卿)은 상임(常任)이라 하고, 법제를 지키는 일을 맡은 자는 준인(準人)이라 하며, 기물과 의복을 맡은 자는 추의(綴衣)라 하고, 활 쏘고 말 모는 것을 관장하는 자는 호분(虎賁)이라 하니, 모두 임용하기를 삼가고 조심해야 할 자라고 하였다. 주공이 그리하여 탄식하여 말하기를, “이들은 아름답지만, 근심할 줄을 아는 자가 드뭅니다.”라고 하였으니, 다섯 종류의 관직은 아름답지만 적합하게 사람을 찾는 것이 어려움을 근심할 줄 아는 자는 드물다고 한 것이다.

古之人이 迪하니 惟有夏乃有室大競하여 籲俊尊上帝하니 迪知忱恂于九德之行하여 乃敢告敎厥后曰 拜手稽首后矣로이다 曰宅乃事하며 宅乃牧하며 宅乃準이라야 玆惟后矣니이다 謀面하여 用丕訓德이라하여 則乃宅人하면 玆乃三宅에 無義民하리이다

| 언해 |

넷 사람이 迪ᄒᆞ엿스니 오작 有夏ㅣ 室이 크게 競ᄒᆞ야 俊을 顧ᄒᆞ야 上帝를 놉ᄒᆞ니 九德의 힝실을 迪知ᄒᆞ며 忱恂ᄒᆞ야 敢히 그 后ᄭᅴ 告敎ᄒᆞ야 곧ᄋᆞ샤디 后ㅣ 주를 手애 拜ᄒᆞ고 首를 稽ᄒᆞ노이다 곧오디 네 事를 宅ᄒᆞ며 네 牧을 宅ᄒᆞ며 네 準을 宅ᄒᆞ야사 이러ᄒᆞ야야 后ㅣ니이다 面애 謀ᄒᆞ야 뻐 키 德게 訓ᄒᆞ니라 ᄒᆞ야 人을 宅ᄒᆞ면 이 三宅애 義民이 업스리이다

| 번역 |

"옛사람이 실천하였으니, 오직 하(夏)나라가 왕실이 크게 강성할 때 뛰어난 이들을 불러들여 상제의 뜻을 존중하였습니다. 아홉 가지 덕을 행하는 사람을 실천을 통해서 알고 진실로 믿어서 감히 임금에게 고하여 말하기를 '임금께 절하고 머리를 조아립니다. 일을 맡는 사람, 백성을 다스리는 사람, 법제를 지키는 사람을 적임자로 임명하셔야만 임금답게 됩니다. 사람의 겉모습만 살피고 크게 덕을 따를 것이라고 생각해서 사람을 임명한다면, 이 세 관직에는 합당한 사람이 없을 것입니다.'라고 하였습니다."

| 자해 |

九德 : 「고요모(皐陶謨)」에서 고요가 우임금에 말한 아홉 가지 덕. ●謀面 : 사람의 겉모습만을 살핌.

| 의해 |

옛사람 중에 이 도를 실천한 자가 있으니, 오직 하(夏)나라 임금의 왕실이 크고 강할 때에 현명한 사람을 구하여 하늘을 섬기는 실제로 삼았다. 하나라의 신하들이 아홉 가지 덕을 행하는 사람을 실천을 통해서 알고 진실로 믿어서 감히 그 임금에게 고하여 가르쳤음을 말한다. "임금께 절하고 머리를 조아립니다."라고 말

한 것은 공경하는 뜻을 표하여 임금이 되는 성왕을 높인 것이며, "임금의 일을 맡는 사람, 백성을 다스리는 사람, 법제를 지키는 사람을 적임자로 임명하셔야만 임금답게 됩니다."라고 한 것은 고하여 성왕이 임금이 되는 실제를 서술한 것이다. 아홉 가지 덕을 행하는 사람을 실천을 통해서 알고 진실로 믿는 것이 아니라, 단지 사람의 겉모습만 살펴서 크게 덕을 따를 것이라 생각하여 임명하고 맡기기를 이와 같이 한다면, 세 관직의 사람 가운데 어찌 다시 현명한 사람이 있겠는가?

걸 덕　　유 내 부 작 왕 임　　　시 유 포 덕　　　망 후
桀德은 惟乃弗作往任하고 是惟暴德이라 罔後하니이다

| 언해 |

桀의 德은 往애 任을 짓지 아니ᄒ고 이 오직 暴德을 혼 디라 後ㅣ 업스니이다

| 번역 |

"걸(桀)의 덕은 지난날에 임용한 것을 따르지 않고, 포악한 덕을 가진 자를 임용하였기 때문에 후손이 없었습니다."

| 의해 |

하(夏)나라의 걸(桀)은 덕이 악하여 지난날에 선왕이 세 관직을 임명한 것처럼 하지 않았고, 임명한 자는 포악한 덕을 가진 사람이었다. 그러므로 걸이 죽어서도 후손이 없는 것이다.

亦越成湯이 陟丕釐上帝之耿命하심은 乃用三有宅이 克

卽宅하며 曰三有俊이 克卽俊하여 嚴惟丕式하여 克用三

宅三俊하심으로 其在商邑하여는 用協于厥邑하며 其在四

方하여는 用丕式見德하니이다

| 언해 |

丕혼 밋 成湯이 陟ᄒᆞ야 上帝의 耿命을 크게 釐ᄒᆞ샨든 用ᄒᆞ신 三
有宅이 능히 宅애 나아가며 굴온 三有俊이 능히 俊에 나아가 嚴
히 싱각ᄒᆞ며 크게 법ᄒᆞ야 三宅과 三俊을 쓰심을 克히 ᄒᆞ샨 들로
그 商邑애 잇서셔는 뼈 그 邑을 協ᄒᆞ며 그 四方애 잇서셔는 뼈 크
게 式ᄒᆞ야 德을 見ᄒᆞ니이다

| 번역 |

"성탕(成湯)에 이르러서는 천자가 되어서 상제의 밝은 명을 크게
다스리셨으니, 임명한 세 관직의 사람들은 임명한 데에 들어맞았
으며, 세 임명 후보자들은 재주에 들어맞았습니다. 성탕이 엄중
하게 크게 본받을 것을 생각하여 세 임명된 자들과 세 임명 후보
자들을 등용하였으므로 상(商)나라 도읍에서는 그 읍에 화합하였
고, 사방에서는 크게 본받아 덕을 드러내었습니다."

| 자해 |

耿 : 빛남. •三宅 : 상백(常伯), 상임(常任), 준인(準人)의 지위에 임명된 자.
 •三俊 : 상백(常伯), 상임(常任), 준인(準人)이 될 수 있는 재주가 있는 자.
 •惟 : 생각함. •式 : 본받음.

| 의해 |

탕왕(湯王)이 칠십리밖에 되지 않는 나라로부터 올라가 천자가 되어서 전례(典禮)와 토벌의 명령이 천하에 밝게 드러났다. 탕왕은 세 관직에 임명된 사람들과 세 임명 후보자들에 대하여 엄중하게 생각해서 그들을 크게 본받았으니, 그러므로 임명된 사람들과 임명 후보자들을 등용하는 데 마음을 다하였다. 그래서 임명된 자는 직무에 충실할 수 있었고 임명 후보자는 재주를 드러낼 수 있어서, 어질고 지혜로운 자가 분발하여 매우 잘 다스려진 정치가 된 것이다. 가까운 곳은 살피는 것이 자세하여 감정이 같기가 쉽지 않은데, 경기 지방이 화합하였다면 지극히 순수한 것이다. 반면에 먼 곳은 미치기가 어려워서 덕이 두루 미치기가 쉽지 않은데, 서로 같이 본받았다면 지극히 큰 것이다. 지극히 순수하고 지극히 크면 나라를 다스리는 도리를 남김없이 다 드러낸 것이다.

嗚呼라 其在受德啓하여 惟羞刑暴德之人으로 同于厥邦하며 乃惟庶習逸德之人으로 同于厥政한대 帝欽罰之하사 乃俾我有夏하여 式商受命하여 奄甸萬姓하시니이다

| 언해 |

嗚呼ㅣ라 受ㅣ 德이 啓홈이 잇셔 오직 刑을 羞ᄒᆞᄂᆞᆫ 暴德읫 人으로 그 邦을 갓치ᄒᆞ며 庶를 習ᄒᆞᆫ 逸德읫 人으로 그 政을 갓치ᄒᆞᆫ대 帝ㅣ 欽ᄒᆞ야 罰ᄒᆞ샤 우리로 ᄒᆞ여곰 有夏를 두어 商의 受ᄒᆞᆫ 命을 ᄡᅥ 다 萬姓을 甸케 ᄒᆞ시니이다

| 번역 |

"아! 수(受)는 덕이 사납고 어두워 형벌을 숭상하고 포악한 덕을 가진 사람들과 나라를 함께 다스리며, 여러 추악함을 익힌 덕을 잃은 사람들과 함께 정치를 하였습니다. 상제가 삼가 벌을 내리시어 우리로 하여금 중국을 소유하여 상(商)나라가 받았던 천명을 가지고 모든 백성들을 다스리게 하셨습니다."

| 자해 |

羞刑 : 죽일 사람을 추천하여 임용함. •庶習 : 여러 추악함을 갖춘 자. •甸 : 백성을 조직으로 편성하는 것.

| 의해 |

주왕(紂王)의 덕은 사납고 포악하였는데, 또한 더불어 나라를 함께 다스린 자는 형벌을 숭상하고 포악한 덕을 가진 제후였으며, 더불어 정사를 함께 한 자도 여러 가지 추악함을 익힌 덕을 잃은 신하였다. 상제가 삼가 그들에게 벌을 내려서, 우리 주(周)나라로 하여금 중국을 소유하여 상(商)나라가 받았던 천명으로 모든 백성들을 다스리게 하였다.

亦越文王武王이 克知三有宅心하시며 灼見三有俊心하사 以敬事上帝하시며 立民長伯하시니이다

| 언해 |

쏘 밋 文王과 武王이 三有宅의 心을 克히 知ᄒ시며 三有俊의 心을 灼히 見ᄒ샤 뻐 上帝를 敬事ᄒ시며 民의 長과 伯을 立ᄒ시니

이다

| 번역 |

"문왕(文王)과 무왕(武王)에 이르러서는 세 관직에 임명된 사람들의 마음을 알 수 있었으며, 세 임명 후보자들의 마음을 분명히 보셨습니다. 그래서 상제를 공경히 받들어 백성들의 우두머리를 세우셨습니다."

| 의해 |

세 관직에 임명된 사람들과 세 임명 후보자들은 문왕(文王)과 무왕(武王)이 그 마음을 알 수 있어서 분명히 보았다. 세 관직에 임명된 사람들은 이미 지위를 주었기 때문에 "알 수 있다."고 하였고, 세 임명 후보자들은 아직 일을 맡기지 않았기 때문에 "분명히 보았다."고 한 것이다. 그래서 상제를 공경히 섬기면 천직(天職)이 닦여져서 위에는 받들 대상이 있고, 백성들의 우두머리를 세우면 체통이 세워져서 아래에는 의지할 대상이 있다. 임금이 하늘과 사람 사이에 위치하여 굽어보고 우러러보아 부끄러움이 없는 것은 이 때문이다. 하(夏)나라가 상제의 뜻을 존중하고, 상(商)나라가 상제의 밝은 명령을 크게 다스리고, 주(周)나라가 상제를 공경히 섬기는 것은 그 뜻이 같다.

立政에 任人과 準夫와 牧과 作三事하시니이다

| 언해 |

政을 立호샴애 任人과 準夫와 牧과로 三事를 作호시니이다

| 번역 |

"인사를 단행하는 데 있어서는 임인(任人)과 준부(準夫)와 목(牧)
으로 세 가지 일을 하게 하셨습니다."

| 의해 |

문왕(文王)과 무왕(武王)이 세 관직에 합당한 인재를 등용하는
것을 말한다. 임인(任人)은 상임(常任)이고, 준부(準夫)는 준인
(準人)이고, 목(牧)은 상백(常伯)이다. 직책으로 말했기 때문에
일이라고 한 것이다.

호분 철의 취마 소윤 좌우휴복 백사 서부
虎賁과 綴衣와 趣馬와 小尹과 左右攜僕과 百司와 庶府와

| 언해 |

虎賁과 綴衣와 趣馬와 小尹과 左右携僕과 百司와 庶府와

| 번역 |

"호분(虎賁)과 추의(綴衣)와 취마(趣馬)와 작은 관직의 우두머리
와 좌우의 가까운 신하들과 여러 관청의 부서들과"

| 의해 |

이는 임금을 가까이에서 모시는 관직이다. 취마(趣馬)는 말을 담
당하는 관원이고, 소윤(小尹)은 작은 관직의 우두머리이고, 휴복
(携僕)은 거느리고 다니는 가까운 신하이고, 백사(百司)는 사구
(司裘), 사복(司服) 등이고, 서부(庶府)는 내부(內府), 대부(大府)
등이다.

大都와 小伯과 藝人과 表臣百司와 太史와 尹伯이 庶常

吉士니이다

| 언해 |

大都와 小伯과 藝人과 表臣인 百司와 太史와 尹伯괘 모든 常흔

吉士ㅣ러라

| 번역 |

"대도(大都)와 소백(小伯)과 예인(藝人)과 외부에 있는 관직의 여
러 유사(有司)와 태사(太史)와 관직의 우두머리들이 모두 떳떳한
덕을 가진 길한 선비들입니다."

| 의해 |

이는 도읍(都邑)의 관원이다. 대도(大都)와 소백(小伯)은 대도(大
都)의 우두머리와 소도(小都)의 우두머리이다. 예인(藝人)은 점
치는 자들이니, 기술을 가지고 임금을 섬기는 자이다. 표신백사
(表臣百司)는 밖에 있는 신하로서, 여러 유사들이다. 태사(太史)
는 사관(史官)이다. 윤백(尹伯)은 일을 맡은 자들의 장관이다. 서
(庶)는 무리이니, 문왕(文王)과 무왕(武王)의 조정에 있으면서 떳
떳한 덕을 가진 길한 선비가 아닌 자가 없음을 말한 것이다.

司徒와 司馬와 司空과 亞旅와

| 언해 |

司徒와 司馬와 司空과 亞旅와

| 번역 |

"사도(司徒)와 사마(司馬)와 사공(司空)과 아(亞)와 려(旅)와"

| 의해 |

이는 제후의 관원이다. 사도(司徒)는 나라의 가르침을 주관하고, 사마(司馬)는 나라의 국방을 주관하고, 사공(司空)은 나라의 토목을 주관한다. 나머지는 「목서(牧誓)」에 보인다. 이는 제후의 관원은 적합한 인재를 얻지 않는 경우가 없음을 말한 것이다. 제후의 관원들 중에서 유독 이 관직들을 거론한 것은 그 명칭과 지위가 천자와 통하기 때문이다.

夷와 微와 盧烝과 三亳이 阪에 尹이니이다

| 언해 |

夷와 微와 盧烝과 三亳이 阪앳 尹이러라

| 번역 |

"이(夷)와 미(微)와 노(盧), 증(烝)과 삼박(三亳)이 판(阪)의 우두머리였습니다."

| 의해 |

이는 왕의 관원 중에서 제후와 중국을 둘러싼 이민족들을 감독하는 자이다. '삼박(三亳)'은, 몽(蒙)이 북박(北亳)이 되고, 곡숙(穀

熟)이 남박(南亳)이 되고, 언사(偃師)가 서박(西亳)이 된다. 판
(阪)은 상세하지 않다. 옛날에 위험한 지역에서 나라의 경계를 지
킬 때, 분봉(分封)하지 않고, 천자의 관리로 하여금 다스리게 해
서 오복(五服)의 사이에 섞여 있게 하였으니, 이것을 윤(尹)이라
한다. 이는 위로 왕조(王朝)로부터 안으로 도읍과 밖으로 제후와
멀리 이적(夷狄)에 이르기까지 적합한 인재를 얻어서 관리로 삼
지 않는 경우가 없었음을 나타낸 것이다.

文王이 惟克厥宅心하사 乃克立茲常事司牧人하시되 以
克俊有德하시니이다

| 언해 |

文王이 그 宅의 心을 克히 ᄒᆞ샤 능히 이 常事와 司牧人을 立ᄒᆞ샤
ᄃᆡ 능히 俊과 德이 인ᄂᆞ니로 뻐 ᄒᆞ더시다

| 번역 |

"문왕(文王)이 임명된 사람의 마음을 잘 알아서, 이 상사(常事)와
사목인(司牧人)을 세우셨고, 덕이 있는 사람을 임명 후보자로 삼
으셨습니다."

| 의해 |

문왕(文王)만이 임명된 사람들의 마음을 잘 알 수 있었다. 잘 알
수 있다는 것은 지극하게 알고 철저하게 믿는다는 것이다. 그러
므로 이 상백(常伯)과 상임(常任)을 세울 수 있었고, 덕이 있는
사람을 임명 후보자로 등용할 수 있었다.

文王은 罔攸兼于庶言庶獄庶愼하시고　惟有司之牧夫를
是訓用違하시니이다

| 언해 |

文王은 庶言과 庶獄과 庶愼을 兼혼 배 업스시고 오직 有司인 牧
夫를 이 회 用ㅎ며 違ㅎᄂ니를 訓ㅎ시니라

| 번역 |

"문왕(文王)은 서언(庶言)과 서옥(庶獄)과 서신(庶愼)을 맡겨놓고
간섭하지 않으시고, 오직 직무를 관장하는 목부(牧夫)에게 명령
을 따르거나 어기는 것을 훈계하셨습니다."

| 의해 |

서언(庶言)은 호령이고, 서옥(庶獄)은 송사이고, 서신(庶愼)은 나
라에서 하지 못하도록 막아서 경계하는 것과 대비하는 것이다.
유사(有司)는 직무를 관장하는 자이고, 목부(牧夫)는 목인(牧人)
이다. 문왕(文王)은 아래로 여러 관직에는 간섭하지 않았으니, 오
직 직무를 관장하는 목부에게만 명령을 내리고, 명령을 어길 때
훈계할 뿐이었다. 인재를 구하는 것은 수고로우나, 현명한 사람
을 임명하면 편안하다.

庶獄庶愼을 文王이 罔敢知于玆하시니이다

| 언해 |

庶獄과 庶愼을 文王이 敢히 이에 알으랴 아니ᄒᆞ시니라

| 번역 |

"서옥(庶獄)과 서신(庶愼)에 대해서 문왕(文王)은 감히 알려고 한 적이 없으셨습니다."

| 의해 |

위에서 서언(庶言)을 말하고 여기에는 언급하지 않은 것은 호령은 군주에게서 나와 알지 못한다고 할 수 없기 때문이다.

亦越武王이 率惟敉功하사 不敢替厥義德하시며 率惟謀하사 從容德하사 以並受此丕丕基하시니이다

| 언해 |

쏘흔 밋 武王이 敉ᄒᆞ신 功을 率ᄒᆞ샤 敢히 그 義德을 替치 아니ᄒᆞ시며 謀를 率ᄒᆞ샤 容德을 좃치샤 뼈 다 이 丕丕ᄒᆞᆫ 基를 受ᄒᆞ시니라

| 번역 |

"무왕(武王)에 이르러서는 천하를 안정시킨 문왕(文王)의 공을 따르시고, 감히 현명한 덕이 있는 사람을 폐하지 않으셨으며, 문왕의 계책을 따르고 덕을 받아들이는 사람을 따라서, 모두 이 크고 큰 기업을 받으셨습니다."

| 자해 |

率 : 따름. ∙敉功 : 천하를 안정시키는 공. ∙義德 : 현명한 덕이 있는 사람.
∙容德 : 덕을 받아들이는 사람.

| 의해 |

현명한 덕이 있는 사람은 난리를 평정하여 바른 상태로 돌아가게
하는 재주가 있는 사람이고, 덕을 받아들이는 사람은 평안하게
선을 즐기는 역량이 있는 사람이니, 모두 덕을 이룬 사람이다. 그
들은 왕업(王業)을 도와서 이룬 까닭에 문왕(文王)이 앞에서 등
용하고, 무왕(武王)이 뒤에서 임명하였다.

嗚呼라 孺子王矣시니 繼自今으로 我其立政에 立事와 準
人과 牧夫를 我其克灼知厥若하여 丕乃俾亂하여 相我受
民하시며 和我庶獄庶愼하시고 時則勿有間之하소서

| 언해 |

嗚呼ㅣ라 孺子ㅣ 王이 되야 셧시니 이제 브터 이음으로 내 그 政
을 立홈애 立事와 準人과 牧夫를 내 능히 그 若을 灼知ㅎ야 크게
ㅎ여곰 다사려 우리의 受혼 빅셩을 相ㅎ시며 우리의 庶獄과 庶愼
을 和케 ㅎ시고 이 히 間치 마ᄅ쇼셔

| 번역 |

"아! 어린 아들께서 왕이 되셨으니, 이제부터 왕께서는 인사를 단
행하시는데 입사(立事)와 준인(準人)과 목부(牧夫)에 대해서는
그들이 따르는 것을 분명하게 알아야 합니다. 크게 그들로 하여

금 다스리게 하고, 우리가 받은 백성을 돕게 하시며, 우리의 서옥 (庶獄)과 서신(庶愼)을 조화롭고 가지런하게 하도록 하시고, 이 에 소인들로 하여금 끼어들지 못하게 하십시오."

| 자해 |

我 : 왕. ·若 : 따름.

| 의해 |

주공(周公)은 문왕(文王)과 무왕(武王)의 기업이 크다는 것을 서 술하고 나서 탄식하며 말하기를, "어린 아들이 이제 임금이 되셨 으니, 이제부터 왕께서는 인사를 단행하십시오. 입사(立事)와 준 인(準人)과 목부(牧夫)를 임명할 때에는 그들이 따르는 것을 밝 게 알아야 합니다."라고 말하였다. 그들이 따르는 것을 살피는 것 이 사람을 아는 요체이다. 그들이 따르는 것을 분명히 알고 나서, 과연 그들이 바르고 그들에게 딴 마음이 없다면, 그런 뒤에야 마 음을 미루어 크게 위임한다. 그들로 하여금 마음과 몸을 다하여 다스리게 하고, 받은 백성을 서로 돕고 보좌하게 하며, 서옥(庶 獄)과 서신(庶愼)의 일을 조화롭고 가지런하게 하도록 한다. 또한 소인(小人)들이 끼어들지 못하게 하여 그 다스림을 처음부터 끝 까지 경계하게 하였으니, 이는 사람을 임명하는 요체이다. 백성 을 받았다고 한 것은 백성이란 바로 하늘에게서 받은 것이고 조 종(祖宗)에게서 받은 것이지, 성왕(成王)이 스스로 소유한 것이 아님을 말한 것이다.

自一話一言으로 我則末惟成德之彦하사 以乂我受民하

소서

| 언해 |

一話와 一言으로 브터 내 곳 맛참니 成德훈 彦을 惟ㅎ샤 뻐 우리

受훈 民을 乂ㅎ쇼셔

| 번역 |

"한 마디 말과 이야기에서도 우리는 끝까지 덕을 이룬 훌륭한 사
람을 생각해서, 그들로 하여금 우리가 받은 백성들을 다스리게
하십시오."

| 자해 |

末 : 마침. •惟 : 생각함.

| 의해 |

한 마디의 말과 이야기의 사이에서도 우리는 끝까지 덕을 이룬
훌륭한 사람들을 생각해서, 그들로 하여금 우리가 받은 백성들을
다스리게 하고, 잠깐이라도 감히 잊지 말아야 한다.

^{오 호}　　　^{여 단}　　^{이 수 인 지 휘 언}　　　　^{함 고 유 자 왕 의}　　　^계
嗚呼라 予旦은 已受人之徽言으로 咸告孺子王矣로니 繼

^{자 금}　　^{문 자 문 손}　　^{기 물 오 우 서 옥 서 신}　　　　^{유 정}
自今으로 文子文孫은 其勿誤于庶獄庶愼하시고 惟正을

^{시 예 지}
是乂之하소서

| 언해 |

嗚呼ㅣ라 나 旦는 임의 人의게 受혼 徽言으로 다 孺子王쯰 告ㅎ
노니 今으로 브텨 이음으로 文子文孫은 그 庶獄庶愼을 誤치 말으
시고 오직 正을 이히 乂ㅎ쇼셔

| 번역 |

"아! 저 단(旦)은 이미 사람들에게 받은 아름다운 말을 모두 어린
아들인 왕께 고하였으니, 이제부터 문덕이 있는 아들과 문덕이
있는 손자는 서옥(庶獄)과 서신(庶愼)을 그르치지 마시고, 오직
직무를 담당하는 자들을 다스리십시오."

| 의해 |

앞에서 말한 우왕(禹王), 탕왕(湯王), 문왕(文王), 무왕(武王)이
사람을 등용한 일은 모두 지극히 아름다운 말인데, 내가 다른 사
람에게서 들은 것은 이미 모두 어린 아들인 왕에게 고하였다. 문
덕이 있는 아들과 문덕이 있는 손자라고 한 것은 성왕(成王)이 무
왕(武王)의 문덕이 있는 아들이며, 문왕(文王)의 문덕 있는 손자
라는 것이다. 성왕(成王) 때에는 법도가 밝고 예악(禮樂)이 드러
났으니, 조상이 이루어 놓은 것을 이어서 지키고 문덕을 숭상하
므로 '문(文)'이라고 한 것이다. '오(誤)'는 그르친다는 것이다. 간
섭하는 것이 있고 아는 것이 있어 직무를 관장하는 자에게 맡기

지 않아서, 스스로 그르친다는 것이다. '정(正)'은 직무를 담당하는 사람을 가리켜 말한 것이다. 스스로 서옥(庶獄)과 서신(庶愼)을 그르치지 말고, 오직 직무를 담당하는 사람을 다스리라고 한 것이다.

자고상인　　역월아주문왕　　　입정　　입사　　목부　　준
自古商人과 **亦越我周文王**이 **立政**에 **立事**와 **牧夫**와 **準**

인　　즉극택지　　　　극유역지　　　자내비예
人을 **則克宅之**하시며 **克由繹之**하시니 **茲乃俾乂**하시니이다

| 언해 |

自古와 商人과 쏘흔 밋 우리 周ㅅ 文王이 政을 立홈애 立事와 牧夫와 準人을 克히 宅ㅎ시며 克히 由ㅎ야 繹ㅎ시니 이히 ㅎ여곰 乂케 ㅎ시니이다

| 번역 |

"우왕(禹王)과 탕왕(湯王)으로부터 우리 주(周)나라 문왕(文王)에 이르기까지 인사를 단행할 때에, 입사(立事)와 목부(牧夫)와 준인(準人)을 임명해서 그들의 능력을 발휘하게 하고, 그들로 하여금 다스리게 하셨습니다."

| 의해 |

우왕(禹王)과, 탕왕(湯王)으로부터 우리 주(周)나라 문왕(文王)에 이르기까지 인사를 단행할 때에 세 관직에 사람을 등용하는 도로 하였다. 그렇다면 그들의 능력을 발휘하게 하였다는 것은 현명한 사람을 구해서 직책에 임명한 것이고, 그들로 하여금 다스리게 하라고 한 것은 실을 뽑아내듯이 능력을 발휘해서 재주를

다하게 한 것이다. 적합한 인재를 임명하고 나서 직책에 합당하게 하고, 또한 재능을 발휘하여 쓰임을 다하게 하니, 이로써 그들로 하여금 다스리게 할 수 있었던 것이다.

> ^{국 즉 망 유 입 정} ^{용 섬 인} ^{불 훈 우 덕} ^{시 망 현 재 궐}
> 國則罔有立政에 用憸人이니 不訓于德이라 是罔顯在厥
> ^세 ^{계 자 금} ^{입 정} ^{기 물 이 섬 인} ^{기 유 길}
> 世하리이다 繼自今으로 立政에 其勿以憸人하시고 其惟吉
> ^사 ^{용 매 상 아 국 가}
> 士하사 用勱相我國家하소서

| 언해 |

國은 政을 立함에 憸人을 쓰지 아니ᄒᆞᄂᆞ니 德에 訓치 아니혼 디라 이히 顯ᄒᆞ야 그 世예 잇디 못ᄒᆞ리이다 今으로 브터 이음으로 政을 立홈애 그 憸人으로 뻐 마르시고 그 吉士로 ᄒᆞ샤 뻐 勱ᄒᆞ야 우리 國家를 相케 ᄒᆞ쇼셔

| 번역 |

"나라에서는 인사를 단행할 때에 소인을 등용하지 말아야 하니, 소인은 덕을 따르지 못하기 때문입니다. 이들을 등용하면 그 세대에는 덕이 드러나지 않을 것입니다. 이제부터 인사를 단행함에 소인으로 하지 마시고 길한 선비로만 하시어 우리 국가를 열심히 돕도록 하십시오."

| 의해 |

예로부터 나라를 위하여 인사를 단행하는 데 있어서 간사한 소인을 등용한 적이 없으니, 소인을 '섬인(憸人)'이라고 한 것은 경박

하게 민첩한 모양을 형용한 것이다. 간사한 소인은 덕을 따르지
못하니, 이는 그 세대에서는 덕을 밝게 드러낼 수 없는 것이다.
왕은 지금부터 이후로는 인사를 단행할 때에 간사한 소인을 등용
하지 말고, 오직 떳떳한 덕이 있는 길한 선비만을 등용하며, 그들
로 하여금 우리 국가를 힘써서 돕도록 해야 한다.

今文子文孫孺子王矣시니 其勿誤于庶獄하시고 惟有司
之牧夫하소서

| 언해 |

이졔 文子 文孫이언 孺子ㅣ 王이 되셧스니 그 庶獄을 誤치 말으
시고 오직 有司ㅣ 牧夫를 ᄒᆞ쇼셔

| 번역 |

"지금 문덕이 있는 아들과 문덕이 있는 손자인 어린 아들께서 왕
이 되셨으니, 서옥(庶獄)을 그르치지 마시고 일을 담당하는 목부
(牧夫)에게 맡기십시오."

| 의해 |

형벌은 천하의 중요한 일이니, 중요한 일을 제시해서 단독으로
거론하여, 성왕(成王)으로 하여금 더욱 형옥(刑獄)이 두려워할
만한 것임을 알게 하였다. 성왕은 반드시 일을 담당하는 목부(牧
夫)의 임무를 전적으로 하게 해야지, 스스로 그르쳐서는 안 된다
는 것이다.

其克詰爾戎兵하여 以陟禹之迹하여 方行天下하여 至于
海表히 罔有不服케하사 以觀文王之耿光하시며 以揚武王
之大烈하소서

| 언해 |

그 克히 네 戎과 兵을 詰ᄒ야 뻐 禹의 迹애 陟ᄒ야 方으로 天下의
行ᄒ야 海表의 니르기 ᄭ지 服디 아니함이 업게 ᄒ샤 뻐 文王의
耿光을 觀ᄒ시며 뻐 武王의 大烈을 揚ᄒ쇼셔

| 번역 |

"당신의 군사와 병기(兵器)를 다스려서 우왕(禹王)이 이루어 놓은
자취에까지 오르게 하십시오. 사방으로 천하에 행하여 바다 바깥
에 이르기까지 복종하지 않는 자가 없도록 하십시오. 문왕(文王)
의 빛나는 넉을 보시며, 무왕(武王)의 큰 공적을 세상에 드날리십
시오."

| 자해 |

詰 : 다스림. •陟 : 오름. •禹迹 : 우 임금의 옛 자취. •方 : 사방. •海表 : 바
다 끝. •觀 : 봄. •耿光 : 덕. •大烈 : 큰 공적.

| 의해 |

병기는 형벌 중에 큰 것이므로 서옥(庶獄)을 말하고 나서 병기(兵
器)를 다스리는 경계로 이은 것이다. 주공(周公)의 병기를 다스리
라는 가르침은 서옥(庶獄)을 그르치지 말라는 말 뒤에 이어졌다.
감옥에서도 오히려 한 형벌이 잘못될까 두려워하는데, 하물며 군
대의 수많은 무리의 목숨을 감히 살피지 않고 그릇되게 하겠는

가?

오호 계자금 후왕 입정 기유극용상인
嗚呼라 繼自今으로 後王은 立政에 其惟克用常人하소서

| 언해 |

嗚呼ㅣ라 今으로 브터 이음으로 後王은 政을 立홈애 그 능히 常
人을 쓰쇼셔

| 번역 |

"아! 지금으로부터 후왕(後王)들은 인사를 단행할 때에 변함없는
덕을 가진 사람을 등용하십시오."

| 의해 |

주(周)나라 왕실의 후왕(後王)까지 아울러 경계한 것이다.

주공 약왈 태사 사구소공 식경이유옥 이장
周公이 若曰 太史아 司寇蘇公이 式敬爾由獄하여 以長
아 왕국 자식유신 이열 용중벌
我王國하니 茲式有愼하면 以列로 用中罰하리이다

| 언해 |

周公이 이러틋시 골ᄋ샤디 太史아 司寇蘇公이 너의 由ᄒᄂ는 獄을
敬ᄒ야 뻐 우리 王國을 長케 ᄒ니 이에 式ᄒ야 愼ᄒ면 列로 뻐 中
罰을 用ᄒ리이다

| 번역 |

주공(周公)이 다음과 같이 말하였다. "태사(太史)여! 사구(司寇)인 소공(蘇公)이 자기가 행해야 할 옥사(獄事)를 삼가 우리나라를 장구하게 하였으니, 이것을 본받아서 삼가면 의례적으로 죄에 합당한 벌을 쓰게 될 것이다."

| 의해 |

이는 주공(周公)이 형벌을 신중히 하라고 이어서 말한 것이다. 소공(蘇公)이 옥사(獄事)를 신중히 한 일을 태사(太史)에게 고하여 태사로 하여금 함께 기록하게 하여 후세에 옥사를 맡은 자들의 본보기로 삼게 하였다. 『좌전(左傳)』에 "소분생(蘇忿生)은 온읍(溫邑)에 거주하며 사구(司寇)가 되었다."라고 하였다. 주공(周公)이 태사(太史)에게 고하기를, "소분생을 사구로 삼으니 행해야 할 옥사를 신중하게 해서 기본을 북돋우고 길러, 우리나라를 장구하게 하였다. 여기에서 본받을 것을 취하여 형벌을 삼가고 조심스럽게 하면, 가볍고 무거운 형벌을 조목별로 열거하여 죄에 합당한 형벌을 써서 지나치게 어긋나는 병통이 없을 것이다."라고 하였다.

| 의해 |

옛날 큰 도가 있던 시절에는 혼란하고 위태롭기 전에 다스리는
제도를 만들고 나라를 보존하였다고 하니, 아래 문장에 현명한
임금이 정사를 세웠다는 것이 이것이다.

曰唐虞稽古하여 建官惟百하시니 內有百揆四岳하고 外有
州牧侯伯하여 庶政이 惟和하여 萬國이 咸寧하니라 夏商은
官倍하여 亦克用乂하니 明王立政은 不惟其官이라 惟其
人이니라

| 언해 |

唐虞ㅣ 古를 稽ᄒ야 官을 세우되 百을 ᄒ시니 內예 百揆와 四岳
이 잇고 外예 州牧과 侯伯이 이셔 庶政이 和ᄒ야 萬國이 다 편ᄒ
니라 夏商官은 倍ᄒ야 ᄯ호 능히 뻐 乂ᄒ니 明王의 政 立홈은 그
官홀 ᄯᄅᆞᆷ이 아니라 그 사람일지니라

| 번역 |

왕이 말씀하셨다. "당(唐)과 우(虞)가 옛날 제도를 상고하여 관직
을 세운 것이 백 가지였으니, 안에는 백규(百揆)와 사악(四岳)이
있었고 밖에는 주목(州牧)과 후백(侯伯)이 있어서 모든 정사가
화합되고 만국(萬國)이 안정되었다. 하(夏)와 상(商)은 관직이 배
(倍)가 되어 또한 다스려질 수 있었으니, 현명한 왕이 정사를 세
우는 것은 관직으로 하지 않고, 사람으로 하였다."

| 의해 |

백규(百揆)는 총괄하지 않는 것이 없는 자이고, 사악(四岳)은 네 방면의 큰 산을 총괄하는 자이고, 주목(州牧)은 각각 그 주(州)를 총괄하는 자이고, 후백(侯伯)은 주목(州牧)의 다음이 되어 제후를 총괄하는 자이다. 백규(百揆)와 사악(四岳)은 안을 총괄하여 다스리고, 주목(州牧)과 후백(侯伯)은 밖을 총괄하여 다스리니, 내외가 서로 이어져 체통이 어지럽지 않았다. 그러므로 모든 정사가 화합되어서 만국(萬國)이 모두 안정되었다. 하(夏)와 상(商)의 때에는 세상이 변하고 일이 많아져서, 합쳐진 것과 관통한 것을 살피고 번거로운 것과 소략한 것을 맞게 하여 관직의 수가 배(倍)가 되어 또한 다스려질 수 있었으니, 현명한 왕이 정사를 세운 것은 관직을 많게 하려는 것이 아니라 적합한 사람을 얻을 뿐이다.

今予小子는 祗勤于德하여 夙夜에 不逮하여 仰惟前代時若하여 訓迪厥官하노라

| 언해 |

이제 나 小子는 德애 祗勤ᄒ야 夙夜애 逮치 몯홀둣ᄒ야 前代를 仰ᄒ야 이에 슌ᄒ야 그 官을 訓迪ᄒ노라

| 번역 |

"지금 나 소자(小子)는 덕을 공경하고 부지런히 하여 아침과 저녁으로 미치지 못할 듯이 하고, 이전 시대를 우러러보아 이것을 따르며 관리들을 가르쳐서 인도한다."

| 자해 |

逮 : 미침. •若 : 따름.

| 의해 |

성왕(成王)이 덕을 공경하고 부지런히 하여 아침과 저녁으로 미치지 못하는 바가 있는 듯이 여겼다고 하니, 덕을 닦는 것은 관리를 임명하는 근본이다.

^{입 태 사 태 부 태 보} 立太師太傅太保하나니 ^{자 유 삼 공} 茲惟三公이니 ^{논 도 경 방} 論道經邦하며 ^{섭 리} 燮理 ^{음 양} 陰陽하나니 ^{관 불 필 비} 官不必備라 ^{유 기 인} 惟其人이니라

| 언해 |

太師 太傅 太保를 세우노니 이게 三公이니 道를 論ᄒ야 邦을 經ᄒ며 陰陽을 燮理ᄒᄂ니 官은 반ᄃ시 備홀 것이 아니라 그 사람으로 홀 지니라

| 번역 |

"태사(太師)와 태부(太傅)와 태보(太保)를 세우니, 이들이 삼공(三公)이다. 도를 논하고 나라를 경영하고, 음양을 조화롭게 다스린다. 삼공의 관직은 반드시 채우는 것이 아니라, 적합한 사람으로 한다."

| 자해 |

論 : 강구하여 밝힘. •經 : 경륜(經綸)함. •燮理 : 조화롭고 고르게 함.

| 의해 |

삼공(三公)이 이때에 비롯된 것은 아니지만 주(周)나라의 정제
(定制)가 세워져 행해진 것은 바로 이때에 시작되었다. 보(保)는
신체를 보호하고, 부(傳)는 덕의(德義)를 도와주고, 사(師)는 가
르침을 인도한다. 천하의 대경(大經)을 경륜(經綸)하고 천지의
화육(化育)에 참여하지 않는 자라면 어찌 이 책임을 맡을 수 있겠
는가! 그러므로 관직을 반드시 갖추는 것이 아니라, 알맞은 사람
으로 하는 것이다.

少師少傳少保는 曰三孤니 貳公弘化하여 寅亮天地하여
弼予一人하나니라

| 언해 |

小師 小傳 小保는 골ㅇ디 三孤ㅣ니 公애 貳ㅎ야 化를 弘ㅎ야 天
地를 寅亮ㅎ야 나 훈 사람을 도읍ㄴ니라

| 번역 |

"소사(少師)와 소부(少傳)와 소보(少保)를 삼고(三孤)라 한다. 삼
공(三公)을 도와 교화를 넓히고, 천지를 공경하고 밝게 하여 나
한 사람을 돕는다."

| 자해 |

孤 : 특별함. •化 : 운용되면서도 흔적이 없는 천지의 작용. •弘 : 넓혀서 크
게 함. •寅亮 : 공경하여 밝게 함.

| 의해 |

　공(三公)은 도를 의논하고 고(孤)는 교화를 넓히며, 공(公)은 음
양을 조화시켜 다스리고 고(孤)는 천지를 공경하여 밝게 하며, 공
(公)은 앞에서 의론하고 고(孤)는 뒤에서 도우니, 공(公)과 고
(孤)의 구분이 이와 같다.

塚宰는 掌邦治하니 統百官하여 均四海하나니라

| 언해 |

　塚宰ᄂᆞᆫ 邦앳 治를 掌ᄒᆞ니 百官을 統ᄒᆞ야 四海를 均케 ᄒᆞᄂᆞ니라

| 번역 |

　"총재(塚宰)는 나라의 정치를 관장하니, 모든 관리를 통솔하여 사
해(四海)를 고르게 한다."

| 의해 |

　총재(塚宰)는 일을 담당하는 관리의 우두머리이다. 안으로 백관
을 통솔하고 밖으로 사해를 고르게 하니, 천자의 재상이다. 백관
은 맡은 직책이 다르므로 총괄하여 하나로 돌아가게 하니, 이것
을 통솔한다고 한다. 사해는 마땅함이 다르므로 알맞게 조절하여
균평할 수 있게 하니, 이것을 고르게 한다고 한다.

司徒는 掌邦教하니 敷五典하여 擾兆民하나니라

| 언해 |

司徒ᄂᆞᆫ 邦앳 敎를 掌ᄒᆞ니 五典을 敷ᄒᆞ야 兆民을 擾케 ᄒᆞᄂᆞ니라

| 번역 |

"사도(司徒)는 나라의 교육을 관장하니, 다섯 가지 가르침을 펴서 많은 백성을 길들인다."

| 자해 |

擾 : 길들임.

| 의해 |

사도(司徒)는 나라의 교화를 관장하여, 군신(君臣) · 부자(父子) · 부부(夫婦) · 장유(長幼) · 붕우(朋友) 사이의 다섯 가지 가르침을 펴고, 많은 백성 가운데 따르지 않는 자를 길들여서 따르게 하는 것이다. 당(唐)과 우(虞) 시대의 사도(司徒)라는 관직은 본래 이미 관장한 것이 이와 같았다.

종백   장 방 례   치 신 인   화 상 하
宗伯은 掌邦禮하니 治神人하여 和上下하나니라

| 언해 |

宗伯은 邦앳 禮를 掌ᄒᆞ니 神人을 治ᄒᆞ야 上下를 和케 ᄒᆞᄂᆞ니라

| 번역 |

"종백(宗伯)은 나라의 예를 관장하니, 천지의 신과 사람의 신을 다스려 위아래를 조화롭게 한다."

| 의해 |

종백(宗伯)은 나라의 예를 주관하여, 천신(天神)과 지기(地祇)와 인귀(人鬼)의 일[제사]을 다스려서 상하, 존비의 등급과 차례를 조화롭게 한다.

司馬는 掌邦政하니 統六師하여 平邦國하나니라

| 언해 |

司馬는 邦앳 政을 掌하니 六師를 統하야 邦國을 平케 하느니라

| 번역 |

"사마(司馬)는 나라의 국방을 관장하니, 육사(六師)를 통솔하여 나라를 평안하게 한다."

| 의해 |

군정(軍政)은 말(馬)보다 급한 것이 없으므로 사마(司馬)라고 관직을 이름 지은 것이다. 어느 것이나 정사가 아닌 것이 없지만, 유독 군대의 정사를 정(政)이라 한 것은 정벌하여 바르지 않은 저쪽을 바로잡는 데 사용하니, 왕정(王政)의 대체(大體)인 것이다. 사마(司馬)는 군대의 일을 주관하여 나라의 정벌을 관장하니, 육군(六軍)을 통솔하여 나라를 평안하게 다스린다. 평안하게 다스린다는 것은 힘이 강한 편이 약한 편을 업신여기지 못하고, 수가 많은 편이 적은 편을 사납게 대하지 못하여, 사람 모두가 공평할 수 있음을 이른다.

司寇는 掌邦禁하니 詰姦慝하며 刑暴亂하나니라

| 언해 |

司寇는 邦앳 禁을 掌ᄒᆞ니 姦慝을 詰ᄒᆞ며 暴亂을 刑ᄒᆞᄂᆞ니라

| 번역 |

"사구(司寇)는 나라의 금령(禁令)을 관장하니, 간악하고 사특한 것을 다스려 조사하고, 포악하고 어지러움을 일으키는 자들을 벌한다."

| 자해 |

寇 : 무리로 다니며 공격하고 겁탈하는 것.

| 의해 |

사구(司寇)는 구적(寇賊)과 법금(法禁)을 주관한다. 간특한 자를 물어 조사하고 강포(强暴)하여 어지러움을 일으키는 자를 벌한다. 형벌을 관장하는데, '형(刑)'이라 하지 않고 '금(禁)'이라고 한 것은 그렇게 되기 전에 막기 때문이다. 간특한 것은 가려져서 알기 어려우므로 다스려 조사한다고 이른다. 따져 국문하고 끝까지 조사하여 실정을 찾는 것이다. 포악하고 어지러운 것은 드러나서 보기 쉬우므로 벌할 뿐이다.

司空은 掌邦土하니 居四民하며 時地利하나니라

| 언해 |

司空은 邦앳 土를 掌ᄒ니 四民을 居케 ᄒ며 時ᄒ야 地利케 ᄒᄂ
니라

| 번역 |

"사공(司空)은 나라의 토지를 관장하니, 사방의 백성을 거주하게
하며 땅의 이로움을 때에 맞게 한다."

| 의해 |

사공(司空)은 나라의 빈 땅을 주관하여 사(士)·농(農)·공(工)·
상(商)의 사방 백성을 거주하게 하며, 천시(天時)에 따라서 땅의
이로움을 일으킨다.

六卿이 分職하여 各率其屬하여 以倡九牧하여 阜成兆民
하나니라

| 언해 |

六卿이 職을 分ᄒ야 각각 그 屬을 率ᄒ야 뻐 九牧을 倡ᄒ야 兆民
을 阜成케 ᄒᄂ니라

| 번역 |

"육경(六卿)이 직책을 나누어 각각 속관들을 거느려서 구목(九牧)
들을 인도하여 많은 백성들을 잘 살고 생업을 이루게 한다."

| 의해 |

　육경(六卿)이 직책을 나누어 각각 속관을 거느리고 구주(九州)의 목(牧)을 인도하니, 안으로부터 밖에 이르기까지 정치가 밝아지고 교화가 흡족해져서 많은 백성들이 부유하고 길러지지 않음이 없는 것이다.

六年에 五服이 一朝어든 又六年에 王乃時巡하여 考制度
于四岳이어시든 諸侯各朝于方岳하거든 大明黜陟하나니라

| 언해 |

　六年애 五服이 혼 번 朝ㅎ거든 또 六年애 王이 時로 巡ㅎ야 制度를 四岳의 考커시든 諸侯ㅣ 각각 方岳의 朝ㅎ거든 黜陟을 키 붉키느니라

| 번역 |

　"육년에 오복(五服)이 한 번씩 조회하고, 또 육년에 왕이 때마다 순수하여 동·서·남·북의 큰 산에서 제도를 상고한다. 제후가 각각 방향의 큰 산에서 조회하면, 등급을 높이고 낮추는 것을 크게 밝힌다."

| 의해 |

　오복(五服)은 후(侯)·전(甸)·남(男)·채(采)·위(衛)이다. 육년에 한 번 경사(京師)에 조회하고 십이 년에 왕이 한 번 순수한다. 때마다 순수한다는 것은 순(舜)이 중춘·중하·중추·중동에 순수한 것과 같다. 제도를 상고한다는 것은 순(舜)이 시(時)와 월

(月)을 맞추고 일(日)을 바로잡으며, 율(律)·도(度)·양(量)·형(衡)을 똑같게 한 등의 일과 같다. 제후가 각각 방향의 큰 산에서 조회한다는 것은 순(舜)이 동쪽의 제후를 만났다는 것과 같다. 등급을 높이고 낮추는 것을 크게 밝힌다는 것은 순(舜)이 잘한 자는 높이고 잘못한 자는 낮추었다는 것과 같다. 드물게 함과 자주 함에 때가 다르고, 번거로움과 간략함에 제도가 다르니, 제왕의 다스림은 알맞게 제도를 덜고 더하는 것을 볼 수 있다.

王曰 嗚呼라 凡我有官君子아 欽乃攸司하며 愼乃出命하라 令出은 惟行이라 弗惟反이니 以公으로 滅私하면 民其允懷하리라

| 언해 |

王이 골ᄋ샤디 嗚呼ㅣ라 무릇 우리 官 둔는 君子아 네 司ᄒᄂᆫ 바를 欽ᄒ며 너희 出ᄒᄂᆫ 令을 愼ᄒ라 令出홈은 行콰뎌 ᄒᄂᆫ 디라 反코져 아니ᄒ노니 公으로 뻐 私를 滅ᄒ면 民이 그 允ᄒ며 懷ᄒ리라

| 번역 |

왕이 말씀하셨다. "아! 모든 우리 관직에 있는 군자들이여! 너희가 맡은 직책을 공경하고, 너희가 내는 명령을 삼가라. 명령을 내는 것은 시행하려는 것이지, 어기려는 것이 아니다. 공(公)으로 사(私)를 없앤다면 백성들은 믿고 가슴에 품어 생각할 것이다."

| 의해 |

관직을 세우는 체통은 앞장에서 이미 훈계하여 인도하였다. 여기에서는 존비(尊卑)와 소대(小大)를 합쳐서 같이 훈계한 것이다. 어긴다는 것은 내는 명령이 행해질 수 없어서 막히고 역행되는 것을 말한다. 너희가 맡은 직책을 공경히 하고 너희가 내는 명령을 삼가라고 말한 것은 명령을 내는 것은 시행하려고 하는 것이지, 막히고 역행되어 시행되어지지 않고자 하는 것이 아니기 때문이다. 천하의 공적인 이치로 한 몸의 사사로운 감정을 없애면, 정령(政令)이 행해져서 백성들은 공경히 믿고 가슴에 품어 생각하지 않음이 없을 것이다.

學古入官하여 議事以制라야 政乃不迷하리니 其爾는 典常으로 作之師하고 無以利口로 亂厥官하라 蓄疑하면 敗謀하며 怠忽하면 荒政하며 不學하면 牆面이라 莅事惟煩하리라

| 언해 |

古를 學ᄒᆞ야 官애 入ᄒᆞ야 事를 議ᄒᆞ야 뼈 制ᄒᆞ야사 政이 迷치 아니ᄒᆞ리니 그 너는 典常으로 師를 삼고 利口로 뼈 그 官을 亂치 말라 疑를 蓄ᄒᆞ면 謀를 敗ᄒᆞ며 怠忽ᄒᆞ면 政을 荒ᄒᆞ며 學디 아니ᄒᆞ면 牆面ᄒᆞᄂᆞ니라 事를 莅홈이 煩ᄒᆞ리라

| 번역 |

"옛 법을 배우고서 관직에 들어가서 일을 의논하고 결정을 해야만 정사가 혼미하지 않을 것이니, 너희는 떳떳한 법으로 스승을 삼

고, 말을 잘하는 것으로 관직을 어지럽히지 말라. 의심을 쌓으면 계책을 무너뜨리고, 게으르고 소홀히 하면 정사를 황폐시키고, 배우지 않으면 담장에 얼굴을 대고 서 있는 것과 같아서, 일에 임할 때에는 번거로울 것이다."

| 자해 |

學古 : 이전 세대의 법을 배움. •制 : 헤아림. •迷 : 그릇되고 어그러짐. •典常 : 당시대의 법.

| 의해 |

주(周)나라의 법도는 모두 문왕(文王)·무왕(武王)·주공(周公)이 계획한 것이므로 지극히 정밀하게 갖추어져 있으니, 관직에 임하는 자들은 삼가 이것을 배울 따름이지, 시끄럽게 말을 잘하는 것으로 고치고 바꾸어서 어지럽히는 것은 옳지 않다. 의심을 쌓고 결단하지 않으면 반드시 그 계책을 무너뜨리며, 게을리 하고 소홀히 하면 반드시 정사를 황폐시키며, 사람이면서 배우지 않으면 얼굴을 바로 담장에 대하고 선 것과 같아서 반드시 보이는 바가 없을 것이니, 일을 실행하고 그만두는 것이 번거롭고 어지러울 것이다.

戒爾卿士하나니 功崇은 惟志오 業廣은 惟勤이니 惟克果斷이라야 乃罔後艱하리라

| 언해 |

너의 卿士를 戒ᄒ노니 功의 崇ᄒ욤은 오직 志오 業의 廣ᄒ욤은

오직 勤이니 능히 果斷ㅎ야사 이예 後艱이 업스리라

| 번역 |

"너희 경사(卿士)들에게 경계한다. 공이 높은 것은 뜻에 달려 있고, 사업이 넓은 것은 부지런함에 달려 있으니, 과감히 결단할 수 있어야만 훗날에 어려움이 없을 것이다."

| 의해 |

이 아래는 거듭 경사(卿士)들을 경계한 것이다. 공은 사업이 이루어진 것이고, 사업은 공이 쌓여진 것이다. 공을 높이는 것은 뜻에 달려 있고, 사업을 넓히는 것은 부지런함에 달려 있다. 부지런함은 뜻으로 말미암아 생기고, 뜻은 부지런함을 기다려 이루어진다. 그러나 비록 이 두 가지가 있더라도 기회가 왔을 때 과감히 결단할 수 없다면, 뜻과 부지런함이 헛되이 쓰여 끝내는 훗날에 어려움을 겪을 것이다.

位不期驕며 祿不期侈니 恭儉惟德이요 無載爾僞하라 作德하면 心逸하여 日休하고 作僞하면 心勞하여 日拙하나니라

| 언해 |

位는 期치 아니ㅎ야두 驕ㅎ며 祿은 期치 아니ㅎ야두 侈ㅎᄂ니 恭儉을 德에 ㅎ고 네 僞를 載치 말라 德을 作ㅎ면 心이 逸ㅎ야 日로 休코 僞를 作ㅎ면 心이 勞ㅎ야 日로 拙ㅎᄂ니라

| 번역 |

"지위에 있으면 기약하지 않아도 교만해지고, 봉록을 받으면 기
약하지 않아도 사치해지니, 공손함과 검소함을 덕으로 하여 너의
거짓을 행하지 말라. 덕을 행하면 마음이 편안하여 날로 아름다
워지고, 거짓을 행하면 마음이 수고로워 날로 졸렬해진다."

| 의해 |

귀함은 교만함과 더불어 기약하지 않아도 교만함이 저절로 이르
고, 봉록은 사치함과 더불어 기약하지 않아도 사치함이 저절로
이른다. 그러므로 지위에 있게 되면 마땅히 공손함을 알아야 하
고, 봉록을 받게 되면 마땅히 검소함을 알아야 한다. 그러나 공손
함과 검소함이 어찌 좋은 음성과 웃는 모습으로 되겠는가? 마땅
히 자신이 실제로 터득해야 할 것이니, 거짓을 일삼는 것은 옳지
않다. 덕을 행하면 안과 밖은 한결같아지므로 마음이 편안하여
날로 아름다워지고, 거짓을 행하면 가려서 덮는데 겨를이 없어지
므로 마음이 수고로워 졸렬함을 날로 드러내는 것이다. 어떤 사
람은 말하기를 "기(期)는 대우하는 것이다. 지위는 덕을 존중해서
지, 교만한 짓을 하라고 대우하는 것이 아니며, 봉록은 공에 대한
보답이지, 사치한 짓을 하라고 대우하는 것은 아니다."라고 하니,
또한 통한다.

居寵思危하여 罔不惟畏하라 弗畏면 入畏하리라

| 언해 |

寵에 居ᄒ야셔 危를 思ᄒ야 畏치 아니 아니ᄒ라 畏치 아니ᄒ면
畏예 入ᄒ리라

| 번역 |

"총애를 받고 있으면 위태로움을 생각하여 두려워하지 않음이 없
도록 하라. 두려워하지 않으면 두려운 일에 빠질 것이다."

| 의해 |

총애를 두터이 받으면 위태로움과 욕됨이 있음을 생각하여 마땅
히 공경과 두려움을 지극히 하지 않음이 없어야 한다. 진실로 공
경하고 두려워할 줄을 알지 못하면, 두려워할 만한 일 가운데로
들어갈 것이다. 뒷날에 총애를 잃을까 걱정하는 자는 위태로움을
생각하는 자와 서로 비슷하지만, 위태로움을 생각하는 자는 총애
와 이익으로 근심을 삼고, 총애를 잃을까 걱정하는 자는 총애와
이익으로 즐거움을 삼으니, 마음에 두고 있는 것이 크게 같지 않
다.

推賢讓能하면 庶官이 乃和하고 不和하면 政厖하리니 擧能
其官이 惟爾之能이며 稱匪其人이 惟爾의 不任이니라

| 언해 |

賢을 推ᄒ며 能을 讓ᄒ면 庶官이 和ᄒ고 和치 아니ᄒ면 政이 厖
ᄒ리니 擧ㅣ 그 官을 能히 홈이 爾의 能이며 稱이 그 人이 아니미
네 任치 몯홈이니라

| 번역 |

"현명한 자를 천거하고, 능력 있는 자에게 양보하면 모든 관직들
이 조화로워지고, 조화롭지 못하면 정사는 어지러워진다. 천거한

자가 관직을 잘 수행하면 너희가 능력 있는 것이며, 천거한 자가 적합한 사람이 아니면 너희가 임무를 감당하지 못한 것이다."

| 자해 |

賢 : 덕이 있는 자. •能 : 재주가 있는 자.

| 의해 |

현명한 자를 천거하고 능력 있는 자에게 양보하는 것은 의로움이 되니, 대신(大臣)이 의로우면 의로움에서 나오지 않음이 없게 된다. 이것은 모든 관리들이 다투지 않고 조화로운 것이다. 현명한 자를 가리고 능력 있는 자를 해치는 것은 이익이 되니, 대신이 이익을 추구하면 이익에서 나오지 않음이 없게 된다. 이것은 모든 관리들이 다투어 조화롭지 않은 것이니, 모든 관리들이 조화롭지 않으면 정사가 반드시 섞이고 혼란되어 다스려지지 않는다. 천거한 사람이 관직을 잘 수행하면 이 또한 너희가 능력 있는 것이며, 천거한 사람이 적합한 사람이 아닌 것도 또한 너희가 임무를 감당하지 못한 것이다. 옛날 대신은 사람으로 하여금 임금을 섬기게 하는 데 그 책임이 이와 같았다.

王曰 嗚呼라 三事曁大夫아 敬爾有官하며 亂爾有政하여
以佑乃辟하여 永康兆民하여 萬邦이 惟無斁케하라

| 언해 |

王이 ᄀᆞᆯᄋᆞ샤ᄃᆡ 嗚呼ㅣ라 三事와 밋 大夫아 너희 두는 官을 敬ᄒᆞ며 너희 둔는 政을 亂ᄒᆞ야 ᄡᅥ 네 辟을 佑ᄒᆞ야 기리 兆民을 康ᄒᆞ야

萬邦이 斁홈이 업게 호라

| 번역 |

왕이 말씀하셨다. "아! 삼사(三事)와 대부(大夫)들이여. 너희가 맡은 관직을 공경히 하며, 너희가 맡은 정사를 잘 다스려서 너희 임금을 도와 길이 많은 백성들을 편안하게 하여 만방이 싫어함이 없게 하라."

| 자해 |

三事 : 임인(任人)·준부(準夫)·목(牧). •亂 : 다스림.

| 의해 |

편의 마지막에 탄식하면서 위로는 삼사(三事)로부터 아래로는 대부(大夫)에 이르기까지 거듭 경계한 것이다. 공(公)과 고(孤)를 언급하지 않은 것은 공(公)과 고(孤)는 덕이 높고 지위가 높아서 경계를 기다리지 않기 때문이다.

군진 [君陳]

군진(君陳)은 신하의 이름이다. 당(唐)나라 공영달이 말하기를, "주공(周公)이 은(殷)나라의 완악한 백성들을 하도(下都)에 옮기고, 주공이 직접 감시하였는데, 주공이 죽자 성왕(成王)이 군진에게 명령하여 주공을 대신하게 하였다. 이것은 그 책명(策命)한 말이니, 사관(史官)이 그 글을 기록하고 「군진」으로 편 이름을 지었다."라고 하였다. 금문(今文)에는 없고 고문(古文)에는 있다.

王若曰 君陳아 惟爾令德은 孝恭이니 惟孝하며 友于兄弟하여 克施有政할새 命汝하여 尹玆東郊하나니 敬哉하라

| 언해 |

王이 이러트시 골으샤디 君陳아 너의 令혼 德은 孝ㅣ며 恭이니 孝ᄒ며 兄弟에 友ᄒ야 능히 政의 施홀 시 汝를 命ᄒ야 이 東郊를 尹케 ᄒ노니 敬ᄒ라

| 번역 |

왕이 다음과 같이 말씀하셨다. "군진(君陳)이여! 너의 훌륭한 덕은 효도와 공손이니, 효도하고 형제에게 우애하여 정사에 베풀 수 있으니, 너에게 명하여 이 동쪽 교외를 다스리게 하니, 공경하라."

| 의해 |

군진(君陳)은 훌륭한 덕이 있어, 어버이를 섬길 때에 효성스럽고
윗사람을 섬길 때에 공손하였다. 오직 그 집에서 효도하고 우애
하니, 이러한 까닭으로 정사를 나라에 베풀 수 있는 것이다.

昔에 周公이 師保萬民하신대 民懷其德하나니 往愼乃司하
여 茲率厥常하여 懋昭周公之訓하면 惟民其乂하리라

| 언해 |

옛적에 周公이 萬民을 師하며 保하신대 民이 그 德을 懷하나니
가셔 네 맛흔거슬 삼가셔 이에 그 쩟쩟한 거슬 좃차셔 周公의 가
라치심을 힘 뻐 밝시면 빅셩이 그 다스리리라

| 번역 |

"옛날에 주공(周公)이 만민을 가르치고 보호하셨는데, 백성들이
그 덕을 그리워하니, 가서 네가 맡은 직책을 삼가서 이에 그 떳떳
함을 따라서 주공의 가르치심을 힘써 밝히면, 백성들이 잘 다스
려질 것이다."

| 의해 |

주공(周公)이 동쪽 교외에 있을 때에 스승으로서의 존귀함이 있
었고 보호자로서의 친함이 있었다. 스승으로서 가르치고 보호자
로서 편안하게 하여, 백성들이 그 덕을 품으니, 군진(君陳)이 감
에 다만 마땅히 그 맡은 바를 삼가고 그 떳떳함을 따라서, 주공의
옛 가르침을 힘써 밝혀야만 곧 백성들이 다스려질 것이다. 주공

이 죽고 나서 백성들이 곧바로 주공의 가르침을 생각하고 그리워하고 있으니, 군진이 드러내어 밝혀서 크게 번성할 수 있으면, 백성들이 진실로 흡족히 명령을 듣고 따르기에 합당하게 될 것이다.

我聞하니 曰至治는 馨香하여 感于神明하나니 黍稷이 非馨이라 明德이 惟馨이라하니 爾尚式時周公之猷訓하여 惟日孜孜하여 無敢逸豫하라

| 언해 |

내 드르니 지극훈 다스림은 馨香ᄒᆞ야 神明을 감동ᄒᆞᄂᆞ니 黍와 稷이 馨훈 줄이 아니라 明德이 馨타 ᄒᆞ니 네 거의 이 周公의 猷訓을 式ᄒᆞ야 날노 孜孜ᄒᆞ야 敢히 逸豫치 말라

| 번역 |

"내가 들으니, '지극한 다스림은 향기로워, 신명(神明)을 감동하게 하니, 서직(黍稷)이 향기로운 것이 아니라, 밝은 덕이 향기롭다.'라고 하니, 너는 이 주공(周公)의 교훈을 본받아서 날마다 부지런히 하여 감히 안일하지 말라."

| 의해 |

성왕(成王)이 이미 군진(君陳)에게 주공(周公)의 가르침을 밝힐 것을 힘써 장려하고 나서, 다시 주공의 정미한 가르침을 들어서 고한 것이니, "지극한 다스림은 향기로워" 이하의 네 말은, 이른

바 주공의 가르침이다. 다스림이 지극한 곳에 향기가 피어나고 들려서 신명을 감동하게 하여 빠르게 하려 하지 않아도 빠르다. 서직(黍稷)의 향기를 제수(祭需)로 밝게 올리는 것이 어찌 서직의 향기로움 때문이겠는가? 향기가 나는 것은 실로 밝은 덕이 향기롭기 때문이다. 주공의 가르침이 진실로 정미(精微)하여, 이것을 들어서 군진에게 고한 것이 더욱 그 적절함에 합당하다.

凡人이 未見聖하여 若不克見하다가 旣見聖하여 亦不克由聖하나니 爾其戒哉어다 爾惟風이요 下民은 惟草라

| 언해 |

무릇 人이 聖을 보지 못ᄒᆞ야는 능히 聖을 보지 몯홀닷 ᄒᆞ다가 이미 聖을 보와는 ᄯᅩ흔 능히 聖을 由치 아니ᄒᆞᄂᆞ니 네 그 경계홀 지어다 너는 바람이오 下民은 풀이니라

| 번역 |

"사람들이 성인을 보기 전에는 보지 못할 듯이 하다가, 성인을 보고 나서는 또한 성인을 따를 수 없으니, 너는 이를 경계할지어다. 너는 바람이고 아래 백성은 풀이다."

| 의해 |

성인을 보기 전에는 보지 못할 것 같이 하다가, 성인을 보고 나서는, 또한 성인을 따르지 못하는 것은 인정(人情)이다. 그러나 군진(君陳)은 직접 주공(周公)을 보았으므로 특별히 이것으로써 거듭 경계한 것이다. 군자의 덕은 바람이고 소인의 덕은 풀이니, 풀

위에 바람이 불면 반드시 쓰러진다. 군진이 주공의 가르침을 잘 따를 수 있으면, 상(商)나라 백성들 또한 군진의 가르침을 따를 것이다.

圖厥政하되 莫或不艱하여 有廢有興에 出入을 自爾師로 虞하여 庶言이 同則繹하라

| 언해 |

그 졍스를 도모ᄒ되 혹 艱치 아니케 아니ᄒ야 廢ᄒ미 잇시며 興ᄒ미 잇시미 出入을 네의 무리로 붓터 헤아려서 여러의 말이 갓흔 즉 繹ᄒ리라

| 번역 |

"정사를 도모하되, 혹시라도 어렵게 여기지 않음이 없어서, 폐할 것이 있고 일으킬 것이 있음에 출입을 너의 무리들로부터 헤아려 여러 말이 같거든 깊이 생각하라."

| 자해 |

師 : 무리. •虞 : 헤아림.

| 의해 |

정사를 도모하되 작은 것이나 큰 것 할 것 없이 어렵게 여겨서, 마땅히 폐할 것이 있고 마땅히 일으킬 것이 있으면, 반드시 출입하고 반복하기를 무리들과 더불어 헤아려, 여러 의논이 같게 되면 곧 실마리를 끌어내어 찾아서 깊이 생각한 뒤에 행하라고 말

한 것이다. 맹자(孟子)가 "나라 사람들이 모두 어질다고 말한 뒤
에도 그것을 살펴보고, 나라 사람들이 모두 죽일 만하다고 말한
뒤에도 그것을 살펴본다."라고 하였으니, 여러 말이 같으면 곧 그
것을 다시 생각하는 것이다.

爾有嘉謀嘉猷어든 則入告爾后于內하고 爾乃順之于外
하여 曰斯謀斯猷 惟我后之德이라하라 嗚呼라 臣人이 咸
若時라야 惟良顯哉인저

| 언해 |

네 嘉謀와 嘉猷ㅣ 잇거든 곳 드러가셔 네 后다려 안에 뼈 告ᄒᆞ고
네 밧게셔 順ᄒᆞ야 니로대 이 謀와 이 猷ㅣ 우리 后의 德이라 ᄒᆞ라
嗚呼ㅣ라 臣人이 다 이갓치 ᄒᆞ야ᅡ사 良ᄒᆞ며 顯ᄒᆞ린뎌

| 번역 |

"너에게 훌륭한 꾀와 훌륭한 계책이 있으면, 곧 들어가서 네 임금
에게 안에서 고하고, 너는 밖에서 따라서 말하기를, '이 꾀와 계
책이 우리 임금님의 덕이다.'라고 하라. 아! 신하가 모두 이와 같
이 해야 어질고 드러날 것이다."

| 의해 |

말이 일에 절실히 요구되는 것을 '모(謀)'라고 하고, 말이 도에 합
당한 것을 '유(猷)'라고 한다. 성왕(成王)이 군진(君陳)이 전일(前
日)에 이미 베푼 선을 들어서 감탄하고, 이를 아름답게 여긴 것이
다.

王曰 君陳아 爾惟弘周公丕訓하여 無依勢作威하며 無倚
法以削하고 寬而有制하며 從容以和하라

| 언해 |

王이 골ᄋ샤ᄃ 君陳아 네 周公의 큰 訓을 弘ᄒ야 勢를 依ᄒ야 威
를 作디 말며 法을 倚ᄒ야 뻐 削ᄒ디 말오 寬호ᄃ 制를 두며 從容
히 ᄒ야 뻐 和ᄒ라

| 번역 |

왕이 말씀하셨다. "군진(君陳)이여! 너는 주공(周公)의 큰 가르침
을 넓혀서 세력에 의지하여 위엄을 짓지 말며, 법에 치우쳐 빼앗
지 말고, 너그럽게 하되 제한을 두며, 자연스럽게 조화하도록 하
라."

| 의해 |

군진(君陳)이 어찌 세력에 의지하여 위엄을 부리며, 법에 치우쳐
서 백성들을 침탈함에 이르는 자이겠는가? 그러나 세력은 자신이
가진 바이고 법은 자신이 쓰는 바이니, 기뻐하고 노여워하고 주
고 빼앗기를 털끝만큼이라도 다른 사람에게 의지하지 않고 자신
에게만 의지한다면, 이것은 사사로운 뜻이고 공적인 이치가 아니
다. 어찌 위엄을 지어서 침탈하지 않을 수 있겠는가? 군진의 시
대는 너그럽고 조화로운 때에 해당된다. 그러나 너그러움은 한결
같이 너그럽게 하지 말고 반드시 너그러우면서도 제한이 있어야
할 것이며, 조화로움은 한결같이 조화롭게 하지 말고 반드시 자
연스럽게 조화하도록 해야 하니, 그렇게 한 뒤에야 중도(中道)에
조화롭게 될 것이다.

殷民이 在辟이어든 予曰辟이라도 爾惟勿辟하며 予曰宥라

도 爾惟勿宥하고 惟厥中하라

| 언해 |

殷나라 빅셩이 辟에 잇거든 내 골오디 辟ᄒ라 ᄒ야도 네 辟디 말

며 내 닐우디 宥ᄒ라 ᄒ야두 네 宥치 말고 그 中으로ᄒ라

| 번역 |

"은(殷)나라 백성이 형벌에 해당되는 자가 있으면 내가 벌을 주라

고 하여도 너는 벌을 주지 말며, 내가 용서하라고 하여도 너는 용

서하지 말고 중도(中道)로 하라."

| 의해 |

윗 장에서는 성왕(成王)이 군진(君陳)이 자기 자신〔군진〕만을 따

를까 염려하였고, 여기서는 군진이 임금만을 따를까 염려한 것이

다. 은(殷)나라 백성 중에 형벌에 해당되는 자를 임금의 뜻을 따

라 살리거나 죽이지 말 것이고, 마땅히 경중(輕重)의 중도(中道)

를 살펴야 하는 것이다.

有弗若于汝政하며 弗化于汝訓이어든 辟以止辟이라야 乃

辟하라

| 언해 |

네 졍스애 슌치 아니ᄒ며 네 訓애 化치 아니리 잇거든 辟ᄒ야 ᄡᅥ
辟을 止ᄒ리어사 이에 辟ᄒ라

| 번역 |

"너의 정사에 순종하지 아니하며 너의 가르침에 교화되지 않는 자
가 있으면, 형벌함으로써 형벌을 그치게 할 수 있어야 이에 형벌
하라."

| 의해 |

너의 정사에 순종하지 아니하고 너의 가르침에 교화되지 않는 자
가 있으면 형벌함이 합당하다. 그러나 형벌은 형벌이 없는 것을
기약하여야 하니, 형벌함으로써 형벌이 그칠 수 있으면 이에 형
벌하라.

狃于姦宄하며 敗常亂俗은 三細라도 不宥니라

| 언해 |

姦宄에 狃ᄒ며 常을 敗ᄒ며 俗을 亂ᄒᄂ니ᄂ 三이 細ᄒ야두 宥치
말롤 지니라

| 번역 |

"간악한 도적질을 되풀이하여 행하며 일상의 법도를 무너뜨리며
풍속을 어지럽히는 사람에 대해서는, 이 세 가지가 작은 죄라도
용서하지 말아야 한다."

| 자해 |

　狃 : 되풀이하여 행함.　•常 : 법도.　•俗 : 풍속.

| 의해 |

　간악한 도적질을 되풀이하여 행하며 일상적인 법도를 무너뜨리며 풍속을 어지럽히면, 사람들이 이 세 가지를 범하면 비록 작은 죄라도 또한 용서하지 말아야 하니, 그 관계되는 것이 크기 때문이다.

이 무 분 질 우 완　　　무 구 비 우 일 부
爾無忿疾于頑하며 無求備于一夫하라

| 언해 |

　네 頑을 忿疾치 말며 一夫애 備를 求치 말라

| 번역 |

　"너는 완고함에 분노하고 미워하지 말며, 한 사람에게 모두 갖추기를 구하지 말라."

| 의해 |

　사람이 교화되지 않는 것에 대해 분노하거나 증오하지 말며, 사람이 할 수 없는 것에 대해 갖추기를 구하지 말라.

필 유 인　　　　기 내 유 제　　　유 용　　　　덕 내 대
必有忍이라야 其乃有濟하며 有容이라야 德乃大하리라

| 언해 |

　반다시 忍을 두어사 그 濟ᄒᆞ미 잇시며 容을 두어사 德이 大ᄒᆞ리
라

| 번역 |

　"반드시 인내함이 있어야 이루는 것이 있으며, 포용함이 있어야
덕이 커질 것이다."

| 의해 |

　공자(孔子)가 말하기를, "작은 일을 참지 못하면 큰 꾀함을 어지
럽힌다."고 하였으니, 반드시 참는 것이 있은 뒤라야 이루는 것이
있을 것이다. 그러나 이것은 오히려 견고하게 제어하고 힘써 쌓
는 뜻이 있으니, 크게 넉넉하고 너그럽고 여유가 있어서, 넉넉히
여지(餘地)가 있는 자라야 덕이 큰 사람이다. 인내함은 일을 가지
고 말한 것이고, 포용함은 덕을 가지고 말한 것이다.

簡厥修하되 亦簡其或不修하며 進厥良하여 以率其或不
良하라

| 언해 |

　그 修를 簡호디 ᄯᅩᄒᆞᆫ 그 혹 修치 아니ᄒᆞᄂᆞ이놀 簡ᄒᆞ며 그 良을 進
ᄒᆞ야 뻐 그 良치 아니ᄒᆞ니ᄅᆞᆯ 率케 ᄒᆞ라

| 번역 |

　"닦는 자를 가려 뽑되 또한 혹 닦지 못하는 자도 가려 뽑으며, 홀

류한 사람을 등용하여 혹 훌륭하지 못한 자를 이끌도록 하라."

| 의해 |

닦는 것은 직업을 말하고, 훌륭한 것은 의로움을 행하는 것을 말
한다. 직업에는 잘 닦는 것과 닦지 못하는 것이 있으니, 마땅히
가려 분별하면 사람들이 공을 권장하고, 의로움을 행하는 데 훌
륭한 자를 등용하여 훌륭하지 못한 자를 이끌게 하면 사람들이
행실을 가다듬을 것이다.

惟民生厚하나 因物有遷이라 違上所命하고 從厥攸好하
니 爾克敬典在德하면 時乃罔不變이라 允升于大猷하리니
惟予一人이 膺受多福하며 其爾之休도 終有辭於永世하
리라

| 언해 |

民의 生이 厚ᄒ나 物을 因ᄒ야 遷ᄒᄂᆞ 디라 上의 命ᄒᄂᆞᆫ 바란 違
ᄒ고 그 好ᄒᄂᆞᆫ 바를 從ᄒᄂ니 네 그 능히 典을 敬호디 德애 在ᄒ
면 이이 變치 아니 아니홀 디라 진실로 大猷에 升ᄒ리니 나 一人
이 多福을 世예 辭ㅣ 잇시리라

| 번역 |

"백성들이 태어날 때에는 도타우나, 대상을 따라서 옮겨가기 때
문에 윗사람이 명령하는 바를 어기고 자기들이 좋아하는 바를 따
르니, 네가 법을 공경하여 덕에 있게 할 수 있으면, 이에 곧 변화

하지 않는 것이 없을 것이다. 진실로 큰 도에 오를 것이니, 나 한 사람이 많은 복을 응하여 받을 것이며, 너의 아름다움도 마침내 영원토록 좋은 명성이 있을 것이다."

| 의해 |

이 백성이 태어날 때에 성품이 본래 도타웠으나, 경박하게 된 것은 습속에 유인되고 물욕에 의해 바뀌었기 때문이다. 그러나 도타운 것이 바뀌어서 경박하게 될 수 있었으니, 경박한 것이 어찌 도리어 도탑게 될 수 없겠는가? 경박한 것을 돌이켜 도타운 것으로 돌아가게 하는 것은, 다만 소리나 웃음으로 할 수 있는 것이 아니다. 백성들은 윗사람의 명을 따르지 않고 자기들이 좋아하는 것을 따른다. 법을 공경한다는 것은 군신(君臣)과 부자(父子)와 형제(兄弟)와 부부(夫婦)와 붕우(朋友)의 떳떳한 도를 공경하는 것이고, 덕에 있게 한다는 것은 그 떳떳한 도를 얻어 몸에 드러내는 것이다. 오직 법을 공경하고 덕을 몸에서 드러내어야만, 공경하는 바의 법이 실제로 자기 몸에 있지 않음이 없게 되어, 그것을 실천하여 사람을 감동시키는 것이 빠르게 된다. 이 때문에 변화하지 않는 자가 없어 진실로 큰 도에 오르는 것이다. 이와 같다면 임금이 복을 받고 신하가 아름다움을 이루어서 훌륭한 명성을 영원에 둘 수 있을 것이다.

고명 [顧命]

惟四月哉生魄에 王이 不懌하시다

| 언해 |

오직 四月 비로소 魄이 나매 王이 懌치 못ᄒ시다

| 번역 |

오직 사월 비로소 달의 검은 부분이 생겨나기 시작할 때〔십육일〕에 왕이 기쁘지 않으셨다.

| 의해 |

비로소 달의 검은 부분이 생겨나기 시작할 때는 십육일이다. 왕에게 병이 있기 때문에 기뻐하지 못한 것이다.

甲子에 王이 乃洮頮水어시늘 相이 被冕服한대 憑玉几하시다

| 언해 |

甲子애 王이 물로 洮ᄒ며 頮ᄒ야시늘 相이 冕服을 被ᄒ대 玉几를
비기시다

| 번역 |

갑자일(甲子日)에 왕이 물로 손을 씻으며 세수하시거늘, 돕는 사
람이 면류관과 곤룡포를 입히는데 옥궤(玉几)에 기대셨다.

| 의해 |

왕이 큰 명령을 발하고 여러 신하들에게 임할 때에는 반드시 제
계하고 목욕하는데, 지금은 질병으로 위태한 까닭에 다만 손을
씻고 세수하거늘, 돕는 자가 면류관과 곤룡포를 입혔는데, 옥궤
(玉几)에 기대어 명령을 내린 것이다.

내　동　소　태　보　석　　　　예　백　　　　　동　백　　　　　필　공　　　　위　후　　　　모　공
乃同召太保奭과　芮伯과　彤伯과　畢公과　衛侯와　毛公과

사　씨　　　호　신　　　백　윤　　　어　사
師氏와　虎臣과　百尹과　御事하시다

| 언해 |

이예 흠끠 太保奭과 芮伯과 彤伯과 畢公과 衛侯와 毛公과 師氏와
虎臣과 百尹과 御事와를 부루시다

| 번역 |

이에 태보(太保)인 석(奭)과 예백(芮伯)과 동백(彤伯)과 필공(畢
公)과 위후(衛侯)와 모공(毛公)과 사씨(師氏)와 호신(虎臣)과 백

윤(百尹)과 어사(御事)를 함께 부르셨다.

| 의해 |

육경(六卿)으로부터 아래로 일을 다스리는 자까지 모두 부른 것이다. 태보(太保)·예백(芮伯)·동백(彤伯)·필공(畢公)·위후(衛侯)·모공(毛公)이 육경(六卿)이다. 총재(冢宰)가 첫 번째이니 소공(召公)이 담당하고, 사도(司徒)가 두 번째이니 예백(芮伯)이 담당하고, 종백(宗伯)이 세 번째이니 동백(彤伯)이 담당하고, 사마(司馬)가 네 번째이니 필공(畢公)이 담당하고, 사구(司寇)가 다섯 번째이니 위후(衛侯)가 담당하고, 사공(司空)이 여섯 번째이니 모공(毛公)이 담당했다. 태보(太保)와 필공(畢公)과 모공(毛公)은 삼공(三公)을 겸한 것이다. 예(芮)·동(彤)·필(畢)·위(衛)·모(毛)는 모두 나라의 이름이니, 들어와서 천자의 공(公)과 경(卿)이 된 것이다. 사씨(師氏)는 대부(大夫)의 벼슬이고, 호신(虎臣)은 호분씨(虎賁氏)이며, 백윤(百尹)은 모든 관리의 우두머리이며 모든 일을 다스리는 자이다. 평상시에는 곧 육경(六卿)을 불러서 그들로 하여금 그 관속을 거느리게 하는데, 이때에는 곧 고명(顧命)을 내리려고 하여, 육경에서부터 어사에 이르기까지 모두 왕명으로 부른 것이다.

王曰 嗚呼라 疾이 大漸惟幾하여 病이 日臻하여 旣彌留할

새 恐不獲誓言嗣하여 玆予審訓命汝하노라

| 언해 |

王이 골으샤디 嗚呼ㅣ라 疾이 키 漸ᄒᆞ야 幾ᄒᆞ야 病이 날로 니르

러셔 이믜 彌ᄒ며 留홀 시 誓言ᄒ야 嗣를 獲지 못홀가 두려워셔

이예 내 살펴여 가라쳐셔 너를 命ᄒ노라

| 번역 |

왕이 말씀하셨다. "아! 질환이 크게 번져서 위태로워, 병이 날로
이르게 되어 이미 더욱 심해지고 오래되었기 때문에, 맹세하는
말을 이어지게 함을 얻지 못할까 두려워서, 이에 내가 살펴 가르
쳐서 너를 명한다."

| 의해 |

이 아래는 성왕(成王)의 고명(顧命)이다. 질환이 크게 진행되어
오직 위태로워서 병이 날로 이르러서 이미 더욱 심해지고 오래도
록 이어져서 죽게 되어 맹세하는 말을 하되, 그것으로써 나의 뜻
을 잇지 못할까 두려우니, 이것이 내가 자세히 살펴서 가르침을
내어 너에게 명하는 까닭이다.

昔君文王武王이 宣重光하여 奠麗陳敎하신대 則肄하여 肄

不違하여 用克達殷하여 集大命하시니라

| 언해 |

녜 님금에 文王과 武王이 重光을 베푸샤 麗를 奠ᄒ며 敎를 陳ᄒ
신대 곳 肄ᄒ야 肄ᄒ야 違치 아니ᄒ야 뻐 능히 殷에 達ᄒ야 大命
을 모두시니라

| 번역 |

"옛날 임금이신 문왕(文王)과 무왕(武王)이 거듭 빛남을 베푸셔서, 의지할 바를 정하고 가르침을 펴셨는데, 곧 익혀서 어기지 아니하여, 은(殷)나라에 도달해서 큰 명을 모을 수 있으셨다."

| 자해 |

奠 : 정함. •麗 : 의지함.

| 의해 |

문왕(文王)과 무왕(武王)이 거듭 밝은 덕을 선포하여 백성들이 의지할 바를 정해주고 가르침을 펴자, 백성들이 순종하여 익혀서 어기지 아니하여 천하가 교화되어, 이것으로 은(殷)나라에 도달하여 큰 명을 주(周)나라에 모을 수 있었다고 말한 것이다.

在後之侗하여 敬迓天威하여 嗣守文武大訓하여 無敢昏逾호라

| 언해 |

後앳 侗애 잇셔 天威를 공경ᄒ여 마져셔 文武의 大訓을 이어 직혀셔 감히 昏逾치 아니호라

| 번역 |

"뒤의 어리석은 자[나]는 하늘의 위엄을 공경히 맞이하여 문왕(文王)과 무왕(武王)의 큰 가르침을 이어 지켜서 감히 어지럽혀 정도를 넘지 아니하였노라."

| 자해 |

侗 : 어리석음.

| 의해 |

하늘의 위엄 있는 명령을 공경히 맞이해서 감히 조금도 소홀히
하지 아니하여, 문왕(文王)과 무왕(武王)의 큰 가르침을 이어 지
켜서 감히 어지럽혀 정도를 넘지 않았다고 한 것이다.

今天이 降疾하사 殆弗興弗悟로소니 爾尙明時朕言하여 用

敬保元子釗하여 弘濟于艱難하라

| 언해 |

이제 하늘이 질을 나리샤 위티ᄒ야 일지 못ᄒ며 悟치 못ᄒ리로소
니 네 거의 이 朕의 말을 밝켜서 ᄢᅥ 元子釗를 敬保ᄒ야 키 艱難을
건너게 ᄒ라

| 번역 |

"이제 하늘이 병을 내리시어 위태하여 일어나지 못하고 깨닫지 못
하게 되었으니, 너희는 부디 이 나의 말을 밝게 드러내어, 원자
(元子)인 소(釗)를 공경히 보호하여 크게 어려움에서 구제하도록
하라."

| 자해 |

釗 : 강왕(康王)의 이름.

| 의해 |

이제 하늘이 내 몸에 병을 내려서 위태로워 반드시 죽어서 일어
나지 못하고 깨닫지 못하게 될 것이니, 너희는 바라건대 이 같은
나의 말을 분명히 드러내어, 원자인 소(釗)를 공경히 보호하여,
어려움에서 크게 구제하라.

柔遠能邇하며 安勸小大庶邦하라

| 언해 |

먼데를 柔하며 갓가운데 能하며 적으며 큰 모든 나라를 편안이
하며 勸하라

| 번역 |

"멀리 있는 자를 회유하고 가까이 있는 자를 화목하게 하며, 작고
큰 모든 나라들을 편안하게 하며 권면하라."

| 의해 |

이는 모두 임금의 도리로 마땅히 극진히 해야 할 것들이다. 멀고
가까움, 작고 큼을 합하여 말한 것은 임금의 덕을 베푸는 것을 공
평하고 두루 넓게 하여, 편벽되고 막히는 바가 있어서는 안 됨을
보인 것이다.

思夫人은 自亂于威儀니 爾無以釗로 冒貢于非幾하라

| 언해 |

싱각건대 사람은 스스로 威儀를 다사릴시니 네 釗로 뻐 非혼 幾
예 冒貢치 말라

| 번역 |

"생각하건대 사람은 스스로 위의를 다스려야 하니, 너희는 소(釗)
로 하여금 그릇된 기미에 분별없이 나아가게 하지 말라."

| 자해 |

亂 : 다스림. •威 : 위엄이 있어 두려울 만함. •儀 : 법도가 있어 본받을 만
함. •貢 : 나아감.

| 의해 |

사람이 천지의 중도(中道)를 받아 태어났으니, 이러한 까닭으로
동작(動作)과 위의(威儀)의 법칙이 있는 것이다. 성왕(成王)이 생
각하기를, 사람이 사람이 될 수 있는 까닭은 위의에 따라 스스로
다스릴 수 있기 때문이라고 여긴 것이다. 스스로 다스려야 한다
고 한 것은 자기 몸을 바르게 하고 밖에 구하기를 바라지 않는 것
이다. 기미라는 것은 움직이는 것이 은미하나 선과 악이 그로 말
미암아 나누어지는 것이니, 그릇된 기미는 곧 불선(不善)에서 발
하여 악에 빠지는 것이다. 위의라는 것은 밖에 드러나는 것을 들
어 힘쓰게 한 것이고, 그릇된 기미라는 것은 안에서 발하는 것을
들어서 경계하게 한 것이다. 위의를 다스리는 것이 모두 한 생각
의 은미한 데에 근본하니, 삼가지 않겠는가? 성왕이 임종을 맞이
하여 한 말이 정성스럽게 여기에 미쳤으니, 그가 주공(周公)에게
서 얻은 것이 또한 깊은 것이다.

茲旣受命還커늘 出綴衣于庭하니 越翼日乙丑에 王이 崩

하시다

| 언해 |

이에 임의 命을 바더셔 도라가거늘 綴衣를 뜰에 내니 건넌 잇튼

날 乙丑에 王이 崩ᄒ시다

| 번역 |

이에 이미 명을 받아서 돌아가자 휘장을 뜰에 내놓았는데, 다음

날 을축일(乙丑日)에 왕이 세상을 떠나셨다.

| 자해 |

綴衣 : 휘장〔幃帳〕.

| 의해 |

여러 신하들이 물러가고 나서 휘장을 거두어 뜰에 내놓았다. 그

다음날에 왕이 세상을 떠났다.

太保命仲桓南宮毛하여 俾爰齊侯呂伋으로 以二干戈와

虎賁百人으로 逆子釗於南門之外하여 延入翼室하여 恤

宅宗하시다

| 언해 |

太保ㅣ 仲桓과 南宮毛를 命ᄒᆞ야 諸侯ㅣ언 呂伋으로 ᄒᆡ여곰 二干
戈와 虎賁 百人으로 ᄡᅥ 子釗를 南門之外예 가 逆ᄒᆞ야 翼室에 延
入ᄒᆞ야 恤宅에 宗ᄒᆞ시다

| 번역 |

태보(太保)가 중환(仲桓)과 남궁모(南宮毛)에게 명하여 제(齊)나
라 제후인 여급(呂伋)으로 하여금 방패와 창을 잡은 두 명과 호위
백 명으로 태자(太子) 소(釗)를 남문의 밖에서 맞이하여, 침실의
옆방으로 인도해 들어와 상가의 상주가 되게 하였다.

| 자해 |

桓·毛 : 두 신하의 이름. ·伋 : 태공(太公) 망(望)의 아들. ·延 : 인도함. ·翼
室 : 침실 옆에 있는 좌우의 방.

| 의해 |

태보(太保)가 총재로서 섭정하여 환(桓)과 모(毛) 두 신하에게 명
하여, 제(齊)나라 제후인 여급(呂伋)으로 하여금 방패와 창을 잡
은 두 명과 호위 백 명을 데리고 침실의 문 밖에서 태자(太子) 소
(釗)를 맞이하여, 인도하여 침실의 옆방에 들어오게 하여 상가의
상주로 삼은 것이다.

> 丁卯에 命作冊度하시다
> 정 묘   명 작 책 도

| 언해 |

丁卯애 命ᄒᆞ야 冊과 度를 지으시다

| 번역 |

정묘일(丁卯日)에 명하여 책과 법도를 만들게 하셨다.

| 의해 |

사관에게 명하여 책을 만들어서 법도를 쓰게 하여, 고명(顧命)을
강왕(康王)에게 전한 것이다.

越_월七_칠日_일癸_계酉_유에 伯_백相_상이 命_명士_사須_수材_재하니라

| 언해 |

건넌 七日 癸酉에 伯相이 士를 命ᄒᆞ야 材를 須ᄒᆞ니라

| 번역 |

칠일이 지난 계유일(癸酉日)에 우두머리 재상이 관리에게 명하여
재목을 취해오게 하였다.

| 자해 |

須 : 취함.

| 의해 |

우두머리 재상은 소공(召公)이다. 소공은 서백(西伯)으로서 재상
이 되었다. 소공이 관리에게 명하여 재목을 취하여 상사(喪事)의
용품으로 바치게 한 것이다.

적　　　설　보　의　철　의
狄이 設黼扆綴衣하니라

| 언해 |

狄이 黼扆와 綴衣를 베푸니라

| 번역 |

하급 관리들이 도끼 무늬의 병풍과 휘장을 설치하였다.

| 자해 |

狄 : 하급 관리.　•黼扆 : 도끼 무늬를 그려 넣은 병풍.

| 의해 |

도끼 무늬의 병풍과 휘장을 설치하여 성왕(成王)이 생존했던 날
과 같게 한 것이다.

유　간　　　남　향　　　　부　중　멸　석　보　준　　　　화　옥　잉　궤
牖間에 南嚮하여 敷重篾席黼純하니 華玉仍几러라

| 언해 |

牖 사이에 南으로 嚮ᄒ야 거듭혼 篾席을 黼로 純ᄒ니를 펴니 華

玉으로 혼 几를 仍ᄒ얏더라

| 번역 |

창 사이에 남쪽으로 향하여 겹으로 한 대자리에 도끼 무늬로 선
두른 것을 펴니, 화려한 옥으로 된 궤(几)는 그대로 두었다.

| 자해 |

篾席 : 대나무 가지로 만든 자리. •黼 : 희고 검은 색이 섞인 명주. •純 : 선
을 두름. •華 : 채색. •仍 : 따름.

| 의해 |

이는 평상시에 여러 신하들을 만나보고 제후들에게 조회를 받던
자리이다.

西序에 東嚮하여 敷重底席綴純하니 文貝仍几러라

| 언해 |

西序애 東으로 嚮ᄒ야 거듭ᄒ 底席을 綴로 純ᄒ 것을 펴니 文貝
로 ᄒ 几를 仍ᄒ엿더라

| 번역 |

서쪽 행랑에 동쪽으로 향하여 여러 색채로 선 두른 겹으로 된 부
들자리를 펴니, 무늬가 있는 조개로 꾸민 궤(几)는 그대로 두었
다.

| 자해 |

序 : 동쪽과 서쪽에 있는 행랑. •底席 : 부들자리. •綴 : 여러 색채. •文貝 :
무늬가 있는 조개.

| 의해 |

이는 아침저녁으로 정사를 다스리던 자리이다.

> 東序_{동서}에 西嚮_{서향}하여 敷重豐席畫純_{부중풍석화준}하니 雕玉仍几_{조옥잉궤}러라

| 언해 |

東序애 西으로 嚮ㅎ야 거듭흔 豐席을 畫로 純흔 것을 敷ㅎ니 雕흔 玉으로 흔 几를 仍ㅎ엿더라

| 번역 |

서쪽 행랑에 동쪽으로 향하여 채색한 그림으로 선 두른 겹으로 된 왕골 자리를 펴니, 조각한 옥으로 꾸민 궤(几)는 그대로 두었다.

| 자해 |

豐席 : 왕골 자리. •畫 : 채색. •雕 : 새김.

| 의해 |

이는 나라의 원로를 봉양하고 여러 신하들을 대접하던 자리이다.

> 西夾_{서협}에 南嚮_{남향}하여 敷重筍席玄紛純_{부중순석현분준}하니 漆仍几_{칠잉궤}러라

| 언해 |

西夾애 남으로 향ㅎ야 거듭흔 筍席을 玄으로 紛ㅎ야 純흔 것을 펴니 漆흔 几를 仍ㅎ엿더라

| 번역 |

　서쪽 협실에 남쪽으로 향하여 검정색으로 선 두른 겹으로 된 대
나무 자리를 펴니, 옻칠한 궤(几)는 그대로 두었다.

| 자해 |

　筍席 : 대나무 자리.　•紛 : 검은 색을 섞어 선 두름.　•漆 : 옻칠.

| 의해 |

　이는 친족을 사적으로 잔치하던 자리이다.

越玉五重하며 陳寶하니 赤刀와 大訓과 弘璧과 琬琰은 在
西序하고 大玉과 夷玉과 天球와 河圖는 在東序하고 胤之
舞衣와 大貝와 鼖鼓는 在西房하고 兌之戈와 和之弓과 垂
之竹矢는 在東房하더라

| 언해 |

　믿 玉五重을 ᄒᆞ며 寶를 베푸니 赤刀와 大訓과 弘璧과 琬琰은 西
序의 잇고 大玉과 夷玉과 天球와 河圖는 東序의 잇고 胤엣 舞衣
와 大貝와 鼖鼓는 西房의 잇고 兌의 戈와 和의 弓과 垂의 竹矢는
東房의 잇더라

| 번역 |

　옥을 다섯 겹으로 하며 보물을 진열하니, 붉은 칼과 큰 교훈과 붉
은 큰 구슬과 옥홀은 서쪽 행랑에 있고, 큰 옥과 보통 옥과 천구

(天球)와 하도(河圖)는 동쪽 행랑에 있고, 윤(胤)나라의 춤옷과
큰 조개와 큰 북은 서쪽 방에 있고, 태(兌)의 창과 화(和)의 활과
수(垂)의 대나무 화살은 동쪽 방에 있었다.

| 자해 |

大訓 : 삼황(三皇)과 오제(五帝)의 가르침. 혹은 문왕(文王)과 무왕(武王)의
가르침. • 弘璧 : 큰 벽옥. • 琬琰 : 홀의 이름. • 夷 : 보통. • 胤 : 나라의 이
름. • 兌·和·垂 : 옛날의 솜씨 좋은 장인.

| 의해 |

동족과 서쪽의 행랑 자리 북쪽에 옥을 다섯 겹으로 나열하고, 선
왕이 보배로 여긴 기물을 진열한 것이다. 성왕(成王)이 평일에 보
던 것을 진열하여 그의 생존을 형상한 것이다.

> 大輅는 在寶階하여 面하고 綴輅는 在阼階하여 面하고 先輅
> 는 在左塾之前하고 次輅는 在右塾之前하더라

| 언해 |

大輅는 賓階예 잇셔 面ㅎ고 綴輅는 阼階예 잇셔 面ㅎ고 先輅는
左塾 알픠 잇고 次輅는 右塾 알픠 잇더라

| 번역 |

옥 수레는 서쪽 뜰에 있으면서 남향하고, 금 수레는 동쪽 뜰에 있
으면서 남향하며, 나무 수레는 왼쪽 사랑채 앞에 있고, 상아 수레
와 가죽 수레는 오른쪽 사랑채 앞에 있었다.

| 자해 |

賓階 : 서쪽 계단. •面 : 남향. •阼階 : 동쪽 계단. •先輅 : 왕의 행차 때 가장 앞서는 나무 수레. •塾 : 문 곁에 있는 당(堂). •次輅 : 선로 다음에 서는 상아 수레와 가죽 수레.

| 의해 |

왕의 다섯 수레 중에 옥 수레는 제사에만 쓰고 봉(封)하는 데는 쓰지 않으니 가장 귀한 것이고, 금 수레는 동성(同姓)을 봉할 때에 쓰니 다음이 되고, 상아 수레는 이성(異姓)을 봉할 때에 쓰니 또 다음이 되고, 가죽 수레는 사위(四衛)를 봉할 때에 쓰니 또 그 다음이 되고, 나무 수레는 번국(蕃國)을 봉할 때에 쓰니 가장 천한 것이 된다. 그 항렬은 귀한 것이 마땅히 가까워야 하고, 천한 것이 마땅히 멀어야 한다. 다섯 수레를 진열한 것은 또한 성왕(成王)이 생존해 있음을 형상한 것이다.

二人은 雀弁으로 執惠하여 立于畢門之內하고 四人은 綦弁으로 執戈上刃하여 夾兩階戺하고 一人은 冕으로 執劉하여 立于東堂하고 一人은 冕으로 執鉞하여 立于西堂하고 一人은 冕으로 執戣하여 立于東垂하고 一人은 冕으로 執瞿하여 立于西垂하고 一人은 冕으로 執銳하여 立于側階하더라

| 언해 |

두 사람은 雀弁으로 惠를 잡어셔 畢門 안에 셔고 네 사람은 綦弁으로 戈를 잡되 刃을 上케 ᄒ야 兩階戺애 夾ᄒ고 ᄒ 사람은 冕으

로 劉를 잡어셔 東堂의 셔고 혼 사람은 冕으로 鉞을 잡어셔 西堂에 셔고 혼 사람은 戣를 잡어셔 東垂에 셔고 혼 사람은 冕으로 瞿를 잡어셔 西垂의 셔고 혼 사람은 冕으로 銳을 잡어셔 側階에 셧더라

| 번역 |

두 사람은 붉은 고깔을 쓰고 세모창을 잡고서 침실 문 안에 서 있고, 네 사람은 무늬 있는 사슴새끼 가죽 고깔을 쓰고 창을 잡되 칼날을 밖으로 하여 두 계단의 모서리에 좌우로 늘어서고, 한 사람은 면류관을 쓰고 도끼를 잡고서 동쪽 마루에 서고, 한 사람은 면류관을 쓰고 도끼를 잡고서 서쪽 마루에 서고, 한 사람은 면류관을 쓰고 창을 잡고서 동쪽 행랑 뜰 계단 위에 서고, 한 사람은 면복으로 창을 잡고서 서쪽 행랑 뜰 계단 위에 서고, 한 사람은 면복으로 창을 잡고서 북쪽 뜰의 계단 위에 서 있었다.

| 자해 |

雀弁 : 붉은색의 고깔. •鷫弁 : 무늬 있는 사슴새끼 가죽으로 만든 고깔. •惠 : 세모진 창. •畢門 : 침실의 문. •上刃 : 날이 밖으로 향하게 한 것. •阰 : 마루의 모서리. •冕 : 대부(大夫)의 복식. •劉 : 도끼 •戣·瞿·銳 : 창. •東西堂 : 침실의 동쪽과 서쪽 행랑의 앞에 있는 마루. •東西垂 : 침실의 동쪽과 서쪽 행랑 뜰 계단 위. •側階 : 북쪽 뜰 계단의 위.

王이 麻冕黼裳으로 由賓階하여 隮커시늘 卿士邦君은 麻冕蟻裳으로 入卽位하니라

| 언해 |

王이 麻冕과 黼裳으로 賓階로 말미아마 올으거시늘 卿士와 邦君
은 麻冕과 蟻裳으로 드러와셔 位예 나아가니라

| 번역 |

왕이 삼 면류관과 도끼 무늬의 치마로 서쪽 계단을 따라 오르시
니, 경사(卿士)와 방군(邦君)들은 삼 면류관과 검은 치마로 들어
와서 자신의 자리에 나아갔다.

| 자해 |

隮 : 오름.　•蟻 : 검은 색.

| 의해 |

강왕(康王)이 길복(吉服)을 입고 서쪽 계단으로부터 마루에 올라
선왕의 명을 받았으므로 서쪽 계단을 통과한 것이다. 의(蟻)는 검
은 색이니, 공(公)·경(卿)·대부(大夫)와 제후가 모두 똑같은 의
복을 입었으니, 또한 사당 안에서의 에이다. 계단을 오른다고 말
하지 않은 것은 왕의 서쪽 계단을 따라 올랐기 때문이다. 들어가
자리에 나아갔다는 것은 각각 그 자리로 나아간 것이다.

太保와 太史와 太宗은 皆麻冕彤裳이러니 太保는 承介圭
하고 上宗은 奉同瑁하여 由阼階隮하고 太史는 秉書하여 由
賓階隮하여 御王冊命하니라

| 언해 |

太保와 太史와 太宗은 다 麻冕과 彤裳이러니 太保는 介圭를 承ᄒ고 上宗은 同과 瑁를 奉ᄒ야 阼階로 말미암어 올나가서 太史는 書를 秉ᄒ야 賓階로 말미암어 올나가셔 王의 冊命을 御ᄒ니라

| 번역 |

태보(太保)와 태사(太史)와 태종(太宗)은 모두 삼 면류관과 붉은 치마를 입었는데, 태보(太保)는 큰 홀을 받들고, 상종(上宗)은 술잔과 홀 뚜껑을 받들어 동쪽 계단으로부터 오르고, 태사(太史)는 책을 잡고서 서쪽 계단으로부터 올라가서 왕에게 책명을 받들었다.

| 자해 |

同 : 제사에 쓰는 술잔. •瑁 : 제후의 홀에 씌워서 징표로 삼는 것.

| 의해 |

태보(太保)는 유명(遺命)을 받고, 태사(太史)는 책을 받들고, 태종(太宗)은 예를 돕는 까닭에 모두 제복(祭服)을 입은 것이다. 태보(太保)와 종백(宗伯)이 선왕의 명으로 부절과 보배를 받들어 지위를 이은 임금에게 전하니, 주인의 도가 있으므로 오르기를 동쪽 계단으로부터 하고, 태사(太史)는 책명을 가지고 왕에게 올리므로 책을 가지고 서쪽 계단을 따라 오른 것이다.

曰皇后憑玉几하여 道揚末命하여 命汝嗣訓하노니 臨君周

邦하여 率循大卞하여 爕和天下하여 用答揚文武之光訓

하라하시다

| 언해 |

글오디 皇后ㅣ 玉几를 비기샤 末命을 道揚ᄒ샤 너를 命ᄒ야 訓을 이스게 ᄒ노니 周ㅅ 나라에 臨ᄒ야 님금ᄒ야 大卞을 率循ᄒ야 天下를 爕和ᄒ야 뻐 文武의 光ᄒ신 訓을 答揚ᄒ라 ᄒ시다

| 번역 |

"위대한 임금께서 옥 안궤에 기대어 마지막 명령을 말씀하셔서 너에게 명하여 가르침을 잇게 하시니, '주나라에 임하여 임금노릇을 하여 큰 법을 따라 천하를 조화시켜 문왕(文王)과 무왕(武王)의 빛나는 가르침에 답하라.'고 하셨나."

| 자해 |

卞 : 법.

| 의해 |

성왕(成王)이 고명(顧命)한 말을 책에 썼고, 이것을 태사(太史)가 입으로 진술한 것이다. 위대한 임금인 성왕이 병중에서 힘써 친히 옥 안궤에 기대어 임종의 명령을 베풀어 드러내어, 너에게 명하여 문왕(文王)과 무왕(武王)의 큰 가르침을 이어 지키라고 한 것이다. '너'라고 말한 것은 아버지 앞에서는 자식의 이름을 부르는 것이 옳기 때문이다. 높은 지위에 거처하고 큰 법을 가지고서 큰 조화를 이룬 뒤에야 문왕과 무왕의 빛나는 가르침에 보답하여

떨칠 수 있다는 말이다.

王이 再拜興하여 答曰 眇眇予末小子는 其能而亂四方하
여 以敬忌天威아

| 언해 |

王이 두 번 절ᄒ고 이러나샤 答ᄒ야 ᄀᆞᄅᆞ샤디 眇眇호 나 末小子
는 그 능히 四方을 다스려서 뻐 天威를 敬忌홈 갓타라

| 번역 |

왕이 두 번 절하고 일어나 답하였다. "작고 작은 나 어린 아들은
사방을 다스려서 하늘의 위엄을 공경히 삼갈 수 있겠는가!"

| 자해 |

眇 : 작음. • 而 : '여(如)'와 같음. • 亂 : 다스림.

| 의해 |

왕이 절하고 고명(顧命)을 받은 다음 일어나 태사(太史)에게 답
하기를 능하지 못하다고 겸손히 말한 것이다.

乃受同瑁_{내 수 동 모}하사 王_왕이 三宿三祭三咤_{삼 숙 삼 제 삼 타}하신대 上宗曰饗_{상 종 왈 향}이라하
다

| 언해 |

同과 瑁를 바드샤 王이 세 번 宿ᄒ시며 세 번 祭ᄒ시며 세 번 咤
ᄒ신대 上宗이 골오디 饗호라 ᄒ시다

| 번역 |

술잔과 홀 뚜껑을 받아 왕이 세 번 술잔을 잡으시고, 세 번 땅에
부으시며, 세 번 올리시자, 상종(上宗)이 "흠향하셨다."고 하였다.

| 자해 |

宿 : 술잔을 잡고 신에게 나아감. •祭 : 술을 땅에 부음. •咤 : 술잔을 신에
게 드림.

| 의해 |

왕이 홀 뚜껑을 받아 주인이 되고 술잔을 받아 제사한 것이다. 예
가 세 번에 이루어지기 때문에, 세 번 술잔을 잡고, 세 번 땅에 부
으며, 세 번 올린 것이다. 종백(宗伯)이, "흠향하셨다."고 말한 것
은 신(神)의 명을 전달하여 고한 것이다.

太保受同_{태 보 수 동}하여 降盥_{강 관}하고 以異同_{이 이 동}으로 秉璋以酢_{병 장 이 작}하고 授宗人_{수 종 인}
同_동하고 拜_배한대 王_왕이 答拜_{답 배}하시다

| 언해 |

太保ㅣ 同을 바더셔 나려와셔 盥ㅎ고 다른 同으로 뻐 璋을 잡아
셔 뻐 酢ㅎ고 宗人의게 同을 授ㅎ고 졀ㅎ대 王이 答ㅎ야 졀ㅎ시
다

| 번역 |

태보(太保)가 술잔을 받아 내려와 손을 씻고 다른 술잔에 홀을 잡
고 술을 따르고 종인(宗人)에게 술잔을 주고 절하자, 왕이 답하여
절하셨다.

| 의해 |

태보(太保)는 왕이 올렸던 술잔을 받아서 마루에서 내려와 손을
씻고는 다시 다른 술잔을 써서, 홀을 잡고 술을 따랐다. 술잔을
종인(宗人)에게 주고 시동(尸童)에게 절함에 왕이 답하여 절한
것은 시동을 대신하여 절한 것이다. 종인은 소종백(小宗伯)의 관
속이니, 태보를 도와 술을 따르는 자이다. 태종(太宗)이 왕을 돕
는 까닭으로 종인은 태보를 돕는 것이다.

太保受同하여 祭嚌하고 宅하여 授宗人同하고 拜한대 王이
答拜하시다

| 언해 |

太保ㅣ 同을 바다셔 祭ㅎ고 嚌ㅎ고 宅ㅎ야 宗人의게 同을 授ㅎ고
졀ㅎ대 王이 答ㅎ야 졀ㅎ시다

| 번역 |

　태보(太保)가 술잔을 받아 땅에 붓고 술을 이에 대고 물러가 종인
(宗人)에게 술잔을 주고 절하자, 왕이 답하여 절하셨다.

| 자해 |

　嚌 : 술을 이[齒]에 이르게 하는 것. •宅 : 자리로 물러감.

| 의해 |

　태보(太保)가 다시 술잔을 받아서 술을 땅에 붓고, 음복하여 이에
이르게 하는 것이다. 태보가 음복함에 이에 이르게 한 것은 상중
에 신이 주신 것을 마시지만, 그 맛을 달게 여기지 않는 것이다.
왕이라면 상주이니, 단지 맛을 달게 여기지 못 할 뿐만 아니라,
비록 음복이라도 폐해야 하는 것이다. 태보가 물러가 자기 자리
에 거처하여 술잔을 종인(宗人)에게 주고 또 절하자, 왕이 다시
답하여 절한 것이다.

태 보 강　　　　수　　　　　　제 후 출 묘 문　　　　　사
太保降커늘 收하더니 諸侯出廟門하여 俟하더라

| 언해 |

　太保ㅣ 나리거늘 거두더니 諸侯 廟門의 나가셔 기다리더라

| 번역 |

　태보(太保)가 내려오거늘 제기를 거두더니, 제후가 사당 문을 나
가서 기다렸다.

| 의해 |

태보(太保)가 마루에서 내려오자, 유사(有司)가 기용(器用)을 철거한 것이다. 사당 문은 바로 침실의 문인데, 성왕(成王)의 빈소가 있기 때문에 사당이라고 한 것이다. 제후를 말하였으니, 경사(卿士) 이하를 알 수 있다. 기다렸다는 것은 새 임금을 뵙기를 기다린 것이다.

강왕지고[康王之誥]

금문(今文)과 고문(古文)에 다 있으나, 다만 금문에는 「고명(顧命)」에 합쳐져 있다.

王이 出在應門之內어시늘 太保는 率西方諸侯하여 入應

門左하고 畢公은 率東方諸侯하여 入應門右하니 皆布乘

黃朱러라 賓이 稱奉圭兼幣하여 曰一二臣衛는 敢執壤奠

이라하고 皆再拜稽首한대 王이 義嗣德이라 答拜하시다

| 언해 |

王이 나가샤 應門 안에 잇거시늘 太保는 西方ㅅ 諸侯를 거나려서

應門애 드러가셔 왼편으로 ᄒᆞ고 畢公은 東方ㅅ 諸侯를 거나려서

應門의 드러가셔 오른편으로 ᄒᆞ니 다 乘黃을 布ᄒᆞ되 朱ᄒᆞ얏더라

賓이 밧든 圭와 幣를 兼ᄒᆞ야 들어셔 ᄀᆞ오되 一二臣衛는 감히 壤

을 잡어셔 奠ᄒᆞ노이다 ᄒᆞ고 다 再拜ᄒᆞ고 머리를 죠은대 王이 德

을 嗣ᄒᆞ미 맛당ᄒᆞ지라 答ᄒᆞ야 拜ᄒᆞ시다

| 번역 |

왕이 나가서 응문(應門)의 안에 있으시니, 태보(太保)는 서방(西方)의 제후를 거느리고 응문으로 들어가 왼쪽에 서고, 필공(畢公)

은 동방(東方)의 제후를 거느리고 응문으로 들어가 오른쪽에 서
니, 모두 누런 네 마리 말을 늘여 세우는데 붉은 갈기로 하였다.
손님인 제후들이 받든 홀과 폐백을 겸하여 들어 올리며 말하기
를, "한 두 명의 호위하는 신하는 감히 땅에서 나는 것을 잡아서
올립니다."라고 하고, 모두 두 번 절하고 머리를 조아리자, 왕이
덕을 이어 받드는 것이 마땅하므로 답배하였다.

| 자해 |

 布 : 베풂. • 乘 : 네 마리의 말. • 賓 : 제후. • 稱 : 듦. • 義 : 마땅함.

| 의해 |

왕이 필문(畢門)을 나와 응문(應門)의 안에 선 것이다. 응문(應
門)의 안은 조정이 있는 곳이다. 주(周)나라에서는 천하의 제후
를 가운데로 나누어 두 백(伯)에게 주관하게 하니, 섬(陜)으로부
터 동쪽은 주공(周公)이 주관하고 섬으로부터 서쪽은 소공(召公)
이 주관하였다. 소공이 서방의 제후를 거느린 것은 서백(西伯)의
옛 직책이었고, 필공(畢公)이 동방의 제후를 거느린 것은 주공을
이어서 동백(東伯)이 된 것이다. 제후가 응문에 들어가서 좌와 우
로 늘어선 것이다. 제후가 모두 네 마리의 누런 말을 늘여 세우는
데, 그 갈기를 붉게 하여 조정의 바치는 물품으로 삼은 것이다.
제후가 받든 바의 홀과 폐백을 겸하여 들어 올리고 말하기를, '한
두 명의 호위하는 신하'라고 하니, '한두 명'이라고 한 것은 하나
만이 아님을 나타낸 것이고, 왕의 방패막이가 되기 때문에 '호위
하는 신하'라고 한 것이다. 감히 토양에서 나오는 것을 잡아 폐백
으로 올리고, 모두 두 번 절하고 머리가 땅에 이르도록 하여 공경
을 이룬 것이다. "왕이 덕을 이어 받드는 것이 마땅하다."는 것은
사관의 말이다. 강왕(康王)이 마땅히 앞 사람의 덕을 이어 받들기
때문에 답배한 것이다. 답배하여 이미 후계자가 됨을 밝히고, 또
상사(喪事)의 일로 만나는 것임을 알게 한 것이다.

太保暨芮伯으로 咸進相揖하고 皆再拜稽首하여 曰敢敬

告天子하노이다 皇天이 改大邦殷之命이어시늘 惟周文武

誕受羑若하사 克恤西土하시니이다

| 언해 |

太保ㅣ 및 芮伯으로 다 나아와 셔로 揖ᄒ고 다 拜ᄒ고 머리를 죠
아셔 굴오디 감히 天子ᄢᅴ 敬告ᄒ노이다 皇天이 큰 나라 殷의 命
을 곳치거시늘 周ㅅ 나라 文武ㅣ 크게 羑若을 바드샤 능히 西土
를 恤ᄒ시니이다

| 번역 |

태보(太保)가 예백(芮伯)과 함께 모두 나아가 서로 읍하고는 모
두 재배하고 머리를 조아려 말하였다. "감히 천자께 공경히 아뢰
옵니다. 황천(皇天)이 큰 나라인 은(殷)나라의 명을 고치시거늘,
주(周)나라의 문왕(文王)과 무왕(武王)께서 크게 유약(羑若)을
받드셔서 서쪽 땅을 구휼할 수 있었습니다."

| 자해 |

羑若 : 자세하지 않음. 문왕(文王)이 갇혀 있던 유리(羑里)라는 설과 '궐약
(厥若)'의 잘못된 글자라는 설이 있음.

| 의해 |

총재(冢宰)와 사도(司徒)가 여러 신하들과 더불어 모두 나아가
서로 읍하며 자리를 정하고, 또 모두 두 번 절하고 머리를 조아려
서 왕에게 경계를 진술하여 말하기를, "감히 천자에게 공경히 고
합니다."라고 하였다. 이는 감히 가벼이 고한 것이 아님을 보인

것이고, 또 존칭한 것은 그 들음을 중하게 여기기 때문이었다. 큰 나라인 은(殷)나라라고 말한 것은 천하를 소유한 것을 믿을 수 없음을 밝힌 것이다. 서쪽 땅은 문왕(文王)과 무왕(武王)이 일어난 땅이니, 말하자면 문왕과 무왕이 크게 천명을 받은 까닭은 서쪽 땅의 무리를 돌볼 수 있었기 때문이다. 나아가 고할 때에 제후를 말하지 않은 것은 안으로 밖을 드러낸 것이다.

惟新陟王이 畢協賞罰하여 戡定厥功하여 用敷遺後人休하시니 今王은 敬之哉하여 張皇六師하여 無壞我高祖寡命하소서

| 언해 |

새로 陟ᄒᆞ신 王이 賞과 罰을 다 協게 ᄒᆞ샤 그 功을 이긔여 定ᄒᆞ샤 ᄡᅥ 後人에게 休를 敷ᄒᆞ야 遺ᄒᆞ시니 이제 王은 공경ᄒᆞ샤 六師를 張皇ᄒᆞ샤 우리 高祖ㅅ 寡ᄒᆞᆫ 命을 무넛듸리지 마ᄅᆞ쇼셔

| 번역 |

"막 승하하신 왕께서 상과 벌을 모두 조화롭게 하시어 공을 잘 정할 수 있어서 이로써 후세의 사람에게 아름다움을 펼쳐 남겨 주셨으니, 이제 왕께서는 공경하여 여섯 군대를 크게 갖추어서, 우리 고조(高祖)께서 어렵게 얻은 명을 무너뜨리지 마소서."

| 자해 |

陟 : 승하(昇遐)함. •畢 : 모두 다. •協 : 합당함. •皇 : 큼.

| 의해 |

성왕(成王)이 막 세상을 떠나서 아직 장례를 치르지 않고 시호를 짓지 않았다. 그러므로 막 승하한 왕이라고 한 것이다. 좋아하고 미워함이 이치에 있고, 자신에게 있지 않다. 그러므로 상을 마땅히 주어야 할 사람에게, 벌을 마땅히 주어야 할 사람에게 주어서 그 공을 정해서 베풀어 후세의 사람이 아름답게 여기는데 미치게 할 수 있었다. 이제 자리를 이은 왕은 그것을 공경히 하여 힘써야 할 것이다. 여섯 군대를 갖추라는 것은 크게 무력을 갖추어 우리 문왕(文王)과 무왕(武王)이 어렵게 얻은 창업의 명을 무너뜨리지 말라는 뜻이다.

왕약왈　서방후전남위　　유여일인소　　보고
王若曰 庶邦侯甸男衛아 惟予一人釗는 報誥하노라

| 언해 |

王이 이러트시 골ㅇ샤디 庶邦앳 侯甸男衛아 나 一人釗는 誥로 報ㅎ노라

| 번역 |

왕이 다음과 같이 말씀하셨다. "여러 나라의 후(侯)·전(甸)·남(男)·위(衛)여! 나 한 사람 소(釗)는 고(誥)에 답한다."

| 의해 |

고(誥)에 답하면서 여러 신하를 언급하지 않은 것은 밖을 가지고 안을 드러낸 것이다. 강왕(康王)이 상중(喪中)에 있었으므로 자신의 이름을 쓴 것이니, 『춘추(春秋)』에서 자리를 이은 왕이 상중에 있으면 또한 이름을 썼다.

昔君文武 ^{석 군 문 무} 丕平富 ^{비 평 부} 하시며 不務咎 ^{불 무 구} 하여 底至齊信 ^{지 지 제 신} 하여 用昭 ^{용 소}

明于天下 ^{명 우 천 하} 어시늘 則亦有熊羆之士 ^{즉 역 유 웅 비 지 사} 와 不二心之臣 ^{불 이 심 지 신} 이 保乂 ^{보 예}

王家 ^{왕 가} 하여 用端命于上帝 ^{용 단 명 우 상 제} 하시니 皇天 ^{황 천} 이 用訓厥道 ^{용 훈 궐 도} 하여 付畀 ^{부 비}

四方 ^{사 방} 하시니라

| 언해 |

녜 님금 文武ㅣ 크게 平ᄒᆞ야 富케 ᄒᆞ시며 허믈을 힘쓰지 아니ᄒᆞ샤 至를 底ᄒᆞ며 齊ᄒᆞ야 信ᄒᆞ샤 ᄡᅥ 天下의 昭明ᄒᆞ거시ᄂᆞᆯ 또ᄒᆞᆫ 熊羆ㅅ 士와 마암을 二치 아니ᄒᆞᄂᆞᆫ 臣이 王家를 保乂ᄒᆞ야 ᄡᅥ 上帝ᄭᅴ 端命을 ᄒᆞ시니 皇天이 ᄡᅥ 그 道를 訓ᄒᆞ샤 四方을 付畀ᄒᆞ시니라

| 번역 |

"옛날 임금이신 문왕(文王)과 무왕(武王)께서 크게 공평하게 하고 부유하게 하시며, 허물을 힘쓰지 아니하셔서 지극한 데 이르게 하며, 모든 것을 가지런히 하고 미덥게 하셔서 천하에 밝게 빛나셨으니, 또한 큰 곰과 같은 용사와 두 마음을 품지 않은 신하들이 왕가(王家)를 보호하고 잘 다스려 이로써 상제에게 바른 명을 받으시니, 황천(皇天)이 그 도를 따라서 사방을 맡겨 주셨다."

| 의해 |

"크게 공평하게 하고 부유하게 했다."는 것은 널리 고르게 하고 거두는 것을 가볍게 하여 백성을 부유하게 한 것이니, 문왕(文王)과 무왕(武王)의 덕이 널리 베풀어진 것을 말한다. "허물을 힘쓰지 아니하였다."는 것은 허물과 악을 힘쓰지 아니하여 형벌을 가

볍게 하고 줄이는 것이니, 말하자면 문왕과 무왕이 형벌을 삼감을 말한 것이다. "지극한 데 이르게 했다."는 것은 행함을 미루어 그 지극한 데 이르게 하는 것이다. "가지런히 하고 미덥게 했다."는 것은 다함을 겸하여 그 정성을 지극히 하는 것이다. 문왕과 무왕이 덕에 힘쓰고, 형벌에 힘쓰지 않는 마음을 미루어 행하여 그 지극함을 이루고, 다함을 아울러서 그 정성을 다하여 안과 밖이 충실하였다. 그러므로 광휘(光輝)가 멀리 드러나서 천하에 밝게 빛나니, 정성이 지극한 것은 가릴 수 없다. 또 큰 곰과 같은 용맹을 가진 군사와 두 마음을 품지 않은 충실한 신하들이 힘을 다하고 마음을 같이하여 왕실을 보호하고 다스려서, 문왕과 무왕이 바른 명을 하늘에서 받았으니, 하늘이 문왕과 무왕의 도를 따라서 큰 천하를 맡기신 것이다. 강왕(康王)이 이것을 말한 것은 여러 신하들과 제후들에게 도움을 구하는 뜻이다.

乃命建侯樹屛은 在我後之人이니 今予・二伯父는 尙胥

暨顧綏爾先公之臣服于先王하여 雖爾身이 在外하나 乃

心이 罔不在王室하여 用奉恤厥若하여 無遺鞠子羞하라

| 언해 |

命ᄒᆞ야 侯를 建ᄒᆞ며 屛을 樹ᄒᆞ샤는 우리 뒤 사ᄅᆞᆷ에게 잇ᄂᆞ니 이제 나의 一二伯父는 거의 서로 밋 너희 先公의 先王의 臣服ᄒᆞ던 주를 顧ᄒᆞ야 綏ᄒᆞ야 비록 爾의 身이 外예 이시나 乃의 心은 王室애 在치 아닛 아니ᄒᆞ야 ᄡᅥ 恤을 奉ᄒᆞ야 그 若ᄒᆞ야 鞠子의게 붓그러웅을 ᄭᅵ치지 말라

| 번역 |

"명하여 제후를 세워서 변방의 울타리로 세우신 것은 우리 후세 사람들을 위해서였으니, 지금 우리 한두 백부(伯父)들은 바라건대 서로 그대들의 선공(先公)이 선왕께 신하로 복종했던 것을 돌아보고 편안하게 여겨, 비록 그대들의 몸은 밖에 있으나 그대들의 마음은 왕실에 있지 않음이 없게 하여, 근심을 받들어 순순히 따라서 나 어린 아들에게 부끄러움을 끼치지 않도록 하라."

| 의해 |

천자가 동성(同姓)의 제후를 일컬어서 백부(伯父)라고 한다. 문왕(文王)과 무왕(武王)이 명하여 변방의 제후국을 세운 까닭은 그 뜻이 우리 후세 사람에게 있는 것이다. 지금 우리 한두 백부(伯父)들은 서로 더불어 그대들의 할아버지와 아버지가 우리 선왕에게 신하로 복종했던 바의 도를 돌아보고 편안하게 여겨, 비록 몸은 나라를 지키기 위해 밖에 있으나, 그대들의 마음은 마땅히 항상 왕실에 있게 하여, 윗사람이 근심하고 걱정하는 마음을 받아 순순히 이어 받들어서, 나 어린 자식에게 부끄러움을 끼치지 말라.

群公이 旣皆聽命하고 相揖趨出이어늘 王이 釋冕하시고 反喪服하시다

| 언해 |

群公이 이믜 다 命을 듯고 셔로 揖ᄒ고 추창ᄒ야 나가거늘 王이 冕을 釋ᄒ시고 喪服을 反ᄒ시다

| 번역 |

여러 공(公)이 모두 명령을 듣고 나서 서로 읍하고 재빠르게 나가
자, 왕이 면류관을 벗고 다시 상복을 입었다.

| 의해 |

처음에 서로 읍한 것은 읍하고 나아간 것이며, 여기에서 서로 읍
한 것은 읍하고 물러난 것이다.

필명 [畢命]

강왕(康王)이 성주(成周)의 무리로써 필공(畢公)에게 명하여 보호하고 다스리게 하니, 이것이 그 책명(册命)이다. 금문(今文)에는 없고 고문(古文)에는 있다.

惟十有二年六月庚午朏越三日壬申에 王朝步自宗周하사 至于豐하사 以成周之衆으로 命畢公하여 保釐東郊하시다

| 언해 |

十有二年ㅅ 六月ㅅ 庚午朏로셔 건넌 三日 壬申애 王이 朝애 步를 宗周로 브터 ᄒᆞ샤 豐애 至ᄒᆞ샤 成周ㅅ 衆으로 뻐 畢公을 命ᄒᆞ야 東郊를 保釐케 ᄒᆞ시다

| 번역 |

십이 년 유월 경오일인 초사흘에서 삼일이 지난 임신일(壬申日)에 왕이 아침에 종주(宗周)로부터 걸어 풍(豐) 땅에 도착하였다. 성주(成周)의 백성들을 데리고 필공(畢公)에게 명하여 동쪽 교외를 보호하고 다스리게 하였다.

| 자해 |

成周 : 낙읍(洛邑). •保 : 편안하게 함. •釐 : 다스림.

| 의해 |

강왕(康王)이 즉위한 지 십이 년이다. 필공(畢公)이 일찍이 문왕
(文王)을 보필하였으므로 강왕이 풍(豊) 땅에 있는 문왕의 사당
에 가서 명한 것이다.

王若曰 嗚呼라 父師아 惟文王武王이 敷大德于天下하사
用克受殷命하시니라

| 언해 |

王이 이러트시 골으샤디 嗚呼ㅣ라 父師아 文王과 武王이 큰 德을
天下의 敷ᄒ샤 뻐 능히 殷命을 受ᄒ시니라

| 번역 |

왕이 다음과 같이 말씀하셨다. "아! 부사(父師)여. 문왕(文王)과
무왕(武王)이 큰 덕을 천하에 펴시어 은(殷)나라의 명을 받을 수
있었다."

| 의해 |

필공(畢公)이 주공(周公)을 대신하여 태사(太師)가 되었기 때문
에 부사(父師)라고 하였다. 문왕(文王)과 무왕(武王)이 큰 덕을
천하에 펴서 은(殷)나라의 명을 받을 수 있었다고 한 것은 얻기
어려움을 말한 것이다.

惟周公이 左右先王하여 綏定厥家하시고 毖殷頑民하여 遷
于洛邑하여 密邇王室하시니 式化厥訓하여 旣歷三紀하여
世變風移하여 四方無虞하니 予一人이 以寧호라

| 언해 |

周公이 先王을 左右ᄒ야 그 家를 綏定ᄒ시고 殷ㅅ 頑民을 毖ᄒ야 洛邑애 遷ᄒ야 王室에 密邇케 ᄒ시니 뻐 그 訓을 化ᄒ야 이믜 三紀ㅣ 歷ᄒ야 世ㅣ 變ᄒ고 風이 移ᄒ야 四方의 虞ㅣ 업스니 나 一人이 뻐 寧호라

| 번역 |

"주공(周公)이 선왕을 도와 왕가를 편안하게 안정시켜서, 은(殷)나라의 완악한 백성들을 미리 경계하여 낙읍(洛邑)으로 옮겨 왕실에 가깝게 하시니, 그 가르침에 교화되어 이미 삼 기(紀)가 지나 세대가 변하고 풍속이 바뀌어 사방에 근심이 없으니, 나 한 사람이 이로써 편안하다."

| 자해 |

紀 : 십이 년. •世 : 세대.

| 의해 |

주공(周公)이 문왕(文王)과 무왕(武王)과 성왕(成王)을 도와서 국가를 안정시키고 완악한 백성들을 미리 경계하여 낙읍(洛邑)으로 옮겨서 왕실에 가깝게 하였다. 그 가르침에 교화되어 이미 삼 기(紀)가 지나 세대가 이미 변하고 풍속이 비로소 바뀌어 이제 사방

에 염려할 만한 일이 없어서 나 한 사람이 편안하다. 이는 교화하
기 어려움을 말한 것이다.

道有升降^{도유승강}하며 政由俗革^{정유속혁}하니 不臧厥臧^{부장궐장}하면 民罔攸勸^{민망유권}하리
라

| 언해 |
道ㅣ 升ᄒ야 降홈이 이시며 政이 俗을 由ᄒ야 革ᄒᄂ니 그 臧을
臧타 아니ᄒ면 民이 勸홀 배 업스리라

| 번역 |
"도는 오르내림이 있으며 정사는 풍속을 따라 바뀌어야 한다. 선
을 선하게 여기지 않으면, 백성들이 권면되는 바가 없을 것이다."

| 의해 |
주공(周公)은 세상의 도리가 바야흐로 내려가는 때를 만났지만,
군진(君陳)과 필공(畢公)의 세대에 이르러서는 장차 큰 도리를
실천할 수 있는 때를 만났다. 정사를 하는 자는 풍속에 따라서 변
혁하여야 하므로, 주공은 은(殷)나라 백성들을 미리 경계하려고
처음을 삼았고, 군진은 포용함이 있어 중도(中道)로 조화롭게 한
것이 모두 풍속을 따라 정사를 한 것이다. 지금의 정사는 선한 것
과 악한 것을 드러내어 가릴 때이니, 진실로 선을 선하게 여기지
않으면 백성들이 권면되고 사모할 바가 없을 것이다.

惟公이 懋德으로 克勤小物하여 弼亮四世하여 正色率下한대 罔不祗師言하여 嘉績이 多于先王하니 予小子는 垂拱仰成하노라

| 언해 |

公이 懋훈 德으로 능히 小物을 勤호야 四世를 弼亮호야 色을 正히 호야 下를 率훈대 師의 言을 祗치 아니 아니호야 嘉훈 績이 先王의 多호니 나 小子는 垂호고 拱호야 成을 仰호노라

| 번역 |

"공(公)이 무성한 덕으로 작은 행위에도 부지런히 힘써 네 세대를 보필하고 밝혀서 얼굴빛을 바르게 하여 아랫사람들을 거느리자, 태사(太師)의 말을 공경하지 않음이 없어 아름다운 업적이 선왕보다 많으니, 나 어린 아들은 옷깃을 드리우고 두 손을 맞잡고 이루어지기만을 바라노라."

| 자해 |

懋 : 성대함. •小物 : 작은 행위.

| 의해 |

필공(畢公)이 이미 성대한 덕이 있고 또 작은 행실을 부지런히 힘써 네 세대를 보필하고 인도하여 풍채가 우뚝하여 조정에 본보기가 되어서, 큰 사람이든지 작은 사람이든지 가르침에 공경히 복종하지 않음이 없어서 아름다운 공적이 선왕의 때보다 많다. 지금 나 어린 아들은 다시 무엇을 하겠는가? 옷을 드리우고 손을 마주잡고서 이루어지기만을 우러를 따름이다. 강왕(康王)이 장차

필공에게 보호하고 다스리는 것을 부탁하려 하였으므로 덕업(德業)의 성대함을 서술하여 아름다움을 그에게 돌린 것이다.

王曰嗚呼라 父師아 今予祗命公以周公之事하노니 往哉어다

| 언해 |

王이 골٥샤디 嗚呼ㅣ라 父師아 今애 내 公을 周公의 事로 뻐 祗 ᄒ야 命ᄒ노니 往홀 디어다

| 번역 |

왕이 말씀하셨다. "아! 부사(父師)여. 지금 나는 공(公)에게 주공(周公)이 하던 일로써 공경히 명하니, 길지어다."

| 의해 |

지금 내가 공(公)에게 주공(周公)이 완악한 백성을 교화하고 가르쳤던 일로써 공경히 명하니, 갈지어다. 주공이 행한 바가 아니면 감히 공(公)을 굽히게 하여 가게 할 수 없음을 말한 것이다.

旌別淑慝하여 表厥宅里하며 彰善癉惡하여 樹之風聲하며
弗率訓典이어든 殊厥井疆하여 俾克畏慕하며 申畫郊圻하
며 愼固封守하여 以康四海하라

| 언해 |

淑과 慝을 旌하며 別하야 그 宅里를 表하며 善을 彰하고 惡을 癉
하야 風聲을 樹하며 訓典을 率치 아니하거든 그 井疆을 殊하야
하여곰 능히 畏하고 慕케 하며 다시 郊圻를 畫하며 封애 守를 愼
固하야 뻐 四海를 康케 하라

| 번역 |

"선한 사람을 드러내주고 악한 사람을 구별하여 그 사는 곳을 표
시하여 선을 드러내고 악을 병들게 하여 명성을 세워주며, 가르
치는 법을 따르지 않으면 사는 구역을 달리하여 그들로 하여금
두려워하고 사모하게 하며, 다시 교외를 구획하고 봉함을 받아
지키는 것을 삼가 튼튼히 하여 사해(四海)를 편안하게 하라."

| 자해 |

淑: 선. •慝: 악. •癉: 병들게 함. •圻: 경기[畿].

| 의해 |

선을 표창하고 악을 구별하는 것은 성주(成周)의 오늘날 풍속을
따라서 변혁해야 할 정사이다. 선한 사람이 거주하는 마을을 표
시해서 다르게 하는 것은 후세에 마을 입구에 정려각을 세워 표
시하던 종류와 같은 것이다. 선한 일을 하는 자를 드러내고 선하

지 않은 일을 하는 자를 병들게 하여, 선을 하는 자의 소문과 명
성을 세워주어 당시에 드러나고 후세에 전해지게 하니, 이른바
선을 표창한다는 것이다. 가르치는 법전을 따르지 않는 자는 사
는 마을의 경계를 다르게 하여 선한 자와 더불어 섞여서 살지 못
하게 한다. 악을 행하는 화를 두려워하며 선을 하는 복을 사모하
게 하는 것이니, 이른바 악을 구별한다는 것이다. 교외를 옛날에
진실로 구획하였으니, 거듭한다고 말한 것은 거듭 밝히는 것이
다. 봉한 지역은 옛날부터 본래 지키는 것이었는데, 삼간다고 말
한 것은 경계를 엄하게 하는 것이다. 강역을 막은 것이 세월이 오
래되면 인멸되기 쉽고 세상이 태평하면 느슨하게 여기기 쉬우니,
때때로 보수하고 여러 번 살피는 것이 경기 지역을 존엄히 하는
바이다. 경기 지역이 편안하면 사해(四海)가 편안할 것이다.

政貴有恒이요 辭尙體要라 不惟好異니 商俗이 靡靡하여
利口를 惟賢하던 餘風이 未殄하니 公其念哉어다

| 언해 |

政은 恒홈이 貴ᄒ고 辭는 體와 要를 尙ᄒ논 디라 異을 好치 아니
ᄒ노니 商俗이 靡靡ᄒ야 利口를 賢타 ᄒ던 餘風이 殄치 몯ᄒ얀ᄂ
니 公이 그 念홀 디어다

| 번역 |

"정사는 일관됨이 있는 것을 귀하게 여기고, 정령은 구체적이고
간결한 것을 숭상한다. 특이한 것을 좋아하지 않으니, 상(商)나라
풍속이 사치하고 화려하여 말 잘하는 것을 어질다고 여겨서 남아

있는 풍속을 끊지 못하였으니, 공은 그것을 염두에 두라."

| 자해 |

恒 : 일정함 •體要 : 구체적이고 간결함.

| 의해 |

정사(政事)는 순일(純一)하고 사령(辭令)은 간략하고 진실하여야
한다. 이는 총명을 지어서 거짓된 것을 쫓으며 괴이함을 좋아하
는 일을 깊이 경계한 것이다.

我聞하니 曰世祿之家 鮮克由禮하여 以蕩陵德하며 實悖
天道하여 敝化奢麗 萬世同流니라

| 언해 |

나는 드르니 굴온 世祿ᄒᆞᆫ 家ᄂᆞᆫ 능히 禮을 由ᄒᆞ리 젹어 蕩으로
뻐 德을 陵ᄒᆞ며 진실로 天道를 悖ᄒᆞ야 化를 敝ᄒᆞ야 奢ᄒᆞ며 麗ᄒᆞ
미 萬世예 ᄒᆞᆫ 가지로 流ᄒᆞᄂᆞ니라

| 번역 |

"내가 들으니, '대대로 봉록을 받는 집안은 예를 따르는 자가 드물
다. 방탕함으로 덕 있는 이를 능멸하고 진실로 천도를 어그러뜨
리며, 교화를 무너뜨려 사치하고 화려함이 만세에 흐름을 같이
한다.'고 하였다."

| 의해 |

대대로 봉록을 받는 집안이 안일하고 즐기며 그것을 길러주어서 예를 따르는 자가 적다. 이미 예를 따르지 않으면 마음을 통제하는 것이 없어서 교만함과 방탕함을 멋대로 하여 덕 있는 이를 능멸하고 천도를 어그러뜨리며, 풍속과 교화를 무너뜨려 사치하고 화려함이 만세에 동일하게 흐른다. 강왕(康王)이 장차 은(殷)나라 선비들이 세력을 믿고 사치하여 의로움을 멸한 악을 말하려고 했기 때문에 먼저 옛 사람이 세족(世族)을 논한 것을 취하여 말한 것이다.

茲殷庶士 席寵이 惟舊하여 怙侈滅義하며 服美于人하여 驕淫矜侉하여 將由惡終이러니 雖收放心하나 閑之惟艱하니라

| 언해 |

이 殷의 庶士ㅣ 寵을 席홈이 舊ㅎ야 侈를 怙ㅎ야 義를 滅ㅎ며 服美로 人의게 ㅎ야 驕淫ㅎ며 矜侉ㅎ야 쟝챳 惡으로 말믜아마 終ㅎ리러니 비록 放혼 心을 收ㅎ나 閑홈이 艱ㅎ니라

| 번역 |

"이 은(殷)나라의 많은 선비들은 왕의 총애를 차지한 지 오래되어 권세를 믿고 사치하고 의로움을 멸하여 옷만 남보다 아름답게 해서 교만하고 음란하며 자랑하고 과시하며 장차 악을 따라 마치게 될 것이니, 비록 놓아버린 마음을 거두었으나 막기가 어렵다."

| 의해 |

은(殷)나라 선비들이 총애를 빙자하여 사사로운 욕심을 드러내는 데 그 유래가 있었다. 사사로운 욕심과 공적인 의로움이 서로 사라지고 자라므로 사치를 믿으면 반드시 의로움을 멸하는 데 이를 것이다. 의로움을 멸하면 다시는 부끄러워하는 단서가 없어 한갓 복식의 아름다움을 남에게 과시하고, 자신의 아름답지 못함은 부끄러워하지 않는다. 흘러가고 돌아오지 아니하여 교만하고 음란하며 자랑하고 과시하며 모든 사악함이 아울러 나타나서 장차 악으로 마치게 될 것이다. 낙읍(洛邑)으로 옮김으로써 가르침에 교화되어 비록 이미 잃어버린 마음을 거두었으나, 사악함을 막기가 오히려 매우 어려운 것이다.

資富能訓이 惟以永年이니 惟德惟義가 時乃大訓이니라
不由古訓이면 于何其訓이리오

| 언해 |

資ᄒᆞ야 富커든 능히 訓ᄒᆞ요미 뻐 年을 永홈이니 德과 義ㅣ이 큰 訓이니라 古를 由ᄒᆞ야 訓치 아니ᄒᆞ면 어듸 그 訓ᄒᆞ리오

| 번역 |

"물자가 풍부해야 가르치는 것이 오래갈 수 있으니, 덕과 의로움이 바로 큰 가르침이다. 옛날을 따라 가르치지 않으면 무엇으로 가르치겠는가?"

| 자해 |

資 : 자재(資財).

| 의해 |

은(殷)나라의 선비를 가르치지 않을 수 없음을 말한 것이다. 물자가 풍부하면 가르칠 수 있으니, 마음이 바깥 사물에 의해 바뀌지 아니하여 성명(性命)의 바름을 온전히 할 수 있다. 그러나 가르침은 겉으로 가르칠 조목을 세우는 것이 아니고, 오직 덕과 의로움으로 할 따름이니, 덕과 의로움은 사람이 똑같이 가지고 있는 것이다. 오직 덕과 의로움으로 가르치는 것이 천하의 큰 가르침이다. 그러나 가르침은 자기의 사사로운 생각으로 말할 것이 아니고, 마땅히 옛날을 상고하여 말해야 한다. 선은 증험할 것이 없으면 백성들이 따르지 않으니, 옛날을 따르지 않고 가르치면 무엇으로 가르치겠는가?

王曰 嗚呼라 父師아 邦之安危는 惟茲殷士니 不剛不柔라사 厥德이 允修하리라

| 언해 |

王이 골ᄋ샤더 嗚呼ㅣ라 父師아 邦의 安ᄒ며 危호믄 이 殷士ㅣ니 剛치 아니ᄒ며 柔치 아니ᄒ야사 그 德이 진실로 修ᄒ리라

| 번역 |

왕이 말씀하셨다. "아! 부사(父師)여. 나라의 안위는 오직 은(殷)나라 선비들에게 달려 있으니, 너무 굳세지도 않고 너무 부드럽

지도 않아야 그 덕이 진실로 닦여질 것이다."

| 의해 |

이때에 사방이 근심할 만한 일이 없었고, 은(殷)나라 백성이 가르침에 교화된 지가 삼 기(紀) 남짓인데, 또한 어찌 우려할 것이 있었겠는가? 그러나 강왕(康王)이 나라의 안위가 오직 이에 달려 있다고 함으로써 작은 성취에 구차하지 않은 것이 이와 같았으니, 문왕(文王)·무왕(武王)과 주공(周公)의 은택이 깊고 긴 것이 마땅하도다. 너무 굳세지 않은 것은 이로써 보호하는 것이고, 너무 부드럽지 않은 것은 이로써 다스리는 것이니, 너무 굳세지도 않고 너무 부드럽지도 않으면 그 덕이 진실로 닦여질 것이다.

惟周公이 克愼厥始하고 惟君陳이 克和厥中하고 惟公이 克成厥終하여 三后協心하여 同底于道하여 道洽政治하여 澤潤生民하여 四夷左衽이 罔不咸賴하니 予小子는 永膺多福이로다

| 언해 |

周公이 능히 그 始를 愼ᄒ야늘 君陳이 능히 그 中을 和ᄒ야늘 公이 능히 그 終을 成ᄒ야 三后ㅣ 心이 協ᄒ야 ᄒᆞ가지로 道애 底ᄒ야 道애 洽ᄒ고 政이 治ᄒ야 澤이 生民애 潤ᄒ야 四이ㅣ 左衽이 다 賴치 아니 아니ᄒ니 나 小子는 기리 多福을 膺ᄒ리로다

| 번역 |

"주공(周公)이 처음을 삼갈 수 있었고 군진(君陳)이 중간을 조화롭게 할 수 있었으며, 공(公)이 끝을 이룰 수 있어서 삼후(三后)가 마음을 합하여 한 가지로 도에 이르렀다. 도가 젖어들어 정사가 다스려져서 은택이 생민(生民)들을 윤택하게 하여, 옷깃을 왼쪽으로 여미는 사방의 이민족도 모두 의뢰하지 않음이 없으니, 나 어린 아들은 길이 많은 복을 받을 것이다."

| 의해 |

사는 곳을 다르게 하는 것이 다스림을 이룬 것이 아니라, 상(商)나라 백성들로 하여금 모두 선하게 한 뒤에야 이루었다고 말할 수 있다. 여기서 이루었다고 말하는 것은 미리 기약한 것이다. 삼후(三后)가 다스린 것은 낙읍(洛邑)이지만, 베푼 것은 사방의 이민족에까지 미쳤으니, 경기 지역은 사방의 근본이다.

公其惟時成周에 建無窮之基하면 亦有無窮之聞하리니
子孫이 訓其成式하여 惟乂하리라

| 언해 |

公이 그 이 成周애 無窮흔 基를 建흐면 쏘흔 無窮흔 聞이 이시리니 子孫이 그 成흔 式을 訓흐야 乂흐리라

| 번역 |

"공(公)이 이 성주(成周)에서 무궁한 기반을 세우면 또한 무궁한 평판이 있을 것이니, 자손이 이루어놓은 법을 따라 다스리리라."

| 자해 |

訓 : 따름.　•式 : 본보기.

| 의해 |

필공(畢公)은 네 세대의 원로이니, 어찌 후세에 이름을 세우는 데 급급한 사람이겠는가? 그러나 공덕이 융성함을 또한 어찌 작게 여기겠는가? 이는 강왕(康王)이 바란 것으로, 서로 무궁한 사업으로 기약하였으니, 존경이 지극하다.

嗚呼라 罔曰弗克이라하여 惟旣厥心하며 罔曰民寡라하여 惟愼厥事하여 欽若先王成烈하여 以休于前政하라

| 언해 |

嗚呼ㅣ라 능히 못ᄒ리로다 닐으지 마라 그 心을 旣ᄒ며 民이 寡타 닐으지 마라 그 事를 愼ᄒ야 先王의 成烈을 欽若ᄒ야 뻐 前政의셔 休케 ᄒ라

| 번역 |

"아! 능하지 못하다고 말하지 말라. 마음을 다하며 백성이 적다고 말하지 말라. 일을 신중히 하여 선왕이 이루어 놓은 업적을 따라서 지난날의 정사를 아름답게 하라."

| 의해 |

소씨(蘇氏)가 말하기를, "능하지 못하다는 것은 그 어려움을 두려워하여 감히 하지 못하는 것이요, 백성이 적다는 것[民寡]은 그

일을 쉽게 여겨 하되 할 것이 없다고 여기는 것이다."라 하였다.

전정(前政)은 주공(周公)과 군진(君陳)이다.

군아[君牙]

군아(君牙)는 신하의 이름이다. 목왕(穆王)이 군아를 명하여 대사도(大司徒)를 삼으니, 이것이 그 고명(誥命)이다. 금문(今文)에는 없고 고문(古文)에는 있다.

王若曰 嗚呼라 君牙아 惟乃祖乃父가 世篤忠貞하여 服勞王家하여 厥有成績이 紀于太常하니라

| 언해 |

王이 이러트시 골ᄋ샤디 嗚呼ㅣ라 네 祖와 네 父ㅣ 世로 忠貞을 篤ᄒ야 王家의 服勞ᄒ야 그 成績이 太常의 紀ᄒ얏ᄂ니라

| 번역 |

왕이 다음과 같이 말씀하셨다. "아! 군아(君牙)여. 네 할아버지와 네 아버지가 대대로 충정(忠貞)을 철저히 하여 왕가를 위해 일하고 노력해서 이룬 업적이 있어 태상(太常)에 기록하였다."

| 자해 |

王 : 목왕(穆王). 강왕(康王)의 손자이고 소왕(昭王)의 아들. • 太常 : 해와 달을 그린 천자의 깃발.

| 의해 |

태상(太常)은 해와 달을 그린 천자의 깃발인데, 공이 있는 자의
이름을 그 위에 기록하였다.

惟予小子 嗣守文武成康遺緒함은 亦惟先王之臣이 克
左右하여 亂四方하니 心之憂危 若蹈虎尾하며 涉于春氷
호라

| 언해 |

나 小子ㅣ 文武成康ㅅ 遺緒을 嗣守혼든 쏘혼 先王의 臣이 능히
左右ㅎ야 四方을 亂호믈 惟ㅎ노니 心의 危를 憂홈이 虎尾를 蹈ㅎ
며 春氷을 涉홈 곧치 호라

| 번역 |

"나 어린 아들은 문왕(文王)과 무왕(武王)과 성왕(成王)과 강왕
(康王)이 남기신 왕업의 계통을 이어 받아 지켰으며, 또한 선왕의
신하들이 보필하여 사방을 다스리니, 내 마음의 조심스럽고 위태
로움이 호랑이 꼬리를 밟는 것 같고 봄 얼음을 밟는 것 같다."

| 자해 |

緒 : 계통(系統)의 줄기.

| 의해 |

호랑이 꼬리를 밟는 듯하다는 것은 물릴 것을 두려워하는 것이
고, 봄 얼음을 건너는 듯하다는 것은 빠질 것을 두려워하는 것이

다. 근심하고 위태롭게 여김이 지극함을 말하여 도움을 구함이
간절함을 보여준 것이다.

今에 命爾하나니 予翼하여 作股肱心膂하여 纘乃舊服하여
無忝祖考하라

| 언해 |

이제 너를 命ᄒ노니 나를 翼ᄒ야 股肱이며 心膂되여 네 舊服을
纘ᄒ야 祖考를 忝치 말라

| 번역 |

"이제 너에게 나를 보필할 것을 명하니, 너는 나의 팔다리와 심장
과 등뼈가 되어서 옛 일을 이어서 너의 할아버지와 아버지를 욕
되게 하지 말라."

| 자해 |

膂 : 등뼈. •舊服 : 충정(忠貞)하고 수고하는 일. •忝 : 욕되게 함.

| 의해 |

군아(君牙)가 그 할아버지와 아버지가 선왕을 섬기던 것처럼 자
신을 섬기게 하고자 한 것이다.

弘敷五典하여 式和民則하라 爾身이 克正하면 罔敢弗正하리니 民心이 罔中이라 惟爾之中이니라

| 언해 |

五典를 弘ᄒ야 敷ᄒ야 民의 則을 式ᄒ야 和ᄒ라 네 身이 능히 正ᄒ면 敢히 正치 아니치 아니ᄒ리니 民의 心이 中이 아니라 너의 中이니라

| 번역 |

"다섯 가지 가르침을 널리 펴서 백성들의 법도를 본받아 조화롭게 하라. 네 자신이 바르게 된다면 감히 바르지 않은 사람이 없을 것이니, 백성들의 마음이 표준이 아니라 네 자신이 표준이 되어야 한다."

| 자해 |

弘敷 : 크게 폄. •式和 : 공경하여 조화롭게 함. •則 : 법칙.

| 의해 |

가르침은 베푸는 것으로 말한 것이므로 널리 편다고 하였고, 법도는 백성들의 떳떳함으로 말하였기 때문에 공경하여 조화롭게 한다고 말한 것이니, 이것이 사도(司徒)의 가르침이다. 그러나 가르침의 근본은 군아(君牙) 자신에게 있는 것이니, 정(正)과 중(中)은 백성의 본성이고 사람들이 똑같이 옳게 여기는 것이다. 정(正)은 몸으로 말한 것이라서 처하는 바에 사악한 행실이 없고자 하는 것이고, 중(中)은 마음으로 말하였으니 보존하는 바에 사악한 생각이 없고자 하는 것이다. 이는 군아(君牙)에게 사도의 직으

로써 고한 것이다.

夏暑雨에 小民이 惟曰怨咨하며 冬祁寒에 小民이 亦惟曰
怨咨하나니 厥惟艱哉인저 思其艱하여 以圖其易하면 民乃
寧하리라

| 언해 |

夏의 暑雨애 小民이 怨咨ᄒ며 冬 祁寒애 小民이 ᄯᅩ 怨咨ᄒᆞ니
그 艱ᄒᆞ뎌 그 艱을 思ᄒᆞ야 뻐 그 易를 圖ᄒ면 民이 寧ᄒ리라

| 번역 |

"여름에 무덥고 비가 내리면 백성들은 원망하며, 겨울에 크게 추
우면 백성들이 또한 원망하니, 어렵도다! 그 어려움을 생각하여
편안함을 도모하면 백성이 이에 편안하리라."

| 자해 |

祁 : 큼. •艱 : 굶주리고 추운 어려움. •易 : 의식(衣食)의 편안함.

| 의해 |

무덥고 비가 내리고 크게 추움에 백성들이 원망하는 것은 스스로
삶의 어려움을 서글퍼하는 것이다. "어렵도다!"라고 한 것은 백성
들이 진실로 어려워함을 탄식한 것이니, 그 어려움을 생각하여
편안하게 해줄 것을 도모하여야 백성들이 이에 편안할 것이다.
사도(司徒)는 다섯 가지 가르침을 펴서 많은 백성들을 길들이며
가르치고 기르는 직책을 겸하였으니, 이는 또 군아(君牙)에게 백

성을 기르는 어려움을 말한 것이다.

嗚呼라 丕顯哉라 文王謨여 丕承哉라 武王烈이여 啓佑我
後人하시되 咸以正罔缺하시니 爾惟敬明乃訓하여 用奉若
于先王하여 對揚文武之光命하며 追配于前人하라

| 언해 |

嗚呼ㅣ라 키 顯ᄒ다 文王의 謨여 키 承ᄒ다 武王의 烈이여 우리
後人을 啓佑ᄒ샤터 다 正으로 뻐 ᄒ고 缺홈이 업스시니 네 訓을
敬明ᄒ야 뻐 先王을 奉若ᄒ야 文武의 光命을 對揚ᄒ며 前人의 追
配ᄒ라

| 번역 |

"아! 크게 드러났도다, 문왕(文王)의 계책이여! 크게 이었도다,
무왕(武王)의 업적이여! 우리 후세 사람을 인도하여 돕되 모두
바른 것으로 해서 결점이 없으니, 너는 너의 가르침을 공경하고
분명히 하여 선왕을 받들고 따라서 문왕과 무왕의 빛나는 명을
자신의 임무로 삼아 세상에 드날려서 너의 앞사람에게 짝하게 하
라."

| 자해 |

조 : 큼. • 謨 : 도모함. • 烈 : 공. 업적. • 若 : 따름. • 對 : 답함. • 配 : 짝함.
• 前人 : 군아(君牙)의 할아버지와 아버지.

| 의해 |

문왕(文王)은 앞에서 드러났고 무왕(武王)은 뒤에서 이었으니,
계책이라고 하고 업적이라고 한 것은 각각 그 실제적인 일을 가
리켜 말한 것이다. 모두 바른 것으로 했다는 것은 한 가지 일도
바름에서 나오지 않음이 없는 것이고, 결점이 없다는 것은 한 가
지 일도 주밀함을 지극히 하지 않음이 없는 것이다.

王若曰 君牙아 乃惟由先正舊典하여 時式하라 民之治亂
이 在茲하니 率乃祖考之攸行하여 昭乃辟之有乂하라

| 언해 |

王이 이러트시 골ㅇ샤디 君牙아 네 先正ㅅ 舊典을 由ㅎ야 이예
式ㅎ라 民의 治ㅎ며 亂홈이 이예 이시니 네 祖考의 行ㅎ던 바롤
率ㅎ야 네 辟의 乂호믈 昭ㅎ라

| 번역 |

왕이 다음과 같이 말씀하셨다. "군아(君牙)여! 너는 선정(先正)의
옛 법을 따라서 이를 본받아라. 백성의 다스려짐과 혼란스러움은
여기에 달려 있다. 너의 할아버지와 아버지가 했던 바를 따라서
너의 임금의 다스림을 밝혀라."

| 자해 |

先正 : 군아(君牙)의 할아버지와 아버지.

| 의해 |

이는 다시 가법(家法)을 지킬 것을 경계하여 끝맺은 것이다. 이 편은 오로지 군아(君牙)의 할아버지와 아버지를 가지고 말하였으니, 군아의 할아버지와 아버지가 일찍이 사도(司徒)의 직책을 맡아 어질었음을 알 수 있다.

경명 [冏命]

목왕(穆王)이 백경(伯冏)을 명하여 태복(太僕)을 삼으니, 이것이 그 고명(誥命)이다. 금문(今文)에는 없고 고문(古文)에는 있다.

> 王若曰 伯冏아 惟予弗克于德하여 嗣先人宅丕后하여 怵
> 왕 약 왈 백 경　　　유 여 불 극 우 덕　　　사 선 인 택 비 후　　　출
> 惕惟厲하여 中夜以興하여 思免厥愆하노라
> 척 유 려　　　중 야 이 흥　　　사 면 궐 건

| 언해 |

王이 이러틋시 골으샤디 伯冏아 내 德의 克디 몯ᄒ야 先人을 嗣
ᄒ야 丕后에 宅ᄒ야 怵惕ᄒ야 厲ᄒ야 中夜애 뻐 興ᄒ야 그 愆을
免호믈 思ᄒ노라

| 번역 |

왕이 다음과 같이 말씀하셨다. "백경(伯冏)이여! 나는 덕에 능하
지 못한데도 선인(先人)을 이어 큰 임금의 자리에 앉아 있으니,
마음이 두렵고 위태롭게 여겨서 한밤중에 일어나 허물에서 벗어
날 것을 생각한다."

| 자해 |

伯冏 : 신하의 이름.

| 의해 |

목왕(穆王)이 말하였다. 나는 덕에 능하지 못하면서 앞 사람을 이어 큰 임금의 자리에 앉아 있으니, 두렵고 위태로워서 한밤중에 일어나 허물과 과실에서 벗어날 것을 생각한다.

昔在文武하사 聰明齊聖이어시늘 小大之臣이 咸懷忠良하며 其侍御僕從이 罔匪正人이라 以旦夕에 承弼厥辟일새 出入起居에 罔有不有하며 發號施令을 罔有不臧한대 下民이 祗若하며 萬邦이 咸休하니라

| 언해 |

昔애 文武의 在ᄒᆞ샤 聰明ᄒᆞ며 齊聖 ᄒᆞ시거늘 小大臣이 다 忠良을 懷ᄒᆞ며 그 侍御ᄒᆞᄂᆞᆫ 僕從이 正人이 아니 아니라 뼈 곰 旦夕에 그 辟을 承ᄒᆞ며 弼혼들로 出入ᄒᆞ며 起居애 欽치 아니 아니ᄒᆞ며 號를 發ᄒᆞ고 令을 施호믈 臧치 아닛 아니혼대 下民이 祗若ᄒᆞ며 萬邦이 다 休ᄒᆞ니라

| 번역 |

"옛날 문왕(文王)과 무왕(武王)은 총명하고 엄숙하고 지혜로우셨는데, 작고 큰 신하들이 모두 충량(忠良)을 마음에 품었고, 옆에서 모시는 종복들이 올바른 사람이 아님이 없었다. 그리하여 아침저녁으로 임금을 받들고 보필하여 왕의 일상생활에 있어서 공경하지 않음이 없었다. 정령을 냄에 있어서 훌륭하지 않음이 없었으니, 아래 백성들이 공경하고 순종하여 만방이 모두 아름다웠

다.”

| 자해 |

侍 : 좌우에서 심부름하고 모시는 사람. •御 : 수레를 모는 사람. •僕從 : 왕
을 따르는 사람. •承 : 받들어 순종함. •弼 : 바로잡음.

| 의해 |

비록 문왕(文王)이나 무왕(武王)과 같은 군주가 총명하고 위엄이
있고 지혜로웠고, 모든 신하가 충량(忠良)을 마음에 두었으니, 진
실로 옆에서 모시는 종복들이 받들어 순종하고 보필하는 것이 필
요가 없었으나, 좌우에서 분주한 자들을 모두 올바른 사람으로
얻는다면 받들어 순종하며 바로잡음이 또한 어찌 작은 도움이겠
는가?

惟予一人이 無良하여 實賴左右前後有位之士의 匡其不
及하며 繩愆糾謬하여 格其非心하여 俾克紹先烈하노라

| 언해 |

나 一人이 良치 못ᄒ야 진실로 左右와 前後앳 有位혼 士의 그 不
及을 匡ᄒ며 愆을 繩ᄒ며 謬를 糾ᄒ야 그 非心을 格ᄒ야 ᄒ여곰
능히 先烈을 紹홈을 賴코져 ᄒ노라

| 번역 |

“나 한 사람의 자질이 훌륭하지 못하니, 진실로 좌우와 전후의 지
위에 있는 선비들에게 의지하여 미치지 못하는 것을 바로 잡으

며, 허물을 곧게 하고 잘못을 바르게 하여 비뚤어진 마음을 바로
잡아 나로 하여금 선왕들의 공적을 이을 수 있게 하라."

| 자해 |

　無良 : 좋지 않음. •匡 : 보조함. •繩 : 바르게 함. •糾 : 바로잡음. •非心 :
비뚤어진 마음. •先烈 : 문왕(文王)과 무왕(武王).

今予命汝하여 作大正하노니 正于羣僕侍御之臣하여 懋乃
后德하여 交修不逮하라

| 언해 |

　이제 내 너를 命ᄒ야 大正을 作ᄒ노니 羣僕과 侍御ᄒ는 臣을 正
ᄒ야 네 后의 德을 懋ᄒ야 不逮를 交修ᄒ라

| 번역 |

　"지금 내가 너에게 명하여 대정(大正)으로 삼으니, 여러 종복과
모시는 신하들을 바로잡아 네 임금의 덕을 풍성하게 하여 미치지
못하는 바를 여러 가지로 닦으라."

| 자해 |

　大正 : 태복정(太僕正). •群僕 : 제복(祭僕), 예복(隷僕), 융복(戎僕), 제복
(齊僕) 등.

| 의해 |

　목왕(穆王)은 백경(伯冏)이 여러 종복과 모시는 신하를 바로잡아

임금의 덕을 권면하여 나아가게 하여 그 미치지 못하는 바를 여러 가지로 닦게 하고자 한 것이다.

愼簡乃僚_{하되} 無以巧言令色便辟側媚_{하고} 其惟吉士_{하라}

| 언해 |

네 僚를 愼ᄒ야 簡호ᄃᆡ 言을 巧ᄒ며 色을 슈ᄒᄂ니와 便辟ᄒ며 側ᄒ며 媚ᄒᄂ니로 뻐 말고 그 吉士로 ᄒ라

| 번역 |

"신중히 네 관료들을 선택하되 말을 잘하고 얼굴빛을 아름답게 하는 자와 편벽되고 간사한 자를 쓰지 말고 훌륭한 선비를 등용하라."

| 자해 |

巧言令色 : 말을 아름답게 하고 얼굴빛을 좋게 하여 겉만 꾸미고 실질이 없는 자. •便辟側媚 : 남이 하고자 하는 바를 따르고, 남이 싫어하는 바를 피하며, 간사하고 아첨하는 자. 소인(小人). •吉士 : 군자.

| 의해 |

마땅히 삼가 너의 보좌하는 자들을 택하되, 소인에게 맡기지 말고 군자를 등용하라고 말한 것이다.

僕臣正이면 厥后克正하고 僕臣諛면 厥后自聖하리니 后德
도 惟臣이며 不德도 惟臣이니라

| 언해 |

僕臣이 正ᄒ면 그 后ㅣ 능히 正ᄒ고 僕臣이 諛ᄒ면 그 后ㅣ 스스
로 聖이로라 ᄒ리니 后의 德도 臣이며 德 아님도 臣이니라

| 번역 |

"모시는 신하들이 바르면 임금이 바를 수 있고, 모시는 신하들이
아첨하면 임금이 스스로 성인이라 여길 것이니, 임금의 덕스럽게
되는 것도 신하 때문이며, 덕이 없는 것도 신하 때문이다."

| 자해 |

自聖 : 스스로 성인이라고 여기는 것.

| 의해 |

모시는 신하들의 어질고 어질지 않음이 임금의 덕의 가볍고 무거
움에 관계되는 것이 이와 같다. 소인이 임금을 어그러지게 하는
것은 반드시 거짓된 칭찬으로 임금의 마음에 영향을 주어서 오만
하게 스스로 성인이라고 여기게 한다. 그렇게 되면 사람들을 자
기만 못하다고 여겨 자신의 말을 어기지 않기를 바라니, 그런 다
음에는 법도 있는 집안과 보필하는 선비가 날로 멀어지고, 뜻하
는 대로 하고 마음대로 하게 된다.

爾無昵于憸人_{이무닐우섬인}하여 充耳目之官_{충이목지관}하여 迪上以非先王之典_{적상이비선왕지전}
하라

| 언해 |

네 憸人을 昵ᄒᆞ야 耳目ㅅ 官애 充ᄒᆞ야 上을 先王의 典 아닌 거스
로 뻐 迪게 말라

| 번역 |

"너는 간사한 사람을 가까이하여 귀와 눈에 해당하는 기관에 충당
하여 윗사람을 선왕의 법이 아닌 것으로 인도하는 일이 없도록
하라."

| 의해 |

너는 소인들을 가까이하여 나의 귀와 눈에 해당하는 기관에 채워
서 임금을 선왕의 법이 아닌 것으로 인도하도록 하지 말라고 하
니, 목왕(穆王)이 스스로 덕을 지키는 것이 견고하지 못함을 헤아
리고, 좌우가 옳지 않은 일로 마음을 방탕하게 할까 두려워한 것
이다.

非人其吉_{비인기길}이요 惟貨其吉_{유화기길}이면 若時瘝厥官_{약시환궐관}하리니 惟爾大弗_{유이대불}
克祗厥辟_{극지궐벽}이라 惟予汝辜_{유여여고}하리라

| 언해 |

人을 그 吉로 아니ᄒ고 貨로 그 吉타 ᄒ면 이예 그 官을 癏ᄒ리니
네 크게 능히 그 辟을 祗치 아니ᄒᄂᆞᆫ 디라 내 너를 辜ᄒ오리라

| 번역 |

"사람을 길하게 여기지 않고 재물을 길하게 여기면 이에 그 관직
을 병들게 하는 것이니, 너는 크게 임금을 공경하지 않는 것이다.
나는 너에게 죄를 주리라."

| 의해 |

재화와 뇌물로 여러 신하들을 임용할까 경계한 것이다. 사람의
선함으로 하지 않고 재화와 뇌물을 선하게 여기면 이는 그 관직
을 병들게 하는 것이니, 네가 크게 임금을 공경하지 못한 것이다.
내가 또한 너를 죄줄 것이다.

王曰 嗚呼라 欽哉하여 永弼乃后于彝憲하라

| 언해 |

王이 ᄀᆞᆯᄋᆞ샤ᄃᆡ 嗚呼ㅣ라 欽ᄒ야 기리 네 后를 彝憲의 弼ᄒ라

| 번역 |

왕이 말씀하셨다. "아! 공경하라. 영원한 법으로 네 임금을 길이
보필하라."

| 자해 |

彝憲 : 떳떳한 법.

| 의해 |

　목왕(穆王)이 마지막 장의 명령에서 백경(伯冏)에게 바란 것이
깊고 또 원대하다.

여형 [呂刑]

여후(呂侯)가 천자의 사구(司寇)가 되니, 목왕(穆王)이 명하여 형벌을 가르쳐 사방을 다스리게 하였다. 사관이 기록하여 편을 만들었다. 금문(今文)과 고문(古文)에 다 있다.

惟呂를 命하시니 王이 享國百年에 耄荒하여 度作刑하여 以

詰四方하시다

| 언해 |

呂를 命ᄒ시니 王이 國을 享ᄒ신 百年에 耄ᄒ며 荒ᄒ야 度ᄒ야

刑을 作ᄒ야 뻐 四方을 詰ᄒ시다

| 번역 |

여후(呂侯)를 명하니, 왕이 나라를 누린 지 백년에 늙어서 소홀하게 되자, 헤아려 형벌을 만들어 사방을 다스렸다.

| 자해 |

耄 : 늙어서 혼란한 모양.　·荒 : 소홀함.　·詰 : 다스림.

| 의해 |

목왕(穆王)이 나라를 누린 지 백년에 왕의 수레바퀴 자국과 말발

굽 자국이 천하에 두루 미쳤다. 그러므로 사관은 목왕이 늙어서
소홀하게 되었다는 말로 이 편이 그 때문에 지어진 것임을 보여
주려고 한 것이다.

> 王曰 若古에 有訓하니 蚩尤惟始作亂한대 延及于平民하
> 여 罔不寇賊하여 鴟義姦宄하며 奪攘矯虔하니라

| 언해 |

王이 굴ᄋ샤딕 若古애 訓이 인ᄂ니 蚩尤ㅣ 비로소 亂을 作ᄒᆞᆫ대
平民애 延及ᄒᆞ야 寇ᄒᆞ며 賊디 아니 아니ᄒᆞ야 鴟로 義ᄒᆞ야 姦ᄒᆞ며
宄ᄒᆞ며 奪ᄒᆞ며 攘ᄒᆞ며 橋虔ᄒᆞ니라

| 번역 |

왕이 말씀하셨다. "옛날에 가르침이 있었으니, 치우(蚩尤)가 처음
난을 일으키자 평민에게까지 미쳐서 도적이 되지 않는 자가 없어
사나움을 옳은 것으로 여겨 간악하며 도적질하며 빼앗으며 거짓
말을 하고 사람을 죽였다."

| 자해 |

鴟義 : 올빼미처럼 사나움을 옳은 것으로 여김. •姦 : 간악함. •宄 : 도적질
함. •攘 : 빼앗음. •矯 : 거짓. •虔 : 죽임.

| 의해 |

옛날의 세상은 크고 넉넉하고 두터웠는데, 치우(蚩尤)가 처음으
로 포악하고 혼란한 단서를 열어 평민에게까지 뻗쳐 도적이 되게

함을 말한 것이다.

苗民^{묘민}이 弗用靈^{불용령}하여 制以刑^{제이형}이요 惟作五虐之刑曰法^{유작오학지형왈법}이라하여 殺戮無辜^{살륙무고}하니 爰始淫爲劓刵椓黥^{원시음위의이탁경}하여 越茲麗刑^{월자리형}하여 幷制^{병제}하여 罔差有辭^{망차유사}하니라

| 언해 |

苗民이 靈을 뻐 刑을 刑치 안이 ᄒ고 다셧 虐ᄒ 刑을 作ᄒ야 굴오디 法이라 ᄒ야 無辜를 殺戮ᄒ니 이예 비로쇼 너모 劓ᄒ며 刵ᄒ며 椓ᄒ며 黥ᄒ야 이예 麗ᄒ니를 刑ᄒ야 다 制ᄒ야 辭로 差치 안이ᄒ니라

| 번역 |

"묘민(苗民)이 선한 도로 형벌을 제정하지 않고, 다섯 가지 사나운 형벌을 만들어서 법이라고 하여 무고한 자들을 살육하였다. 이에 처음으로 지나치게 코 베고 귀 베고 거세하고 얼굴에 글자를 새겨, 이에 죄에 걸린 자들을 형벌하고 아울러 죄가 없는 자까지 일괄적으로 처벌했다. 죄 없는 사람에 대해서도 차이를 두지 않았다."

| 자해 |

苗民 : 삼묘(三苗)의 임금. •靈 : 선함. •殺戮 : 사형. •淫 : 지나침. •劓 : 코를 베는 형벌. •刵 : 귀를 베는 형벌. •椓 : 거세하는 형벌. •黥 : 얼굴에 글자를 새기는 형벌.

| 의해 |

묘민(苗民)이 치우(蚩尤)의 포악함을 이어 선한 법을 써서 형벌을 제정하지 않고, 오직 다섯 가지 사나운 형벌을 만들고는 법이라고 하여, 죄 없는 이를 살육하였다. 이에 비로소 지나치게 코를 베고 귀를 베고 거세하며 얼굴에 글자를 새기는 법을 만들어, 법에 걸리면 반드시 형벌하고 아울러 무죄한 자까지 처벌하여, 다시는 곧거나 굽은 말에 대해 차별을 두지 않고 모두 형벌한 것이다.

民興胥漸하여 泯泯棼棼하여 罔中于信이요 以覆詛盟하니
虐威庶戮이 方告無辜于上한대 上帝監民하시니 罔有馨
香德이요 刑發聞이 惟腥이러라

| 언해 |

民이 興ᄒ야 서르 漸ᄒ야 泯泯ᄒ며 棼棼ᄒ야 中이 信애 아니ᄒ고 ᄡᅥ 詛盟을 覆ᄒ니 虐으로 威혼 庶戮이 보야흐로 無辜를 上애 告혼대 上帝ㅣ 民을 監ᄒ시니 馨香혼 德이 잇디 아니ᄒ고 刑發聞홈이 腥ᄒ더라

| 번역 |

"백성들이 일어나 서로 물들어서 어둡고 어지러워 믿음이 마음에서 나오지 않아서 맹세와 저주를 반복하였다. 포학한 정치로 재앙을 당한 여러 형벌을 받은 자들이 바야흐로 무고함을 위에 고하자 상제께서 백성들을 살펴보시니, 향기로운 덕이 없고 형벌로

드러난 더러움뿐이었다."

| 자해 |

胥 : 서로. ・漸 : 물들임. ・泯泯 : 어두움. ・棼棼 : 어지러움. ・覆 : 반복함.
・腥 : 더러움.

| 의해 |

백성들이 서로 물들어서 어둡고 어지러워서 다시는 성실한 믿음
이 없고, 서로 더불어 맹세와 저주를 반복할 뿐이었다. 사나운 정
사로 위엄을 지어 모든 형벌을 받은 자들이 바야흐로 각각 무죄
함을 하늘에 하소연하였다. 하늘이 묘민(苗民)을 살펴보니, 향기
로운 덕이 없고 온통 형벌로 드러나 들리는 더러움뿐이었다.

皇帝哀矜庶戮之不辜하사 報虐以威하사 遏絶苗民하여

無世在下하시니라

| 언해 |

皇帝 庶戮의 辜ㅣ 안임을 哀矜ᄒ샤 虐을 報호ᄃᆡ 威로 뻐 ᄒ샤 苗
民을 遏絶ᄒ야 世ᄒ야 下의 在ᄒ미 업게 ᄒ시니라

| 번역 |

"위대한 제(帝)께서 여러 형벌을 받은 자의 무죄함을 불쌍하게 여
기시어 포학함을 갚되 위엄으로써 하여 묘민(苗民)을 끊어서 대
대로 이어 아래 나라에 있지 못하게 하셨다."

| 자해 |

皇帝 : 순(舜). •絶 : 멸함.

> 乃命重黎하사 絶地天通하사 岡有降格케하신대 羣后之逮
> 在下 明明棐常하여 鰥寡無蓋하니라

| 언해 |

重과 黎를 命ᄒ샤 地와 天의 通호믈 絶ᄒ샤 降格홈이 잇디 아니
케 ᄒ신대 羣后와 밋 下의 在ᄒ얏ᄂ니 明明ᄒ야 常을 棐ᄒ야 鰥
寡ㅣ라도 蓋홈이 업스니라

| 번역 |

"중(重)과 여(黎)에게 명하여 땅이 하늘과 통하는 것을 끊어, 신
이 내려와 이름이 없게 하시니, 여러 임금들과 아래에 있는 자들
이 밝고 밝아서 떳떳한 도리를 도와 홀아비와 과부라도 가려짐이
없었다."

| 자해 |

重 : 소호(少昊)의 후손. •黎 : 전욱(顓頊)의 후손. •逮 : 및. •棐 : 도움. •
常 : 상도(常道). •蓋 : 가림.

| 의해 |

잘 다스려지는 세상에서는 공정한 도가 밝고 밝아서 착한 일을
하면 복을 얻고 악을 하면 화를 얻으니, 백성들이 화와 복이 어디
에서 나오는지를 분명하게 알아, 아득하고 어두워 알 수 없는 곳

에서 구하지 않았다. 삼묘(三苗)의 어둡고 포악한 때를 당하여 백성 가운데 죄를 얻은 자가 그 단서를 알지 못하여 하소연할 곳이 없게 되자, 서로 더불어 귀신에게 듣게 하니, 자신의 귀신이 아닌 것에도 제사를 지냈다. 그리하여 하늘과 땅과 사람의 신에게 제사지내는 법도가 뒤섞이고 모독이 되니, 이것이 요망함이 일어나는 이유이고, 인심이 바르지 못하게 된 까닭이다. 순(舜)임금은 인심을 바로잡는 것이 먼저였으므로 중(重)과 여(黎)에게 명하여 제사지내는 법도를 밝히게 하였다. 천자가 된 연후에야 천지에 제사하고, 제후가 된 연후에야 산천에 제사하여, 존비(尊卑)와 상하(上下)가 각각 분한(分限)이 있게 되어, 하늘과 땅의 통함을 끊고 유(幽)와 명(明)의 구분을 엄격히 하여 요망한 말을 모두 사라지게 하니, 여러 임금들과 아래에 있는 여러 신하들이 모두 한 마음을 깨끗이 하여 떳떳한 도리를 도왔다. 백성들이 마침내 선하면 복을 얻고 악하면 화를 얻어 비록 홀아비와 과부 같은 미천한 자라도 또한 가려져 스스로 펴지 못한 자가 없었다.

皇帝淸問下民하시니 鰥寡有辭于苗어늘 德威하신대 惟畏하고 德明하신대 惟明하니라

| 언해 |

皇帝ㅣ 下民을 淸問ᄒ시니 鰥寡ㅣ 苗애 辭를 둣거늘 德으로 威ᄒ신대 畏ᄒ고 德으로 明ᄒ신대 明ᄒ니라

| 번역 |

"위대한 제(帝)께서 마음을 비우고 아래 백성들에게 물으시니, 홀

아비와 과부가 묘(苗)의 잘못에 대한 말을 하였다. 덕으로 위엄을
삼으시니 두려워하였으며, 덕으로 밝히시자 밝아졌다.”

| 자해 |

淸問 : 마음을 비우고 묻는 것. •有辭 : 묘(苗)의 허물을 소리 내어 밝힘.

| 의해 |

삼묘(三苗)는 사나움으로 위엄을 삼고 살피는 것으로 밝음을 삼
았는데, 제(帝)가 그 도를 반대로 하여 덕으로 위엄을 삼으니 천
하가 두려워하고, 덕으로 밝히자 천하가 밝게 되었다.

乃命三后하사 恤功于民하시니 伯夷는 降典하여 折民惟刑
하고 禹平水土하여 主名山川하고 稷降播種하여 農殖嘉穀
하니 三后成功하여 惟殷于民하니라

| 언해 |

三后를 命ᄒᆞ샤 民을 恤ᄒᆞᄂᆞᆫ 功을 ᄒᆞ시니 伯夷는 典을 降ᄒᆞ야 民
의 刑을 折ᄒᆞ고 禹는 水土를 平ᄒᆞ야 名훈 山天을 主ᄒᆞ고 稷은 種
播호믈 降ᄒᆞ야 農의 嘉穀을 殖ᄒᆞ니 三后ㅣ 功을 成ᄒᆞ야 民을 殷
케 ᄒᆞ니라

| 번역 |

“삼후(三后)에게 명하여 백성을 구휼하는 일을 다 하게 하시니,
백이(伯夷)는 전례(典禮)를 내려 백성들에 대한 형벌을 끊게 하

고, 우(禹)는 물과 땅을 다스림에 이름 있는 산천을 주로 하고,
직(稷)은 파종하는 법을 내려 농민이 좋은 곡식을 기르니, 삼후가
공을 이루어 백성들을 풍성하게 하였다.”

| 자해 |

恤功 : 백성을 근심하는 일. •典 : 예. •降 : 윗사람이 아랫사람을 가르침. •
折 : 백성이 형벌에 들어가는 길을 끊음. •殷 : 부유하고 융성함.

| 의해 |

예를 잃으면 형벌로 들어가니, 예와 형벌이 동전의 양면과 같다.
백이(伯夷)는 전례를 내려 민심을 바로잡고, 우(禹)는 물과 땅을
다스려 백성들의 거처를 안정시키고, 직(稷)이 파종하는 법을 내
려 백성들의 삶을 두터이 하여 백성이 부유하고 풍성하게 되도록
한 것이다.

사 제 백 성 우 형 시 중　　이 교 지 덕
士制百姓于刑之中하여 以教祗德하니라

| 언해 |

士ㅣ 百姓을 刑의 中애 制ᄒᆞ야 뻐 德의 祗호ᄆᆞᆯ 敎ᄒᆞ니라

| 번역 |

“재판관이 백성들을 형벌의 적정함으로 검속하여 덕을 공경함을
가르쳤다.”

| 자해 |

士 : 형벌을 맡은 관리.

| 의해 |

고요(皐陶)를 명하여 재판관으로 삼아 백성들을 형벌의 적정함으로 제어하여 그 마음을 검속하여 덕을 공경할 것을 가르친 것이다.

^{목 목 재 상} 穆穆在上하며 ^{명 명 재 하} 明明在下하여 ^{작 우 사 방} 灼于四方하여 ^{망 불 유 덕 지} 罔不惟德之 ^근 勤하니 ^{고 내 명 우 형 지 중} 故乃明于刑之中하여 ^{솔 예 우 민} 率乂于民하여 ^{비 이} 棐彝하니라

| 언해 |

穆穆히 上애 在ᄒ며 明明히 下애 在ᄒ야 四方의 灼ᄒ야 德을 勤치 아니 아니ᄒ니 故로 刑中을 붉켜 다 民을 乂ᄒ야 彝를 棐ᄒ니라

| 번역 |

"근엄하게 위에 있고 밝게 아래에 있어, 사방에 빛나서 덕에 부지런히 힘쓰지 않음이 없으니, 그러므로 마침내 형벌의 적정함을 밝혀서 모든 백성을 다스려 타고난 본성을 도왔다."

| 자해 |

穆穆 : 화합하고 공경하는 모양. •明明 : 분명한 모양. •灼于四方 : 빛이 드러나 사방에 이름.

| 의해 |

임금과 신하의 덕이 밝음이 이와 같았으므로 백성들이 모두 보고 감동하여 선한 도를 행하기를 그치지 않았다. 이와 같았으나 오

히려 교화되지 않는 자가 있었다. 그러므로 재판관이 형벌의 적
정함에 대해서 분명하게 하여 지나치거나 미치지 못하는 잘못이
없어 백성을 모두 다스려서 그 떳떳한 본성을 도왔으니, 이른바
형벌의 정화(精華)라는 것이다.

典獄이 非訖于威라 惟訖于富니 敬忌하여 罔有擇言在身
하여 惟克天德이라야 自作元命하여 配享在下하리라

| 언해 |

獄典ᄒᆞ요미 威예만 訖홀 ᄲᅮ니 아니라 富애도 訖홀 디니 敬ᄒᆞ며
忌ᄒᆞ야 擇홀 言이 身애 잇디 아니ᄒᆞ야 능히 天德이라샤 스스로
元命을 作ᄒᆞ야 配ᄒᆞ야 享ᄒᆞ야 下에 잇시리라

| 번역 |

"옥(獄)을 맡은 자는 권세 있는 자에게도 법을 다해야 할 뿐만 아
니라, 부유한 자에게도 다해야 한다. 공경하고 삼가 자신의 말에
가릴 것이 있지 않도록 하여, 하늘의 덕에 전일하게 하여 스스로
큰 명이 되어서 하늘의 뜻에 따라 행사하라."

| 자해 |

訖:다함. •威:권세(權勢). •罔有擇言在身:자신의 입에 가릴 말이 없음.

| 의해 |

옥(獄)을 맡은 관원은 오직 법을 권세 있는 집안에만 다할 뿐만
아니라 또한 뇌물을 주는 부유한 사람에게도 다하여, 위엄에 굽

히지 않고 이익에 유혹되지 않아야 함을 말한 것이다. 공경하고 조심하여 자신의 말에 가릴 것이 없게 되면, 크게 공정하고 지극히 바르게 되어서 순수하고 자연스러운 덕이 털끝만큼이라도 들어서 남에게 보일 수 없는 것이 없을 것이다. 자연스러운 덕이 자신에게 있으면 큰 명이 자신으로부터 만들어져서 하늘과 짝하여 아래 세상에 있을 것이다.

王이 曰嗟四方司政典獄아 非爾惟作天牧가 今爾는 何監고 非時伯夷播刑之迪가 其今爾何懲고 惟時苗民이 匪察于獄之麗하며 罔擇吉人하여 觀于五刑之中이요 惟時庶威奪貨로 斷制五刑하여 以亂無辜한대 上帝不蠲하사 降咎于苗하시니 苗民이 無辭于罰하여 乃絶厥世하니라

| 언해 |

王이 글오샤디 嗟홉다 四方에 政을 司ᄒᆞ야 獄을 典ᄒᆞ얏ᄂᆞ니아 네 天牧을 作디 안이 ᄒᆞ얏ᄂᆞ냐 이제 너는 무엇을 監홀고 이 伯夷이 刑을 播ᄒᆞ야 迪홈이 안인가 이제 네 무엇을 懲홀고 이 苗民이 獄의 麗를 察치 아니ᄒᆞ며 吉人을 擇ᄒᆞ야 五刑의 中을 觀케 아니ᄒᆞ고 이 庶威와 貨로 奪ᄒᆞᄂᆞ니로 五刑을 斷制ᄒᆞ야 뻐 無辜를 亂케 ᄒᆞᆫ대 上帝이 蠲치 아니ᄒᆞ샤 咎를 苗애 降ᄒᆞ시니 苗民이 罰을 辭홈이 업서 그 世를 絶ᄒᆞ니라

| 번역 |

왕이 말씀하셨다. "아! 사방의 정사를 맡아 옥사를 주관하는 자들이여. 너희가 하늘이 내린 목민관이 되지 않았는가? 이제 너희는 무엇을 거울로 삼을 것인가? 이 백이(伯夷)가 형벌을 베풀어 인도함이 아니겠는가? 이제 너희는 무엇을 경계로 삼을 것인가? 이 묘민(苗民)들이 옥사에 걸리는 것을 살피지 않으며, 길한 사람을 선택하여 다섯 형벌의 적정함을 보게 하지 않고, 이 많은 포학한 짓을 하여 재물을 빼앗는 자들이 다섯 형벌로 단죄하고 제재하여 무고한 자들을 어지럽혔다. 상제가 죄를 용서하지 않으시고 허물을 묘(苗)에 내리시니, 묘민이 하늘의 벌에 대해 변명이 없어 마침내 그 대를 잇는 것이 끊어지게 되었다."

| 자해 |

司政典獄 : 정사를 맡아 옥사를 주관하는 제후. ・迪 : 인도함. ・麗 : 붙음. ・蠲 : 용서함.

| 의해 |

제후는 하늘의 목민관이 되어 백성을 기르는 자이므로, 이제 너희가 살펴야 할 바는 백이(伯夷)가 아니며, 경계해야 할 바는 유묘(有苗)가 아니겠는가? 백이는 형벌을 베풀어 이 백성을 인도하였으니, 이제 고요(皐陶)는 놓아두고 백이를 말한 것은 근본을 찾으려는 논의이다. 묘민(苗民)이 옥사에 걸리는 것을 살피지 않으며 또 길한 사람을 선택하여 그들로 하여금 다섯 가지 형벌의 경중의 적정함을 보게 하지 않고, 오직 부유하고 귀함으로 법을 빼앗는 자로 하여금 다섯 가지 형벌을 가지고 단죄하고 제재하게 하여, 무죄한 자들을 어지럽히고 포학하게 하였다. 상제가 용서하지 아니하여 묘민에게 벌을 내리니, 묘민이 변명을 하지 못하고 드디어 끊어져 없어지게 된 것이다.

王曰 嗚呼라 念之哉어다 伯父와 伯兄과 仲叔과 季弟와
幼子와 童孫아 皆聽朕言하라 庶有格命하니라 今爾罔不
由慰日勤하나니 爾罔或戒不勤하라 天齊于民이라 俾我
一日이시니 非終惟終이 在人하니 爾尙敬逆天命하여 以
奉我一人하여 雖畏나 勿畏하며 雖休나 勿休하여 惟敬五
刑하여 以成三德하면 一人有慶하며 兆民賴之하여 其寧
惟永하리라

| 언해 |

王이 ᄀᆞᆯᄋᆞ샤ᄃᆡ 嗚呼ㅣ라 念홀 디어다 伯父와 伯兄과 仲叔과 季弟
와 幼子와 童孫아 다 朕言을 聽ᄒᆞ라 거의 格혼 命이 이시리라 今
애 네 由ᄒᆞ야 慰홈이 日로 勤치 아니 안이ᄒᆞᄂᆞ니 네 或도 不勤코
사 戒치 말라 天이 民을 齊ᄒᆞ시ᄂᆞᆫ 디라 우리로 ᄒᆞ여곰 一日만 ᄒᆞ
게 ᄒᆞ시니 終아니며 終이 人애 在ᄒᆞ니 네 맛당히 天命을 敬逆ᄒᆞ
야 ᄡᅥ 나 一人을 奉ᄒᆞ야 비록 畏ᄒᆞ라 ᄒᆞ나 畏치 말며 비록 休ᄒᆞ라
ᄒᆞ나 休치 마라 五刑을 敬ᄒᆞ야 ᄡᅥ 三德을 成ᄒᆞ면 一人이 慶이 잇
시며 兆民이 賴ᄒᆞ야 그 寧이 永ᄒᆞ리라

| 번역 |

왕이 말씀하셨다. "아! 생각할지어다. 백부(伯父)와 백형(伯兄)과
중숙(仲叔)과 계제(季弟)와 유자(幼子)와 동손(童孫)들이여. 모두
나의 말을 들어라. 아마도 지당한 명이 있을 것이다. 지금 너희가

위로로 삼는 것은 날마다 부지런하지 않음이 없다는 것이니, 너희는 조금이라도 부지런하지 않음을 경계함이 없도록 하라. 하늘이 백성들을 가지런히 하시려고 우리로 하여금 하루만 형벌을 쓰게 하신 것이다. 고의가 아닌 죄와 고의인 죄가 사람에게 달려 있으니, 너희는 마땅히 천명을 공경히 맞이해서 나 한 사람을 받들라. 비록 형벌하라고 하더라도 형벌하지 말고, 비록 용서하라고 하더라도 용서하지 말라. 다섯 가지 형벌을 공경히 하여 세 가지 덕을 이루면 나 한 사람이 경사가 있을 것이며, 많은 백성들이 의지하여 편안함이 영원할 것이다."

| 자해 |

格 : 지극함. •天齊于民 : 하늘이 형벌로 어지러운 백성들을 가지런하게 함. •俾我一日 : 나로 하여금 형벌을 하루만 쓰게 함. •非終 : 고의가 아닌 죄. •惟終 : 고의로 지은 죄. •畏 : 처벌함. •休 : 용서함.

| 의해 |

이것은 동성(同姓)의 제후에게 고한 말이니, 부지런하고 삼가는 것을 형벌을 쓰는 근본으로 삼기를 권면한 것이다.

王曰 吁라 來하라 有邦有土아 告爾祥刑하노라 在今爾安 百姓인댄 何擇고 非人가 何敬고 非刑가 何度고 非及가

| 언해 |

王이 골오샤디 吁ㅣ라 來하라 邦을 두엇는이와 너다려 祥刑을 告하노라 今애 잇셔 네 百姓을 安케 홀딘댄 므엇을 擇홀고 人이 안

인가 므엇을 敬홀고 刑이 안인가 므엇을 度홀고 及이 안인가

| 번역 |

왕이 말씀하셨다. "아! 이리 오라. 나라를 소유하고 토지를 소유한 자들아. 너에게 상서로운 형벌에 대해 고한다. 이제 너희가 백성들을 편안하게 하려 하는데, 무엇을 가려야 하는가? 사람이 아니겠는가. 무엇을 공경해야 하는가? 형벌이 아니겠는가? 무엇을 헤아려야 하는가? 옥사에 관계된 것이 아니겠는가?"

| 의해 |

이는 동성(同姓)과 이성(異姓)의 제후에게 아울러 고하는 말이다. 형벌은 흉한 도구인데 상서롭다고 말한 것은 형벌은 형벌이 없음을 기약하여, 백성들에 대한 형벌의 가볍고 무거움이 적정하면 상서로움이 이보다 클 수 없기 때문이다. 백성을 편안하게 하려면 사람을 택하며 형벌을 공경히 하며 형벌에 연루된 자를 살펴 헤아리는 세 가지를 진심으로 하지 않을 수 없음을 밝힌 것이다.

兩造오 具備어든 師聽五辭하리니 五辭에 簡孚어든 正于五刑하며 五刑에 不簡이어든 正于五罰하며 五罰에 不服이어든 正于五過하라

| 언해 |

兩이 造ᄒ고 具備커든 모다 五辭를 聽ᄒ오리니 五辭애 簡ᄒ야 孚ᄒ거든 五刑애 正ᄒ며 五刑애 簡치 아니ᄒ거든 五罰애 正ᄒ며 五罰

애 服디 아니ᄒᆞ거든 五過의 正ᄒᆞ라

| 번역 |

"송사하는 양측이 모두 이르고 증거가 구비되었으면, 여러 재판관은 다섯 가지 형벌에 해당하는 죄상을 들을 것이니, 다섯 가지 형벌에 해당하는 죄상을 조사하여 믿을 만하거든 다섯 가지 형벌로 바로잡을 것이며, 다섯 가지 형벌에 해당되지 않거든 다섯 가지 벌금으로 바로잡으며, 다섯 가지 벌금에 해당되지 않거든 다섯 가지 훈방 조치로 바로잡으라."

| 자해 |

兩造 : 다투는 자 두 명이 모두 이름. •具備 : 말과 증거가 모두 갖추어짐. •師 : 무리. •五辭 : 다섯 가지 형벌에 해당하는 죄상. •簡 : 조사함. •孚 : 의심이 없음. •正 : 질정(質定)함. •不簡 : 형벌에 의심스러움. •罰 : 벌금형. •不服 : 벌금형에 의심스러움. •過 : 용서해서 면해줌.

五過之疵는 惟官과 惟反과 惟內와 惟貨와 惟來니 其罪惟均하니 其審克之하라

| 언해 |

五過의 疵ᄂᆞᆫ 官과 反과 內와 貨와 來니 그 罪ㅣ 均ᄒᆞ니 그 審ᄒᆞ야 克ᄒᆞ라

| 번역 |

"다섯 가지 훈방 조치의 병폐는 관권과 갚음과 청탁과 뇌물과 간

청인데, 그 죄가 균일하니 살펴서 재능을 다하라."

| 자해 |

疵 : 병(病). •官 : 위세(威勢). •反 : 은덕과 원한을 갚음. •內 : 궁녀의 청
탁. •貨 : 뇌물. •來 : 간청. •審克 : 살피기를 자세히 함.

| 의해 |

형벌이 내려가서 벌금이 되고, 벌금이 내려가서 훈방이 되지만,
사사로운 감정으로 일부러 놓아주면 또한 하늘이 처벌하는 것이
아니다. 일부러 놓아주는 병폐는 이 다섯 가지가 있다.

五刑之疑有赦하고 五罰之疑有赦하니 其審克之하라 簡
孚有衆이어든 惟貌有稽니 無簡이어든 不聽하여 具嚴天威
하라

| 언해 |

五刑의 疑ㅣ 赦ㅣ 잇고 五罰의 疑ㅣ 赦ㅣ 인느니 그 審ᄒᆞ야 克ᄒᆞ
라 簡ᄒᆞ야 孚ㅣ 衆ᄒᆞ거든 貌ㅣ 稽홈이 인느니 簡이 업거든 聽치
마라 다 天威를 嚴케 ᄒᆞ라

| 번역 |

"다섯 가지 형벌에 의심스러운 것은 감면하고, 다섯 가지 벌금형에
의심스러운 것도 감면하니, 살펴서 재능을 다하라. 조사하여 믿을
만하게 하는 방법이 많거든 용모를 살펴야 하니, 조사하여 믿을
수 없거든 듣지 말아서 모두 하늘의 위엄을 두려워하게 하라."

| 자해 |

刑疑有赦 : 다섯 가지 벌금형으로 바로잡음. •罰疑有赦 : 다섯 가지 훈방 조치로 바로잡음.

| 의해 |

실정을 조사하여 믿을 만한 것이 많으면 또한 그 용모를 고찰하여야 한다. 말은 혹 허위로 하고 꾸미더라도 모양은 가리지 못할 것이다. 바르지 못하면 눈이 흐리고, 부끄러움이 있으면 이마에서 땀이 나니, 이러한 것들로 상고함에 도망하지 못하는 것이다. 진실로 조사하여 믿을 만한 것이 없으면 이는 의심스러운 옥사가 분명하니, 반드시 들을 것이 없고 사면함이 옳다. 상제가 너에게 임하시니 감히 털끝만큼이라도 다하지 못함이 있어서는 안 된다.

墨辟疑赦는 其罰이 百鍰이니 閱實其罪하라 劓辟疑赦는 其罰이 惟倍니 閱實其罪하라 剕辟疑赦는 其罰이 倍差니 閱實其罪하라 宮辟疑赦는 其罰이 六百鍰이니 閱實其罪하라 大辟疑赦는 其罰이 千鍰이니 閱實其罪하라 墨罰之屬이 千이요 劓罰之屬이 千이요 剕罰之屬이 五百이요 宮罰之屬이 三百이요 大辟之罰이 其屬이 二百이니 五刑之屬이 三千이니 上下比罪하여 無僭亂辭하며 勿用不行이요 惟察惟法하여 其審克之하라

| 언해 |

墨辟의 疑ᄒ니 赦호믄 그 罰이 百鍰이니 그 罪를 閱實ᄒ라 劓辟의 疑ᄒ니 赦호믄 그 罰이 倍ᄒ니 그 罪를 閱實ᄒ라 剕辟의 疑ᄒ니 赦호믄 그 罰이 培ᄒ고 差ᄒ니 그 罪를 閱實ᄒ라 宮辟의 疑ᄒ니 赦호믄 그 罰이 六百鍰이니 그 罪를 閱實ᄒ라 大辟의 疑ᄒ니 赦호믄 그 罰이 天鍰이니 그 罪을 閱實ᄒ라 墨罰의 屬이 千이오 劓罰의 屬이 千이오 剕罰의 屬이 五百이오 宮罰의 屬이 三百이오 大辟의 罰이 그 屬이 二百이니 五刑의 屬이 三千이니 上ᄒ며 下ᄒ야 罪를 比ᄒ야 僭亂ᄒ 辭애 말며 行치 아니ᄒᄂ니를 쓰디 말고 法을 察ᄒ야 그 審ᄒ야 克ᄒ라

| 번역 |

"얼굴에 글자를 새기는 형벌이 의심스러워 사면할 때는 벌금이 1백 환이니, 죄를 살펴서 죄명과 부합하게 하라. 코를 베는 형벌이 의심스러워 사면할 때는 벌금이 배이니, 죄를 살펴서 죄명과 부합하게 하라. 발꿈치를 베는 형벌이 의심스러워 사면할 때는 벌금이 배하고도 차이가 있으니, 죄를 살펴서 죄명과 부합하게 하라. 거세하는 형벌이 의심스러워 사면할 때는 벌금이 6백 환이니, 죄를 살펴서 죄명과 부합하게 하라. 사형이 의심스러워 사면할 때는 벌금이 1천 환이니, 죄를 살펴서 죄명과 부합하게 하라. 얼굴에 글자를 새기는 형벌의 종류가 천이고, 코를 베는 형벌의 종류가 천이고, 발을 베는 형벌의 종류가 오백이고, 거세하는 형벌의 종류가 삼백이고, 사형의 종류가 2백이니, 다섯 가지 형벌의 종류가 삼천 가지이다. 죄를 올리고 내려 견주어 붙이되 어지러운 말에 의해 잘못되지 말며, 지금 시행할 수 없는 법을 쓰지 말고 법을 잘 살펴서 분명하게 하고 재능을 다하라."

| 자해 |

墨 : 이마에 글자를 새기는 형벌. •劓 : 코를 베는 형벌. •剕 : 발꿈치를 베는 형벌. •宮 : 거세하는 형벌. •大辟 : 사형. •鍰 : 여섯 냥. •閱 : 살펴봄. •倍 : 이백 환. •倍差 : 배하고도 또 차이가 남. 오백 환. •屬 : 종류. •比 : 견주어 붙임.

| 의해 |

고요(皐陶)의 이른바 "죄가 의심스러운 것을 가볍게 한다."는 것은 한 등급을 낮추어 벌을 주는 것이었는데, 지금 다섯 가지 형벌이 의심스러워 사면할 때에 곧바로 벌금으로 벌하였으니, 이는 형벌을 낮추어 쓰지 않은 것이다.

上刑이라도 適輕이어든 下服하며 下刑이라도 適重이어든 上服하라 輕重諸罰이 有權하며 刑罰이 世輕世重하나니 惟齊非齊나 有倫有要하니라

| 언해 |

上刑이라도 輕애 適ᄒ거든 下를 服ᄒ며 下刑이라도 重애 適ᄒ거든 上을 服ᄒ라 諸罰을 輕重홈이 權이 이시며 刑罰이 世로 輕ᄒ며 世로 重ᄒ니 齊치 아닌 거스로 齊ᄒ나 倫이 이시며 要ㅣ 잇ᄂ니라

| 번역 |

"위의 형(刑)이라도 가벼움에 적당하거든 아래로 처벌하며, 아래 형이라도 무거움에 적당하거든 위로 처벌하라. 여러 벌을 가볍게

하고 무겁게 함에는 권도(權道)가 있으며, 형과 벌을 세상에 따라 가볍게 하고 무겁게 하여야 하니, 가지런하지 않은 처벌로 가지런히 하나, 질서가 있고 요점이 있는 것이다.”

| 자해 |

上刑 : 무거운 형벌. ・下刑 : 가벼운 형벌.

| 의해 |

범한 일이 무거운 형벌에 해당되더라도 실정이 가벼움에 적당하면 가벼운 형벌로 처벌해야 하고, 범한 일이 가벼운 형벌에 해당되더라도 실정이 무거움에 적당하면 무거운 형벌로 처벌해야 한다. 벌을 가볍게 하고 무겁게 하는 것이 또한 권도(權道)가 있으니, 권도는 나아가게 하고 물러나게 하여 변화시켜 가벼움과 무거움의 마땅함을 구하는 것이다. 형벌을 세상에 따라 가볍게 하고 무겁게 한다는 것은, 『주례(周禮)』에 “형벌을 새로운 나라에서는 가벼운 법을 쓰고, 어지러운 나라에서는 무거운 법을 쓰고, 태평한 나라에서는 적정한 법을 쓴다.”고 한 것과 같다.

罰懲이 非死나 人極于病하나니 非佞이 折獄이라 惟良이 折獄이라야 罔非在中하리라 察辭于差하여 非從惟從하며 哀敬折獄하며 明啓刑書하여 胥占이라야 咸庶中正하리니 其刑其罰을 其審克之라야 獄成而孚하며 輸而孚하리니 其刑을 上備하되 有幷兩刑하라

| 언해 |

罰ᄒ야 懲홈이 死ㅣ 아니나 사름이 가장 病ᄒᄂ니 佞이 獄을 折
홀 꺼시 안이라 良이 獄을 折ᄒ야사 中에 在치 안이 안이ᄒ리라
辭를 差애 察ᄒ야 從호려 안이ᄒ야 從ᄒ며 哀ᄒ며 敬ᄒ야 獄을
折ᄒ며 刑書를 明啓ᄒ야 서르 占ᄒ야사 다 거의 中ᄒ고 正ᄒ리니
그 刑ᄒ며 그 罰호믈 審ᄒ야 克ᄒ야사 獄이 成ᄒ야 孚ᄒ며 輸ᄒ
야 孚ᄒ리니 그 刑을 上ᄒ야 備호디 兩刑을 幷ᄒ라

| 번역 |

"벌금으로 징계하는 것이 죽이는 것은 아니나 사람들이 가장 괴로
워하니, 말 잘하는 자가 옥사를 결단할 것이 아니라 훌륭한 자가
옥사를 결단하여야 적정함에 해당되지 않음이 없을 것이다. 말이
어긋나는 것을 잘 살펴서 따르려 하지 않다가도 따르며, 가엾게
여기고 공경하여 옥사를 결단하며 법률을 밝게 열어 서로 헤아리
면 모두 거의 중정(中正)할 것이다. 형과 벌을 살펴서 재능을 다
하여야 옥사가 이루어져 믿을 수 있으며, 위로 올림에 균주가 믿
을 것이니, 형벌을 결단한 내용을 갖추어 올리되 두 형벌을 겸하
여 올려라."

| 자해 |

佞 : 말재주.　•哀敬折獄 : 슬퍼하고 공경하여 실정을 찾음.　•明啓刑胥書胥
占 : 법률을 자세히 밝혀 여러 사람과 함께 헤아림.　•咸庶中正 : 모두 거의
잘못함이 없음.

| 의해 |

옥사를 담당한 자는 마땅히 스스로 중정(中正)함을 이미 얻은 것
으로 만족하게 여기지 말아야 한다. 위로 올리는 데에는 죄법(罪
法)의 경중과 사정(事情)의 본말(本末)을 빠뜨리지 말고 갖추어

신고, 한 사람의 두 죄와 한 죄에 두 법이 있음을 아울러 갖추어
아뢰어 이로써 윗사람의 명령을 들어야 할 것이고, 감히 스스로
오로지 하지 못한다는 말이다.

王曰 嗚呼라 敬之哉어다 官伯族姓아 朕言多懼하노라 朕
敬于刑하나니 有德이라야 惟刑이니라 今天이 相民이시니 作
配在下어다 明淸于單辭하라 民之亂은 罔不中聽獄之兩
辭니 無或私家于獄之兩辭하라 獄貨는 非寶라 惟府辜功
하여 報以庶尤하나니 永畏는 惟罰이니라 非天이 不中이라
惟人이 在命하니 天罰이 不極이면 庶民이 罔有令政에 在
于天下하리라

| 언해 |

王이 골ᄋ샤디 嗚呼ㅣ라 敬홀 디어다 官과 伯과 族과 姓아 朕이
言홈애도 만이 懼ᄒ노라 朕이 刑을 敬ᄒ노니 德인ᄂ니사 刑을 ᄒ
리니라 今애 天이 民을 相ᄒ시ᄂ니 配를 作ᄒ야 下의 在홀 디어
다 單辭애 明ᄒ며 淸ᄒ라 民의 亂호ᄆ 獄의 兩辭를 中으로 聽치
안이 안이홈이니 或도 獄의 兩辭를 私家치 말라 獄貨는 寶ㅣ 안
이라 辜功을 府ᄒ야 庶尤로 뻐 報ᄒᄂ니 기리 畏ᄒ욤은 罰이니라
天이 中으로 안이ᄒ시ᄂ 줄이 아니라 人이 命을 두ᄂ니 天罰이
極디 안이ᄒ면 庶民이 令政애 天下에 잇지 못ᄒ리라

| 번역 |

왕이 말씀하셨다. "아! 삼갈지어다. 관원과 백(伯)과 동족(同族)과 이성(異姓)들이여. 나는 말하려 함에 많이 두렵다. 나는 형벌함을 삼가니, 덕이 있어야 형벌할 수 있는 것이다. 지금 하늘이 백성을 도우시니, 아래에서 부응할지어다. 증거가 없는 말은 분명하고 깨끗이 들어라. 백성을 다스리는 것은 옥사(獄事)의 양쪽 말을 중정(中正)의 태도로 듣지 않음이 없어야 하니, 조금이라도 옥사의 양쪽 말을 가지고 자기 집을 사사롭게 하지 말라. 옥사의 재물은 보배가 아니라 죄업을 모아서 온갖 허물로 갚게 되니, 길이 두려워할 것은 형벌이다. 하늘이 중도(中道)로 하지 않는 것이 아니라 사람들이 스스로 취하는 명에 달려 있으니, 하늘의 벌이 지극하지 않으면 서민들이 훌륭한 정사를 가지고 천하에 있지 못할 것이다."

| 자해 |

官 : 옥사를 주관하는 관원. ・伯 : 제후. ・族 : 동족(同族). ・姓 : 이성(異姓). ・單辭 : 증거가 없는 말. ・亂 : 다스림. ・獄貨 : 옥(獄)를 팔아 재물을 얻음. ・府 : 모임. ・辜功 : 죄상(罪狀). ・報以庶尤 : 온갖 재앙을 내림.

| 의해 |

옥사에는 사람의 목숨이 달려 있으므로 진실로 형벌을 쓰기를 적정하게 하지 않으면 반드시 하늘의 벌이 지극한 데까지 이르러 옥사를 담당한 자들을 징계할 것이다. 그렇게 된다면 백성이 선정(善政)을 힘입어 천하에 있지 못할 것이다.

王曰 嗚呼라 嗣孫아 今往은 何監고 非德于民之中가 尙
明聽之哉어다 哲人이 惟刑하여 無疆之辭는 屬于五極하
여 咸中이라 有慶이니 受王嘉師는 監于玆祥刑이어다

| 언해 |

王이 골ᄋ샤디 嗚呼ㅣ라 嗣孫아 今往은 무슨 것을 監ᄒ고 德ᄒ야 民의 中이 안인가 거의 밝히 聽ᄒ올 지어다 哲人이 刑ᄒ야 無疆ᄒ 사는 五極을 屬ᄒ야 다 中ᄒᄃ라 慶이 인ᄂ니 王의 嘉師를 受ᄒ니는 이 祥刑을 監ᄒ올 디어다

| 번역 |

왕이 말씀하셨다. "아! 대를 이은 자손이여. 지금으로부터는 무엇을 살펴야 할 것인가? 백성들의 중도를 덕으로 온전하게 하는 것이 아니겠는가? 부디 분명히 듣기 바라노라. 지혜로운 사람이 형벌하여 끝없는 칭찬의 말을 듣는 것은 다섯 가지 형벌에 속한 것이 모두 적정하기 때문에 경사가 있는 것이니, 왕의 아름다운 백성을 받은 자들은 이 상서로운 형벌을 거울삼을지어다."

| 자해 |

嗣孫 : 대를 이은 자손. •德于民之中 : 형벌을 써서 덕을 이루어 백성들이 받은 바의 중(中)을 온전히 함. •五極 : 오형(五刑). •嘉 : 선함. •師 : 무리.

| 의해 |

중(中)은 이 편의 강령이다. 목왕(穆王)이 중을 권면하였으니, 이는 형벌을 쓰는 자가 반드시 적정함을 얻은 후에야 할 수 있는 것이다. 제후가 천자의 어진 백성과 선한 무리를 받았으면, 마땅히

이 상서로운 형벌을 거울로 삼아 보아야 할 것임을 말한 것이다

문후지명 [文侯之命]

유왕(幽王)이 견융(犬戎)에게 살해되자, 진(晉)나라 문후(文侯)와 정(鄭)나라 무공(武公)이 노나라 태자(太子) 의구(宜臼)를 맞이하여 왕으로 세우니, 이가 평왕(平王)이다. 동도(東都)로 천도하여 문후를 방백(方伯)으로 삼고 거창주(秬鬯酒)와 활과 화살 내려줄 때에 책서(策書)를 만들어 명하였다 사관(史官)이 이것을 기록하여 편을 만들었다. 금문(今文)과 고문(古文)에 다 있다.

王若曰 父義和아 丕顯文武 克愼明德하사 昭升于上하며

敷聞在下하신대 惟時上帝 集厥命于文王이어시늘 亦惟先

正이 克左右하여 昭事厥辟하여 越小大謀猷에 罔不率從

이라 肆先祖 懷在位하시니라

| 언해 |

王이 이러트시 골○샤디 父義和아 크게 顯ᄒ신 文武ㅣ 능히 明德을 삼가샤 昭ᄒ야 上애 升ᄒ며 敷ᄒ야 下의 인는 디 聞ᄒ신대 이 히 上帝 그 命을 文王의 集ᄒ거시늘 ᄯ또ᄒ 先正이 능히 左右ᄒ야 그 辟을 밝히 셤기여 小ᄒ며 太ᄒᆫ 謀猷애 率ᄒ며 從치 안이 안이 ᄒ다라 先祖ㅣ 懷히 位예 계시니라

| 번역 |

왕이 다음과 같이 말씀하셨다. "숙부인 의화(義和)여! 크게 드러
난 문왕(文王)과 무왕(武王)께서 밝은 덕을 삼가시어 밝게 하늘
에 올라 퍼졌고, 아래로는 소문이 퍼졌습니다. 이에 상제께서 명
을 문왕에게 모아주셨고, 또한 선정(先正)들이 보필하여 임금을
밝게 섬겨, 크고 작은 정책에 따르지 않음이 없었습니다. 그래서
선조께서 편안하게 지위에 계셨습니다."

| 자해 |

文侯 : 이름은 구(仇)이고, 의화(義和)는 자(字).

| 의해 |

주나라의 명이 문왕(文王)에게 모이고 무왕(武王)에게서 정해졌
다. 명을 모았다고 한 것은 문왕(文王)을 말한 것이고, 밝은 덕이
라고 한 것은 문왕과 무왕을 겸하여 말한 것이다. 선정(先正)은
문왕과 무왕의 신하를 말한다.

嗚呼라 閔予小子는 嗣造天丕愆하여 殄資澤于下民이라

侵戎我國家純커늘 卽我御事罔或耆壽俊이 在厥服하며

予則罔克호라 曰惟祖惟父 其伊恤朕躬고 嗚呼라 有績

予一人이면 永綏在位하리라

| 언해 |

嗚呼ㅣ라 閔혼 나 小子는 嗣애 天의 큰 愆을 造호야 資澤을 下民
에 殄혼 디라 戎이 우리 國家를 侵홈이 純커늘 곳 우리 御事ㅣ 或

耇壽俊이 그 服애 잇디 아니ᄒᆞ며 내 克디 몯호라 니ᄅᆞ샤딕 祖와 父ㅣ 그 뉘 朕躬을 恤ᄒᆞ고 嗚呼ㅣ라 나 一人의게 績을 두면 기리 綏히 位예 在ᄒᆞ리라

| 번역 |

"아! 불쌍한 나 어린 아들은 지위를 계승한 초기에 하늘의 큰 허물을 만나 재물과 은택이 아래 백성들에게 끊겼습니다. 융적(戎狄)이 우리나라를 크게 침범하였는데, 나를 돕는 어사들 중 나이가 많고 뛰어난 자가 업무에 있지 않았고, 나도 또한 능력이 없습니다. 할아버지와 아버지의 항렬에 있는 자들 가운데 누가 나의 몸을 불쌍히 여길 것인가? 아! 나 한 사람에게 공적을 쌓으면, 길이 편안히 지위에 있을 것입니다."

| 자해 |

閔 : 불쌍히 여김. • 殄 : 끊어짐. • 純 : 큼.

| 의해 |

재물과 혜택이 아래 백성에게 끊겨 이미 근본이 먼저 없어져, 융적(戎狄)이 우리 국가를 침릉하는 폐해가 매우 컸다. 지금 나의 일을 다스리는 신하로 나이 많고 준걸스러운 자가 관직에 있는 자가 없으며, 나 어린 아들 또한 재주가 용렬하여 무능하니, 어찌 어려움을 구제하겠는가? 제후로서 나의 할아버지와 아버지의 항렬에 있는 자들 가운데 그 누가 나를 불쌍히 여기겠는가? 나 한 사람에게 공적을 쌓으면, 길이 그 지위를 편안하게 할 것이다.

父義和아 汝克昭乃顯祖하여 汝肇刑文武하여 用會紹乃辟하여 追孝于前文人하라 汝多修扞我于艱하니 若汝는 予嘉니라

| 언해 |

父義和아 네 능히 네 顯ㅎᆞᆫ 祖를 昭ㅎ야 네 비로쇼 文武를 刑ㅎ야 뻐 네 辟을 會ㅎ며 紹ㅎ야 前文人을 追ㅎ야 孝ㅎ라 네 해 修ㅎ야 나를 艱의 扞ㅎ니 너 ᄀᆞ트니는 내 嘉ㅎᄂᆞᆫ 디니라

| 번역 |

"숙부인 의화(義和)여! 그대는 그대의 드러나신 선조를 밝히라. 그대는 문왕(文王)과 무왕(武王)을 본받아 그대의 임금과 뜻을 같이하고 뜻을 이어서 앞서 나라를 편안하게 한 분들에게 소급하여 효도하라. 그대는 닦아서 나를 어려움에서 막은 것이 많으니, 그대와 같은 이를 내가 아름답게 여기노라."

| 자해 |

會 : 합하여 떠나지 않게 함. ・紹 : 이어서 끊어지지 않게 함. ・前文人 : 앞서 나라를 편안하게 한 사람.

王曰 父義和아 其歸視爾師하여 寧爾邦하라 用賚爾秬鬯
一卣와 彤弓一과 彤矢百과 盧弓一과 盧矢百과 馬四匹하
나니 父往哉하여 柔遠能邇하며 惠康小民하여 無荒寧하여
簡恤爾都하여 用成爾顯德하라

| 언해 |

王이 골ㅇ샤디 父義和아 그 歸ᄒ야 네 師를 視ᄒ야 네 邦을 寧케
ᄒ라 뻐 너를 秬鬯一卣와 彤弓一과 彤矢百과 盧弓一와 盧矢百과
馬四匹을 賚ᄒ노니 父ㅣ 往ᄒ야 遠을 柔ᄒ며 邇를 能ᄒ며 小民을
惠康ᄒ야 荒寧치 마라 네 都를 簡ᄒ며 恤ᄒ야 뻐 곰 네의 顯ᄒ 德
을 成ᄒ라

| 번역 |

왕이 말씀하셨다. "숙부인 의화(義和)여. 돌아가 그대의 무리를
돌아보아 그대의 나라를 편안히 하라. 그대에게 울창주(鬱鬯酒)
한 동이와 붉은 활 하나와 붉은 화살 백 개와 검은 활 하나와 검
은 화살 백 개와 말 네 필을 하사하노라. 숙부는 가서 멀리 있는
자를 회유하고 가까이 있는 자를 길들이며, 백성들을 은혜롭고
편안하게 하라. 너무 편히 하지 말 것이며 그대의 도시와 시골을
살펴 구휼하여, 그대의 드러난 덕을 이루도록 하라."

| 자해 |

師 : 무리. •秬 : 검은 기장. •鬯 : 울창주(鬱鬯酒). •卣 : 중간 크기의 술동
이. •彤 : 붉은 색. •盧 : 검은 색. •簡 : 간열(簡閱)함. •恤 : 백성들을 은혜
롭게 구휼함. •都 : 도시와 시골.

| 의해 |

소식(蘇軾)은 평왕(平王)이 어려움에 빠져서도 이 글이 편안하여 태평한 세상과 다름이 없는 것을 보고서 평왕이 어려움을 극복할 의지가 없고 따라서 주나라가 다시 흥하지 못할 줄을 알았다고 평가하였다.

비서 [費誓]

비(費)는 땅 이름이다. 회이(淮夷)와 서융(徐戎)이 함께 일어나 침략하자, 노나라 제후가 이를 정벌할 적에 비(費) 땅에서 무리들에게 맹세하였다. 그러므로 「비서(費誓)」라고 편을 이름 지었다. 금문(今文)과 고문(古文)에 다 있다.

> 公曰 嗟人아 無譁하여 聽命하라 徂茲淮夷徐戎이 並興이
>
> 로다

| 언해 |

公이 골오디 嗟홉다 人아 譁치 마라서 命을 聽ᄒ라 지난번에 淮
夷와 徐戎이 다 興ᄒ도다

| 번역 |

공(公)이 말하였다. "아! 사람들이여. 떠들지 말고 나의 명령을
들으라. 지난번에 회이(淮夷)와 서융(徐戎)들이 함께 일어났다."

| 자해 |

譁 : 시끄러움. • 徂 : 감.

| 의해 |

서융(徐戎)과 회이(淮夷)가 아울러 함께 노나라를 침략하자, 노

나라의 백금(伯禽)이 방백(方伯)이 되어 제후의 군사들을 거느리고 정벌하려 할 때, 탄식하고 타이르며 떠들지 말고서 그의 맹세하는 말을 듣게 하였다.

善敹乃甲冑하며 敿乃干하되 無敢不吊하며 備乃弓矢하며
鍛乃戈矛하며 礪乃鋒刃하되 無敢不善하라

| 언해 |

네 甲冑를 善히 敹ᄒ며 네 干을 敿호디 敢히 吊디 안이치 말며 네 弓矢를 備ᄒ며 네 戈矛를 鍛ᄒ며 네 鋒刃을 礪호디 敢히 善치 안이치 말라

| 번역 |

"너희의 갑옷과 투구를 잘 수선하며 너희의 방패를 동여매되 감히 정밀하지 않음이 없게 하고, 너희의 활과 화살을 갖추고 너희의 창을 단련하며 너희의 칼을 갈되 감히 좋지 않음이 없도록 하라."

| 자해 |

敹 : 꿰매어 맴. •敿 : 끈으로 맴. •吊 : 지극히 정밀함. •鍛 : 담금질. •礪 : 갊.

| 의해 |

갑옷과 투구는 몸을 보호하는 것이고, 활과 화살, 창은 적을 이기는 것이니, 먼저 스스로를 보호한 후에 남을 공격하는 것이 또한 순서이다.

今惟淫舍牿牛馬하리니 杜乃擭하며 敜乃穽하여 無敢傷牿
하라 牿之傷하면 汝則有常刑하리라

| 언해 |

今에 牛馬舍홀 牿을 淫케 호리니 네 擭를 杜하며 네 穽을 敜하야
敢히 牿을 傷케 말라 牿이 傷하면 네 썻썻호 刑이 잇시리라

| 번역 |

"이제 소와 말이 머물 우리를 크게 만들 것이니, 너희의 덫을 막
고 너희의 함정을 막아서 감히 우리를 상하게 하지 말라. 우리가
상하면 너희에게 일정한 형벌이 있을 것이다."

| 자해 |

淫 : 큼. • 牿 : 우리. • 擭 : 함정. • 杜 · 敜 : 막음.

| 의해 |

군대가 이미 출동하면 소와 말의 우리를 크게 펼쳐질 것이니, 마
땅히 덫과 함정을 막아 침해가 없게 해야 할 것이다. 한 가지라도
혹시 조심하지 아니해서 우리의 소와 말을 상하게 하면 일정한
형벌이 있을 것이라고 하여, 군대가 머물고 있는 곳의 거주민을
경계한 것이다.

馬牛其風하며 臣妾逋逃어든 勿敢越逐하며 祗復之하라 我
商賚汝하리라 乃越逐하며 不復하면 汝則有常刑하리라 無
敢寇攘하며 踰垣墻하여 竊馬牛하며 誘臣妾하라 汝則有常
刑하리라

| 언해 |

馬牛ㅣ 그 風ᄒᆞ며 臣妾이 逋逃ᄒᆞ거든 敢히 越ᄒᆞ야 逐디 말며 祗
ᄒᆞ야 復ᄒᆞ라 내 商ᄒᆞ야 너를 賚호리라 越ᄒᆞ야 逐ᄒᆞ며 復디 아니
ᄒᆞ면 네 곧 常刑이 이시리라 敢히 寇攘ᄒᆞ며 墻을 踰ᄒᆞ야 馬牛를
竊ᄒᆞ며 臣妾을 誘치 말라 네 곧 쩥쩥ᄒᆞᆫ 刑이 이시리라

| 번역 |

"말과 소가 바람이 니며 남자와 여자가 도망하거든 감히 경계를
넘어 쫓아가지 말며 삼가 반환하라. 내가 헤아려 너희에게 상을
줄 것이다. 경계를 넘어 쫓아가며 주인에게 돌려주지 않으면, 너
희에게 일정한 형벌이 있을 것이다. 감히 도둑질하여 담을 넘어
말과 소를 훔치고 남자와 여자를 유인하지 말라. 너희에게 일정
한 형벌이 있을 것이다."

| 자해 |

風 : 암수가 서로 꾀는 것. •臣 : 사역하는 자 중에 천한 남자. •妾 : 사역하
는 자 중에 천한 여자. •祗 : 공경함. •復 : 돌려보냄. •商 : 헤아림. •攘 :
취함.

| 의해 |

말과 소가 바람이 나고 남자와 여자가 도망하더라도 군대의 보루를 넘어 쫓아가지 말라. 이것을 잃은 주인에게 공경히 돌려보내야 마땅하니, 그러면 내가 헤아려 너희에게 상을 줄 것이다. 만일 군대의 보루를 넘어 쫓아가다가 대오를 잃거나, 또 반환하지 않고 탈취하면 모두 일정한 형벌이 있을 것이라고 하였으니, 이는 대열을 엄정히 하는 일이다.

甲戌에 我惟征徐戎하리니 峙乃糗糧하되 無敢不逮하라 汝則有大刑하리라 魯人三郊三遂아 峙乃楨榦하라 甲戌에 我惟築하리니 無敢不供하라 汝則有無餘刑이나 非殺이니라 魯人三郊三遂아 峙乃芻茭하되 無敢不多하라 汝則有大刑하리라

| 언해 |

甲戌에 내 徐戎을 征호리니 네 糗糧을 峙호디 敢히 逮치 안이케 말라 네 곧 큰 刑이 잇스리라 魯人三郊와 三遂아 네 楨榦을 峙ᄒᆞ라 甲戌애 내 築호리니 敢히 供치 안이치 말라 네 곳 나믄 刑이 업스나 殺로 안이호리라 魯人三郊와 三遂아 네 芻茭를 峙호디 敢히 多치 안이케 말라 네 곧 큰 刑이 잇시리라

| 번역 |

"갑술일(甲戌日)에 나는 서융(徐戎)을 정벌할 것이니, 너희 양식

을 쌓아두어 미치지 못함이 없도록 하라. 그렇지 않으면 너희에게 큰 형벌이 있을 것이다. 노나라 백성들의 삼교(三郊)와 삼수(三遂)여! 너희는 목책을 만들 나무를 쌓아두라. 갑술일에 내가 성을 쌓을 것이니, 감히 공급하지 못하는 일이 없도록 하라. 그렇지 않으면 너희에게는 남겨둔 형벌이 없을 것이나, 죽이지는 않을 것이다. 노나라 백성들의 삼교와 삼수여! 꼴을 쌓아두되 감히 많지 않음이 없게 하라. 그렇지 않으면 너희에게는 큰 형벌이 있을 것이다."

| 자해 |

甲戌 : 용병하는 기일. •峙 : 저축하여 갖춤. •糗糧 : 군사의 양식. •郊 : 도성의 밖. •遂 : 교(郊)의 밖. •楨 : 담장 끝에 있는 나무. •幹 : 담장의 양쪽 가에 있는 흙을 막는 나무. •無餘刑非殺 : 형벌을 남김없이 모두 시행하되 다만 죽이지는 않음. •芻茭 : 군용(軍用)의 말과 소에게 공급하는 꼴.

| 의해 |

이 날 정벌하고 이 날 성을 쌓는 것은 서융(徐戎)이 공격을 방어하기에 급급해서 그 형세가 성을 쌓는 것을 방해할 수 없기 때문이다. 군대의 일은 때를 맞추는 것, 사람과 소와 말이 먹을 양식을 마련하는 것이 가장 급하므로 제대로 하지 못하면 모두 큰 형벌을 받는 것이다. 나무와 꼴을 마련하는 데 유독 노나라 사람을 말한 것은 땅이 가까워 마련하기에 편함을 취한 것이다.

진서 [秦誓]

기자(杞子)가 정(鄭)나라에서 사람을 시켜 진(秦)나라에 고하기를, "정나라 사람이 나에게 북문의 열쇠를 맡겼으니, 만약 몰래 군대를 출동해오면 나라를 얻을 수 있다."라고 하였다. 목공(穆公)이 건숙(蹇叔)에게 물으니, 건숙은 "불가하다."고 하였다. 목공은 그 말을 거절하고 맹명(孟明)과 서걸(西乞)과 백을(白乙)로 하여금 정나라를 치게 하니, 진(晉)나라 양공(襄公)이 군대를 거느리고 진(秦)나라 군대를 효(殽) 땅에서 패퇴시키고 세 장수를 가두었다. 이에 목공은 자신의 과오를 뉘우치고 여러 신하들에게 맹세하여 고하였다. 사관이 기록하여 편을 만들었다. 금문(今文)과 고문(古文)에 다 있다.

공 왈 차 아 사　　　청 무 화　　　여 서 고 여 군 언 지 수
公曰 嗟我士아 聽無譁하라 予誓告汝羣言之首하노라

| 언해 |

公이 골오디 嗟흡다 우리 士아 聽흥야 譁치 말라 내 誓흥야 너희게 羣言의 首를 告흥노라

| 번역 |

공(公)이 말하였다. "아! 나의 선비들이여. 떠들지 말고 나의 말을 들어라. 내가 많은 말들 가운데 가장 중요한 말을 맹세하여 고한다."

| 자해 |

首 : 제일(第一).

| 의해 |

옛 사람의 말을 들어 말하려 하므로 먼저 이렇게 말한 것이다.

古人有言曰하되 民訖自若是多盤하나니 責人이 斯無難
이라 惟受責俾如流 是惟艱哉인저

| 언해 |

古人이 말를 두어 닐오디 民이 다 스스로 이ᄀᆞ치 해 盤ᄒᆞᄂ니 人
은 責홈이 이히 難치 안이혼 지라 責을 受호믈 히여곰 流툿ᄒ욤
이 이 艱혼뎌

| 번역 |

"옛 사람이 말히기를, '백성들 모두가 이와 같이 하여 매우 편안해
하니, 사람을 질책하는 것이 어려운 것이 아니라, 질책을 받아들
이기를 흐르는 물처럼 하기가 어려운 것이다.'라고 하였다."

| 자해 |

訖 : 모두. ・盤 : 편안함.

| 의해 |

사람을 질책하는 것이 어려운 것이 아니라, 사람에게 질책 받는
것을 흐르는 물과 같이 막힘없이 하는 것이 어려운 것이다. 목공
(穆公)이 예전에 자신의 의견을 따라주는 것을 편안히 여겨, 건숙
(蹇叔)의 말을 듣지 않은 것을 뉘우친 것이다. 그러므로 옛 사람
이 말한 것으로 맹세하는 말의 첫 번째를 삼은 것이다.

我心之憂는 日月이 逾邁라 若弗云來니라

| 언해 |

내 마음에 憂호믄 日月이 逾邁ᄒᆞᄂᆞ 디라 來치 안일듯 ᄒᆞ예니라

| 번역 |

"내 마음의 근심은 세월이 가서 다시는 오지 않을까 하는 것이다."

| 의해 |

지난 허물은 어찌할 수 없지만, 실행하지 못한 선은 나중에라도 할 수 있을 것이다. 그러나 세월이 흘러가면 다시는 오지 않는 것을 근심한 것이다.

惟古之謀人은 則曰未就予라하여 忌하고 惟今之謀人은 姑將以爲親하니 雖則云然이나 尙猷詢茲黃髮하면 則罔所愆하리라

| 언해 |

옛 謀人으란 닐으되 내게 就치 안이ᄒᆞᄂᆞ이라 ᄒᆞ야 忌ᄒᆞ고 이젠 謀人으란 아직 將ᄒᆞᄂᆞ니라 ᄒᆞ야 뻐 親호니 비록 그러나 오히려 이 黃髮의게 猷ᄒᆞ야 詢ᄒᆞ면 愆혼 배 업스리라

| 번역 |

"옛날에 일을 도모한 사람에 대해서는 내 뜻을 인정해주지 않는다고 하여 싫어했고, 지금 일을 도모한 사람에 대해서는 우선 순종한다고 하여 친하다. 비록 그렇게 했지만 오히려 나이 많은 노인과 계책을 논의하고 물었다면 허물이 없었을 것이다."

| 자해 |

忌 : 미워함. • 姑 : 우선. • 古之謀人 : 노성(老成)한 선비. • 今之謀人 : 신진(新進)의 선비. • 黃髮 : 노성(老成)한 사람.

| 의해 |

노성(老成)한 사람임을 모른 것은 아니나 자신을 따르지 않는다 하여 싫어하고 미워하였으며, 신진(新進)의 사람임을 모른 것은 아니나 우선 잘 따르는 것을 즐거워하여 믿는다. 그러나 나이 많은 노인에게 물을 것을 도모하면 거의 허물이 없으리라고 한 것이니, 이미 지나간 일을 뉘우치고 장래에 잘하기를 바란 것이다.

番番良士 旅力旣愆은 我尙有之하고 仡仡勇夫 射御不違는 我尙不欲하니 惟截截善諞言하여 俾君子로 易辭를 我皇多有之아

| 언해 |

番番혼 良士ㅣ 旅力이 이믜 愆호니란 내 거의 두고 仡仡혼 勇夫ㅣ 射御를 違치 안이호느니란 내 거의 欲지 안이호니 截截이 善히 諞言호야 君子로 히여곰 辭를 易게 호느니롤 내 皇호야 만이

두고져 ᄒᆞ랴

| 번역 |

"나이 많고 훌륭한 선비로 힘이 이미 쇠한 자를 내가 오히려 남겨
두고, 씩씩한 용사로 활쏘기와 말 몰기를 어기지 않는 자를 내가
바라지 않을 것이다. 절절하게 말을 잘하여 군자로 하여금 말을
바꾸게 하는 이를 내가 어느 겨를에 많이 가지고자 하겠는가?"

| 자해 |

番番 : 늙은 모양. •仡仡 : 용맹한 모양. •截截 : 말을 잘하는 모양. •諞 : 공
교함. •皇 : 겨를.

| 의해 |

힘이 이미 쇠한 어진 선비는 전일에 나이만 많다고 비방하던 자
이나 오히려 남겨두겠지만, 활쏘기와 말 몰기를 어기지 않는 용
사는 능력을 과장하던 자이니, 내가 등용하려 하지 않는다. 그런
데 말주변으로 말을 교묘하게 잘하여 군자로 하여금 말을 바꾸게
하는 자를 내가 어느 겨를에 많이 갖겠는가? 훌륭한 선비는 건숙
(蹇叔)을 말하고 용사는 세 장수를 말하며, 말 잘하는 사람은 기
자(杞子)를 말한다. 기자(杞子)의 말을 따른 것을 깊이 뉘우친 것
이다.

昧昧我思之하니 如有一介臣이 斷斷猗無他技나 其心이 休休焉이요 其如有容이라 人之有技를 若己有之하며 人之彦聖을 其心好之하되 不啻如自其口出하면 是能容之라 以保我子孫黎民이며 亦職有利哉인저

| 언해 |

昧昧ᄒ야 내 思ᄒ오니 만일에 一介 臣이 잇셔 斷斷ᄒ고녀 나믄 技 업스나 그 心이 休休혼 디 그 容ᄒ요미 잇ᄂᆫ 듯혼 디라 人의 技 둠을 己 두난 ᄃᆞ시 ᄒ며 人의 彦과 聖을 그 心애 好호디 그 口로 브터 남 갓틀 ᄲᅮᆫ 안이면 능히 容ᄒᄂᆫ 디라 뻐 우리 子孫과 黎民을 保ᄒ며 ᄯᅩ혼 利 잇스매 職홀 딘뎌

| 번역 |

"곰곰히 내가 생각해보니, 만일 한 신하가 있어 정성스럽고 한결같기만 하고 다른 기예는 없지만, 그 마음이 선하고 선해 용납함이 있는 듯하여, 마치 남의 기예를 자신이 소유한 것처럼 여기며, 남의 훌륭하고 성스러움을 그 마음속에서 좋아하되 입에서 나오는 것보다도 더 좋아한다면 이는 포용할 수 있는 것이다. 이는 우리 자손과 백성을 보호할 것이니, 또한 이로움이 있을 것이다."

| 자해 |

昧昧而思 : 깊이 잠겨서 고요히 생각함. •介 : 홀로. •斷斷 : 정성스럽고 한결같은 모양. •猗 : 어조사. •休休 : 선을 좋아함. •容 : 받아들이는 바가 있음. •彦 : 아름다운 선비. •職 : 다만.

| 의해 |

한 사람의 기예는 한도가 있고, 천하에 재주와 덕을 지닌 사람은 다함이 없으니, 대신은 자신의 기예만을 쓰지 아니하고 다른 사람의 재주와 덕을 써야 한다.

人之有技를 冒疾以惡之하며 人之彦聖을 而違之하여 俾

不達하면 是不能容이라 以不能保我子孫黎民이며 亦曰

殆哉인저

| 언해 |

人의 技 둠을 冒ᄒ며 疾ᄒ샤 뼈 惡ᄒ며 人의 彦과 聖을 違ᄒ야 ᄒ여곰 達케 안이ᄒ면 이 능히 容치 몯ᄒᄂ 지라 뼈 우리 子孫과 黎民을 保치 못ᄒ며 坯호 殆ᄒ린뎌

| 번역 |

"남이 가지고 있는 기예를 시기하고 미워하며, 남의 훌륭하고 성스러움을 어겨서 그로 하여금 통달하지 못하게 한다면, 이는 포용하지 못하는 것이다. 우리 자손과 백성을 보호하지 못하며, 또한 위태로울 것이다."

| 자해 |

冒 : 미워함. •違 : 등지고 어김. •達 : 통달함. •殆 : 위태함.

| 의해 |

목공(穆公)이 두 종류의 사람을 의논한 것이 지극하다. 후세의 임

금이 이것을 거울로 삼으면 충분할 것이다.

邦之杌陧은 曰由一人이며 邦之榮懷는 亦尙一人之慶이
니라

| 언해 |

邦의 杌陧흠은 글온 一人을 말미암음이며 邦의 榮懷흠은 쏘흔 거
의 一人의 慶이니라

| 번역 |

"나라의 위태로움은 한 사람으로부터 말미암으며, 나라의 영화로
움과 편안함은 또한 오히려 한 사람의 경사이다."

| 자해 |

杌陧 : 편안하지 않은 모양.　•懷 : 편안함.

| 의해 |

나라의 위태로움은 임용한 한 사람의 그릇됨에 달려 있고, 나라
의 영화로움과 편안함도 임용한 한 사람의 옳음에 달려 있다. 진
나라 목공(秦穆公)이 기자(杞子)의 말을 가볍게 믿고 건숙(蹇叔)
의 간함을 어겨서 군대를 패하게 하고 나라를 욕되게 하는 데 이
르렀다. 그 허물을 뉘우쳐 서(誓)를 지었으나, 뉘우치기만 하고
고치지 못한 것이 안타깝다.

찾아보기

가

간수(澗水) 142, 166

갈백(葛伯) 215

갈석(碣石) 114

갈석산(碣石山) 158

감반(甘盤) 343, 678

강숙(康叔) 517

거교(鉅橋) 422

거수(渠搜) 157

건숙(蹇叔) 899

건중건극(建中建極) xi

걸(桀) 203

견산(岍山) 158

견융(犬戎) 887

경(庚) 276

경서변의(經書辨疑) xvi

경수(涇水) 151

계(啓) 98

고수(瞽瞍) 75

고요(皐陶) 38

고종(高宗) 322

곤(鯀) 17

곤강(崑岡) 197

곤륜(崑崙) 157

공공(共工) 16

공안국(孔安國) xiv

공영달(孔穎達) xiv

공유(公劉) 417

공자(孔子) xiii

곽린(郭隣) 698

곽숙(霍叔) 698

관숙(管叔) 485, 492, 698

괵숙(虢叔) 683

굉요(閎夭) 683

구강(九江) 137

구림옥(球琳玉) 156

구하(九河) 162

군석(君奭) 672

군아(君牙) 843

군진(君陳) 779

권근(權近) xvii

규수(嬀水) 19

금응훈(琴應壎) xv

기(岐) 109

기(棄) 39

기망(旣望) 573

기방(冀方) 187

기범연의(箕範衍義) xvi

기수(沂水) 125, 165

기자(箕子) 365

기자(杞子) 899

기주(冀州) 108

김장생(金長生) xv

나

낙수(洛水)　142, 145, 162
낙읍(洛邑)　573
남교(南交)　10
남궁괄(南宮括)　683
남궁모(南宮毛)　801
남소(南巢)　208
낭간옥(琅玕玉)　156
내방산(內方山)　159
녹대(鹿臺)　422
뇌수산(雷水山)　158
뇌하(雷夏)　116

다

단(旦)　480
단주(丹朱)　98
담회(覃懷)　110
대륙(大陸)　162
대별산(大別山)　159, 163
대비산(大伾山)　162
대산(岱山)　120
대야(大野)　126
대종(岱宗)　28
도구(陶丘)　165
도림(桃林)　414
도심(道心)　67
돈물산(惇物山)　153
동릉(東陵)　164
동백(桐栢)　159, 165
동원(東原)　127
동하(東夏)　514
동혈산(同穴山)　166

라

량(梁)　109

마

매곡(昧谷)　11
매방(妹邦)　544
매씨상서평(梅氏尙書平)　xvi
매토(妹土)　544
맹명(孟明)　899
맹저(孟豬)　143
맹진(孟津)　162
면수(沔水)　150
명도(明都)　10
명조(鳴條)　232
목공(穆公)　899
목야(牧野)　404
목왕(穆王)　843
몽산(蒙山)　126, 147
무경(武庚)　492
무공(武公)　887
무왕(武王)　377
무정(武丁)　678
무함(巫咸)　678
무현(巫賢)　678
문수(汶水)　124, 165
문조(文祖)　24
문후(文侯)　887
미자(微子)　365
민산(岷山)　146, 160, 164

바

박(亳)   203
박세채(朴世采)   xvi
반경(盤庚)   276
반명(盤銘)   254
발(發)   382
방제(放齊)   15
배미산(陪尾山)   159
백경(伯囧)   851
백여(伯與)   42
백우(伯禹)   38
백을(白乙)   899
백이(伯夷)   44
범학전편(範學全編)   xvi
보형(保衡)   351
복승(伏勝)   xiii
복채(服采)   559
복휴(服休)   559
부암(傅巖)   325
부열(傅說)   322
부천원산(敷淺原山)   160
비간(比干)   365

사

사서석의(四書釋疑)   xv
사수(泗水)   129
사악(四岳)   17
산의생(散宜生)   683
삼경석의(三經釋疑)   xv
삼묘(三苗)   33
삼사(三事)   59
삼서수(三澨水)   163

삼위(三危)   154
상서고훈(尙書古訓)   xvi
상서지원록(尙書知遠錄)   xvi
상용(商容)   422
서걸(西乞)   899
서경산(西傾山)   150, 159
서경천설(書經淺說)   xvi
서려(西旅)   466
서백(西伯)   359
서융(西戎)   157
서융(徐戎)   706
서전인물유취(書傳人物類聚)   xvi
서전정음(書傳正音)   xvi
서주(徐州)   124
서하(西河)   150, 156
석성산(析城山)   158
석지(析支)   157
선기옥형(璇璣玉衡)   25
설(契)   38, 40
설총(薛聰)   xvii
성왕(成王)   492
소(釗)   797
소공(召公)   466
소공(蘇公)   758
소식(蘇軾)   892
송시열(宋時烈)   xvi
수(垂)   42
수(殳)   42
수복(綏服)   172
신호(臣扈)   678

910 書 經

아

아형(阿衡) 240
악양(岳陽) 110
약수(弱水) 151
양갑(陽甲) 276
양곡(暘谷) 9
양공(襄公) 899
양수(漾水) 163
양암(亮陰) 322
양주(梁州) 145
양주(楊州) 130
엄(奄) 645
여급(呂伋) 801
역산(嶧山) 129
역산(歷山) 75
연주(兗州) 114
영수(滎水) 165
예(羿) 182
예수(澧水) 164
예수(沛水) 151
예주(豫州) 141
오교(五敎) 62
오복(五服) 98
오전(五典) 22
오형(五刑) 62
옹(灉) 116
옹주(雍州) 150
왕계(王季) 417
왕안석(王安石) 276
왕옥산(王屋山) 158
외방산(外方山) 159
요(堯) 5
요복(要服) 173

용문(龍門) 156, 162
우(禹) 38
우산(羽山) 126, 129
우순(虞舜) 19
우이(嵎夷) 9, 121
웅이산(熊耳山) 159, 166
위(衛) 112
위수(渭水) 150, 151
유궁(有窮) 182
유도(幽都) 12
유묘(有苗) 73
유수(濰水) 121
유숭조(柳崇祖) xvii
유왕(幽王) 887
유호씨(有扈氏) 178
육극(六極) 464
육부(六府) 59
육종(六宗) 26
윤수(沇水) 165
윤후(胤侯) 191
융제(肜祭) 354
은(殷) 276
의구(宜臼) 887
이민곤(李敏坤) xvi
이수(伊水) 142, 166
이원곤(李源坤) xvi
이윤(伊尹) 230
이이(李珥) xvii
이정구(李廷龜) xvii
이척(伊陟) 678
이황(李滉) xv
익(益) 43
인심(人心) 67

자

잠수(潛水) 137, 146, 150
장(斨) 42
장강(長江) 136
장유(張維) xvi
저수(沮水) 116, 152
저야(豬野) 154
저주산(底柱山) 158, 162
적석(積石) 156
전복(甸服) 171
전수(瀍水) 142, 166
정몽주(鄭夢周) xvii
정약용(丁若鏞) xvi
정일집중(精一執中) xi
제수(濟水) 114, 124, 165
제을(帝乙) 365, 634
조갑(祖甲) 657
조기(祖己) 355
조서산(鳥鼠山) 153, 159
조을(祖乙) 276
조이(祖伊) 359
조익(趙翼) xvi
종남산(終南山) 153
주공(周公) 475
주어산(朱圉山) 159
중강(中江) 164
중강(仲康) 191
중종(中宗) 654
중환(仲桓) 801
중훼(仲虺) 208
지임(遲任) 289
직(稷) 38
진시황(秦始皇) xiii

진택(震澤) 132

차

창랑(滄浪) 163
채산(蔡山) 147
채숙(蔡叔) 697, 698
채중(蔡仲) 697
채침(蔡沈) xiii
청주(淸州) 120
치수(淄水) 121
치우(蚩尤) 861
칠수(漆水) 152
칠정(七政) 25

타

탑수(漯水) 120
탕(湯) 203
태갑(太甲) 240
태강(太康) 181
태무(太戊) 678
태악(太岳) 158
태왕(太王) 417
태원(太原) 110
태전(泰顚) 683
태항산(太行山) 158
태화산(太華山) 159

파

912　書經

파수(波水)　142
파총산(嶓冢山)　146, 159, 163
팽려호(彭蠡湖)　130, 163
평왕(平王)　887
풍(豊)　414
풍수(灃水)　152, 166
필공(畢公)　827

하

하(夏)　203
하택(菏澤)　143
한수(漢水)　136, 163
합려산(合黎山)　161
항(恒)　112
항산(恒山)　158
해중(奚仲)　208
형산(荊山)　135
형산(衡山)　135
형수(滎水)　142
형주(荊州)　135
호경(鎬京)　598
호구산(壺口山)　108, 158
홍범구주(洪範九疇)　429
홍수(洚水)　162
화산(華山)　145
화숙(和叔)　12
화이(和夷)　147
화중(和仲)　11
환도(驩兜)　16
환수(桓水)　150
황극(皇極)　437
황극연의(皇極衍義)　xvi

황복(荒服)　174
황하(黃河)　114
회수(淮水)　124, 125
회수(澅水)　164
회이(淮夷)　706
횡장(衡漳)　110
후복(侯服)　172
흑수(黑水)　145, 150
희숙(羲叔)　10
희중(羲仲)　9

| 유교경전번역총서 편찬위원회 |

위원장 김성기

편집위원 김성기, 오석원, 최영진

교열위원 임옥균, 진성수

집필 및 교열 김만일, 임옥균

1판 1쇄 발행 2011년 12월 30일
1판 4쇄 발행 2024년 3월 28일

지은이 | 유교경전번역총서 편찬위원회
펴낸이 | 유지범
펴낸곳 | 성균관대학교 출판부
등록 | 1975년 5월 21일 제 1-0217호
주소 | 03063 서울특별시 종로구 성균관로 25-2
대표전화 | (02) 760-1253~4
팩시밀리 | (02) 762-7452
홈페이지 | press.skku.edu

ⓒ 2011, 유교문화연구소

값 40,000원

ISBN 978-89-7986-892-0 93140
ISBN 978-89-7986-673-5(세트)